世界史用語集

全国歴史教育研究協議会
編

山川出版社

まえがき

　本書の前身は、高等学校「世界史Ｂ」の教科書に記載されている用語のなかから、学習の理解・発展に必要と思われるものを考慮して収集し、各用語に適切な解説を付すというかたちで1965年に刊行された。今回は、2023年から始まった高等学校「世界史探究」の学習や理解・発展を考慮したうえで、内容を検討・改訂しての刊行となった。

　前書はこの間、全国の高等学校の先生方をはじめ、高校生、なかでも大学受験を志す皆さんに、小辞典のように便利な参考書として歓迎され、おおいに活用されてきた。また、高等学校における世界史教育の内容を、的確かつ容易に理解できる資料としての側面をもつものとして、大学関係者などからも高く評価されてきた。

　本書は、2023年度から開始された新たな科目である高等学校「世界史探究」の学習にあわせて、高等学校「世界史Ｂ」の教科書の記述内容と比較・精査・精読をおこなったうえで、収録用語を決定した。解説文は、基本的に前書の内容を継承しつつも、近年の研究動向を踏まえた内容としている。また、新規収録の用語の解説文は、新たに書き下ろしたものとなっている。なお、解説文は、専門研究の進展を踏まえながらも、利用者（とくに高校生）が理解しやすい内容にするといった、前書の記述方針を継承している。

　こうした意図にもとづいた本書が、これまでにも増して多くの方々に活用されることを願っている。

　2023年９月

全国歴史教育研究協議会

本書の特色と使用上の留意点

特色

1. 本書は、高等学校地理歴史科「世界史探究」の教科書7冊（いずれも2023年度使用）に記載されている用語から、学習に必要と思われる用語を収録し、適切な解説を加えたものである（地図のみに掲載された用語は取り上げない）。構成は「学習指導要領」に準拠してほぼ編年順とした。

2. 本書で取り上げた用語の数は、約5,200語である（複数箇所で掲載される同一用語はカウントしていない）。

3. 巻末には、五十音順の「索引」をつけているので、簡潔な用語辞典としても使用できる。

使用上の留意点

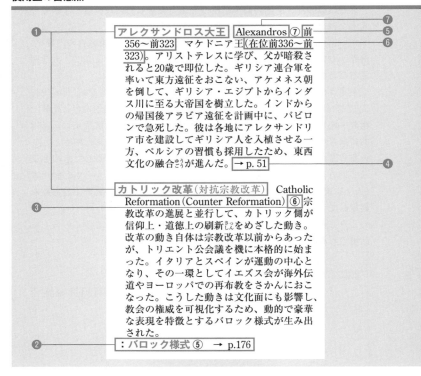

アレクサンドロス大王 Alexandros ⑦ 前356〜前323 マケドニア王（在位前336〜前323）。アリストテレスに学び、父が暗殺されると20歳で即位した。ギリシア連合軍を率いて東方遠征をおこない、アケメネス朝を倒して、ギリシア・エジプトからインダス川に至る大帝国を樹立した。インドからの帰国後アラビア遠征を計画中に、バビロンで急死した。彼は各地にアレクサンドリア市を建設してギリシア人を入植させる一方、ペルシアの習慣も採用したため、東西文化の融合が進んだ。→ p.51

カトリック改革（対抗宗教改革） Catholic Reformation (Counter Reformation) ⑥ 宗教改革の進展と並行して、カトリック側が信仰上・道徳上の刷新をめざした動き。改革の動き自体は宗教改革以前からあったが、トリエント公会議を機に本格的に始まった。イタリアとスペインが運動の中心となり、その一環としてイエズス会が海外伝道やヨーロッパでの再布教をさかんにおこなった。こうした動きは文化面にも影響し、教会の権威を可視化するため、動的で豪華な表現を特徴とするバロック様式が生み出された。
：バロック様式 ⑤ → p.176

❶ 本項目の用語名は、より多くの教科書で使用されている表記を採用し、必要な場合には、他の読み方を（　）で示した。また人名および地名は原語に近づけて表記するようにしたが、慣用の定着しているものはこれに従った。

❷ 部分的に、とくに本項目と関連のあるものを、「：」を付して関連項目として示した。

❸ 用語名の次に①〜⑦の数字で頻度数を示した。なお、世界史を学ぶうえで必要と思われる頻度⑤以上の用語は色刷りとした。

❹ 同じ用語が２カ所以上で扱われている場合は、必要に応じて参照ページを付した。

❺ 年代の表記は、西暦紀元前を前で表し、また、1000年以降の年代で同一世紀中のものは、末尾の２ケタで示したものもある。必要により中国暦・革命暦・ロシア暦・日本暦などを用いて説明した。

❻ 人物の生没年、事項の年代は頻度数の次に記し、王・皇帝・首相・大統領・教皇などについては、生没年に続いて在位（職）期間を（「在位（在任）○○〜○○」）の形式で示した。ただし、はじめから在位期間のみを示したものもある。

❼ 人物・事項のうち、必要と思われるものには原綴りを付したが、それらは『詳説世界史』『山川世界史小辞典』のほか、各種辞典を参考とした。

❽ 用語の解説（あるいは年代の表記）において、複数の説がある場合には、原則として教科書の多数説によったが、最近の説を紹介した場合もある。

＊ 書名には『　』を、美術作品・引用文などには「　」を付した。

＊ 国名の略記は、原則として、
　米＝アメリカ、英＝イギリス、仏＝フランス、独＝ドイツ、露＝ロシア、ソ＝ソヴィエト連邦、中＝中国、韓＝韓国、日＝日本　　とした。

■ 目 次

自然環境と人類の進化

地質年代② 地球に地殻ができはじめてから今日に至るまでを指す。古い順に先カンブリア時代の始生代、原生代、その後、古生代・中生代・新生代の3期に区分される。

先史時代⑥ 文献や文字による記録の存在しない時代。考古学的遺跡・遺物などを研究資料・手段とする。

人類⑥ 霊長類ミのヒト科に属する動物。約700万年前に類人猿とわかれたと推定される。直立二足歩行、道具の製作・使用などが人類の特徴とされる。

類人猿⑥ 霊長類のうち、とくにヒトに近いオランウータン・チンパンジー・ゴリラを指す。

直立二足歩行⑥ 人類のもっとも顕著な特性。人類の祖先は、乾燥による森林の減少を機に、樹上生活から地面に降りたとされる。前足を外敵からの防衛や道具の使用に用いるようになり、やがて前足は「手」となった。

化石人類（古生ミ人類）① 化石骨の発見によって知られた人類。古い順に猿人・原人・旧人・新人と分類され、完新世の人類とは区別される。

猿人ミ⑥ 最古の化石人類。アフリカにのみ分布し、直立二足歩行をおこない、原始的な打製石器を使用していたと考えられる。

サヘラントロプス Sahelanthropus⑤ 現在最古とされる700万〜600万年前の化石人類。2001年に中央アフリカのチャドで化石骨が出土した猿人。脳容積は類人猿なみの320〜380cc。半樹上生活ではあるが、地上では直立二足歩行をおこなっていた。

ラミダス猿人 Ardipithecus ramidus③ 約440万年前の化石人類。1990年代に日本の諏訪元ミらの調査団がエチオピアで発見した。

アウストラロピテクス Australopithecus⑥「南のサル」を意味する、南・東アフリカ各地で発見された猿人の総称。約420万年から200万年前のおよそ220万年間で数段階にわけられる。彼らは直立歩行をおこない、石器を使用していた。

打製ミ石器⑥ おもに旧石器時代に使用された、石を打ち欠いて製作した石器。もっとも原始的なものとして、礫ルの一端を片面から打ち欠いた礫石器が知られる。一般的な打製石器の製作法として、ハンドアックス（握斧）に代表される石塊を利用した石核ミ石器と、石塊から剥ぎ取った剥片石器の2種類がある。

原人ミ⑥ 更新世前期から中期（約240万〜20万年前）に生存した化石人類。猿人に比べ知力が著しく発達し、環境適応能力も大幅に向上して、アフリカからアジア・ヨーロッパに広く分布した。

ホモ＝ハビリス Homo habilis③「器用な人」を意味する、東アフリカで発見された約240万〜180万年前頃の原人の化石。脳容積が500cc以上となることが多く、名称は礫石器を製作したことに由来する。

ホモ＝エレクトゥス Homo erectus⑤ 180万〜20万年前に東アフリカに現れた原人。アフリカ以外で発見されたジャワ原人や北京原人もその例としてあげられる。

ジャワ原人 Homo erectus erectus⑤ 1890年代にオランダ人デュボワがジャワ島中部のトリニールで発見した、原人の化石。

北京ペ原人 Homo erectus pekinensis⑥ 1920〜30年代に北京郊外の周口店から発見された原人の化石。平均1000ccの脳をもつ。住んでいた洞穴の床に多くの焦げた跡があり、火の使用が確認されている。

周口店ミ① 北京の西南約50kmの地域。この第1地点（猿人洞）から北京原人の化石が発見された。

ハンドアックス（握斧ミ）⑥ 石塊を利用した石核石器の代表。木を伐ったり、削ったりするのに用いられた。

火の使用⑥ 人類史のなかできわめて大きな意義をもった文明の一つ。暖房・照明・調理など、居住環境と食料源の幅を拡大した。

言語の使用② 言語による相互の意思疎通。原人が開始したとされてきたが、不確定ともいわれる。

旧人ミ⑦ 更新世中期から後期（約60万〜3万年前）に生存した化石人類。高度な剥片石器技法を開発してナイフなど薄手の道具を製作し、狩猟の毛皮から衣服をつくった。氷期であったため、洞穴を住居とした。

ネアンデルタール人 Homo neanderthalensis⑥ 19世紀半ばにドイツのネアンデル渓谷で発見された旧人。ヨーロッパから中央アジアおよび西アジアにかけての一帯に化石が分布している。死後の世界についての観念を表す遺跡もみられる。

埋葬ミの習慣⑥ ネアンデルタール人の化石

の遺跡にみられた、死者を特別に扱った習慣。宗教的行為の始まりと考えられる。

剝片石器 ⑥ 石塊から剝き取った剝片から製作した石器。毛皮を剝いだり、肉を切ったり、骨を削いだりするのに使われた。

新人 Homo sapiens sapiens ⑦ 約20万年前アフリカに出現し、更新世末期の5万年前以降に、世界各地に広がった化石人類。体型や知能において現在の人類（現生人類）とほとんど違いがない。一つの原石を加工して、そこから細長い薄手の剝片をつぎつぎに打ち出す石刃技法を生み出した。

クロマニョン人 Cro-Magnon man ⑥ 南西フランスで発見された新人。ネアンデルタール人にかわって4万2000年前に現れた。現生人類の直接の祖先にあたる。

周口店上洞人 ⑤ 北京南西郊外の周口店の上洞（北京原人がみつかった洞穴の上の洞窟）で発見された、3万5000年～1万2000年前頃の新人。成人を埋葬した痕跡が残されている。

グリマルディ人 Grimaldi man ② イタリア領地中海沿岸の洞穴群で化石骨がみつかった、2万5000年ほど前の新人。

骨角器 ⑥ 動物の骨・角・歯牙で製作された道具。旧石器時代後期、中東からイベリア半島に至るヨーロッパの広い範囲で現れた。銛・針・錐などが作られた。

洞穴絵画 ⑥ 旧石器時代後期の新人が、洞穴内に描いた絵画の痕跡。洞穴全体を一つのキャンバスに見立てた大きな構想力と、観察精神、表現力などが一緒になってできあがった芸術であり、宗教画ともみなされる。

ラスコー Lascaux ⑦ フランス西南部にある旧石器時代末期の代表的な洞穴絵画遺跡。1940年に発見され、バイソンや馬などの狩猟場面が色鮮やかに描かれている。

アルタミラ Altamira ④ スペイン北部にある旧石器時代後期の代表的な洞穴絵画遺跡。1879年に発見され、壁と天井に牛・馬・野牛などが写実的に描かれている。

女性裸像 ② 旧石器時代後期につくられた、小さな石のヴィーナス像。乳房や臀部が強調されており、多産や豊作を祈った呪術的なものと考えられる。ユーラシア大陸各地に分布する。

旧石器時代 ⑥ 打製石器や骨角器を道具とした、石器時代のうちもっとも古い時代。人々はおもに狩猟・採集を中心とする移動生活を営んだ。約250万年前から約1万3000

年前にあたり、更新世にほぼ相当する。

中石器時代 ① 旧石器時代から新石器時代に移行する過渡期の時代。狩猟・採集を中心とし、細石器がつくられて野生穀物の刈り取りに使われた。

細石器 ③ 中石器時代から新石器時代初期につくられた、小型の剝片石器。骨や木の柄にとりつけ、矢・ナイフ・鎌の刃として使用された。とくに遊牧的社会で発達した。

更新世 ④ 新生代の約260万年前から約1万1700年前までを指す。数十回の氷期と間氷期が繰り返された。

完新世 ② 第4紀に属する、もっとも新しい地質年代。約1万1700年前から現在までで、それまでのマンモスなどの大型動物群が絶滅した。新石器時代以降に相当する。

人類と言語

人種 race ⑤ 19世紀に興隆した概念で、人類を生物学的・身体的特徴によって分類した集団を指す。皮膚や毛髪の色、形状などの違いから、白色人種（コーカソイド）・黄色人種（モンゴロイド）・黒色人種（ネグロイド）などに分類した。しかし近年の分子生物学の発達により、従来の人種分類基準は生物学的な根拠がまったくないものであることがわかっている。

民族 people, nation, ethnic group ⑦ 人間の話す言語や風俗、政治・経済の形態や同族意識など、おもに帰属する文化によって分類した集団を指す概念。この概念も人種の概念と同様、ナショナリズムや文化的偏見が著しかった19世紀ヨーロッパの民族学が作り上げたもので、基準や枠組みはきわめて不明瞭である。

語族 ⑥ 共通の言語から派生した同系統の言語グループを指す概念。ただし、19世紀の言語学による区分であり、人種・民族とともに、ある時代の学問が時代環境に大きく影響されて作り上げられた一例である。

インド＝ヨーロッパ語族 Indo-European ④ ヨーロッパのゲルマン語派・イタリック語派・スラヴ語派・ケルト語派・ヘレニック語派、アジアのインド＝イラン語派などを包摂する一大語群。

ウラル語族 Uralic ③ ウラル山脈の西側の地域に広がる言語群。ハンガリー語・フィンランド語・エストニア語など。

アルタイ語族 Altaic ③ ユーラシア大陸のアジア地域に広がるトルコ語・モンゴル

語・ウイグル語・ツングース語など。なお、日本語と朝鮮語の帰属については定説がない。

シナ＝チベット語族　Sino-Tibetan ④ 中国大陸を中心に、東アジアと東南アジア地域に分布する語群。東方の漢語・タイ語や、西方のチベット語・ビルマ（ミャンマー）語などがある。

オーストロネシア語族　Austronesian ③ マレーシア（ムラユ）語・インドネシア語・タガログ語など。

オーストロアジア語族　Austroasiatic ③ ベトナム語・クメール（カンボジア）語・モン語など。

ドラヴィダ語族　Dravidian ③ タミル語など、現在、南インドで用いられる諸々の言語を含む語群。

アフロ＝アジア語族　Afro-Asiatic ④ 西アジアから北アフリカ地域で使われている語群の総称。セム語派やエジプト語派、チャド語派など。

アフリカ諸語　③ 少なくとも総数800から1000を数えるアフリカの諸語。フルフルデ（フラニ）語・スワヒリ語・ハウサ語・バントゥー諸語・コイサン諸語など。

アメリカ諸語　③ イヌイット語・アサバスカ諸語（ナヴァホ語など）・マヤ諸語・ケチュア語など。

第1章　文明の成立と古代文明の特質

1 文明の誕生

農耕と牧畜のはじまり

狩猟・採集 ⑥ 旧石器時代において中心であった食料獲得方法。棒や簡単な武器を用いて鳥獣・魚類・植物などを食料として獲得した。

農耕・牧畜 ⑤ 前1万年から前4000年頃のあいだに、世界各地で始まった食料生産方法。西アジアでは、麦類を主作物とし、ヤギ・羊・豚・牛を家畜とする農牧が生まれ、前8000年から前6000年頃に定住農耕が普及した。アメリカ大陸では、前6000年から前1000年頃に、トウモロコシ・ジャガイモなどを栽培する農耕がメキシコとペルーを中心に発達した。

イェリコ ① 死海の北側、ヨルダン川西岸にある、もっとも古い初期農耕集落遺跡。前8000〜前6000年頃の、狩猟・採集の洞穴生活から農耕・牧畜の村落生活への過渡期を示す遺跡の一つ。

獲得経済 ⑤ 自然界の鳥獣・魚類・植物などを食料として手に入れて営んだ生活。

生産経済 ⑤ 生活に必要なものを作り出す経済活動。農耕・牧畜の開始によって人類の生活は獲得経済から生産経済に移り、生活の安定性も向上した。

食料生産革命（新石器革命） ② 農耕・牧畜の開始にともなう人類史上の一大変革。新石器の使用開始とほぼ同じであったところから、新石器革命とも呼ばれる。

織物 ④ たて糸と横糸を組みあわせて織った布。植物や獣毛を原料とした。

土器 ⑤ 粘土を成形して焼いた器。農耕定住生活にともなって世界各地で製作され普及した。用途は、調理・貯蔵などの日常用と、儀式用に区分される。

磨製石器 ⑥ 砥石を使って表面を磨いた石器。新石器時代の農耕開始とともに発達し、磨製の石斧・石鎌・石包丁・石臼などの農具のほか、工具・武具などが製作・使用された。

石斧 ④ 斧の形をした石器。刃のある楔形の石器に柄を付け、木を割ったり伐ったりするのに用いられた。

石臼 ⑤ 石でつくった、穀物をついたり、粉にするための道具。

新石器時代 ⑥ 道具として磨製石器が現れた、石器時代のうちでもっとも新しい時代。西アジアでは農耕・牧畜が開始された。日本では縄文時代が新石器時代にあたる。

彩文土器 ④ 素焼きの土器に顔料で文様をつけたもの。赤・白・黒などの顔料で幾何学文様や動植物などの模様をほどこした。新石器時代の地中海沿岸・黒海沿岸・エジプト・メソポタミア・インド・中国に分布した。

文明の誕生

乾地農法 ② 自然の雨水に頼る農法。年降水量200mm以上の半乾燥地では、土壌の保水に注意してこの農法がおこなわれている。

灌漑農業 ⑤ 耕地に人工的・組織的に水を供給、分配する農業。生産を安定・増進させ、メソポタミアやエジプトなどでの古代文明成立の原動力となった。

文化・文明 culture, civilization ④ 言語・習俗・道徳・宗教や種々の制度など、おもに精神的活動から生み出されたものが文化、人間社会が獲得した技術的・物質的所産の総体が文明と定義されてきた。しかし、明確に両者を区別できない場合も多い。

国家 ④ 食料生産の発達などを背景に成立した、一定の領土とその住民をおさめる排他的な統治権をもつ政治機構。前近代は君主国が主流であり、王が支配するものを王国、皇帝が広大な領域を支配するものを帝国と呼ぶ。なお、18〜19世紀には国民国家が現れ、各地に広まっていった。

都市国家 ⑥ 支配階級の居住する都市の支配が周辺地域にまでおよんで政治的独立性を獲得し、一つの領域、すなわち国家を形成したもの。

交易 ② たがいに品物を交換したり、売買したりする活動。なお、国家が成立したのち

外国と商業取り引きすることを貿易と呼ぶ。

階級 ③ 社会的地位・利害を同じくする諸集団、およびそれにともなう上下区分。金属器の使用による農業生産力の著しい上昇は、貧富の差や職業分化をうながした。さらに金属武器を早く知り、これを多くもつ民族が、ほかの民族を征服して、征服者と被征服者という階級区分をもたらした。

金属器時代 ③ 道具の材料として金属を利用しはじめた時代。青銅器が生まれて金属器時代が確立され、鉄器の使用で人類の歴史に顕著けんな変化が生じた。

青銅器 ④ 銅と錫すずの合金である青銅でつくられた道具。前4000年頃以降、西アジア・ヨーロッパ・インド・中国などで製作・使用された。青銅が鋳造ちゅうされ、かつ鉄の冶金やきん技術が登場する以前を青銅器時代と呼ぶ。

鉄器 ③ 鉄でつくられた道具。冶金技術は西アジアで前2000年頃から始まり、前14〜前13世紀頃のアナトリア地方で広範に普及していたと考えられている。また、鉄製の武器や道具が普及した時代を鉄器時代と呼ぶ。

文字の発明 ⑥ 文字は、言語を記録する手段として発明された。音声言語と関連をもつ絵文字が最古のもの。その後に変化した楔形文字は、神殿に奉納された家畜・穀類などを最古の文書に記録していた。

歴史時代 ⑥ 文字史料によって歴史を研究することができる時代。一方、文字の登場以前を先史時代と呼ぶ。

千年紀 ④ 千年を単位とした時代の区画法。一方、百年を単位としたものが世紀。

オリエントの風土と人々

オリエント Orient ⑤ メソポタミア・エジプトとその周辺地域。ラテン語で「日がのぼるところ」を意味し、古代文明が栄えた。

ティグリス川・ユーフラテス川 Tigris, Euphrates ⑦ アナトリア高原に発し、メソポタミアを流れ、ペルシア湾に注ぐ大河。ティグリス川がユーフラテス川に合流し、シャトルアラブ川となる。流域の沖積せきせき平野では灌漑農業が早くから営まれ、前3000年頃に都市文明が成立した。

メソポタミア Mesopotamia ⑦ ティグリス、ユーフラテス両河りょうがの流域地方。「川のあいだの土地」の意味で、ほぼ現在のイラクと重なる。さらに北部がアッシリア、南部がバビロニアにわけられる。灌漑農業が発達したが、塩害に苦しめられた。農産物のほか、粘土以外の資源に恵まれず、生活必需品との交易が必須であった。

「肥沃ひよくな三日月地帯」 Fertile Crescent ⑥ 早くから農耕文明が成立した、メソポタミアからシリア・パレスチナにいたる地域。アメリカ人学者ブレステッドの命名による。

セム語系 Semites ④ 古代オリエントにおけるアッカド語・アラム語・ヘブライ語や、今日のアラビア語などの言語（アフロ＝アジア語族）を話す人々を指す。

ナイル川 Nile ⑦ 古代エジプト文明を誕生させた大河。ヴィクトリア湖に発する本流の白ナイルと、エチオピア高原から発する青ナイルがスーダンで合流する。メソポタミアのティグリス川・ユーフラテス川と異なり、氾濫はんらんは定期的であった。

エジプト Egypt ⑦ ナイル川流域を中心とした、北アフリカ東端の地域。最古の農耕文明発祥地の一つ。前3世紀のエジプト人神官マネトは、統一王朝の成立からアレクサンドロスによる征服までのエジプト史を、30の王朝に分割した。また王権に注目すると、古王国・中王国・新王国や中間期といった7期にまとめられる。

シリア Syria ⑥ 地中海東岸の北部地域。海陸交通の要地であり、古代よりおもにセム語系民族が活躍した。

パレスチナ Palestine ⑥ 地中海東岸の南部地域。ユーラシアとアフリカを結ぶ海陸の

要地。古くはカナーンと呼ばれたが、「海の民」の一派で、実用的な鉄器技術をもったペリシテ人が定住したことから、パレスチナと呼ばれるようになった。

神権政治 theocracy ⑤ 神の権威を借りておこなわれる政治。王は神またはその代理人として権力をふるい、神の言葉を伝える神官も大きな影響力をもっていた。

地中海 Mediterranean Sea ② ヨーロッパとアフリカに囲まれた内海。航海が容易なことから古来重要な交通路として活用され、沿岸部に文明が発達した。

シュメール人の都市国家

ウル Ur ⑥ ユーフラテス川最南部に位置するシュメール人の都市国家。イギリス人考古学者ウーリーが発掘した王墓群からは、殉死者や、黄金の武具、ラピスラズリなどの宝石で装飾された「ウルのスタンダード」をはじめ、多数の副葬品が出土した。

ウルのスタンダード ② ウルから出土した箱状の工芸品。戦争や貢納の場面を表したとみられるモザイクがほどこされている。スタンダードとは軍旗の意味だが、用途は不明。大英博物館蔵。

ウルク Uruk ⑥ ウルより上流部に位置するシュメール人の都市国家。ドイツ隊によって発掘された。英雄ギルガメシュはウルクの王と伝承される。

ラガシュ Lagash ③ ウルの北方にあったシュメール人の都市国家。フランス隊により発掘された。

シュメール人 Sumerians ⑦ 系統不詳のシュメール語を話し、メソポタミア南部地域に最古の都市文明を築いた人々。ウル・ウルク・ラガシュなどが代表的な都市国家。都市国家間の覇権争いののち、シュメール人最後の王朝であるウル第3王朝（前2114頃〜前2004頃）がメソポタミア全域を支配した。シュメール人は、車輪・文字の発明など多くの文化貢献を果たしたが、ウル第3王朝が滅亡した前2000年頃から、急速に政治的勢力を弱め、セム語系のアッカド人やアムル人に取ってかわられた。

都市国家《オリエント》 ④ 神殿・王宮などを中心に、都市とその周辺の村落から形成された国家。ほぼ同時期に金属器や文字などが発明され、各地で文明圏が成立するようになっていった。

階級社会 ③ 王や貴族、神官や戦士などの階層が、平民や奴隷といった階層を支配するようになった社会。青銅器の使用が始まると生産力が上昇し、都市が発達して職業も分化するようになった。こうした過程で、政治的・経済的な強者による支配がおこなわれるようになり、階級社会が成立した。

ジッグラト Ziggurat ⑥ 古代メソポタミアの都市国家で建設された聖塔。煉瓦でつくられ、数層の基壇の上に神殿を建てる構造になっていた。

アッカド人 Akkadians ⑥ セム語系の人々。南メソポタミアの北部からおこり、シュメール人を征服して、前24世紀頃メソポタミア初の統一国家（アッカド王国）を建てたが、異民族の侵入で滅んだとされる。彼らの使用したアッカド語は古代オリエントの共通語となった。

サルゴン（1世） Sargon ③ アッカド王国の創始者。前24世紀頃、史上はじめてメソポタミアを統一した。彼にまつわる、多くの伝説がつくられた。

メソポタミアの統一と周辺地域

アムル人 Amorites ⑥ バビロン第1王朝を建てたセム語系遊牧民。ウル第3王朝期より、傭兵などや労働力として、あるいは武力侵入などによってメソポタミアに進出し、王朝樹立にいたった。

バビロン Babylon ⑤ ユーフラテス川中流域の都市。前19世紀以降、メソポタミアの中心として繁栄した。守護神はマルドゥク。

バビロン第1王朝 ⑦ 19世紀初めにセム語系遊牧民のアムル人が建てた王朝。バビロンを都とし、ハンムラビ王の時に最盛期を迎えた。前16世紀初め、ヒッタイトにより滅ぼされた。この王朝以降、シュメール・アッカドの両地域をあわせてバビロニアと呼ぶようになった。

ハンムラビ王 Hammurabi ⑦ バビロン第1王朝第6代の王（在位前1792頃〜前1750頃）。全メソポタミアを統一し、運河を含む交通網を整備して商業を発展させた。また、官僚機構を整備し、中央集権国家を建設した。

ハンムラビ法典 ⑦ ハンムラビ王が制定した法典。シュメールのウルナンム法典などを継承した成文法。1901〜02年フランス調査隊がスサにおいて、楔形文字で原文が刻まれた石碑を発見した。刑法・商法・民法などに関する282条が刻まれており、後文には「強者が弱者を虐げないように」制定し

たとある。

「目には目を、歯には歯を」④ ハンムラビ法典の原則。同害復讐の原則にもとづき、被害以上の過剰な復讐を禁じた。身分によって刑罰に差があったが、民族や宗教による差別はない。

(同害)**復讐法**⑤ 被害者にかわって、国家などの公的機関が制裁や救済をおこなうように定めた法。一般的に、社会が発展すると私的な復讐は禁じられるようになる。

インド=ヨーロッパ語系④ 広くインドからヨーロッパに分布するインド=ヨーロッパ語族に属する言語を話す人々。ヒッタイト人やイラン人が代表。18世紀にサンスクリット語とヨーロッパ系言語が類似することがわかり、研究が始まった。

ヒッタイト人 Hittites ⑥ 古代オリエントで強勢を誇った、インド=ヨーロッパ語系の民族・国家。前17世紀半ば頃ハットゥシャ(現ボアズキョイ)を都に王国を建て、前16世紀にバビロン第1王朝を滅ぼした。鉄器を早くから使用し、馬と戦車を駆使して前14世紀には最盛期を迎え、シリアをめぐってエジプトと対立した。前12世紀に「海の民」や外敵の侵入、内紛などによって滅亡したとされる。

アナトリア(小アジア) Anatolia ⑥ 現在のトルコ共和国にほぼ重なる、黒海・エーゲ海にのぞむ半島部分。小アジアとも称される。古代文明が栄え、今日でもアジアとヨーロッパの接点として重要な地域。

カッシート人 Kassites ⑤ ヒッタイトにかわり、前16～前12世紀にバビロン第3王朝を建てバビロニアを支配した民族。民族系統は不明だが、バビロンの伝統文化を継承し、アッカド語(バビロニア語)を使用した。前12世紀、イラン高原を支配していたエラム人に滅ぼされた。

ミタンニ王国 Mitanni ⑤ 前2千年紀後半、北メソポタミアに成立した、フルリ人の国家。15世紀にはエジプトやヒッタイトと並び繁栄したが、前14世紀ヒッタイトに敗れ、のちアッシリアに併合された。

多神教 polytheism ② 絶対的な一つの神でなく、複数の神々を信仰する宗教。一神教に対する用語。古代オリエントでは、都市それぞれの神(都市神)がとりわけ重視されており、ニップルのエンリル神、バビロンのマルドゥク神、アッシュルのアッシュル神は、神々の首位にある最高神とされながらも、都市神の性格ももっていた。

楔形文字 cuneiform scripts ⑦ シュメール人がつくった文字。尖らせた葦や筆や金属で粘土板に刻むため、字形が楔形となる。粘土板が焼かれると恒久的に文字が保存される。アラム文字が普及するまでオリエントで広く使用された。19世紀にドイツ人グローテフェントとイギリス人ローリンソンによって解読された。

粘土板 clay tablet ⑦ 楔形文字を記述・記録するために使用された板状の粘土。粘土はメソポタミアに広く分布するため、建築材料となる煉瓦や食器類などにも利用された。紀元前後を境に、粘土板に楔形文字を書くことは急速に廃れた。

六十進法 ⑦ シュメール人が発明した記数法。約数が多く便利なため、角度・時間の単位となった。伝統的な六十進法・十進法は、シュメール語が廃れた後も長く使われ、現在につながる天文学などは六十進法が基礎となり発達した。

太陰暦 ⑦ 月の満ち欠けの周期を基準とする暦。太陰暦を最初に採用したシュメール人は、純粋な太陰暦でなく、季節とのずれを調整するために閏月をおく暦を採用した。なお、現在のイスラーム暦は純粋な太陰暦であり、季節とのずれが生じる。

太陰太陽暦 ④ 太陰暦を基本に、月の満ち欠けと太陽の運行を組み合わせ、閏月を挿入して、季節とのずれを解消した暦。

『ギルガメシュ叙事詩』 Gilgamesh ③ ウルク王ギルガメシュの冒険を描いた叙事詩。現存する最古の文学作品といわれ、『旧約聖書』やギリシア神話などに影響を与えた。

ノアの洪水伝説 ② 『旧約聖書』中の「創世記」にある説話。神がノアの一族のみを洪水から救った話で、『ギルガメシュ叙事詩』中の洪水の神話が原型とされる。

1週7日制 ④ シュメールに始まりバビロニアで確立した風習。月の満ち欠けの周期や、肉眼で見える惑星の数などから考え出されたと推定される。ユダヤ教・キリスト教的伝統のなかで社会制度化された。

占星術 astrology ③ 天体の運行から様々な事象を説明しようとする考え。シュメールに始まり、バビロニアで盛んとなった。

エジプトの統一国家

「エジプトはナイルのたまもの」⑥ 古代ギリシアの歴史家ヘロドトスが著した『歴史』のなかの言葉。ナイル川の定期的な氾濫が麦の

生育サイクルと整合したため、農耕文明の繁栄が可能となった。

ファラオ Pharaoh ⑦ 太陽神ラーの子とされる、古代エジプト王の称号。もとは「大きな家」の意味。

古王国 ⑥ 前27世紀頃〜前22世紀頃　第3〜6王朝。中心地はメンフィス。王権の強大化にともないピラミッドがさかんに造営された。しかし、第6王朝が崩壊すると地方勢力が割拠[注2]して、国内は乱れた。

中王国 ⑥ 前21世紀頃〜前18世紀頃　第11〜12王朝。古王国滅亡後の混乱を、テーベの王が収拾しエジプトを再統一した。官僚制度を整えて中央集権化を進める一方、教育が広まり文学作品も多くつくられた。中心地はテーベ。

新王国 ⑥ 前1567〜前1085　第18〜20王朝。テーベの王がヒクソスを追放して成立した。積極的な外征でシリアまで領土を拡大し、トトメス3世の時代に最大領土となった。都はおもにテーベにおかれた。

メンフィス Memphis ⑥ ナイル川のデルタ地方の南端にある古王国時代の中心都市。第1王朝初代の王メネスが建設したとされ、地理的・文化的区分である上・下エジプトの境界となった。

クフ王 Khufu ⑤ 前26世紀頃の第4王朝の王。第4王朝が古王国の最盛期で、ギザの大ピラミッドは彼のものとされている。

ギザ Giza ③ ナイル左岸にあり、カイロ対岸の都市。クフ・カフラー・メンカウラー3王のピラミッドやスフィンクスで有名。

ピラミッド pyramid ⑦ 王の権威を象徴する石造建築物。腰掛状の墳墓[注]マスタバが原型と考えられ、古王国時代にさかんにつくられた。しかし墓の盗掘被害が甚大となり、新王国時代にはテーベの王家の谷に王墓が建造されることになった。

スフィンクス sphinx ⑤ 人頭獣身の石像。ギザのピラミッド入口にあるものが有名。

テーベ Thebes ⑥ ナイル川中流東岸の都市。現ルクソール。対岸に王家の谷がある。中王国・新王国時代の政治の中心地。

ヒクソス Hyksos ⑥ 中王国末期にエジプトへ進出し、王朝を建てたアジア系民族。シリア方面から徐々に流入・定着し、前17世紀に第15王朝を建てた。彼らがエジプトに馬・戦車をもたらし、西アジアとの関係を緊密化させた。

アメンヘテプ4世（アクエンアテン）Amenhotep IV（Akhenaten）⑥ 第18王朝の王（在位前1351頃〜前1334頃）。アマルナ改革と呼ばれる一連の改革をおこなった。テーベの守護神アメンを奉じる神官団を抑えるため、唯一神アテンへの信仰を強制し、アクエンアテン（アテン神にとって有益なるもの、ドイツ語読みではイクナートン）と改称、テル=エル=アマルナに遷都した。写実的文化も栄えたが、王の死で改革は終了した。妃はネフェルティティ、後継者は未盗掘の墓が発見されたツタンカーメン。

テル=エル=アマルナ Tell el-Amarna ⑥ テーベとメンフィスの中間にある、ナイル右岸の都市。アメンヘテプ4世が建設し遷都[注]したが、王の死後放棄された。19世紀、エジプトとオリエント諸国との当時の外交書簡であるアマルナ文書が発見された。

アテン（アトン）Aten ⑥ アメンヘテプ4世が信仰を強制した太陽神。もとは単に日輪の表象であったが、しだいに神として信仰されるようになり、アメンヘテプ4世の時代には唯一神とされた。

ネフェルティティ Nefertiti ④ アメンヘテプ4世の妃。美しく彩色された彫像で知られる。

アマルナ美術 ④ 前14世紀エジプトに栄えた写実的芸術。アメンヘテプ4世の宗教改革にともない、芸術面でも伝統から離れた自由な表現が登場した。

ラメス（ラメセス）**2世** Rames（Rameses）② 大王と称される新王国時代の王（在位前1279頃〜前1213頃）。治世が66年におよび、アブシンベル神殿など多数の神殿を建設した。対外的には、シリアやナイル上流の金の産地ヌビアに遠征し、領土を拡大した。

カデシュ Kadesh ② シリアの都市。前1275年頃（または前1286年頃）、ラメス2世がヒッタイト王ムワタリと戦った。その後両国は、記録で確認できる最古の講和条約を結んで休戦した。

ラー Ra ⑥ ハヤブサで表される太陽神。もとはある都市の守護神であったが、しだいに重要性を増し、国家神としてファラオの称号とされるにいたった。

アメン（アモン）Amen（Ammon）④ もとはテーベの都市神であったが、テーベ出身の王がエジプトを統一したことで強大化した。

アメン（アモン）**=ラー** ⑥ アメン（アモン）と太陽神ラーが結合した信仰が新王国時代に盛んになり、その神官団も強勢となった。

ミイラ mummy ⑥ 加工保存された遺体。古代エジプトでは、霊魂[注]が戻ってくるこ

とを信じて製造された。当初は砂中に埋めるだけの自然乾燥であったが、しだいに高度なミイラ製造技術が発達した。

「死者の書」⑦ オシリスの審判を受ける際に必要な呪文じゅもんを記した副葬品。古代エジプト42州の神々に対し、諸悪をおかしたことがないと告白し、楽園に入ることを願った。

オシリス Osiris ⑦ 人間の死後の審判をおこなう神。女神イシスの兄にして夫であり、二人のあいだの子が地上の王ホルスとなった。

神聖文字(ヒエログリフ) Hieroglyph ⑦ おもに石に刻まれた、エジプトの象形文字。神殿・墓・公式碑文などに使用された。

神官文字(ヒエラティック) Hieratic ② 神聖文字を簡略化し、おもにパピルスに記された書体。行政文書や宗教文書、文学作品などに用いられた。

民用文字(デモティック) Demotic ⑤ 神官文字が、前7世紀頃さらに書きやすく簡略化された書体。

パピルス papyrus ⑦ 一種の紙。ナイル川流域に繁茂はんもするカヤツリ草を材料につくられた。日用品や船をつくる際にも使用された。英語 paper の語源。

測地術⑤ 地表の諸点を計測する実用技術。ナイル川の氾濫後、荒れた土地を元通りに区画するために発達した。数学・天文学・暦学などの発達を促した。

太陽暦⑦ 太陽の運行を基準とした暦。もっとも明るい恒星こうせいシリウスが現れるとナイルの氾濫が始まるという規則性から考案され、1年を365日とした。

ロゼッタ＝ストーン Rosetta Stone ⑤ 1799年ナポレオンのエジプト遠征隊が発見した石碑。神聖文字・民用文字・ギリシア文字の3書体で刻まれていたため、ギリシア文字を基に神聖文字を解読する重要な手がかりとなった。遠征隊の敗北によりイギリスに引き渡され、現在は大英博物館に所蔵されている。 → p.198

シャンポリオン Champollion ⑤ 1790〜1832 フランスのエジプト学者。ファラオ名に注目して、ロゼッタ＝ストーンに刻まれた神聖文字の解読に成功した。

東地中海の諸民族

レバノン杉⑤ かつてシリア一帯に自生した針葉樹。まっすぐで頑強なため、船材・建築の材料に適した。フェニキア人の主要な

交易品であった。

カナーン人 Canaanites ② 地中海東岸、現在のシリアからパレスチナ地方で、交易によって栄えていたセム語系民族。

「海の民」たみ ⑤ 前13世紀末〜前12世紀初めにかけて東地中海一帯を混乱させた諸民族集団の総称。民族系統は不明。彼らの侵入によって、ヒッタイトとエジプト新王国は衰退した。

アラム人 Aramaeans ⑥ 前13世紀頃よりダマスクスを中心に内陸交易で活躍したセム語系遊牧民。ラクダを利用し、広範囲に交易網を成立させたが、政治的には巨大な王国を築くことはなかった。アラム語はオリエントの共通語として広まり、アラム文字はのちの文字の形成に大きな影響を与えた。

ダマスクス Damascus ⑥ シリアの中心都市。メソポタミアとエジプトを結ぶ交易路と、アラビアとアナトリアを結ぶ交易路が交差する要地で、前10世紀頃アラム人が首都と定めた。 → p.73

アラム語 セム語系言語の一つ。アラム人の活動によって広まり、オリエントの共通語となった。アッシリアやアケメネス朝の公用語であり、イエスも使用した。

アラム文字⑥ アラム人の活動により広範に普及した表音文字。フェニキア文字から派生し、時代・地域により多くの字形がある。西アジアではヘブライ文字・アラビア文字の、東方ではソグド文字・ウイグル文字・モンゴル文字・満洲文字の母体となった。

フェニキア人 Phoenicians ⑦ 海上交易で活躍したセム語系民族。ミケーネの衰退を機に躍進し、地中海沿岸各地に都市国家を建設した。レバノン杉やガラス工芸、紫の染料などの交易で繁栄した。

シドン Sidon ⑥ 地中海東岸に位置したフェニキア人の海港都市国家。前12世紀以降東地中海交易で繁栄した。

ティルス Tyrus ⑥ フェニキア人の海港都市国家。前10世紀以降シドンにかわって最有力都市国家となった。前9世紀にカルタゴを建設した。

カルタゴ Carthago ⑦ ティルス出身のフェニキア人植民者がアフリカ北岸に建設した海港都市国家。前2世紀にローマに滅ぼされた。 → p.61

フェニキア文字⑦ のちにアルファベットへ発展するセム語系の表音文字。22字の子音からなり、フェニキア人がシナイ文字を基につくった。このフェニキア文字から、ア

ルファベット・アラム文字が派生した。

アルファベット　alphabet ⑦ 子音のみのフェニキア文字に、ギリシアで母音字が加わって成立した表音文字。24文字からなり、文字数が少ないため象形文字より習得が容易であった。のちラテン文字・ロシア文字に発達し、ヨーロッパ各地に広まった。

ヘブライ人　Hebrews ⑥ ユダヤ教を成立させたセム語系民族。『旧約聖書』では、族長アブラハムに率いられ、ウルを出てパレスチナに定着したと書かれている。その後一部はエジプトへ移住したが、前13世紀頃モーセに率いられてパレスチナへ戻った。前10世紀頃イスラエル王国を建てたが、前922年に王国は分裂した。のちローマの支配下に入り、きびしい弾圧を受けた。

イスラエル人　⑥ ヘブライ人が他称であるのに対し、自称がイスラエル人。現在は、ヘブライを言語名、ユダヤを民族名として使用する場合が多い。

ユダヤ人　⑦ ユダヤ教成立以降のヘブライ人・イスラエル人に対する呼称。現在のイスラエルの法では、ユダヤ人とは、ユダヤ人の子・孫か、ユダヤ人と結婚、またはユダヤ教に改宗した人と定義されている。

モーセ　Moses ⑤ 『旧約聖書』に登場する、前13世紀頃のイスラエル人指導者。「出エジプト」をおこない、途上シナイ山で神ヤハウェより十戒を授かり、イスラエル人をカナーン（パレスチナ）に導いた。ユダヤ教・キリスト教・イスラーム教では預言者とされる。ただし、エジプト側にこれに関する史料はない。

「出エジプト」　Exodus ⑤ 前13世紀頃、ヘブライ人がモーセに率いられてエジプトを脱出したとされるできごと。途中エジプト軍に追いつかれそうになったモーセが、海を割ってヘブライ人を救った『旧約聖書』の話が有名である。

ダヴィデ王　David ④ イスラエル王国第2代の王（在位前1000頃〜前960頃）。イェルサレムを首都として、ペリシテ人などを排除して王国を強固にしたとされる。

ソロモン王　Solomon ④ イスラエル王国第3代の王（在位前960頃〜前922頃）。最高の智者と称えられ、ヤハウェの神殿建設などの栄華を誇ったとされる。彼の死後、王国は分裂した。

イスラエル王国　Israel ⑥ 前1012頃〜前722 前11世紀頃に建国されたイスラエル王国は、前922年頃ソロモン王の死後南北に分裂し、北の王国がイスラエルの名を継承し、南部がユダ王国を名乗った。10部族によって建てられた北のイスラエル王国は政情が安定せず、首都もサマリアに落ち着くまで、たびたびかわった。前722年にアッシリアに征服されて消滅した。

ユダ王国　Juda ⑥ 前922頃〜前586（前587）イスラエル王国分裂後にイェルサレムを首都として南部に成立した王国。ダヴィデ王朝が統治したが、新バビロニアによって滅ぼされ、住民はバビロンに連行された。

バビロン捕囚　the Exile ⑦ 前586〜前538 新バビロニアのネブカドネザル2世がユダ王国を滅ぼし、二度にわたって住民をバビロンに連行した事件。ユダ王国がエジプトと結んで新バビロニアに対抗しようとしたことが原因とされる。新バビロニアはその後アケメネス朝に滅ぼされ、ユダヤ人は解放され帰国した。彼らはイェルサレムに神殿を再興してユダヤ教を成立させた。

ヤハウェ　Yahweh ⑥ ユダヤ教の唯一神。十戒を授け、その順守と引きかえにユダヤの民を守る契約をかわしたとされる。

選民思想　⑥ ヤハウェとの契約を守るユダヤ人だけが救われるとする考え。イエスはこれを否定し、普遍的な愛を主張した。

救世主（メシア）　Messiah ⑥ ある集団が苦境におちいった時や世界が終末に向かう時に現れ、人々を救う者。民族的苦境にあったユダヤ人のあいだで、ダヴィデの子孫が王国を再建するという考えから生まれた。キリスト教ではイエスを意味するが、ユダヤ教主流派はイエスをメシアとは認めない。→ p.68

イェルサレム　Jerusalem ⑤ ダヴィデがイスラエル王国の首都とし、南北分裂後はユダ王国の首都になった。ユダヤ教のみならず、キリスト教・イスラーム教の聖地でもある。ソロモンが建設したとされるヤハウェ神殿の一部が、「嘆きの壁」として残っている。→ p.95

ユダヤ教　Judaism ⑥ バビロン捕囚からの解放後に成立したユダヤ人の民族宗教。ヤハウェを唯一神とし、選民思想・メシア信仰などを特色とする。基本戒律は十戒だがトーラー（『旧約聖書』中のモーセ五書を指す）に600以上の戒律が示されている。最後の審判や天使・悪魔の思想にゾロアスター教の影響がみられる。ユダヤ人の民族の団結を維持する役割を果たした。→ p.68

『旧約聖書』　Old Testament ⑦ 前10〜前1

世紀のあいだにまとめられたユダヤ教の教
典。イスラエル人の伝承や預言者の言葉が、
おもにヘブライ語で記された。とくに最初
の5つの書である、「創世記」や「出エジプ
ト記」などがトーラー（モーセ五書）と呼ば
れて重視される。なお、ユダヤ教は『新約
聖書』を認めていないため、『ヘブライ語聖
書』と呼ぶ。

十戒　the Ten Commandments ③ モーセが
神（ヤハウェ）から授かったユダヤ教の基本
戒律。唯一絶対神の信仰、偶像崇拝の禁
止、安息日の厳守や、殺人・窃盗・偽証な
どの戒めからなる。

預言者 ③ 神から言葉を預かり、それを人々
に伝える者。　→ p.71

ディアスポラ　diaspora ② ギリシア語で「分
散」の意で、パレスチナ以外の地にユダヤ
人が離散したことを指す。

一神教 ② 多神教に対して、ただ一つの神を
崇拝する宗教。ユダヤ教・キリスト教・イ
スラーム教がその代表例。

エーゲ文明

エーゲ文明　Aegean ⑦ 前3000年頃〜前1200
年頃にかけて、エーゲ海を中心に成立した
文明の総称。オリエントの影響を受けた青
銅器文明で、クレタ文明とミケーネ文明を
代表とする。

クレタ文明（ミノア文明）　Kreta ⑦ 前2000
〜前1400年頃、クレタ島を中心に栄えた文
明。神話の王にちなみミノア文明とも呼ば
れる。民族系統は不明。ギリシア最大の島
であるクレタは、地中海交易の要地として
繁栄し早くから文明が成立した。オリエン
ト文明の影響を受けているが、写実的な壁
画や壺絵から平和的性格がうかがえる。
天災やアカイア人の侵入で衰退・滅亡した。

クノッソス　Knossos ⑥ クレタ文明の中心
となった、クレタ島北岸の都市。発掘され
た宮殿は複雑な構造をもち、ミノタウロス
の神話で知られるミノス王の迷宮に擬せ
られた。城壁はなく、女性や海洋生物を描
いたフレスコ技法の壁画が有名である。

エヴァンズ　Evans ④ 1851〜1941 イギリ
スの考古学者。クノッソス宮殿跡を発掘し、
線文字の刻まれた粘土板を発見した。

ギリシア人　Greeks ⑥ インド＝ヨーロッパ
語系民族。移動の第一波として前20世紀頃、
アカイア人がバルカン半島に南下し、のち
にミケーネ文明を成立させた。　→ p.53

ミケーネ文明　Mykenai ⑦ 前1600〜前1200
年頃、南下したアカイア人がペロポネソス
半島に築いた文明。石造の城塞をもつ
王宮を中心とする小王国が分立・抗争した。
その社会構造について、従来は王が官僚制
を通じて農民から貢納を取り立てる貢納
王政が主流であった。しかし近年、宮殿
が物資の貯蔵と再分配を担ったとする再分
配システム説や、物資流通のセンターであ
ったとする説が提唱されている。また滅亡
については、ドーリア人の侵入説・「海の
民」の攻撃説・気候変動説など諸説ある。

ミケーネ ⑦ ミケーネ文明の中心地。シュリ
ーマンが発掘した。ペロポネソス半島北東
部にあり、王宮は、獅子門をもつ巨大な
城壁でかこまれていた。遺跡からは、黄金
のマスクなどすぐれた貴金属品が出土した。

ティリンス　Tiryns ⑥ ミケーネ文明の遺跡。
ミケーネの南方に位置する。

ピュロス　Pylos ② ミケーネ文明の遺跡。ペ
ロポネソス半島西南岸に位置する。

トロイア（トロヤ）　Troia ④ シュリーマンが
ホメロスの詩の歴史性を信じて発掘した、
アナトリア半島西北岸の遺跡。9層からな
るが、火災の跡や人骨から、第7層がミケー
ネ文明と同時代のものと推定されている。

シュリーマン　Schliemann ⑥ 1822〜90 ド
イツの考古学者。クリミア戦争で財をなし、
トロイア・ミケーネ遺跡の発掘に成功した。
江戸時代末期の日本を訪れた旅行記でも知
られる。

トロイア戦争 ② 古代ギリシアの神話伝承で、
ミケーネ王アガメムノンを総大将とするア
カイア軍とトロイアとのあいだで戦われた
とされる戦争。ホメロスの叙事詩『イリア
ス』『オデュッセイア』にも描かれた。

線文字 ⑥ エーゲ文明で使用された線状の文
字。クレタ文明では線文字Aが、ミケーネ
文明では線文字Aを改良した線文字Bが使
用された。線文字Aは未解読。

ヴェントリス　Ventris ⑤ 1922〜56 線文字
Bを解読したイギリス人建築家。解読の結
果、この文字がギリシア語を表すことを証
明した。

「海の民」侵入説 ④ ミケーネ文明滅亡の要因
を、前13世紀末〜前12世紀初めに東地中海
一帯に侵入した「海の民」と呼ばれる諸民族
によるものと推定する学説。

暗黒時代（初期鉄器時代）⑤ 前12世紀以降400
年続いたギリシアの混乱時代。史料が乏し
いため「暗黒時代」と呼ばれたが、この時代

に鉄器が普及し、また移民によって都市の基盤が成立するなど、のちのポリス世界成立への準備期間でもあった。

イオニア人 Ionians⑤ バルカン半島南部やアナトリア半島西岸に定住したギリシア人の一派。ミレトスなどを建設した。

アイオリス人 Aeolians⑤ アナトリア半島西北岸に定住したギリシア人の一派。

ドーリア（ドーリス）人 Dorians⑤ 西方方言群の中心をなすギリシア人の一派。前12世紀末頃、鉄器をもって南下し、バルカン半島南部やエーゲ諸島に定住した。スパルタなどを建設した。

オリエントの統一と分裂

アッシリア王国 Assyria⑦ 強力な軍事国家としてオリエントを初統一した、セム語系民族の王国。メソポタミア初の帝国ともされる。ティグリス川中流域のアッシュルを中心に建国され、はじめはミタンニ王国に服属した。前9世紀頃から、工兵・騎兵・戦車を特徴とする常備軍によって急速に強大化し、前7世紀後半にエジプトを征服して、オリエント主要部分を統一した。また広大な領域の多民族を統治するため、中央集権体制を強化した。王は専制君主として、全国を州にわけ、監督を派遣して支配した。組織的・大規模に服属民の強制移住をおこなったことでも知られる。しかし服属民の反乱がおこり、前612年新バビロニアとメディアの攻撃を受けて滅亡した。

駅伝制（えきでんせい）④ 街道に宿駅を設け、物資や情報を人が交代で運び伝える制度。中央集権制が効率的に機能するために必要とされる。

アッシュルバニパル Aššurbanipal⑥ アッシリア最盛期の王（在位前668〜前627）。エジプトとエラムに遠征し、最大版図（はんと）を達成。バビロニアの諸都市に伝承される文書を収集し、首都のニネヴェに図書館をつくった王としても知られる。

ニネヴェ Nineveh⑤ 前8世紀よりアッシリアの首都とされた、ティグリス川中流東岸の都市。図書館の存在で知られ、ここから発見された大量の粘土板からアッシリア学が発達した。

4王国分立⑤ 初の「世界帝国」アッシリアの滅亡後、オリエントに4国が分立した状況。4国とは、リディア・メディア・新バビロニア・エジプトのこと。

リディア（リュディア） Lydia⑤ 前7世紀からアナトリア南西部に栄えたインド＝ヨーロッパ語系の人々の国。都はサルデス。金の産地、東西交通の要衝という利点から中継貿易で栄え、最古の金属貨幣を使用した。アケメネス朝のキュロス2世に敗れ、滅亡した。

金属貨幣④ 金属を成型した貨幣。ギリシアの伝承では、リディアのエレクトラム（琥珀金（はく））が最古とされる。前6世紀後半にはアケメネス朝が金貨と銀貨をつくった。

新バビロニア（カルデア） Neo-Babylonia（Chaldea）⑥ 前625〜前539 セム語系のカルデア人の国。都はバビロン。アッシリアを倒し、その後の4王国のなかでもっとも強勢となった。前539年、アケメネス朝のキュロス2世に滅ばされた。

ネブカドネザル2世 Nebuchadnezzar③ 新バビロニア王国最盛期の王（在位前604〜前562）。シリアを征服して最大領土を築き、エジプトも撃破した。バビロンの町を再興、イシュタル門を建設した。エジプトと結んだユダ王国を滅ぼし、前586年バビロン捕囚をおこなった。

イラン Iran④ 西アジアのイラン高原を中心とする地域。住民の自称アールヤに由来する。乾燥地帯でも農耕を可能とする、人工的な地下水路の技術が開発された。古代帝国アケメネス朝の発祥地である。

メディア Media⑤ 前8世紀末〜前550 イラン北西部にイラン人が建てた国。都はイラン中西部のエクバタナ。新バビロニアと結んでアッシリアを倒したが、アケメネス朝に滅ぼされた。

クシュ王国 Kush⑤ 前920頃〜後350頃 エジプト新王国の滅亡後、ヌビア（現在のエジプト南部からスーダン）にヌビア人が建てた王国。ナパタを都に独立した後、前8世紀にエジプトへ進出してテーベを都にエジプト第25王朝を建てたが、アッシリアの攻撃を受けてヌビアに戻った。その後も、前670年頃にメロエへ遷都して存続したが、紀元前後より弱体化し、4世紀にエチオピアのアクスム王国の攻撃で滅亡した。

メロエ Meroe④ ナイル川流域の現スーダンにあった都市。アフリカ内陸部とエジプトを結ぶ交易の中継地として栄え、またエジプトから学んだ製鉄技術が発達した。

メロエ文字② エジプトのヒエログリフを基に、前3世紀までにつくられたメロエ王国の文字。一部を除いて未解読。

3　南アジアの古代文明

南アジアの風土と人々

南アジア ⑦　ヒマラヤ山脈・ヒンドゥークシュ山脈の南の半島部と、インド洋のスリランカ・モルディブなどからなる地域。モンスーンの影響により、多様な植生を生み出している。ガンジス川流域は米、中央部のデカン高原は綿花、インダス川流域は小麦などを特産とする。

モンスーン(季節風) ⑤　季節によって風向きが異なる風。この風を利用することで航海が容易になるため、沿岸部の都市による海上交易が活発になった。

インダス川　Indus ⑥　チベットに発しアラビア海に注ぐ、インド西北部の大河。インドという地名は、「シンドゥ(アーリヤ人のことばで「川」の意)」という語に由来する。

ガンジス川　Ganges ⑦　ヒマラヤに発しベンガル湾に注ぐ、インド北東部の大河。前1000年頃から、アーリヤ人がこの地域へ移動を開始し、森林地帯を鉄器で開墾して定住するようになった。

ドラヴィダ系　Dravida ⑥　アーリヤ人に先だつ、インドの先住民。現在、主として南インドを中心に居住する。前4000～前3500年頃西方よりインドに移動し、インダス文明を築いたと推定されている。

デカン高原 ③　インド亜大陸の南半を占める、ヴィンディヤ山脈以南の高原地帯。土壌は綿花栽培に適している。

インダス文明

インダス文明 ⑦　前2600頃～前1800頃　インダス川の中・下流域を中心に成立した青銅器文明。ほかの古代文明に比べ、もっとも広い範囲から遺跡が出土している。同一規格の焼煉瓦でつくられた住宅・倉庫・沐浴場・排水溝・道路を特徴とする都市文明で、大規模な宮殿や陵墓はない。メソポタミアと盛んな交易をおこなった。動物や地母神が刻まれた印章が多く出土するが、刻まれたインダス文字は未解読である。滅亡の原因については諸説あり、地殻変動・大洪水・塩害などの自然的要因や森林伐採・交易の衰退などの経済的要因が考えられている。

モエ(ヘ)ンジョ＝ダーロ　Moenjo Daro ⑦　インダス川下流域、現パキスタン領シンド地方にあるインダス文明の代表的遺跡。1922年に発見された。名称は「死人の丘」の意味で、城塞と市街地から構成されている。

シンド地方　Sind ①　現在パキスタンに位置する、インダス川の下流域。8世紀以降イスラーム化された。

ハラッパー　Harappā ⑦　インダス川中流域、現パキスタン領パンジャーブ地方にあるインダス文明の代表的遺跡。1921年にインダス文明の遺跡として確認された。インダス文明はハラッパーが基準となったため、ハラッパー文明とも呼ばれる。

ドーラヴィーラー　Dholavira ④　インド西部にあるインダス文明の遺跡。インダス文字の刻まれた看板状の遺物が発見された。

インダス文字 ⑦　インダス文明の遺跡から発見された象形文字。未解読であるが、ドラヴィダ系言語と推定されている。

印章 ⑥　インダス文明の遺跡から出土した、印鑑・ハンコ。石製で、動物の図柄とインダス文字が刻まれている。粘土板が使用されていなかったインダス文明の解明において、貴重な史料となっている。

アーリヤ人の侵入と
ガンジス川流域への移動

カイバル峠　Khyber ③　アフガニスタンのカーブルとパキスタンのペシャワールとを結ぶ峠。インドと西アジアを結ぶ交通の要衝として、古来多くの勢力が通過した。アーリヤ人やアレクサンドロス、イスラーム勢力がインドへ進入し、仏教はこの地を通って中央アジアに伝播した。

アーリヤ人　Aryans ⑦　インド＝ヨーロッパ語系民族。原住地の中央アジアで遊牧生活をおくっていたが、前1500年頃、インド西北部のパンジャーブ地方に進出した。戦車を活用して先住民を圧迫・征服したが、その後、農耕生活に入り、先住民との混合が進んだ。氏族制の父系社会で、自然神崇拝をおこなっていた。

パンジャーブ　Panjab ⑦　アーリヤ人が最初に定住したインダス川の中流域。5つの川にかこまれた肥沃な地域で、現在のインドとパキスタンにまたがっている。

ヴェーダ　Veda ⑤　古代インドで編纂された宗教的文献の総称で、バラモン教の聖典。アーリヤ人は自然現象に神性を認めて賛歌

と供物を捧げ、恩恵にあずかろうとした。そうした口伝による賛歌をまとめたものがヴェーダで、もとは「知識」の意。4種が伝わる。

『リグ＝ヴェーダ』 Rigveda ⑦ 前1200〜前1000年頃に成立した、最古のヴェーダ。太陽などの自然を神格化し、その神々に捧げた賛歌集。

ヴェーダ時代 ③ ヴェーダ文献の成立した時代。前期は前1500〜前1000年頃で、『リグ＝ヴェーダ』が成立した時代。後期は前1000〜前600年頃で、ほかのヴェーダやバラモン教が成立し、王権が発達した時代。

ヴァルナ varna ⑦ インド社会に残存する身分階層。「種姓」と訳されるが、もとは「色」という意味の語。進入したアーリヤ人が、先住民との肌の色の違いから、人間集団を区別・編成する際に利用した。当初はバラモン・クシャトリヤ・ヴァイシャ・シュードラの4つであったが、グプタ朝期に、その枠外に不可触民がおかれるようになった。10世紀頃から、職業を基準とした内婚集団であるジャーティと結びつき、インドの社会生活を規定する重要な要素となった。インド社会に安定をもたらした半面、発展を阻害する要因ともなり、1950年の憲法で出生による差別は禁止された。

バラモン brāhmaṇa ⑦ ヴァルナの最上位に位置する司祭階層。祭式を執行し、ヴェーダの教授をおこなった。

クシャトリヤ kṣatriya ⑦ ヴァルナの第2位に位置する戦士階層。政治・軍事の職を独占し、バラモンとともに支配層を形成した。

ヴァイシャ vaiśya ⑦ ヴァルナの第3位に位置する庶民階層。おもに商人を指す。上位3ヴァルナまでが再生族と呼ばれ、ヴェーダの祭式に参加できる。

シュードラ śūdra ⑦ ヴァルナの最下位に位置する隷属民階層。上位3ヴァルナに奉仕する義務をもつ。『マヌ法典』では農耕・牧畜はヴァイシャの仕事であったが、のちにこれらはシュードラの仕事となった。

不可触民 dalit ④ ヴァルナの枠外におかれ、もっとも差別された人々。動物の死体処理や清掃などの仕事を担わされた。 → p.143

バラモン教 Brahmanism ⑦ バラモンが執行する祭式を中心とした宗教。ヴェーダを根本聖典とする。のちに民間信仰と融合し、ヒンドゥー教へとかわっていった。

カースト(ジャーティ) caste(jāti) ⑦ インド社会における身分制度を指す。ジャーティとは「生まれ」を意味する語で、世襲的な職業ごとの集団。同一ジャーティでなければ結婚や食事ができないなど、社会的な制約が存在した。一方、アーリヤ人の進入以来形成され、イギリスのインド支配の過程で拡大・強化された社会階層をカーストと呼ぶ。カーストとはポルトガル語の「血統」を意味する語。この2語はほぼ同じ意味で用いられている。

カースト制度 ⑥ 4つのヴァルナにジャーティを結びつけて成立した、インド独特の社会制度。イギリス支配の時代に排他的な身分制度として強化され、現在にいたる。

東アジアの風土と人々

東アジア ⑦ ユーラシア大陸東部、朝鮮半島、日本列島を指す地域名称。中国大陸の地勢は西高東低であり、西部のチベット高原、その北と東に盆地と高原、東部に平野が広がる。平野部は北から順に遼河・黄河・淮河・長江・珠江などの河川が流れ、淮河が南北の境界線とみなされてきた。北は雨量が少なく寒気が厳しいのに対し、南は温暖湿潤であるため、北ではアワや麦を中心とする畑作、南では水田耕作が主流みられる。高原では遊牧、盆地ではオアシスを中心に農業・商業が営まれ、遊牧民と農耕民とのあいだで、交易やときには対立がみられた。

黄河 ⑦ 青海省に発し渤海湾に注ぐ、長江につぐ中国第2の大河。流域では農耕が発達する半面、氾濫が繰り返しおこる。黄河が北に湾曲するオルドス地方では冬季に川面が凍結するため、遊牧民がしばしば侵入した。

黄土 ③ 砂漠地帯から風によって運ばれた微粒子が堆積してできた土壌。華北一帯に厚く堆積し、家屋の材料とされるほか、突き固めると固くなる性質を利用して、城壁などにも利用された。また、黄土は細かい粒子からなり、土壌がアルカリ化しやすく、様々な工夫を重ねて農地化された。

長江(揚子江) ⑦ 全長6300kmで、中国最長の川。青海省のチベット高原から東シナ海へ注ぐ。下流部の別称が揚子江。

華北・華中・華南・東北 ⑥ 中国を大きく地域別に分類した名称。華北は黄河の中・下流域。華中は長江の中・下流域。華南は現在の広東・福建省周辺。東北は現在の遼寧・吉林・黒竜江省周辺。

遼河 ② 中国吉林省と内モンゴル自治区に発し、渤海に注ぐ川。流域には、黄河・長江文明と同じ頃、新石器文化が栄えた。

中華文明の発生

仰韶文化(ヤンシャオ) ⑦ 前5千年紀、黄河中流域に成立した新石器文化。スウェーデン人アンダーソンによって河南省仰韶村で遺跡が発見され、彩陶を特色とする。アワ・キビを栽培し、豚・犬・鶏を家畜とし、半地下式の住居に住み、濠をめぐらせた集落を形成した。

彩文土器(彩陶) ⑥ 素焼きの土器に、赤・白・黒などの顔料で文様をつけたもの。焼成温度は約1000℃で、食物の煮炊きに使用された。仰韶文化の特色となっている。

半坡遺跡 ① 陝西省西安市にある仰韶文化を代表する遺跡。柱や炉をもつ竪穴式住居や墓地、農具や狩猟具などが発見されている。記号が刻まれた陶器もあった。

竜山文化(りゅうざん) ⑦ 前3千年紀、黄河下流域を中心に成立した新石器文化。遼東半島から長江下流域まで分布する黒陶を特色とする。最初に山東省竜山区の城子崖遺跡が発掘されたため、この名がある。竜山文化の栄えた前3千年紀には、中国各地で城壁をもった都市が出現し、牛・馬も家畜化され、養蚕業も始まった。

黒陶 ⑥ 薄手の黒色磨研土器。ろくろの使用により薄手で均質になり、焼成温度約1000℃以上で製作された。黄河下流域に多く分布する。

灰陶 ② 竜山期に現れた、日常用の厚手の土器。黄土地帯で出土し、鬲・鼎に代表される、3本の袋状の足をもつ三足土器が多い。おもに煮炊きに用いられた。

河姆渡遺跡 ② 前5000〜前3000年頃、長江下流域に成立した新石器文化。稲・ひょうたん・豆類、家畜の骨、漆器や、高床式住居跡が発見された。日本の縄文文化との関連が指摘されている。

紅山文化 ② 前4000年〜前3000年頃、遼河下流域に成立した新石器文化。農業・漁労・狩猟や、豚や牛の飼育がおこなわれ、土器や玉器の生産も発達していた。とくに竜を象った玉器は殷を経て後代に伝わり、中華文明のシンボルとなった。

良渚文化(りょうしょ) ② 前3300年頃〜前2300年頃に長江下流域に成立した新石器文化。縦長の玉製祭具である琮など多彩な玉器文化が特徴で、黄河流域や遼河流域の文明にも影響を与えた。墓と副葬品に格差がみられ、階層差が存在したと考えられる。

屈家嶺文化(くつかれい) ① 前3000年頃〜前2600年頃に長江中流域に成立した新石器文化。稲殻の跡や陶製の彩色紡錘が発見されている。

三星堆文化(さんせいたい) ② 前1600年以降、四川盆地に成立した新石器文化。青銅製の独特な「縦目の仮面」で知られる。黄金製品やタカ

ラガイ（子安貝）も出土し、各地との交易が推定される。

殷・周王朝

二里頭文化③ 前2000年前後以降、黄河中流域に成立した新石器文化。河南省で発掘され、宮殿址や青銅器・玉器、車の轍などが確認されている。夏王朝に比定する説もある。

夏王朝⑥ 古代中国の伝説的な帝王である、禹から桀にいたる伝説上の王朝。『史記』に記述されているが、文字史料などは確認されていない。河南省の二里頭遺跡との関連が指摘されており、中国では公式に存在が認められている。

青銅器⑦ 銅と錫の合金からつくられた器物。中国では、二里頭文化期頃から使用されていた。

殷（商）⑦ 前16世紀頃～前11世紀頃　確認できる中国最古の王朝。湯王が夏の桀を滅ぼして建国し、第30代の紂王の時に周の武王に滅ぼされた。黄河中流域の商という大邑を中心とする国家で、王による神権政治がおこなわれた。農業を基盤としたが、玉器・タカラガイ・象牙などが出土し、遠方との交易も盛んであったことがうかがえる。農耕や家事のための奴隷が存在し、殉死などの風習があった。青銅器を武器・祭器として活用した。

殷墟⑤ 河南省安陽市で発見された、殷代後期の都の遺跡。殷はしばしば遷都したが、第19代の王が遷都して以後、滅亡までの都と考えられている。なお殷代後期には、都の名称として商が用いられた。

神権政治④ 王が占いなどによって神意を問い、その結果によって祭祀・軍事行動などを決定する政治。殷はその典型。

甲骨文字⑦ 亀甲・獣骨に刻まれた文字。殷は祭祀や軍事行動を占いで決定していたが、それらの占いを記録するための文字であり、漢字の原形とされる。

邑⑦ 前3000年以降しだいに形成された集落や都市。丘の上などにつくられ、樹木や土塁で囲まれたものが多い。内部では血縁で結ばれた共同体が形成された。

渭水⑤ 甘粛省に発し陝西省を東流して黄河に合流する川。とくに陝西省の渭水盆地は関中（函谷関の西側の地域）と呼ばれ、古代中国の中心の一つとなった。

周⑦ 前11世紀頃、殷を倒して華北を支配した王朝。前770年を境として、前半を西周、後半を東周と呼び、前256年秦に滅ぼされた。

西周② 前770年までの周の呼称。もと西方の遊牧民であった周は、渭水盆地に定住して殷の支配下に入った。前11世紀頃の武王の時、牧野の戦いで殷の紂王を破り、鎬京を都に定めた。封建制を採用し、勢力を拡大したが、周王の権威はしだいに低下した。前8世紀に諸侯間の勢力争いが激化し、王室の内紛もあって、都は洛邑へ移された。

鎬京⑥ 西周の都。現在の西安付近。

天⑤ 中国における至高の存在。殷代には超越的な絶対者として上帝が想定されていたが、周はそれにかわるものとして天を強調した。人や国家の命運を左右する強大な力をもつものと考えられ、とくに儒家は天に対して敬虔な態度でのぞんだ。

天子④ 中国における、王朝国家の最高支配者の呼称。天の命を受けて、中国の土地と人民を支配する人物を指す。周代に登場し、漢代には、君主に対する称号として皇帝と併用された。

易姓革命⑥ 孟子がとなえた王朝交替の理論。天命を受けた天子が悪政をおこなえば、天は天命を革め（革命）、別の有徳者を天子とし、姓（王朝の名）を易えるとする。禅譲・放伐の2形式がある。

禅譲・放伐⑥ 王朝交替の形式で、平和的な交替を禅譲、武力によるものを放伐という。

封建⑦ 周の統治体制。周は、氏族のまとまりや各地の社会・文化を維持しつつ拡大した勢力範囲を支配するため、一族・功臣・土着の首長らに領地を与えて世襲の諸侯とし、周王の祭祀への参加と軍役・貢納の義務を課した。同様に諸侯は直属の家臣団に領地を与え、忠誠の義務を課した。西欧の封建制が契約関係であるのに対し、周の場合は血縁関係にもとづくものであった。

封土⑤ 周の封建制において、臣下に与えられた領地。

諸侯⑦ 周王（天子）から封土を与えられ、土地と農民の支配を世襲的に認められた君主。

卿・大夫・士⑤ 周王や諸侯の家臣。支配氏族に属する男性を士、その氏族長を大夫、上級の大夫をとくに卿と呼んだ。

宗族② 同姓の父系集団。大宗（本家）と小

宗（分家）の区別があり、大宗を頂点にまとまり、祖先の祭祀をおこなった。小宗はしだいに拡大するため、分裂する傾向をもっていた。

宗法ⓟう⑤ 宗族を組織・維持する規範。嫡長子ちゃくちょうしがほかに優越して祭祀を主宰しゅさいすることや、同姓不婚の原則などを定めた。

礼れい② 周の時代には、上下関係を中心とする社会秩序や、それを支える行動規範が重んじられた。これらは礼と総称され、とくに儒家はその実践を重視した。

春秋・戦国時代

周の東遷とうせん⑦ 前8世紀、周王の後継者問題をきっかけに、周王と対立した諸侯が内紛をおこし、異民族の犬戎けんじゅうを巻き込んで周王を殺害した。その結果、周王室は東西に分裂し、諸侯の支持のもとにそれぞれ王が擁立されたが、最終的に東方の洛邑を拠点とした王が勝利した。周王はこれ以降、有力諸侯の支持なしに威光を保つことができなくなった。

洛邑らくゆう⑥ 黄河中流に位置する河南省の都市。現在の洛陽。周代に周公旦しゅうこうたんが東方統治のため建設し、周の東遷以降は東周の都となった。洛陽盆地は黄河の氾濫はんらんの危険性が少なく、陸路と水路の結節点にあたるという条件から、古代の中国王朝の多くは、渭水盆地の長安か、洛陽に都をおいた。

春秋しゅんじゅう**時代**⑦ 前770〜前403　周の東遷から、晋しんを三分した韓・魏・趙が周王に諸侯と認められるまでの時代。有力諸侯が、周王室の権威のもとに「尊王攘夷」をとなえて覇権はけんを争った。

『春秋』⑥ 春秋時代の国である魯ろの年代記。内容に関して、『左氏伝』さし『公羊伝』くよう『穀梁伝』こくりょうの3つの注釈書が残されている。儒家は、孔子がその成立に関与したとみなしている。五経の一つ。

覇者はしゃ⑥ 諸侯の同盟会議（会盟かいめい）を通してほかの諸侯を主導した、春秋時代の有力諸侯のこと。

尊王・攘夷そんのう・じょうい③ 春秋時代の覇者の姿を形容する言葉。周王を尊ぶことと、外敵・異民族を打ち払うこと。

春秋の五覇ごは① 春秋時代の代表的な覇者。孟子が「五覇」という語をはじめて使用したが具体例はなく、諸説ある。斉の桓公、晋の文公、楚の荘王の閻閭りょ王の闔閭こうりょまたは夫差ふさ、秦の穆公ぼくこう、宋の襄公じょうこうらがあ

げられる。

桓公かんこう③ はじめて周王に覇者と認められた斉の君主（在位前685〜前643）。管仲かんちゅうを宰相さいに用いて商工業を発展させ、北上する楚を討った。

文公ぶんこう③ 桓公のつぎに覇者となった晋の君主（在位前636〜前628）。長い亡命ののち即位し、周の内紛をしずめ、楚を破って晋の覇権を確立した。

戦国せんごく**時代**⑦ 前403〜前221　韓・魏・趙が諸侯と認められてから、秦の統一までの時代。諸侯は公然と王を名乗り、周王の権威は失墜して実力主義の時代となった。鉄器の普及による技術革新や、生産力の増大にともなう氏族の解体といった時代背景のもと、諸国は富国強兵と領地拡大につとめ、戦術面においても徴用された農民からなる歩兵の役割が増大した。

『戦国策』⑤ 戦国時代の各国の歴史や遊説ゆうぜいの士の策などを、国別に編集したもの。諸書を前漢の劉向りゅうきょうが、「斉策」や「秦策」などの33篇にまとめた。

戦国の七雄しちゆう⑦ 戦国時代に有力となった、秦・斉・燕・楚・韓・魏・趙の7国。

秦しん⑥ 前8世紀頃〜前206　戦国の七雄の一つ。現在の陝西省・四川省を領有した。周の東遷時に諸侯に格上げされ、前4世紀の孝公こうこうの時に都を咸陽に移し、商鞅の改革によって強大となった。　→ p.24

斉せい⑤ 前386〜前221　戦国の七雄の一つ。臨淄りんしを都として、黄河下流域を領有した。もとは周の功臣の太公望たいこうぼうが封じられた国であったが、前386年に家臣の田氏が実権を奪って建国した。製塩業などで栄えた。

燕えん④ ？〜前222　戦国の七雄の一つ。中国東北地方南部を領有した。銅・銀などの鉱物資源に恵まれ、毛皮・馬などの特産品も有した。

楚そ⑥ ？〜前223　戦国の七雄の一つ。長江中流域を中心に、中国南部の広大な地を領有した。黄河中流域の中原ちゅうげんとは風俗・言語を異にしていた。稲作を基盤としたが、青銅・鉄の製造や漆器・絹などの産業も発達していた。

韓かん⑤ 前403〜前230　戦国の七雄の一つ。晋の家臣であったが、前453年、魏・趙とともに自立し、前403年に3国とも周王から諸侯と認められた。山西省南部から河南省中部を領有した。

魏ぎ⑤ 前403〜前225　戦国の七雄の一つ。晋を三分して成立した一国。山西省南部から

河南省北部を領有した。商工業が発達していた。

趙 ⑥ 前403〜前222　戦国の七雄の一つ。晋を三分して成立した一国。河北省南部から山西省北部を領有し、遊牧民の騎馬戦術を導入して強大化した。

中国 ⑤ もともと中は中土、国は都市を示し、すなわち国都を意味したが、春秋時代には中原を指す言葉となり、始皇帝の頃から支配地域全体を指して中国と称するようになった。

華夷思想 ④ 世界（天下）の中心である自国を華、周辺の民族を野蛮な夷狄と称し、みずからの優位性を誇った思想。中国のみならず、朝鮮や日本の天下観にも影響を与えた。

夷狄 ⑥ 周辺の異民族に対する蔑称。東を夷、西を戎、南を蛮、北を狄と呼び、総称して夷狄と呼んだ。

春秋・戦国時代の社会と文化

鉄製農具 ⑦ 鉄製の刃を先につけた犂などの農具。春秋時代末期に出現し、深耕を可能にしたため、農業生産力が上昇した。鉄は森林を切り開く道具として使用され、開墾によって耕地が拡大した。中国では、鉄鉱石を高温で溶かし、鋳型で固めるという鋳鉄が主流であり、この鉄はもろいため武器には向かないが、型に入れて様々な形状にできるため、農具として使用された。

牛耕 ⑦ 春秋時代中期頃に現れた、牛に鉄製の犂を引かせる耕作法。鼻に輪をはめる方法によって牛の制御が可能となり、鉄製農具の普及とあいまって、農業生産力の上昇につながった。

木簡・竹簡 ⑦ 文字を記すために使用された、細長い木片や竹片。紙の普及以前は、もっとも一般的な書写材料であった。ひもで両端をしばったものを冊や巻と呼ぶ。

戸 ① 一組の夫婦と子供からなる小家族。農業生産力の向上によって小家族単位での農業経営が可能となり、従来の氏族制が解体されるなかで戸籍を編成する単位となった。これをもとに租税・労役・兵役などが割り当てられた。

青銅の貨幣 ⑦ 春秋時代末期から戦国時代にかけて使用された貨幣。殷・周代のタカラガイ（子安貝）にかわって、商人や諸侯が青銅貨幣を発行した。背景には農業や手工業の発達があった。刀銭・布銭・円銭など地域

によって様々な形のものがつくられたが、地金の重さをはかることで、形が違っても流通した。

刀銭 ⑦ 小刀を模した青銅貨幣。燕・斉など東北地方・黄河下流域でおもに使用された。

布銭 ⑦ 農具を模した青銅貨幣。韓・魏・趙など黄河中流域でおもに使用された。

円銭（環銭）⑤ 中央に孔のあいた円形の青銅貨幣。黄河中流域の韓・魏・趙や渭水流域の秦をはじめ、黄河下流域の斉などでも使用された。秦の統一後、しだいに円銭が中国貨幣の基本形となった。

蟻鼻銭 ④ 貝貨を模した小型の青銅貨幣。楚で使用された。名称は形状が蟻の頭の形に似ていることに由来する。

諸子百家 ⑦ 春秋・戦国時代に現れた諸学派の総称。諸国が国力増強を競い、人々は新しい秩序を求めるなか、多様な思想が続々と誕生した。漢代の班固は代表的な思想として9つの学派をあげている。

儒家 ⑦ 孔子を奉じる諸子百家の一つ。漢代に官学とされて以降、中国における正統な学派とされた。中国では、儒教・仏教・道教を三教と呼び、たがいに対立・競合しつつ発展していった。

孔子 ⑦ 前551頃〜前479　春秋時代末期に現れ、「仁」をとなえて儒家の祖となった思想家。小国の魯の曲阜（山東省）に生まれ、国政改革を試みたが失敗して、諸国を放浪した。帰郷して弟子の教育に専念し、その思想を伝えた。周代を理想とし、「修身・斉家・治国・平天下」の道を説いて、徳治主義を主張した。

『論語』 ⑤ 孔子と弟子の言行録。孔子の死後に弟子が編集したもので、道徳や政治など多様な内容を含む。四書の一つ。

孟子 ⑥ 前372頃〜前289頃　戦国時代の儒家。孔子の説を継承・発展させ、性善説や徳による王道政治をとなえた。しかし戦国時代の各国ではその考えは採用されず、弟子の教育に専念した。その言行録が『孟子』。

性善説 ⑥ 人の本性は善であるとする、孟子の説。悪は人の外に存在する、後天的・環境的なものだとした。

荀子 ⑥ 前298頃〜前235頃　戦国時代末期の儒家。性悪説をとなえ、礼を学ぶ重要性を説いた。君主の支配を容認して、斉・楚に仕えた。その言行録は『荀子』で、門下から韓非・李斯が出た。

性悪説 ⑥ 人の本性は悪であるとする、荀

子の説。その矯正（きょうせい）のために礼が必要であるとし、礼の制定・民（たみ）への教化をおこなう君主の支配を容認した。

法家（ほうか）⑦ 徳ではなく、成文法による統治（法治主義）を主張した諸子百家の一つ。秦が採用して中国統一に成功、さらに中央集権的な改革を実行した。

商鞅（しょうおう）⑦ ？～前338 秦を改革した法家の政治家。秦の孝公に仕えて、人々の連帯責任制や土地・戸籍の整備、度量衡（どりょうこう）の統一などの改革（変法）を実施し、秦の強大化に貢献した。この功績により商に封ぜられたので商鞅という。しかし孝公の死後、反対派により謀叛（むほん）の罪に問われ、処刑された。

韓非（かんぴ）（韓非子）⑤ ？～前233 法家思想の大成者。韓の王族で、荀子に学んでその説を発展させた。のち同門の李斯の謀略により捕らえられ、獄中で毒を飲み自殺した。著書『韓非子』。

李斯（りし）⑥ ？～前208 秦の始皇帝に仕えた法家の一人。 → p.25

墨家（ぼっか）⑥ 墨子の説を奉じる諸子百家の一つ。とくに儒家に対して批判を加え、兼愛・非攻を説いた。守城戦の専門集団として各国に歓迎されたが、秦の統一以降は衰えた。

墨子（ぼくし）⑥ 前480頃～前390頃 春秋時代末期から、戦国時代初めの思想家。孔子の仁を差別的な愛だと批判をし、無差別の愛である「兼愛（けんあい）」をとなえた。また、侵略の手段としての戦争を否定し、「非攻（ひこう）」をとなえた。

道家（どうか）⑦ 老子・荘子の説を奉じる諸子百家の一つ。宇宙の原理・根本としての道を求め、無為自然という生き方を説いた。儒家や墨家の説を人為的として否定した。のち様々な民間信仰と結びついて、道教の源流の一つとなった。

無為自然（むいしぜん）⑥ 「人為を排して、それ自身でそのまま、そうある（自（おのずか）ら然（しか）る）」という、老子の主張。万物はみな道を内在させているのだから、君主は「無為の治」を理想とすべしと説く。

老子（ろうし）⑦ 道家の祖とされる人物。生没年不明で多くの伝説があり、その実在も疑われている。姓が李（り）と伝えられるため、唐（とう）代には帝室の祖とあがめられた。

荘子（そうし）⑥ 前4世紀頃の道家の人物。河南省出身と伝えられる。老子の思想を継承・発展させた。価値は相対的であり、自然において万物は一つと説いた。欲望を捨てて自由に生きようという個人的な解脱（げだつ）を説く思想は、道教や禅宗の思想に大きな影響を与えた。

黄老（こうろう）の政治思想① 漢代初期に流行した、道家の思想を基調とする政治思想。「黄老」の名は伝説上の聖人である黄帝と、道家の祖である老子にちなむ。為政者の無欲・不干渉を重視する。

兵家（へいか）① 兵法・戦略を説く諸子百家の一つ。

孫子（そんし）（孫武（そんぶ））④ 春秋時代の呉の武将・兵法家であり、また彼の著作も指す。「敵を知り己を知る」ことの重要性や「戦わずして勝つ」ことなどを説く。また戦国時代の斉の孫臏（そんぴん）も孫子と呼ばれ、兵法書を残している。

呉子（ごし）（呉起（ごき））③ 前440頃～前381頃 戦国時代の衛（えい）出身の兵法家。孫子とならび「孫呉（そんご）」と称される。

縦横家（じゅうおうか（しょうおうか））⑤ 各国の君主に外交を説いた諸子百家の一つ。時勢を読み、策略をもって人や国を動かそうとする遊説の士のことで、蘇秦・張儀が代表。

蘇秦（そしん）④ ？～前317 縦横家。合従（がっしょう）策を説き、6国を同盟させて秦に対抗したが、張儀の連衡策に敗れて、斉で殺された。

張儀（ちょうぎ）④ ？～前310/前309 縦横家。蘇秦とともに思想家の鬼谷子（きこくし）に学んだ。秦王の信任を得て、秦と個別に和平条約を結ぶ連衡（れんこう）策を諸国に説いて成功をおさめた。しかしその後、秦を去って魏に仕えた。

陰陽家（いんようか）⑤ 天体の運行と人間・社会の関連を説く、諸子百家の一つ。万物を陰と陽に二分し、様々な現象はこの二気によっておこると説く。のち五行説と結びついた。

鄒衍（すうえん）④ 前305～前240 陰陽説・五行説の大成者。彼の説は、王朝交替理論や経書の解釈によって未来を予言する讖緯（しんい）思想などに影響を与えた。

陰陽五行説（いんようごぎょうせつ）④ 万物生成やその変化を、陰陽という二気と木・火・土・金・水の五要素（五行）の消長・関連から説明する思想。鄒衍によって陰陽説と五行説が統合・整理され、のちに老荘思想と融合（ゆうごう）して道教へ発展し、宋学にも影響を与えた。王朝交替も、五行の相生（そうせい）や相剋（そうこく）から説明された。

名家（めいか）③ 名（概念）と実（本質）との論理的な一致・調和をめざした諸子百家の一つ。公孫竜（こうそんりゅう）（前4世紀～前3世紀頃）を代表とする。詭弁（きべん）におちいり、漢以降は衰退した。

農家（のうか）③ 農民の立場から農業の重要性を説

いた、諸子百家の一つ。君主も含めたすべての人が平等に農耕すべきと主張した許行<ruby>こう<rt></rt></ruby>を代表とする。

南北アメリカの風土と先住民

ベーリング海峡 ⑥ 北極海とベーリング海とをつなぐ、シベリアとアラスカのあいだの海峡。現在も氷結するがかつては陸地であり、ここを通ってモンゴロイド系の人々がユーラシア大陸からアメリカ大陸へ渡った。

インディオ(インディアン) Indio(Indian) ④ アメリカ大陸先住民の呼称。先史時代に陸続きであったベーリング海峡を通って、または海路でモンゴロイド系の人々が移住し、拡散した。彼らは独自の農耕文明を発展させた。 → p.136, 201

メソアメリカ文明(中米文明) ③ メキシコ高原から中央アメリカにかけて成立した古代文明。暦・文字を用いたが、鉄器・車輪は用いなかった点などが特徴。大型家畜(馬や牛)ももたなかったが、高地に順応したリャマやアルパカを飼育した。大河の灌漑<ruby>がい<rt></rt></ruby>によらない、独自の農法を発展させた。オルメカ文明に始まり、メキシコのテオティワカン文明、アステカ文明、ユカタン半島のマヤ文明などが代表的。

トウモロコシ ⑦ アメリカ大陸原産の食物。アメリカの古代文明では聖なる食べ物とされる。海抜3000m程度まではトウモロコシが、それ以上の高地ではジャガイモが主として栽培される。

ジャガイモ ⑦ アメリカ大陸原産の食物。水を抜き乾燥させることで保存食ともなる。地下に育つため、天候や戦争の被害を受けにくく、ヨーロッパで広く普及した。

サツマイモ ① アメリカ大陸原産の食物。大航海時代以降ヨーロッパ人によって中国や日本に伝えられ、やせた土地でも栽培できるため、土地の開発や人口増が各地でおこることとなった。

トマト ① アメリカ大陸原産の食物。トマトのほかにもカカオ・カボチャ・トウガラシ・アボカドなどはいずれもアメリカ大陸が原産地である。

中南米の先住民文明

オルメカ文明 Olmeca ⑥ 前1200年頃までにメキシコ湾岸に成立した文明。独特な巨石人頭像を残した。ジャガー崇拝、ヒスイ

（宝石）の重視、ピラミッド状神殿が特徴的で、周辺地域の文明に大きな影響を与えた。

マヤ文明 Maya ⑦ ユカタン半島を中心とした文明。前1000年頃から神殿ピラミッドが発達し、前4世紀頃、各地に都市が成立した。9世紀以降は南部から北部に中心が移った。15世紀以降都市内や都市間の抗争が激しくなり、16世紀にスペイン人に征服された。→ p.137

ピラミッド状神殿 ⑤ 都市内につくられた、階段をもつ基壇を積み重ねた神殿。広場を囲んで建てられた。マヤの都市は、祭祀^{きし}・行政・交易の中心であった。

マヤ文字 ⑥ 表意文字と音節文字からなる、マヤ文明で使用された文字。解読が進み、マヤ王朝史が明らかになってきた。マヤでは天文学が発展し、ゼロが記号化され、二十進法が用いられていた。

二十進法 ⑥ 20を底とする位取りの記数法。マヤ文明では、0・1・5の記号や、20で繰り上げる表記法を用いていた。

テオティワカン文明 Teotihuacan ⑥ 前1～後6世紀にメキシコ高原に成立した文明。黒曜石製品の交易で栄え、羽毛の生えた蛇神など、彼らの信仰した神々はメソアメリカ全体に広まった。テオティワカン遺跡を中心とし、同遺跡の「太陽のピラミッド」「月のピラミッド」が代表的な建造物。

アステカ人 Aztecs ③ アステカ王国を建設した民族。自称メシーカ。北方の故地を捨てて南下し、14世紀にはテノチティトランを建設、他都市と同盟して台頭^{たいとう}した。16世紀にメキシコ中央高原から太平洋岸までを支配した。

アステカ王国（アステカ文明）⑦ 14～16世紀メキシコ中央高原に栄えた王国（文明）。貢納^{こうのう}と引きかえに自治を認めた軍事的国家。1521年コルテスに征服された。

テノチティトラン Tenochitilan ⑥ 14世紀、テスココ湖上の島に建設されたアステカ王国の都。湖で広大な盛土畑が造成されていた。コルテスによって破壊され、廃墟の上に現在のメキシコシティがつくられた。→ p.137

アンデス文明 Andes ③ 南米アンデス地帯に築かれた古代文明の総称。段々畑や灌漑^{かんがい}施設を発達させた。チャビンなどに始まり、ティワナク・ナスカ・チムー・インカなどの各文明が代表的。

チャビン文化 Chavín ⑤ 前1000年頃以降、ペルー北高地のチャビン＝デ＝ワンタルを

中心とした古代文明。蛇やジャガーが神格化されている。

インカ帝国 Inca ⑦ 15世紀半ば～16世紀、アンデス地帯で繁栄した帝国（文明）。インカとは「太陽の子」の意。15世紀半ば以降急速に拡大し、コロンビア南部からチリにいたる広大な領域を支配した。帝国を4つの領土に分け、巡察使^{じゅんさつし}を派遣した。皇帝は神格化され絶対的権力者となり、人々に労役（ミタ）を課した。太陽の神殿を代表とする石造建築や金属加工術が発達した。第13代アタワルパ時代の1533年ピサロに滅ぼされた。

駅伝制^{えきでんせい}《インカ》④ 高地に成立したインカ帝国が整備した、道路網と飛脚^{ひきゃく}制度。アンデス山岳地帯に散在する各都市を道路で結び、飛脚が王の命令などをもって、リレー形式で走って伝達した。

クスコ Cuzco ⑥ 標高3400mに位置するインカ帝国の首都。帝国はクスコを中心とする道路網と駅伝制を整備し、飛脚はクスコからエクアドルまでを約20日で往復したといわれる。→ p.137

マチュ＝ピチュ Machu Picchu ⑦ アンデス山中、標高2400mにあるインカ帝国の皇帝の離宮遺跡。段々畑の切石技術の状況から15世紀半ばに建設されたと推定される。

キープ（結縄^{けつじょう}）quipu ⑦ インカ帝国で用いられた、縄の色や結び方で、統計や数字を記録する伝達手段。

古代のアフリカ・オセアニア

アフリカの農耕 ③ アフリカでは前3000年までに、サハラ砂漠南端～赤道のあいだのサバンナで農耕が始まった。青銅器は使用されなかったが、前5世紀頃までには鉄器がつくられるようになった。またアフリカには、北アフリカのナイル川、西アフリカのニジェール川、中央アフリカのコンゴ（ザイール）川、南部アフリカのザンベジ川の4つの大河川があり、それぞれの流域で古くから農耕がおこなわれていた。

オセアニア Oceania ② オーストラリア・ニュージーランド、および太平洋の島々を指す呼称。さらにその島々は、北部のミクロネシア、南部のメラネシア、東部のポリネシアに区分される。遠洋航海の技術をもったアジア系の人々が、西から東に拡散・移住したと考えられている。→ p.257

第2章　中央ユーラシアと東アジア世界

1　中央ユーラシア——草原とオアシスの世界

中央ユーラシアの風土

中央ユーラシア　Central Eurasia ⑥ ユーラシア大陸中央部の、黒海北岸から中国東北地方の大興安嶺地域までの広域を指す概念。従来は内陸アジアとも呼ばれていたこの地域の草原は、古代より騎馬遊牧民の活動の舞台となり、彼らの卓越した軍事力が長きにわたって政治権力を樹立する基盤となった。そのため中央ユーラシアは、前近代における世界史の大変動の震源地であったともいえる。また南部のオアシス地域では、定住民（オアシス民）が都市をつくり、騎馬遊牧民の圧力を受ける一方でときには提携して、活発な交易活動を展開した。

中央アジア　Central Asia ④ ユーラシア大陸中央部の内陸地域の名称。その範囲は一定ではないが、パミールの東西に広がる砂漠・オアシス地域と北部の草原地域を中心とする。現在では、カザフスタン、ウズベキスタン、トルクメニスタン、タジキスタン、キルギス、中国の新疆ウイグル自治区などの地域にあたる。

パミール（高原）　Pamir ⑤ 「世界の屋根」と呼ばれる、天山山脈・ヒンドゥークシュ山脈・クンルン（崑崙）山脈・ヒマラヤ山脈が集まる高原地帯。高山の万年雪は、東西のオアシス地域の水源となっている。中国では葱嶺と呼んだ。

オアシス民　③ 砂漠・乾燥地帯に点在する、雪解け水による河川や地下水を水源とするオアシスの定住民。彼らは農業に加えて商業・手工業をおこない、その経済力を基盤としてオアシスごとに都市を形成した。なかでもソグド人は、中央ユーラシア一帯を結ぶ通商や文化交流において重要な役割を果たした。

遊牧民　⑥ 季節ごとに家畜とともに定まった地域を移動しながら生活する牧畜民。ユーラシア草原では羊・ヤギ・牛・馬・ラクダが五畜とされる。また卓越した指導

者が現れると、騎馬軍団を形成して、歴史上多くの遊牧国家を生んだ。

遊牧民の社会と国家

騎馬遊牧民　⑥ 騎馬の技術にすぐれ、機動性に富んだ軍事力を備えた遊牧民。騎乗したまま矢を射る騎射戦法で、定住農耕民に脅威を与えた。スキタイや匈奴をはじめとして、突厥・ウイグル・モンゴルなどが代表的である。

遊牧国家　⑥ 騎馬遊牧民が統率力のある君主のもとで部族連合を組み、中央ユーラシアの草原地帯に形成した国家。君主は忠実な親衛隊を従え、十進法で編制した軍団を率いて略奪や征服をおこなった。しかし、統率が失われると部族連合の再編がおこなわれ、遊牧国家は興亡を繰り返した。

「草原の道」　Steppe Road ⑦ 広義のシルク＝ロードのうち、中央ユーラシアの草原をつらぬく最北のルート。スキタイをはじめ、匈奴・突厥・ウイグルなどの騎馬遊牧民がこの地域に広大な国家を建設し、ユーラシア大陸の東西を結ぶ交易および文化交流に大きな役割を果たした。

「毛皮の道」　① 「草原の道」の北側の森林地帯の交易路の別称。森林地帯の狩猟・牧畜民の特産品である上質な毛皮が、ユーラシア各地で珍重され、国際商品として中継貿易で運ばれたことに由来する呼称。

スキタイと匈奴

スキタイ　Scythae ⑦ 前7〜前3世紀にコーカサス・黒海北方の草原地帯にいたイラン系騎馬遊牧民に対する、古代ギリシア人による呼称。独特の動物文様をもつ装飾品が知られる。最近の考古学調査によって、彼らが用いた馬具や武器、動物文様などは、中央ユーラシアの東部から伝わったことが確認されている。

スキタイ文化　⑤ スキタイ人が生み出した騎馬文化と、その影響で形成されたユーラシア草原地帯の騎馬文化。特有の動物文様がほどこされた金属工芸品や馬具・武器など

を特徴とした。

タリム盆地 Tarim ⑥ 中国の新疆ウイグル自治区南部の盆地。北を天山山脈、南をクンルン(崑崙)山脈に囲まれ、大部分をタクラマカン砂漠が占める。盆地北側の天山南路と南側の西域南道にオアシス都市が散在し、東西交通の主要路(「オアシスの道」)であった。

烏孫ぅそん ③ 前2世紀後半〜後5世紀に、天山北方からイリ地方に展開した遊牧民。民族的にはトルコ系説が有力。前漢の武帝による張騫の派遣を機に漢との結びつきを強めた。5世紀後半、柔然じゅうぜんの侵略を受けて西方に移り、以後衰退した。

月氏げっし ④ 前3世紀頃よりモンゴル高原西部から甘粛・タリム盆地に進出した騎馬遊牧民。イラン系説が有力。前177年頃匈奴の攻撃を受けて主力はイリ地方に移動した。しかし烏孫の攻撃を受け、アム川上流域に移って大月氏を名乗り、前145年頃にバクトリア王国を滅ぼした。その後、張騫を使者とした前漢の対匈奴同盟軍の要請を断った。

匈奴きょうど ⑦ 前3世紀末から数百年間、モンゴル高原に勢力をもって活動した騎馬遊牧民。前2世紀初めに月氏を西方に追い、東西交易の盛んな「オアシスの道」をおさえ、大遊牧国家を建設した。 → p.29

単于ぜんう ⑤ 匈奴などの騎馬遊牧民の国家で用いられた君主の称号。鮮卑から君主の称号としては可汗(カガン)が用いられた。

冒頓単于ぼくとつぜんう ⑦ ?〜前174 匈奴の最盛期を築いた単于(在位前209〜前174)。「冒頓」はトルコ=モンゴル語で「勇者」を意味するバガトゥル(バートル)の漢字音写と考えられている。モンゴル高原東部の東胡とうこや月氏を破って前3世紀末にモンゴル高原を統一し、前200年には漢の高祖こうそ(劉邦りゅうほう)をも破って、服属させた。

中継貿易 ③ 輸入した品物を、そのまま、または加工して再輸出する貿易。または、双方のあいだに立って品物を取り次ぐ中継ぎ形態の貿易。

匈奴の分裂 ④ 前60年すぎの東西分裂と、後1世紀半ばの東匈奴の南北分裂の2回。東西分裂後、モンゴル高原東部と現在の内モンゴル地域に南下した集団を東匈奴、高原の西方集団を西匈奴と区別する。西匈奴は前36年にソグディアナ進出で漢軍に滅ぼされた。その後、後1世紀半ばに東匈奴が南北に分裂した。モンゴル高原に覇をとなえた集団を北匈奴、現在の内モンゴル地区と

華北の一部に居住した集団を南匈奴と区別する。南匈奴は後漢に服属し、のちに五胡の一つとなみなる。北匈奴は同世紀末に鮮卑の攻撃でモンゴル高原を追われ、さらに後漢の攻撃を受けてイリ地方に移った。

鮮卑せんぴ ④ 2世紀半ばより匈奴にかわってモンゴル高原を支配した狩猟遊牧民。3世紀半ば以降各部が台頭するなか、五胡の一つとして内モンゴル・華北に入り、4世紀後半に拓跋たくばつ氏が北魏を建てた。 → p.29

フン人 ⑤ トルコ・モンゴル系の人々を起源とする騎馬遊牧民。匈奴の一部を含むとも考えられている。4〜5世紀に中央アジアの草原地帯からヨーロッパへの侵攻を繰り返し、この移動がゲルマン諸族のローマ帝国領内への進出のきっかけとなった。 → p.78

オアシス民の社会と経済

オアシス都市 ⑦ 中央アジアなどの乾燥・砂漠地帯において、雪解け水による河川や地下水を利用したオアシス農業および交易で栄えた都市。防御施設を備えた都市を中核に、周辺の農村地帯とで形成され、両者は政治・経済的に結びついていた。またそこに集積される富・物資や交易網は、遊牧民から征服や支配の対象とされた。西域や中東のオアシス都市は、交易を通じて東西文化の交流を支えた。

隊商たいしょう**交易** ⑤ 乾燥地帯でも耐久力のあるラクダなどに荷を積んだ商人たちが一団を組んでおこなった、内陸地域での長距離交易。英語の caravan はペルシア語に由来する。近代に至るまで、中央ユーラシアや西アジアではヒト・モノ・文化往来の主役となっていた。

ソグディアナ Sogdiana ④ ソグド人の本拠地で、シル川とアム川に挟まれた地域。東西交通路の要衝として、サマルカンドを中心に商業が発達した。ササン朝・エフタル・突厥などの支配を受けたのち、8世紀初めのアラブ人支配でイスラーム化し、アラビア語でマー=ワラー=アンナフル(河向こうの地)と呼ばれた。

アム川 Amu Darya ② パミールから発して、アフガニスタン北縁を流れ、アラル海に注いでいた中央アジアの大河。なお、旧ソ連時代の綿花栽培用灌漑かんがいでアラル海が大きく縮小したため、現在アム川はアラル海に達していない。

サマルカンド Samarkand ④ ソグド人の本拠地ソグディアナの中心都市。南北朝〜唐代の中国では康国と記された。8世紀初頭のアラブ人支配でイスラーム化し、カラハン朝以降、住民はトルコ化した。 → p.42, 124

ブハラ Bukhara ② 古くからソグド人の商業で栄えた中央アジアのオアシス都市。8世紀初頭のアラブ人支配でイスラーム化し、サーマーン朝の首都となってからは、ソグディアナ地方の政治的中心となった。
→ p.42, 86

クチャ(亀茲ぃ) Kucha ① 新疆の天山南路に位置したオアシス都市国家。漢代に西域都護府、唐代に安西都護府がおかれ、中国の西域経営の中心地となった。9世紀頃のウイグルの進出によりトルコ化し、その後イスラーム化した。

「オアシスの道」 ⑦ 中国の洛陽・長安から中央アジア・イラン高原を通って地中海東岸に至る地域を、オアシス都市経由で結ぶ最短距離の交易路。大航海時代以前の、ユーラシア大陸の東西交通路(シルク゠ロード)の主要ルート。交易品は絹・金銀器・ガラス・香料などで、紀元前には短距離をつなぐリレー式の交易がおこなわれた。

「絹の道」(シルク゠ロード) Silk Road ⑥ 19世紀のドイツ人地理学者リヒトホーフェンが、ユーラシア中央部・オアシス経由の交易ルートを指してつけた名称。現在の狭義では、「オアシスの道」がこれに当たる。広義では、「オアシスの道」と「草原の道」、さらに「海の道」を加えた東西交易ルート全般を指す。

絹 ③ 古くから中国で生産されていた蚕かの繭からとった繊維。また、それを原料とした織物。「オアシスの道」や「草原の道」を経由して西方にもたらされた、貴重な交易品であった。突厥やウイグルでは通貨のかわりとして重要視された。

カナート ③ 前8世紀に西部イランで始まったとされる、乾燥地帯の伝統的な灌漑方法(カナートはアラビア語)。山麓部で水脈に達する竪坑を掘り、たまった水を、地下水路(横杭)によって平野部の都市や農村まで導く。地下を通すことで蒸発による損失を防ぐ。カレーズ(ペルシア語)・フォガラ(北アフリカ)などとも呼ばれる。

「皇帝」の出現

秦と ⑦ 前8世紀頃〜前206 前3世紀に中国をはじめて統一した、戦国の七雄の一つ。前8世紀頃に周の諸侯となり、前4世紀以降政治制度の改革や新技術の導入により強大化した。秦王政の時に中国統一に成功し、中央集権策を強行したが、強い反発を受けて統一後15年で滅亡した。 → p.17

咸陽かん ⑤ 陝西省中部、渭水北岸の都市。孝公こうが前350年に遷都して以降の秦の都であったが、項羽により焼き払われた。現在の西安の北西に位置する。

秦王政せい ⑤ 中国統一にはじめて成功した秦の王(在位前247〜前221)。13歳で即位し、やがて丞相じょうの呂不韋ふいを退け親政を開始した。法家の李斯を登用して富国強兵を進め、前221年斉を倒して中国を統一し、皇帝(始皇帝)を名乗った。

皇帝 ⑦ 秦王政が統一後に採用した君主の称号。伝説上の三皇五帝に由来するとも、「煌々こうたる(光りかがやく)上帝」の意ともいわれる。従来の王を超越する存在と考えられて、こののち歴代統一王朝の君主が用いるようになった。

始皇帝しこう(秦王政) ⑦ 前259〜前210 中国をはじめて統一した秦王。統一後皇帝を称し(在位前221〜前210)、法家思想にもとづいた中央集権策を強行し、度量衡・文字(小篆しょう)を統一した。阿房宮あぼう・陵墓の造営、長城の修築などの大土木工事をおこなった。対外的にも、匈奴を討ってオルドスを奪還し、ベトナム北部にまで進出した。しかし急激な改革は反発をまねき、彼の死後まもなく全国的な反乱がおこった。

郡県制 ⑦ 始皇帝が全国に施行した、中央集権的な地方統治制度。すでに孝公の時代に秦でおこなわれていたが、始皇帝は李斯の進言を入れて、全国を36郡(のち48郡)にわけ、郡の下に県をおき、中央から派遣した官吏かんにおさめさせた。

焚書ふん・**坑儒**こう ⑥ 李斯の進言で始皇帝が実施した思想統制策。法家一辺倒の政治に異論をとなえる学者が多かったことから、前213年医薬・占い・農業以外の民間の書物を焼き(焚書)、さらに翌年には儒者を含む数百人の学者を穴に埋めて殺した(坑儒)と

される事件。

李斯〔り〕③ ？〜前208　始皇帝に仕えた法家の人物。呂不韋の推薦で秦に仕え、統一完成後は皇帝を補佐する丞相として種々の中央集権策を進言した。始皇帝の跡を継いだ二世皇帝（在位前210〜前207）の時、政敵の趙高（？〜前207）との対立から処刑された。
→ p.19

半両銭〔はんりょうせん〕⑤　戦国時代末期から秦で用いられ、始皇帝による統一以降に東方にも広まった、円形・方孔の銅銭。この形状は以後の中国・日本などの銅銭の基本形となった。

兵馬俑〔へいばよう〕⑦　兵士と馬をかたどった陶製の像。陝西省で発見された、もっとも有名な始皇帝の陵墓の周辺に埋められた人馬像は、1974年偶然に発見された。

長城〔ちょうじょう〕⑦　北方の騎馬遊牧民の侵入に対する防御壁。戦国時代、各国別に造営されていたものを、始皇帝が修築・連結した。現存するものは明〔みん〕代に造営されたもの。

南海郡〔なんかいぐん〕　前214年に設置された3郡の一つ。現在の広東〔カントン〕省。始皇帝は南方遠征をおこない、百越〔ひゃくえつ〕を征服して、桂林〔けいりん〕郡（現在の広西〔カンシー〕省）・象〔しょう〕郡（ベトナム北部）とともに南海郡をおいた。秦末には南越国が独立した。

陳勝〔ちんしょう〕**・呉広**〔ごこう〕**の乱**⑤　前209〜前208　始皇帝の死後におこった農民反乱。徴発された農民を率いて陳勝と呉広が挙兵し、半年で鎮圧された。しかしこれを契機に各地で反乱がおこり、項羽や劉邦が台頭した。

「王侯将相いずくんぞ種あらんや」④　挙兵の際の陳勝の言葉。王侯になるのに種（血統や家柄）などは問題ではなく、実力や才能が重要だという意味を表している。

項羽〔こうう〕⑦　前232〜前202　秦末の楚の武将。「四面楚歌〔しめんそか〕」や虞美人〔ぐびじん〕の故事で知られる。楚の懐王〔かいおう〕を義帝とし、みずからは西楚の覇王〔はおう〕となるが、垓下〔がいか〕の戦いで敗れ、烏江〔うこう〕において自殺した。

劉邦〔りゅうほう〕⑦　前247〜前195　漢の建国者。江蘇〔こうそ〕省沛〔はい〕県の農民の出身。陳勝・呉広の乱を機に挙兵し、咸陽を陥落させた。前206年漢王に封じられるが、その後項羽と対立して本格的な楚漢の戦いが始まった。何度も危機におちいるが、家臣に救われ、前202年垓下で項羽を破り、漢の初代皇帝（高祖）となった。統一後は臣下を粛清〔しゅくせい〕し、帝国の基礎を固めた。

高祖〔こうそ〕⑥　漢の初代皇帝劉邦の廟〔びょう〕号。初代皇帝の廟号は通常、高祖や太祖が使われ

た。

帝号〔ていごう〕**・廟号**〔びょうごう〕①　帝号は、皇帝の生前の業績で命名され、諡号〔しごう〕という。廟号は、亡くなった皇帝の廟につけられた名称。漢字一文字に「宗」が多い。明代以降は、皇帝在位時の元号で呼ばれる。

漢〔かん〕⑦　前202〜後220　劉邦が建国した統一王朝。途中、王莽による新（後8〜23年）を挟んで前漢・後漢にわけられる。漢の時代に、官僚や儒学に支えられた皇帝統治という、20世紀まで続く中国的国家体制が樹立された。そのため、「漢」が中国を代表する語として用いられるようになった。

前漢〔ぜんかん〕⑦　前202〜後8　劉邦が建てた王朝。西漢ともいう。都は長安。第7代武帝のときに最盛期を迎え、ベトナム・朝鮮・西域まで支配を拡大した。しかし武帝の死後、しだいに外戚の力が強まり、14代で、外戚の王莽に一時国を奪われた。

漢代の政治

長安〔ちょうあん〕⑥　渭水盆地のほぼ中央に位置する漢の都。現在の西安の北方。　→ p.35

郡国制〔ぐんこくせい〕⑦　漢代にとられた、郡県制と封建制を併用した支配体制。他の群雄と連携して項羽を倒した劉邦は、皇帝となったのち、直轄地の行政制度として秦の郡県制を継承するとともに、皇帝の権威を認めて従う群雄を諸侯王として封建し、東方各地の支配を任せて、天下を共同支配した。しかし諸侯王の権限は漢によって徐々に奪われ、武帝の時に事実上、郡県制に等しい体制になった。

呉楚七国〔ごそしちこく〕**の乱**⑥　景帝による諸侯王抑圧策に対し、前154年呉・楚などの7王国がおこした反乱。短期間で鎮圧され、つぎの武帝のとき、さらに諸侯王抑圧策が強化され、中央集権体制が確立された。

武帝〔ぶてい〕⑦　前156〜前87　前漢の最盛期を現出した、第7代皇帝（在位前141〜前87）。はじめて年号「建元〔けんげん〕」を制定した。54年におよぶ統治期間中、中央集権化を進め、塩・鉄（・酒）の専売や均輸・平準によって増収をはかり、また土木事業を展開した。対外的には、匈奴を攻め、ベトナム・朝鮮に進出して郡をおいた。

南越〔なんえつ〕⑥　前203〜前111　秦の滅亡を機に、中国南部からベトナム北部に漢人の趙佗〔ちょうだ〕が建てた国。名目上、漢に従属していたが、武帝に征服され、南海9郡がおかれること

になった。

衛氏ⅰ朝鮮 ⑦ 前190頃〜前108　衛満が朝鮮半島に建てた国家。王険城ホウルョウ（現在の平壌ピョンヤン）を都とし、漢に服属していたが、前108年武帝に滅ぼされた。

衛満いまん ③ 生没年不明。衛氏朝鮮の建国者。前190年頃、伝説的王朝である箕子きし朝鮮の王を追放して国を建てたといわれる。

楽浪郡らくろう ⑥ 武帝によって朝鮮におかれた4郡の一つで、現在の平壌付近。中国王朝による朝鮮支配の拠点として長期間存続したが、313年に北方の高句麗こうくりに滅ぼされた。 → p.29

張騫ちょうけん ⑦ ？〜前114　西域事情を判明させた、漢代の人物。武帝の命で匈奴を挟撃きょうげきするため前139年、大月氏に派遣された。しかし同盟交渉は成功せず、前126年に帰国した。その後烏孫うそんにおもむき同盟をもちかけるが成功せず、前114年に死去した。しかし、のちに烏孫との同盟は成立した。彼の報告により西域事情が明らかとなり、西方との交易が開かれた。

大月氏だいげっし ⑤ 前2世紀、匈奴に追われてバクトリアに移動した、月氏の一勢力。匈奴に追われたのちイリ地方に移り、さらに烏孫に追われて西走し建国した。のちに大夏だいか（トハラ）を滅ぼした。張騫が来訪したが、漢との同盟はことわった。 → p.44

西域さいいき ⑦ 中国側による中央アジアの呼称。武帝の時代に設置された玉門関ぎょくもんかん以西の地を指すが、時代によりその範囲が異なる。西方との交易や北方の騎馬遊牧民に対する軍略上、中国王朝にとって重要な地域であった。

大宛だいえん（フェルガナ）③ パミールの西側、シル川上流域の地域名。張騫の報告により、一日に千里を走るとうわさされた良馬（汗血馬かんけつば）の産地と知った武帝が、将軍の李広利りこうりを派遣した。

敦煌郡とんこう ④ 武帝が前121年頃に設置した河西かせ4郡の一つ。漢の西域経営の拠点であり、武帝は軍隊を駐屯ちゅうとんさせた。

河西回廊かせいかいろう ① 黄河の上流より西に向かい、祁連きれん山脈とゴビ砂漠に挟まれた、細長い交通路。古来東西交通の要衝として、諸勢力の争奪が繰り返された。武帝の時、匈奴を駆逐して4つの郡がおかれた。

郷挙里選きょうきょりせん ⑥ 漢代におこなわれた官吏登用制度。優秀な人材を地方で選び、地方長官が中央に推薦した。武帝の頃から本格的に実施され、推薦を受けた豪族の子弟が多

く官界に進出するようになった。

塩・鉄（・酒）の専売 ⑦ 前2世紀、武帝が実施した政策。桑弘羊そうこうようらの政策で、こうした生活必需品の生産・販売を国家管理とした。商人をはじめ、民間からは反対の声があがり、酒の専売は早期に廃止されたが、塩・鉄の専売はその後も重要な収入源となった。

画像石 ④ 墓室の壁面に、人物・神話・車馬の行列などの画像を彫り付けたもの。後漢期に流行し、豪族らの生活ぶりを知ることができる。

限田策 ① 前漢末、王莽の改革に反対した哀帝あいていの治世（前7年）に発布された、土地所有制限法。土地と奴隷の所有に上限を設けようとした。

均輸きんゆ ⑥ 前115年に試行、前110年に本格的に施行された経済政策。全国各地で特産品などの物資を集め、これを国家の手で不足地に輸送・販売して、物資の均等な流通と国家の増収を実現した。民間の商業活動と競合したため、商人の反発をまねいた。

平準へいじゅん ⑥ 前110年、武帝が施行した経済政策。物価下落時に政府が物資を買い取り、物価高騰時に売り出して、国庫収入の増大と物価の安定をはかるものであった。

五銖銭ごしゅせん ④ 武帝の時代の前118年にはじめて鋳造ちゅうぞうされた青銅銭。以後、唐で開元通宝かいげんつうほうが鋳造されるまで長く使用された。

宦官かんがん ⑦ 去勢された男性。去勢はもとは捕虜や罪人に対しておこなわれる刑罰の一種であったが、彼らは後宮こうきゅうに出入りして皇帝の世話をする役目も果たしたことから、富貴と権勢を求めてみずから宦官となる者が多くなった。彼らはしだいに団結し、官僚や外戚と対立するなど、政治を混乱させる一因となった。

外戚がいせき ⑦ 皇后や妃の親族。幼くして皇帝が即位した場合、皇太后やその親族が後見役となることが多く、政治の実権を握ることが可能になった。

王莽おうもう ⑦ 前45〜後23　新の建国者。前漢末に外戚として新都侯しんとこうに封じられ、儒学者をブレーンとして台頭した。さらに幼少の皇帝の外戚となって実権を握り、儒学の思想にもとづく官制や祭祀の整備を推し進めた。やがて漢の皇帝の位を奪ってみずから皇帝（在位後8〜23）となり、新を建国した。即位後は周代を理想とする復古主義的政策を強行したため社会は混乱し、豪族の離反や農民反乱がおこるなか、23年に殺さ

れた。彼が前漢末に整備した諸制度は、後代の王朝に継承された。

新ん ⑦ 8〜23　王莽が建てた王朝。儒学の理想にもとづいて復古主義政策をとり、貨幣改鋳や土地所有の制限などの改革をおこなったが失敗した。また近隣諸国との関係悪化や、赤眉の乱以降の国内の混乱により、15年で滅んだ。

赤眉ぎの乱 ④ 18〜27　新末の農民反乱。参加した農民は、漢を象徴する色である赤色で眉を染めたため、この名がある。反乱軍は一時長安を占領するが、劉秀らによって鎮圧された。

劉秀ゅう（光武帝こうぶてい） ⑦ 前6〜後57　後漢の初代皇帝（在位25〜57）。河南省の豪族出身で、赤眉の乱に乗じて兵をあげ、王莽軍を破った。25年皇帝となり漢を再興したのち、赤眉の乱を平定し豪族の連合政権を樹立した。前漢末の諸制度を継承して、儒家思想にもとづく体制を確立した。

後漢ごか ⑦ 25〜220　劉秀が再建した漢王朝。東漢ともいう。都は洛陽。豪族の連合政権として当初は安定していたが、2世紀には実権を握った豪族や宦官、官僚が内紛をおこし、幼少の皇帝が続くなど政治的な混乱が深まった。220年、献帝けんが魏王曹丕そうひに禅譲して後漢は滅亡した。

洛陽らくよう ⑥ 後漢の都となった河南省北西部の都市。洛陽盆地は黄河を渡ることが容易な地であるため、中原への出入り口として、交通・軍事上の要地でもあった。以後の魏・西晋せい・北魏ぼくなどの都となった。
→ p.30

党錮とうの禁きん ④ 宦官による官僚（党人）弾圧事件。儒家官僚が宦官勢力を批判すると、166年と169年に、宦官は党人を官界から追放した。弾圧は黄巾の乱勃発ぼっぱつまで続き、後漢崩壊の一因となった。

黄巾こうきんの乱 ⑦ 後漢滅亡の契機となった農民反乱。張角が184年（中国では変乱の年と考えられていた甲子こうしの年にあたる）に、貧窮ひんきゅう農民を率いておこした反乱で、華北一帯に波及した。農民は彼らの信奉する神を象徴する黄色の頭巾ずきんを巻いて参加したのでこの名がある。反乱は各地に飛び火し、各地の豪族が自立して、後漢の滅亡が決定的となった。

太平道たいへいどう ⑥ 張角が始めた民間宗教とその結社。お札・霊水を飲ませ、呪文じゅもんをとなえて病気を治療した。華北一帯に広まり、黄巾の乱の主力となった。五斗米道とともに

道教の源流となった。

張角かく ④ ?〜184　黄巾の乱を指導した、太平道の創始者。「蒼天そうてんすでに死す、黄天こうてんまさにたつべし」として184年挙兵したが、その直後に病死した。反乱軍の主力も鎮圧された。

五斗米道ごとべいどう ② 2世紀後半に四川地方で張陵ちょうりょうが創始した宗教結社。天師道ともいう。名称は病気を治療し、謝礼に米5斗を受け取ったことに由来する。張陵の教団は一大勢力となり、孫の張魯ちょうろは215年曹操そうそうに降伏したが、魏での布教が許された。道教の源流の一つとなり、北魏の新天師道、南宋そうの正一教せいいっきょうなどに引き継がれた。

〽〽〽　**漢代の社会と文化**　〽〽〽

豪族ごうぞく ⑥ 広大な土地と多くの奴婢ぬひ・農民を支配した地方の実力者。漢代に経済が発展すると、貧富の差が拡大した。そうした状況下で、土地を買い集めて没落する農民を支配下に入れ、私兵も所有する、豪農・大商人らが台頭した。彼らは豪族と呼ばれ、やがて官僚となり中央の政界にも進出していった。

董仲舒とうちゅうじょ ⑥ 前176頃〜前104頃　前漢の儒学者。陰陽いんよう五行説を取り入れ、天と人の関係を強調する天人相関説の立場から、君主の政治と自然現象の関係を説明する災異説をとなえた。これによって、儒学の理論によって皇帝支配を正統化しつつ、儒学の教えにそって皇帝のふるまいを正そうとしたとされる。

儒学じゅがく ⑥ 孔子の教えを中核とする学問。前漢末には国家の学問とされるようになり、以降中国の皇帝制度を支える政治思想となった。

五経ごきょう ⑤ 儒学の経典として漢代に定められた五書。一般に、『易経えききょう』『書経』『詩経』『礼記らいき』『春秋』を指す。また、のちに五経の解釈と教授をおこなう五経博士が設置された。

『詩経しきょう』 ⑤ 中国最古の詩集。周の祭祀の歌や民謡を、戦国時代に儒家が編集したもの。漢代に五経の一つとされた。

訓詁学くんこがく ⑥ 漢代に始まった、経書けいしょ（五経）理解のための注釈を加える学問。漢代に官学となった儒学に対し、典拠となる経書の正しい解釈が必要となり、後漢の馬融ばゆう（79〜166）・鄭玄じょうげんらがすぐれた業績を残した。

鄭玄じょうげん ④ 127〜200　後漢の儒学者。馬融に

第2章

中央ユーラシアと東アジア世界

学び、党錮の禁による弾圧を受けたのち学問に専念し、経書を幅広く研究して、諸学説を統合した体系的な解釈を確立した。

司馬遷ば ⑥ 前145頃〜前86頃　前漢の歴史家。匈奴の捕虜となった将軍の李陵^{りりょう}を弁護したため、武帝により宮刑^{きゅうけい}に処せられた。しかし出獄後、復職をとげて『史記』を完成させた。

『史記』き ⑦ 司馬遷による中国初の通史。全130巻で、中国最初の正史。伝説上の黄帝^{こうてい}から武帝までを、12本紀^{ほんぎ}・10年表・8書・30世家・70列伝の形式による紀伝体で記した。こののち、歴代王朝は皇帝の勅命^{ちょくめい}で、前代までの歴史書を編纂^{へんさん}するようになった。清^{しん}代までに24の紀伝体史書が編纂され、正史と呼ばれる。

紀伝体でん ⑥ 本紀（帝王の年代記）・列伝（帝王以外の人物史）を中心に、記述をおこなう歴史書の形式。『史記』に始まり、『漢書』に踏襲され、中国正史の手本となった。

班固ばん ⑥ 32〜92　『漢書』を著した後漢の歴史家。政争に巻き込まれて獄中で死亡した。西域都護であった班超の兄でもある。

『漢書』じょ ⑥ 班固が著した前漢一代の歴史書。12本紀・8年表・10志・70列伝の形式による紀伝体で記されている。班固が獄死した後、妹の班昭^{はんしょう}が完成させた。

製紙法ほう ⑦ 紙をつくる技術。蔡倫は、樹皮・麻布・魚網などの材料から紙をつくった。かさばる木簡^{もっかん}・竹簡^{ちっかん}や高価な絹布^{けんぷ}（帛^{はく}）にかわり、書写材料として一般化した。この技術は751年のタラス河畔の戦いを機に西伝したとされる。

蔡倫りん ③ ？〜121頃　製紙法を改良した後漢の宦官。105年和帝に紙を献上した。前漢代の遺跡から銅鏡の包装紙が出土しているため、彼は以前から存在した製紙法を改良した人物とみなされている。

『楚辞』じ ⑤ 漢代に編纂された、戦国時代の楚の作品を中心にまとめた韻文集。楚の王族出身の屈原^{くつげん}（前340頃〜前278頃）や、宋玉^{そうぎょく}らの作品を収録。

漢族ぞく ⑥ みずからを黄帝の子孫とみなし、漢王朝の文化を受け継ぐ民族。歴史上、多くの民族を同化して取り込み、現在は世界最大の民族集団となっている。

西域都護せいいきとご ④ 前59年に設置された西域を統治する官。匈奴王の降伏を機に設置され、西域諸国の統轄^{とうかつ}のほか、屯田^{とんでん}の経営、交易路の確保などを任務とした。

班超ちょう ⑥ 32〜102　西域都護として活躍した後漢の武将。91年西域都護に任ぜられて以降、西域50余国を服属させた。「虎穴^{こけつ}に入らずんば虎児^{こじ}を得ず」の言葉で有名。歴史家班固の弟。

甘英かんえい ③ 大秦（ローマ）に派遣された、班超の部下。97年大秦に向けて出発し、安息^{あんそく}（パルティア）を経て条支^{じょうし}国（シリア）に至るが、大海（地中海もしくはペルシア湾）を前に渡航をあきらめ帰国し、ローマに関する報告をまとめた『後漢書^{ごかんじょ}』にある。

大秦王安敦たいしんおうあんとん ⑦ 使者を中国に派遣したと『後漢書』に記された王。大秦はローマ帝国、安敦は皇帝マルクス゠アウレリウス゠アントニヌス（在位161〜180）に比定される。166年、王の使者が象牙・犀角^{さいかく}・亀甲など南海の産物をもって日南郡（ベトナム中部）に到着し、洛陽へおもむいたと記述されている。

日南郡ぐん ⑤ 前漢の武帝が南越を征服してベトナム中部に設置した、中国最南の郡。中心はフエ（ユエ）。後漢末、チャム人が林邑^{りんゆう}を建てて独立した。

南海交易 ① 中国と、東南アジア・インドとの海上交易。唐代以降発展した。

仏教伝来 ⑤ 紀元前後に西域経由で仏教が中国に伝来した。4世紀には、西域から仏図澄^{ぶっとちょう}や鳩摩羅什^{くまらじゅう}が来訪して大乗^{だいじょう}仏教を伝え、本格的に広まった。

倭人わじん ① 中国の歴史書にみえる、日本や日本人の呼称。1世紀の『漢書』地理志や3世紀の『三国志』魏志倭人伝^{ぎしわじんでん}に記録がある。唐代に「日本」と改称された。

漢委奴国王印かんのわのなのこくおういん ⑤ 倭の奴国^{なこく}に対して光武帝が授けた金印。『後漢書』にその記述があり、1784年筑前国^{ちくぜんのくに}（現在の福岡県）志賀島^{しかのしま}で偶然発見された。蛇^{へび}をあしらった鈕^{ちゅう}をもつ。

金印 ⑤ 中国皇帝が臣下に下賜^{かし}した印章。漢では、皇帝が虎^{とら}の鈕のついた玉璽^{ぎょくじ}、諸侯王は亀の鈕のついた金璽というように、身分によって異なる印章を用いていた。これを応用して、他国の首長にも様々な動物の形をした鈕や材質を使い分けた印章を与え、自国の体制に組み入れた。

張衡ちょうこう ① 78〜139　後漢の学者。天球儀や地震感知器の発明で知られる。

3 中国の動乱と変容

動乱の時代

曹操そうそう④ 155〜220 三国の魏の創始者。黄巾きんの乱鎮圧を機に勢力をのばし、華北を統一した。しかし、208年長江中流域でおこなわれた赤壁せきへきの戦いで劉備・孫権の連合軍に敗れ、天下統一に失敗した。のちの216年、後漢ごかんの献帝けんていから魏王に封ぜられて実権を握り、屯田とんでん制や戸調こちょう制を施行したほか、文学を奨励した。

曹丕そうひ④ 187〜226 曹操の子で、三国魏の初代皇帝(在位221〜226)。父の死後、後漢の献帝の禅譲ぜんじょうを受けて帝位についた。九品中正を施行するなど、内政に尽力した。

魏ぎ⑦ 220〜265 三国時代の王朝。曹丕が帝位について成立し、三国最強の国力をもち、華北を領有した。263年に蜀を滅ぼしたが、265年武将の司馬炎に譲位し、5代で滅亡した。都は洛陽らくよう。

劉備りゅうび④ 161〜223 三国蜀の建国者・初代皇帝(在位221〜223)。漢の後裔こうえいを称し、後漢末の動乱のなか諸葛亮を参謀さんぼうとして勢力をのばし、蜀(四川地方)を平定して魏・呉と天下を三分した。

諸葛亮しょかつりょう② 181〜234 三国蜀の政治家。字あざなは孔明こうめい。赤壁の戦いで曹操に勝利したのち、四川(蜀)を領有して天下を三分した。劉備の死後、その息子を補佐して魏と戦ったが、五丈原ごじょうげんの陣中で没した。

蜀しょく⑦ 221〜263 三国時代の王朝。漢の後継を宣言したため、蜀漢しょっかんとも呼ばれる。劉備が建国し、宰相さいしょうの諸葛亮のもとで魏・呉に対抗したが、263年魏に滅ぼされた。都は成都。

成都せいと① 四川の中心都市。三国蜀の都。

孫権そんけん④ 182〜252 三国呉の建国者・初代皇帝(在位229〜252)。父と兄の遺業を継ぎ、江南を支配した。魏・蜀に対抗して222年呉を建国し、その後に皇帝を称した。在位中、華中・華南の開発を進めた。

呉ご⑦ 222〜280 三国時代の王朝。孫権の死後、権力は江南の豪族に移って混乱がおこり、280年晋に降伏して4代で滅亡した。都は建業。

建業けんぎょう③ 三国呉の都。現在の南京ナンキン。長江南岸に位置する水陸交通の要衝ようしょうで、春秋時代に開かれた。東晋時代に建康と改称

された。

三国時代《中国》⑦ 220〜280 中国で後漢の滅亡後、魏・蜀・呉の三国が分立した時代。魏・蜀・呉の抗争を経て、280年に呉が晋(西晋)に滅ぼされて三国時代は終わった。

公孫氏こうそんし③ 2世紀末から、後漢の地方官だった公孫氏が遼東半島を中心に樹立した独立政権。3世紀初めには朝鮮半島に帯方郡を設置した。三国時代に魏と同盟・服属関係を繰り返す一方、呉とも連携したが、3世紀半ば魏に滅ぼされた。

楽浪郡らくろうぐん③ 前漢ぜんかんの武帝が前108年に設けた、朝鮮4郡の一つ。3世紀初め遼東りょうとうの公孫氏の支配下に入ると、郡の南部を割いて帯方郡が設置された。313年、南下した高句麗に滅ぼされた。 → p.26

帯方郡たいほうぐん② 朝鮮半島におかれた中国の郡名。公孫氏が楽浪郡を支配すると、3世紀初めにその南部を割いて設けられた。韓・濊わい族を統制する役割を果たし、倭との通交もあった。その後、313年頃韓・濊族に滅ぼされた。

司馬炎しばえん**(武帝**ぶてい**)**⑥ 236〜290 西晋の創建者・初代皇帝(在位265〜290)。魏の実力者であった父を継ぎ、265年魏の元帝げんていの禅譲を受けて即位し、律令りつりょうや土地制度を整備した。

晋しん**(西晋**せいしん**)**⑦ 265〜316 司馬炎が三国魏の禅譲を受けて建国した王朝。280年に呉を滅ぼして中国を統一したが、司馬炎の死後、一族の諸王による八王の乱がおこって混乱し、さらに台頭たいとうした匈奴の攻撃を受けて滅んだ。都は洛陽。

八王はちおう**の乱**⑤ 290〜306 司馬炎の死後、一族の諸王8人を軸におこされた西晋の内乱。恵帝けいていの外戚がいせきが権力独占をはかったため、諸王が立ち上がり、つぎつぎに政権を握った。諸王が近隣諸民族の武力に頼ったため、五胡の華北への移住を加速させた。

五胡ごこ⑦ 4〜5世紀に華北に諸国を建てた、非漢族の匈奴・鮮卑・羯・氐・羌の5つを指すとされる。

匈奴きょうど⑦ 五胡の一つ。後48年の東匈奴の南北分裂後、後漢に臣属して長城ちょうじょう以南に移住した南匈奴を指す。八王の乱に乗じて、4世紀初め劉淵りゅうえんが漢(のち前趙ぜんちょう)を建てた。 → p.23

羯けつ⑦ 五胡の一つで、匈奴の一派。西晋時代には中国の北辺に移住しており、4世紀前半に小部族長の石氏せきしが後趙こうちょうを建てた。

鮮卑せんぴ⑦ 五胡の一つ。匈奴ののちモンゴル

高原を支配し、その後内モンゴル・華北に移った狩猟遊牧民。4世紀後半、拓跋氏が北魏を建てた。 → p.23

氐⑦ 五胡の一つで、チベット系民族。甘粛・青海・四川地方で農業・遊牧に従事していた。4世紀後半、苻氏の建てた前秦が一時華北を支配した。

羌⑦ 五胡の一つで、青海地方を原住地としたチベット系民族。のち11世紀に西夏を建てたタングート人も羌族の一派である。

永嘉の乱① 311〜316 西晋末、匈奴など北方諸民族によっておこされた兵乱。八王の乱に乗じて匈奴の劉淵が漢(前趙)を建国し、羯などを服属させて南下した。息子の代の311年に洛陽を陥落させ、さらに長安で擁立された愍帝を316年に捕らえ、西晋を滅ぼした。

江南⑥ 長江下流域の三角州地帯を指す呼称。唐代頃までは広く長江以南の地域を指すこともあった。長江下流域の三角州地帯では、東晋の成立後、戦乱や混乱の続く華北からの移住者が急増し、水田開発が普及した。

司馬睿⑤ 276〜322 東晋の創建者・初代皇帝(在位317〜322)。八王の乱を避けて建康に拠点をおき、西晋の滅亡後、その地で即位した。

東晋⑤ 317〜420 司馬睿が建康を都に再興した晋。政権の強化につとめたが王朝の基盤は弱く、北方での軍事的緊張を背景に武将が台頭した。

建康⑥ 東晋および南朝の都。もとの建業。

五胡十六国⑦ 304〜439 匈奴の劉淵による漢の建国から北魏の華北統一までの、華北に興亡した五胡と漢人の国家の総称、および時代の呼称。この時期、華北の戦乱を逃れて漢人が江南や東北・西北辺境に移動した。

拓跋氏⑦ 鮮卑の一氏族。2世紀後半から鮮卑の中心氏族となり、拓跋珪(道武帝)が北魏を建てた。

北魏⑦ 386〜534 五胡十六国時代に鮮卑の拓跋氏が建てた国家。439年に華北統一を達成し、5世紀末には均田制・三長制を施行した。しかし、漢化政策を推し進めると部族制が崩壊し、その地位の低下に不満をいだいた北辺の民による六鎮の乱がおこり、534年東西に分裂した。

柔然⑤ 5〜6世紀に鮮卑南下後のモンゴル高原を支配した、騎馬遊牧民とその国家。鮮卑のもとにあったが、5世紀初め社崙

が自立して中央ユーラシアにおける君主号の可汗を称し(在位402〜410)、モンゴル高原から天山東部までを統一して、華北の北魏に対抗した。 → p.42

太武帝④ 408〜452 華北統一を成し遂げた北魏の第3代皇帝(在位423〜452)。寇謙之を重用して道教に帰依し、廃仏(仏教弾圧)を断行した。

孝文帝⑥ 467〜499 北魏の第6代皇帝(在位471〜499)。480年代半ばに漢人官僚の主導で均田制・三長制を施行し、494年に平城から洛陽に遷都した。同時に漢化政策を進めた。

平城⑦ 北魏前期(398〜494年)の都。現在の山西省大同市。

洛陽《北魏》⑦ 孝文帝による遷都後の北魏の都(494〜534年)。 → p.27

漢化政策⑥ 北魏が採用した、鮮卑の服飾・姓名・言語を漢人風に改める政策。鮮卑・漢人両貴族の家格を定め、相互の通婚も奨励した。そのため自民族の社会原理や文化が崩れ、強い反発をまねいた。

六鎮の乱① 523〜530 北魏末期に北辺の軍鎮がおこした反乱。北魏は、柔然からの攻撃に備えて北辺に防衛のための軍鎮をおき、主要な6つは六鎮と呼ばれた。鎮民はもともと優遇されていたが、孝文帝が漢化政策を採用し、遷都によって政権の重点が南に移ると、鎮民と政権のあいだに行き違いが多くなり、彼らは不満をもった。六鎮の人々が523年(旧説では524年)に蜂起・南下すると、華北は大混乱におちいった。乱は530年に平定されたが、北魏滅亡の原因となった。

北朝⑦ 439〜581 北魏の華北統一から、東魏・西魏・北斉・北周と続いた五王朝。鮮卑系の建てた北朝では、上流漢人の参加を得て、土地制度・税制・兵制や三省など、のちの隋・唐に継承される政治・経済面での諸制度が生み出された。

東魏⑤ 534〜550 南北朝時代の北朝の一つ。北魏末の混乱のなかで台頭した武将高歓が、北魏の孝静帝を擁立し、鄴(現在の河北省)を都においた。その後、北斉に取ってかわられた。

北斉⑤ 550〜577 南北朝時代の北朝の一つ。高歓の子の高洋が東魏の孝静帝を廃して建国。都は鄴。その後、突厥などの圧力を受けるなか、北周に滅ぼされた。

西魏⑤ 535〜556 南北朝時代の北朝の一つ。六鎮のうちの武川鎮出身の武将宇

文泰ぶんが、文帝ぶん(孝文帝の孫)を擁立し、長安を都として東魏に対抗した王朝。地方の軍を中央で統轄する兵制をとり、これを府兵制の創始とする見解もある。なお、北周・隋・唐は武川鎮出身の武将による建国といわれる。

北周ほくしゅう ⑤ 556～581 南北朝時代の北朝の一つ。西魏の宇文泰の死後、彼の子の宇文覚うぶんかくを擁した一族が、長安を都として建国。第3代の武帝の時に北斉を併合したが、第5代の幼い静帝せいていのとき外戚の楊堅ようけんに国を奪われた。

南朝なんちょう ⑦ 420～589 東晋の滅亡後、建康を都に漢人武将が建てた、短命な宋・斉・梁・陳の4王朝。華北から南下した漢人貴族層が上層部を占め、洗練された漢人文化が盛んだったが、政治の実権は寒門(低い家柄)が握ることが多かった。

宋そう ⑦ 420～479 東晋の武将劉裕りゅうゆう(在位420～422)が建てた南朝最初の王朝。劉裕は東晋の実権を握り、413年には土断法を実施した。劉裕(諡号しごうは武帝)の死後、北魏との抗争や皇族・武将らの反乱が続き、しだいに衰えた。

斉せい ⑥ 479～502 宋の武将蕭道成しょうどうせいが禅譲されて建てた南朝の一つ。諸帝は寒門を重用し、貴族の支持を失った。

梁りょう ⑥ 502～557 斉一族の蕭衍しょうえん(武帝)が建てた南朝の一つ。仏教など、南朝文化の隆盛を現出した。

陳ちん ⑥ 557～589 梁の武将・陳覇先ちんはせんが建てた南朝最後の王朝。国力はふるわず、589年隋に滅ぼされた。

六朝りくちょう ⑥ 建業(のち建康、現南京)を都とした、呉・東晋・宋・斉・梁・陳の6王朝。

南北朝時代なんぼくちょうじだい ③ 439～589 江南の宋と華北の北魏の並存へいそんから、589年の隋による中国統一までの南北分裂期。

魏晋ぎしん**南北朝** ⑦ 220～589 後漢の滅亡から隋の中国統一までの約370年間の総称。五胡が華北に勢力を広げる一方、漢人が江南の開発を進めるなど、分裂の続くなかで中国文化圏は拡大した。

魏晋南北朝の社会と文化

荘園しょう ⑤ 中国では大土地所有制およびその経営を指す呼称。本来貴族が別荘に田園を付属させて土地所有をはかったところから生じた。南朝のもとでは、豪族が土地を失った人々を勢力下において、貴族として荘園を経営した。 → p.39

九品中正きゅうひんちゅうせい ⑥ 漢代の郷挙里選きょうきょりせんにかわって三国の魏から隋初におこなわれた官吏登用制度。中央政府の官制を官品によって九品に編成し、中央から州・郡に派遣された中正官が、郷里の評判によって人材を9等級に評定(郷品きょうひん)して中央に報告し、中央はそれに応じた官品を与えた。郷品決定ははじめ個人の才徳にもとづいていたが、しだいに中正官と結びついた有力豪族の子弟が高い郷品を独占し、中央官界に進出した。

中正官ちゅうせいかん ⑤ 九品中正をおこなうため州・郡におかれた役職。多くは中央から派遣された役人がその職についた。

貴族きぞく(門閥もんばつ貴族きぞく) ⑦ 地方豪族ごうぞくから出て、中央高官を世襲的に独占した人々。とくに魏晋南北朝時代に、上級官僚を世襲的に独占した有力家柄の者たちを門閥貴族と呼ぶ。九品中正による豪族の上級官吏独占は、「上品じょうひんに寒門かんもんなく、下品かひんに勢族せいぞくなし」と風刺された。

屯田制とんでんせい ④ 国家が耕作者の集団を導入して官有地を耕作させる制度。中国では、漢代から辺境の軍隊が食料を自給するための軍屯ぐんとんがみられたが、民屯みんとんとしては、2世紀末に曹操が内地に設けた屯田制が有名。屯田民は収穫の5～6割を国家におさめ、のち政府の有力な財源となった。

戸調こちょう ① 曹操が戸ごとに課した現物税。晋はこれを受け継ぎ、さらに武帝が中国統一直後(280年)、占田・課田と密接に関係する税法(戸調式)として発布した。

占田せん**・課田**か**法** ③ 西晋で施行されたといわれる土地制度。残存する史料が少なく、その実態はよくわからない。

江南こうなん**の開発** ⑦ 東晋成立後、戦乱や混乱の続く華北から長江ちょうこう下流域の江南地域への移住者が急増し、水田開発が普及したことを指す。

均田制きんでんせい**《北魏》** ⑥ 北魏で始まり、北朝・隋ずい・唐とうにも継承された土地制度。485年、孝文帝が戦乱で荒廃した農地の回復や農民の定着を目的に実施し、国家による土地の給付と返還を原則とした。北魏では、15歳以上の男性のほか、その妻・奴婢ぬひ・耕牛こうぎゅうにも給田された。

三長制さんちょうせい ② 486年に孝文帝が開始した、北魏の村落制度。5家を隣りん、5隣を里り、5里を党とし、それぞれに隣長、里長、党長をおいた。三長は力役を免除されたかわり

に、戸口調査や徴税義務を課された。

清談 ⑥ 魏・晋期に流行した、老荘思想にもとづく哲学的な議論。清談とは本来儒教的の意味での正しい論議を指した。しかし後漢末からの政治的混乱などで、儒教だけを重んじる風潮が衰え、自由に論議する風潮が生じた。晋以後は上流貴族社会の流行となった。

老荘思想 ③ 老子と荘子が説いた、無為をもって教義の極地とする思想。六朝時代に道教の思想的基盤となった。

「竹林の七賢」 ② 魏から晋の時代にかけて、政争を避け、清談にふけったとされる阮籍・嵆康・山濤ら7人の呼称。ただし、彼らはそれぞれが異なる考えをとり、その言動もどこまでが史実なのか明らかではない。

仏教 ⑤ 中国へは紀元前後に中央アジア経由でもたらされ、魏晋南北朝時代に一般民衆にまで広まった。伝統的な漢語に全面的に依拠した初期の中国仏教は、鳩摩羅什による仏典漢訳と大乗仏教の紹介で大衆化への転機を迎えた。 → p.43

仏図澄 ⑥ ？～348 五胡十六国時代の亀茲（クチャ）出身の仏僧。予言・呪術にも通じ、4世紀初め洛陽を訪れ、後趙において重用された。以後30余年の布教活動でおよそ900の仏寺を建立し、1万人近くの漢人僧を育成した。彼は経論や訳経を残さなかったが、中国での仏教の発展に大きく貢献した。

鳩摩羅什 ⑥ 344～413 五胡十六国時代の亀茲出身の訳経僧。インド僧を父に、亀茲王の妹を母とした。高い名声から、401年後秦の長安に迎えられ、般若・法華などの大乗諸経を約300巻漢訳した。彼の訳経には現在まで読誦されるものが多く含まれ、中国仏教史上最大の貢献者の一人とされる。

法顕 ⑥ 337頃～422頃 東晋時代の訪印僧。武陽（山西省）の人で、20歳で大戒を受けた。腐敗した長安の仏教界を正そうと、戒律関係の経典を求め、60余歳の老齢で399年に長安を出発した。西域経由でインド（グプタ朝）を訪れ、また2年ほどセイロン島で修行し、海路で412年に帰国した。その翌年、東晋の都建康に入りここに東晋との関係が生まれ、仏典の漢訳を開始した。 → p.45

『仏国記』（仏国遊記）⑤ 法顕のインド訪問旅行記。別名『法顕伝』。西域経由で6年かけてインド

に入り、滞在したのち、さらに3年かけて海路で帰国するまでの見聞記。仏教史のみならず、旅行した地域の歴史資料としても貴重である。

雲崗 ⑦ 北魏時代に石窟寺院がつくられた山西省大同市近郊の地。太武帝の廃仏ののち、494年の洛陽遷都までに約40の石窟が開かれた。仏像には、ガンダーラ様式・グプタ様式の影響がみられる。

竜門 ⑦ 北魏時代後半から石窟寺院がつくられた河南省洛陽南方の地。北魏の洛陽遷都から唐の玄宗時代（8世紀半ば）まで、伊水両岸の岩石に石窟寺院が開削された。彫刻された仏像は雲崗の仏像に比べて中国的色彩が強い。

敦煌 ⑦ 河西回廊の西端のオアシス都市。町の東南には、4～14世紀にかけて千仏洞（莫高窟）と呼ばれる石窟寺院がつくられた。仏像・壁画のほか、写本類なども発見された。

莫高窟 ④ 敦煌東南にある石窟寺院中で最大のもの。千仏洞とも呼ばれる。4世紀後半から開削されはじめ、造営は元代まで続いた。1900年以降、スタイン、ペリオらの探検隊によって古写本類が発見され、敦煌文書と総称された。

道教 ⑦ 中国の宗教。神仙思想・道家思想・呪術などが一つにまとまり、さらに仏教を参考にして成立した。後漢末の太平道や五斗米道から道教の組織化が始まり、北魏の寇謙之によって教団（新天師道）が形成された。

寇謙之 ⑤ 363～448 北魏の道士、道教の大成者。洛陽に近い嵩山にこもって啓示を受け、旧来の天師道（五斗米道）を改革した。太武帝の尊信を受けて道教の国教化に成功し、官僚となり廃仏をおこなった。

神仙思想 ⑤ 道教と結びついた中国古代の神秘思想。春秋時代の斉の神仙伝説が、戦国時代を経て、不老長寿を求める神仙説へと発展し、漢代には不死薬調合の煉丹術を生んだ。魏晋南北朝時代に最盛期を迎えた。

六朝文化 ④ 六朝時代の江南の貴族文化。伝統文化を継承する一方、仏教などの外来文化や長江流域の風物の影響によって新たな文化潮流が生まれた。仏教・道教や清談が盛んとなり、文芸・書・絵画なども発達した。

陶潜（陶淵明）⑥ 365頃～427 東晋の田園詩人。一時官吏生活をおくったが、束縛

ぼくをきらい、「帰去来辞きょらいのじ」を書き、県令をやめて帰郷した。酒と琴ことを愛し、田園生活を心の楽しみとし、その詩は六朝第一と評価された。

謝霊運しゃれいうん ② 385～433　南朝宋の詩人。山水さんすいの美しさをすぐれた技巧で表現し、その詩文は高く評価された。しかし、名家出身の自負心が強く、政治的処遇に不満をいだき、そのために処刑された。

四六駢儷体しろくべんれいたい ⑤　4字・6字の対句つくを多用し、韻いんを踏み、華麗な形式をもつ文体。南朝から盛んになったが、唐代後半の古文復興運動により一時衰退した。

昭明太子しょうめいたいし ④ 501～531　南朝梁の蕭衍しょうえん（武帝）の皇太子。幼少より学問に才能を示し、文学者の協力を得て『文選』を編纂へんさんした。敬虔けいけんな仏教徒でもあり、救貧対策にも尽力した。

『文選』もんぜん ⑥　昭明太子が編纂した30巻の詩文集。周しゅうから南朝梁に至る名文・詩歌約800を文体別・時代別に配列した。文人の必読書とされ、日本の平安文学にも影響を与えた。

顧愷之こがいし ⑥ 344頃～405頃　東晋の画家。江蘇省無錫むしゃく出身で文才画才を備え、有力者の愛顧あいこを受けた。肖像画や故事人物画にすぐれ、後世、伝説的な「画聖」とたたえられた。

「女史箴図」じょししんず ⑥　顧愷之作と伝えられる画。晋の張華ちょうかが女性道徳を説いた文章「女史箴」に絵をつけたもの。現存の作品は、唐代の模写と考えられている。

王羲之おうぎし ⑥ 307頃～365頃　東晋の書家。楷書かいしょ・行書ぎょうしょ・草書そうしょで格調高く調和のとれた書体を確立し、後世「書聖」と仰がれた。真筆の作品は現在しておらず、有名な「蘭亭序」や「喪乱帖そうらんじょう」も模写といわれる。

「蘭亭序」らんていじょ ②　4世紀半ばに王羲之が書いた、行書の手本とされた書跡作品。原本は現存せず、唐の太宗の陵墓りょうぼに随葬ずいそうされたと伝えられる。

朝鮮・日本の国家形成

冊封さくほう**体制** ⑥　東アジアにおいて、中国の皇帝が周辺諸国の支配者とのあいだで形成した国際体制。周辺諸国の支配者が中国皇帝に朝貢使節を送り、中国皇帝は官爵かんしゃく・印綬いんじゅ・返礼品を与えて君臣関係を結び、彼らによる統治を認めた。南北朝時代以降より一般化した、形式上（理念上）の君臣関係であった。 → p.127

朝貢ちょうこう ⑦　周辺諸国の支配者が、中国皇帝に対し、漢文の正式な外交文書をつくり、使節とともに貢物みつぎものを送ること。朝貢側には、朝貢品の数倍の返礼があることや、朝貢品以外の物品の貿易、文化的交流など多くの利益があった。冊封を受けた国は原則的に朝貢の義務があるが、冊封されていない国も朝貢することだけは認められた。

高句麗こうくり ⑦　前1世紀頃～668　北方系の高句麗族が中国東北地方から朝鮮半島北部に建てた国。南進して、313年楽浪郡を滅ぼした。4世紀末～6世紀初めに最盛期を築き、新羅を懐柔かいじゅうして百済を攻める南下策を進め、427年以降平壌へいじょうに遷都した。

広開土王こうかいどおう**（好太王**こうたいおう**）碑** ④　朝鮮半島南下策を進めた、高句麗最盛期の王（在位391～412）の治績ちせきが刻まれた石碑。中国の吉林きつりん省集安県で発見された。414年に子の長寿王ちょうじゅおうによって建立され、高句麗と百済・倭との交戦も記されているが、碑が建てられた目的や解釈をめぐって諸説が存在する。

馬韓ばかん ③　古代朝鮮の三韓さんかんの一つ。3世紀頃は56国に分かれていたが、350年頃に統一され百済が成立した。

辰韓しんかん ③　古代朝鮮の三韓の一つ。3世紀頃は12国にわかれていたが、4世紀から統一の気運が高まり、斯盧国しろこくが統一して新羅が生まれた。

弁韓べんかん**（弁辰**べんしん**）** ③　古代朝鮮の三韓の一つ。3世紀頃は12国にわかれていた。4世紀中頃ここを足場に日本が加耶諸国を支配したとの説もあるが、現在では否定されることが多い。

三国時代《朝鮮》⑤　4世紀半ば～7世紀後半にかけて、朝鮮半島で高句麗・百済・新羅が抗争した時代。

新羅しんら ⑦　4世紀半ば～935　朝鮮半島東南部の辰韓が統一されて生まれた国。都は金城きんじょう（慶州けいしゅう）。7世紀後半、唐と同盟を結んで百済・高句麗を滅ぼした。その後、676年には唐軍を排除して朝鮮半島を統一した。

百済ひゃくさい ⑦　4世紀半ば～660　朝鮮半島西南部の馬韓が統一されて生まれた国。4世紀末より高句麗の圧力を受け、都を漢城かんじょう・熊津ゆうしん・泗沘しひ（扶余ふよ）へと遷うつした。

加耶かや**（加羅**から**）** ⑥　朝鮮半島中南部に存在した小国群のうち、4世紀中頃の百済・新羅に日本とは友好関係を保った。

取り込まれなかった国々の総称。別称の一つが任那(にんな)。鉄生産を背景に発展したが、6世紀半ばまでに、新羅に滅ぼされた。

邪馬台国(やまたいこく) ⑥ 『魏志』倭人伝が伝える、日本の古代国家。卑弥呼と呼ばれる女王が30近くの国を支配し、239年には魏に朝貢して、冊封を受けた。

卑弥呼(ひみこ) ⑥ 邪馬台国の女王。魏に朝貢して「親魏倭王(しんぎわおう)」の称号と金印および銅鏡100枚などを授かったとされる。

『魏志』倭人伝(ぎしわじんでん) ④ 西晋の陳寿(ちんじゅ)(233～297)が編纂した中国の正史『三国志(さんごくし)』中の「魏書」東夷伝(とういでん)における、日本に関する記述の俗称。

ヤマト政権(せいけん) ⑤ 4世紀の国土統一から律令(りつりょう)国家成立までの、大和(やまと)地方(奈良県)の諸豪族の連合政権。

倭国(わこく)（日本） ⑥ 「倭」は中国(唐代以前)における日本の古名。日本列島の地域や国を指して「倭国」、そこの人々が「倭人」と称された。由来は諸説あるが、東方夷狄(とうほういてき)の意味の別称。8世紀初めに唐が「日本」の国号を認めるまで、「倭国」が用いられた。

倭の五王(わのごおう) ④ 421～502年までに、宋などの南朝に13回朝貢した5人の倭王。『宋書』などに記されている。

渡来人(とらいじん) ③ 他国から来日した人々。とくに4～7世紀に、日本に渡来した中国・朝鮮の人々をいう。高度な文化・技術をもたらし、政治や文化の発展に貢献した。

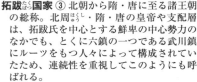

4 東アジア文化圏の形成

隋から唐へ

拓跋(たくばつ)国家 ③ 北朝から隋・唐に至る諸王朝の総称。北周(ほくしゅう)・隋・唐の皇帝や支配層は、拓跋氏を中心とする鮮卑の中心勢力のなかでも、とくに六鎮の一つである武川鎮にルーツをもつ人々によって構成されていたため、連続性を重視してこのようにも呼ばれる。

文帝(ぶんてい)（楊堅(ようけん)） ⑦ 541～604　隋の初代皇帝(在位581～604)。北周の外戚で、禅譲(ぜんじょう)を受けて即位し、589年に南朝の陳(ちん)を滅ぼして中国を統一した。内政に力を注ぎ、均田制・租調庸制・府兵制などを施行し、科挙制を創設した。

隋(ずい) ⑦ 581～618　南北朝の分裂を統一した中国の王朝。北周の外戚の楊堅が建国し、王朝は実質的に2代で滅んだが、北朝で生まれた諸制度を整備した。

大興城(だいこうじょう) ⑥ 隋の都。文帝が旧長安城の東南約10kmの地への築城に着手した。

科挙(かきょ)《隋》 ⑦ 科目試験による官吏(かんり)登用制度。官僚の選抜試験として、文帝(楊堅)が587年(異説あり)に開始した。貴族制度と門閥(もんばつ)偏重の打破をめざしたものであったが、隋・唐では十分に機能せず、制度の実質が整ったのは宋代のことである。元(げん)代では実施された回数が少なかったが、清(しん)朝末の1905年に廃止されるまで続いた。

大運河 ⑦ 江南と華北を結ぶ水路。隋の時代に整備が進められた。文帝は渭水にかわる安定的な水路として広通渠(こうつうきょ)を開き、また山陽瀆(さんようとく)によって淮河(わいが)と長江を結んで、南朝の平定に備えた。煬帝は通済渠(つうせいきょ)を開いて黄河と淮河をつなぎ、豊かな江南と華北の政治・軍事上の要地を結び合わせ、さらには高句麗遠征を視野に涿郡(たくぐん)(北京)に至る永済渠(えいせいきょ)を完成させた。また長江三角州地帯の江南河(こうなんが)によって杭州に至る水路が整った。

均田制(きんでんせい)《隋》 ④ 北魏で開始されたのち、諸王朝で継承された土地制度。隋でははじめ、18～59歳の成年男性(丁男(ていだん))に露田(ろでん)80畝(ほ)・永業田20畝、妻に露田40畝が支給された。北魏と異なり耕牛(こうぎゅう)には給田せず、煬帝のとき妻・奴婢(ぬひ)への給田も廃止した。

租調庸制(そちょうようせい)《隋》 ④ 北魏で始まった均田制

にもとづく税制。隋では、はじめ夫婦単位として租・調を課し、中央への正役と地方官庁への雑徭を分化して、正役を庸とした。煬帝の時に女性の負担が廃され、成年男性から租・調・庸を徴した。

府兵制(へい) ⑤ 西魏(ぎ)で始まり隋・唐で整備された兵制。西魏のとき、地方におかれた軍府の兵力を中央政府が統轄するようになった。さらに隋から唐の初期にかけて、軍府を長安近郊や辺境にのみ配置して、附近の均田農民を徴発する制度が整えられた。徴兵期間は租・調・庸を免除された。 → p.39

煬帝(だい) ⑦ 569〜618 隋の第2代皇帝(在位604〜618)。内政では大運河建設に力を入れ、対外面では吐谷渾(とよくこん)や林邑を討伐するなど周辺民族に対して積極策をとった。しかし3回におよぶ高句麗遠征に失敗し、農民・豪族(ごうぞく)の反乱をまねき、揚州(江都)で臣下に殺された。

高句麗(こうくり)**遠征** ⑦ 隋の煬帝が3回にわたっておこなった遠征。612・613・614年の毎年秋から冬にかけて実施されたが、いずれも失敗した。

李淵(りえん)**(高祖**(こう)**)** ⑥ 565〜635 唐の初代皇帝(在位618〜626)。武川鎮出身で、隋末の混乱に乗じて息子李世民のあと押しで挙兵し、隋の恭帝(きょうてい)から禅譲を受けるかたちで即位した。のち李世民に幽閉(ゆうへい)され、譲位した。

唐(とう) ⑦ 618〜907 中国の統一王朝。隋末の大反乱のなか、山西(さんせい)を拠点としていた李淵(高祖)が息子李世民(太宗)のあと押しで建国し、628年太宗の時に中国を統一した。内政では隋の諸制度を継承して整備し、外政では太宗から高宗にかけて東西突厥・百済・高句麗を倒して、中央ユーラシア東部と東アジアにまたがる大領土を実現した。8世紀の安史の乱によって中央ユーラシアの支配権を失うと、国際色は薄れて、経済的にも文化的にも中国王朝としての性格が強まった。9世紀後半の黄巣の乱で大きな打撃を受け、まもなく滅亡した。

長安(ちょうあん) ⑥ 唐の都。隋の大興城を継いで、唐が完成させた。宮殿・官庁街・市・一般街区を区画した計画都市で、都市の周囲は約37km。玄宗の時代には100万の人口を有したとされ、また東西交易の中心として各地から多くの人々が訪れた。しかし、唐末の乱で破壊され、宋以降は一地方都市となった。

太宗(たいそう)**(李世民**(りせいみん)**)** ⑦ 598〜649 唐の第2代皇帝(在位626〜649)。皇太子と弟を殺し、父の譲位を受けて即位し、628年に中国の統一を達成した。対外面では東突厥・吐谷渾・西域(せいいき)諸国を征服して天可汗(てんかがん)として遊牧諸民族を支配し、内政では律令体制を通して整然とした官制や統治制度を打ち立て、唐の基礎を築いた。

「貞観(じょうがん)**の治」**③ 唐の太宗の治世を後世にたたえた言葉。唐代初期の安定を象徴するものだが、実態としてその言葉通りであったかは不明である。

高宗(こうそう) ⑥ 628〜683 唐の第3代皇帝(在位649〜683)。太宗の第9子。新羅と結んで百済・高句麗を滅ぼし、中央アジアに進出して、唐の最大版図を実現した。生来病弱で、治世の後年は皇后の則天武后に政治の実権が移った。

都護府(とごふ) ⑦ 漢(かん)および唐が辺境の異民族統治のために設けた軍事行政機関。唐は羈縻政策として、服属した異民族の地に都督府(ととくふ)および州・県をおいて族長らをそれらの長官に任じ、さらにその上に都護府をおき、唐の官吏(かんり)と軍隊が駐屯(ちゅうとん)して統治した。7世紀後半までに、安西(あんせい)・北庭(ほくてい)・単于(ぜんう)・安北(あんぼく)・安東(あんとう)・安南の6都護府などがおかれたが、8世紀前半からこれにかわって節度使がおかれるようになった。

安南(あんなん)**都護府** ② 唐がベトナム北部を統治するためにおいた都護府。唐初ハノイにおいた交州大総管府(こうしゅうだいそうかんふ)を、679年に安南都護府と改称した。なお、帰国に失敗した日本からの留学生(りゅうがくせい)の阿倍仲麻呂は、8世紀後半に安南都護・安南節度使などを歴任した。その後、安南都護府は860年代に南詔の攻撃で陥落し、五代の時期にベトナムが独立して消滅した。

羈縻(きび)**政策** ④ 中国歴代王朝が周辺異民族に対してとった間接統治策。唐は、都護を中央から派遣し、服属した異民族の族長を都督府・州・県の長官に任じて自治を与え、監督した。

唐代初期の制度と文化

律(りつ)**・令**(れい)**(りょう)・格**(かく)**(きゃく)・式**(しき) ⑦ 中国の法体系。西晋(せいしん)より律は刑法典、令は行政法や民法典とする区別が明確となった。隋・唐で、格(律・令の補充・改正や臨時の法)と式(施行細則)をあわせて、律令格式として完成された法体系となった。律令を基礎とする体制は東アジア諸国に広く受け入れられ、

日本・朝鮮・渤海・大越などでも編纂された。

律令《国家体制》③ 律令を統治の基本法とした国家体制を指す概念。日本では7世紀後半～9世紀にかけてこの体制を整備した。

三省⑦ 唐の中央官制の最高機関である中書省・門下省・尚書省を指す。隋の制度を継承した。

中書省⑦ 唐の三省の一つ。皇帝の詔勅の草案などを作成した機関。三国の魏を起源とする。

門下省⑦ 唐の三省の一つ。皇帝の詔勅、臣下の上奏を審議した機関。政治の中心として貴族の拠点であった。

尚書省⑦ 唐の三省の一つ。政務の執行機関として六部を管轄した。後漢を起源とする。

六部《唐》⑦ 尚書省に所属した行政・執行の6つの部署。吏（人事）、戸（財政・戸籍）、礼（祭祀・文教〈科挙〉・外交）、兵（軍事）、刑（司法）、工（土木）の六部が所属した。のち、王朝によって統轄する省庁はかわるが、君主独裁体制を担う中央行政機関として清末まで存続した。

御史台⑥ 中国の官吏監察機関。当初皇帝の秘書官であった御史は、前漢武帝の頃から監察官としての性格を強め、後漢時代に御史台の機構が整えられた。

州県制⑦ 隋唐時代に確立された地方行政区画の制度。漢の武帝の時に郡の地方統治を監察するためにおかれた州は、しだいに行政区画へと変質した。南北朝末期に州が300をこえたため、隋は郡を廃止して州を県を直接統轄するようにし、唐もこれにならった。州と県の長官は中央から派遣された。なお唐では、太宗の時に10道、玄宗の時に15道を設けた。道ははじめ行政区画でなかったが、監察官が各道に常駐しはじめると州・県を統轄した。

均田制《唐》⑦ 唐では丁男（21～59歳）および18歳以上の中男に口分田（一代限りで死亡時に返還）80畝・永業田20畝が支給された。隋と同じく、妻・奴婢・耕牛への給田はおこなわれなかった。また身分・官職によって官人永業田（世襲・売買が可能）と職分田、公用の田地の公廨田が与えられた。しかし、唐代半ばに破綻した。

租調庸制《唐》⑦ 北魏で始まった均田制にもとづく税制。唐では丁男一人に、租は粟2石、調は絹布2丈と綿3両、また

は麻布2丈5尺と麻3斤、庸は力役で年20日（または1日あたり絹布3尺もしくは麻布3尺7寸で代納）が課せられた。その施行には地域差があった。しかし均田制が破綻すると、780年より両税法にかわった。

力役・雑徭② 国家が人民に課した労役。唐では、中央政府の力役（正役）と地方官庁の雑徭があった。雑徭は、地方官庁から課せられた土木事業や租税の保管・輸送などの労務を指した。年間40日（または50日）を限度として丁男を使役した。なおこれは中男にも課された。

科挙《唐》③ 科目試験による官吏登用制度。隋の制度を継承したうえ、唐は科目として進士科のほか秀才・明経などの諸科を設けた。試験は3段階で、地方の予備試験、上京しての礼部の試験、さらに吏部の試験に合格すると、任用された。

景教⑦ ネストリウス派キリスト教の中国での呼称。太宗時代、ペルシア人阿羅本が布教を許され、長安に大秦寺を建てた。845年の武宗の外来宗教取締りにより衰微した。 → p.70

大秦景教流行中国碑③ 景教の中国伝来の沿革を、漢字とシリア文字で刻んだ石碑。781年西域人が出資・著述して、長安の大秦寺に建てられた。

祆教⑦ ゾロアスター教の中国での呼称。北魏の頃西域人によって伝えられ、唐では長安をはじめ各地に寺院が建てられた。 → p.51

マニ教 Manichaeism⑦ ササン朝期にマニが開いた二元論の宗教。中国へは7世紀末に西域から伝わり、長安などに寺院が建てられた。ソグド人などを通じてウイグルで広まり、国教とされた。 → p.42, 52

唐三彩⑦ 三彩とは、2色以上の釉薬を素地に直接かけて低い温度で焼いた陶器。唐代には人物・動物・器物などが埋葬用の葬具としてつくられ、これ以後東アジアに広まった。

阿倍仲麻呂⑤ 698頃～770頃　日本からの留学生。玄宗に重用され、李白らと交友した。753年帰国途上の暴風で帰れず、唐にとどまり長安で客死した。

回教③ イスラーム教の中国での呼称の一つ。清真教とも呼ばれる。7世紀後半より、ムスリム商人（アラブ人）の海路来航とともに、海港都市に伝わり礼拝堂が建てられた。のち、陸上交易とともに北西地域

にも入ってきた。

ムスリム商人 ⑦ 唐代に海上交易で来航したイスラーム教徒の商人。イスラーム教の成立後、インド洋交易の中心となり、ダウ船で中国の海港都市を訪れた。 → p.74

揚州(ようしゅう) ⑤ 長江北岸の大運河沿いの通商都市。運河沿線の一大物資集散地として隋・唐から明・清にかけて繁栄した。唐代には外国人居留地(蕃坊)が設けられ、アラブ人はカンツー(江都)と呼んだ。

広州(こうしゅう) ⑥ 古くから南海交易の拠点として繁栄した、広東省の海港都市。唐代にムスリム商人が来航し、はじめて市舶司がおかれ、蕃坊も設けられた。 → p.116, 148, 241

市舶司(しはくし) ② 海上交易全般を管理した官庁。唐の玄宗の時に広州にはじめて設置され、明代まで存続した。 → p.116

ソグド商人 ⑥ 中央アジアのソグディアナ地域を原住地としたイラン系ソグド人の商人。ソグド人は、オアシス諸都市を結ぶ商業民として、トルキスタンから華北内部までの各地に植民集落をつくった。唐の長安にも多数住み、胡人と呼ばれてゾロアスター教・マニ教や西方の風俗を伝えた。

西域の文化(ポロ競技・胡服・粉食) ⑤ ソグド人の文化やインド系・イラン系の文化が混交し、北朝から唐代にかけての中国に流入した、中央アジア起源の文化。ソグド商人の往来、ササン朝の滅亡によるイラン系の人々の長安への流入などを背景とする。2組に分かれて騎乗し、長い柄のついた木の槌で球を相手のゴールにいれるポロ競技や、筒袖で体にぴったり沿った胡服、麦を粉にしてクッキーや餃子のようにして食べる習慣など、様々な文化が伝わった。

玄奘(げんじょう) ⑥ 602〜664 唐初の訪印僧。629年に原典を求めて陸路インドにおもむき、ナーランダー僧院で学んだのち各地を歴訪した。645年陸路で長安に帰国し、太宗の勅命により経典の翻訳につとめ、これによって法相宗を開いた。 → p.46

『大唐西域記』(だいとうさいいきき) ⑥ 唐僧玄奘のインド旅行記。太宗の命で玄奘が口述し、弟子が編集して646年に完成した。当時の中央アジアやインドに関する貴重な文献でもある。

義浄(ぎじょう) ⑥ 635〜713 唐代の訪印僧。671年広州から海路インドを訪れ、ナーランダー僧院で学んだのち、帰路も東南アジア諸国を経て695年に帰国した。華厳宗の成立に貢献したほか、多くの仏典を漢訳した。 → p.46

『南海寄帰内法伝』(なんかいききないほうでん) ④ 唐僧義浄の旅行記。インドからの帰路、680年代後半からのシュリーヴィジャヤ滞在中に、それまでの見聞を記したもの。当時のインド・東南アジアに関する貴重な文献でもある。

天台宗(てんだいしゅう) ② 『法華経』を聖典とする仏教の一派。法華宗とも呼ばれる。隋の智顗が浙江省の天台山で創始した。日本には、入唐して天台山で学んだ最澄が伝えた。

真言宗(しんごんしゅう) ① 7世紀以後インドから中国に伝播した密教の一つ。大日如来を宗主とし、それへの信仰を中心とする。唐では玄宗前後に盛んとなり、日本へは長安青竜寺の恵果から秘法を授かった空海が広めた。

浄土宗(じょうどしゅう) ⑥ 阿弥陀仏信仰により極楽浄土への往生を説く仏教の一派。中国では浄土教とも呼ばれ、東晋の慧遠を始祖とし、「南無阿弥陀仏」の名号をとなえた唐の善導によって大成された。宋代には各地の念仏結社が生まれ、官僚から民衆にまで幅広く浸透した。 → p.118

禅宗(ぜんしゅう) ⑥ 禅(瞑想)または座禅による修行をおこなう仏教の一派。中国では北魏末にインドから来た僧の達磨によって開かれた。唐から五代に盛んとなり、宋では士大夫層にも受容され、中国仏教の主流となった。 → p.118

孔穎達(くようだつ) ⑤ 574〜648 唐初の学者。太宗に仕え、勅命で『五経正義』編纂の中心となった。また、『隋書』編纂にも参画した。

『五経正義』(ごきょうせいぎ) ⑤ 儒学の五経の注に、さらに注釈をつけた書。太宗の勅命で孔穎達らが編纂し、653年に180巻で成立した。五経の解釈は統一されたが、科挙の国定基準書として思想統制の役割を果たし、儒学の停滞もまねいた。

唐詩(とうし) ④ 唐代の文芸を代表するジャンルとしての詩を指す。唐代には科挙に詩賦が課せられたこともあって、作詩が盛んとなった。また、韻律が厳格で、律詩(8句で五言か七言)と絶句(4句で五言か七言)の近体詩が完成した。

王維(おうい) ④ 701頃〜761 唐中期の詩人・画家。仏教を篤く信仰し、自然の美をうたい、個性的な山水画を描いた。後世、南画の祖と呼ばれた。

李白(りはく) ⑦ 701〜762 唐中期の詩人。唐中期の詩人。自由奔放な人柄で、玄宗に短期間仕えたほかは、長く放浪して過ごした。

安史の乱に際し、粛宗（しゅくそう）の弟の反乱に加担して、一時流罪（るざい）になった。「詩仙」と称され、その詩は杜甫と並び中国詩の最高峰とされた。

杜甫（とほ） ⑥ 712〜770　唐中期の詩人。不遇（ふぐう）のなか安史の乱にあい、その後官職を捨て、妻子とともに流浪（るろう）の生活をおくった。誠実な人柄（ひとがら）から長編詩で社会不正を告発し、また芸術性の極致（きょくち）となる律詩を残した。「詩聖」と称され、李白と並び中国最高の詩人の一人とされる。

唐と近隣諸国

東アジア文化圏 ③　中国を中心に朝鮮・日本・北部ベトナムなどの地域を、文化面からとらえる概念。唐を中心とする冊封体制を通して、漢字・儒学・漢訳仏教・律令などが広がり、共通性のある一つの文化圏が形成された。

都城制　③　天子（皇帝）の居城を中心に整えられた都市制度。北側の中心に宮城をおき、さらに南にのびる中央の大通りを軸に升目（ます）状の区画を整備して、役所や人々の生活空間を配置した。また城外には、皇帝が天をまつる祭壇（天壇（てんだん）など）などの施設がおかれた。古代の朝鮮や日本では、中国の長安や洛陽をモデルとした都が建設された。

ソンツェン＝ガンポ　Srong btsan sgam po ⑥　？〜649　吐蕃の建国者（在位629〜649）。7世紀ラサに進出してチベットを統一し、インド・中国の仏教文化を導入して国の基礎をつくり、またチベット文字を制定した。

吐蕃（とばん）　Tuböd ⑦　7〜9世紀のチベット古代王朝に対する中国名。7世紀にソンツェン＝ガンポがチベットの諸王国を統一して建国し、安史の乱の際には、一時長安を占領した。9世紀前半に唐と和平を結び、唐蕃会盟（かいめい）碑が建立されたが、同世紀後半に王家が東西に分裂して衰えた。中国史料では、元末までチベットに対しては吐蕃の表記が用いられた。

チベット文字 ⑤　ソンツェン＝ガンポの命で、カシミール地方のインド文字を基につくられた文字。おもに仏典の翻訳・書写に用いられた。30の子音文字と4つの母音記号を基本とする。

チベット仏教 ⑥　チベットで発展した大乗（だいじょう）仏教。761年に吐蕃の国教とされた。9世紀の王家分裂とともに仏教も一時衰退した。10世紀以降、世俗の氏族勢力と結びついて、

四大宗派が政治力をもった。　→ p.121, 146

南詔（なんしょう） ⑤　？〜902　唐代の雲南（うんなん）地方に存在したチベット＝ビルマ系ロロ族の王国。8世紀前半に雲南の支配権を確立した後、唐と吐蕃の対立を利用しながら9世紀に最盛期を築いた。中国・チベット・インドの要素を融合（ゆうごう）させた文化を特徴とし、仏教文化も盛んであった。

新羅（しらぎ）**の朝鮮半島統一** ⑦　676　7世紀後半、新羅は唐と同盟を結んで、対抗関係にあった百済・高句麗を滅ぼした（660年・668年）。しかし、まもなく両国間の関係は悪化し、羅唐（らとう）戦争（670〜676年）を経て、新羅が唐軍を排除して朝鮮半島を統一した。9世紀以降、新羅は後百済・高麗（こうらい）の自立で分裂し、935年高麗に降伏して滅んだ。

白村江（はくそんこう）（はくすきのえ）**の戦い** ⑤　663　錦江（きんこう）下流における唐・新羅の連合軍と百済復興軍・応援日本軍との海戦。日本は大敗し、朝鮮半島から手を引いただけでなく、唐・新羅軍の日本侵攻を警戒した。

骨品制（こっぴんせい） ⑤　新羅の王都金城に居住した人々をおもに対象とした身分制度。一般には、王族である骨（こつ）階層と一般貴族の頭品（とうひん）階層に関する特権的身分制度が知られている。各階層間の婚姻や就任できる官位・官職にきびしい制約があった。なお、社会の変化を背景に9世紀前半には、真骨（王族）以下、平人・百姓に至るまで、各階層の生活全般にわたる厳格な統制が打ち出された。

金城（きんじょう）（慶州（けいしゅう）） ⑥　新羅の都。慶州は高麗時代以降の名称。数多くの古墳群・王陵・寺院遺跡などが残されている。

仏国寺（ぶっこくじ） ④　現在の慶州郊外にある仏教寺院。751年に創建されたが、16世紀末の豊臣秀吉（とよとみひでよし）の出兵で焼失し、石造物だけが残った。東区の釈迦塔（しゃかとう）と多宝塔（たほうとう）は新羅時代の石塔として有名である。

渤海（ぼっかい） ⑦　698〜926　大祚栄が高句麗の遺民と靺鞨人を統合して建てた国。中国東北地方東部・沿海州（えんかいしゅう）地域・朝鮮半島北部を領有した。唐に朝貢し、713年大祚栄が渤海郡王に封じられて以後渤海王と称し、727年からは日本ともさかんに通交した。唐の文物・制度を取り入れ、仏教文化が栄え、9世紀には「海東（かいとう）の盛国（せいこく）」と呼ばれた。内紛で国力が低下するなか、926年キタイ（契丹（きったん））に滅ぼされた。

靺鞨人（まっかつじん） ②　6世紀半ばから8世紀に中国東北地方で有力だったツングース系諸部族に対する呼称。高句麗滅亡後、高句麗の遺民

とともに7世紀末に渤海国を建てた。

大祚栄<small>だいそえい</small> ③ ?～719 渤海国の建国者(在位698～719)。高句麗の遺民と靺鞨人を統合して、698年、中国東北地方に震国<small>しんこく</small>を建てた。のち唐に朝貢し、713年渤海郡王に封じられ、国号を渤海と称した。

上京竜泉府<small>じょうけいりゅうせんぷ</small> ⑤ 渤海の国都。長安をモデルに造営された都城。現在の中国黒竜江<small>こくりゅうこう</small>省寧安<small>ねいあん</small>市。

遣隋使<small>けんずいし</small> ⑦ 倭<small>わ</small>(日本)が隋に派遣した使節。厩戸王<small>うまやとおう</small>(聖徳太子<small>しょうとくたいし</small>)によって600年以後3回ないし4回派遣され、同時に留学生や学問僧も派遣された。

遣唐使<small>けんとうし</small> ⑦ 日本から唐に派遣された朝貢使節。630年から838年までに十数回送られ、仏教や律令など最新文化の摂取<small>せっしゅ</small>がおこなわれた。

大化改新<small>たいかのかいしん</small> ③ 645年の蘇我氏<small>そがし</small>排除に始まる古代日本の一連の政治改革。唐の律令制を基に、天皇中心の中央集権国家建設をめざした。中大兄皇子<small>なかのおおえのみこ</small>・中臣鎌足<small>なかとみのかまたり</small>が中心となった。

律令国家体制《日本》 ⑤ 律と令の法令にもとづいて運営される国家体制。日本では大化改新後から唐の律令制を手本に、中央集権国家体制の建設が進められた。

日本《国号》 ⑤ 7世紀後半から用いられるようになった国号。ヤマト政権は当初「やまと」を国の総称とし、文字は「倭」であったが、国家意識の高揚とともに「日本」が用いられるようになった。

天皇<small>てんのう</small> ⑤ 大王<small>おおきみ</small>にかわる日本の君主号。律令制が急速に整備され、君主が神格化されるようになるなか、689年施行の飛鳥浄御原令<small>あすかきよみはらりょう</small>で正式に規定されたとする説が有力である。

班田収授法<small>はんでんしゅうじゅのほう</small> ② 唐の均田制にならった古代日本の土地制度。6年ごとに戸籍をつくり、6歳以上の男女に口分田を給付した。

平城京<small>へいじょうきょう</small> ⑥ 奈良時代の都。唐の長安にならった東西約4.3km、南北約4.8kmの都城として建設された。

天平<small>てんぴょう</small>**文化** ⑥ 聖武<small>しょうむ</small>天皇期を中心とする奈良時代の文化。唐文化などの影響による豊かな国際色を帯び、律令政治最盛期を反映する豪壮雄大さと、貴族的で濃い仏教色などを特色とした。

平安京<small>へいあんきょう</small> ⑤ 794年、桓武天皇により定められた平安時代の都。東西約4.5km、南北約5.2kmの規模で、現京都市の中央部を占めた。

朝貢国《唐》 ③ 朝貢をおこなうのみで冊封を

受けない国を指す。爵位・官職を授けられて君臣関係を結んだ冊封国と区別する。唐代の朝貢国は、日本、ベトナム中部の港市国家チャンパー(中国史料の林邑<small>りんゆう</small>・環王<small>かんおう</small>)、メコン川中流域のカンボジア(中国史料の真臘<small>しんろう</small>)、スマトラ島南部を中心に海上交易で栄えた港市国家シュリーヴィジャヤ(中国史料の室利仏逝<small>しつりぶっせい</small>)があげられる。新羅・渤海・南詔は冊封国であった。

唐の変容と五代

府兵制《唐》 ⑤ 隋・唐で整備された徴兵制度。隋の制度を受け継いだ唐では、長安・洛陽周辺や辺境の州に折衝府<small>せっしょうふ</small>をおき、丁男のなかから府兵を選んで農閑期<small>のうかんき</small>に訓練した。府兵は、兵役中の租・調・庸を免じられ、兵器を自弁して国都での衛士<small>えじ</small>や辺境での防人<small>さきもり</small>の任にあたった。しかし、兵役を嫌う農民の逃亡や募兵制の発達によって衰え、749年に廃止した。 → p.35

荘園<small>しょうえん</small> ⑤ 中国では大土地所有制およびその経営を指す。唐初からの皇族・貴族・寺院に加えて、則天武后時代から官僚が、のちには節度使が、さらに安史の乱後には富商・豪農が、大土地所有をおこなうようになった。こうした荘園では、おもに佃戸と呼ばれる小作人が耕作に従事した。 → p.31

則天武后<small>そくてんぶこう</small>(武則天<small>ぶそくてん</small>) ⑦ 624/628～705 中国史上ただ一人の女性皇帝。高宗の皇后だったが、病身の高宗にかわって政権を握った。高宗の死後、子の中宗・睿宗<small>えいそう</small>を廃し、690年国号を周(武周<small>ぶしゅう</small>)と改め、聖神<small>せいしん</small>皇帝と称して即位した(在位690～705)。科挙官僚を重用し、その時代に政治の担い手が貴族から科挙官僚へと移りはじめた。

周<small>しゅう</small> ⑥ 690～705 武周とも呼ばれる、則天武后一代の王朝。則天武后は、門閥<small>もんばつ</small>貴族に不満をもっていた多くの有能な科挙官僚を登用した。文化面では則天文字をつくり、仏教を保護した。

中宗<small>ちゅうそう</small> ② 656～710 唐の第4代皇帝(在位683～684、705～710)。父高宗の死後即位したが、母の則天武后と対立して54日で廃位された。則天武后の晩年に復位したが、名目的な皇帝にとどまり、実権を韋后に奪われ、毒殺された。

韋后<small>いこう</small> ② ?～710 唐の中宗の皇后。復位した中宗を710年に毒殺して政権をねらったが、李隆基<small>りりゅうき</small>(のちの玄宗)の挙兵で殺された。

武韋<ruby>韋<rt>い</rt></ruby>の禍<ruby>か<rt></rt></ruby>② 690〜710　高宗の皇后の則天武后と中宗の皇后の韋后が政権を奪って、唐の政治を混乱させたとされるできごと。後世、歴史家が儒教的な女性蔑視の立場から呼んだ名称である。

玄宗<ruby>げんそう<rt></rt></ruby>⑦ 685〜762　唐の第6代皇帝（在位712〜756）。韋后一派を倒し、父睿宗を復位させ、のち禅譲<ruby>ぜんじょう<rt></rt></ruby>されて即位した。治世前半は律令体制の立て直しにつとめて安定をもたらしたが、晩年楊貴妃を寵愛<ruby>ちょうあい<rt></rt></ruby>し、楊国忠<ruby>ちゅう<rt></rt></ruby>らの専横<ruby>せんおう<rt></rt></ruby>を許して安史の乱をまねいた。

「開元<ruby>かいげん<rt></rt></ruby>の治<ruby>ち<rt></rt></ruby>」③ 玄宗の治世の開元年間(713〜741)を後世に褒<ruby>ほ<rt></rt></ruby>めたたえた言葉。実際にすばらしい治世であったという事実を表すとはいえない。

募兵制<ruby>ぼへいせい<rt></rt></ruby>⑥ 唐代半ばに、農民の逃亡などで府兵制維持が困難となり採用された傭兵<ruby>ようへい<rt></rt></ruby>制度。均田制の崩壊にともない、723年玄宗が傭兵を募集した。749年の折衝府の廃止にともない府兵制が廃止され、募兵制に切りかえられた。

節度使<ruby>せつどし<rt></rt></ruby>⑦ 唐・五代の軍職。府兵制の崩壊後、辺境の募兵集団の指揮官としておかれた。710年の河西<ruby>かせい<rt></rt></ruby>節度使に始まり、玄宗の時代に10節度使がおかれた。安史の乱がおこると、対抗上内地にもおかれ、管轄諸州の民政・財政をも掌握<ruby>しょうあく<rt></rt></ruby>し、強大化して独立傾向を示すようになり、藩鎮とも呼ばれた。

タラス河畔<ruby>かはん<rt></rt></ruby>の戦い　Talas ⑤ 751年に中央アジアでおこった唐軍とアッバース朝軍との戦い。唐軍が大敗し、唐の勢力が西域から後退した。このとき捕虜<ruby>ほりょ<rt></rt></ruby>となった唐の紙漉工<ruby>かみすきこう<rt></rt></ruby>によって、製紙法がイスラーム圏に伝えられたとされる。→ p.76, 86

楊貴妃<ruby>ようきひ<rt></rt></ruby>⑤ 719〜756　唐の玄宗晩年の寵妃<ruby>ちょうひ<rt></rt></ruby>。玄宗の皇子の妃<ruby>きさき<rt></rt></ruby>であったが、玄宗に見出されて貴妃となり、その一族の楊国忠らも栄華を誇<ruby>ほこ<rt></rt></ruby>った。そのため対立した安禄山らが反乱をおこした。

安史<ruby>あんし<rt></rt></ruby>の乱⑦ 755〜763　玄宗後期に節度使らがおこした反乱。権力争いから東北辺の3節度使を兼ねた安禄山が挙兵して洛陽・長安を占領し、玄宗は四川への逃亡中に退位した。一方、反乱側も指導力を欠き、指導者が安禄山父子から史思明父子へと入れかわるなか、唐は第7代粛宗のもとでウイグルの援助を獲得し、第8代代宗<ruby>だいそう<rt></rt></ruby>の時の763年に反乱を平定した。この事件で均田制に代表される社会制度の崩壊と羈縻政策

の破綻が決定的となり、乱後、国内各地で節度使の自立化が進んだ。

安禄山<ruby>あんろくざん<rt></rt></ruby>⑦ 705〜757　安史の乱の指導者。ソグド系突厥人の武将。玄宗の信任を得て東北辺の3節度使を兼ねたが、楊国忠との権力争いに敗れると、755年に挙兵して洛陽をおとしいれ、翌年大燕<ruby>だいえん<rt></rt></ruby>皇帝を称した。長安も占拠したが、病気となり、子の安慶緒<ruby>あんけいしょ<rt></rt></ruby>に殺された。

史思明<ruby>ししめい<rt></rt></ruby>⑥ ？〜761　安史の乱の指導者の一人。ソグド系突厥人の武将。安禄山の盟友で、彼の死後唐に降<ruby>くだ<rt></rt></ruby>り節度使に任じられたが、758年に再び背き、安慶緒を殺して大燕皇帝を称した。後継ぎ問題で子の史朝義<ruby>しちょうぎ<rt></rt></ruby>に殺された。

ウイグル　Uyghur ⑦ 744〜840　モンゴル高原を支配したトルコ系騎馬遊牧民<ruby>ゆうぼくみん<rt></rt></ruby>との国家。744年に建国して翌年東突厥を滅ぼし、のちに唐の要請<ruby>ようせい<rt></rt></ruby>で安史の乱鎮定に協力して絹馬貿易の利益を得るなど、強勢を誇った。→ p.42

藩鎮<ruby>はんちん<rt></rt></ruby>⑦ 強大な権力をもった節度使の別称。安史の乱のなかで節度使は国内各地にもおかれ、管轄区の行政・財政権を握り、独立傾向を示した。

両税法<ruby>りょうぜいほう<rt></rt></ruby>⑦ 8世紀後半(唐代半ば)から16世紀後半(明代後半)まで実施された税法。780年徳宗の宰相楊炎<ruby>ようえん<rt></rt></ruby>が、農民の土地所有を公認し、租調庸での諸課税を一括して、両税法を施行した。名称は、各戸の資産にもとづき、銭を夏と秋の2回に分けて徴税したことに由来する。土地所有者が税役負担者で、銭のかわりに布による納入も広くおこなわれた。近年では、銭や布と並行して、耕作面積と土地柄に応じた穀物の課税もなされていたとされる。

塩の専売⑥ 中国の諸王朝で採用された財政確保策。前漢・唐のほかに、元・明などでも採用された。塩は生活必需品であるが、原価の数十倍の専売税が課されたため、密売や民衆反乱が頻発した。

黄巣<ruby>こうそう<rt></rt></ruby>の乱⑤ 875〜884　塩の密売商人の挙兵から始まった唐末の大農民反乱。875年に華北で挙兵した王仙芝<ruby>おうせんし<rt></rt></ruby>(？〜878)の死後、彼に呼応して山東で挙兵した黄巣(？〜884)が指導したので、その名を冠してこう呼ばれる。黄巣は不満をもつ没落農民などを結集し、南下して広州を占拠した。その後北上し、880年に長安を占領して大斉<ruby>だいせい<rt></rt></ruby>国皇帝を称したが、節度使李克用<ruby>りこくよう<rt></rt></ruby>(五代の後唐の事実上の建国者)によって884年

に鎮圧された。この乱で貴族が没落するとともに、唐は滅亡期に入った。

朱全忠しゅぜんちゅう ⑥ 852～912　五代の後梁の建国者。本名は朱温しゅおん。黄巣の乱の幹部となったのち、唐に帰順して節度使となる。907年、唐の哀帝あいていを廃して唐を滅ぼし、即位した。

汴州べんしゅう（開封かいほう）④ 隋代に開通した大運河が黄河と接続する場所に位置する都市。戦国時代から華北の交易の要衝ようしょうとして栄えた。北周期に汴州と改称され、五代の後梁がここに都をおいて東都開封府と称し、宋代にはさらに繁栄した。

後梁こうりょう ⑥ 907～923　五代最初の王朝。朱全忠が汴州（開封）に都を定めた。

後唐こうとう ⑥ 923～936　五代2番目の王朝。唐の節度使李克用の子李存勗りそんきょく（突厥系沙陀族しゃだぞく出身）が後梁を倒し、洛陽に都を定めた。

後晋こうしん ⑤ 936～946　五代3番目の王朝。後唐末の帝位継承争いで、石敬瑭せきけいとうがキタイ（契丹きったん）の協力を得て、汴州に都を定めた。

後漢こうかん ⑤ 947～950　五代4番目の王朝。後晋の武将劉知遠りゅうちえん（突厥出身）が汴州に都を定めた。

後周こうしゅう ⑥ 951～960　五代最後の王朝。後漢の節度使郭威かくいが汴州に都を定めた。第2代世宗せいそうは、対外積極策・禁軍きんぐん改革などで版図はんとを拡大した。

五代十国ごだいじっこく ⑥ 907～979　唐の滅亡から宋の中国統一までの分裂時代。華北の短命な5王朝と、華中・華南などで興亡した10余りの国の総称。

形勢戸けいせいこ（新興地主層）④ 唐末から大地主として勢力をのばした、新興の地方豪族。形勢とは新興勢力を意味する。彼らは唐代後半の混乱を背景に土地を開墾したり買い集めたりして勢力をのばした。　→ p.116

佃戸でんこ ② 中国の小作農の呼称。佃戸の労働による大土地経営は、唐代では両税法の施行後に普及した。佃戸となった農民は、収穫物の半分を小作料として地主におさめた。　→ p.116

閻立本えんりっぽん ② ?～673　唐初の宮廷画家。描線による精細な画風を大成した。仏画および人物画を得意とした。

呉道玄ごどうげん ⑥ 8世紀頃　唐中期の画家。地方の小官吏であったが、玄宗に画才を認められて宮中に入り、人物・神仏・禽獣きんじゅう・草木などを描いた。立体感を出す画風を生み出した。

山水画さんすいが ⑤ 自然に精神的意義を付加する中国的自然観を反映した絵画。東晋の頃から出現したが、唐代に入り水墨すいぼく山水画が成立し、玄宗の頃から元代中期にかけて、画院がいんを中心に黄金期を形成した。

欧陽詢おうようじゅん ② 557～641　唐初の書家。王羲之おうぎしの書風を受け継いで、楷書かいしょの典型を作り出した。

褚遂良ちょすいりょう ③ 596～658　唐初の書家・政治家。王羲之の書風を受け継ぎ、さらに優美な書風を作り出した。太宗に重用されたが、高宗が則天武后を皇后に立てるのに反対して左遷させんされた。

顔真卿がんしんけい ⑥ 709～785頃　唐中期の書家・政治家。安史の乱では、義勇軍ぎゆうぐんを率いて抵抗した。のち反乱をおこした藩鎮への使者となり、殺害された。王羲之以来の典雅な書風に対し、革新的な力強い書風をおこし、後世の書道に大きな影響を与えた。

白居易はくきょい（白楽天はくらくてん）⑤ 772～846　唐後期の詩人・官僚。玄宗と楊貴妃をうたった「長恨歌ちょうごんか」や、左遷後につくった「琵琶行びわこう」が有名。平易な新詩風をつくり、人々の悲しみや私生活の喜びをうたい、その作品は民衆に愛された。詩文集『白氏文集はくしもんじゅう』は日本文学にも影響を与えた。

韓愈かんゆ（韓退之かんたいし）⑥ 768～824　唐宋八大家（唐・宋代の8人の著名な文章家）の一人。唐後期の古文復興者で、儒教を尊び、仏教・道教どうきょうを排撃はいげきしたその思想は、宋学の先駆者ともいわれる。また高級官僚として、吏部侍郎りぶじろうなどを歴任した。

柳宗元りゅうそうげん ⑥ 773～819　唐宋八大家の一人。唐後期の文学者で、韓愈とともに古文復興運動を進めたが、官僚として、晩年は地方官に左遷されて不遇であった。

古文の復興《唐》⑤ 唐代後期から始まった、古文（漢代以前の文体）の復興を主張した文学上の動き。形式偏重におちいった四六駢儷体しろくべんれいたいに対して、より自由な表現を可能にするものとして、韓愈や柳宗元らが主導した。

突厥とウイグル

高車こうしゃ ③ 4～6世紀にモンゴル高原から西方の草原で活動した、トルコ系遊牧民丁零ていれい〈トルコ人〉の音訳）の後裔。名前は高輪の車を用いたことに由来するとされる。5世紀末に柔然から独立し、アルタイ山脈西側のジュンガリアに勢力を築いた。

6世紀に柔然とエフタルに挟撃されて衰え、後身は鉄勒と呼ばれた。

柔然⑤ 5〜6世紀にモンゴル高原を支配した騎馬遊牧民とその国家。4世紀半ば頃から鮮卑のもとで高車と抗争を続けたが、5世紀初め社崙が鮮卑から自立して可汗となり（在位402〜410）、モンゴル高原から天山東部までを統一し、華北の北魏に対抗した。6世紀半ば、突厥に滅ぼされた。　→ p.30

カガン（可汗）③ おもに中央ユーラシアの遊牧国家で用いられた君主の称号。最近の研究で鮮卑の頃から用いられたことが明らかにされ、柔然・突厥・ウイグル・モンゴル帝国などでも使われた。また、西ヨーロッパに進出したアヴァール人やブルガール人の国家でも、君主号として使用された。

突厥⑦ 6〜8世紀にモンゴル高原〜中央アジアを支配したトルコ系騎馬遊牧民とその国家。天神（テングリ）を信仰し、君主はその権威のもとで可汗を称した。アルタイ山脈西南から勃興して柔然を滅ぼし、552年に建国。勢力を広げたが、内紛と隋の離間策のため583年東西に分裂した。

絹馬貿易④ 中国と北方・西方の騎馬遊牧社会との交易関係を、代表的な商品で表した用語。おもに平和時に、絹・茶など前者の特産品と、馬・羊など後者の家畜とを交換する交易がおこなわれた。遊牧社会は、中国から獲得した絹や農産物を消費物資としてだけでなく、国際交易品としても必要とした。

東突厥⑦ 583〜745　東西分裂後、モンゴル高原を本拠地とした突厥勢力。630年に唐の太宗の攻撃で一時服属した（突厥第1可汗国）。680年頃復興したが（突厥第2可汗国）、745年ウイグルに滅ぼされた。

西突厥⑥ 583〜8世紀初め　583年の東西分裂後、中央アジア方面を本拠地とした突厥勢力。7世紀半ば唐に敗れ、8世紀初めに分裂し、ほかのトルコ系遊牧民の台頭で滅んだ。

突厥文字⑦ 6〜9世紀頃のトルコ民族が用いた表音文字。起源についてはアラム文字・ソグド文字の両説がある。北方遊牧民最古の文字とされ、約40字からなっている。この文字が解読されるきっかけとなった二つの碑文は、発見地の川の名をとってオルホン碑文と呼ばれる。

ウイグル　Uyghur ⑥ 744〜840　モンゴル高原を支配したトルコ系騎馬遊牧民とその国家。744年に建国して翌年東突厥を滅ぼし、のちに唐の要請で安史の乱鎮定に協力するなど、強勢を誇った。8世紀末から内紛が激化し、同じトルコ系キルギスの侵入を受けて840年に滅んだ。その後甘粛地方に移住した一派は9〜13世紀に西ウイグル王国を建てた。マニ教や仏教を信仰し、ウイグル文字を用いた。　→ p.40

マニ教　Manichaeism ⑤ 3世紀前半、西アジアのバビロニアでマニによって創始された二元論宗教。東西交易にともない、ソグド人によって東方に伝播し、ウイグルでは国教化され、中国では摩尼教と記された。　→ p.36, 52

ウイグル文字⑥ おもに西ウイグル王国で用いられた表音文字。ソグド文字に由来し、その後、モンゴル文字・満洲文字に継承された。モンゴル文字は現在も中国の内モンゴル自治区で使われている。　→ p.123

キルギス　Kirgiz ⑤ モンゴル高原北部のイェニセイ川上流を本拠地にしていたトルコ系遊牧民。840年にウイグルを滅ぼしたが、その後、各地に離散し、主要部は西走してイスラーム化した。

ソグド人

ソグド人　Sogdians ⑦ 中央アジアのソグディアナのイラン系住民。古くから中継貿易に従事し、東トルキスタン・甘粛北西部・モンゴル高原・華北北部に植民して中央ユーラシア一帯におよぶ商業ネットワークを形成した。突厥やウイグルなどの遊牧国家では、外交・文化・軍事面でも大きく貢献した。ゾロアスター教・マニ教やソグド文字を東方に伝えた。

ソグド文字⑤ アケメネス朝で使われたアラム文字が草書化してできたソグド人の文字。のちにウイグル文字の基になった。

サマルカンド　Samarkand ⑥ ソグド人の拠点だったソグディアナの中心都市。南北朝〜唐代の中国では康国と記された。1220年モンゴルによって廃墟とされたが、再建された新市街はティムール朝の首都として繁栄した。　→ p.24, 124

ブハラ　Bukhara ② 古くからソグド人の商業で栄えた中央アジアの都市。のちサーマーン朝の首都となった。　→ p.24, 86

南アジア世界と東南アジア世界の展開

1 仏教の成立と南アジアの統一国家

都市国家の成長と新しい宗教の展開

コーサラ国 Kosala ③ 前6世紀ガンジス川中流域に成立した十六大国の一つ。『ラーマーヤナ』の舞台とされ、おおいに繁栄したが、前5世紀マガダ国に併合された。

マガダ国 Magadha ⑤ ガンジス川中流域を統合した王国。前6世紀におこり、鉄や森林などの資源に恵まれ、戦車や投石機などの新兵器を用いて台頭した。仏教・ジャイナ教はこの地で誕生した。

ウパニシャッド(「奥義書」) Upaniṣad ⑥ 古代インドの宗教・哲学書。祭式至上主義のバラモン教に対する批判から生まれ、絶対的な真理とその把握をめざした。梵我一如(ブラフマンとアートマンが本来一つのものであると悟る)・輪廻などの概念は、インド思想全般に多大な影響を与えた。

梵(ブラフマン) brahman ④ ウパニシャッド哲学における、宇宙の根本原理のこと。

我(アートマン) ātman ④ ウパニシャッド哲学における、人間など個体の根本原理のこと。元来は「気息」の意。

輪廻転生 saṃsāra ⑦ インド思想の概念で、現世の行為で来世が決定されつつ、生死は無限に繰り返されるとする考え。ウパニシャッド文献にその萌芽がみられ、仏教やジャイナ教に引き継がれた。

業(カルマ) karma ③ インド思想の概念で、「行為」という意味。自分が現世でなした行為が、業として来世を決定づける(自業自得)と古代インドでは考えられていた。

解脱 ⑥ 原義は「解放」の意。輪廻から脱却し、自由を得た状態のこと。

ガウタマ゠シッダールタ Gautama Siddhartha ⑦ 前563頃～前483頃(前463頃～前383頃) 仏教の開祖。ネパールのシャカ族の王子であったが、世の無常を感じて出家した。苦行ののちブッダガヤの菩提樹の下で悟りを開き、ブッダとして教えを広めた。彼の死亡(入滅)年は末法思想

との関連で重要だが、諸説ある。

ブッダ(仏陀) Buddha ⑦ 「悟った者」という意味のサンスクリット語。一般にはガウタマ゠シッダールタ(シャカ)を指す。

仏教 Buddhism ⑦ ガウタマ(ブッダ)が説いた教え・宗教。すべてのものが無常であり、苦しみにあふれた現世から、極端に走らない中道を取りつつ、正しい認識と実践によって解脱することを目標とした。ヴァルナ制を否定し、都市部で力をつけてきたクシャトリヤやヴァイシャから支持された。

八正道 ③ ガウタマ(ブッダ)が説いた、解脱に至るための実践法。

サーンチー Sānchī ③ インド中部の都市。アショーカ王建立のストゥーパで知られる。

ストゥーパ(仏塔) stūpa ⑤ もとはガウタマ(ブッダ)の遺骨をおさめるための建造物。仏像出現以前、信者はこれを礼拝した。

ヴァルダマーナ(マハーヴィーラ) Vardhamāna(Mahāvīra) ⑥ 前549頃～前477頃 ジャイナ教の開祖。マハーヴィーラは尊称で「偉大な英雄」の意。クシャトリヤ出身で、苦行ののち悟りを開いてジナ(勝利者)となった。ヴァルナ制を否定し、商工業者を中心に信者を拡大した。

ジャイナ教 Jainism ⑥ ヴァルダマーナが創始したインドの宗教。きびしい不殺生主義を特徴とし、真理は相対的であるとして断食などの苦行を重視する。現在西インドを中心に分布し、商人層に信者が多い。

統一国家の成立

ナンダ朝 Nanda ② ?～前317頃 前4世紀後半のマガダ国の王朝。ガンジス川流域をはじめて統一したが、約30年の統治ののちチャンドラグプタによって滅ぼされた。

マウリヤ朝 Maurya ⑦ 前317頃～前180頃 インド初の統一国家を樹立したマガダ国の王朝。チャンドラグプタがナンダ朝を倒して創立し、アショーカ王の時代に南部を除くインドの統一に成功した。中央集権的な統治体制をとり、遠隔地には王族を太守として派遣した。交通網が整備されたため、インド各地にガンジス川流域の先進文化が

広まった。

チャンドラグプタ王　Chandragupta ⑤ マウリヤ朝の建国者(在位前317〜前296頃)。ナンダ朝を倒し、侵入してきたセレウコス朝も破り、アフガニスタンを獲得した。

パータリプトラ　Pātaliputra ④ マウリヤ朝の都。ガンジス河畔にある、水陸交通の要衝。のちグプタ朝においても都とされた。現在のビハール州都パトナ。

アショーカ王　Ashoka ⑦ マウリヤ朝第3代の王(在位前268頃〜前232頃)。東南方のカリンガ国の征服により、南部を除くインドの統一に成功して最大領土を築いた。仏教に帰依し、第3回仏典結集やセイロン島布教をおこなった。一方でダルマ(倫理・法)による統治を理想とし、各地に磨崖碑・石柱碑を建てた。中国名は阿育王。

ダルマ(法)　dharma ⑥ 倫理・法などの規範。ヴェーダ時代から説かれている、インド思想の概念の一つ。

仏典の結集　⑥ ガウタマ(ブッダ)の死後、弟子がおこなった教典の編集事業。インドでは口伝が基本であったため、教説の整理・統一をはかっておこなわれた。アショーカ王時代の結集が3回目とされる。

磨崖碑・石柱碑　⑤ 研磨した岩壁(磨崖)や石柱にアショーカ王の詔勅を刻み、その内容を布告した碑。その所在地によってマウリヤ朝の支配領域が推測できる。

セイロン島(スリランカ)布教　前3世紀アショーカ王がおこなったとされる布教。王子マヒンダが派遣され、その後セイロン島は仏教(上座部)の一大中心地となった。さらに上座部仏教はビルマへと伝えられた。

))))) クシャーナ朝と大乗仏教 (((((

サカ人　Saka ③ 中央アジアのイラン系遊牧民。アフガニスタン・西北インドに王国を建ててパルティアと対抗したが、のちクシャーナ朝に服属し、4世紀グプタ朝に滅ぼされた。

大月氏　② 中央アジアの遊牧民。匈奴・烏孫に追われ、ソグディアナに逃れて大月氏国(前140頃〜後1世紀)を建てた。その後バクトリア地方に移り、大夏(トハラ)を征服した。 → p.26

クシャーン人　Kushans ④ クシャーナ朝を建てた遊牧民。バクトリア土着のイラン系とする説と、大月氏系とする説がある。

クシャーナ朝　Kuṣāṇa ⑦ 1〜3世紀　クシャーン人が中央アジア〜西北インドに建てた王朝。王は、ギリシア・インド・イラン・ローマ風の王号を名乗り、ゾロアスター教の影響もあって神格化された。東西交易で繁栄し、2世紀カニシカ王の時代に最盛期を迎えるが、3世紀ササン朝に敗れて衰退した。ローマからの金により、この王朝のもとで金貨が発行されるようになった。

カニシカ王　Kanishka ⑦ 2世紀半ばの、クシャーナ朝最盛期の王(在位130頃〜170頃)。ソグディアナからガンジス川中流域までを支配し、東西交易で繁栄した。仏教を保護し、第4回仏典結集をおこなった。この王の時代にガンダーラ美術が発達した。

プルシャプラ　Purushapura ② カニシカ王が都と定めた、ガンダーラ地方の都市。現在のパキスタンのペシャワール。

菩薩信仰　⑤ 大乗仏教の中心思想。「利他行(自分より他者の救済を優先させる)」にもとづいて人々を救済するため、修行に励み悟りを求めた者を菩薩という。

大乗仏教　Mahāyāna ⑦「利他行」を特徴とする仏教。菩薩を信仰し、大衆の救済を重視する姿勢は、のち竜樹(ナーガールジュナ)によって理論化された。阿弥陀などの如来思想が説かれ、他力本願が強調される。中央アジアを経て中国・朝鮮・日本に伝来し、北伝仏教とも呼ばれる。

小乗仏教　⑤ 大乗仏教側からの、上座部仏教に対する蔑称。

部派仏教　③ 仏教教団が分裂して成立した多数の部派の総称。ガウタマ(ブッダ)の死から約100年後、教団は教義の問題から上座部と大衆部に分裂し、その後も分派が続いて、20の部派が成立した。

上座部仏教　⑦ 部派仏教のうち、戒律の厳守を主張した一派。出家して、みずからの解脱をめざして修行することを重視する。セイロン島(スリランカ)からビルマ・タイに伝わり、南伝仏教とも呼ばれる。

仏像　⑥ ブッダなどの像。祭式中心のバラモン教の影響や、ガウタマ自身の命によって、当初具体的な像はつくられなかった。しかしクシャーナ朝時代には、ガンダーラやマトゥラーで仏像が制作されるようになった。

ガンダーラ美術　Gandhāra ⑦ 1世紀以降、ガンダーラ地方を中心に発達した仏教美術。インド古来の美術にヘレニズムの技術が融合した作品が制作された。ガンダーラ仏は、彫りの深い写実的な顔立ちやひだのある衣服などを特徴とする。その影響は中国・日

本へもおよんだ。

竜樹(りゅうじゅ)(ナーガールジュナ)　Nāgārjuna ③　2～3世紀　サータヴァーハナ朝時代の仏僧・学者。著書『中論』のなかで「空」「縁起(えんぎ)」の思想を大成し、大乗仏教を理論化した。

インド洋交易と南インドの諸王朝

インド洋交易 ⑥ 南インドを中心に、東南アジア・西アジア・アフリカ間において、季節風(モンスーン)を利用しておこなわれた海上交易。

「海の道」 ⑥ 地中海から紅海(こうかい)・アラビア海・インド洋を経て、東南アジア・中国に至る海上交易ルート。季節風が発見されてからは、遠隔地とのあいだに海上交易が活性化し、ローマの金貨、インドの綿製品、東南アジアの香辛料、中国の絹などの特産品がさかんに取引された。9世紀以降、中国からは陶磁器が主要な交易品となったため、「陶磁(とうじ)の道」とも呼ばれる。

『エリュトゥラー海案内記』 ⑥ 1世紀にギリシア人が書いた、紅海からインド洋にかけての地理・物産の書。この海域の季節風を「ヒッパロスの風」として記している。

タミル語　Tamil ⑤ ドラヴィダ系言語。この言語を使用したタミル人は、南インドにチョーラ朝やパーンディヤ朝を建てた。現在、インド・スリランカ・シンガポールの公用語の一つ。

サータヴァーハナ朝　Sātavāhana ⑦ 前1～後3世紀　デカン高原を中心としたドラヴィダ系アーンドラ族の王朝。東南アジアや西方との交易で繁栄し、ローマの金貨が多く出土する。この王朝のもとで、バラモン教・仏教・ジャイナ教が保護されて栄えた。

パーンディヤ朝　Pāṇḍya ② 前3世紀頃～後14世紀　交易で繁栄したインド南端の王朝。都はマドゥライ。10世紀チョーラ朝に一時的に支配され、14世紀ハルジー朝の進出で衰退した。独自のタミル文化が栄えた。

パッラヴァ朝　Pallava ① 3～9世紀に、インド南東岸を支配した、タミル系王朝。海上交易で繁栄し、民衆のあいだではバクティ信仰が広まった。

シンハラ人　Sinhala ② スリランカの多数を占めるアーリヤ系民族。前5世紀頃北インドから移住し、アショーカ王の布教以来、上座部仏教徒が多数を占める。ヒンドゥー教系のタミル人との抗争が古来続いた。

2 インド古典文化とヒンドゥー教の定着

グプタ朝とインド古典文化の黄金期

グプタ朝　Gupta ⑦ 320頃～550頃　インド古典文化の黄金期を現出した、北インドの統一王朝。都はパータリプトラ。チャンドラグプタ1世に始まり、第3代チャンドラグプタ2世の時代に北インドを統一し最盛期を迎えた。地方分権的で、バラモンが重用されてサンスクリット語が公用語となった。またヒンドゥー教が定着し、純インド的芸術が発達した。交易の不振やエフタルの侵入で弱体化し、6世紀半ばに滅亡した。

チャンドラグプタ1世　Chandragupta ② グプタ朝の創始者(在位320～335頃)。旧マガダ国の地から台頭し、ガンジス川中流域を支配してグプタ朝を建てた。「大王のなかの統王」と称した。

チャンドラグプタ2世 ⑥ グプタ朝の最盛期を現出した第3代の王(在位376頃～414頃)。北インドを統一し、サカ人も併合して最大領土を現出した。経済的に繁栄し、文芸も発達した。

法顕(ほっけん) ⑤ 337頃～422頃　東晋(とうしん)時代の山西地方の僧。戒律の原典を求めて陸路でインドにおもむき、経典をもって海路で帰国した。著書『仏国記(ぶっこくき)(法顕伝)』のなかで、チャンドラグプタ2世を「超日(ちょうにち)王」と記した。 → p.32

サンスクリット語　Sanskrit ⑤ インド＝ヨーロッパ語族に属するインドの言語。梵語(ぼんご)とも呼ばれ、古代インドでは共通語として活用された。現在もインドの公用語の一つとなっている。

ヒンドゥー教　Hinduism ⑦ 仏教・ジャイナ教により否定されたヴェーダ権威の再確立や、先住民の土着信仰のバラモン教への吸収・融合によって成立した宗教。特定の開祖をもたない。多神教であるが、シヴァ神・ヴィシュヌ神が中心となっている。冠婚葬祭(かんこんそうさい)などの日常生活全般に関与する。

シヴァ神　Siva ⑦ ヒンドゥー教の三大神の一つ。破壊神・創造神であり、額(ひたい)に第3の目をもち、コブラとともに描かれる。ヒンドゥー教において、先住民の地母神はシヴァの妃として取り込まれた。

ヴィシュヌ神　Vishnu ⑦ ヒンドゥー教の三大神の一つ。世界維持の神であり、4本の

手に4つの武器をもつ姿で描かれる。先住民の神はヴィシュヌの化身として取り込まれ、ブッダもその化身の一つとされる。

『マヌ法典』 Manu ⑦ 前200年頃〜後200年頃にまとめられたインドの法典。人類の始祖マヌが述べたとされ、各ヴァルナの権利や義務が規定されている。インド・東南アジア社会の形成に大きな影響を与えた。

サンスクリット文学 ④ サンスクリット語で書かれた、おもにヒンドゥー教系の文学。グプタ朝時代が最盛期とされる。

『マハーバーラタ』 Mahābhārata ⑤ 4世紀末〜5世紀頃現在のかたちにまとめられた、インドの大叙事詩。北インドのバラタ族間でおこなわれた、18日間にわたる戦争物語が中核をなす。サンスクリット語で書かれ、ヒンドゥー教の聖典ともされる。とくに「バガヴァッド゠ギーター」という章は、私心を捨てて本務に励むことが解脱に至る道であると説き、後代のインド社会に多大な影響を与えた。

『ラーマーヤナ』 Rāmāyana ⑥ 3〜4世紀頃現在のかたちにまとめられた、インドの大叙事詩。コーサラ国のラーマ王子の冒険をうたった叙事詩で、詩人ヴァールミーキ作と伝えられる。サンスクリット語で書かれ、ヒンドゥー教の聖典ともされる。『マハーバーラタ』とともに東南アジアに伝わり、各地に多大な影響を与えた。

カーリダーサ Kālidāsa ⑤ 5世紀頃のグプタ朝の詩人・戯曲作家。チャンドラグプタ2世の宮廷詩人として、サンスクリット文学を代表する『シャクンタラー』を残した。

『シャクンタラー』 Śakuntalā ⑤ カーリダーサの作品。『マハーバーラタ』に登場する娘シャクンタラーと王の恋愛を主題とした戯曲で、サンスクリット文学の代表作とされる。

ゼロの概念 ⑥ インドで確立された数学的概念・記号。グプタ朝時代に考案され、十進法にもとづく位取りの概念とともに、のちイスラーム圏からヨーロッパにも伝わった。 → p.75

グプタ様式 ⑥ グプタ朝期に完成した純インド的な美術様式。ガンダーラ様式にみられるギリシアの影響から脱し、洗練された技法による壁画や彫像が制作された。

アジャンター石窟寺院 Ajantā ⑦ グプタ美術の代表とされる壁画が残された、インド西部の仏教遺跡。断崖に掘られた仏教寺院で、明確な輪郭線や鮮やかな色彩を

特徴とする壁画が残されている。画法はアジア各地に伝播し、焼損した法隆寺金堂の壁画にもその影響がみられる。

エローラ石窟寺院 Ellora ① アジャンターの南に位置する石窟寺院群。仏教・ヒンドゥー教・ジャイナ教の寺仏が数世紀にわたって断崖に掘られた。とくにシヴァ神をまつったカイラーサナータ寺院が有名。

マトゥラー Mathurā ② ヤムナー川南岸にあるインド北部の都市。ヴィシュヌ神の化身クリシュナの生誕地として知られる一方、赤砂岩を材料として、薄手の衣をまとった純インド風仏像の生産地でもあった。

エフタル Ephthalites ③ グプタ朝衰退の一因となった騎馬遊牧民。6世紀に中央アジアの大部分を占める勢力となり、東西交易をおさえて繁栄したが、6世紀半ば、突厥とササン朝に挟撃されて滅亡した。 → p.51

ハルシャ王 Harsha ⑦ ヴァルダナ朝の創始者（在位606〜647）。北インドを再統一し、都をカナウジに定めた。宗教・学芸を保護し、みずからも詩人として有名である。

ヴァルダナ朝 Vardhana ⑤ 7世紀前半、ハルシャ王が建てた、古代北インド最後の統一王朝。彼の死後王国は崩壊し、北インドはヒンドゥー諸侯の分立状態となった。

ナーランダー僧院 Nālandā ⑤ 5世紀、インド東部に建てられた、仏教学院・大学。13世紀イスラーム勢力によって破壊されるまで、教学の中心であった。玄奘や義浄もここで学んだ。その破壊後、学僧らはチベットや東南アジアに逃れた。

玄奘 ③ 602〜664 仏典を求めて往復とも陸路でインドにもおもむいた唐の僧。ハルシャ王の厚遇を受けてナーランダー僧院で学び、帰国後は仏典の漢訳をおこなった。仏典保存のため、長安に大雁塔を建立した。太宗への報告書として西域の旅行記『大唐西域記』を著した。 → p.37

義浄 ③ 635〜713 往復ともに海路でインドにおもむいた唐僧。玄奘に憧れてナーランダー僧院で学び、帰国後仏典を漢訳した。著書『南海寄帰内法伝』で大乗仏教国シュリーヴィジャヤの繁栄を伝えている。 → p.37

バクティ運動 bhakti ⑤ ヒンドゥー教の最高神（シヴァやヴィシュヌ）に絶対的に帰依して解脱をはかろうとする宗教運動。7世紀頃南インドから広がり、14世紀

以降北インドに波及した。身分や性別をこえてヒンドゥー教が大衆化する要因となり、神秘主義的な点でイスラーム教のスーフィズムとも共通し、シク教成立に影響を与えた。

地方王権の時代

ラージプート　Rājpūt ⑥ ヴァルダナ朝滅亡後の北インドで小王国を形成した、戦士カースト集団。もとは「王の子」を意味する語。→ p.144

ラージプート時代 ③ 8〜13世紀　ヴァルダナ朝滅亡後の混乱した北インドで、小王国が分立した時代。温暖な気候が続いたことや降水量の増大により、乾燥地帯での開墾や井戸の建設が進み、農業生産が向上した。12世紀以降は、商業都市が急増した。

チョーラ朝　Chola ⑦ 前3世紀頃〜後4世紀頃、9〜13世紀　南インドに成立したドラヴィダ系タミル人の王朝。前期王朝はギリシア・ローマとの交易で栄えた。4世紀に一度滅亡したが、9世紀に再興された。10世紀にはスリランカ北部を支配し、さらにシュリーヴィジャヤ遠征をおこない、宋代の中国にも遣使するなど最盛期をむかえたが、13世紀パーンディヤ朝に滅ぼされた。

パーラ朝　Pāla ① 8〜12世紀　ベンガル地方を支配した王朝。仏教を保護し、ナーランダー僧院を復興させた。

ラーシュトラクータ朝　Rāṣṭrakūṭa ① 8〜10世紀　デカン西部を支配したヒンドゥー王朝。パーラ朝などと南インドの覇権を争った。

東南アジアの風土と人々

東南アジア ⑦ ユーラシア大陸東南部の大陸部と周辺の諸島部を指す地域呼称。季節風や水運を利用した、香辛料などの特産品交易が発達し、港を中核として都市が成立した。大陸部にはエーヤワディー川・チャオプラヤ川・メコン川などの大河によるデルタが発達したが、稲作地帯となるのは19世紀以降である。

香薬（香辛料こうしんりょう・香料） ⑤ 調味料・薬用として用いられるコショウ・シナモン・クローヴ（丁子ちょうじ）・ナツメグ（肉荳蔲にくずく）など。コショウはインド原産だが、ジャワ島やスマトラ島に栽培が広がった。また、クローヴ・ナツメグはインドネシア東部のマルク（モルッカ）諸島でのみ栽培された。当初は、調味料としてよりも治療薬ちりょうやくや防腐剤ぼうふざいとしての需要が高かった。

港市こうし国家　port polity ⑦ 交易に基盤をおく、港を拠点に成立・発展した国家やその連合体。沿岸部や河川などの交易ルート沿いに、中継港や風待ちのための港が成立し、しだいに発展して港市が誕生した。周辺の港市と同盟を組み、ゆるやかな連合体を形成することが多かった。林邑りんゆう・扶南・シュリーヴィジャヤ・マラッカ王国などが代表的な港市国家である。

南アジア・中国文明の受容と
東南アジアの国家形成

ベトナム　Viet Nam ⑦ インドシナ半島東部地域。現在のベトナム北部は秦しんの始皇帝しこうていや漢かんの武帝ぶていの遠征以降、中国文化の影響が強い。南部には、インド文化の影響が強いチャンパーや扶南・カンボジアが成立し、たがいに対立・抗争を繰り返した。

ドンソン文化　Dong Son ④ ベトナムの初期金属文化。名称はベトナム北部のドンソン遺跡から青銅器・鉄器が発見されたことに由来する。この金属文化を代表する銅鼓は、東南アジアに広く分布している。水稲耕作を基盤とした社会を成立させ、東南アジアに広範な影響を与えた。

銅鼓どうこ ⑤ ドンソン文化を代表する青銅製の祭器。器の上部や側面に船や人物が描かれている。

扶南 扶南 ⑦ 1世紀頃メコン川下流域に、クメール人かマレー人が建てた国の中国側の呼称。交易国家として5世紀には最盛期を迎えるが、7世紀にカンボジア（真臘）によって滅ぼされた。

メコン川 Mekong ⑤ チベット高原に発し、南シナ海に注ぐ東南アジア最大の河川。流域にアンコール朝やラーンサーン王国が栄えた。下流デルタは19世紀以降に一大米作地となった。サイゴン（現ホーチミン市）は別の水系に属する。

オケオ Oc Eo ⑤ メコン川下流、タイ湾に面した扶南の外港。様々な物資の中継地として栄え、インドの神像・仏像、漢の鏡、ローマ金貨などが出土している。

チャム人 Chams ⑤ 2世紀にチャンパーを建国したオーストロネシア語系民族。海洋民として各地に拠点をつくり、強力な水軍力を背景に、中継貿易で栄えた。

チャンパー Champa ⑦ 2世紀末〜17世紀ベトナム中部にチャム人が建てた王国。中国名は林邑・環王・占城。4世紀末から「インド化」が進み、インドと中国南部との中継貿易で栄えた。10世紀までは中国と、10世紀以降はカンボジアや、とくにベトナムと海上交易の利をめぐって抗争し、17世紀には阮氏による広南王国の属国となった。

「インド化」 ④ 東南アジア各地でみられる、インド文明を能動的に受容した現象。王権概念、ヒンドゥー教や仏教、サンスクリット語などを取り入れた。ただし、ヴァルナ制などの身分制度は定着しなかった。

クメール人 Khmer ⑦ メコン川流域に居住したオーストロアジア語系民族。インド文化を受容し、独自のクメール文化を残した。13世紀に、タイの影響で上座部仏教を受容した。

カンボジア（真臘）⑦ 6〜15世紀　メコン川流域にクメール人が建てた国。真臘は中国側の呼称。扶南から独立するが、8世紀に南北に分裂した。9世紀、アンコール朝を建てたジャヤヴァルマン2世のもとで再統一され、12〜13世紀スールヤヴァルマン2世〜ジャヤヴァルマン7世の時に繁栄した。14世紀以降、タイの圧迫により衰退した。

アンコール朝 Angkor ⑦ 802頃〜1431頃　ジャヤヴァルマン2世がアンコール地方に建て、26代600年以上続いたクメール人王朝。豊富な鉄資源や人工貯水池を利用した

稲作で国力を高め、寺院や王道などを建設した。

アンコール＝ワット Angkor Wat ⑦ 12世紀スールヤヴァルマン2世により造営された、アンコール朝の寺院遺跡。ヒンドゥー寺院として造営されたが、のちに仏教寺院に改修された。『マハーバーラタ』などを題材とする精緻な壁面の浮き彫りが有名。現在のカンボジア国旗にも描かれている。

アンコール＝トム Angkor Thom ③ 13世紀初頭ジャヤヴァルマン7世が造営したアンコール朝の王都遺跡。堀と城壁で囲まれ、塔の4面に人面を彫ったバイヨンという寺院を中心に配置する構造となっている。

エーヤワディー（イラワディ）川 Ayeyarwaddy(Irrawaddy) ⑤ ビルマ北部に発し、ベンガル湾に注ぐ河川。古くから交易に利用され、上流は中国の雲南と結ぶ交易ルートであった。

ピュー人 Pyū ③ ビルマ人の進出以前にエーヤワディー川流域に居住していたチベット＝ビルマ系民族。4世紀頃国家を建設し、交易の拠点として栄えたが、9世紀南詔に攻撃され、急速に衰退した。

ビルマ人（ミャンマー人） Burmese ③ 9世紀頃からエーヤワディー川流域に南下・定住した、チベット＝ビルマ系言語を使用する民族。先住のモン人から、インド系の文化・農耕技術を受容し、ビルマの主要勢力となった。

パガン朝 Pagan ⑦ 1044〜1299　ビルマ人が建てたビルマ初の統一王朝。都はエーヤワディー川中流のパガン。11世紀に下ビルマのモン人国家を征服した。またセイロン島との交流で上座部仏教化が進み、大陸部各地に上座部仏教が広まった。元軍の攻撃を受けて衰退し、13世紀末に滅亡した。

モン人 Mon ③ エーヤワディー川流域に居住していたオーストロアジア語系の先住民。海上交易で栄え、インド文化を東南アジアに伝えた。ビルマ人の進出に押され衰退した。

ドヴァーラヴァティー Dvāravatī ③ 7〜11世紀　チャオプラヤ川下流域に成立したモン人の国。インドの影響を強く受けたが、唐へも朝貢した。上座部仏教が信仰され、独自の美術が発展した。アンコール朝に滅ぼされた。

チャオプラヤ川 Chaophraya ⑤ タイ北部の山地に発しシャム湾に注ぐ、タイ第一の河川。14世紀以降のタイの王朝は、交易の利

便性からこの川の流域に都をおいた。

スコータイ朝 Sukhothai ⑤ 13〜15世紀
スコータイを都に建てられたタイ人最初の
王朝。カンボジアの支配から自立し、第3
代ラームカムヘーン王の時代に最盛期とな
った。タイ文字が発明されたほか、上座部
仏教が導入されて仏教文化が栄え、製陶技
術も発展した。15世紀に南部のアユタヤ朝
に併合された。

シュリーヴィジャヤ Śrīvijaya ⑦ 7〜8世
紀 スマトラ島を中心に成立した港市国家。
唐僧義浄の記録では室利仏逝と呼ば
れ、大乗仏教の隆盛が記されている。マラ
ッカ海峡を通る交易ルートの発達や扶南の
滅亡により台頭し、パレンバン、その後
ジャンビを中心に海上交易で繁栄した。

パレンバン Palembang ③ スマトラ島東南
部の港市。シュリーヴィジャヤの都。中国
へ向かうアラブ船・ペルシア船・インド船
の往来で繁栄した。

三仏斉 ⑤ 10〜14世紀、シュリーヴィジ
ャヤを引き継いでマラッカ海峡地域を支配し
た港市国家連合。中国側の呼称が三仏斉で、
アラブ側ではザーバジュ。単一の国家では
なく、海峡地域の国家の総称と考えられる。
→ p.87

シャイレンドラ朝 Śailendra ⑦ 8世紀後半、
中部ジャワで有力となった大乗仏教王国。
シュリーヴィジャヤをも支配し、強力な海
軍でマレー半島に至る海域に影響力をもっ
た。

ボロブドゥール Borobudur ⑦ ジャワ島中
部にある大乗仏教の石造遺跡。シャイレン
ドラ朝が8世紀後半から9世紀初めに建立
した。ピラミッド型の大ストゥーパで、
内部空間をもたない。方形壇の回廊には、
『ラーマーヤナ』や仏典にもとづく様々な
1460面の浮き彫りが刻まれている。

マタラム朝 Mataram ③ 8世紀、中部ジャ
ワに成立したヒンドゥー教の王国。16世紀
末に成立した同名の国と区別するため、古
マタラム朝とも呼ばれる。10世紀に中心を
東部に移し、クディリ朝と称して三仏斉に
対抗した。

クディリ朝 Kediri ② 928/929〜1222 マタ
ラム朝が東部ジャワに中心を移して成立し
た王国。11世紀に最盛期を迎え、独自のヒ
ンドゥー＝ジャワ文化が発達した。13世紀
にシンガサリ朝に倒された。

ワヤン(影絵芝居) wayang ④ インドネシ
ア・ジャワ島に伝わる影絵芝居・人形。イ

ンドの叙事詩『マハーバーラタ』を題材とす
るものが多く、これはクディリ朝のときジャ
ワ語に翻訳された。

紅河 ③ ホン川の別称。雲南に発し、トン
キン湾に注ぐ。流域はベトナム国家の発祥
地であり、現在もベトナム経済の中心とな
っている。

大越(ダイベト) ⑥ 1054〜1802年までのベ
トナムの正式国号。ベトナム北・中部を指
す安南という呼称は、唐がハノイにおい
た安南都護府に由来する。19世紀初め、
阮朝は清に認められた越南を国号とし
た。

李朝 ⑦ 1009〜1225 李公蘊が建てた北
部ベトナム初の長期王朝。首都は昇竜
(ハノイ)。11世紀、神宗時代の宋軍と
戦い、一方チャンパーを攻めて南進した。
仏教・儒教が発達し、科挙も導入さ
れた。 → p.113

陳朝 ④ 1225〜1400 李朝の外戚であった
陳氏が建てた北部ベトナム・大越の王朝。
元軍を撃退し、チャンパーと抗争した。ま
た、民族文字のチュノム(字喃)を制定した。
→ p.113

チュノム(字喃) Chữ Nôm ⑤ 漢字の部首を
基にして陳朝時代につくられたベトナムの
文字で、「南の文字」の意味。ただし表記文
字は漢字が主流であった。

西アジアと地中海周辺の国家形成

1 イラン諸国家の興亡とイラン文明

アケメネス朝の興亡

イラン人（ペルシア人）⑥ インド＝ヨーロッパ語系の民族。アケメネス朝というオリエントを統一する帝国を成立させた。おもな宗教はゾロアスター教で、のちイスラーム化した。

キュロス2世 Kyros ④ アケメネス朝の建国者（在位前559〜前530）。メディア・リディア・新バビロニアを滅ぼした。また、バビロンに捕囚中のユダヤ人を解放した。

アケメネス（アカイメネス）朝 Achaemenes ⑦ 前550〜前330 オリエントを統一したイラン人の帝国。ペルシア語ではハカーマニシュ朝。前550年キュロス2世の時にメディアを滅ぼして独立した。第2代カンビュセス2世（在位前530〜前522）がエジプトを征服し、続くダレイオス1世の時代にはエーゲ海からインダス川に至る最大領土を実現した。のち、宮廷内の抗争や諸地域の反乱があいつぎ、前4世紀アレクサンドロス大王の東方遠征により滅亡した。

ダレイオス1世 Dareios ⑥ アケメネス朝第3代の王（在位前522〜前486）。カンビュセス2世の死後におこった反乱を機に、キュロス2世の家系から王位を簒奪して即位した。中央集権体制を確立し、エーゲ海東部・エジプトからインダス川流域に至る最大領土を築いた。帝国を約20の州にわけ、サトラップを任命して統治させた。金・銀貨を製造し、税制や宿駅制度を整備した。ギリシア遠征もこの王の時代に始まった。

知事（サトラップ）Satrap ⑥ アケメネス朝の地方行政組織である州（サトラ）の軍民両権を掌握する長官。ダレイオス1世は、王族やペルシア人貴族からサトラップを任命した。強大な権限をもつサトラップは、帝国の衰退とともに自立化した。

「王の目」「王の耳」⑥ ダレイオス1世が定めた行政官。州を巡察してサトラップを監察し、地方の状況を王に報告した。

「王の道」⑤ ダレイオス1世が建設した帝国内の公道。都のスサからアナトリア半島（小アジア）のサルデスに至る約2500kmのものが有名。一定間隔で宿駅が設けられ、効率的な情報伝達を可能にした。

駅伝制《ペルシア》⑥ アケメネス朝の中央集権体制を支えた制度の一つ。渡河地点などの要地に宿泊所や兵舎を設け、各要地を結んで人・馬を活用したリレー形式で情報を伝えた。

スサ Susa ⑤ イラン西南部の都市。アケメネス朝の政治の中心であった。

サルデス（サルディス）Sardis ② アナトリアの都市。リディアの都であり、アケメネス朝は同地を拠点として、地中海進出をはかった。

ペルセポリス Persepolis ⑥ イランのファールス地方にある都市。ダレイオス1世が建設を始めた王都。アレクサンドロス大王によって破壊された。

ペルシア戦争⑥ 前500〜前449 アケメネス朝とギリシアの諸ポリスとのあいだの戦争。イオニアのギリシア人諸都市に、ダレイオス1世が遠征軍を派遣した。3回にわたる戦争はアケメネス朝の敗北に終わった。 → p.55

ペルシア語 Persian ② インド＝ヨーロッパ語族のインド＝イラン語派に属する言語の一つ。ただしアケメネス朝時代には、エラム語・バビロニア語・アラム語などが公用語で、楔形文字が用いられていた。 → p.143

ペルシア文字 ③ アケメネス朝時代、ペルシア語を表すために使用された楔形文字。しかし、アケメネス朝滅亡後はアラム文字が主流となった。

ローリンソン Rawlinson ① 1810〜95 イギリスの学者・軍人・外交官で、ベヒストゥーン碑文を研究し、楔形文字の解読に成功した。

ベヒストゥーン碑文 Behistūn ① イラン西部の、「王の道」に面した岩壁に刻まれた碑文。ダレイオス1世即位後におこった反乱に対する戦勝記念碑で、ペルシア語・バビロニア語・エラム語で記されている。

ゾロアスター教（拝火教） Zoroastrianism
⑦ イスラーム教以前、イランを中心に流
布した宗教。開祖ゾロアスターの生存年は
諸説ある（前1000年以前、あるいは前630〜
前553年頃）。善悪二元論、最後の審判が特
徴であるが、その教義が確立した時期につ
いても諸説がある。火や光の崇拝を重視す
るので拝火教とも呼ばれる。ササン朝では
国教となり、中国に伝わり祆教と呼ばれた。

祆教^{けんきょう} ④ ゾロアスター教の中国での呼称。
→ p.36

アフラ＝マズダ Ahura Mazdā ⑥ ゾロアス
ター教の最高神。光明^{こうみょう}神・善神。

アンラ＝マンユ（アーリマン） Angra Mainyu
(Ahriman) ⑥ アフラ＝マズダと対立する
暗黒神・悪神。アーリマンはのちの時代
（中世ペルシア語）の表記。

最後の審判^{しんぱん} ④ ゾロアスターが示した概念。
善悪神の最終的な戦いがおこなわれ、
善神が勝利し、善神側の人の魂は救われ、
完全な世界がその後永遠に続くとされる。
ユダヤ教・キリスト教に影響を与えた。

パルティアとササン朝

アレクサンドロス大王 Alexandros ⑥ 前
356〜前323 マケドニア王（在位前336〜前
323）。東方遠征をおこないアケメネス朝を
滅ぼした。死後、帝国は、その武将たちに
よって分割された。 → p.56

セレウコス朝シリア Seleukos ⑥ 前312〜
前64 アレクサンドロスの後継者セレウコ
スが建てた王朝。首都は、建国当初のセレ
ウキアを除き、アンティオキアにおかれた。
アケメネス朝の旧領にほぼ匹敵する領土を
有した。前3世紀にバクトリアとパルティ
アが独立し、さらに、前2世紀にはローマ
とも角逐^{かくちく}があり、前1世紀にポンペイウ
スに敗北して、ローマの属州となった。
→ p.57

バクトリア Bactria ⑥ 前255頃〜前145頃
ギリシア人サトラップのディオドトスが、
セレウコス朝から独立して、アム川流域に
建てた国家。都はバルフ。大月氏の攻撃に
より滅ぼされた。 → p.57

アルサケス Arsakes/Arsaces ④ イラン系
パルティア王国の創始者。パルティア歴代
の王は即位後アルサケスを名のった。

パルティア Parthia ⑦ 前248頃〜後224 イ
ラン東北部におこり、イラン・メソポタミ
アを支配したイラン系の王国。強力な騎馬

軍で知られる。前2世紀、ミトラダテス1
世の時代に、セレウコス朝勢力を排除して
メソポタミアを支配する強国となった。セ
レウコス朝滅亡後はローマと対立し、3世
紀にサ サン朝に敗れて滅亡した。東西交易
で繁栄し、中国と最初に国家として交渉を
もった西アジアの国でもある。初期はヘレ
ニズム文化を吸収したが、しだいにペルシ
ア文化の復興をはかるようになった。
→ p.57

安息^{あんそく} ④ 『史記』に記されたパルティアに対
する呼称。アルサケスの音訳。

クテシフォン Ctesiphon ⑤ ティグリス川中
流域東岸の都市。セレウキアの対岸にある。
ミトラダテス1世が建設し、のち首都とな
った。交易の中心地となり、ササン朝もこ
こに首都をおいた。

ササン朝 Sāsān ⑦ 224〜651 イラン高原
南部のファールス地方を本拠にしたイラン
系の王朝。都はクテシフォン。アケメネス
朝の後継者を名乗りゾロアスター教を国教
と定める一方で、パルティアの諸制度を踏
襲^{とうしゅう}した。ローマ・東ローマと抗争を繰
り返しながらも繁栄を続け、ホスロー1世
の時代にエフタルを破って最盛期を迎えた。
7世紀に勃興^{ぼっこう}したイスラーム勢力によっ
て滅ぼされた。

アルダシール1世 Ardashīr ⑤ ササン朝初
代の王（在位224〜241頃）。アルサケス朝パ
ルティアを破り、クテシフォンで即位。
「イラン人の諸王の王」を名乗る。ゾロアス
ター教を国教とした。

シャープール1世 Shāpūr ⑥ ササン朝第2
代の王（在位241頃〜272頃）。西方ではロー
マ皇帝ウァレリアヌスを捕虜とし、東方で
はクシャーナ朝を破り領土を拡大した。
「イラン人および非イラン人の諸王の王」と
いう、後代に伝わる伝統的な称号をはじめ
て使用した。

ウァレリアヌス Valerianus ④ ローマの軍
人皇帝（在位253〜260）。260年のエデッサ
の戦いでシャープール1世に敗れた。はじ
めて敵国の捕虜^{ほりょ}となったローマ皇帝。

エフタル Ephthalites ⑥ 5世紀半ば〜6世
紀、バクトリア地方を中心に中央アジアで
活動した騎馬遊牧民。インドへ侵入し、グ
プタ朝滅亡の原因となった。ササン朝とも
激しく対立したが、6世紀半ば過ぎに突厥
^{とっけつ}とササン朝に挟撃^{きょうげき}されて滅亡した。
→ p.46

ホスロー1世 Khosro ⑥ ササン朝最盛期の

王（在位531〜579）。対外的には東ローマの
ユスティニアヌス大帝との戦いを有利に展
開し、突厥と同盟してエフタルを滅ぼした。
内政面では、土地・財産の共有などを主張
するマズダク教を弾圧し、一方で閉鎖され
たアテネのアカデメイアから逃れてきた学
者を保護して学問を奨励した。また教
典『アヴェスター』を整理し、文字化したと
される。

ニハーヴァンドの戦い Nihāvand ⑥ 642年
のサセン朝軍とイスラーム軍との戦い。サ
サン朝のヤズデギルド3世軍が完敗した。
敗戦ののち、サセン朝はまもなく滅亡した。
→ p.72

イラン文明の特徴

ペルシア文明 ③ 古代に大帝国を成立させた
ペルシアで発達した文明。政治面では、中
央集権制や官僚制、美術面では、絨毯・
ガラス器・絵画、技術面では、建築や諸科
学などにすぐれた業績を残した。ゾロアス
ター教はその後の宗教に大きな影響を与え、
ペルシア語は諸地域の共通語となった。ペ
ルシア文明はのちイスラーム王朝に引き継
がれ、いっそう発展した。

『アヴェスター』 Avestā ⑥ ゾロアスター教
の教典。ホスロー1世の時代に、口伝で
伝えられていた『アヴェスター』が文字化さ
れ、注釈がつけられた。

マニ Mānī ④ バビロニアに生まれたマニ教
の創始者（216頃〜276頃）。シャープール1
世に重用されたが、王の死後、処刑さ
れた。サセン朝の国教はゾロアスター教で
あったため、マニ教は弾圧された。

マニ教 Manichaeism ⑥ 3世紀前半にマニ
が創始した宗教。古代の神秘思想であるグ
ノーシス主義の影響を受け、ゾロアスター
教・キリスト教・仏教の要素を融合して
成立した。善悪二元論、禁欲主義、偶像否
定を特徴とする。マニ教はサセン朝では弾
圧されたが、西方では北アフリカ・南フラ
ンスに、東方では中央アジア・中国に伝え
られ、とくにウイグルでは国教とされた。
→ p.42

サセン朝美術 ⑥ イランの伝統的美術。イラ
ンの技術に、ギリシア・インドなどの要素
が加わり、とくに銀器・ガラス器・織物な
どの美術工芸品にすぐれている。交易路を
通じて、中国や日本にも伝わった。

法隆寺 ⑥ 7世紀前半、奈良県斑鳩に建

立された世界最古の木造建築物群。多
くの美術工芸品が残されている。

獅子狩文錦 ⑥ 法隆寺蔵の緯錦。ササ
ン朝美術の影響を受けた唐代の作品。ま
た、獅子狩文はペルシアの伝統的文様で、
様々な工芸品で採用されて各地に伝播した。

正倉院 ③ 奈良県東大寺の宝物倉。ササ
ン朝様式の水差しである漆胡瓶など、
唐やサセン朝から伝来した工芸品が所蔵さ
れている。

ネストリウス派 Nestorius ② ローマで異
端とされたキリスト教の一派。サセン朝
下では活動が許され、ペルシア人司祭阿羅
本によって唐に伝わり、景教と呼ば
れた。モンゴル帝国でも一時信者がいた。
→ p.70

2 ギリシア人の都市国家

ポリスの成立と発展

ギリシア人 Greeks ⑦ インド゠ヨーロッパ語系民族。移動の第二波として前12世紀頃ドーリア人が南下し、ミケーネ文明の滅亡とあいまって、ギリシア各地に人々は移動・定住した。定住後のギリシア人は、方言によって、東方方言群（イオニア系・アイオリス系）と、西方方言群（ドーリア系）に分類される。 → p.11

アクロポリス acropolis ⑦ ポリスの中心部の丘。防衛の拠点であり、市の守護神をまつる神殿がつくられた。

集住（シノイキスモス） synoikismos ⑤ 前8世紀頃、有力者の指導のもと、軍事的・経済的要地に人々が移住したこと。しだいに周辺の村落が統合され、ポリスが成立した。この結果、暗黒時代（初期鉄器時代）が終了し、ギリシアは貴族政へ移行した。

ポリス polis ⑦ 古代ギリシアの都市国家・共同体。1000以上のポリスが存在したが、国制などはおのおの異なり、ギリシア全土が統一されることはなかった。城壁をもつ中心市と周囲の村落からなり、住民には自由人である市民と奴隷の区別があった。成立当初は一部の有力者による貴族政がおこなわれていた。

植民市《ギリシア》⑦ 前8世紀以降、ギリシア人が周辺各地に進出し、建設したポリス。人口増による土地不足や交易拠点の確保などを理由として、地中海・黒海沿岸に多数建設された。植民市は母市をもつが独立したポリスであり、ポリス間の交易が盛んになるにつれ、商工業が発展した。

マッサリア Massalia ③ 南フランス、ローヌ河口近くに建設されたギリシア人植民市。現在のマルセイユ。

ネアポリス Neapolis ③ 南イタリアに建設されたギリシア人植民市。現在のナポリ。

ビザンティオン Byzántion ③ 黒海と地中海をつなぐボスフォラス海峡にのぞむ地に建設された、ギリシア人植民市。ラテン語表記ではビザンティウム。4世紀、この町をコンスタンティヌスが拡充し、コンスタンティノープルと改称した。

デルフォイの神託 Delphoi ⑥ アポロン神殿をもつポリスのデルフォイでなされた、巫女を通じての神託。ギリシアの各ポリスは、重要事項の決定にあたり、その神託を参考にした。

オリンピアの祭典 Olympia ⑦ ペロポネソス半島北西部の、神域とされたオリンピアで開催された祭典。前776年から4年ごとに女人禁制で開催され、期間中はいっさいの戦いが停止された。4世紀にローマ皇帝の勅令で中止されたが、19世紀末にこの祭典に着想を得て国際オリンピック大会が創始された。

ヘレネス Hellenes ⑥ 古代ギリシア人の自称。ギリシア人はポリスごとに分立していたが、祖先と言語は共通であると考え、みずからを英雄ヘレンの子孫としてヘレネス、国土をヘラスと呼んだ。

バルバロイ barbaroi ⑥ 古代ギリシア人が異民族に対して用いた蔑称。「わけのわからない言葉を話す者」という意味で、英語の barbarian（野蛮人）の語源となった。

市民と奴隷

市民《ギリシア》⑤ ポリス内に住み、土地を所有する農民と商工業者。

市民権《ギリシア》③ 市民に与えられる法的な権利。古代ギリシアの場合、土地の所有権・参政権・参戦権などができた。当初は、女性に市民権は認められていなかった。アテネでは、前451年に両親ともアテネ人である者に市民権を限定する法が成立した。

貴族《ギリシア》④ 市民のうち、ポリス成立時からの有力家系に属し、多くの土地をもった階層。上級官職を独占した。

平民《ギリシア》③ 市民のうち、貴族以外の階層。参政権などにおいて貴族より不利であり、不満をもった。

奴隷制度《ギリシア》⑦ 人格が否定され、道具として使役される人間を、労働の担い手とする社会制度。古代のギリシア・ローマが典型。その多くは捕虜や債務奴隷で、家内奴隷として農耕や家事に従事した。

奴隷《ギリシア》⑥ 市民に隷属する人々。債務や戦争により奴隷となり、家庭内や鉱山などで使役された。

貴族政治 aristocracy ④ 上層の特定身分の者のみが政権を握る政治形態。古代ギリシアでは、貴族は馬や高価な武器を所有し、戦闘の主役であった。アテネは前8世紀頃に王政から貴族政へ移行し、貴族がアルコ

ン（執政官 $\overset{しっせい}{}$、任期１年）に選出され、ポリスを統治した。

アゴラ agora ⑤ ポリスの中心部の広場。交易市場であり、集会が開かれた。市民はここに集い、裁判や参戦、講和など国政を話しあった。

クレーロス kleros ② 世襲できる個人の所有地。定住後、土地は個人にくじ（ギリシア語でクレーロス）で分配され、その所有者がポリスの構成員となった。

「人間はポリス的動物である」① 人間は社会的共同体の一員として生きている時にのみ人間である、という意味の、アリストテレスの言葉。

アテネとスパルタ

アテネ Athenai ⑦ アッティカ地方に建国されたイオニア系のポリス。集住によって形成され、スパルタと並ぶ強大なポリスであった。交易によって繁栄し、古代民主政を完成させた。

家内奴隷 ② 個人が所有する奴隷。アテネの場合、奴隷の大多数が家内奴隷で、家事一般や農作業、戦時の従者などに使役された。

スパルタ Sparta ⑦ ペロポネソス半島南部に、ドーリア人が先住民を征服して建設したポリス。二人の世襲の王を設けていたが、王の権限は軍事と祭祀 $\overset{さいし}{}$ に限定されていた。国土が広く穀物の自給が可能であった一方、市民の商工業活動や貴金属貨幣の使用は禁じられた。先住民支配のため、「リュクルゴスの国制」と呼ばれる軍国主義的な国制を定めた。

ヘイロータイ（ヘロット） heilotai(helot) ⑥ ドーリア人に征服された人々を起源とする、スパルタの隷属農民。市民の土地を耕作し、生産物の一部をおさめた。数は市民よりはるかに多く、しばしば反乱をおこした。

ペリオイコイ perioikoi ⑥ スパルタの半自由民。「周辺に住む者」の意味。農業や商工業に従事し、貢納・従軍の義務を負うが、参政権はなかった。

リュクルゴスの国制 Lykurgos ④ スパルタの政体。伝説的指導者リュクルゴスは、長老制導入や平等な市民による共同食事などの改革を実行した。改革により軍国主義体制が成立し、被征服民をおさえて強国化に成功した。

民主政への歩み

重装歩兵《ギリシア》⑦ 古代地中海世界で活躍した、重装備の歩兵。商工業の発達により富裕な平民であれば武具が購入可能になり、彼らは、兜 $\overset{かぶと}{}$・鎧 $\overset{よろい}{}$・すねあて・盾・長槍 $\overset{ながやり}{}$ で装備し、密集隊形をとって戦った。

ファランクス（密集隊形） phalanx ⑤ 重装歩兵の密集隊形。歩兵が槍と盾を構え、横並びで隣人の防御を担当しつつ、隊列を組んで戦った。彼らが軍の主力となり、貴族による政治の独占は困難となった。

ドラコン Drakon ④ 前７世紀後半のアテネの立法者。従来の慣習法を成文化し、貴族による恣意 $\overset{しい}{}$ 的な刑罰を規制した（ドラコンの立法）。ポリス秩序の安定をはかったが、その後も貴族と平民の対立は続いた。

ソロン Solon ⑥ 前640頃～前560頃 アテネの政治家。前594年に執政官として、借金の帳消し、債務奴隷の禁止などの改革を断行したが（ソロンの改革）、貴族・平民の両者から批判され、引退した。

財産政治 timocracy ⑦ 財産の額で政治参加の度合いが決まる政治制度。ソロンは、市民を財産によって４等級に分け、等級に応じて参政権を定めた。これにより平民の一部が政治に参加できるようになった。

債務 $\overset{さい}{}$ 奴隷 ⑦ 借財が返済できずに奴隷身分に転落した者。平民層の没落は彼らからなる重装歩兵の減少をまねくことになり、国防上の課題となった。

僭主 $\overset{せん}{}\overset{しゅ}{}$ tyrannos ⑦ 非合法的に政権を獲得した支配者。前７世紀以来、貧富の差の拡大に不満をもつ民衆の支持を背景に、みずからの武力や外国の支援によって貴族政治を打倒し、独裁権を握る人々が現れた。ギリシア各地に出現したが、その政権は長続きしなかった。

ペイシストラトス Peisistratos ⑥ ？～前527 アテネの僭主。前561年以降３度僭主となり、開墾 $\overset{かいこん}{}$ を奨励 $\overset{しょうれい}{}$ するなど中小農民を保護した。積極的な経済政策によって商工業が発展し、アテネ市域の美化や盛大な祭礼などもおこない、その善政をたたえられた。死後息子のヒッピアスも僭主となるが、その暴政を背景に追放され、アケメネス朝へ亡命した。

クレイステネス Kleisthenes ⑥ 前６世紀末頃のアテネの政治家。前508年、地縁にもとづく新たな部族制を編成し、血縁で結ば

れた貴族勢力に打撃を与え、陶片追放によって僭主の再現を防止するなどの改革をおこなった。これにより民主政の基礎が確立された。

デーモス demos ④ 古代アテネの行政単位である区を指す。クレイステネスは、貴族勢力の基盤である旧来の部族制を解体した。また、村落を中心としたデーモスを制定して行政や軍事の単位とした。

陶片追放（オストラキスモス） ostrakismos ⑥ 市民の投票によって僭主の出現を防止する制度。陶片に僭主になる恐れのある人物名を記入し、定足数6000票で最多得票者が10年間の国外追放とされた。前487年から実施されたが、のちに悪用され、前5世紀には中止された。

オストラコン ostrakon ⑥ 陶片追放に用いられた、陶器のかけら。

ペルシア戦争とアテネ民主政

ミレトス Miletos ④ アナトリア（小アジア）西岸のギリシア人植民市。アケメネス朝がフェニキア人を優遇していたため、イオニア諸市のギリシア人は不満を高めていた。

ギリシア人諸都市（イオニア地方）の反乱 ⑥ アケメネス朝のダレイオス1世に対し、ミレトスを中心としたイオニア諸市がおこした反乱。アテネはミレトスを援助したために、ペルシア軍の進攻をまねいた。

ペルシア戦争 ⑦ 前500〜前449 アケメネス朝ペルシアとギリシア諸ポリスとの戦争。3回にわたるペルシア軍の進攻をギリシアが撃退した。前449年カリアスの和約で両国は不可侵を約し、戦争は終結した。
→ p.50

マラトンの戦い Marathon ⑥ 前490 アテネ北東岸のマラトンで、ミルティアデス率いるアテネ重装歩兵軍が圧倒的多数のペルシア軍を撃破した戦い。この時にスパルタは宗教祭礼のため参戦していなかった。

テルモピレー（テルモピュライ）の戦い Thermopylai ① 前480 レオニダス王率いるスパルタ軍がペルシア軍に敗れ、全滅した戦い。ここを突破したペルシア軍は、アテネに侵入した。

テミストクレス Themistokles ⑥ 前524頃〜前460頃 アテネの軍人・政治家。ラウレイオン銀山で発見された銀の収益によって、大艦隊を建造した。その後サラミスの海戦でペルシア艦隊を破るなど活躍する

が、陶片追放にあい、ペルシアに亡命した。

サラミスの海戦 Salamis ⑥ 前480 テミストクレスの計略で、ギリシア艦隊がペルシア艦隊を狭いサラミス水道に誘いこみ、撃破した戦い。戦後のアテネでは、三段櫂船の漕ぎ手であった無産市民の地位が上昇した。

三段櫂船 ⑥ 上中下3段に並んだ漕ぎ手が櫂（オール）を使って動かす軍船。敵船に体あたりをして、へさきにつけた突起で穴をあける戦法をとった。漕ぎ手の多くは無産市民であった。

無産市民 ⑤ 武器の自弁ができず歩兵として参戦できなかった下層市民。サラミスの海戦のあと、船の漕ぎ手として参戦した。

プラタイアの戦い Plataiai ⑤ 前479 ギリシア連合軍がペルシア陸軍を撃破した戦い。この戦勝で、ペルシア戦争におけるギリシアの勝利が確定した。

デロス同盟 Delos ⑥ 前478年頃結成。ペルシアの再侵攻に備え、アテネを盟主に結成された軍事同盟。本部ははじめデロス島におかれた。加盟ポリスは軍資金を拠出したが、前454年に同盟の金庫がアテネに移されて以降、アテネは資金を勝手に流用するようになった。

ペリクレス Perikles ⑦ 前495頃〜前429 アテネ最盛期の政治家。15年連続で将軍に選出され、アテネを指導し、古代民主政を完成させた。弁舌にすぐれ、とくにペロポネソス戦争の戦没者追悼演説が有名。デロス同盟の資金を流用しパルテノン神殿を再建したとされる。ペロポネソス戦争中に疫病で死去し、その後アテネの政治は混乱した。

将軍 ③ アテネ民主政における軍事上の最高職。アテネでは、前487年にアルコンが抽選制になってからは、民会によって選出される将軍職が最重要の官職となった。

民会《ギリシア》 ekklesia ⑥ 古代ギリシアにおける最高議決機関。18歳以上の成年男性市民全員で構成された。アテネでは、前4世紀以降参加者に日当が支払われた。

陪審員 ④ 市民のなかから選出され、判決をくだす人々。アテネの場合は、応募してきた30歳以上の市民からくじで選ばれ、彼らが投票で判決を決定した。

民衆裁判所 ③ 一般市民から抽選で選ばれた陪審員がおこなう裁判。アテネの直接民主政を支える重要機関で、6000人を成員とし、事件に応じて人数は変動する。有罪判定や量刑をおこない、投票で裁決した。

弾劾裁判 ② アテネにおいて、公職者を裁く裁判。政治家や将軍など、要職にある者でも不当な行為の疑いがあれば一般市民は訴えることができるため、法治主義の原則を支える制度となった。

直接民主政 ⑦ 市民が全員参加して、議事を決定する政治制度。対義語が、代議制をとる間接民主政。ギリシアにおいては、民会に市民全員が参加した。

民主政治 democracy ④ 全市民が対等な立場で話しあい、決定権をもつ政治形態。アテネではクレイステネスの改革以降発展し、ペリクレス時代に完成した。直接民主政、民会が最高議決機関であること、将軍などを除くほとんどの官職の抽選制などを特徴とする。しかし奴隷制度を前提とし、女性の政治参加を認めないなど、今日の民主政治と異なる面もあった。

ポリス社会の変容

ペロポネソス同盟 Peloponnesos ⑤ スパルタを盟主として、前6世紀に結成された軍事同盟。デロス同盟に対抗した。

ペロポネソス戦争 ⑥ 前431〜前404 アテネ中心のデロス同盟と、スパルタ中心のペロポネソス同盟の戦争。アテネとコリントスの紛争が発端となり、全ギリシアを巻き込む戦争となった。アテネはペリクレスの病死後に政治が混乱し、ペルシアの支援を受けたスパルタに降伏した。ポリス社会が変質する契機ともなった。

テーベ（テーバイ） Thebes ④ スパルタに勝利してギリシアの覇権を握ったポリス。ギリシア中部にアイオリス人によって建設され、エパメイノンダス（？〜前362）のもとで勢力を拡大した。彼は前371年レウクトラの戦いで斜方戦陣を用いてスパルタに勝利し、以後10年間ギリシアの覇権を握った。

ポリス社会の変容 ⑥ 長引く戦乱やポリスの内部抗争を背景に生じた、ポリス社会の変化。市民の人口が減少し、貧富の差が拡大したが、都市生活がギリシア人の社会基盤であったことに変わりはなく、ポリス社会自体はその後も存続した。なお、この過程で市民軍に代わって傭兵の使用が流行し、その結果ポリスが衰退したとする旧来の説は、実証的な根拠に乏しく、今日では支持されていない。

マケドニア Macedonia ⑥ ドーリア人の一派が、ギリシア北方に建てた王国。前4世紀にフィリッポス2世のもとで勢力を拡大し全ギリシアを制圧、さらに西アジアに至る大帝国を樹立した。

フィリッポス2世 Philippos ⑥ ギリシアを制圧したマケドニア王（在位前359〜前336）。テーベの人質となった際に、斜方戦術などの戦法を学び、騎兵を強化したファランクスを考案、帰国後常備軍を整えて陸軍の強化につとめた。カイロネイアの戦いに勝利して全ギリシアを制圧し、さらにペルシア遠征を計画したが、部下に刺殺された。

カイロネイアの戦い Chaironeia ⑥ 前338 フィリッポス2世がアテネ・テーベ連合軍を撃破した戦い。この戦勝で、彼はギリシア諸ポリスをほぼ制圧した。

コリントス同盟（ヘラス同盟） Korinthos (Hellas) ⑤ 前337年に結成された、スパルタを除くギリシア諸ポリスの同盟。マケドニアはその盟主となり、ギリシアを支配下においた。

ヘレニズム時代

アレクサンドロス大王 Alexandros ⑦ 前356〜前323 マケドニア王（在位前336〜前323）。アリストテレスに学び、父が暗殺されると20歳で即位した。ギリシア連合軍を率いて東方遠征をおこない、アケメネス朝を倒して、ギリシア・エジプトからインダス川に至る大帝国を樹立した。インドからの帰国後アラビア遠征を計画中に、バビロンで急死した。彼は各地にアレクサンドリア市を建設してギリシア人を入植させる一方、ペルシアの習慣も採用したため、東西文化の融合が進んだ。 → p.51

東方遠征 ⑦ 前334〜前324 アレクサンドロスがアケメネス朝に対しておこなった遠征。シリア・エジプトを征服し、前330年アケメネス朝を滅ぼした。さらにパンジャーブ地方に侵入したのち、スサに帰還した。

イッソスの戦い Issos ⑥ 前333 アレクサンドロス軍がダレイオス3世軍に大勝した戦い。イッソスはシリア北部の町。ポンペイ出土のモザイク画で、この戦いを描いたものが有名である。

アルベラの戦い Arbela ① 前331 アレクサンドロスとダレイオス3世の決戦。敗れたダレイオスは脱出したが、その途上で部下によって暗殺された。

ダレイオス3世 Dareios ⑦ 前380頃〜前

330 アケメネス朝最後の王（在位前336〜前330）。宮廷政治の統制をはかり、エジプトの再征服に成功したが、アレクサンドロスに敗れたのち暗殺され、帝国は滅亡した。

ディアドコイ Diadochoi ⑤「後継者」の意味。アレクサンドロスの遺領をめぐってあい争った部下の有力者たちを指す。

アンティゴノス朝マケドニア Antigonos ⑤ 前276〜前168 アレクサンドロスの部下アンティゴノスを祖とするマケドニアの王朝。アンティゴノスはアナトリア（小アジア）を本拠としたが、彼がディアドコイ戦争で戦死したのち、孫がギリシア地方に建国した。

セレウコス朝シリア Seleukos ⑥ 前312〜前64 アレクサンドロスの部下セレウコスがシリアに開いたギリシア系王朝。都は当初ティグリス河畔かのセレウキアで、のちアンティオキア（現トルコ南部）に移った。 → p.51

プトレマイオス朝エジプト Ptolemaios ⑥ 前304〜前30 アレクサンドロスの部下プトレマイオスがエジプトに建てたギリシア系王朝。経済的に繁栄したが、前30年ローマによって滅ぼされた。都はアレクサンドリア。

アレクサンドリア《エジプト》 Alexandria ⑥ ナイル川のデルタ河口の都市。アレクサンドロスが前331年に建設した。プトレマイオス朝の都で、ヘレニズム世界最大の中心として繁栄した。ローマ時代にはキリスト教会の五本山の一つとなった。

ヘレニズム時代 Hellenism ⑥ アレクサンドロスの東方遠征からプトレマイオス朝の滅亡までの約300年間を指す。この時代はギリシアの影響が強かったが、こののち地中海世界はローマの時代となる。

パルティア Parthia ③ 前248頃〜後224 イラン高原とメソポタミア地方に、セレウコス朝から自立して成立したイラン系国家。前2世紀のミトラダテス1世以降強大化し、ローマ帝国と対立した。 → p.51

バクトリア Bactria ④ 前255頃〜前145頃 アム川流域に、セレウコス朝から自立して成立したギリシア系国家。一時西北インドにまで侵入し、領土を拡大したが、大月氏の攻撃により滅ぼされた。 → p.51

ギリシアの生活と文化

ギリシア神話 ① 古代ギリシアでまとめられた神話。神々が人間的性格をもっていることが特徴的で、のちローマに受け継がれ、ギリシア・ローマ神話とも呼ばれる。

オリンポス12神 Olympos ⑦ オリンポス山上に住むとされるギリシア神話の神々。主神ゼウス、その妻ヘラ、海と大地の神ポセイドン、軍神アレス、太陽神アポロン、火の神ヘファイストス、商業の神ヘルメス、知恵の女神アテナ、狩りの女神アルテミス、美と愛の女神アフロディテ、農業の女神デメテル、かまどの女神ヘスティア（ディオニュソスにかわることもある）の12神。

ホメロス ⑥ 前8世紀頃の詩人。ギリシア最古の叙事詩『イリアス』『オデュッセイア』の作者と考えられている。

『イリアス』 Ilias ⑤ トロイア戦争での英雄の活躍を描いた叙事詩。ギリシア側の英雄アキレウスや、トロイア王子ヘクトールの活躍を描く。

『オデュッセイア』 Odysseia ⑤ トロイア戦争を勝利に導いた知将オデュッセウスの、トロイア攻略後の冒険と帰国後の妻との再会を描いた叙事詩。

ヘシオドス Hesiodos ④ 前700年頃に活躍した、ギリシアの叙事詩人。『神統記』『労働と日々』を残した。

『神統記』 ④ ギリシアの神々の系譜を語った叙事詩。天地創生から、ゼウスが神々との激しい戦いののち勝利者となるまでを描く。

『労働と日々』 ④ 実際の農作業の様子を描き、勤労の大切さを説いた教訓詩。『仕事と日々』『労働と暦日』と呼ばれることもある。

サッフォー Sappho ⑤ 前612頃〜？ レスボス島出身の女性叙情詩人。恋愛詩の断片が伝わっている。学園をつくり、若い女性に詩や舞踏を教育したといわれる。

ピンダロス Pindaros ② 前518〜前438 叙情詩人。オリンピアなどの競技会の優勝者をたたえた祝勝歌が多く伝わっている。

イオニア自然哲学 ⑥ 古代ギリシアで発達した、人間や世界を理性によって説明しようとした学問。前6世紀ミレトスを中心としたイオニア植民市において、万物の根源は何かという問題からおこった。

タレス Thales ⑥ 前624頃〜前546頃 ミレトス出身でギリシア初の自然哲学者。イオニア学派の祖で、「哲学の父」とされる。万物の根源を水とした。前585年の日食を予言したとされる。

ピタゴラス Pythagoras ⑥ 前6世紀 サモス島出身の自然哲学者・数学者。万物の根

源を数とした。彼の学派は多くの定理を発見する一方で、魂の不滅や転生を信じる宗教的秘密結社でもあった。

ヘラクレイトス　Herakleitos ③ 前544頃～？　エフェソス出身の自然哲学者。「万物は流転<ruby>る<rt>てんる</rt></ruby>する」と述べたとされ、万物の根源を変化自体と説明し、その象徴<ruby>ちょう<rt></rt></ruby>を火とした。

デモクリトス　Demokritos ④ 前460頃～前370頃　イオニア学派の自然哲学者。万物の根源を、変化も消滅もしない原子（アトム）とした。唯物論<ruby>ゆいぶつろん<rt></rt></ruby>哲学・機械論の祖とされる。

アイスキュロス　Aischylos ⑥ 前525～前456　アテネの三大悲劇詩人の一人。二人の俳優による演劇の様式を始め、悲劇の競演で数多く優勝した。マラトンやサラミスの戦いにも従軍した。代表作『アガメムノン』。

ソフォクレス　Sophokles ⑥ 前496頃～前406　アテネの三大悲劇詩人の一人。彼以降、ギリシア悲劇はすべて３人の俳優でおこなうことになった。ヘロドトスやペリクレスと親交をもち、将軍などの要職を歴任した。代表作『オイディプス王』。

エウリピデス　Euripides ⑥ 前485頃～前406頃　アテネの三大悲劇詩人の一人。ソフィストの影響を受けて新形式の作品を創作したが、一方でアリストファネスら喜劇作家から風刺された。代表作『メデイア』。

アリストファネス　Aristophanes ⑥ 前450頃～前385頃　アテネ最大の喜劇作家。ペロポネソス戦争期に活躍し、同時代の政治家たち、ソフィストやソクラテスを作品『雲』において、アイスキュロス・エウリピデスを作品『蛙』において風刺・批判した。代表作『女の平和』『女の議会』。

ソフィスト　sophist ⑥ 前５世紀のアテネで活躍した、弁論術の教師。原義は「知恵ある者」の意味。民主政全盛の社会においては、裁判や集会において論争に勝つことが重要であったため、彼らが活躍することとなった。相対主義・主観主義が特徴で、ときに詭弁<ruby>きべん<rt></rt></ruby>を弄する場合もあった。

プロタゴラス　Protagoras ⑥ 前480頃～前410頃　代表的なソフィスト。普遍<ruby>へん<rt></rt></ruby>的・客観的な真理の存在を否定した。ソクラテスとの討論でも知られる。

「万物の尺度<ruby>しゃくど<rt></rt></ruby>は人間」　⑥ プロタゴラスの言葉。真理は結局、個人の主観・判断のなかに存在するので、普遍的・客観的な真理などは存在しないとする、相対主義・主観主義

を表している。

ソクラテス　Sokrates ⑦ 前469頃～前399　アテネの哲学者。ペロポネソス戦争に歩兵として参戦した。相対主義をとるソフィストを批判して、客観的真理の存在を主張した。対話を通じて「無知の知」（みずからの無知を知ることで、ほかの無自覚な人よりすぐれる）を自覚させる方法を実践した。そのため対話を重視し、著作は残さなかった。若者を堕落させたとして裁判で死刑判決を受け、毒をあおって死亡した。

プラトン　Platon ⑦ 前429頃～前347　アテネの哲学者。イデア論や哲学者が王となる「哲人政治」を主張した。ソクラテスの弟子で、師の刑死に怒り、民主政には批判的であった。主著は『ソクラテスの弁明』『国家』。

イデア　idea ⑥ プラトン哲学の中心的観念。世界はつねに変化しているが、その背後には、真・善といった不変の観念（イデア）が存在し、現実とはイデアが様々なかたちをとって現れたにすぎないとする考え。

アリストテレス　Aristoteles ⑥ 前384～前322　ギリシアの哲学者。アカデメイアでプラトンに学び、プラトンの死後マケドニアの王子アレクサンドロスの教育係をつとめた。王子の即位後アテネに戻り、学園リュケイオンを開設した。彼の学派をペリパトス（逍遥<ruby>しょうよう<rt></rt></ruby>）学派と呼ぶ。諸学を体系的・網羅的に集大成したことから「万学の祖」と称され、イスラーム哲学や中世ヨーロッパの哲学・神学に大きな影響を与えた。代表作『政治学』。

ヒッポクラテス　Hippokrates ⑤ 前460頃～前375頃　アナトリアのコス島出身の医学者。「西洋医学の祖」と称される。四体液説をとなえ、その変調が病気であるとし、呪術<ruby>じゅじゅつ<rt></rt></ruby>的ではない科学的な態度による治療をおこなった。

ヘロドトス　Herodotos ⑥ 前484頃～前425頃　アナトリア出身のギリシア人歴史家。「歴史の父」と称される。ペルシア戦争を主題とした『歴史』を著し、これが現存する最古の歴史書とされる。

『歴史』《ヘロドトス》　Historiai ④ ヘロドトスの著した歴史書。ペルシア戦争を主題としているが、諸国の民族誌も兼ね、物語的な歴史記述の祖とされる。

トゥキディデス　Thukydides ⑥ 前460頃～前400頃　アテネ出身の歴史家。ペロポネソス戦争に将軍として参戦するが追放され、亡命生活をおくった。主著『歴史』。

『歴史』《トゥキディデス》③ トゥキディデスの著した未完の歴史書。ペロポネソス戦争を、厳密な史料批判にもとづいて記述したため、科学的な歴史記述の祖とされる。

ドーリア式 ② 荘重な印象を与える、ギリシア前期の建築様式。

イオニア式 ② 優雅な印象を与える、ギリシア中期の建築様式。柱頭の渦巻状装飾が特徴。

コリント式 ② 華麗な印象を与える、ギリシア後期の建築様式。柱頭の複雑な装飾が特徴。

パルテノン神殿 Parthenon ⑦ アクロポリスにあるドーリア式によるアテネのアテナ女神神殿。ペルシア戦争で破壊されるが、ペリクレスによって再建された。

フェイディアス Pheidias ④ 前5世紀 アテネの彫刻家。ペリクレスの知遇を得て、パルテノン神殿の再建工事にたずさわったとされる。

「アテナ女神像」 ⑤ フェイディアスが製作した、アテネのパルテノン神殿の本尊。現存しない。

ヘレニズム文化 Hellenism ⑦ アレクサンドロスの東征以降成立した、オリエント的要素とギリシア的要素の融合した文化。「ヘレニズム」は、ドイツの歴史家ドロイゼン（1808〜84）による造語。おもな担い手は都市のギリシア人だが、ギリシアの影響が強いが、民族の枠をこえた世界市民主義的性格もおびていた。

世界市民主義（コスモポリタニズム） cosmopolitanism ⑥ 国家や民族の枠をこえ、世界全体を一つの共同体とする考え。ポリス社会が変容し、ヘレニズム世界で東西融合が進むなかで、ポリス社会の価値観にしばられずに、普遍的な立場から価値判断がおこなわれるようになったことが背景にある。同時に個人主義的な風潮も強まった。

エピクロス Epikuros ⑤ 前342頃〜前271頃 エピクロス派を創始したサモス島出身の哲学者。精神的な快楽主義を主張した。

エピクロス派 ⑥ 精神的な安定による快楽を最高の善とする、ヘレニズム時代の哲学の一派。快楽とは苦痛や恐怖からの解放であり、人生の目的を幸福であるとした。そのため現実逃避的な面があり、ローマ時代には衰退した。

ゼノン Zenon ⑤ 前335〜前263 ストア派を創始した、キプロス出身の哲学者。アテネの列柱廊（ストア）で講義したことが、

学派名の由来となった。

ストア派 Stoa ⑥ 理性によって欲望をおさえることが大切だと説く、ヘレニズム時代の哲学の一派。魂すら物質とする唯物論をとり、心の平穏を説く。人生の目的を徳とし、理性（ロゴス）を重視する姿勢のため、個人を普遍的な世界の一員とみる世界市民主義の立場に立った。ローマに継承され、多大な影響力をもった。

エウクレイデス Eukleides ⑥ 前300頃 ギリシアの数学者。ムセイオンで学び、平面幾何学（ユークリッド幾何学）を大成した。著書『幾何学原本』はイエズス会士によって明代の中国に紹介された。

アルキメデス Archimedes ⑥ 前287頃〜前212 シチリア島シラクサ出身の数学・物理学者。アレクサンドリアで学び、浮力の原理（アルキメデスの原理）や梃の原理を発見したほか、揚水ねじを発明し、円周率も計算した。ポエニ戦争中、ローマ兵に殺害された。

コイネー koine ④ ヘレニズム世界で広範に使用された、共通ギリシア語。現代ギリシア語の基礎となる。

ムセイオン Mouseion ⑥ アレクサンドリアにプトレマイオス1世が建設した王立研究所。自然科学や文献学の中心となり、多くの学者を輩出した。付属の図書館は当時世界最大規模であった。

エラトステネス Eratosthenes ⑤ 前275頃〜前194頃 北アフリカ出身のギリシア人天文学者。ムセイオンの館長をつとめた。地球を球形と考え、その周囲の長さを比例法で測定した。

アリスタルコス Aristarchos ⑤ 前310頃〜前230頃 ギリシアの天文学者。地球の自転と公転（太陽中心説・地動説）を主張し、地球と太陽の距離を算出した。

プラクシテレス Praxiteles ④ 前4世紀のアテネの彫刻家。「ヘルメス神像」「クニドスのアフロディテ」などで知られるが、彼の作だと断定できるものはない。

「ミロのヴィーナス」 ⑥ ミロス（ミロ）島で発見された、美と愛の女神アフロディテの大理石像。1820年に発見され、現在はルーヴル美術館に所蔵されている。

「ラオコーン」 ④ ローマで発見された、ギリシア神話を題材とした彫像。トロイア戦争時に、女神アテナの怒りを買って蛇に殺される神官の像で、現在はヴァチカン美術館に所蔵されている。

ローマ共和政

イタリア人(古代イタリア人) ④ ギリシア人の南下とほぼ並行して、イタリア半島に南下したインド゠ヨーロッパ語系民族。半島中部に住むラテン人とウンブリア人(おもな部族はサビニ人・サムニウム人)、南部のオスク人などがあった。

ラテン人 Latins ⑥ 半島中部のラティウム地方に定住した古代イタリア人。彼らの建設した都市国家ローマが大帝国に発展した。また、彼らの話し言葉から発展したラテン語が、ローマ帝国の公用語となった。帝政後期の民衆の話し言葉から、イタリア語・フランス語・スペイン語などが派生した。

ティベル川 Tiber ④ アペニン山脈からティレニア海に注ぐ、イタリア中部の川。この河畔にローマ都市国家が建設された。

ローマ Roma ⑦ ラテン人の一派がティベル河畔に建てた都市国家。伝説では、前753年に双子ロムルス・レムスのうち兄のロムルスが建国したとされる。

エトルリア人 Etruscans ⑥ トスカナ地方を拠点とした、イタリア半島の先住民。民族系統は不明。ギリシア人との交易などで繁栄してローマを支配したが、前6世紀に王がローマから追放され、前3世紀にはローマに征服された。政治組織やアーチ工法などの土木技術は、ローマに大きな影響を与えた。独特な美術工芸品を残した。

共和政《ローマ》⑦ 世襲の君主を戴かない政体。伝承では、前509年エトルリア人の第7代王を追放して、共和政が宣言されたという。ギリシアの民主政と比較して、元老院の存在が特徴である。

貴族(パトリキ) patricii ⑥ 都市国家ローマにおいて、資産をもつ上位階層。主要な国家公職や神官職を独占した。

平民(プレブス) plebs ⑦ パトリキ以外の一般市民。パトリキによる公職独占に対し、身分闘争を展開した。のちに富裕者は、パトリキとともに新しい貴族集団(ノビレス)を形成した。

コンスル(執政官) consul ⑦ 最高公職者。民会によって二人が任期1年で選出され、行政・軍務など国政全般を主導したが、貴族が独占した。ローマでは、年の初めに就任する二人のコンスルの名でその年が表示された。

元老院 senatus ⑦ 公職経験者の終身議員から構成される、ローマの最高諮問機関。国政全般にわたる諮問権をもち、コンスルなど公職者に助言を与えた。前3世紀までは、民会での決定には元老院の承認が必要とされていた。

重装歩兵《ローマ》⑥ 中小農民からなる歩兵で、ローマ軍の中心。市民皆兵の原則にもとづき、自弁で武装した市民兵が、密集隊形で戦った。ローマ発展の原動力となり、政治的発言権を強めた。

身分闘争《ローマ》② ローマ軍の主力である重装歩兵となった市民が、政治的な権利を要求して、貴族に対抗した一連の動きのこと。ホルテンシウス法の成立によって、一応の終息をみた。

護民官 ⑥ 前494年に設置された、平民保護のための役職。平民会で選ばれ、平民会を主宰した。身体は神聖不可侵とされ、元老院やコンスルの決議と行為に対する拒否権を保障した。

民会《ローマ》④ 全男性市民によって開催される議決機関。ローマでは3つの民会があり、クリア民会は王政期に、兵員会は王政末期に、平民会は前5世紀初めに成立した。

平民会 ⑥ 前5世紀初めに設置された、平民のみで構成される民会。護民官が招集・主宰した。

十二表法 ⑥ 前5世紀半ばに制定された、ローマ最古の成文法。旧来の慣習法が成文化されたため、貴族による法知識の独占が破られた。強大な家父長権やパトリキとプレブスの通婚禁止などが定められた。市民の子どもたちは、教育の一環として、法文を暗記させられた。

リキニウス・セクスティウス法 Leges Liciniae-Sextiae ⑥ 前367年、護民官のリキニウスとセクスティウスが成立させた法。内容は、コンスルの一人は平民より選出すること、公有地の占有を一人500ユゲラ(125ha)に制限することなどからなる。この結果、富裕なプレブスがコンスル職に進出し、パトリキとともに新しい貴族集団(ノビレス)を形成するようになった。

ホルテンシウス法 Lex Hortensia ⑥ 前287年、ディクタトルのホルテンシウスが成立させた法。平民会での決議は、元老院の承認を得ずとも国法となるとした。これによ

り、パトリキとプレブスは法的に平等となり身分闘争は終了した。しかし、平民会議長の護民官が元老院と協力するようになり、新しい貴族集団（ノビレス）が共和政国家を指導していった。

独裁官（ディクタトル） dictator ⑦ 非常時に設置され、全権を委任されたただ一人の臨時職。任期は6カ月で再任は認めず、元老院の提案でコンスルが指名した。

ローマのイタリア半島統一 ⑦ 前272 都市ローマは周辺都市をつぎつぎと征服し、さらに南部のギリシア人諸都市の征服を進めた。前272年には南イタリアのギリシア人植民市タレントゥムを占領して、イタリア半島を統一した。

地中海征服とその影響

分割統治（ぶんかつとうち） ⑤ ローマが、征服都市を支配するために用いた統治法。ローマは、征服した半島内の諸都市と、それぞれ内容が異なる個別の同盟を結び、都市相互の団結とローマへの反抗を防いだ。

植民市 colonia ② ローマ市民が移住した都市。占領した地域に兵士らが土地を与えられて建設した。またラテン都市出身者が移住した植民市もあった。

同盟市 civitas foederata ② 共和政ローマと個別の条約を結んで同盟者となった都市。自治権は与えられていたが、ローマ市民権は与えられず、軍事援助の義務を負わされた。

カルタゴ Carthago ⑦ アフリカ北岸にあったフェニキア人の植民市。前9世紀にティルス市が建設し、西地中海での交易を独占した。前4世紀に本国はアレクサンドロスに征服されて一時衰退するが、カルタゴは海洋交易国家として繁栄を続けた。 → p.9

ポエニ戦争 Punic Wars ⑥ 前264〜前146 半島を統一したローマが、西地中海の覇権（はけん）をもつカルタゴに挑んだ3回にわたる戦争。ポエニとはラテン語でフェニキア人の意。〔第1回〕前264〜前241 ローマが勝利し、シチリア島を獲得した。〔第2回〕前218〜前201 はじめカルタゴのハンニバルによるイタリア侵入を受けてローマは苦戦するが、持久戦に持ち込み、ザマの戦いでスキピオがハンニバルを破って、ローマが勝利した。〔第3回〕前149〜前146 ローマがカルタゴの街を徹底的に破壊。この戦争によりローマは西地中海の覇権を握るが、

社会の変質もまねいた。

ハンニバル Hannibal ⑥ 前247〜前183 第2回ポエニ戦争で活躍したカルタゴの将軍。父とともにスペインにわたり軍を養成、ローマと同盟を結ぶサグントゥムを攻略し、第2回ポエニ戦争を開始した。象を率いて冬のアルプスをこえイタリアに侵入、半島を蹂躙（じゅうりん）して前216年カンネーの戦いでローマ軍に大打撃を与えた。しかし、持久戦に持ち込んだローマは、スキピオがスペイン、ついでカルタゴ本土を攻撃した。ハンニバルは本国に召還（しょうかん）され、ザマの戦いでローマ軍に大敗した。その後アナトリア（小アジア）に亡命、自殺した。

カンネーの戦い Cannae ② 前216年に南イタリアでおこなわれた、ハンニバルとローマ軍の戦い。数では劣るハンニバル軍の奇襲・包囲によって、ローマ軍は壊滅的打撃を受けた。

スキピオ Scipio ② 前235頃〜前183 ローマの将軍。スペインを制圧し、北アフリカにわたってヌミディアを制圧、ザマの戦いに大勝した。第3回ポエニ戦争でカルタゴを滅亡させたのは、孫の小スキピオ。

ザマの戦い Zama ② 前202 スキピオ軍がハンニバル軍に大勝した戦い。ザマはカルタゴ南西の地。これにより第2回ポエニ戦争は終結し、カルタゴは全海外領土を失い、多額の賠償金（ばいしょうきん）が課せられた。

中小農民の没落 ⑦ あいつぐ戦勝によってローマにおこった社会的変化。長期間の従軍や戦争による耕地の荒廃に加え、属州からの安価な穀物（こくもつ）の流入などにより、都市国家ローマを支えてきた中小農民は没落した。無産市民となった者たちは首都ローマに流入して、穀物の配給と娯楽を提供されるようになった。彼らが主力をなしたローマ軍は弱体化し、その再建が急務となった。

属州（ぞくしゅう） provincia ⑦ イタリア半島以外にあるローマの支配地。シチリアが初の属州。ローマは占領地を属州とし、総督（そうとく）一人と軍を派遣して統治した。属州民には様々な税が課せられ、総督・徴税請負人の搾取（さくしゅ）の対象となった。ローマの繁栄は、属州からの富に支えられていた。

シチリア島 Sicilia ⑤ イタリア半島の南方の島。地中海のほぼ中央に位置する交易の要地であり、当時最大の穀物生産地でもあった。この島の内紛からポエニ戦争が勃発（ぼっぱつ）し、ローマ初の属州とされた。

徴税請負人（ちょうぜいうけおいにん） publicani ③ 属州の徴税

や公共事業などを契約で請け負った人々。ローマには徴税機構がなかったため、属州にこの制度を採用した。彼らは契約以上の額を徴税し、高利貸付をするなどして、巨富を築いた。騎士階級出身者が多かった。

騎士(エクイテス) equites ④ 新興の富裕市民。本来は元老院議員につぐ階層。前3世紀後半以降、元老院議員の経済活動が制限されるようになると、政治ではなく蓄財に専念する者が現れたが、彼らはそのまま騎士と呼ばれた。高利貸や徴税請負で富裕化し、大土地所有者になっていった。

新貴族(ノビレス) nobiles ④ 前4世紀後半から約300年間、政権を独占した新しい支配階層。パトリキと上層プレブスからなる。

奴隷制度《ローマ》⑤ 奴隷が生産労働の担い手となっている社会の制度。ローマでは、奴隷は人格を認められず、財産として扱われた。征服戦争によって大量の奴隷を獲得し、家内労働から大土地所領での農業労働、鉱山での激務にまで用いた。ただし、奴隷を用いた大土地経営の発達は、共和政末期のイタリアとシチリアでしか確認されていない。帝政期になると、家内奴隷は奴隷身分から解放されることが増え、農業における奴隷の重要性も減少した。

ラティフンディア(ラティフンディウム) ⑥ Latifundia ⑥ 古代ローマの大土地所有制。富裕層が征服活動で得た公有地を私有地化して大所領を形成し、大量の奴隷を酷使して、ブドウ・オリーヴなどの果樹栽培をおこなった。第2回ポエニ戦争以降急速に発達し、社会の変質をまねいた。属州でも大土地所有は発達したが、そこでは小作制が一般的であった。

閥族派 optimates ⑤ 元老院中心という伝統を重んじる保守派。代表的人物はスラ。

平民派 populares ⑤ 民会を基盤とする反元老院派だが、貴族であることは閥族派と同じ。民衆の支持を背景に、政策の実行をはかった。代表的人物はマリウス。

シチリアの奴隷反乱 ① 前135〜前132、前104〜前100 共和政末期にシチリアで2度発生した大反乱。全島を巻き込む数万人規模の大反乱で、シリア出身の奴隷を一時的に王としたが、鎮圧された。

内乱の1世紀

グラックス兄弟 Gracchus, Tiberius/Gaius ⑥ 兄・前162〜前132、弟・前153〜前121

兄ティベリウスは前133年に護民官となり、自作農再建による軍の再建をめざしたが、元老院の保守派と対立して殺害された。弟ガイウスは前123年に護民官となり改革を試みるが、兄同様、反対派に攻められて自殺した。

「内乱の1世紀」 ⑤ グラックス兄弟の改革からプリンキパトゥス(元首政)成立までのローマの混乱期。護民官が暗殺され、市民同士が殺しあい、同盟市戦争や奴隷の反乱が頻発するなど、ローマ社会は混迷した。また、無産市民を武装させて軍人とする軍制改革がおこなわれた結果、軍隊は有力者の私兵と化した。

マリウス Marius ⑤ 前157頃〜前86 平民派の政治家・軍人。武器自弁の原則を捨て、無産市民を編入する軍制改革をおこなった。北アフリカのヌミディア王とのユグルタ戦争(前111〜前105)に勝利するも、アナトリアでおこなわれたミトリダテス戦争(前88〜前85)のさなかに発生したスラのクーデタを受けて、アフリカに逃亡した。前87年にマリウスはローマに復帰してスラ派を虐殺するが、翌年病死した。

スラ Sulla ⑤ 前138頃〜前78 閥族派の政治家・軍人。マリウスと抗争し、ミトリダテス戦争後帰国して、マリウス派を虐殺した。独裁官となり政敵を粛清して恐怖政治をおこない、元老院の権威を回復する政策を実施した。

同盟市戦争 ④ 前91〜前88 同盟市が完全な市民権を要求しておこした反乱。スラが最終的に鎮圧するが、パドゥス川(ポー川)以南の同盟市に市民権が付与されることとなった。

剣闘士(剣奴) gladiator ⑦ 闘技場で、猛獣や人を相手に真剣勝負をおこなった人たち。捕虜出身の奴隷が多く、養成所で訓練され、祝祭の見世物に出された。

スパルタクスの反乱 Spartacus ⑥ 前73〜前71 トラキア出身の剣闘士スパルタクスが指導した奴隷反乱。多くの奴隷が参加して一時大軍となったが、クラッススに敗れスパルタクスは戦死し、乱も鎮圧された。

第1回三頭政治 ⑥ 前60〜前53 ポンペイウス・カエサル・クラッススが密約を結び、元老院に対抗しておこなった政治。しかしクラッススが戦死すると、カエサルを危険視したポンペイウスが元老院に接近したため解消された。

ポンペイウス Pompeius ⑥ 前106〜前48

ローマの政治家・軍人。スラの後継者。地中海の海賊を一掃そうし、ミトリダテス戦争に勝利してシリアを属州とし、ローマの東方支配を樹立した。第1回三頭政治に参加するが、のちカエサルとの内戦に敗れ、逃亡先のエジプトで暗殺された。

クラッスス Crassus ⑥ 前115〜前53 ローマの政治家・軍人。富豪で、財力を用いて政界で活躍し、カエサルとポンペイウスとともに第1回三頭政治を成立させるが、パルティア遠征で戦死した。

カエサル Caesar ⑦ 前100〜前44 平民派の政治家・軍人。第1回三頭政治を結成してコンスルとなり、様々な改革をおこなった。ガリア遠征に成功して権力基盤を固めた後、ポンペイウスを打倒。前44年終身独裁官となって独裁権を握った。属州出身者の元老院入りを可能にし、カルタゴなどへの植民、ユリウス暦の採用など諸改革を実施したが、元老院を無視して王となる勢いをみせたため、ブルートゥスらの共和主義者に暗殺された。『ガリア戦記』などの著作を残した。

ガリア遠征 Gallia ⑤ 前58〜前51 カエサルがおこなった軍事遠征。ガリアは現在のフランス・ベルギー。ガリア側はウェルキンゲトリクスを指導者として抗戦したが、制圧されて属州となった。この結果名声を高めたカエサルに対し、ポンペイウスが対立するようになった。またブリタニアを含む西ヨーロッパ一帯がローマ化し、ヨーロッパの基底文化が醸成じょうせいされることとなった。

ブルートゥス Brutus ④ 前85〜前42 前44年にカエサルを暗殺した共和主義者。暗殺後に東方へと移り、アントニウス・オクタウィアヌス軍と戦って敗れて自殺した。

第2回三頭政治 ⑥ 前43 アントニウス・レピドゥス・オクタウィアヌスがおこなった政治。国家再建三人委員に就任し、キケロら共和政維持派を打倒していった。

アントニウス Antonius ⑥ 前83〜前30 ローマの政治家・軍人で、カエサルの部下として活躍。カエサル死後、第2回三頭政治に参加したが、プトレマイオス朝の女王クレオパトラと結び、オクタウィアヌスと対立した。アクティウムの海戦に敗れて自殺した。

レピドゥス Lepidus ⑥ 前90頃〜前13頃 ローマの政治家・軍人で、カエサルの部下であった。第2回三頭政治に参加したが、オ

クタウィアヌスと対立して前36年失脚、隠遁とんした。

オクタウィアヌス Octavianus ⑦ 前63〜後14 実質的な帝政を開始したローマの政治家。カエサルの姪めの子で、養子となる。カエサル暗殺後、アントニウスらと第2回三頭政治をおこなった。その後、クレオパトラと結んだアントニウスを前31年アクティウムの海戦で破り、前27年元老院からアウグストゥスの称号を受けた。

クレオパトラ Cleopatra ⑥ 前69〜前30 プトレマイオス朝エジプト末期の女王(在位前51〜前30)。カエサルと結んで弟王を打倒、カエサルの死後はアントニウスと結ぶが、オクタウィアヌスに敗れて自殺した。

アクティウムの海戦 Actium ⑥ 前31 ギリシア西岸沖で、オクタウィアヌスがアントニウス・クレオパトラの連合軍を撃破した海戦。この結果、地中海の周辺諸地域はローマのもとに統一され、ローマの内乱状態は終了した。

ローマ帝国

ローマ帝政 ⑦ 前27年の元首政(プリンキパトゥス)開始から395年の帝国の東西分裂までのローマの政体。前半をプリンキパトゥス、軍人皇帝時代の混乱期を挟んで、後半を専制君主政(ドミナトゥス)と区分する。

アウグストゥス(尊厳者そんげん) Augustus ⑦ 前27年、元老院がオクタウィアヌスに贈った尊称。彼は内戦終結後、元老院に戦時の大権を返還したため、元老院がこの称号を贈り、多数の属州の統治をゆだねた。のちにはコンスルの権限や護民官の権限も獲得し、絶大な権力をもつに至った。

プリンケプス princeps ⑦「市民のなかの第一人者」の意味。共和政期の元老院のなかの筆頭議員を指すが、オクタウィアヌス(アウグストゥス)が共和政を尊重する姿勢を示すため用い、事実上元首、すなわち皇帝を指すこととなった。

元首政(プリンキパトゥス) principatus ⑦ アウグストゥスによる政治体制。共和政期の形式は残存するが、アウグストゥスが一人で多数の公職の権限を同時に保持しており、実質上は帝政と同じである。

「ローマの平和」(パクス゠ロマーナ) Pax-Romana ⑦ アウグストゥスから五賢帝時代までの約200年におよぶローマ帝国の最盛期。各地にローマ風都市が建設され、経済

は活性化し、ラテン語が普及した。しかしその繁栄は属州支配の上に成り立つものであった。

五賢帝(ごけんてい) ⑥ ネルウァからマルクス＝アウレリウス＝アントニヌスに至る5人の皇帝。元老院との関係に配慮し、政治の安定につとめた。

ネルウァ帝 Nerva ⑥ 五賢帝の最初の皇帝(在位96〜98)。高齢で即位した彼は、血縁関係のないトラヤヌスを養子とした。

トラヤヌス帝 Trajanus ⑥ 五賢帝の2人目(在位98〜117)。初の属州(スペイン)出身の皇帝。ダキア(現在のルーマニア)を属州とし、一時はメソポタミアの征服に成功、ローマの領土は最大となった。パルティアの首都クテシフォンを攻略するが、遠征中に病死した。つぎのハドリアヌスはメソポタミアの征服地を放棄した。

ハドリアヌス帝 Hadrianus ⑥ 五賢帝の3人目(在位117〜138)。先代の拡大路線から安定路線に転じた。帝国内を巡幸し、ブリタニアにハドリアヌスの長城(ちょうじょう)を築くなど、属州の安寧と発展につとめた。

アントニヌス＝ピウス帝 Antoninus Pius ⑥ 五賢帝の4人目(在位138〜161)。ピウスは「敬虔(けいけん)な人」という称号。内政の安定と財政改革につとめた。

マルクス＝アウレリウス＝アントニヌス帝 Marcus Aurelius Antoninus ⑥ 五賢帝最後の皇帝(在位161〜180)。パルティアやゲルマン人の侵入などに苦しんだ。「哲人皇帝」とも呼ばれるストア派哲学者で、『自省録』を著した。『後漢書(ごかんじょ)』にみえる大秦王安敦(たいしんおうあんとん)とされる。五賢帝のうち、彼のみ男子の実子があり、後継者に指名した。
→ p.67

ローマ市民権 ⑦ 市民に与えられる法的権利。同盟市戦争を機にイタリアの全自由人に、さらに、212年に帝国内の全自由人に与えられた。市民権拡大に消極的だったギリシアのポリスと異なり、ローマは世界国家に変貌(へんぼう)した。

カラカラ帝 Caracalla ④ ローマ皇帝(在位198〜217) 五賢帝最後のマルクス＝アウレリウス＝アントニヌスと同じ名前を名乗るが、渾名(あだな)のカラカラで呼ばれることが多い。税収増を目的として、212年アントニヌス勅令で、領内の全自由人に市民権を与えた。ローマ市に大浴場を建設した。

季節風(モンスーン)**貿易** ⑥ ヒッパロスの風と呼ばれる季節風を利用した貿易。帝政ローマの時代に盛んとなり、地中海からインド洋まで交易圏が拡大した。ローマは絹・香辛料(こうしんりょう)などを輸入し、ガラス器・ブドウ酒・金貨などを輸出した。

帝国の変容

「3世紀の危機」 ① 紀元3世紀にローマ帝国がおちいった全般的危機状態のこと。帝国の領内では各地の軍団が司令官を皇帝に擁立(ようりつ)してあい争い、外からはゲルマン系の人々とササン朝ペルシアに攻撃され、経済的にも衰えた。

軍人皇帝 ⑥ 235〜284年のあいだ、各地の軍団によって擁立された諸ローマ皇帝のこと。約50年間に26人の皇帝が即位した。一般兵士出身の軍人である皇帝が多い。この混乱期を経て、帝国は専制君主政(ドミナトゥス)へ移行した。

コロヌス colonus ⑥ 中世の農奴(のう)の先駆(せんく)となった、ローマ時代の小作人。奴隷を用いる農場経営の効率が悪くなると、それにかわって、解放奴隷や没落した農民がコロヌスとして使役されるようになった。当初コロヌスは人格的自由を認められていたが、しだいに地主への従属性が強められ、4世紀には移動の自由を失って身分も固定化された。

コロナトゥス colonatus ⑥ コロヌスの移動を禁じて使役した生産体制(小作制)。帝政後期にラティフンディアにかわって、有力者の大所領で発達した。

西ローマ帝国の滅亡

ディオクレティアヌス帝 Diocletianus ⑦ ドミナトゥスを開始したローマ皇帝(在位284〜305)。軍人皇帝時代の混乱を収拾(しゅう)し、中央集権的な官僚制を実施して徴税を強化した。また、軍隊を増強し、四帝分治制を開始して政治を安定させた。皇帝の権威を高めるため皇帝崇拝を強制し、キリスト教徒に対する大迫害をおこなった。

四帝分治制(テトラルキア) tetrarchia ⑦ 異民族の侵入に対処するため、帝国を四分し、2正帝と2副帝で分担して統治する体制。ただし、帝国全土に対する命令権はディオクレティアヌスのみがもっていた。しかし彼の引退後、皇帝間の争いがおこり、帝国は内戦状態におちいった。

専制君主政(ドミナトゥス) dominates ⑦

帝政時代の後期、ディオクレティアヌス帝に始まる政治形態。共和政の政治形式は払拭され、皇帝は主人（ドミヌス）のように臣下に対してふるまった。強力な軍隊と官僚に支えられ、権威を強化するためにペルシア風の儀礼も導入された。

コンスタンティヌス帝 Constantinus ⑦ 四帝分治制崩壊後に帝国を再統一したローマ皇帝（在位306〜337）。324年単独皇帝となる。コンスタンティノープルを首都とするための基礎を築いた。職業・身分の固定化などを実行し、官僚制を整備してドミナトゥスを強化した。また、ソリドゥス金貨を創始して交易の安定化もはかった。一方、ミラノ勅令でキリスト教を公認し、ニケーア公会議を主宰した。

キリスト教の公認《ローマ帝国》 ⑤ 313年のミラノ勅令により公認された。西の正帝コンスタンティヌス帝と東の正帝が連名で、すべての宗教の信仰の自由を発布した。キリスト教を統治に利用する意図があったと推定される。

コンスタンティノープル Constantinople ⑦ 330年、コンスタンティヌス帝が帝国首都としての基礎を築いた都市。名称は彼の名に由来するが、ギリシア人植民市が起源で、旧名ビザンティウム（ビザンティオン）、現在はイスタンブル。「新しいローマ」「第2のローマ」とも呼ばれる。 → p.79

コロヌスの移動禁止令 ⑤ 332年にコンスタンティヌス帝がはじめて出した、コロヌスの移動を禁じる法令。以後何度も出され、税収確保という目的があった。ただし、法令の徹底度には地域差があった。

テオドシウス帝 Theodosius ④ 東西分裂する前の最後のローマ皇帝（在位379〜395）。392年にキリスト教を国教とし、異教信仰を禁じた。395年死に際して、帝国を二人の息子に分与した。 → p.70

東ローマ帝国（ビザンツ帝国）④ 395〜1453 テオドシウス帝の長子アルカディウスから始まる、コンスタンティノープルを首都とする帝国。首都の旧名からビザンツ帝国とも呼ばれる。西ローマ帝国の滅亡後も繁栄は継続し、6世紀のユスティニアヌス大帝の時代には、ローマ帝国の旧領の一部を一時的に回復した。1453年オスマン帝国によって滅ぼされた。 → p.79

西ローマ帝国 ⑥ 395〜476 テオドシウス帝の次子ホノリウスに始まる帝国。ゲルマン人の侵入による混乱や統治権力をめぐる抗争のため、皇帝権は弱かった。476年オドアケルにより皇帝が廃位され、滅亡した。

オドアケル Odoacer ④ 434頃〜493 476年に西ローマ帝国を滅ぼしたゲルマン人傭兵隊長。帝位を東の皇帝に返上し、総督の地位を授与されたが、まもなく東ゴートに敗れた。 → p.79

ローマの生活と文化

ローマ字 ③ ラテン語を表記するための文字。ラテン文字ともいう。ギリシア文字の影響を受けて成立したアルファベットの一つ。ラテン語とともに西ヨーロッパに普及し、現代のトルコやベトナムでもローマ字表記が採用されている。

ラテン語 Latin ⑦ ローマ帝国の公用語。帝政後期の民衆の話し言葉から、イタリア語・フランス語・スペイン語などが派生した。 → p.109

浴場《ローマ》 ⑥ 冷・温の浴室を中心とし、図書館・運動場などを備えたローマの娯楽施設。火災の危険から集合住宅の浴室が禁止されたために帝国各地につくられたが、カラカラ帝建造のローマ市のものが有名である。

凱旋門 ⑥ ローマ時代の代表的な建築物で、ローマのコンスタンティヌス帝の門などが代表例。凱旋式に使われた門との関係はわかっていない。

コロッセウム Colosseum ⑦ 剣闘士の試合などがおこなわれた、ローマ市にある円形闘技場。ネロ帝の巨像（コロッス）が近くにあったため、このように呼ばれた。外観は4層のアーチで、4万人を収容できた。

パンテオン（万神殿） Pantheon ② 種々の神をまつった神殿。ローマでは、各地の神だけでなく「よき皇帝」も死後神格化されるなど、様々な神が信仰されていた。

フォロ＝ロマーノ Foro Romano ⑥ ローマ人の市民生活の中心だった広場の遺跡。古代では、この広場で市民の集会や裁判がおこなわれ、神殿や公会堂もあった。名称はラテン語フォルム＝ロマヌムのイタリア語読みで、フォルムは集会場などとして利用された公共広場を指す。

アッピア街道 Via Appia ⑦ ローマ最古の軍道。はじめローマ・カプア間に建設され、のち南イタリアまで延長されて全長540kmにおよんだ。「街道の女王」と呼ばれ、石で美しく舗装されていた。

ガール水道橋〔すいどうきょう〕⑥ 南フランスに現存する石造水道橋。ローマ土木建築の代表。ローマは都市に供給する水の管理を重視し、水道管は鉛や石で堅牢につくり、専門の水道管理官をおいた。

「パンと見世物」⑥ 無産市民に提供された、無料の穀物と娯楽のこと。無産市民であっても選挙権は有するため、有力者は彼らの歓心を得ようとした。

ローマ法⑦ ローマ人が作成した法の総称。はじめローマ市民のみに適用される法であったが、ローマの拡大につれて普遍的な法（万民法）に変化した。近代ヨーロッパ法の源流となり、世界各国の法制度に影響を与えた。

市民法③ ローマ市民に適用される法。十二表法をはじめとする法律や民会での決議などが法源とされた。市民と市民の関係を対象とする法で、私法が中心であった。

万民法⑥ すべての人に対して適用される法。ローマが拡大するにつれて、非市民の数が増え、その対応策として非市民を担当する法務官が設置された。彼らによって法整備が進められ、万人に等しく適用される、普遍的な法制度が成立した。

『ローマ法大全』〔たいぜん〕 Corpus juris civilis ⑥ ローマ法の集大成。古代ローマの勅法集・学説集・法学論と、ユスティニアヌス大帝が公布した新勅集の4部からなる。『ユスティニアヌス法典』とも呼ばれる。 → p.80

ユリウス暦 Julius ⑤ 前46年にユリウス＝カエサルが制定した太陽暦。独裁官に就任したカエサルが、季節のずれを修正するためにエジプトの暦を採用した。アウグストゥスの時に閏年〔うるうどし〕に修正が加えられた。

グレゴリウス暦 Gregorius ④ 現行の太陽暦。1582年、教皇グレゴリウス13世が復活祭の日付のずれを修正しようと、ユリウス暦から10日間を暦から除き、閏年の計算法も改めて制定した。 → p.157

ラテン文学⑥ ラテン語で書かれた古代ローマの文学。ギリシアの影響で前2世紀頃からラテン語が文学言語として成長した。とくにアウグストゥス治世に多くのすぐれた詩人が現れて、ラテン文学の黄金時代と呼ばれた。

ウェルギリウス Vergilius ⑥ ローマ最大の詩人の一人。アウグストゥスの保護を受け、『アエネイス』や『農耕詩』などを残した。後世のダンテの『神曲』では、物語を通じた案内人として描かれている。

『アエネイス』 Aeneis ⑤ トロイア滅亡後、ローマ建国までの英雄アエネアスの冒険をうたった、ウェルギリウスの叙事詩。題名は「アエネアスの物語」の意。ラテン文学の最高傑作とされる。

ホラティウス Horatius ④ 前65〜前8 アウグストゥス時代に活躍した叙情詩人。彼の作詩法は後代に大きな影響を与えた。代表作『叙情詩集』。

オウィディウス Ovidius ④ 前43〜後17頃 アウグストゥス時代の叙情詩人。風俗を乱したとしてアウグストゥスによって追放された。代表作『恋の技法』『転身譜』。

『ガリア戦記』⑥ カエサル自身による前58〜前51年のガリア遠征の記録。ケルト・ゲルマン人研究の重要史料。簡潔・明瞭な文章で、ラテン文学の傑作の一つとされる。 → p.78

キケロ Cicero ⑥ 前106〜前43 政治家・散文家。騎士ながら雄弁でもって出世し、コンスル職についた。共和政体を守る立場をとってカエサルに反対した。カエサル死後はオクタウィアヌスを支持したが、第2回三頭政治の成立で失脚し、暗殺された。弁論術や哲学などに関する著作がある。

『国家論』④ キケロの哲学的著作で、主著の一つ。ローマの歴史を考察し、王政・貴族政・民主政の長所をそなえた混合政体が最良の政体であることを示した。

リウィウス Livius ⑥ 前59頃〜後17頃 ローマの歴史家。アウグストゥスの厚遇〔こうぐう〕を得て、生涯の大半をかけて『ローマ建国史』を著した。

『ローマ建国史』（『ローマ建国以来の歴史』）⑥ リウィウスによる歴史書。建国から前9年までのローマ史をラテン語で著した。

タキトゥス Tacitus ⑦ 55頃〜120頃 ローマの歴史家で元老院議員。主著『年代記』や『同時代史』、小品に『ゲルマニア』や岳父〔がくふ〕の伝記『アグリコラ』がある。

『年代記』③ タキトゥスの歴史書。アウグストゥスの死からネロの死まで（14〜66年）の出来事を年ごとに記述した。たくみなラテン語で、宮廷内の陰謀事件や帝国内外の戦役を描いた。

『ゲルマニア』 Germania ⑦ タキトゥスの著作。移動前のゲルマン人社会を記した重要史料。質実剛健なゲルマン人を描くことで、ローマ人の堕落〔だらく〕を批判している。 → p.78

ポリビオス Polybios ⑤ 前200頃〜前120頃 ギリシア人の歴史家。スキピオ家に厚遇さ

れ、第3回ポエニ戦争に参加し、カルタゴの滅亡を現地で目撃した。ギリシア語でローマの世界統一の由来を記した『歴史』が主著。

政体循環史観 ③ ギリシア人ポリビオスが、主著『歴史』においてローマ興隆の要因を説明した理論。彼はギリシアのポリスが、王政→貴族政→僭主政→民主政→衆愚政（民主政の堕落した形態）→王政と循環し、内部抗争を繰り返したため、国力の損失をまねいたと説いた。一方のローマは、王政（コンスル）・貴族政（元老院）・民主政（民会）という、たがいに牽制しあう要素をもつ混合政体であったため、興隆できたと説明した。

プルタルコス Plutarchos ⑥ 46頃～120頃 ローマ時代のギリシア人哲学者で著述家。デルフォイの神官でもあった。著作多数。

『対比列伝』（『英雄伝』） ⑥ プルタルコスによる伝記。ギリシア・ローマの有力者を、アレクサンドロスとカエサルというように組みあわせ、対比して記述した。

ストラボン Strabon ⑤ 前64頃～後21頃 ギリシア人地理学者で歴史家。各地を旅行し、『地理誌』をまとめた。

『地理誌』 ⑤ イベリア半島からインドまでの、地理・歴史を叙述したストラボンの著作。ギリシア語で書かれた。

セネカ Seneca ⑤ 前4頃～後65 ストア派哲学者で詩人。ネロの師となり、ネロ即位後は政治に関与。65年に自殺を強いられた。多数の悲劇作品や道徳書簡を残した。

エピクテトス Epiktetos ④ 55頃～135頃 奴隷出身のギリシア人ストア派哲学者。自分にできることとできないことを弁別し、運命よりも自分にうち克てと説き、魂を平安に保つことが幸福であるとした。

マルクス＝アウレリウス＝アントニヌス帝 Marcus Aurelius Antoninus ⑤ 五賢帝の最後の皇帝(在位161～180)。ストア派哲学に通じ、「哲人皇帝」とも呼ばれる。 → p.64

『自省録』 ⑤ マルクス＝アウレリウス＝アントニヌスが著したストア派哲学書。ギリシア語で書かれた。

プリニウス Plinius ④ 23頃～79 ローマの博物学者・軍人。ヴェスヴィオ火山噴火に際し、艦隊司令官として救助活動中に火山ガスで死亡した。

『博物誌』 ④ プリニウスによる科学書。天文・地理・動植物などの莫大な項目を記述している。ルネサンス期にヴェネツィア

で印刷され、権威をもった。

プトレマイオス Ptolemaios ⑥ 2世紀頃のギリシア人天文・地理・数学者。アレクサンドリアで活躍し、世界地図を作成した。『天文学大全』において天動説を主張し、近世に至るまでヨーロッパで影響力をもった。

天動説 ⑤ 宇宙の中心に地球があり、太陽や惑星はその周囲をまわっているという説。カトリック教会の公式の宇宙観となり、コペルニクスが登場するまで権威ある学説であった。 → p.151

キリスト教の成立

ユダヤ教 Judaism ⑤ 選民思想・メシア信仰などを特色とする、ユダヤ人の民族宗教。イエス誕生当時ユダヤ教の宗派は、神殿の祭司層からなり政治的には現実主義をとるサドカイ派や、律法を重視し民衆に支持されたパリサイ派、荒野で禁欲生活をおくるエッセネ派などにわかれていた。後1世紀には、ローマからの独立を訴えるゼーロータイ（熱心党）が反乱をおこした。 → p.10

律法《ユダヤ教》 ⑤ ユダヤ教において、神から授けられたとされる宗教上の教えや生活規範。

パリサイ派 Pharisees ④ モーセ律法を厳格に守ろうとするユダヤ教の一派。イエスから形式主義と批判され、対立するサドカイ派と協力して、イエスを迫害した。対ローマ戦争である第1次ユダヤ戦争（66〜70年）後にユダヤ教の主流派となった。

ナザレ Nazareth ② パレスチナ北部ガリラヤ地方の村。イエスが成長したところと伝えられる。イエスの父ヨセフはこの地に住み、戸口調査のため妻マリアとともにベツレヘム（ヨルダン西部）に向かい、その地でイエスが生まれた。

イエス Jesus ⑦ 前7頃/前4頃〜後30頃 キリスト教を創始したユダヤ人。30歳頃洗礼者ヨハネの教えに共感し、受洗後、ガリラヤ地方で伝道した。神の絶対愛を説き、形式主義的なパリサイ派を批判した。イェルサレムで逮捕され、ローマの属州総督ピラトのもとで十字架刑に処せられた。

神の絶対愛 ⑤ キリスト教において神が与える、無差別・無条件の愛。ユダヤ教の説く選民思想に対立する考えであった。

隣人愛 ④ キリスト教で説かれる、自分を愛するようにすべての人を愛しなさいという教え。ユダヤ教が説くような、民族的な区別に対立する考え。

救世主（メシア） Messiah ⑦ ユダヤ教で、世界の終末の際に現れ、信者を救済する存在。ギリシア語でクリストス（キリスト）。 → p.10

キリスト Christ ⑥ 救世主メシアのギリシア語訳。「油を注がれた者」の意味。イエスを救世主と信じる者は、彼をイエス＝キリストと呼んだ。

ピラト（ピラトゥス） Pilatus ⑤ イエスを処刑したローマの属州ユダヤの第5代総督（在任26〜36）。イエスの裁判に際しては、ユダヤ人の圧力に屈して、イエスを十字架刑とした。

十字架 crux ⑦ イエスを磔にした処刑台。のちキリスト教における最重要の宗教具となった。縦長のラテン十字や、正方のギリシア十字などがある。

キリスト教 Christianity ⑦ イエスをキリストと認め、その教えを信じる宗教。ユダヤ教の選民思想を克服し、普遍的な愛を説く世界宗教。イエスの刑死後、使徒の活動により下層民を中心に信者を拡大し、392年ローマ帝国の国教となった。

ペテロ（ペトロ） Petrus ⑦ ？〜64頃 イエスの十二使徒の筆頭。本名はシモンであるが、イエスによりペテロ（岩の意）と名づけられた。ネロ帝時代の迫害で殉教し、その墓所とされる丘にサン＝ピエトロ大聖堂が建てられた。 → p.81

パウロ Paulus ⑦ ？〜60以後 ペテロと並ぶ二大使徒。ローマ市民権をもつパリサイ派のユダヤ教徒であったが、回心してキリスト教徒となり、東方の異邦人への伝道に尽力した。ネロ帝時代の迫害で殉教したとされる。彼の書簡は『新約聖書』に加えられている。信仰義認などを説いて、キリスト教が普遍的宗教となるうえで、大きく貢献した。

使徒 apostolus ⑥ イエスが福音を伝えるために選んだ直弟子。ペテロを筆頭に12人おり、そのなかのユダが、イエスを裏切って敵対する祭司長側に引き渡した。パウロがのち使徒に加えられた。

教会 ⑦ キリスト教信者の共同体。また、祭式のための聖堂を意味する。ローマ皇帝や民衆による迫害にもかかわらず、信者は各地に教会を形成し、5世紀には5つの管区の司教が総主教と呼ばれる最高指導者となり、5つの中心的な教会（五本山）が成立した。

『新約聖書』 New Testament ⑦ キリスト教の教典。「新約」とは神との「新しい契約」の意。四福音書・使徒行伝・使徒の書簡・黙示録などの27書からなる。当時の共通語コイネーで書かれた。1世紀頃から記述されていったと推定されるが、現在の27書を教会が正典として公認したのは4世紀である。

『福音書』 Evangelium ④ イエスの言行

録。マタイ・マルコ・ルカ・ヨハネの4書がある。「福音」とは元来ギリシア語で「よい知らせ」という意味。

『使徒行伝』 ② 使徒、とくにペテロ・パウロの伝道を中心に記述した書。90年頃成立。『ルカの福音書』と同一著者とされる。

迫害から国教へ

皇帝崇拝 ⑤ 皇帝を神として崇拝すること。元来ローマ人は、こうした思想をもたなかったが、「よき皇帝」は死後、国家神とされ、さらに帝国統治の責任を負う皇帝の安寧のために礼拝がなされるようになった。こうした礼拝に参加しないキリスト教徒は反社会的集団とみなされた。

ネロ帝の迫害 ⑤ 64年、皇帝ネロがローマ市大火の犯人としてキリスト教徒を迫害した事件。これ以後、キリスト教徒への迫害がなされるが、3世紀前半までの迫害は民衆が主導する地域的なもので、皇帝主導の迫害は3世紀後半から313年までである。

ディオクレティアヌス帝の大迫害 ⑤ 303年に始まって帝の死後の313年まで続いた、キリスト教徒に対する最大級の迫害。帝国再統一をはかる皇帝にとって、皇帝崇拝を拒否するキリスト教徒を見逃すことはできず迫害したが、失敗に終わった。

カタコンベ catacumbae ⑦ キリスト教徒の礼拝所としても使用された地下墓所。内部に、初期キリスト教美術を代表する壁画などが残されている。

ミラノ勅令 Milano ⑦ 313 キリスト教を含め、すべての宗教の信仰の自由を認めた勅令。コンスタンティヌス帝が東の正帝とミラノで会見し、ニコメディアで発布した勅令とされる。

ニケーア公会議 Nicaea ⑥ 325 アナトリア（小アジア）のニケーアで開催された、初の公会議。公会議とは、教会の代表を集めておこなう会議のこと。教義統一のためコンスタンティヌス帝が招集しニケーア信条を採択し、アタナシウスの説を正統、アリウスの説を異端とした。

アタナシウス Athanasius ⑤ 295頃～373 アレクサンドリアの司教。父なる神と子なるイエスは同質と主張し、アリウス派と対立した。ニケーア公会議で正統とされた後も反対派によって追放処分にあった。

アタナシウス派 ⑤ ニケーア公会議で正統とされた宗派。父と子は同質とし、のち三位一体説として確立され、正統教義とされた。

三位一体説 trinitas ⑦ 父なる神、子なるイエス、聖霊の3者は同質であるとする考え。アタナシウスの説が、381年のコンスタンティノープル公会議で再確認され、完成された。

聖霊 ⑤ カトリックの教義では、父なる神と子なるイエスとともに、三位一体をなす存在。神の意志を人に伝えて、精神的な活動へとうながす力。

正統教義 orthodox doctrine ⑥ キリスト教の場合、公会議・皇帝・教皇などによって公認された教義。異端とされた宗派は、きびしい処分を受けた。

異端 heresy ⑦ 正統教義に反する教説。4世紀に皇帝が招集した4つの公会議によってキリスト教の「正統」信仰が確立されていき、そのたびに異なる教説が異端として排除された。

アリウス派 Arius ⑦ ニケーア公会議で異端とされた宗派。追放処分ののち、ゲルマン人に伝道されて広まった。 → p.80

教父 ⑥ 古代～中世初期のキリスト教の著作家であり、教会が信仰の証人とする人々。ギリシア教父とラテン教父にわけられる。正統教義の基礎の確立につとめた。

エウセビオス Eusebios ② 260頃～339 パレスチナのカイサリアの司教。キリスト教最初の教会史家。ニケーア公会議で活躍し、多くの著作を残した。皇帝は神の恩寵を受け、その支配は神聖なものであるとする神寵帝理念をとなえた。この説は、皇帝に対する教皇の優位を主張する考えや、王権神授説に影響を与えた。代表作『教会史』『年代記』。

アウグスティヌス Augustinus ⑥ 354～430 「教会博士」の称号をもつ、北アフリカ・ヒッポの司教で最大の教父。放埓な生活をおくりマニ教を信奉していたが、新プラトン主義の影響を受け、さらにミラノ司教アンブロシウスの影響でキリスト教に回心した。混乱の時代においてカトリック教義の確立に貢献した。その思想はスコラ哲学、宗教改革など広範な影響をおよぼした。

『神の国』（『神国論』） ④ アウグスティヌスの主著。西ゴート人のローマ占領を契機としたキリスト教への非難に対して執筆された。「地の国」と「神の国」を対比させて論じた歴史哲学書。

『告白録』 ③ アウグスティヌスの自伝。身分の低い女性との同棲、不勉強な日々などを

赤裸々に告白し、マニ教を経てキリスト教にたどりつくまでを描いた。彼に改宗をうながした、母モニカに関する記述が有名。

イシス教　Isis ③　東方起源の密儀宗教。イシスは古代エジプトの女神。帝政期のローマに広まり、信仰された。

ミトラ教（ミトラス教）　Mithra ④　帝政ローマで軍人を中心に流行した、古代アーリア人起源の密儀宗教。光明神ミトラを崇拝し、牛を犠牲に捧げた。キリスト教の広がりとともに衰退した。

ユリアヌス帝　Julianus ⑤　古来の多神教の復興を企てたローマ皇帝（在位361〜363）。ギリシア古典に通じ、古来の伝統宗教を尊重して宗教寛容令を出し、キリスト教優遇を廃止した。そのためキリスト教からは「背教者」と呼ばれた。

テオドシウス帝　Theodosius ⑥　キリスト教を国教化したローマ皇帝（在位379〜395）。彼の死（395年）後、ローマは東西に分裂した。→ p.65

キリスト教の国教化 ⑦　テオドシウス帝は、380年にキリスト教を国教とする勅令を出していたが、392年には異教の信仰を全面的に禁止した。

五本山 ⑤　総大司教座がおかれたローマ・コンスタンティノープル・イェルサレム・アンティオキア・アレクサンドリアの5つの教会の総称。それぞれ首位権を主張したが、ビザンツ皇帝の支配を受けたコンスタンティノープル教会と、ペテロ以来の使徒継承を主張するローマ教会が二大勢力に発展した。

エフェソス公会議　Ephesos ⑥　431　アナトリア（小アジア）のエフェソスで開催された公会議。ニケーア信条を再確認し、マリアを「神の母」と呼ぶことを認め、ネストリウスを異端として追放した。

ネストリウス派　Nestorius ⑦　イエスの神性と人性は分離しているとするキリスト教の一派。コンスタンティノープル総大司教ネストリウス（？〜451）の主張を発展させた。431年のエフェソス公会議で退けられた。→ p.52

景教 ⑥　追放されたネストリウス派の中国・唐代の呼称。7世紀前半、太宗の時代にペルシア人阿羅本が布教し、長安に大秦寺を建立したが、845年の武宗の外来宗教取締りにより衰微した。　→ p.36

カルケドン公会議　Chalcedon ③　451　アナトリア（小アジア）のカルケドンで開催された公会議。神の子イエスにおいては、神性は分離も融合もしていない（カルケドン信条）として、ネストリウス派や単性論を退けた。

単性論　monophysitism ④　神の子イエスにおいては、神性と人性が融合して一つであるとする説。カルケドン公会議で異端とされたが、シリア・アルメニア・エジプト・エチオピアなどの教会には受け継がれた。

シリア教会 ④　カルケドン公会議の決定に反対してシリアで誕生した、キリスト教単性論派の教会。シリア正教会ともいう。

アルメニア教会 ④　6世紀以降、単性論を受け入れた教会。4世紀初めにキリスト教を国教としたアルメニアでは、ササン朝の圧力に抗しながら、6世紀には単性論を受け入れた。

コプト教会　Coptic ④　単性論の立場に立ったキリスト教会。エジプトのアレクサンドリアを拠点に、カルケドン公会議の決定を不服として分離した。現在もエジプト総人口の1割が信者と推定されている。

第4章

イスラーム教の成立とヨーロッパ世界の形成

1 アラブの大征服とイスラーム政権の成立

アラブ＝ムスリム軍による大征服

イスラーム世界 the Islamic World ③ 理念的なムスリム（イスラーム教徒）共同体、ムスリムが住民の多数を占める地域、ムスリムの支配者がイスラーム法（シャリーア）による統治をおこなっている地域など、イスラームにもとづく共通性を強調した言葉。7世紀のイスラーム教成立後に改宗者が増えた地域、イスラーム教が社会で大きな役割を果たす地域といった点から、地理的に東はフィリピン南部から、西は北西アフリカのモロッコまでの地域を指して使われることが多い。

アラビア半島 Arabia ⑦ 紅海・インド洋・ペルシア湾に囲まれた、大部分が砂漠からなる南西アジアの半島。半島西側にイスラーム教徒の聖地メッカが存在する。

隊商《西アジア》 ② 乾燥地帯でも耐久力のあるラクダなどに荷を積んだ商人たちが一団を組んでおこなった、内陸地域での長距離交易。西アジアでは、インド洋と地中海方面とを結ぶ交易がもっとも主要であり、香辛料などが取引された。

ベドウィン Bedouin ② アラビア語で「荒れ野」に住む者を意味する単語が、ヨーロッパ諸語に入って成立したもので、アラブ系遊牧民を指す呼称。彼らの多くは、アラビア半島を故地とし、アラビア語を用い、父系の血縁部族社会を形成して、羊・ヤギ・牛・ロバ・ラクダ・馬などの遊牧で生活している。

アラブ人 Arab ⑦ アラビア半島を原住地とし、セム語派のアラビア語を母語とする人々。イスラーム教の成立後、西アジアや北アフリカなどへのアラブ人の植民も進んだ。

イエメン Yemen ① アラビア半島南西部海岸地帯の地域名・国名。降雨を利用した農業に加え、海上交通の要衝でもあったため、古くから南アラビア一帯を支配する諸王国が栄えた。

イスラーム教 Islām ⑦ 7世紀前半、ムハンマドが創始した宗教。原義はアラビア語で「身をゆだねること」、転じて「唯一神（アッラー）への絶対的服従」を意味する。アラブ人の征服活動とともにアラビア半島の外へ広がり、さらにムスリム商人の商業圏拡大とともに世界的に拡大した。

メッカ(マッカ) Mecca(Makka) ⑦ アラビア半島西側のヒジャーズ地方に位置するイスラーム教第1の聖地。アラビア語の発音では「マッカ」に近い。古来、商業都市・宗教都市として栄えていたが、イスラーム教成立後はこの都市のカーバが聖殿とされた。

クライシュ族 Quraysh ⑤ ムハンマドが属したアラブの名門一族。遊牧民であったが、5世紀末にメッカを征服して定住した。一族の有力者は、6世紀までにインド洋・東アフリカ間や地中海の交易によって富裕な商人となっていた。また、カーバ聖殿の管理権を握った。

ムハンマド Muḥammad ⑦ 570頃～632 イスラーム教の開祖。クライシュ族ハーシム家の出身。40歳頃、メッカ郊外の洞窟で瞑想生活をおくっていた時に神の啓示を体験し、「アッラーの使徒」と名乗って預言者としての活動を始めた。反対派からの暗殺を逃れるため、西暦622年信徒とともにメディナへ移り、彼を長とする信仰共同体（ウンマ）を設立した。しだいに信者を増やし、630年メッカを征服し、632年に最初で最後となるメッカ巡礼を敢行するなか、メディナで没した。

アッラー Allāh ⑦ アラビア語で「神」を意味する。イスラーム教における唯一絶対神。『コーラン（クルアーン）』においてアッラーは、絶対的・超越的な存在、世界創造神、事物と人間の運命の決定神、啓示を通して信徒を導く人格神などであるとされる。

預言者 ⑦ 啓示された神の言葉を預かる者。『コーラン（クルアーン）』では、ノア・アブラハム・モーセ・イエスなどがあげられ、ムハンマドが最後の預言者とされる。
→ p.11

ムスリム Muslim ⑦ イスラーム教徒のこと。

原義はアラビア語で「神に帰依する者」。

ウンマ umma ⑦ 宗教にもとづいたイスラーム教徒の共同体(宗教共同体)。ムスリムの集団を理念化したもので、近代には国境や国民国家の枠をこえたムスリムの帰属意識を生み出した。

「啓典の民」 ⑤ アラビア語で、神から啓示された書(聖典)をもつ宗教を奉ずる人々のこと。ムスリムからは、旧約聖書をもつユダヤ教徒、新約聖書をもつキリスト教徒を指した。この両教徒はほかの異教徒と異なり、人頭税(ジズヤ)の支払いを条件にズィンミー(庇護民)として、信仰の維持や生命・財産の安全を保障された。正統カリフ時代以後、ゾロアスター教徒や仏教徒も啓典の民と同じように扱われた。

メディナ Medina, Madīna ⑦ イスラーム教徒にとって第2の聖地。メッカの北約300kmに位置する、ヒジャーズ地方の都市。アラビア語で「町」を意味する。旧名はヤスリブ。ムハンマドの死後も、第3代正統カリフのウスマーンの時代まではカリフが居住した。ムハンマドの墓廟がある。

ヒジュラ(聖遷) hijra ⑦ 西暦622年7月、ムハンマドがメッカからメディナへ移住したできごと。第2代正統カリフのウマルによって、この年がイスラーム暦の紀元とされた。

イスラーム暦(ヒジュラ暦) ⑥ イスラーム教徒の用いる太陰暦。ヒジュラがおこなわれた西暦622年7月16日を紀元元年1月1日とする。『コーラン(クルアーン)』のなかでの月の数にもとづき、1年12カ月を354日とし、閏月を設けない。

ラマダーン Ramadān ② イスラーム暦第9番目の月。この月に、ムスリムは一斉に断食する。

カーバ聖殿 Kaʻba ⑦ メッカの聖モスク内にあるイスラーム教の聖堂。古来アラブ人の多神教の神殿であったが、ムハンマドによってイスラーム教の聖殿とされた。

カリフ caliph, khalīfa ⑦ 代理人・後継者の意味。預言者ムハンマドの死後、ウンマ(イスラーム共同体)の最高指導者の地位を継いだアブー゠バクルが「アッラーの使徒の代理人(後継者)」と名乗ってから、ウンマの代表者をカリフと呼ぶようになった。預言者のような宗教的権威はないが、ウンマの政治的・社会的指導権は認められた。最初の4代のカリフは選挙(合意)で選ばれたが、ウマイヤ朝以後は世襲となった。なおスンナ派法学者は、1258年のアッバース朝滅亡後のカリフ(制)を認めていない。

正統カリフ ⑦ ムハンマドの死後、ムスリムの選挙(合意)で選ばれた4代のカリフ。アブー゠バクル、ウマル、ウスマーン、アリーの4人を指す。一般にスンナ派のイスラーム教徒は、ムハンマドの時代と正統カリフ時代を、イスラームの理念と政治が一致していた理想的時代であったとする。

アブー゠バクル Abū Bakr ⑥ 573頃～634 初代正統カリフ(在位632～634)。クライシュ族の商人で、ムハンマドの義父。カリフ就任後、カリフの地位や統治をめぐってアラブ諸部族内の対立が高まったことから、アラビア半島外への征服活動を開始した。

ウマル ʻUmar ⑤ 581頃～644 第2代正統カリフ(在位634～644)。征服活動を継続し、カリフ在位中、統治領域をイラン南西部からシリア・エジプトにまで拡大した。軍営都市バスラの建設やイスラーム暦の制定などもおこなった。

ニハーヴァンドの戦い Nihāvand ② 642年、ウマルの命によって派遣されたアラブ人ムスリムの軍が、ササン朝軍をイラン西部で撃破した戦い。ササン朝はこの敗北で、事実上崩壊した。 → p.52

ウスマーン ʻUthmān ④ ?～656 第3代正統カリフ(在位644～656)。『コーラン(クルアーン)』を現在のかたちにまとめたとされる。しかし政治的混乱をまねき、メディナで殺害された。

ジハード(聖戦) jihād ⑤ 原義は「定まった目的のための努力」であり、イスラーム世界やウンマを防衛・拡大することを指すが、現在では一般に「異教徒との戦争」の意味で用いられることが多い。ただし、その手段については時代と地域によって様々であり、武力の行使を否定する見解もある。

ミスル miṣr ⑤ アラブ゠ムスリムの軍営都市。アラブの大征服時代からウマイヤ朝時代に軍事・政治拠点として各地につくられた。先住民のイスラーム化が進み、またアラブ人の特権が廃止されると、アッバース朝の頃には軍営都市としての意義は消滅した。

アター ʻaṭāʼ ③ 初期イスラーム時代に現金で支払われた俸給・年金。第2代正統カリフのウマルがイスラーム共同体の組織化や制度化を目的として、各ムスリムに対してその貢献度に応じて支給年額を定めた。ウマイヤ朝やアッバース朝では、征服地から取り立てた租税を基に軍人・官僚に支給

された。

ウマイヤ朝の成立と拡大

アリー 'Alī ⑦ 600頃～661 第4代正統カリフ（在位656～661）。クライシュ族のハーシム家出身で、ムハンマドの娘と結婚した。第3代正統カリフであるウスマーンの殺害責任をめぐって前シリア総督ムアーウィヤと争っている時、過激なハワーリジュ派に暗殺された。

ウマイヤ家 ④ クライシュ族のなかで、ハーシム家などと並ぶ有力家系。

ムアーウィヤ Mu'āwiya ⑦ ?～680 ウマイヤ朝初代カリフ（在位661～680）。クライシュ族のウマイヤ家の出身で、639年シリア総督となった。アリーと対立するなかでみずからカリフを名乗り、アリーの暗殺後には、ウマイヤ朝を開いてカリフ位の世襲に道を開いた。

ダマスクス Damascus ⑥ シリアの中心都市。現存する世界最古の都市の一つで、正統カリフ時代のイスラーム勢力に征服され、ウマイヤ朝ではその都となった。 → p.9

ウマイヤ朝 Umayya ⑦ 661～750 ダマスクスを首都とした、史上初のムスリム世襲王朝。東は西北インドから西はイベリア半島に至る広大な版図を支配した。第5代カリフ、アブド＝アルマリク（在位685～705）の時代にアラビア語の公用語化や新貨幣の鋳造をおこなうなど、中央集権化政策をとった。アラブ人ムスリムによる異民族支配を国家の統治原理としていたことから、「アラブ帝国」とも呼ばれる。ウマイヤ朝を認めないシーア派やハワーリジュ派の反乱、アラブ兵の部族間抗争、非アラブ人改宗者（マワーリー）の不満などの不安定要因を抱え、750年にアッバース家の革命運動によって滅亡した。

シーア派 Shī'a ⑦ 第4代正統カリフのアリーと彼の子孫のみを、イスラーム共同体の宗教的・政治的指導者と考える一派。シーアは「分派」を意味する。7世紀末にイマームを政治的指導者とする考えが生まれて一つの宗派となった。なおアリーの子孫のだれをイマームと認めるかで諸派に分裂した。現在、ペルシア湾岸地域を中心にイスラーム教徒の約10～15％を占めている。 → p.141

イマーム imām ③ イスラームの宗教指導者。一般に、集団礼拝の指導者や学識の高い学者を指す。ただしシーア派では、アリーを最初とするイスラーム共同体の最高指導者の称号として用いられた。

十二イマーム派 ② シーア派の最大宗派。アリーを初代イマームとし、12代イマームのムハンマドは父の死（874年）とともに「幽隠（お隠れ）」状態に入り、終末の時にマフディー（救世主）となって再臨し、正義を実現するとされる。サファヴィー朝時代から現代に至るまで、イランにおいて主流である。 → p.141

スンナ派（スンニー） Sunna ⑦ イスラーム教徒の約85～90％を占める主流派。分派の登場に対して、イスラーム共同体の団結と、スンナ（ムハンマドの言行）に従うことを重視し、結果として多数派を形成するようになった。

スンナ ⑤ アラビア語で慣行・慣習を意味する。「ムハンマドの言行」を指し、イスラーム法学では『コーラン（クルアーン）』につぐ第2の法源とされる。

西ゴート王国 ⑤ イベリア半島を支配したゲルマン人国家。後半の都はトレド。711年ウマイヤ朝軍に滅ぼされた。

トゥール・ポワティエ間の戦い Tours-Poitiers ⑦ 732年にフランク王国内でおこなわれた、ウマイヤ朝軍とフランク軍との戦い。ウマイヤ朝軍はカール＝マルテル率いるフランク軍に敗れ、ピレネー山脈以南に退いた。 → p.80

アラブ帝国 ③ 正統カリフ時代とウマイヤ朝時代の支配を指して用いられる言葉。アラブ人が免税特権などをもち、被征服地の民族を支配する体制が構築されたため、このように呼ばれる。

ジズヤ jizya ⑦ ムスリムが統治する政権のもとで、異教徒が支払う人頭税。ムハンマドが、ユダヤ教徒とキリスト教徒の自由身分の成年男性に課税したのが始まり。正統カリフ時代以後、征服地のすべての異教徒が対象とされた。

ハラージュ kharāj ⑦ アラビア語で「地租」を意味する。当初は征服地の非ムスリムに課せられていたが、ウマイヤ朝末期からアラブ人ムスリムにも課せられるようになった。その後は、ムスリム・非ムスリムを問わず農地に課せられる税として、諸王朝の財政を支えた。

ズィンミー ③ イスラーム法で、ムスリムの支配下で一定の保護を認められた非ムスリム（庇護民）を指す。ハラージュとジズヤを

支払うことで、生命・信仰・財産や共同体内の自治が保障された「啓典の民」は、初期の代表的なズィンミーである。

ウマイヤ＝モスク⑤ シリアのダマスクスにある、現存する最古のモスク。8世紀初め、ウマイヤ朝カリフのワリード1世(在位705〜715)によって建てられた。

))))) アッバース朝の成立とその繁栄)))))

マワーリー mawālī④ ウマイヤ朝末期までの、非アラブ人のイスラーム改宗者の総称。公的な保護・被保護関係の当事者である主人と被保護者の双方を、アラビア語でマウラーと呼んだ(その複数形がマワーリー)。ウマイヤ朝末期まで、非アラブ人がイスラーム教へ改宗する際、その保証人であるアラブ人有力者のマウラーとなる者が多かったため、そうした改宗者をマワーリーと総称した。

アッバース家 ‘Abbās⑥ アッバース朝の支配家系。ハーシム家の一族で、預言者ムハンマドの叔父アル＝アッバースの子孫が750年ウマイヤ朝を倒し、アッバース朝革命を達成した。

アッバース朝⑦ 750〜1258 ムハンマドの叔父アル＝アッバースの子孫をカリフとして推戴した王朝。アッバース家の指導者は、720年頃からイラン北東部ホラーサーン地方を中心に教宣活動をおこない、ウマイヤ朝と異なる「ムハンマドの家系」の統治を望む人々の支持を集めていった。ウマイヤ朝に不満をもつシーア派やマワーリーの支持を得て、749年にアブー＝アルアッバース(サッファーフ)が初代カリフ(在位749〜754)となり、750年ウマイヤ朝を倒した。中央集権的支配体制を築き、また税制面ではすべてのムスリムからの徴税を実現した。第5代カリフのハールーン＝アッラシードの頃に最盛期を現出した。しかし、9世紀以降周辺地域の自立化が進み、1258年フレグ率いるモンゴル軍によって滅ぼされた。

マンスール Manṣūr④ 713頃〜775 アッバース朝第2代カリフ(在位754〜775)。異母弟である初代カリフの跡を継ぎ、アッバース朝支配体制を実質的に創設した。新都バグダードの建設、地方行政機構の整備、財政改革などによって、中央集権体制を確立した。一方、アッバース朝の樹立に協力したシーア派を弾圧するなど、アッバース家

の支配を強固なものとした。

バグダード Baghdād⑦ アッバース朝の首都。第2代カリフのマンスールが、762年に円形都市として建設した。ティグリス川の水上交通と新しく整備された道路網によって、王朝の経済・文化の中心として栄え、最盛期には100万近くの人口を擁したとされる。1258年のアッバース朝滅亡後は、急速に地方都市化した。

イスラーム帝国④ アッバース朝の支配体制を指して用いられる言葉。マワーリーが官僚や政府高官を占め、軍隊の非アラブ化が進むなど、全ムスリムに平等な社会進出の機会が与えられた。ただし、社会全体としてのイスラーム化の進行はゆるやかなものであったと考えられている。

ムスリム商人⑦ イスラーム教徒の商人。海上交易では、ダウ船を使ってインド洋・南シナ海・地中海などに進出した。内陸では、アッバース朝成立による交通路の安全確保なども背景として、ラクダなどを使った隊商による交易をおこない中央アジア・シベリア・東欧・北欧方面まで往来した。また彼らの活動は、イスラーム教の布教に大きく貢献した。　→ p.37

ウラマー ‘ulamā’⑦ イスラーム諸学(とくに法学)をおさめた学者・知識人。ムスリムが多数を占めた社会では、イスラーム法に精通した法官として、社会秩序の維持に大きな役割を果たした。政権とウラマーのあいだで、相互依存的な協調関係が成立することもしばしばあった。

ワジール(ワズィール) wazīr① アッバース朝の初期から用いられた行政機構の統轄者(大臣)。アッバース朝ではじめカリフの行政補佐職として創設され、中央集権体制が確立された後半から、行政機構の統轄者の官職名となった。

ハールーン＝アッラシード Hārūn al-Rashīd⑥ 763/766〜809 アッバース朝第5代カリフ(在位786〜809)。彼の統治時代、アッバース朝は最盛期を迎えたが、一方で行政機構の効率や政治的統一性に衰えのきざしが現れた。『千夜一夜物語』の主人公の一人としても知られる。

))))) イスラーム文化の成立)))))

固有の学問③『コーラン(クルアーン)』に関わる学問と、もともとアラビア語を使う人々のあいだにみられた諸学問。法学・神

学・歴史学・文法学・詩学・韻律<ruby>学<rt>いんりつ</rt></ruby>学など
が含まれる。

外来の学問 ④ 非アラブ地域に起源をもつ諸
学問。哲学・医学・数学・天文学・地理
学・光学・錬金術（化学）などを指す。

アラビア語 ⑦ セム語派に属する言語。アラ
ブ人の言葉であるが、イスラーム教の拡大
にともない、『コーラン（クルアーン）』の言
葉としてイスラーム教徒のあいだで共通言
語・普遍<ruby>普遍<rt>ふへん</rt></ruby>言語となった。

アラビア数字 ⑤ 現在の算用数字。ゼロの概
念を含めインド起源であるが、イスラーム
圏を経由してヨーロッパに伝わったため、
このように呼ばれた。

ゼロの概念 起源は不明だが、インド人が
発見した数字の零<ruby>零<rt>れい</rt></ruby>。9世紀にゼロを含む
インド数字がイスラーム圏に伝わり、イベ
リア半島でラテン語に翻訳された数学書に
よって、10世紀にヨーロッパへ伝わった。
→ p.46

『コーラン（クルアーン）』 Qur'ān ⑦ イスラ
ーム教の根本聖典。アラビア語で「音読さ
れるもの」を意味する。天使ガブリエルに
よってムハンマドに啓示された、神の教え
の記録とされる。114章からなり、第3代
正統カリフのウスマーンの時代に現在のか
たちにまとめられたとされる。

ハディース hadīth ⑤ 預言者ムハンマドの
言行（スンナ）と伝承の記録。『コーラン（ク
ルアーン）』の啓示の補足解釈といった役割
をもつ。

イスラーム法（シャリーア） Sharī'a ⑦ 法学
者が『コーラン（クルアーン）』と預言者のス
ンナを主たる典拠として導き出す法解釈の
集成のこと。法学者は、人間の社会生活の
あらゆる場面で法判断をくだすため、民法
や刑法分野から憲法・国際法的規定まで
が、イスラーム法の規定に含まれることに
なる。しかし、法学者の解釈は地域や時代
によって異なり、いくつかの法学派に分か
れて多様であるため、『コーラン』やハディ
ースの条文以外に、統一されたムスリム全
体に有効な「イスラーム法」は存在しない。

六信五行<ruby>六信五行<rt>ろくしんごぎょう</rt></ruby> ⑦ ムスリムが信者として信仰
し、おこなうべきことの基本。六信とは、
(1)アッラー、(2)天使、(3)啓典、(4)預言者た
ち、(5)来世、(6)神の予定（定命）の信仰を指
す。五行とは(1)信仰告白、(2)礼拝、(3)ザカ
ート（喜捨<ruby>喜捨<rt>きしゃ</rt></ruby>）、(4)断食<ruby>断食<rt>だんじき</rt></ruby>、(5)メッカ巡礼の
信仰行為を指す。

「知恵の館」<ruby>知恵の館<rt>やかた</rt></ruby> ② 9世紀にバグダードに設立

された翻訳・研究機関。アラビア語でバイ
ト＝アルヒクマ。アッバース朝の第7代カ
リフのマームーン（在位813〜833）によって
創設され、アリストテレスの哲学などギリ
シア語の哲学・科学文献を数多くアラビア
語に翻訳し、アラブの科学・哲学の発展に
大きく貢献した。

フワーリズミー Khwārizmī ④ 780頃〜850
頃 アッバース朝時代の数学・天文学・地
理学者。「知恵の館」で研究し、インド数字
を導入してアラビア数学を確立し、代数学
を発展させた。また天文表やプトレマイオ
スの著作を改良した地理書も残した。ラテ
ン語に翻訳された『アルジャブラ』は代数
（algebra）の語源となった。

イブン＝シーナー（アヴィケンナ） Ibn Sīnā
(Avicenna) ⑤ 980〜1037 著名なムスリム
の哲学者・医学者。アヴィケンナはラテン
名。ブハラ近郊生まれのイラン系の学者で
あったが、アラビア語で著述した。サーマ
ーン朝をはじめ、イラン各地の宮廷に、医
師あるいは宰相<ruby>宰相<rt>さいしょう</rt></ruby>として仕えた。イスラ
ーム哲学を体系化したほか、医学者として
『医学典範』を著した。

『医学典範』<ruby>医学典範<rt>いがくてんぱん</rt></ruby> ④ イブン＝シーナーが11世
紀に著した医学書。ギリシア・アラブの医
学理論と臨床的知見を集大成したもの。ラ
テン語に翻訳されて、16世紀までヨーロ
ッパの医学にも大きな影響を与えた。

タバリー Ṭabarī ③ 839〜923 アッバース
朝期にバグダードで活躍した知識人。年代
記構成を採用した歴史学や伝承学で大きな
業績を残した。主著は天地創造以来の人類
史をまとめた『預言者たちと諸王の歴史』。

『千夜一夜物語』<ruby>千夜一夜物語<rt>せんやいちやものがたり</rt></ruby>（『アラビアン＝ナイト』）
Arabian Night ⑦ アラビア語で書かれた代
表的な説話集。ペルシア語の『千物語』に、
8〜9世紀にアラビア語の説話が加わって
『千夜一夜物語』となった。さらにインドや
トルコ系の人物が活躍する話も加わり、16
世紀にカイロで現在のかたちになったとさ
れる。その後、19世紀初めフランス人によ
ってヨーロッパで「再発見」されて以来、ア
ラビア語圏の枠をこえて、様々な版の『千
夜一夜物語』が編纂<ruby>編纂<rt>へんさん</rt></ruby>され、現在に至って
いる。

アラベスク arabesque ⑥ ムスリムが製作し
た美術工芸品・建築などにしばしばみられ
る文様<ruby>文様<rt>もんよう</rt></ruby>の総称で、「アラビア風の」という
意味をこめてヨーロッパ人が使用した。植
物文様から派生して様式化され、抽象的な

曲線文様となったものが代表的。幾何学文様や文字装飾などの文様もあり、『コーラン（クルアーン）』をはじめ建築・絵画・工芸品などの装飾に使われた。

製紙法の西伝 ④ 中国製紙法技術の西アジアやヨーロッパへの伝播。751年のタラス河畔の戦いののち、捕虜の紙漉工を通じて製紙法が伝えられ、8世紀後半にはサマルカンドやバグダードに製紙場がつくられた。以降、従来主要な記録素材であった羊皮紙にかわって、紙が使われるようになっていった。

タラス河畔の戦い Talas ⑥ 751年に中央アジアのタラス河畔でアッバース朝軍が唐軍に勝利した戦い。 → p.40, 86

イスラーム文化 ③ アラビア語とイスラーム教を核として、古代オリエント・ギリシア・インドなど各地の文化が融合・発展して形成された文化。その範囲は、東はインド・中央アジア、西はイベリア半島までの広大な地域にわたり、地域ごとに特徴をもったイラン＝イスラーム文化、トルコ＝イスラーム文化、インド＝イスラーム文化などが花開いた。

モスク mosque ⑦ イスラーム教の礼拝施設。通常、礼拝の方向を示すくぼみ（ミフラーブ）と説教壇が備えられているだけで、偶像や肖像画の類はおかれていない。

ミナレット（光塔） minaret, manār ⑥ モスクやマドラサなどに付随する尖塔。塔上から礼拝への呼びかけ（アザーン）がおこなわれる。

学院（マドラサ） madrasa ⑦ おもにイスラーム法学を教育研究するための施設。10世紀末頃より建設されはじめ、セルジューク朝時代にニザーミーヤ学院が主要都市につくられたことを契機に、各地で設立された。

市場（スーク、バザール） sūq, bāzār ⑥ 市場および常設の商店街。アラビア語でスーク、ペルシア語でバザール。また市は、もともとモスクなど人々が多く集まる場所の近くに位置していた。

キャラヴァンサライ kārvānsarā ⑤ 中央アジア・西アジアの街道や都市につくられた隊商宿・商業施設。街道沿いにほぼ1日行程の間隔で建設され、人間とラクダ・馬が宿泊できた。都市ではスーク（バザール）のなかに位置することが多く、商業・交易センターを兼ねた。

ワクフ waqf ⑥ イスラーム教に特徴的な財産寄進制度。収益を生む私財の所有者が、みずからの権利を放棄して、そこから生じる収益を特定の目的（モスクやマドラサの運営など）に使うよう指定・寄進する、イスラーム法上の行為を指す。慈善（ワクフは、社会福祉制度のなかった時代には大きな意味をもっていた。

イスラーム政権の多極化

コルドバ Córdoba ⑤ イベリア半島の南部アンダルス（アンダルシア）地方の都市。711年のウマイヤ朝の征服後はアミール領の総督府、756年からは後ウマイヤ朝の首都となった。後ウマイヤ朝滅亡後は、セビリャに繁栄を奪われた。

後ウマイヤ朝 ⑦ 756〜1031 アッバース朝の支配に従わず、イベリア半島で自立したムスリムを君主とする政権。ウマイヤ家の末裔がコルドバを首都に政権を樹立し、10世紀のアブド＝アッラフマーン3世の時にカリフを称し、最盛期を現出した。しかし、財政の疲弊や宰相の傀儡政治への不満から、11世紀に入ると内乱状態となり、カリフ制が廃され、崩壊した。

アブド＝アッラフマーン3世 ② 891〜961 後ウマイヤ朝の最盛期を現出した第8代君主（在位912〜961）。アンダルス地方を支配下におさめ、北アフリカのファーティマ朝カリフに対抗して、929年カリフを称した。

コルドバの大モスク（メスキータ） Mezquita de Córdoba ⑦ 後ウマイヤ朝の繁栄を物語る大モスク（スペイン語でメスキータ）。785〜787年に建立され、礼拝堂には紅白に彩られた華麗なアーチと850本の円柱が整然と並んでいる。13世紀にキリスト教の聖堂に改変された。

トゥールーン朝 Tūlūn ④ 868〜905 アッバース朝によってエジプト総督代理として派遣された、トルコ系軍人イブン＝トゥールーンが自立して建てた政権。シリアにも領土を広げた。

サーマーン朝 Sāmān ⑦ 875〜999 中央アジア西部のソグディアナ地方で自立したイラン系イスラーム王朝。領内に設けられた奴隷市場を経て、多くのトルコ人奴隷（マムルーク）が西アジアへ供給された。10世紀にはイラン東部のホラーサーン地方も支配した。首都はブハラ。 → p.86

イドリース朝 Idrīs ② 789〜926 第4代正統カリフであるアリーの子孫が、ベルベル人の支持を得てモロッコに樹立した王朝。

史上最初のシーア派王朝ともいわれるが、顕著なシーア派的特徴はない。ファーティマ朝に滅ぼされた。

ファーティマ朝 Fāṭima ⑦ 909〜1171 シーア派の一分派イスマーイール派がチュニジアに建てた王朝。建国当初からアッバース朝に対抗してカリフを称し、969年にエジプトを征服し、新首都カイロを建設した。その後、シリア・アラビア半島にも勢力をのばしたが、11世紀末より軍人たちの抗争やカリフの権威低下などで衰え、12世紀後半サラーフ＝アッディーン(サラディン)に滅ぼされた。

イスマーイール派 ① シーア派の一宗派。9世紀末から活動を活発化させ、10世紀初めチュニジアにファーティマ朝を建てた。

カイロ Cairo ⑥ ナイル＝デルタのほぼ中心に位置する都市。アラブの大征服期に建設された軍営都市(ミスル)を起源とし、のちエジプトを征服したファーティマ朝がその近郊に新都として建設した。地中海と紅海を結ぶ交易の拠点として大いに発展し、14世紀初めには人口約50万を擁したといわれる。 → p.91

マムルーク mamlūk ③ トルコ人・チェルケス人などの白人奴隷を指すアラビア語。アッバース朝の9世紀初め頃からアラブ社会では軍人として重用され、政治的・社会的に大きな役割を果たした。 → p.86, 89

ブワイフ朝 Buwayh ⑥ 932〜1062 イラン系のブワイフ家が建てたシーア派王朝。シーア派の十二イマーム派を奉じ、946年のバグダード入城後、大アミールとしてアッバース朝カリフを傀儡化(かいらい)した。現在のイラン・イラク地域を支配したが、王家間の抗争に加え、セルジューク朝の進出で、11世紀半ば過ぎに滅んだ。

アミール amīr ③ 一般的には、あらゆる集団の指導者を指す呼称。初期イスラーム時代は征服軍の司令官の、ウマイヤ朝・アッバース朝では地方総督の称号として用いられた。トゥールーン朝やサーマーン朝の君主は、この称号で呼ばれた。

大アミール ⑥ カリフから軍事・行政権を全面的にゆだねられた、事実上の支配者に与えられた称号。ブワイフ朝の君主に与えられた例が代表的。

2 ヨーロッパ世界の形成

ヨーロッパの風土と人々

ヨーロッパ ⑦ ウラル山脈以西のユーラシア大陸西端地域。アルプス山脈以北に比較的豊かな土壌の平野と森林が続くのに対して、以南の地中海沿岸地域は山がちで乾燥している。古代から大規模な人間の移動がおこなわれ、多様な文化の混合がもたらされた。ギリシア人やローマ人といったインド＝ヨーロッパ語系の人々がその歴史に大きな役割を果たしてきたが、マジャール人などウラル語・アルタイ語系の人々や、イスラームなど外部勢力の活動も無視できない。ローマ帝国以降はキリスト教世界と一体の概念で扱われることが多いが、地域内では様々な軋轢(あつれき)や交流が続いてきた。

ライン川 Rhein ⑥ アルプス山脈を源として北海に注ぐ中部ヨーロッパの大河。古代は西岸にケルト人、東岸にゲルマン人が居住していたが、ローマ帝国の進出後はゲルマン人との境界となった。近代以降、バーゼル・ストラスブール・マインツ・ケルンといった都市を結ぶ国際河川として発展し、中・下流域圏にはルール工業地帯が形成された。

ドナウ川 Donau ③ ドイツ南西部を源として黒海に注ぐ中・東部ヨーロッパの大河。河岸にはウィーン・ブラチスラヴァ・ブダペスト・ベオグラードなどの都市が発展した。古代はローマ帝国と周辺民族との境界となり、近世以降、流域はハプスブルク家の領土に組み込まれた。

アルタイ語系 Altaic ② ユーラシア大陸北部の広範な地域に分布する言語群、およびトルコ人・モンゴル人などそれらを話す人々。

ウラル語系 Uralic ② ウラル山脈の西側地域やヨーロッパ東部に分布する言語群、およびマジャール人・フィン人などそれらを話す人々。

ゲルマン人の移動とイスラーム勢力の侵入

ケルト人 Celts ⑤ ヨーロッパ中西部に住んでいた、インド＝ヨーロッパ語族に属するケルト語を話す人々の総称。原住地のドイツ南部からヨーロッパ全域に居住地を広げ

たが、ローマやゲルマン人の圧迫を受け、彼らとの同化が進んだ。文化面では、妖精や森を題材とする神話や文学作品を特徴とする。現在、フランス北西部のブルターニュ半島、大ブリテン島のスコットランドやウェールズ、アイルランド島では、その地域的独自性を主張する文化的な基盤とされている。一方、こうしたケルト文化は古代から継承されたものではなく、中世以降に形成されたという見解もある。

ゲルマン人 Germans ⑦ 北ドイツからスカンディナヴィア半島南部のバルト海沿岸地域を原住地とするインド＝ヨーロッパ語系民族。前4世紀頃よりケルト人を圧迫しながら居住地域を広げ、前1世紀にはローマ帝国とライン・ドナウ両川で境を接した。王や貴族を指導者としたキウィタスと呼ばれる部族国家を形成し、最高決定機関は全自由民男性による民会であった。

民会（みんかい）《ゲルマン》④ ゲルマン部族国家の最高決定機関。武装した男性の自由民によって構成され、賛否はたがいの武器を打ちあわせることにより表された。

『ガリア戦記』② カエサルが著したガリア遠征の記録。たんなる戦争文学の傑作にとどまらず、当時のガリア・ゲルマニア、そしてブリタニアの状況を伝える、ケルト人・ゲルマン人研究の重要史料。 → p.66

『ゲルマニア』 Germania ② ローマの歴史家タキトゥスの著作。古ゲルマン社会の素朴な慣習や風俗を記した民族誌として、重要な史料とされる。 → p.66

フン人 Huns ⑦ トルコ、モンゴル系の人々を起源とするアジア系の騎馬遊牧（きばゆうぼく）民。4～5世紀にかけて、中央ユーラシア西部の草原地帯からヨーロッパへの侵攻を繰り返し、彼らの東ゴート人・西ゴート人への圧迫がゲルマン人の民族移動を引きおこした。アッティラ指揮下に大帝国を築いたが、その死後まもなく瓦解（がかい）した。 → p.23

ゲルマン人の大移動 ⑦ 西ゴート人の南下に始まる、ゲルマン人のローマ帝国領内への大規模な移動・定住。寒冷化と人口増加による耕地不足が要因とされ、西・南ヨーロッパから北アフリカにまで広がった。移動距離の長い東ゴート人・西ゴート人やヴァンダル人などの東ゲルマン人の王国が短命であったのに対し、フランク人やアングロ＝サクソン人など西ゲルマン人の王国は、中世ヨーロッパで中心的な役割を果たした。

西ゴート人（西ゴート王国） Visigoths ⑥ ド
ナウ川下流域に定住していた東ゲルマン人の一派。フン人の圧迫から保護を求めて376年にローマ帝国領内に移動し、民族大移動のきっかけとなった。410年にはアラリック王（在位395～410）のもとでローマを略奪し、その後ガリア西南部とイベリア半島の大半を支配する西ゴート王国（418～711）を建てた。6世紀初めにクローヴィスの率いるフランク軍に敗れ、王国は都をトレドに移したが、8世紀初めウマイヤ朝イスラーム軍に滅ぼされた。

東ゴート人（東ゴート王国） Ostrogoths ⑤ 現在のウクライナにあたる黒海沿岸に定住していた東ゲルマン人の一派。5世紀中頃にフン人の支配を脱してからテオドリック大王のもとで発展し、イタリアに東ゴート王国（493～555）を建てた。王国はラヴェンナを都とし、ほかのゲルマン諸国家に対して指導的な地位を保ったが、ビザンツ帝国のユスティニアヌス大帝により滅ぼされた。

ヴァンダル人（ヴァンダル王国） Vandals ⑤ 4世紀前半にドナウ川中流域（パンノニア）に定住していた東ゲルマン人の一派。5世紀初めにローマ帝国領内に進入後、略奪をおこないながらイベリア半島に入り、その後ガイセリック王（在位428～477）のもとで北アフリカ、カルタゴの故地にヴァンダル王国（429～534）を建てた。王国はその軍事力で西地中海に覇権（はけん）を築いたが、ビザンツ帝国のユスティニアヌス大帝により滅ぼされた。

ブルグンド人（ブルグンド王国） Burgundians ⑤ 4世紀にライン川上流域に定住していたゲルマン人の一派。5世紀初めに移動してローマ帝国と同盟関係を築いたが、フン人に大敗した。その後ジュネーヴを中心としてガリア東南部にブルグンド王国（443～534）を建てた。王国は支配領域を拡大してリヨンに都を移したが、フランク王国に滅ぼされた。ブルゴーニュの地名はこれに由来する。

フランク人 Franks ⑥ ライン川東岸に定住していた西ゲルマン人の一派。定住地から拡大するかたちでガリア北部に進出した。いくつかの部族集団にわかれていたが、481年にクローヴィスにより統一された。

アングロ＝サクソン人 Anglo-Saxons ④ ユトランド半島原住のアングル人とジュート人、北西ドイツのサクソン人などからなるゲルマン人の一派。5世紀半ば頃から大ブリテン島に移動して先住ケルト人を圧迫し、

9世紀までにアングロ＝サクソン七王国を建てた。イングランドとは「アングル人の土地」の意。

大ブリテン島(ブリタニア) ② イギリス諸島最大の島。ローマ時代より、ケルト系の「ブリトン人の国」を意味するブリタニアと呼ばれていた。

アングロ＝サクソン七王国(ヘプターキー) Heptarchy ③ 449〜829 アングロ＝サクソン人が大ブリテン島南部に建てたケント・ウェセックスなど諸王国の総称。7〜9世紀のイングランドにおける諸王国分立の状況を象徴的に表す言葉。

アッティラ王 Attila ⑤ 406頃〜453 5世紀半ば頃にフン人を統合した王(在位433〜453)。現在のハンガリーにあたるパンノニア平原を根拠地に、東欧に広大な勢力圏を築いてビザンツ帝国を圧迫した。451年のカタラウヌムの戦いに敗れたのちもイタリアに侵入したが、教皇レオ1世の調停を受けて帰還する途中に急死した。

パンノニア Pannonia ① 現在のほぼハンガリーにあたるドナウ川中流地域。名称はここにおかれた古代ローマ帝国の属州に由来する。

カタラウヌムの戦い Catalaunum ④ 451年にフランス北東部でおこなわれた戦い。アッティラ率いるフン軍が西ローマ帝国・西ゴート人などのゲルマン連合軍に敗れた。

オドアケル Odoacer ④ 434頃〜493 西ローマ帝国を滅ぼしたゲルマン人傭兵隊長。ビザンツ皇帝より総督の称号を受けたが、ラヴェンナにおいて東ゴートのテオドリック大王により殺害された。 → p.65

西ローマ帝国の滅亡 476年、オドアケルにより、西ローマ皇帝ロムルス＝アウグストゥルスが退位させられたことを指す。なおゲルマン諸国家の成立により、すでに皇帝権は帝国内におよばなくなっていた。

テオドリック大王 Theodoric ⑤ 454頃〜526 東ゴート人の王(在位473頃〜526)。ビザンツ皇帝の指示を受けてイタリアに移動し、東ゴート王国を建てた。ローマ的統治を継承し、諸産業の振興をはかって繁栄をもたらした。

ランゴバルド王国(ランゴバルド人、ロンバルド人) Langobard(Lombards) ④ 568〜774 パンノニアを根拠地としたランゴバルド人(ロンバルド人)により北イタリアに建てられたゲルマン人国家。8世紀にフランク王国の侵攻を受け、ラヴェンナ地方を

ピピンに奪われたのち、カール大帝に征服された。ロンバルディアの地名はこれに由来する。

ビザンツ帝国(東ローマ帝国) Byzanz ⑦ 395〜1453 首都コンスタンティノープルの旧称ビザンティウムにちなむ東ローマ帝国の別称。ローマ帝国の東西分裂後も正統な後継を主張してキリスト教文化圏の先進地域であり続け、6世紀のユスティニアヌス大帝の時代には「地中海帝国」が復活した。7世紀以降はイスラームなど諸勢力の侵入により領土は縮小したが、軍管区制の導入などにより危機に対して柔軟に国家機構の刷新をおこない、ギリシア正教を柱とする独自の世界を維持した。13世紀、第4回十字軍の首都占領以降は衰退が進み、1453年オスマン帝国に滅ぼされた。 → p.65

コンスタンティノープル Constantinople ⑦ ボスフォラス海峡にのぞむビザンツ帝国の都。330年にローマ帝国のコンスタンティヌス帝が遷都して以来、政治・経済の中心として、また東西文明の十字路として繁栄した。オスマン帝国の占領後はイスタンブルの名称が一般化した。 → p.65

ソリドゥス金貨(ノミスマ) ③ コンスタンティヌス帝によって鋳造された金貨。ビザンツ帝国でも継続して用いられ、ノミスマと呼ばれた。高い純度を保ち、信頼性のある通貨として地中海交易で広く用いられた。

ギリシア正教会 Greek Orthodox Church ⑦ ビザンツ皇帝と結びついたコンスタンティノープル教会を中心に発展し、南欧・東欧やロシアなどに広まったキリスト教会。東方正教会とも呼ばれる。司教座の権威である首位権を争ったローマ教会がラテン語を用いたのに対し、典礼にはギリシア語を使用した。「正」は「正しい信仰」・「正統」を意味する。

ユスティニアヌス1世(大帝) Justinianus ⑦ 482頃〜565 ビザンツ皇帝(在位527〜565)。皇后テオドラとともにローマ帝国の栄光回復につとめ、ヴァンダル王国と東ゴート王国を滅ぼして(534・555年)地中海世界を回復した。内政ではハギア＝ソフィア聖堂をはじめとする壮大な造営事業、ローマ法の集大成、養蚕技術の導入などを進めた。繁栄の一方で、その戦争政策は国庫

の窮迫をまねいた。

地中海帝国 ③ 地中海世界を制覇した国家。具体的には古代ローマ帝国を指し、ユスティニアヌス大帝が版図を一時的に回復した。

『ローマ法大全』 Corpus juris civilis ⑦ ユスティニアヌス大帝の命のもと、トリボニアヌスを中心として編纂されたローマ法の集大成。古代ローマの勅法集・学説集・法学論に、ユスティニアヌス自身の公布した新勅集の4部からなる。 → p.66

ハギア（セント）＝ソフィア聖堂 Hágia Sophía ⑦ ビザンツ様式を代表する大聖堂。コンスタンティノープルに現存する建物は、6世紀にユスティニアヌス大帝が再建したもの。皇帝の戴冠式など重要な国家儀礼がここでとりおこなわれた。

絹織物産業《ビザンツ》 ⑤ ユスティニアヌス大帝は、中央アジアから養蚕技術を導入して国家の重要な産業に育成した。

テオドラ Theodora ④ 497頃～548 ユスティニアヌス大帝の皇后。踊り子という低い身分から皇帝の共同統治者になり、政務を補佐した。

フランク王国の発展

ゲルマン諸国家 ⑥ 民族移動の結果、かつての西ローマ帝国内に建てられたゲルマン人の諸王国。人口面では先住のローマ人やケルト人より圧倒的に少数であり、ゲルマン諸族の法とローマ法の二元的支配がおこなわれた。宗教的には異端であったアリウス派キリスト教を信仰した国家が多く、その多くはローマ人に支持されず短命であった。

フランク王国 ⑦ 481年メロヴィング家のクローヴィスが建て、全フランク人を統一してガリア一帯を支配したゲルマン人国家。正統派キリスト教のアタナシウス派への改宗で支持を広げ、534年にはブルグンド王国を滅ぼした。王権を引き継いだカロリング家のカール大帝の時代に最盛期を迎えたが、9世紀には王国は3分され、のちのドイツ・フランス・イタリアの基となった。

クローヴィス Clovis ⑥ 465頃～511 フランク王国建国の王（在位481～511）。軍事的統一とアタナシウス派への改宗により、王国が西ヨーロッパ世界の中核勢力となる礎を築いた。

メロヴィング朝 Merovingians ⑥ 481～751 クローヴィスの統一によって成立した王朝。

名称は祖父のメロヴィクスに由来する。クローヴィスの死後、分割相続と王位争いで衰退した。

クローヴィスの改宗 ⑦ 496 王妃クロティルドの勧めでゲルマン諸王のなかではじめてアタナシウス派に改宗した。ローマ教会の支持を取りつけ、フランク王国発展の基盤となった。

アリウス派 Arius ① イエスの人間性を主張してニケーア公会議で異端とされた宗派。ゴート人への布教をきっかけに拡大し、ゲルマン人諸国家に定着した。 → p.69

トゥール・ポワティエ間の戦い Tours-Poitiers ⑦ 732 宮宰カール＝マルテルが侵入してきたウマイヤ朝イスラーム軍を南フランスで撃退した戦い。西ヨーロッパのキリスト教世界を防衛し、カロリング家台頭のきっかけとなった。 → p.73

宮宰（マヨル＝ドムス） major domus ⑥ ゲルマン諸国家の宮廷の最高職。もともと王家の家政の管理者を意味したが、フランク王家では、この職を世襲していたカロリング家が国王の代理的な存在として実権を握っていった。

カール＝マルテル Karl Martell ⑥ 688頃～741 メロヴィング朝フランク王国の宮宰。マルテルは「鉄槌」の意味。南フランスに遠征を繰り返し、トゥール・ポワティエの戦いでイスラーム軍を破った。王位が空白となった737年以降、事実上王国の実権を握った。

ピレネー山脈 Pyrénées ③ ヨーロッパ西南部の山脈。イベリア半島の付け根を東西に走り、現在のスペイン・フランスの国境をなしている。

ピピン（小ピピン） Pippin ⑥ 714～768 カール＝マルテルの子。ローマ教皇の承認のもと、751年にメロヴィング朝を廃してカロリング朝を建てた。教皇の厚意にこたえるためにランゴバルド王国を攻め、奪った中部イタリアの土地を献上した。

カロリング朝 Carolingians ⑥ 751～987 ピピンにより創始された王朝。名称はカール＝マルテルに由来し、「カールの子孫（縁者）」を意味する。

ローマ＝カトリック教会の成長

ローマ＝カトリック教会 Roman Catholic Church ⑦ ローマ教皇を最高の権威として認める教会組織。ローマ帝国末期にテオド

シウス帝がカトリックを国教化して以降、ゲルマン布教や修道院運動を背景に権威を確立し、西欧キリスト教世界を支配した。
→ p.94

カトリック Catholic ④ ギリシア語の「普遍的」を意味するカトリコスに由来する言葉。ニケーア公会議以降アタナシウス派がこれを称し、ローマ教会が正統な継承者を自任した。

グレゴリウス1世 Gregorius ⑤ 540頃～604 ローマ教皇(在位590～604)。大教皇とも呼ばれる。イングランドを中心とするゲルマン人への布教や進入したランゴバルド人との講和、聖歌の作成などで活躍した。

ゲルマン人への布教 ⑥ アリウス派や原始宗教を信じていたゲルマン人に対する、カトリックへの改宗活動。496年のクローヴィスの改宗によるフランク人に始まり、6世紀以降アングロ゠サクソン人、ランゴバルド人、西ゴート人への布教が進んだ。

修道院運動 ⑥ 世俗化した教会から離れ、修道院で共同生活を営みながら敬虔・禁欲といったキリスト教の原点に立ち返ることをめざす運動。西ヨーロッパでは6世紀頃から各地に修道院が建てられたが、11世紀以降は新たに修道会を中心とした教会刷新運動が展開された。

ペテロ(ペトロ) Petrus ④ ?～64頃 イエスの弟子である十二使徒の筆頭。のちにローマ゠カトリック教会から初代教皇とされた。 → p.68

ローマ司教 ③ ローマ総大司教座の司教。

教皇(法王) Papa〈ラテン〉, Pope〈英〉 ⑦ カトリック教会の最高位の聖職者。「父」が語源。「法王」は俗称。使徒ペテロの後継者を称したローマ司教は、教会に関わるすべての事柄について絶対的な権威(首位権)をもつと位置づけられた。

聖母 ② イエスの母マリアのこと。キリスト教成立以来、信徒の崇敬の対象であった。

聖人 ① 使徒・伝道者・殉教者など、キリスト教信徒に崇拝される人物。病気治癒などの奇跡をおこす霊力をもつと信じられた。アイルランドで布教活動をおこなった聖パトリック(387頃～461頃)や、その遺骸がスペインで発見されたといわれる使徒ヤコブなど、特定の場所にゆかりのある者は守護聖人と呼ばれる。

レオン3世 Leon ⑥ 685頃～741 ビザンツ皇帝(在位717～741)。軍管区(テマ)長官から反乱をおこして帝位についた。ウマイヤ

朝軍を撃破し、聖像禁止令を出した。

聖像禁止令 iconoclasm ⑦ 726 ビザンツ皇帝レオン3世が発布した、イエスや聖母といった聖像の厳禁と破壊を命じる法令。偶像を否定するイスラームの影響から出されたが、ゲルマン布教に聖像を必要としたローマ教会との対立を深める結果となった。法令と禁止運動は843年に否定された。

ラヴェンナ地方 Ravenna ⑥ アドリア海に面した北イタリアの要地。ビザンツ帝国の総督府がおかれていた。ピピンの寄進によりローマ教皇領となった。

ピピンの寄進 ⑥ 754, 756 教皇によるフランク王国新王権承認の返礼に、ピピンがランゴバルド王国を攻撃してラヴェンナやウルビーノなどを献じたできごと。教皇国家の領土的基礎となった。

教皇領 ⑥ ローマ教皇の保持する領土。独立国家の要素が強く、13世紀のインノケンティウス3世の時代に最大版図を築いた。
→ p.108

カール大帝

カール大帝(シャルルマーニュ) Karl〈独〉, Charlemagne〈仏〉 ⑦ 742～814 ピピン(小ピピン)の子。フランク王国最盛期の王(在位768～814)。ランゴバルド王国を滅ぼし、ザクセン人やアヴァール人、イスラーム勢力を打倒して西ヨーロッパの主要部分を統一した。巡察使の制度を確立して伯を監督し、教会組織を統治や伝達に利用した。800年ローマ教皇レオ3世により戴冠され、西ローマ帝国復活の立役者となった。

アーヘン Aachen ① カール大帝が宮廷をおいたドイツ西部の都市。カロリング゠ルネサンスの中心地となり、大聖堂では歴代のドイツ王・神聖ローマ皇帝の戴冠式がおこなわれた。ただし中世ヨーロッパでは、1都市を首都と定めず、国王や皇帝が支配領域を移動しながらその権威の維持につとめる移動宮廷(巡幸王権)という形態がとられた。

ザクセン人 Sachsen ⑤ ドイツ北部一帯に定住していたゲルマン人の一派。一部はブリテン島に渡り、残った部族は境を接していたフランクをおびやかしたが、カール大帝に服従後、カトリックに改宗した。

アヴァール人 Avars ⑤ 6世紀頃中部ヨーロッパに進入してきたアルタイ語系遊牧民。コンスタンティノープル包囲失敗後に勢力

を失い、カール大帝に討たれてマジャール人やスラヴ人に同化した。

スペイン辺境伯領 Marca Hispánica ① 8世紀後半、カール大帝の遠征後に創設された伯領。9世紀には諸伯領を統合したバルセロナ伯がフランク王国から自立し、カタルーニャ地方の有力諸侯に発展した。

伯 comes〈ラテン〉、Graf〈独〉⑥ フランク王国で軍事・行政・司法をゆだねられた地方管区長。地方の有力者や家臣のなかから任命され、巡察使が監督した。王権の弱体化とともに自立化が進んだ。

巡察使 Missi dominici ⑥ フランク国王の代理とされた査察官。年4回、聖俗各2名の担当者が地方管区ごとに巡回した。

アルクイン Alcuin ⑥ 735頃～804 カール大帝の宮廷にまねかれたイギリス出身の神学者。アーヘン・トゥールの宮廷学校の運営や教義・典礼の整備に尽力し、「文芸復興」の中心的役割を果たした。

カロリング＝ルネサンス Carolingian Renaissance ⑥ カール大帝の宮廷を中心とした古典文化の復興運動。西欧各地から学者や聖職者がまねかれ、ラテン語や自由7科の整備が進んだ。アルファベットの小文字が発明されて字体の統一が進み、古典作品を題材とした写本製作がさかんにおこなわれた。

カールの戴冠 ⑦ 800 クリスマスの日にサン＝ピエトロ大聖堂でローマ教皇レオ3世により戴冠された。これを機に教皇と皇帝を柱とする、政治・文化・宗教的に独立した西ヨーロッパ世界が成立した。

レオ3世 Leo ⑦ ？～816 ローマ教皇（在位795～816）。フランクとの提携をねらい、カールにローマ皇帝の帝冠を与えた。

「西ローマ帝国」の復活 ③ カールの戴冠により、5世紀に滅亡した西ローマ帝国の権威を受け継ぎ、ビザンツ帝国に対抗できる政治勢力が西ヨーロッパに成立した。

教会の東西分裂 ⑦ 1054 単性論や聖像崇拝問題などで対立を深めたギリシア正教会とローマ＝カトリック教会は、1054年に相互に破門して分裂した。ヨーロッパ・キリスト教世界は、ギリシア語圏とラテン語圏という二つの文明圏にわかれたが、東西双方の教会は、ビザンツ帝国の滅亡まで教会合同を議論しつづけた。

分裂するフランク王国

ヴェルダン条約 Verdun ⑥ 843 フランク王国分割の条約。カール大帝の3人の孫（ロタール1世、ルートヴィヒ2世、シャルル2世）による相続争いの結果、結ばれた。長兄ロタールが皇帝位を継承し、中部フランクを領有した。

メルセン条約 Mersen ⑥ 870 フランク王国再分割の条約。中部フランクの北部は東・西フランク王国に分割・併合され、ドイツ・フランス・イタリアの原形が成立した。

東フランク王国 ⑦ 843～911 ヴェルダン条約でルートヴィヒ2世に与えられた、のちのドイツにあたる領域に成立した国家。911年にカロリング家が断絶して選挙王政となった。

ルートヴィヒ1世 Ludwig ② 778～840 フランク王、西ローマ皇帝（位814～840）。カール大帝の息子で「敬虔王」と呼ばれる。813年、父の生前に皇帝位を受け継いだ。

ザクセン家 Sachsen ⑤ 東フランク王国の有力諸侯。ハインリヒ1世の選出によりザクセン朝（919～1024年）が創始された。

オットー1世 Otto ⑦ 912～973 ザクセン朝第2代の王（在位936～973）。マジャール人を955年のレヒフェルトの戦いで撃破し、スラヴ人の侵入を退けた。ベーメン・イタリアを制圧、962年に教皇ヨハネス12世（在位955～964）から西ローマ皇帝の帝冠を受けた。教会組織を統制して強固な王権を確立した。

レヒフェルトの戦い Lechfeld ② 955 オットー1世が侵入したマジャール人をアウクスブルク近郊で撃退した戦い。

マジャール人 Magyars ⑦ ウラル語系のハンガリー人の自称。10世紀にオットー1世に敗れたのち、パンノニア平原に定住してキリスト教を受け入れた。11世紀に教皇から王国と認められた。 → p.102, 209

神聖ローマ帝国 Holy Roman Empire ⑦ 962～1806 962年のオットー1世戴冠を起源とする中世・近世ドイツの呼称。名称自体は13世紀以降に用いられたもので、15世紀末からは「ドイツ国民の神聖ローマ帝国」と呼ばれた。1648年のウェストファリア条約で国内の分裂が決定的になり、1806年ナポレオンのライン同盟結成により消滅した。

イタリア政策 Italienpolitik ③ 神聖ローマ

皇帝がおこなったイタリアへの介入政策。教会を統治に利用するためにおこなわれたが、しばしばイタリア諸都市や教皇の抵抗を受けた。 → p.107

西フランク王国 ⑦ 843～987　ヴェルダン条約でシャルル2世に与えられた、のちのフランスにあたる領域に成立した国家。王権は弱く、987年にカロリング家が断絶してカペー朝が成立し、フランス王国となった。

パリ伯 ⑤ イル゠ド゠フランス（フランスの島）と呼ばれるパリ付近を支配した有力者の称号。

ユーグ゠カペー　Hugues Capet ⑥ 938頃～996　カペー朝の創始者。カロリング朝断絶後、聖俗諸侯によりパリ伯からフランス国王（在位987～996）に選出され、王権の基礎を築いた。

カペー朝　Capétiens ⑦ 987～1328　中世フランスの王朝。初期には弱体であった王権は、12世紀以降フィリップ2世やルイ9世らの活躍により「奇跡」と呼ばれる伸張をみせ、350年近く続いた。 → p.105

イタリア ⑥ メルセン条約で分割された中部フランクの南部。875年にカロリング朝がとだえると、神聖ローマ皇帝の介入やマジャール人の侵入、イスラーム勢力のシチリア島支配などがあいつぎ、ローマ教皇領やヴェネツィアなどの都市が分立する不安定な状態が続いた。

外部勢力の侵入とヨーロッパ世界

スラヴ人　Slavs ⑤ カルパティア山脈北方を原住地とするインド゠ヨーロッパ語系民族。6世紀以降、東欧・南欧各地に拡大した。言語・地域から東スラヴ人・西スラヴ人・南スラヴ人にわけられる。 → p.100

スカンディナヴィア半島　Scandinavia ⑥ ノルマン人が拡大・定着していたヨーロッパ北部の半島。スカンディナヴィア3国と呼ぶ場合はスウェーデン・ノルウェー・デンマークを指す。

ユトランド半島　Jutland ③ ノルマン人の拠点となった、北海とバルト海をわける半島。現在のデンマークの大陸部。

ノルマン人　Normans ⑦ 「北の人」を意味する、スカンディナヴィア半島やユトランド半島を原住地とするゲルマン人。すぐれた造船・航海技術を用いた略奪行為により、ヴァイキングとして恐れられた。ヨーロッパ諸地域に移住・建国する一方、交易や捕鯨（ほげい）、農民の植民など平和的な経済活動も活発におこなった。

ヴァイキング　Vikings ⑥ ヨーロッパ各地で海賊行為を働いた北方系ゲルマン人の総称。しばしばノルマン人と同義で用いられる。

ロロ　Rollo ④ 860頃～933　ノルウェー出身のノルマン人の首領。デーン系の人々を率いて北フランスを略奪・定住し、911年に西フランク王からノルマンディー公に封じられた。

ノルマンディー公国　Normandie ⑥ セーヌ河口域にロロによって建てられた国。「ノルマン人の土地」の意。ルアンを都とし、11世紀半ば頃、ウィリアムによって統一された。

両シチリア王国（ノルマン゠シチリア王国）Due Sicilie ⑥ 1130～1860　ノルマン人のルッジェーロ2世が南イタリアに建てた国。それまでイスラーム勢力支配下にあったシチリア島や、ビザンツ帝国支配下にあったイタリア半島南部の2地域を領有した。両地域の政治的な統一を維持した期間は短かったが、シチリア島を中心に異文化の混交した独自の世界が生まれた。 → p.214

ルッジェーロ2世　Ruggero ① 1095～1154　両シチリア王国（ノルマン゠シチリア王国）の建国者（在位1130～54）。1130年、ローマ教皇から「シチリア・カラブリア・プーリア」の王冠を授けられ、イタリア南部を統合して安定した統治体制を確立した。

イングランド　England ⑥ 大ブリテン島の中・南部を占める地域。島の北部はスコットランド、西部はウェールズ。

エグバート　Egbert ⑤ 775頃～839　アングロ゠サクソン七王国の一つウェセックスの王（在位829～839）。ほかの王国を服属させてイングランドを統一し、イングランド王国の基礎をつくった。

アルフレッド大王　Alfred the Great ⑤ 849頃～899　アングロ゠サクソン王家のイングランド王（在位871～899）。デーン人の侵入を撃退し、法律や行政制度の改革、学芸の保護をおこなった。

デーン人　Danes ⑤ ユトランド半島一帯のノルマン人の呼称。デンマーク王国を形成し、大ブリテン島に侵入を繰り返した。

クヌート（カヌート）　Cnut ⑤ 995頃～1035　デンマーク王スヴェンの息子。イングランドを征服し、デーン朝（1016～42年）を開いた。デンマーク王位を継承後、ノルウェーも支配して「北海帝国」を築いた。

ノルマンディー公ウィリアム William ⑤ 1027頃〜87 ノルマン朝の創始者。1066年ハロルド2世をヘースティングズの戦いで破ってイングランドを征服し、ウィリアム1世として即位した。

ノルマン＝コンクェスト Norman Conquest ⑤ 1066 ノルマンディー公ウィリアムによるイングランド征服をいう。アングロ＝サクソン支配層は一掃され、ノルマン人による強力な王権が成立した。

ヘースティングズの戦い Hastings ③ 1066 イングランド南東部に上陸した、騎兵を中心とするノルマンディー公ウィリアムの軍隊が、イングランド軍を撃破した戦い。

ウィリアム1世 ⑤ ノルマン朝初代の国王(在位1066〜87)。「征服王」と呼ばれた。

ノルマン朝 Normans ⑥ 1066〜1154 ノルマン＝コンクェストにより成立したイングランドの王朝。支配が海峡を挟んでイギリス・フランスにまたがる国家となり、行財政においてフランスの統治制度が導入されて強力な封建王政を確立した。フランス王の家臣がイギリス王として支配するという関係は、のちのアンジュー家支配の礎となった。

リューリク Riurik ⑤ ？〜879 ノルマン人の一派であるルーシの首領。伝承ではスラヴ人に招致されてノヴゴロド国を建てたとされる。

ルーシ Rus' ⑤ ロシアの古名。また、スラヴ人地域に進出したスウェーデン系ノルマン人の呼称でもある。

ドニエプル川 Dniepr ③ ロシア・ウクライナを南に向かって流れ、黒海に注ぐ大河。古来から東ヨーロッパにおける南北の物流を支える重要な水上ルートであった。

ノヴゴロド国 Novgorod ⑥ 9〜15世紀 リューリクに率いられたノルマン人が、862年に毛皮貿易で繁栄していたノヴゴロドを中心に建てた国。ロシアの起源とされる。12世紀以降、都市共和国的な性格を強めて発展したが、1478年にモスクワ大公国に併合された。 → p.100

キエフ公国 Kiev ⑥ 9〜13世紀 リューリクの後継者オレーグ率いるノルマン人がドニエプル水系を南下し、キエフを中心に建てた国。早くからスラヴ化が進んだ。ビザンツ帝国との関係が深く、大公ウラディミル1世はビザンツ皇女と結婚し、ギリシア正教を受容した。13世紀にバトゥ率いるモンゴル人の侵入を受けて崩壊した。

→ p.100

ロシアの起源 ④ ノルマン人による建国をロシア国家の起源とする説がある一方、この説にはロシア国内のスラヴ系の人々からの強い反発もある。

アイスランド Iceland ④ 9世紀後半にノルマン人の移住が始まり、イギリス諸島からの植民者を加えて10世紀に議会がおかれた。この地で北欧神話『エッダ』など、ノルマン文化が継承された。

グリーンランド Greenland ④ 10世紀頃にノルマン人が到達し、その後南西部にアイスランドからの植民がおこなわれた。

デンマーク王国 Denmark ⑥ 8世紀頃、デーン人がユトランド半島一帯に建てた国家。キリスト教化が進み、クヌートの時代にイングランド・ノルウェーを支配して帝国を築いた。

スウェーデン王国 Sweden ⑥ 10世紀頃、ノルマン人がスカンディナヴィア半島東部に形成した統一国家。12世紀にフィンランドをその支配下においた。

ノルウェー王国 Norway ⑥ 9世紀末頃、ノルマン人がスカンディナヴィア半島西岸地域に形成した統一国家。14世紀以降、デンマーク・スウェーデンの支配下に入った。

フィン人 Finns ② バルト海の北東地域を居住地とするウラル語系の人々。隣接するスウェーデンとロシアから文化的・政治的影響を受けた。13世紀にスウェーデンに吸収された。

封建社会の成立

封建社会 feudal society ⑥ 荘園を基盤とする自給自足的な農業経済と、支配階層で形成された主従関係という二つの仕組みのうえに成立した社会。近年の研究では、この概念を西ヨーロッパ中世の時期全般や地域全体に適用させることは否定されつつある。

荘園《ヨーロッパ》 manor ⑦ 封建社会において領主支配の基本単位となった農場。領主の直営地と農民の保有地、放牧地や森林などの共同利用地からなる。

領主 lord ④ 荘園を中心とした領地を所有する者。封土として授受された大小の所領を経営し、不自由身分である農民(農奴)を支配した。

諸侯《ヨーロッパ》 ⑤ 広大な支配領域と家臣をもつ有力者。公・伯を名乗った大領主を指す一方で、村落領主を含めた貴族全

体を表すこともある。

騎士 knight ⑦ 中世初・中期に戦闘の主力となった、騎乗して戦う身分の者。主君への軍事的奉仕を義務とする小領主層が多くを占めた。

封土(領地) fief〈英・仏〉, Lehn〈独〉⑦ 主君が、保護下においた家臣に与えた土地。授受は一代限りからしだいに世襲化していった。

封建的主従関係 ⑦ 封建社会のなかで、土地(封土)を媒介として主君と家臣とのあいだで結ばれた双務的な契約関係。個人的な結びつきを重んじる、地方分権的な支配の仕組みを形成した。

臣従礼 ② 封建的主従関係を結ぶ儀式。封建家臣となる者がひざまずいて両手を主君の手のなかに差し出す「託身」と、それに続く「誠実宣誓」からなる。

双務的契約 ④ 主君と家臣双方を拘束する、一方的ではない取り決めのこと。封建的主従関係のもとでは、家臣が誠実義務、主君が保護をおこなった場合は封建法にもとづいて相手を訴えることができた。

恩貸地制度 beneficium ④ ローマ帝国末期に起源をもち、奉仕や勤務と引きかえに有力者から改めて土地を恩恵的に貸与してもらう制度。

従士制 Gefolgschaft ④ 古ゲルマンに起源をもち、有力者に忠誠を誓ってその従者となる慣習。自由人の私的結合から家臣団形成に発展した。

騎士道精神 chivalry ② 騎士がもつべきとされた徳目。武勇と忠誠、弱者や教会の保護、女性への礼節などが強調された。

三圃制 three fields system ④ 西欧の荘園における典型的な土地利用法。秋耕地・春耕地・休耕地に分けて3年で一巡する農法で、フランス北部から普及し、休耕地の減少と生産力の向上により、麦の収穫を著しく増大させた。 → p.95

領主直営地 demesne ⑦ 荘園において領主が直接経営した土地の呼称。支配下農民の耕作労働によってまかなわれ、領主の主要な収入源となった。

農民保有地 tenure ⑥ 荘園において農民の自主的な耕作に任された土地の呼称。収穫物の一部を領主におさめた。

共同利用地 commons ② 村落の周囲にある農民が共同で利用する土地。森林・牧草地・河川・湖沼など、農業生活を補完する重要な役割を担った。入会地ともいう。

農奴 serf ⑦ 領主に土地や労働、また法律的にも隷属している農民。家族や家屋、農具は所有しているが、賦役・貢納の義務に加えて、人頭税や結婚税・死亡税など領主の人身的な支配に服する不自由な身分であった。

賦役 labour service ⑦ 農民が領主によって課せられた強制的な労働。直営地における週3日程度の耕作や、農繁期の共同作業が中心であった。

貢納 tribute ⑦ 農民が領主に保有地の生産物を地代としておさめること。農民の保有地経営の自立性が高まるにつれて、貨幣地代に移行していった。

結婚税 formariage ⑤ 農民が結婚により領外に出る場合に領主が課した税。農奴を領地に拘束した人身支配の典型。

死亡税 mainmorte ⑤ 農民が死亡した場合に相続者に対して領主が課した税。領主が握っていた財産権は、それぞれの農民による保有地相続に移行していった。

現物経済 ② 貨幣によらず物々交換を基本とした自給自足経済。荘園を中心とする共同体社会において支配的な制度であったが、西ヨーロッパで商品や貨幣流通が完全にとだえたわけではなかった。

不輸不入権(インムニテート) Immunität ⑥ 荘園内における国王の課税権や裁判権などの行使を、領主が拒否する特権。権利を認められた貴族・教会・修道院といった領主の自立化がうながされた。

領主裁判権 ④ 領主が領民に対してもっていた裁判権。領主の意思に左右され、農民への経済外的な強制力を代表する仕組みであった。

イスラーム教の伝播と西アジアの動向

1 イスラーム教の諸地域への伝播

中央アジアのイスラーム化

タラス河畔の戦い Talas ⑤ 751年に、中央アジアのタラス河畔でアッバース朝軍が唐軍に勝利した戦い。この戦いののち、捕虜の紙漉工をつうじてイスラーム圏に製紙法が伝わったとされ、8世紀後半にはサマルカンドやバグダードに製紙場がつくられた。 → p.40, 76

サーマーン朝 Sāmān ⑦ 875〜999 ブハラを首都として、中央アジアのソグディアナ（マー=ワラー=アンナフル）地方とイラン東部のホラーサーン地方を支配した、イラン系イスラーム王朝。10世紀後半に、配下のトルコ系軍人がアフガニスタンに建てたガズナ朝と、北方草原から南下したトルコ系のカラハン朝に挟撃され、同世紀末には滅亡した。 → p.76

ブハラ Bukhara ② 古くからソグド人の商業で栄えた中央アジアの都市。8世紀初め、ウマイヤ朝のもとでイスラーム都市となった。サーマーン朝の首都となってからは、ソグディアナ地方の政治的・文化的中心として繁栄した。 → p.24, 42

マムルーク mamlūk ⑥ トルコ人・チェルケス人などの白人奴隷を指すアラビア語。アッバース朝時代の9世紀初め頃から、アラブ社会では軍人として重用された。以降、彼らを常備軍などの軍事力として用いる動きが西アジアで一般化した。 → p.77, 89

カラハン朝 Qara Khan ⑥ 10世紀半ば〜12世紀半ば頃 中央アジアではじめてのトルコ系イスラーム王朝。10世紀末にサーマーン朝を滅ぼし、パミール高原の東西に領域を広げた。ゆるやかな部族連合体の政権であったため、11世紀には王族が各地で割拠し、12世紀にそれらはカラキタイ（西遼）やホラズム=シャー朝に滅ぼされた。

トルキスタン Turkistan ⑦ ペルシア語で「トルコ人の居住する土地」の意味。おもにパミール高原の東西に広がる草原とオアシ

ス地域を指す。9〜10世紀に西ウイグル王国とカラハン朝が成立し、これらの地域住民のトルコ化が始まり、しだいにこの呼称が定着した。

西トルキスタン ③ パミール高原以西のトルキスタン。ほぼ現在の中央アジア5カ国（ウズベキスタン・カザフスタン・キルギス・タジキスタン・トルクメニスタン）とアフガニスタン北部にあたる地域。

東トルキスタン ② パミール高原以東のトルキスタン。ほぼ現在の中国の新疆ウイグル自治区にあたる地域。

南アジアへのイスラーム勢力の進出

ガズナ朝 Ghazna ⑦ 977〜1187 サーマーン朝の有力部将アルプテギンが955/6年にアフガニスタンのガズナに建てた独立政権を起源とし、977年即位の君主から世襲化したイスラーム王朝。1000年頃から北インドへ侵入し、略奪を繰り返した。軍隊はトルコ系マムルークが、官僚はペルシア系の人々が中心であった。11世紀前半セルジューク朝に敗れてイラン領を失い、12世紀後半ゴール朝にガズナを奪われて滅んだ。

マフムード Maḥmūd ① 970〜1030 ガズナ朝最盛期のスルタン（在位998〜1030）。サーマーン朝から独立し、アフガニスタンとホラーサーン地方を支配した。インドにも遠征し、ヒンドゥー教寺院を略奪・破壊して「偶像破壊者」と呼ばれた。

ゴール朝 Ghōr ⑥ 1148頃〜1215 アフガニスタンのゴールを中心としたイスラーム王朝。12世紀後半、事実上独立してガズナ朝を滅ぼした。インド侵入を繰り返し、ラージプート連合軍を破って、イスラーム教徒の北インド支配の基礎を築いた。13世紀に入るとイラン方面をホラズム=シャー朝に奪われた。また、北インドでは奴隷王朝が成立し、1215年最終的に滅んだ。

奴隷王朝 ⑦ 1206〜90 アイバクが建てた南アジア最初のイスラーム王朝。スルタンや有力者に宮廷奴隷出身者が多かったことから、奴隷王朝と呼ばれた。

アイバク Aibak ⑦ ？〜1210 南アジア初の

イスラーム政権である奴隷王朝の創始者
（在位1206〜10）。ゴール朝のマムルーク出
身で、デリー周辺を支配して独立した。

クトゥブ＝ミナール Qutb Minar ⑤ デリー
南方にあるインド最古の大モスク（クトゥ
ブ＝モスク）の塔。奴隷王朝の建国者アイ
バクが12世紀末からモスクの建設を開始し、
名前の由来となったミナール（塔）は1200年
に着工された。

デリー Delhi ⑥ 北インドのヤムナー河畔
の都市。13世紀に奴隷王朝の首都となって
以降、デリー＝スルタン朝やムガル帝国の
首都として、政治・文化の中心地であった。

デリー＝スルタン朝 Delhi Sultanate ⑦
1206〜1526 デリーを首都として、君主が
それぞれスルタンを名乗った5つのイスラ
ーム王朝の総称。奴隷王朝からの4王朝は
トルコ系、最後のロディー朝だけがアフガ
ン系の王朝。

ハルジー朝 Haljī ⑤ 1290〜1320 デリー＝
スルタン朝2番目のトルコ系王朝。ジャラ
ールッディーン（在位1290〜96）が奴隷王朝
を倒して建国した。第2代スルタンは二度
のモンゴルの侵攻を撃退し、さらにその備
えとして税制・軍事改革をおこなって後世
の王朝に影響を与えた。また、南インドに
も進出して領土を拡大した。

トゥグルク朝 Tughluq ⑤ 1320〜1414 デ
リー＝スルタン朝3番目のトルコ系王朝。
第2代スルタンの時デリー＝スルタン朝時
代の最大版図を実現したが、1398年のティ
ムール軍の侵入で事実上崩壊した。

サイイド朝 Sayyid ⑤ 1414〜51 デリー＝
スルタン朝4番目のトルコ系王朝。ティム
ールからパンジャーブの統治をゆだねら
れた元トゥグルク朝の地方長官ヒズル＝ハ
ンが、デリーを奪ってサイイド（ムハンマ
ドの子孫）を自称して建てた。支配はデリ
ー周辺にとどまった。

ロディー朝 Lodī ⑤ 1451〜1526 デリー＝
スルタン朝最後のアフガン系王朝。アフガ
ン系の部族連合的性格が強かった。第3代
君主が1526年パーニーパットでムガル帝国
のバーブル軍に敗れて、滅亡した。

ヨーガ ② インドに伝わる、心を静め、精神
を統一してきたえる修行方法。苦行を通
じて神との合体を求めるなど、イスラーム
信仰との共通性があった。

東南アジアの交易とイスラーム化

ムスリム商人の東南アジア進出 ⑦ イラン人
やアラブ人などムスリム（イスラーム教徒）
商人の進出。彼らは8世紀頃より、ダウ船
を利用して東南アジアから中国沿岸に進出
し、広州を拠点とした。しかし、9世
紀後半の黄巣の乱で広州が破壊されると
マレー半島まで撤退し、そこで中国人商人
との交易をおこなった。

中国人商人の東南アジア進出 ② 朝貢貿
易衰退後に活発化した、中国人商人の進出。
9世紀以降、唐を中心とした国際秩序がゆ
るんで朝貢貿易が衰えると、かわって民間
交易が活発化した。中国人商人はジャンク
船を利用して東南アジアへ進出し、ムスリ
ム商人などとの交易をおこなった。

ジャンク船 junk ⑦ 10世紀頃中国で建造さ
れた遠洋航海用の大型木造帆船。竜骨
の使用、横隔壁構造、蛇腹式に伸縮
する縦帆などの特徴をもつ。大型で陶磁器
などの重い物品を運べることから、宋
代以降、中国商人による南シナ海交易で活
躍した。なお近年では、ジャンク船の東南
アジア起源説が有力視されている。

三仏斉 ④ シュリーヴィジャヤを引き継い
でマラッカ海峡地域を支配した港市国家連
合。宋代以降の中国側の呼称。 → p.49

シンガサリ朝 Singhasari ① 1222〜92 ジ
ャワ島東部に栄えたヒンドゥー王国。内乱
により、1292年、元のジャワ遠征直前に滅
んだ。

マジャパヒト王国 Majapahit ⑦ 1293〜1527
頃 ジャワ島東部を中心に栄えた、この地
域最後のヒンドゥー王国。シンガサリ朝滅
亡直後、王の娘婿が元の干渉を退けて
建国した。

神秘主義（スーフィー）教団 ⑥ 特定の
スーフィーを中心に、その崇拝者たちによ
って組織された教団。東南アジアでは、交
易ネットワークの拡大にあわせて神秘主義
教団が諸島部を中心に活動を広げた。
→ p.92

マラッカ（ムラカ）王国 Malacca ⑦ 14世紀
末〜1511 マレー半島南西岸に成立した港
市国家。鄭和の南海遠征の補給基地と
なり、国際貿易港として栄えた。15世紀半
ば、タイのアユタヤ朝への対抗などを背景
に支配階級がイスラーム教に改宗し、以後
東南アジアのイスラーム化の拠点となった。

→ p.127

スマトラ Sumatera ① インドネシア最西端に位置する島。赤道を挟んで西岸がインド洋、東岸がマラッカ海峡に面する。内陸部には豊かな森林が広がり、コショウ栽培などが展開された。

アチェ王国 Aceh ⑤ 15世紀末～1903 スマトラ島北部に存在した港市国家。ポルトガルのマラッカ占領後、これに対抗するイスラーム教徒の貿易拠点の一つとなり、コショウの交易で栄えた。 → p.131

ジャワ Java ① インドネシア中南部に位置する島。1619年、オランダ人が島の西部にバタヴィアを建設して東インド総督をおき、オランダの進出の拠点とした。

マタラム王国 Mataram ⑤ 1580年代末頃～1755 ジャワ島中・東部を支配したイスラーム王国。農業盆地を有して米の輸出で栄え、17世紀前半に最盛期を迎えた。内紛とオランダ東インド会社の内政干渉で1755年に分裂し、マタラムの名称は消滅した。 → p.131

アフリカのイスラーム化

アフリカ沿岸交易 ③ アフリカ東岸の諸海港が、季節風（モンスーン）を利用して古くからアラビア半島やイラン方面とおこなっていた海上交易。東アフリカからは金・香料・象牙などが輸出された。

アクスム王国 Axum ⑥ 紀元前後頃～12世紀 アラビア半島から移住してきたセム語系のアクスム人が、エチオピア高原北部に建てた王国。インド洋交易などにより3～6世紀に繁栄した。4世紀にはキリスト教を受容した。しかし7世紀以降、イスラーム教徒の紅海進出にともなって衰退した。

ダウ船 dāw, dhow ⑦ 三角型の帆をもつ木造船。鉄を用いず、ココヤシなどで製作された。ムスリム商人がインド洋交易で使用し、大きいもので180トンの積載量を誇った。

モガデシュ Mogadishu ③ アフリカ東岸、現ソマリアの港市。スワヒリ文化圏の北端に位置し、15世紀に鄭和の艦隊が訪れた。

マリンディ Malindi ⑦ アフリカ東岸、現ケニアの港市。15世紀には鄭和の艦隊が訪れた。またヴァスコ＝ダ＝ガマはここでムスリムの水先案内人を雇った。

モンバサ Mombasa ③ アフリカ東岸、現ケニア最大の港市。10世紀頃からスワヒリ都市として台頭した。14世紀イブン＝バットゥータが訪れた時、住民の多くはムスリムであった。

ザンジバル Zanzibar ③ アフリカ東岸、現タンザニア沖合のザンジバル島および周辺の島々から構成される諸島。古くからインド洋およびアフリカ沿岸交易の重要拠点で、イスラームを受容した。

キルワ Kilwa ⑥ アフリカ東岸、現タンザニア南部の港市。12～15世紀に栄えたが、15世紀末ポルトガルに破壊された。

スワヒリ語 ⑦ バントゥー系の言語体系を基盤に、アラビア語を含む外来語を取り入れた東アフリカの広域共通語。インド洋およびアフリカ沿岸における交易による商業上の必要から生まれた。

スワヒリ文化 Suwahili ② スワヒリはアラビア語の「サワーヒル」（海岸）が語源。東アフリカのモガデシュからモザンビークに至る海岸と諸島部の住民の言語・文化を指す。10世紀以降アラビア半島やインドの文化の影響を受けて開花した。

ザンベジ川 Zambezi ⑤ インド洋に注ぎ、内陸部まで航行可能なアフリカ南部の大河。全長2740km。15～17世紀頃、下流域の交易を中心にモノモタパ王国が栄えた。

モノモタパ王国 Monomotapa ④ 15～17世紀 ショナ人が建国した王国。現ジンバブエから現モザンビークにかけてのショナ語圏の地域を版図とし、インド洋交易で栄えた。16世紀から17世紀にかけてポルトガルの圧迫を受けたのち、周辺諸民族の侵入と内紛により衰微した。

大ジンバブエ遺跡 Great Zimbabwe ⑤ アフリカ南部、現ジンバブエにある巨大な石造建築の遺跡。「ジンバブエ」とはショナ語で「石の家」を意味する。丘の遺構群、谷の遺跡、平地の長円形の壁からなる。ジンバブエ王国は13～15世紀に最盛期を迎え、インド洋交易によって繁栄した。

サハラ交易（塩金交易）⑦ サハラ砂漠地域のオアシス都市を中継地とした縦断交易の総称。紀元前後にヒトコブラクダが導入されて、盛んになった。おもな交易品は、砂漠地域で採掘された岩塩と、ニジェール川流域で採掘された金、ギニア湾岸から運ばれた象牙・奴隷。

ガーナ王国 Ghana ⑥ 7世紀頃～13世紀半ば頃 西アフリカのサハラ砂漠南縁にあった王国。サハラ砂漠で採掘された岩塩とニジェール川流域産の金を交換するサハラ交

易で栄えた。11世紀後半に北からムラービト朝の攻撃を受けて王都が陥落し、その後衰退した。

マリ王国 Mali ⑦ 1240〜1473 現在のセネガルからマリにかけての地域を版図とした王国。ニジェール川流域の都市トンブクトゥはサハラ交易とメッカ巡礼[じゅんれい]の拠点として繁栄した。15世紀後半、ソンガイ王国の勃興により衰退した。

マンサ＝ムーサ Mansa Mūsā ⑦ 1280頃〜1337 マリ王国最盛期の国王(在位1312〜37)。カンカン＝ムーサとも呼ばれる。大量の金を有し、数千人の従者を連れてメッカ巡礼をおこなったことで知られる。イスラーム文化の導入にもつとめた。

ソンガイ王国 Songhay ⑥ 1464〜1591 ニジェール川流域を支配した王国。1464年、ソンガイ人がガオを都に創始。アスキア＝ムハンマド(在位1493〜1529)の治世に最盛期を迎え、トンブクトゥなどでイスラーム文化が栄えた。16世紀末、火器を装備したモロッコ軍の侵入で崩壊した。

ニジェール川 ⑥ 西アフリカ一の大河。ギニア高原より発し、サハラ南部を湾曲してギニア湾に流れる。

トンブクトゥ Tombouctou ⑦ ニジェール川の大湾曲部に位置した交易都市。マリ王国からソンガイ王国にかけての時代にサハラ交易で栄え、また、モスクや大学がつくられるなど西アフリカにおけるイスラーム文化の中心地ともなった。その繁栄ぶりはヨーロッパにも伝わった。

カネム＝ボルヌー王国 Kanem Bornu ① 8世紀頃〜1846 サハラ南縁のチャド湖周辺を勢力圏としたチャド湖東岸のカネムにおいて建国され、11世紀末にイスラーム教を受け入れた。内紛を避けて14世紀にチャド湖西岸のボルヌー地方に遷都[せんと]し、16世紀後半に最盛期を迎えた。

トルコ人の西アジア進出とセルジューク朝

マムルーク mamlūk ⑦ トルコ人、チェルケス人などの白人奴隷を指すアラビア語。アッバース朝の9世紀初め頃から奴隷軍人はマムルークと呼ばれるようになった。→ p.77, 86

セルジューク朝 Seljūq ⑦ 1038〜1194 中央アジアのアラル海東方からおこり、11世紀半ばより西アジア一帯を支配したトルコ系イスラーム王朝。トゥグリル＝ベクが1055年バグダードに入城してブワイフ朝を倒し、アッバース朝カリフからスルタンの称号を授かった。西アジア各地に勢力を広げ、アナトリア(小アジア)に進出してビザンツ軍を撃破した。一族がアナトリアにルーム＝セルジューク朝を建てる一方、王位継承をめぐる内紛やマムルークの自立、遊牧部族の反乱もあって、12世紀後半から衰退に向かった。 → p.95

トゥグリル＝ベク Tughril Bek ⑥ 995〜1063 セルジューク朝の建国者(在位1038〜63)。ホラーサーン地方で即位したのち、アッバース朝カリフの要請[ようせい]で1055年バグダードに入城し、スルタンの称号を授かった。

スルタン sultan ⑦ 主としてスンナ派の政治権力者の称号。トゥグリル＝ベクが授かって以後、教権の保持者たるカリフに対し、世俗的支配権の保持者を指した。

イクター制 iqtā‘ ⑥ 軍人や官僚に、俸給のかわりに国家所有の分与地[ぶんよち](イクター)の徴税[ちょうぜい]権を与えた制度。ブワイフ朝が946年のバグダード占領後、アター制にかえて開始した。セルジューク朝では、ニザーム＝アルムルクの死後、12世紀に入り、兵士に忠誠をつくさせるため世襲的領地の分与が制度化された。マムルーク朝でも採用され、オスマン帝国ではティマール制に発展した。

ルーム＝セルジューク朝 Saljūqiyān-i Rūm ③ 1077〜1308 アナトリアにセルジューク朝の一族が建てた王朝。はじめニケーア、ついでコンヤを都として、13世紀前半に最盛期を迎え、アナトリアのトルコ化・イスラーム化に大きな役割を果たした。しかし、モンゴル軍の侵攻を受け、1278年以降はイ

ル＝ハン国の傀儡政権に転落した。

ニザーム＝アルムルク Niẓām al-Mulk ⑤
1018〜92 セルジューク朝の宰相。二
人のスルタンに仕え、軍隊や税制を整備し、
各地に学院（マドラサ）を設立して、官僚の
養成やスンナ派諸学の確立につとめた。対
立するシーア派の一派であるイスマーイー
ル派によって暗殺された。

ニザーミーヤ学院 ④ セルジューク朝の主要
都市に設立された学院（マドラサ）群の総称。
名称は創設者ニザーム＝アルムルクに由来
し、スンナ派諸学を教授した。国家による
ウラマーの養成・統制機関として、マドラ
サが普及する契機ともなった。

ガザーリー Ghazālī ⑥ 1058〜1111 スンナ
派の地位確立に貢献したイラン系イスラー
ム学者・思想家。若くして学者として名を
はせたのち、ニザーミーヤ学院の教授とし
て哲学研究やシーア派批判をおこなった。
その後、理性に対する懐疑からスーフィ
ーとして中東各地に旅し、メッカ巡礼
後、故郷に帰り、スーフィズムを取り入れ
た宗教思想を探究した。

フィルドゥーシー Firdawsī ② 934〜1025
サーマーン朝およびガズナ朝時代のイラン
系詩人。

『シャー＝ナーメ』（『王の書』）② フィルドゥ
ーシーが完成させたペルシア文学の最高傑
作。イラン建国からサン朝までの各王朝
の歴代の王や英雄の生涯・戦いを、約35年
かけてつづった民族・英雄叙事詩。ガズナ
朝の君主に献呈したが、冷遇された。

ウマル＝ハイヤーム 'Umar Khayyām ⑥
1048〜1131 セルジューク朝時代のイラン
系の科学者・詩人。数学・天文学に精通し、
ジャラリー暦（太陽暦）の制定に参加した。
詩人としては代表作『四行詩集』（『ルバイヤ
ート』）を著した。

『四行詩集』（『ルバイヤート』） Rubā'iyāt ⑥
ウマル＝ハイヤームが著した、四行詩を集
めた詩集。無常観あふれる詩集だが、原典
については他人の作品が交じっているとの
説もある。

イェルサレム王国 ④ 1099〜1291 第1回十
字軍によってパレスチナ地域に建設された
キリスト教国（十字軍国家）。残留した諸侯
に封土を与えた封建国家として成立した。
1187年、アイユーブ朝のサラディン軍にイ
ェルサレムを征服され、1291年に最後の拠
点アッコンを奪われて滅亡した。　→ p.96

ホラズム＝シャー朝 Khwārazm Shāh ③

1077〜1231 アム川下流のホラズム地方に
成立したトルコ系イスラーム王朝。セルジ
ューク朝のマムルークが自立して創始した。
12世紀末セルジューク朝からイラン高原を
奪い、13世紀初めゴール朝を滅ぼしてアフ
ガニスタンに勢力をのばした。　→ p.119

十字軍とアイユーブ朝

ザンギー朝 Zankīya ① 1127〜1222 セルジ
ューク朝から自立したマムルークによる政
権。創始者はザンギー（在位1127〜46）。北
イラク・シリアを支配したが、ザンギーの
殺害後は息子たちに分割された。次子の従
臣のなかから、のちにサラーフ＝アッディ
ーン（サラディン）が台頭した。

クルド人 Kurd ④ インド＝ヨーロッパ語族
に属するクルド語を話す人々。トルコ・イ
ラン・イラクにまたがる地域に住み、イス
ラーム教徒であるが、歴史的にほとんど民
族国家をもつことがなかった。現在の人口
は2000万をこえるともいわれる。　→ p.294

サラーフ＝アッディーン（サラディン）
Ṣalāḥ al-Dīn（Saladin）⑥ 1138〜93 アイ
ユーブ朝の建国者（在位1169〜93）。クルド
人武将。ザンギー朝に仕えて台頭したのち
ファーティマ朝に派遣され、そこで宰相と
なり、さらにみずから支配者となって1169
年にアイユーブ朝をおこした。対十字軍戦
を遂行して87年にイェルサレムを回復し、
第3回十字軍と戦った際には、その勇猛
さ・公正さと博愛をヨーロッパ人にたたえ
られた。なお、サラディンはヨーロッパ風
の呼び方。　→ p.96

アイユーブ朝 Ayyūb ⑦ 1169〜1250 サラ
ーフ＝アッディーン（サラディン）がカイロ
を都に建てたスンナ派王朝。十字軍国家と
戦う一方、領内ではイクター制を施行して
徴税制度を整備した。サラディンの死後、
アイユーブ朝の領域は分割され、一族の有
力者の連合体制となった。エジプトの政権
は、1250年マムルーク軍のクーデタで消滅
した。　→ p.96

第3回十字軍 ② 1189〜92 神聖ローマ皇
帝・フランス王・イギリス王が参加した、
最大規模の十字軍。サラーフ＝アッディー
ン（サラディン）によるイェルサレム奪還に
対して遠征したが、聖地回復は達成できな
かった。　→ p.96

イル＝ハン国の西アジア支配

フレグ（フラグ）　Hülegü（Khulaghu）⑤ 1218
～65　イル＝ハン国の初代君主（在位1258
～65）。 元朝を創始したクビライの弟。
1258年バグダードを陥落させ、アッバース
朝を滅ぼした。 → p.120

アッバース朝の滅亡　⑥ 1258　フレグの率い
るモンゴル軍によるバグダードの陥落。こ
れによって、10世紀半ばからバグダード周
辺の小勢力になっていたアッバース朝が名
実ともに滅んだ。

イル＝ハン国　Ⅱ⑤ 1258～1353　フレグが
イラン高原に建てたモンゴル政権。イル＝
ハンは「国の王」の意味で、フレグの別称。
別名フレグ＝ウルス。首都はタブリーズ。
元朝を宗主と認めていたが、圧倒的多数
を占める治下のムスリムへの配慮から、ガ
ザン＝ハンの時代にイスラーム教を国教と
した。 → p.120

ガザン＝ハン　Ghazan Khan ⑤ 1271～1304
イル＝ハン国の第7代君主（在位1295～
1304）。イスラーム教に改宗して治下のム
スリムとの融和をはかり、ラシード＝アッ
ディーンを宰相として税制改革をおこなう
など、イル＝ハン国の最盛期を現出した。

写本絵画　⑦ 精緻な技法で描かれる金彩多色
の写本挿し絵・絵画。12～13世紀以降写
本に具象の挿し絵が描かれるようになると、
イル＝ハン国経由で伝来した中国絵画の影
響を受けて、写本絵画が盛んに描かれるよ
うになった。なお、ヨーロッパの技法であ
る細密画や、鉛丹（ミニウム）に由来する
フランス語のミニアチュールの表記を、イ
スラーム写本絵画に使用することは、避け
たほうがよいとの考え方もある。
→ p.122, 143

『集史』　⑤ ラシード＝アッディーンが編纂
したユーラシア全般の世界史。ガザン＝
ハンの命を受け、ペルシア語で書かれた。
第1巻モンゴル史、第2巻諸民族史、第3
巻地理書（未発見）、第4巻系譜集から構
成されていた。

ラシード＝アッディーン　Rashīd al-Dīn ⑤
1247頃～1318　イル＝ハン国の政治家・歴
史家。ガザン＝ハンの宰相として、現地社
会の実情にそった行財政改革を実施した。
またガザン＝ハンの命で『集史』を編纂した。

ハーフィズ　Ḥāfiz ② 1326？～90頃　イラン
南西部のシーラーズ出身の詩人。その名は

「コーラン暗記者（ハーフィズ）」に由来。恋
の悲喜や酒宴の楽しみをうたい、彼の作品
は現在のイランでも愛唱されている。

イラン＝イスラーム文化　⑤ 10世紀以後のイ
ラン高原や中央アジアにみられ、ペルシア
語の文芸作品、美術工芸、建築に独自の特
徴をもつ文化。

マムルーク朝とカイロの繁栄

マムルーク朝　Mamlūk ⑦ 1250～1517　ア
イユーブ朝のマムルーク軍団出身者が建て
た政権。エジプトとシリアを領有し、また
滅亡したアッバース朝の血を引くカリフを
擁立して、スンナ派の中心的国家となった。
第5代スルタンのバイバルスの時代に支配
体制が確立された。首都カイロは国際商
業・学術の中心として、14世紀に繁栄を誇
った。1517年オスマン帝国に征服された。

バイバルス　Baybars ② 1228頃～77　マム
ルーク朝第5代スルタン（在位1260～77）。
南下をはかるフレグ率いるモンゴル軍をシ
リア地方で破ったのちスルタンに即位し、
マムルーク朝の国家体制を確立した。

カイロ　Cairo ⑥ エジプトの都市。起源は初
期イスラーム時代の軍営都市フスタートに
さかのぼる。ファーティマ朝以後マムルー
ク朝までの各政権の都となった。インド洋
と東地中海を紅海経由で結ぶ交易で栄え、
小麦や砂糖など周辺での農業生産も豊かで
あった。 → p.77

カーリミー商人　Kārimī ⑤ アイユーブ朝・
マムルーク朝の保護のもとに、東西交易を
おこなったムスリム商人団。アデンやアレ
クサンドリアを中心に、コショウ・香料・
陶磁器・砂糖などを扱って、15世紀
初めまで活躍した。呼称は、廻船または
琥珀を表すカーリムに由来するなどの諸
説がある。

香辛料交易《紅海ルート》　⑤ アイユーブ朝・
マムルーク朝の保護下で栄えた、紅海を経
由してインド洋と接続する、おもに香辛料
を扱った交易。従来はティグリス川・ユー
フラテス川からペルシア湾を経由する交易
ルートが主流であったが、10世紀後半以降、
アッバース朝の政治的混乱などによって、
南方の紅海・ナイル川を経由してカイロや
アレクサンドリアに至るルートへと主流が
変化した。ムスリム商人は、そこでイタリ
ア商人と香辛料などを取引した。

アズハル学院　Azhar ③ 現存するイスラー

ム最古の大学・教育機関。970年ファーティマ朝がカイロにモスクを建設し、さらに972年に学院を併設した。はじめイスマーイール派の教義が教えられたのちアイユーブ朝以降はスンナ派の最高学府となり、現在も大きな権威を有している。

イブン＝ハルドゥーン Ibn Khaldūn ⑥ 1332〜1406 アラブ系ムスリムの代表的な歴史家・思想家。チュニス生まれで、政治家として活動したのち引退し、膨大な通史を著した。彼の思想は19世紀にヨーロッパの学者たちに再発見され、その文明論によって、世界で最初の社会科学者とまで評価された。

『世界史序説』 ⑥ イブン＝ハルドゥーンの通史の序論部分。1370年代後半に執筆され、都市のみならず農村や遊牧社会(田舎)など、人間が社会生活を営む地域には、それぞれ固有の文明があるとした。王朝の変遷を田舎と都会とのあいだの循環的交替として説明する文明論を展開した。

スーフィズム Sufism ⑥ 内面的な精神性や信仰を重視するイスラーム教の思想・運動。イスラーム法に従った外面的な秩序の維持や形式化への反発として生まれた。当初、世を憂える一部エリートの運動であったが、12世紀半ば以降、民衆に広く受け入れられた。

スーフィー ṣūfī ⑥ アッラーと一体化する経験をめざして、清貧に甘んじて修行に励む人々。イスラーム神秘主義者と呼ばれる。語源は、羊毛(スーフ)のぼろを着て修行に励む人を指すとする説が有力。12世紀以降、教団がつくられると、なんらかの教団に属し修行している者を指すようになった。

神秘主義教団 ② 聖者と呼ばれる特定のスーフィーを中心に、その崇拝者たちによって組織された教団。12世紀以降各地で結成され、聖者の墓への参詣も民衆のあいだに流行した。 → p.87

聖者《イスラーム教》 ② イスラームにおいて、特別な力をもち人々に恩恵を与えると信じられる人々。その出自は様々で、預言者やその家族・子孫、敬虔な信徒などが含まれるが、スーフィズムの社会への浸透以降はおもにスーフィーを指すようになった。

ディーナール金貨 dīnār ② イスラーム圏で流通した金貨。ウマイヤ朝時代にはじめて鋳造され、以後の王朝に受け継がれた。純度・重量ともに安定してイスラーム圏の商業活動を支え、地中海世界でも使用

された。名称はローマ帝国の貨幣単位デナリウスに由来。

ディルハム銀貨 dirham ① イスラーム圏で流通した銀貨。ウマイヤ朝時代にディーナール金貨とともにはじめて鋳造されて以後流通し、とくにイラク・イラン・中央アジアなどの地域で使用された。名称はギリシアおよびローマ帝国の貨幣単位ドラクマに由来。

北アフリカ・イベリア半島の情勢

マグリブ Maghrib ③ アラビア語で「日の没する土地」の意味。一般にはエジプトより西方の北アフリカ地域のうち、チュニジア・アルジェリア・モロッコ地域を指す。

ベルベル人 Berbers ⑥ マグリブ地方、とくにモロッコ・アルジェリアの先住民。7世紀のアラブ人による征服後にイスラーム教へと改宗したが、言語(ベルベル語)や社会的・文化的独自性を維持する者も多かった。

ムラービト朝 Murābit ⑥ 1056〜1147 モロッコを中心に、熱狂的な宗教運動のもとでベルベル人が建てた政権。マラケシュを都に、サハラ以南のガーナ王国やイベリア半島に進出した。その後、12世紀半ばムワッヒド朝に滅ぼされた。

ムワッヒド朝 Muwaḥḥid ⑥ 1130〜1269 ムラービト朝を倒して、マグリブとイベリア半島を支配したベルベル系イスラーム王朝。農業技術の改良や交易で栄えたが、国土回復運動の高まりを受けて、13世紀初めにイベリア半島における支配力を失った。

マラケシュ Marrakesh ④ モロッコ中南部の内陸都市。1070年頃ムラービト朝の都として建設され、つぎのムワッヒド朝でも都とされた。現在の国名「モロッコ」の語源。

国土回復運動(レコンキスタ) Reconquista ⑤ 8世紀初めから15世紀末までキリスト教徒が展開した、イスラーム勢力からのイベリア半島奪回運動。1492年のグラナダの陥落で完了した。 → p.95, 106

トレド Toledo ⑤ スペイン中央部に位置する古都。6世紀半ばから西ゴート王国の首都であったが、8世紀初めウマイヤ朝軍に征服され、11世紀後半カスティリャ王国が再征服した。12〜13世紀には、翻訳学校で古代ギリシア語やアラビア語からラテン語への翻訳活動がさかんにおこなわれた。 → p.110

12世紀ルネサンス ④ 12世紀に西ヨーロッパでおこった文化の復興運動。アラビア語訳の古代ギリシア語・アラビア語文献のラテン語への翻訳運動を背景におこった。
→ p.110

イブン=ルシュド(アヴェロエス) Ibn Rushd (Averroes) ⑦ 1126〜98　コルドバ生まれの哲学者・法学者・医学者。アヴェロエスはラテン名。ムワッヒド朝では法官や宮廷医として仕えた。最大の業績は、『政治学』を除くアリストテレスの全著作に対する注釈である。注釈書の多くは13世紀にラテン語に翻訳され、中世ヨーロッパのスコラ学に大きな影響を与えた。医学書としては『医学大全ぜん』がある。

イブン=バットゥータ Ibn Baṭṭūṭa ⑦ 1304〜68/69または77　元末の中国を訪れたモロッコ生まれの旅行家・知識人。1325年のメッカ巡礼じゅんれいを皮切りに、西アジア・中央アジアからインドに入り、約10年間デリーに滞在した。さらに海路で中国に旅し、49年の帰国後、イベリア半島やサハラ以南をもたずねた。

『大旅行記』(『三大陸周遊記』) ⑥ イブン=バットゥータの見聞を口述筆記した旅行記。この旅行記は、14世紀の世界を知る重要史料とされる。

ナスル朝 Naṣr ⑦ 1232〜1492　イベリア半島最後のムスリム政権。首都がグラナダのため、グラナダ王国とも呼ばれた。カスティリャ王国と北アフリカの王朝とのあいだでたくみな外交を展開し、交易などで栄えた。国土回復運動に対して最後まで生き残ったが、内紛に加え、新たに生まれたスペイン王国の攻撃を受けて、1492年にグラナダが陥落して滅んだ。 → p.107

グラナダ Granada ⑥ スペイン南部アンダルス(アンダルシア)地方の都市。ナスル朝の首都で、15世紀には人口5万のイベリア半島最大の都市だった。 → p.107

アルハンブラ宮殿 Alhambra ⑦ グラナダに建設されたナスル朝の宮殿兼城塞じょうさい。スペイン=イスラーム建築の代表とされる。

ヨーロッパ世界の変容と展開

1 西ヨーロッパの封建社会とその展開

教会の権威

ローマ＝カトリック教会 Roman Catholic Church ② ローマ教皇を頂点とするキリスト教最大宗派の教会。巨大な階層組織を作りあげ、中世西ヨーロッパ世界において社会の末端にまで普遍的な権威をおよぼした。
→ p.80

階層制組織 hierarchia ⑤ 12世紀頃に確立した、ローマ教皇を頂点とするカトリック聖職者の序列体系。ピラミッド型の管理組織で、語源のヒエラルキアは「神聖なものによる管理」を意味する。

大司教 archbishop ④ 教会の行政区である司教区を複数統轄する、諸司教の上に立つ聖職者。西欧主要都市に配置され、諸侯と同等の地位をもった。

司教 bishop ④ 司教区を管轄する聖職者。各教区内の法治上の最高権限をもち、司祭の任命や指導をおこなう。

修道院長 abbot ③ 修道士・修道女を統轄する修道院の責任者。規模の大きな修道院では、大司教・司教のように諸侯と同等の地位を獲得し、封建領主として所領を支配する者もいた。

司祭 priest ④ 司教のもと、直接一般信者にミサや洗礼、結婚式などをおこなう聖職者。

教区教会 ④ 村落や都市の各教区におかれた教会。農村部では、村落ごとにそれぞれ一つの教区が設置され、教会堂と墓地が建てられた。十分の一税の徴収をはじめ、社会・経済的な支配組織の役割を担った。

十分の一税 tithes ⑤ 農民が教会に収穫や畜産物の約10％をおさめる税。西欧に限られておこなわれた制度で、司教に徴税の権限があったが、領主が実務を握ることが多かった。

教会法 Canon ② キリスト教会の組織や規律を扱う法の総称。ローマ帝国における国教化以降、ローマ法によって整備が進み、8〜9世紀にフランク王国で体系化された。

聖職売買 Simonia ⑥ 教会の聖職位や財産を売買すること。司教・修道院長などの上位の聖職では国王や皇帝といった世俗支配者による任命、下位聖職者ではおもに司祭聖職の売買をいう。

聖職者の妻帯 ⑤ カトリックにおいて、聖職者は妻をもつことを厳禁されており、妻帯は教会腐敗の代表的な例とされた。

クリュニー修道院 Cluny ⑥ 910年、フランス中東部のブルゴーニュに設立された修道院。聖ベネディクトゥス戒律の遵守と聖職者の禁欲的な生活への回帰を掲げ、教皇直属の特権を獲得して教会改革運動の中心となった。

グレゴリウス7世 Gregorius ⑥ 1020頃〜85 ローマ教皇（在位1073〜85）。教皇の絶対権は世俗権にもおよぶと主張した。国王（皇帝）による聖職叙任を聖職売買としてハインリヒ4世を破門、屈服させたが、その後も対立は続き、皇帝によりローマを追われた。

聖職叙任権 investiture ⑦ 階層制組織の高位聖職者にあたる大司教・司教・修道院長などを任命する権限。

ハインリヒ4世 Heinrich ⑥ 1050〜1106 ドイツ国王（在位1056〜1105/06）、神聖ローマ皇帝（在位1084〜1105/06）。叙任権闘争でグレゴリウス7世に屈服したのち、反撃して教皇を追放したが、息子のハインリヒ5世により帝位を追われた。

叙任権闘争 Investiturstreit ⑥ 聖職叙任権をめぐるローマ教皇とドイツ国王（神聖ローマ皇帝）の争い。教皇首位権とドイツ国内の皇帝支配権の確立をめざす双方の利害対立を背景としていた。

破門 excommunication ⑤ キリスト教会から除外・追放すること。王や皇帝の破門は、その政治的な権力や信用の失墜を意味するようになった。

カノッサの屈辱（カノッサ事件） Canossa ⑥ 1077 北イタリア山中のカノッサ城において、ハインリヒ4世が3日間雪中で許しをこい、教皇グレゴリウス7世が破門を解いた事件。その後も両者の対立は続き、ハインリヒはローマに侵攻してみずから擁

立う**した新教皇から皇帝の冠を受け(1084年)、グレゴリウス7世を追放した。

ヴォルムス協約　Worms ⑥ 1122　叙任権闘争を終息させた政教(宗教)協約。皇帝ハインリヒ5世と教皇カリクストゥス2世とのあいだで結ばれた。叙任権は原則として教皇が握ることになったが、皇帝の権限も多く残り、妥協的な内容であった。

インノケンティウス3世　Innocentius ⑥ 1160頃〜1216　教皇権隆盛の頂点に立つローマ教皇(在位1198〜1216)。イギリス王ジョン、ドイツ皇帝オットー4世を破門、フランス王フィリップ2世を臣従させた。第4回十字軍やアルビジョワ十字軍を主導し、その威勢は、彼の言葉とされる「教皇は太陽であり、皇帝は月である」によく表されている。また、彼が主催した第4回ラテラノ公会議(1215)では、ユダヤ教徒とムスリムを衣服で区別することが決められ、職業や地位も制限されることになった。

十字軍とその影響

三圃制さんぽ　three fields system ⑦ 耕地を秋耕地・春耕地・休閑地にわけて3年で一巡する農地利用システム。中部ヨーロッパの気候特性にあう農法で、農業生産力は安定した。　→ p.85

鉄製農具《ヨーロッパ》③ 製鉄技術の進歩により半月鎌はんげつがまなどの基本的な農具に加え、蹄鉄ていてつや重い犁といった、牛馬を用いた農耕に必要な道具の製作が可能になった。

重量有輪犁じゅうりょうゆうりんすき ⑥ アルプス以北の肥沃ひよくで重い土壌を耕すために開発された大型農具。鉄製の2枚の刃先を組みあわせ、掘った土を反転させる板を取りつけることで、幅広く深く耕すことが可能になった。犁は2〜8頭の牛馬で牽かれた。

水車 ⑤ 中世ヨーロッパで普及し、河川利用権をもつ荘園しょうえん領主や修道院は、粉ひき人を雇ってみずからの水車小屋で穀物こくもつをひくことを領内の農民に強制した。

開放耕地制　open field system ③ 個人の仕切りが取り払われた耕作地。大型の重量有輪犁は方向転換が難しく、広い耕地が必要であった。犁やそれを牽く牛馬の購入・維持のため、共同作業がおこなわれた。

『ベリー公の豪華時禱書』ごうかじとうしょ ③ 15世紀にフランスで制作された装飾写本。王族のベリー公ジャンの依頼でランブール兄弟が制作を開始し、鮮やかな青色を中心とした華麗な

彩色で当時の人々の生活を描き出している。時禱書とは、修道院における礼拝儀礼を一般信者向けに編纂へんさんしたもの。

オランダの干拓かんたく ② 12世紀頃より大規模な干拓が始まり、海水をくみ出す目的で多くの風車が建設された。

東方植民 ⑦ 12〜14世紀、エルベ川以東のスラヴ人居住地域におこなわれたドイツ人の植民・開墾運動。13世紀以降はドイツ騎士団が植民活動の中心となり、ポーランド大公から特許状を得て広大な土地を占有した。　→ p.107

国土回復運動(レコンキスタ)　Reconquista ⑥ 8世紀初めから15世紀末に、イベリア半島でイスラーム勢力からの領土の奪回をめざしたキリスト教徒の戦い。西ヨーロッパ世界拡大の動きの一つ。　→ p.92, 106

巡礼じゅんれい**の流行** ⑤ 封建社会の安定化とともに、11〜12世紀に民衆の聖地巡礼熱が高まった。とくにイェルサレム・ローマ・サンティアゴ = デ = コンポステーラはキリスト教徒の三大巡礼地として信仰を集めた。

サンティアゴ = デ = コンポステーラ　Santiago de Compostela ④ イベリア半島西北部の町。ここで十二使徒としとの一人である聖ヤコブ(スペイン語でサンティアゴ)の墓が発見されたという伝承から、多くの巡礼者を集めた。

十字軍　Crusades ⑦ 西欧キリスト教勢力が、イスラームの支配下に入ったイェルサレムを奪回するためにおこした軍事遠征。セルジューク朝のアナトリア進出を受けてビザンツ皇帝が救援を要請ようせいしたことを直接的背景とするが、教皇による東西教会の統一、国王・諸侯による領土や戦利品の獲得、商人の経済的利益、民衆の巡礼熱や負債帳消しなど、様々な欲望や野心が背景にあった。正式には計7回の遠征がおこなわれたが、第1回十字軍の成功以後はその大義を失った。教皇権や騎士階層の衰退と王権の伸張、東方貿易の進展とイスラーム・ビザンツ文化の流入など、西欧封建社会に多大な影響を与えた。

イェルサレム　Jerusalem ⑤ イエスが十字架にかけられた場所に建つ聖墳墓せいふんぼ教会など多くの建造物が残り、キリスト教徒の聖地として信仰の対象となった。　→ p.10

セルジューク朝　Seljūq ⑥ 1038〜1194　トルコ系のスンナ派ムスリムによる政権。シリア・アナトリアに領土を拡大し、ビザンツ帝国を圧迫した。　→ p.89

ウルバヌス2世 Urbanus ⑥ 1042頃〜99 ローマ教皇(在位1088〜99)。クリュニー修道院出身で教会改革や叙任権闘争で活躍。ビザンツ皇帝からの要請を受け、クレルモン宗教会議を招集して聖地奪回を提唱した。

クレルモン宗教会議 Clermont ⑥ 1095年、フランス中南部の町クレルモンで開催され、聖地回復の聖戦をおこすことが決議された会議。ウルバヌス2世の演説に多くの聴衆から大きな反響がおこり、大遠征が決定された。なお宗教会議(教会会議)のなかで、ローマ皇帝や教皇が主催し、全教区からの代表によって教義などを決定する最高会議を、カトリック教会では公会議(全教会会議)と呼ぶ。

第1回十字軍 ⑥ 1096〜99 ロレーヌ公ゴドフロワらフランス諸侯を中心に編制された遠征軍。地中海東岸にキリスト教諸侯国を設立した後、イェルサレムを占領してイェルサレム王国を建てた。

イェルサレム王国 ⑥ 1099〜1291 第1回十字軍によってパレスチナ地域に建設された十字軍国家の一つ。残留した諸侯に封土を与えた封建国家として成立した。1187年、アイユーブ朝のサラディン軍にイェルサレムを征服され、1291年に最後の拠点アッコンを奪われて滅亡した。 → p.90

十字軍国家 ④ 十字軍運動のなかでシリア・パレスチナ地域に建てられたキリスト教国家の総称。イェルサレムのほかに、エデッサ伯国・アンティオキア侯国・トリポリ伯国などがおかれた。

第2回十字軍 ① 1147〜49 神聖ローマ皇帝コンラート3世とフランス王ルイ7世が率いた遠征軍。シリアのイスラーム勢力の攻撃に対しておこなわれたが、領土回復には失敗した。

アイユーブ朝 Ayyūb ⑤ 1169〜1250 サラーフ゠アッディーン(サラディン)が建てたスンナ派王朝。エジプト・シリアを中心に勢力を拡大し、しばしば十字軍と戦った。 → p.90

サラーフ゠アッディーン(サラディン) Ṣalāḥ al-Dīn (Saladin) ⑤ 1138〜93 アイユーブ朝創始者(在位1169〜93)。第3回十字軍を退け、「リチャード1世には勇気があったが、サラディンには知恵があった」とたたえられた。 → p.90

第3回十字軍 ⑤ 1189〜92 西欧3君主による最大規模の十字軍。神聖ローマ皇帝フリードリヒ1世、フランス王フィリップ2世、イギリス王リチャード1世が参加したが、アッコン奪回後はサラーフ゠アッディーン(サラディン)からイェルサレム巡礼の自由を得るにとどまった。 → p.90

リチャード1世(獅子心王) Richard ③ 1157〜99 十字軍を率いたイギリス王(在位1189〜99)。アッコン攻防戦で活躍した。

フリードリヒ1世(バルバロッサ) Friedrich(Barbarossa) ③ 1122〜90 シュタウフェン朝の神聖ローマ皇帝(在位1155〜90)。バルバロッサは「赤髭」の意。古代ローマ帝国の再興をめざしてイタリア政策を推進したが、第3回十字軍途上で溺死した。

第4回十字軍 ⑥ 1202〜04 コンスタンティノープルを占領・略奪した十字軍。人数・資金とも不足したため、その代償として、運搬を担当したヴェネツィアの意図に従ってコンスタンティノープルを占領・略奪し、そこにラテン帝国が建てられた。旧ビザンツ領の4分の3がヴェネツィアと十字軍騎士のあいだで折半された。 → p.99

ヴェネツィア商人 ⑥ コンスタンティノープルの交易から排除されていたため、商業権回復をもくろんでいた。

ラテン帝国 Latin Empire ⑤ 1204〜61 第4回十字軍がコンスタンティノープルを占領して建てた国家。フランドル伯ボードワンがラテン帝国皇帝に選出され、ビザンツ帝国は中断された。 → p.99

少年十字軍 Children's Crusade ② 1212 十字軍熱に呼応してドイツとフランスでおきた民衆運動。多数の子どもや貧民が非武装で聖地に向かったが、奴隷とされるなど悲劇的な結末に終わった。

フリードリヒ2世 ⑤ 1194〜1250 ドイツ国王(在位1212〜50)、神聖ローマ皇帝(在位1220〜50)。シチリア王を兼ね、外交交渉でイェルサレムを回復して地中海世界に支配権を確立した。

ルイ9世 Louis ② 1214〜70 聖王と呼ばれるフランス王(在位1226〜70)。第6回・第7回十字軍を主導したが、チュニスで病死した。 → p.105, 122

第6回十字軍 ② 1248〜54 ルイ9世の指揮のもとエジプトに侵攻したが、成立したばかりのマムルーク朝に大敗した。

第7回十字軍 ③ 1270 ルイ9世が北アフリカのチュニスを攻撃したが、伝染病で遠征軍は壊滅し、王も病死した。

アッコン Akkon ③ パレスチナにおける十字軍活動の中心となった海港都市。イェル

サレム王国最後の拠点となったが、1291年にマムルーク朝の攻撃を受けて陥落した。

宗教騎士団 The Order of Knighthood ④ 十字軍運動を支えた教皇直属の修道会。聖俗一致の理念のもと、巡礼の護衛を目的に発足したが、十字軍運動のなかで莫大な所領・財産を保有する組織に発展した。

ドイツ騎士団 Deutscher Orden ④ 第3回十字軍の際、1190年にアッコンで組織された騎士団。13世紀からはエルベ川以東の植民活動に拠点を移し、広大な騎士団領を形成していった。騎士団領は、のちプロイセンの母体ともなった。

ヨハネ騎士団 The Order of St.John ③ 第1回十字軍の際に結成された騎士団。戦闘とイェルサレムにおける救護活動で活躍した。その後キプロス島・ロードス島へと拠点を移し、1530年に神聖ローマ皇帝カール5世からマルタ島を与えられた。

テンプル騎士団 The Order of Templars ③ 1119年、イェルサレムのソロモン神殿跡を拠点に創設された騎士団。諸階層の寄進に加えて金融業や交易で莫大な富を蓄えたが、フランス王フィリップ4世に財産を奪われたのち、廃絶された。

商業の発展

貨幣経済の普及 ⑤ 農業生産の増大は余剰生産物の都市での売買をうながし、ノルマン人の活動や十字軍の遠征は大規模な物資の交流を盛んにしたため、貨幣を中心とした交換経済がヨーロッパ各地に普及していった。 → p.102

遠隔地貿易 ⑤ 遠方のほかの経済圏や地域との商業活動。中世ヨーロッパでは北イタリア諸都市と地中海東岸地域との香辛料などアジア物産の交易、北海・バルト海を利用した海産物や毛織物などの取引が代表的であった。

地中海商業圏 ⑦ 北イタリア諸都市と地中海東岸地域との遠隔地貿易を柱とする商業圏。ヴェネツィアやジェノヴァ、コンスタンティノープルといった都市とアレクサンドリアなどのあいだで、おもに香辛料や絹織物など奢侈品が取引された。

ヴェネツィア Venezia ⑦ その繁栄のさまから「アドリア海の女王」とも呼ばれた都市共和国。総督をはじめ共和政をとり、東方貿易を独占、内陸地域にも領土を拡大して強国として君臨した。

ジェノヴァ Genova ⑥ イタリア北西部の海港都市。ヴェネツィアと東方貿易の覇権を争い、独立した共和国として繁栄した。

ピサ Pisa ⑥ イタリア中西部の海港都市。皇帝党の立場をとって12世紀に最盛期を迎え、ロマネスク様式の壮大な大聖堂が建てられた。

東方貿易（レヴァント貿易） ⑤ 地中海東岸地方に送られてきたアジアの物産を、ヴェネツィアなど北イタリア諸都市がヨーロッパ各地に運んだ貿易。レヴァントとは「太陽の昇るところ」を意味し、コンスタンティノープルからエジプトに至る地中海東岸一帯を指す。コショウなどの香辛料や、絹織物・宝石といった工芸品を北西ヨーロッパへ独占的に運搬した。

ミラノ Milano ⑤ イタリア北部の中心都市。商工業の発達によりロンバルディア同盟の中核都市として繁栄した。ヴィスコンティ家の支配のもと、公国を形成した。

フィレンツェ Firenze ⑦ イタリア中部トスカナ地方の中心都市。13世紀以降、遠隔地貿易に加えて毛織物業と金融業で繁栄した。15世紀以降メディチ家のもとでルネサンスの中心地となった。 → p.150

北ヨーロッパ商業圏（北海・バルト海交易） ⑥ 北海・バルト海を中心として北ヨーロッパに形成された商業圏。海産物・木材・穀物・毛皮などを取引したリューベックやハンブルクなどの北ドイツ諸都市、毛織物産業で栄えたブリュージュやガンなどのフランドル諸都市、原料である羊毛の供給地ロンドンといった拠点を中心に、広範にわたる交易がおこなわれた。

リューベック Lübeck ⑦ 北ドイツの港湾都市。13世紀に帝国都市となり、ハンザ同盟の盟主としてバルト海貿易で繁栄した。その都市法はほかの中世都市の模範となった。

ハンブルク Hamburg ⑥ 北ドイツ、エルベ川に面した港湾都市。現在も正式名称を「自由ハンザ都市ハンブルク」という。

ブレーメン Bremen ⑥ ドイツ北西部の港湾都市。大商人が市政を握り、1358年にハンザ同盟に加わった。

フランドル地方 Flandre ⑦ オランダ・フランスの一部を含む今日のベルギーを中心とした地域。毛織物産業を中心に西ヨーロッパの経済先進地域として繁栄した。 → p.105

ガン（ヘント） Gent ⑥ 毛織物生産と商業で繁栄したフランドルの都市。

ブリュージュ（ブルッヘ） Bruges ⑦ ハンザ同盟の商館がおかれたフランドルの中心都市。13〜14世紀に毛織物産業で繁栄したが、15世紀以降、経済の中心はアントウェルペン（アントワープ）に移った。

シャンパーニュ地方 Champagne ⑦ フランス東北部の地方。12〜13世紀、トロワなど4市で国際的な大市が開催された。毛織物や香料<ruby>料<rt>りょう</rt></ruby>、革製品やブドウ酒などの中世最大の商品集積地であると同時に、為替<ruby>替<rt>かわせ</rt></ruby>などを扱う金融市場でもあった。

定期市<ruby>市<rt>いち</rt></ruby> ⑥ ヨーロッパ各地で開かれた商品取引の場。遠隔地貿易の発達とともに、シャンパーニュのような商業圏を結ぶ通商路に大規模な定期市が開かれるようになった。

ニュルンベルク Nürnberg ① ドイツ南部の都市。通商路の要衝<ruby>衝<rt>しょう</rt></ruby>にあり、手工業と商業で発展した。1219年に特許状を得て帝国都市となった。

アウクスブルク Augsburg ⑤ ドイツ南部の都市。銀・銅山と交易で繁栄し、15〜16世紀、フッガー家によりヨーロッパ金融業の中心となった。

中世都市の成立

中世都市 ⑤ 11〜12世紀に多くが自治都市に発展したヨーロッパの都市。ローマ人の建設した都市、司教座都市、城郭<ruby>郭<rt>じょう</rt></ruby>都市といった従来からの都市に、遠隔地貿易の発展を背景として経済的な要地に新しくつくられた都市が加わった。市壁で囲まれ、教会と市場広場をもつのが外観の共通点である。

司教座<ruby>座<rt>ざ</rt></ruby>**都市** ④ 司教座聖堂（カテドラル）を中心に発達した都市。ドイツのケルンやマインツなどが代表的である。

自治権 ⑤ 特許状により封建領主から保証された権利。自治権の獲得により各都市は法的・政治的に自立性を著しく高め、自治都市となった。

自治都市 ③ 封建領主から自治権を獲得した都市。君主や諸侯の介入を防ぐために市壁を築き、自治の中心である市参事会が入る市庁舎を建てたものが多かった。

市参事会 Stadtrat ③ 中世都市の市政運営機関。度量衡<ruby>衡<rt>りょうこう</rt></ruby>や市場の管理から、都市法の制定、裁判権の行使といった様々な分野の自治の中核を担った。

コムーネ（自治都市） comune ⑤ 北部・中部イタリアで成立した自治都市。12世紀頃

より都市貴族が中心となって領主を打倒し、周辺農村をも支配する事実上の領域国家を形成した。フィレンツェ・ジェノヴァなどが代表的である。

特許状 charter ⑤ 皇帝や国王、諸侯や司教といった領主が、都市に対して与えた特権を認める文書。各都市は税をおさめるかわりに個人の身分的自由、貨幣鋳造権<ruby>権<rt>ちゅうぞう</rt></ruby>や都市法の制定など様々な権利を獲得した。

帝国都市（自由都市） Reichsstadt ⑤ ドイツ皇帝直属の自治都市。14世紀頃より特許状で裁判権などを認められ、諸侯と同等の地位を獲得した。帝国都市は帝国のみに納税の義務を負ったが、その納税や軍役をも免<ruby>免<rt>まぬか</rt></ruby>れるには帝国都市を自由都市という。しかし、のちには帝国都市の義務も薄れ、自由都市と帝国都市は同義に用いられることが多い。

都市同盟 ④ 中世諸都市が商業上の利益と特権を守るために結成した連合組織。とくに中央集権が弱体なドイツやイタリアにおいて、皇帝や封建領主に対抗する目的で成立した。

ロンバルディア同盟 Lombardia ⑥ 12〜13世紀、イタリアに介入する神聖ローマ皇帝に対抗し、ロンバルディア地方の諸都市が自治権保持を目的として結成した同盟。フリードリヒ1世・フリードリヒ2世の進出に対し、2回にわたって組織された。

ハンザ同盟 Hanse ⑦ リューベックを盟主とする北ドイツ諸都市の連合体で、ハンザとは「仲間」「団体」を意味する。北海・バルト海沿岸のドイツ商人による商業上の利益を目的としたもので、不定期の総会以外に統治組織をもたない結束のゆるい組織であった。また、ノヴゴロドやベルゲンなどに在外商館をもっていた。14世紀にデンマークを破って最盛期を迎え、政治的にも大きな影響力をもった。

都市の自治と市民たち

「都市の空気は（人を）自由にする」 Stadtluft macht frei ④ 中世自治都市を表すドイツの諺<ruby>諺<rt>ことわざ</rt></ruby>。荘園に隷属していた農奴が都市に1年と1日居住すれば、都市法によって自由身分を獲得するとされた。

ギルド guild ④ 11世紀以降、中世都市で結成された利益を同じくする商工業者の組合。商人ギルド・同職ギルドの二つにわけられる。当時の商品経済に対応するもので、とくに同職ギルドでは構成員の数、製品の規

格や価格、品質や量などを細かく定め、自由競争をおさえると同時に、相互の利益分配にも配慮した。

商人ギルド merchant guild ⑥ 商業利益や相互扶助を目的に、おもに遠隔地貿易に従事した大商人を中心に構成された組合。各都市における自治獲得の中心となり、その後は市参事会のメンバーとして市政を掌握（しょうあく）した。

同職ギルド（ツンフト） craft guild (Zunft) ⑦ 手工業者の親方たちによる同職組合。都市内の職人を組織化して商人ギルドに対抗した。組合員は経営者である親方に限られ、働き手である職人・徒弟とのあいだにはきびしい身分序列があった。

ツンフト闘争 Zunftkämpfe ④ 13世紀以降、同職ギルドの親方たちが市政への参加を求めた争い。市参事会を通して市政を独占していた大商人に対して結束して闘い、多くの都市で一定の権利を勝ちとった。

親方 ⑦ 独立した手工業者で、同職ギルドの正式な構成員。作業場と道具を所有し、職人・徒弟を監督・指導した。14世紀以降は閉鎖性を強め、提出した資格作品がギルドの審査に通った者に限られた。

職人 ⑦ 親方の作業場で働く雇い人。技術を身につけた後、2年ほどほかの都市を遍歴（へんれき）して親方になる資格を得た。親方株が制限されるようになると、職人組合をつくって対抗したり、遍歴を繰り返す者も増えていった。

徒弟（とてい） ⑦ 親方の弟子として修業する奉公人。職人になるまで3〜7年程度の徒弟期間が必要であった。

フッガー家 Fugger ⑤ 南ドイツ、アウクスブルクを本拠とした大財閥。織布業と香辛料貿易から始まり、銀・銅鉱山の開発、銀行業によってヨーロッパ有数の大富豪となった。

メディチ家 Medici ④ 15〜18世紀、イタリアのフィレンツェを支配した大商人の一族。「国の父」とされるコジモ（1389〜1464）の代にヨーロッパ有数の銀行業者に成長し、実質的な君主となった。 → p.150

ビザンツ帝国の統治とその衰退

ヘラクレイオス1世 Herakleios ② 575頃〜641 ビザンツ皇帝（在位610〜641）。ササン朝に遠征して一時シリア・エジプトを奪回したが、イスラーム勢力の侵攻に苦しんだ。治世下でギリシア化が進み、公用語がラテン語からギリシア語にかわった。

軍管区制（ぐんかんくせい）（テマ制） Thema ⑥ ビザンツ帝国中期に始まる軍事行政制度。アナトリアを4つの軍管区（テマ）に分割して防衛にあたったことに始まる。イスラーム勢力の侵攻やアヴァール人・スラヴ人・ブルガール人の進出を受けて導入が進んだ。徐々に細分化され、配置地域の長官が行政・司法を掌握（しょうあく）して一元的な支配をおこなうようになった。

屯田兵制（とんでんへいせい） ② 軍管区の兵士に一定の土地保有を義務づけて世襲の農民兵とし、防衛力の充実と地租収入の安定をはかった制度。

プロノイア制 Pronoia ⑥ 11世紀に始まるビザンツ帝国の土地制度。有力な貴族層に対し、軍役奉仕の代償として本人一代に限り国有地の管理権と国税収入を与えた。ビザンツ軍制における比重など不明な点も多いが、土地の世襲化が認められるにつれて帝国の分権化が進んだ。

第4回十字軍 ⑤ 1202〜04 ローマ教皇インノケンティウス3世が提唱し、商業圏拡大をもくろむヴェネツィアが主導した十字軍。コンスタンティノープルを占領・略奪し、ビザンツ帝国のローマ＝カトリック教会への不信を決定的にした。 → p.96

ラテン帝国 Latin Empire ② 1204〜61 コンスタンティノープルを占領した第4回十字軍が建てた国家の通称。 → p.96

ビザンツ帝国の滅亡 ⑦ 1453 アナトリアに建国したオスマン帝国は、14世紀末までにバルカン半島のドナウ川以南の地域を制圧し、1453年にはコンスタンティノープルを陥落させてビザンツ帝国を滅ぼした。 → p.139

ビザンツ文化

ビザンツ文化 ④ ギリシア古典文化を基礎とし、ギリシア正教の強い影響を受けたビザ

ンツ帝国の文化。キリスト教神学、教会の建築様式やイコンなどのキリスト教美術に特色がある。スラヴ圏に普及し、イタリア＝ルネサンスにも多大な影響を与えた。

ギリシア語 ⑦ 7世紀以降のビザンツ帝国における公用語。西欧のラテン語に対し、ビザンツ社会・文化の基盤的役割を担った。

聖像崇拝論争 ④ 8～9世紀におこなわれた聖像崇拝の是非をめぐる宗教的・政治的対立。聖像の神性をめぐる神学的論争から、禁止令によるビザンツ皇帝とローマ教会の相互批判にまで拡大した。

イコン ikon ⑥ 板絵やモザイクで表された、イエスや聖母などの聖像画。ギリシア正教会においてはそれ自体が信仰の対象とされ、ビザンツ美術を代表する芸術品となった。

モザイク壁画 mosaic ⑥ ガラス・石・貝殻などの小片で壁面や天井を装飾して作成された絵画。ビザンツ美術を代表する技法で、おもに教会堂を飾る宗教画に用いられた。

ビザンツ様式 Byzanz ⑦ ギリシア十字形の形、大きなドーム（円形屋根）とモザイク壁画を特色とする、ビザンツ時代の教会建築様式。

サン＝ヴィターレ聖堂 San Vitale ④ 6世紀前半に建てられた、北イタリアのラヴェンナにあるビザンツ様式の教会堂。内陣を飾るユスティニアヌス大帝や皇后テオドラの壮麗なモザイク壁画が有名である。

スラヴ人と周辺諸民族の自立

カルパティア山脈 Karpaty ④ ヨーロッパ東部の山脈。現在のスロヴァキアからルーマニアまでハンガリー盆地の北側を弓なりに連なり、石炭・岩塩など鉱物資源に富む。

スラヴ人 Slavs ⑥ 6世紀以降東欧・南欧の各地に拡大した、スラヴ諸語を話すインド＝ヨーロッパ語系の人々。東スラヴ人・南スラヴ人の多くはビザンツ文化の影響を強く受け、西スラヴ人はローマ＝カトリック文化を受容した。 → p.83

東スラヴ人 ⑥ ロシア人・ウクライナ人・ベラルーシ人など東方に広がったスラヴ系の人々。ギリシア正教の文化圏に入った。

ロシア人 Russians ⑤ 東スラヴ人を代表する民族。ギリシア正教の受容とビザンツ的な専制政治、農奴制（のうど）の普及やシベリア進出など、西欧とは異なる特色をもった社会を築いた。

ウクライナ人 Ukrainians ④ 東スラヴ人の一派。リトアニアやポーランドの支配を受

けるなかでロシア人から分化し、独自の言語文化をもつようになった。

ノヴゴロド国 Novgorod ⑤ リューリクに率いられたスウェーデン系のノルマン人（ルーシ）が、北西ロシアの交易都市ノヴゴロドを中心に建てた国。 → p.84

キエフ公国 Kiev ⑥ ノヴゴロド国の指導者がドニエプル川中流のキエフを中心に建てた国。スラヴ化してロシア最初の封建国家となり、キエフ＝ロシアとも呼ばれる。 → p.84

ウラディミル1世 Vladimir ⑥ ？～1015 キエフ大公（在位980頃～1015）。領土を拡大してロシアのビザンツ化を推進。ビザンツ皇女を后妃に迎えて、ギリシア正教を国教化した。

キプチャク＝ハン国 Kipchak ⑤ 1243～1502 バトゥにより南ロシアに建てられたモンゴル人国家。別名ジョチ＝ウルス。この地でイスラーム化・トルコ化が進んだ。ロシア諸侯はヴォルガ川下流の都サライへの訪問と忠誠を義務づけられた。 → p.119

「タタール（モンゴル）のくびき」 ⑤ キプチャク＝ハン国によるロシア諸侯の支配をたとえた言葉。モンゴル人の間接支配がロシアの発展を遅らせたという、ロシア人の後世の主張でもある。「くびき」とは車を牽（ひ）かせる牛馬の首にあてられた横木のこと。

モスクワ大公国 Moskva ⑥ モスクワを中心に、13世紀後半に公国となり、14世紀前半に大公国に発展した国家。15世紀にキプチャク＝ハン国から自立し、ロシア帝国の土台を築いた。

ロシア正教会《モスクワ》 ④ ギリシア正教会本山の地位についた教会。14世紀にモンゴルの侵攻を受けて荒廃したキエフから主教座がモスクワに移され、ビザンツ帝国滅亡後はその権威を継承した。

イヴァン3世 Ivan ⑥ 1440～1505 モスクワ大公（在位1462～1505）。ノヴゴロドなどロシアの諸公国を併合し、1480年にモンゴルの支配を脱した。ビザンツ帝国最後の皇帝の姪ソフィアとの結婚により帝国の紋章である「双頭の鷲（わし）」を継承し、ツァーリ（皇帝）の称号をはじめて用いた。

「第3のローマ」 ① 16世紀にモスクワ大公国でとなえられた政治理論。ロシア社会で高まってきた民族主義を背景として、イヴァン3世がツァーリを称したことから、モスクワを古代ローマ・ビザンツ両帝国を継ぐ国家とする理念が生まれた。

ツァーリ ⑤ Czar, tsar' カエサルを語源とするロシアにおける皇帝の称号。ローマ帝国の権威を引き継ぐ意味でイヴァン3世がはじめて自称し、イヴァン4世の時代に正式な称号となった。

イヴァン4世 Ivan ③ 1530〜84 モスクワ大公(在位1533〜84)として正式に全ロシアのツァーリ(皇帝、在位1547〜84)を称した、ロシア帝国の事実上の創始者。専制政治を進めて「雷帝ぶ」と呼ばれた。南ロシアやシベリアへの領土拡大、農奴制強化を推し進める一方、直属の士族層を用いて大貴族を抑圧した。　→ p.172

南スラヴ人 ⑥ セルビア人・クロアティア人・スロヴェニア人など、6〜7世紀にバルカン半島に定住したスラヴ系の人々。

セルビア人(セルビア王国) Serbs ⑤ 南スラヴ人の代表的民族。7世紀にドナウ川をこえてバルカン半島に入った。9世紀以降この地域でブルガリアと抗争を続けるビザンツ帝国の支配下に入り、ギリシア正教を受容した。12世紀に自立してセルビア王国を建て、14世紀のステファン＝ドゥシャン(在位1331〜55)の時代に強国に発展したが、1389年コソヴォの戦いでオスマン帝国に敗れてその支配下に入った。

クロアティア人 Croatians ⑤ 南スラヴ人の代表的民族。7世紀にアヴァール人を退けてバルカン半島の西部に定住。フランク王国に服属してローマ＝カトリック文化を受容した。10世紀に王国として独立をとげるが、12世紀初頭にハンガリー王国の侵攻を受け、以後服属した。

スロヴェニア人 Slovenes ② 南スラヴ人の一派。クロアティア人と同様にフランク王国からカトリックを受容したが、その後は神聖ローマ帝国のもとでドイツ化が進んだ。中世・近世を通して民族意識や国家の形成は進まなかったが、19世紀にはスロヴェニア語の文語が確立するなど、民族意識が高まった。

西スラヴ人 ⑥ ポーランド人・チェック人・スロヴァキア人など、西方に広がったスラヴ系の人々。ローマ＝カトリック文化圏に入った。

スロヴァキア人 Slovák ① チェック人と同系のスラヴ民族。ローマ＝カトリック文化を受容したが、長期間マジャール人の支配下におかれた。19世紀初めの民族運動によりスラヴ人としての同族意識が高まり、隣接するチェック人との連帯を強めていった。

ポーランド人 Poles ⑤ 西スラヴ人の代表的な民族。名称は国家を形成したポラニエ族に由来し、10世紀にカトリックを受容した。13世紀にモンゴルの侵入を受けるが、14世紀以降ヤゲウォ朝のもとで最盛期を迎えた。

カジミェシュ(カシミール)**大王** Kazimierz ② 1310〜70 「大王」と称されるポーランド国王(在位1333〜70)。ドイツ騎士団の入植やユダヤ人の移住を奨励ぶして経済を発展させ、農民の待遇改善、法律の整備やクラクフ大学設立などをおこなった。

リトアニア人(リトアニア大公国) Lithuanians ⑥ インド＝ヨーロッパ語族のバルト語派に属するリトアニア語を母語とする民族。13世紀にドイツ騎士団に対抗して国家を形成し、リトアニア大公国と称した。14世紀にベラルーシなど南・西ロシアの諸公国を征服し、バルト海から黒海に達する大国に発展した。

ヤゲウォ(ヤゲロー)**朝** Jagiellonowie ⑥ 1386〜1572 ポーランド最盛期の王朝。1410年にドイツ騎士団を撃破して地位を確立した。貴族(シュラフタ)による身分制議会が発達し、文芸を保護して東欧の強国として繁栄した。　→ p.172

リトアニア＝ポーランド王国 ⑤ 1386年、リトアニア大公ヤゲウォとポーランド女王ヤドヴィガが結婚して生まれた同君連合王国。リトアニア人もカトリックに改宗し、ポーランドの指導下に入った。

チェック人 Czechs ⑤ 西スラヴ人の代表的民族。9世紀にカトリックを受容し、モラヴィア王国から離れて10世紀にベーメン王国を建てた。

ベーメン(ボヘミア) Böhmen(Bohemia) ⑤ プラハを中心とする現在のチェコにあたる地域。10世紀初頭にチェック人によりベーメン王国が建てられた。11世紀以降は神聖ローマ帝国に編入され、16世紀からハプスブルク家オーストリアの一部となった。

ブルガール人 Bulgarians ⑤ ブルガリア帝国を形成したトルコ系遊牧民ぶ。7世紀、ドナウ川下流域に建国し、ビザンツ帝国との抗争を繰り返しながらスラヴ人と同化していった。

ブルガリア帝国(ブルガリア王国) ④ ブルガール人がバルカン半島に建てた国家。681年に建国され、領土を拡大しながら9世紀にギリシア正教を受容、10世紀初めシメオン1世が「皇帝」を称して最盛期を迎えた

（第1次ブルガリア帝国、681～1018年）。その後ビザンツ帝国に併合され、12世紀後半に再独立を果たした（第2次ブルガリア帝国、1187～1396年）ものの、14世紀末にはオスマン帝国の支配下に入った。

マジャール人 Magyars ⑦ ウラル語系のハンガリー人の自称。ブルガール人やトルコ人らと影響しあいながら発展したが、東フランク王国のオットー1世に敗北後、急速にキリスト教化が進んだ。 → p.82, 209

ハンガリー王国 Hungary ⑤ パンノニア平原にマジャール人が建てた王国。ローマ＝カトリックを受容し、1000年にイシュトゥバーン1世が教皇より初代ハンガリー国王と認められた（在位1000～38）。13世紀にモンゴルの侵入を受けたが、15世紀には中欧最強の王国に発展した。しかし16世紀に領土の大半がオスマン帝国に占領され、17世紀末以降オーストリアの支配下に入った。

ルーマニア人 Rumanians ② ローマ帝国の属州ダキアの先住民と、ローマ帝国からの植民者やスラヴ人との混血などによって形成されたラテン系の民族意識をもつ人々。9世紀にギリシア正教を受け入れ、14世紀にワラキア公国・モルダヴィア公国を建てた。

ワラキア公国 Wallachia ② のちのルーマニア人にあたるラテン系の人々が、14世紀初めに建てた国家。15世紀にオスマン帝国の支配下に入った。

モルダヴィア公国 Moldavia ② ワラキア公国と同じく、14世紀中頃にラテン系の人々が建てた国家。15世紀中頃にはオスマン帝国の支配下に入った。

モラヴィア王国 Moravia ② 9世紀、チェコ東部を中心に西スラヴ系の人々が建てた国。フランク王国に対抗してビザンツ帝国からギリシア正教の導入をはかったが、10世紀初頭にマジャール人に滅ぼされた。

キュリロス Kýrillos ② 827頃～869 9世紀後半、モラヴィア王国へ布教をおこなったギリシア人宣教師。モラヴィア王の要請を受けて、コンスタンティノープルから兄メトディオスとともに派遣された。グラゴール文字を用いて布教活動をおこない、「スラヴ人の使徒」と称せられる。

キリル文字 Cyrillic ④ ギリシア教会がスラヴ人への布教のために作成した文字。9世紀に考案されたグラゴール文字を発展させたもので、現在ロシアなどで使用されている文字の原型となっている。

封建社会の衰退

貨幣経済の普及 ④ 14世紀頃から西ヨーロッパで進展した。農業生産力の増大や余剰作物の売買、十字軍以降の商業と都市の発達などにより貨幣およびそれを媒介して商品を交換する経済が普及し、自給自足の封建社会は崩れていった。 → p.97

生産物地代 ③ 農民保有地の生産物でおさめる地代。麦などの穀物や野菜、鶏卵などをおさめた。領主直営地の農民への分割と並行して普及し、貨幣地代と併用されるようになっていった。

貨幣地代 ⑥ 農民が領主に貨幣でおさめる地代。貨幣経済の普及にともない、農産物を直接市場などで販売するようになった。農民の領主への隷属性を弱め、荘園の解体をうながした。

黒死病（ペスト） Black Death ⑦ 14世紀後半以降、数度にわたりヨーロッパを襲った疫病。1348年頃からの大流行は人口の3分の1を失わせ、農業人口の激減による社会・経済の混乱をまねき、人々の死生観にも大きな影響を与えた。

農奴解放 ④ 農民が隷属的な農奴から経済的・人格的に解放され、小土地所有の農民になること。13世紀末～14世紀には、貨幣経済が進展するなかで死亡税・結婚税や領主裁判権などの撤廃・緩和が進んだ。また封建領主側が「農奴解放状」を出して解放金を要求する場合も多かった。

自営農民 ③ 荘園から離れ、みずから保有する土地で農業を営む農民。

独立自営農民（ヨーマン） yeoman ⑤ 中世末期に農奴身分から解放された自営農民。とくに貨幣地代の普及が早かったイギリスでは、ジェントリ（郷紳）と農奴の中間に位置する中規模農民層として社会の中核となった。

封建反動 ② 農民の地位向上と貨幣経済の進展による「領主制の危機」に対して、困窮した領主層が賦役の復活など封建的な諸権利を再強化しようとしたこと。

農民一揆 ⑤ 封建反動で生活を圧迫された農民がおこした反乱。黒死病の流行や百年戦争の混乱が助長し、中世末の西ヨーロッパで続発した。近世の中央集権国家へ移行

する過程でおきた社会のきしみであった。

ジャックリーの乱 Jacquerie ⑥ 1358　フランス北部一帯でおきた農民反乱。ジャックとは貴族の農民に対する蔑称（ｼﾞｬｯｸ）。百年戦争における重税と傭兵の略奪を原因として発生したが、徹底的に鎮圧された。

ワット＝タイラーの乱 Wat Tyler ⑦ 1381　ワット＝タイラーを指導者としてイギリス東南部でおきた農民反乱。百年戦争の戦費のために課された人頭税への反発が原因。ロンドンを占拠したタイラーは国王リチャード2世と会見して人頭税や農奴制の廃止を約束させたが、彼が殺害されると一揆は崩壊した。

ジョン＝ボール John Ball ⑦ ？〜1381　イギリスの反体制的な聖職者。ワット＝タイラーの乱を思想的に指導した。破門・投獄中に反乱軍により解放されたが、乱の鎮圧後に処刑された。

「アダムが耕しイヴが紡（つむ）いだ時、だれが貴族であったか」 ⑦ ジョン＝ボールの説教のなかの言葉。彼の平等主義の思想をよく表している。

政治権力の中央集権化 ① 商業圏の拡大にともなって、都市の市民が市場を統一する強力な政治権力の登場を望むと、国王は彼らと協力して諸侯の力を抑え、権力の中央集権化をはかった。その結果、経済的に困窮していた諸侯はさらに没落して国王の廷臣となり、封建社会の解体も進んだ。

火砲（かほう） ④ 大砲は14世紀に発明され、15世紀に青銅製の砲身、鋳鉄（ちゅうてつ）製の弾丸などの改良を受けて広く普及した。小銃は15世紀末から歩兵が使用するようになり、主力火器として戦術を一変させた。またその結果、軍役奉仕の騎士の重要性は低下した。

傭兵（ようへい）《中世ヨーロッパ》 ② 金銭で雇われた兵士。百年戦争以降需要が高まり、君主や領主と契約を結んで重用された。国家への忠誠を求められる主権国家の成熟とともに、常備軍にとってかわられた。 → p.162

廷臣 ③ 国王の宮廷に仕える家臣・官僚。荘園制の解体、戦術と兵制の変化にともなって、騎士階層は経済的・軍事的な優位性と国王に対する自立性を失い、廷臣となった。

ユダヤ人迫害 ③ 中世におけるキリスト教信仰の高揚を背景におこなわれた、ユダヤ人への差別と迫害。土地所有を認められていなかった彼らが営んだ金融業や商業は、「高利貸し」とされて民衆の憎悪（ぞうお）の対象と

なった。都市ではゲットーと呼ばれた居住区に押し込められ、黄色い記章を身につけることを強制されるなど、民衆の不満のはけ口として差別された。とくに黒死病の流行など社会不安が増大した際には、苛酷な迫害や追放が各地でおこなわれ、ポーランドなど東欧に移住する者も多かった。

ロマ Roma ⑤ 北西インドから広くヨーロッパなどに移動したとされる少数民族。彼らの話すロマニ語で「人間」を意味する自称。ヨーロッパでは「エジプト人」に由来するジプシー・ジタンなどと呼ばれてきたが、ユダヤ人とともにしばしば迫害や追放の対象となった。 → p.307

教皇権の衰退

ボニファティウス8世 Bonifatius ⑥ 1235頃〜1303　教皇権の至上性を主張したローマ教皇（在位1294〜1303）。聖職者への課税権をめぐりフランス王フィリップ4世と対立し、アナーニ事件ののち急死した。

フィリップ4世 Philippe ⑤ 1268〜1314　カペー朝最盛期のフランス国王（在位1285〜1314）。聖職者課税問題で教皇ボニファティウス8世と衝突し、招集した全国三部会（1302年）の支持を受けて教皇を捕らえ、教皇庁をアヴィニョンに移した。 → p.105

アナーニ事件 Anagni ⑦ 1303　教皇ボニファティウス8世がフランス王の側近に捕らえられ、屈辱（くつじょく）のなかでその後急死した事件。ローマ南東の町アナーニは教皇の生地で、彼の邸宅があった。

「教皇のバビロン捕囚（ほしゅう）**」** ⑥ 1309〜77　教皇庁がローマから南フランスのアヴィニョンに移った事態を指す。国王フィリップ4世の後援を受けた、フランス人の教皇クレメンス5世が実行した。『旧約聖書』のバビロン捕囚になぞらえて、ペトラルカがアヴィニョンを「西方のバビロン」と批判的に呼んだことから生まれた言葉。

アヴィニョン Avignon ⑦ 南フランス、ローヌ河畔（かはん）の都市。1309〜77年のあいだローマ教皇庁がおかれた。

教皇庁 Curia ① ローマ＝カトリック教会の統治にあたる行政・官僚機構。教会の発展とともに教皇を補佐する組織が拡大・分化し、11世紀頃には多くの省庁からなるローマ教皇庁が確立した。

教会大分裂（大シスマ） Schisma ⑥ 1378〜1417　教皇が並立し、ローマ教会が分裂し

た事態。教皇庁がローマに戻った後、イタリア人教皇が選出されたことに反発してフランス側が別の教皇を立てた。その後イギリス・ドイツも介入し、3名の教皇が並び立つような混乱が40年間続き、教皇権は失墜した。

異端審問〔いたんしんもん〕 Inquisition ③ 教会の教理に反する異端を処罰する裁判制度。教皇が直接任命した審問官が、強力な権限を与えられて裁判にあたった。

魔女〔まじょ〕**裁判** ② キリスト教世界で、悪魔の手先とみなされた者におこなわれた裁判。異端だけでなく、民間の呪術〔じゅじゅつ〕・儀式に対する迫害、宗教改革をめぐる対立などを背景としている。

ウィクリフ Wycliffe ⑥ 1320頃〜84 イギリスの神学者。オクスフォード大学教授で宗教改革の先駆者とされる。聖書を信仰の根本としてその英訳を試み、聖職者階層制と教皇の権威を否定した。

フス Hus ⑥ 1370頃〜1415 ベーメン（ボヘミア）の神学者。プラハ大学総長。ウィクリフの主張に共鳴してカトリックの現状を批判。ドイツ人司教の追放、聖書のチェコ語訳などでチェック人の強い支持を得た。皇帝から護送特権を約束する「通行許可証」を得ていたにもかかわらず、異端として焚刑〔ふんけい〕となった。

コンスタンツ公会議 Konstanz ⑦ 1414〜18 神聖ローマ皇帝ジギスムントの提唱で教会大分裂の解消とベーメンの宗教紛争収拾のために開かれた公会議。3教皇を廃して新教皇を選出し、教会大分裂を解消した。また、喚問〔かんもん〕されたフスを焚刑とした。

フス戦争 1419〜36 ⑥ フス処刑後におきたベーメンの反カトリック・ドイツ戦争。フス派の住民は皇帝・教皇の組織した5度の十字軍を破り、チェコの民族精神を高めたが、内紛後に講和した。

イギリスとフランス

身分制議会 Estates ⑦ 中世末期からヨーロッパ諸国で設置された、身分別の代表が国政を審議する議会。戦費などを目的とした国王の課税要求の交渉・承認をおもな役割とした。イギリスの上・下院、フランスの全国三部会、ドイツの帝国議会・領邦議会、イベリア半島のコルテスなどが代表的である。

アンジュー伯 Anjou ③ フランス西部のアンジュー地方を根拠地に大領土を保有した貴族。ノルマン王家と婚姻関係を結び、イギリスに進出した。

プランタジネット朝 Plantagenet ⑥ 1154〜1399 中世イギリスを支配した王朝。アンジュー伯アンリが国王ヘンリ2世として即位したことに始まり、当初はフランスに政治の拠点をおいていた。

ヘンリ2世 Henry ⑤ 1133〜89 プランタジネット朝の創始者（在位1154〜89）。結婚でフランス南西部のアキテーヌを獲得し、ほぼフランス西半部を領有した。司法改革などに成果をあげたが、息子たちの反乱や教皇との対立に苦しんだ。

ジョン王 John ⑥ 1167〜1216 プランタジネット朝第3代の王（在位1199〜1216）。相続する大陸部の土地をもたず、「欠地王〔けっちおう〕」と呼ばれる。フランス王フィリップ2世との戦いに敗れて大陸領土の大半を失い、カンタベリ大司教任命問題でインノケンティウス3世に破門された。貴族から失政を非難され、大憲章を承認させられた。

大憲章〔だいけんしょう〕**（マグナ＝カルタ）** Magna Carta ⑥ 1215 ジョン王が承認した国王と貴族の関係を定めた憲章。貴族の封建的諸権利の保障を中心とした63条におよぶ細かい規定で、名称はその長大さに由来する。課税など国王の権限をおさえ、イギリス立憲政治の基礎となった。

ヘンリ3世 ③ 1207〜72 プランタジネット朝第4代の王（在位1216〜72）。フランス人の重用〔ちょうよう〕や教皇への服従に加え、重税を課すなどして大憲章を無視したため、貴族の反乱をまねいた。

シモン＝ド＝モンフォール Simon de Montfort ⑥ 1208頃〜65 フランス系の名門貴族。ヘンリ3世に対する反乱を指導し、他階層の支持を取りつけるため、1265年に大貴族・高位聖職者の会議に州の騎士と都市の代表を加えた議会を招集した。

イギリス議会の起源 ④ シモン＝ド＝モンフォールが1265年に招集した議会が、イギリス議会の起源とされる。

エドワード1世 Edward ④ 1239〜1307 プランタジネット朝第5代の王（在位1272〜1307）。シモン＝ド＝モンフォールを倒して実権を握り、父ヘンリ3世の死後に即位した。のち模範議会を招集した。

模範議会 Model Parliament ⑥ エドワード1世が1295年に招集した身分制議会。大貴族・高位聖職者のほか、2名ずつの各州騎

士・各都市代表が参加し、当時の身分制社会を「模範」的に反映していたことから、このように呼ばれる。

二院制議会 ③ 二つの議院で議会を構成する仕組み。イギリスでは上院（貴族院）と下院（庶民院）からなる二院制が14世紀半ばに成立した。

上院（貴族院） House of Lords ⑤ 大貴族と高位聖職者の代表から構成された議院。

下院（庶民院） House of Commons ⑤ 各州の騎士と各都市の代表から構成された議院。騎士は地主化したジェントリとして有力な議会構成員となった。

ジェントリ（郷紳きょうしん） gentry ⑤ 中世末期から近世初頭のイギリスで、騎士や富裕な平民が地主化した階層。爵位しゃくいをもつ貴族とヨーマン（独立自営農民）の中間に位置し、地方行政を担にのう名望家として王権を支えた。 → p.161

カペー朝 Capétiens ⑤ 987〜1328 パリ伯ユーグ＝カペーに始まる中世フランスの王朝。フィリップ2世以降、王権が急速に伸張し、中央集権化と領土拡大が進んだ。 → p.83

フィリップ2世 Philippe ⑥ 1165〜1223 フランス国王（在位1180〜1223）。第3回十字軍に参加。封建諸侯を制圧し、イギリス王ジョンからフランス国内の領土を奪って王権の拡大・集権化につとめた。

ルイ9世 Louis ⑥ 1214〜70 フランス国王（在位1226〜70）。聖王と呼ばれ、敬虔けいけんさと厚い人望で王権を高めた。アルビジョワ派を制圧して南フランスを王領に加え、第6回・第7回十字軍を主導した。 → p.96, 122

カタリ派（アルビジョワ派） Cathari（Albigeois） ⑥ 12〜13世紀に南ヨーロッパに広がったキリスト教異端の一派。ギリシア語のカタロス（清潔）に由来し、きびしい禁欲と善悪二元の考えを特色とする。アルビジョワ派は、南フランスにおけるカタリ派の地方的呼称。アルビを中心として領主から貧農まで多くの信者を集めたが、教皇インノケンティウス3世の提唱を受けた十字軍に征服された。

アルビジョワ十字軍 ④ 1209〜29 アルビジョワ派討伐のため、国王軍がトゥールーズ伯領を中心とした南フランスに進攻した戦い。フランス王による事実上の征服戦争となる。

フィリップ4世 ⑦ 1268〜1314 絶対王政の基礎を確立したフランス国王（在位1285〜1314）。教皇との対立から全国三部会を開き、聖俗諸侯や市民の支持を得て王権の強化につとめ、その影響下に教皇庁がアヴィニョンへと移った。ユダヤ人富豪やテンプル騎士団の財産没収を強行し、財政基盤を確立した。 → p.103

全国三部会（三部会） États généraux ⑦ 聖職者・貴族・平民の代表からなるフランスの身分制議会。フィリップ4世が国内世論を味方につけるために招集した三身分合同の会議が最初（1302年）。開催は政治状況に左右され、1614〜15年を最後に絶対王政下では開かれず、フランス革命開始となる1789年に招集されたものが最後の会議となった。おもに徴税を議題として、ブルゴーニュやノルマンディーなどの地方勢力と王権の協議の場であった地方三部会も開催された。 → p.193

百年戦争とバラ戦争

フランドル地方 Flandre ⑤ オランダ・フランスの一部を含む今日のベルギーを中心とした英仏両国の争奪地。イギリスとは中心産業の毛織物で結びつきが強く、同盟を結んでいた。 → p.97

ギエンヌ（ギュイエンヌ） Guyenne ② フランス南西部の公国。ボルドーを中心都市とするワインの産地。12世紀半ばからイギリス王の所領となり、両国の係争地となった。

ヴァロワ朝 Valois ⑥ 1328〜1589 カペー朝にかわってフランスを統治した王朝。百年戦争からユグノー戦争まで長期の戦乱が続いたが、この時代にフランス＝ルネサンスが開花した。

エドワード3世 Edward ⑦ 1312〜77 プランタジネット朝のイギリス王（在位1327〜77）。母方（フランス国王フィリップ4世の娘）の血統から王位継承権を主張してフランスに侵入し、百年戦争をおこした。

百年戦争 Hundred Years' War ⑦ 1339〜1453 1世紀以上にわたる中世末期のイギリスとフランスの抗争。フランドルとギエンヌの争奪を背景とし、エドワード3世のフランス侵入により開戦した。当初はイギリス軍が優勢であったが、黒死病（ペスト）の流行や農民反乱などでたがいに疲弊し、最終的にはフランスが勝利した。戦争の結果、両国とも封建諸侯の力が後退し、中央集権化が進んだ。

ブルゴーニュ公 Duc de Bourgogne ② フランス東部の大封建諸侯。百年戦争ではイギリスと結んでフランス王権とたたかった。

長弓兵（ちょうきゅうへい） ③ 13世紀後半からイギリスで普及した戦闘部隊。速射性にすぐれ、百年戦争の初期にはフランス軍の騎士と弩弓（クロスボウ）の部隊を圧倒した。

クレシーの戦い Crécy ③ 1346 長弓兵の活躍により、イギリス軍がフランスの騎士軍と弩のジェノヴァ人傭兵隊を破った戦い。

エドワード黒太子 Edward, the Black Prince ② 1330〜76 エドワード３世の長子。百年戦争中、クレシーの戦い・ポワティエの戦いなどでフランス軍を破った。名は黒い鎧（よろい）を愛用したことに由来する。

シャルル７世 Charles ⑥ 1403〜61 ヴァロワ朝のフランス国王（在位1422〜61）。1429年のジャンヌ＝ダルクのオルレアン解放により、ランスで正式に戴冠（たいかん）した。その後カレーを除く国内からイギリス軍を駆逐（くちく）し、常備軍の設置や財政の再建により中央集権化を進めた。

ジャンヌ＝ダルク Jeanne d'Arc ⑦ 1412〜31 百年戦争をフランスの勝利に導き、祖国愛の象徴的な存在となった少女。神のお告げを信じてシャルル７世の軍に入り、オルレアンの包囲を破った。のちに捕らえられ、宗教裁判により火刑となった。

オルレアン Orléans ⑥ フランス中部、ロワール河畔の町。フランス王家の要地で、百年戦争中にイギリス軍により包囲された。

カレー Calais ⑤ フランス北部の港市（こうし）。1347年以降、200年以上にわたってイギリスが拠点として確保した。

ランカスター家 Lancaster ⑥ イギリスの有力な王族家系。プランタジネット朝から王位を継承（1399〜1461年）した。

ヨーク家 York ⑥ ランカスター家と王位を争った王族家系。バラ戦争中に王位についた（1461〜85年）が、ランカスター派のテューダー家により倒された。

バラ戦争 Wars of the Roses ⑦ 1455〜85 イギリス王位をめぐり、ランカスター家とヨーク家の両派にわかれて戦った内乱。参加した多くの貴族・騎士は疲弊・没落し、テューダー朝絶対王政への道が開かれた。名称の由来を両家の記章が紅白のバラであったとする説は、後世の想像。

ヘンリ７世 Henry ⑦ 1457〜1509 テューダー朝初代のイギリス王（在位1485〜1509）。バラ戦争をおさめて集権国家の基礎を固めた。

テューダー朝 Tudor ⑦ 1485〜1603 イギリス絶対王政期の王朝。ヘンリ７世からエリザベス１世まで５人の国王が即位し、1世紀余りのあいだに、主権国家形成時のイギリスをおさめた。

ウェールズ Wales ② 大ブリテン島の西部を占める地域。1282年にイングランド王エドワード１世の侵攻を受け、1536年のヘンリ８世の合同法によって正式に併合された。エドワード１世は長男にプリンス＝オブ＝ウェールズの称号を与え、以後イングランド王太子はこの称号を継承した。

スコットランド Scotland ③ 大ブリテン島の北部を占める地域。アイルランド島から移住したスコット人を中心に、11世紀に王国が建てられた。イングランドとの抗争が続いたが、17世紀にステュアート朝のもとで同君連合を形成した。

スペインとポルトガル

国土回復運動（レコンキスタ） Reconquista ⑥ イスラーム教徒からイベリア半島の領土を奪回しようとしたキリスト教徒の戦い。８世紀初めから15世紀末まで、ほぼ800年間続いた。11世紀からレオン・カスティリャ・アラゴンといった諸国による本格的な攻勢が強まり、グラナダ陥落で完了した。レコンキスタは「再征服」という意味のスペイン語。 → p.92, 95

カスティリャ王国 Castilla ⑦ 1035〜1479 イベリア半島中央部のキリスト教国。レオン王国を併合、イスラーム勢力の拠点コルドバを征服するなど国土回復運動の中心的な役割を果たした。都はトレド。

アラゴン王国 Aragon ⑦ 1035〜1479 イベリア半島北東部のキリスト教国。12世紀にバルセロナ伯と同君連合国となり、シチリア王国も領有して海洋帝国を築きあげた。都はサラゴサ。

イサベル Isabel ⑥ 1451〜1504 カスティリャの女王（在位1474〜1504）。1469年にアラゴン王子フェルナンドと結婚し、79年の合併後はスペイン王国の共同統治者となった。コロンブスへの援助でも有名。 → p.135

フェルナンド Fernando ⑥ 1452〜1516 スペイン王。アラゴン王としてはフェルナンド２世（在位1479〜1516）。シチリア王・ナポリ王も兼ねた。1492年のグラナダ攻略により、教皇からイサベルとともに「カトリック両王」の称号を授かった。

スペイン(イスパニア)王国 España ⑦ カスティリャとアラゴンの合併により1479年に成立したイベリア半島の王国。国土回復運動を完成し、イスラーム・ユダヤの両教徒を領土から駆逐して強固なカトリック国となった。積極的な海外進出をはかり、ラテンアメリカの大半を支配した16世紀に最盛期を迎えた。

ナスル朝 Nasr ③ 1232～1492 イベリア半島最後のムスリムによる政権。アルハンブラ宮殿はこの王朝の時代に、その主要部分が建設された。　→ p.93

グラナダ Granada ⑥ イベリア半島南部アンダルス(アンダルシア)地方の中心都市。ナスル朝の都としてイスラーム勢力最後の拠点であった。

ポルトガル王国 Portugal ⑦ 1143～1910 カスティリャから自立してイベリア半島西部に建てられた国。強力な王権と大商人階層の結びつきが強く、他国に先がけてアジア航路の開発を進めた。

ジョアン2世 João ③ 1455～95 ポルトガル王(在位1481～95)。貴族層を弾圧して絶対王政の確立をはかる一方、バルトロメウ＝ディアスの喜望峰到達を援助するなど、海洋帝国を築きあげた。　→ p.135

ドイツ・スイス・イタリア・北欧

イタリア政策 Italienpolitik ⑤ 歴代の神聖ローマ皇帝がおこなったイタリア介入政策。シュタウフェン朝時代に強化されたが、ロンバルディア同盟の反抗もあり、国内分裂と皇帝権弱体化の一因となった。　→ p.82

シュタウフェン朝 Staufen ④ 1138～1208、1215～54 神聖ローマ皇帝位を継承した王朝。フリードリヒ1世(在位1152～90)・フリードリヒ2世(在位1215～50)の時代が最盛期で、イタリア政策に傾注した。

「大空位時代」 Interregnum ⑥ 1256～73 シュタウフェン朝滅亡後、神聖ローマ皇帝が実質的に不在であった時期。ハプスブルク家のルドルフ1世が皇帝に選出されるまで続いた。

カール4世 Karl ⑥ 1316～78 ルクセンブルク朝の神聖ローマ皇帝(在位1347～78)。ベーメン国王としてはカレル1世(在位1346～78)。金印勅書の発布、「教皇のバビロン捕囚」の終結に尽力した。また、プラハ大学の創設や大規模な教会建設を進め、プラハを東欧の文化都市とした。

プラハ Praha ② ベーメン(ボヘミア)王国の首都。西欧と東欧を結ぶ通商路に位置して発展し、1346年ベーメン王となったルクセンブルク家のカレル1世(神聖ローマ皇帝カール4世)の時代に帝国の首都として大規模な都市整備がおこなわれ、「黄金のプラハ」と呼ばれた。ドイツ地域最初の大学(プラハ大学)が建てられ、中欧の文化の中心としても繁栄した。

金印勅書 Goldene Bulle ⑦ 1356 皇帝カール4世が発布した帝国法。皇帝選出の慣習を整理・成文化したもので、選挙権を7名の選帝侯に定め、1806年の神聖ローマ帝国解体まで効力をもった。勅書の印に黄金を用いたことからこの名で呼ばれる。

選帝侯 Kurfürst ⑦ 神聖ローマ皇帝の選出資格をもっていた聖俗の諸侯。金印勅書ではマインツ・ケルン・トリーア大司教、ファルツ伯・ザクセン公・ブランデンブルク辺境伯・ベーメン王の七選帝侯による多数決制が定められた。

領邦 Territorialstaat ⑦ 13世紀から近代までドイツを構成した地方主権国家。神聖ローマ帝国の中央集権化は進まず、諸侯領や自由都市など、このような独立した小国家は最多期には300を数えた。

ハプスブルク家 Habsburg ⑥ オーストリアの名門王家。大空位時代後のルドルフ1世の皇帝即位(在位1273～91)に始まり、1438年からはその滅亡まで神聖ローマ皇帝位をほぼ世襲した。　→ p.158

エルベ川 Elbe ④ ベーメンの山岳地域を源とし、ドイツをつらぬいて北海に注ぐ大河。ドイツ人とスラヴ・マジャール人居住地域の境界であったが、12世紀以降、ドイツ人のエルベ以東への東方植民が進んだ。河岸には大司教座がおかれたマクデブルク、ザクセン選帝侯国の都ドレスデン、ハンザ同盟の中核都市ハンブルクなどが発展した。

東方植民 ⑦ 12～14世紀、エルベ川以東へのドイツ人の植民・開墾運動。農民の大規模な移住は軍事的な側面も強く、ブランデンブルク辺境伯領やドイツ騎士団領が建てられた。　→ p.95

ブランデンブルク辺境伯領 Brandenburg ④ 1134～1701 ドイツ人の入植により建てられたエルベ川からオーデル川に至る領邦。1415年以降、ホーエンツォレルン家領となった。

ドイツ騎士団領 Staat des Deutschen Ordens ⑤ 第3回十字軍の際に結成されたド

イツ騎士団が、13世紀にバルト海沿岸部に建てた領邦。16世紀前半のルター派への改宗による騎士団廃止後はプロイセン公国領となった。　→ p.174

スイスの独立 ⑤ 13世紀後半以降ハプスブルク家の封建的支配が強化されると、1291年にウーリなど3州が「永久同盟」を結んで独立運動を開始した。1499年のバーゼル条約により事実上13州の独立が達成され、ウェストファリア条約で正式に承認された。

シチリア王国 ⑤ 12世紀にノルマン人の征服により成立した王国。建国の際にシチリア島と南イタリアを領有したことから、一般に「両シチリア王国」とも呼ばれる。12世紀末に神聖ローマ皇帝が王位を継承してから最盛期をむかえ、フリードリヒ2世の時代には、国際的な融合文化が栄えた。13世紀後半から教皇の要請を受けたフランスのアンジュー家の支配下に入ったが、1282年の「シチリアの晩鐘」と呼ばれる反乱ののち、干渉してきたスペインのアラゴン家に征服された。以降はイタリア王国に統一されるまで、ナポリ王国と統合・分裂を繰り返した。

ナポリ王国 ⑤ 13世紀後半から19世紀初めまで、南イタリアを支配した王国の通称。「シチリアの晩鐘」と呼ばれる反乱でシチリア島を追われたフランスのアンジュー家が、ナポリを都に成立させた。15〜17世紀のアラゴン家による治世を経て、18世紀にスペイン＝ブルボン家のもとでシチリア王国と再統合された。

教皇領 ③ 「ピピンの寄進」を基礎とするローマ教皇の領土。インノケンティウス3世の時代に最大版図となったが、皇帝との対立や教皇庁のアヴィニョン移転などで拡大・縮小を繰り返した。19世紀はフランスによる併合や統一運動の過程でほぼ消滅した。現在はヴァチカン市国のみ残る。　→ p.81

ヴェネツィア共和国　Venezia ⑦ イタリア北東部の都市共和国。貴族や富裕市民から選出された総督を中心とする共和政をとり、東方貿易を独占して地中海世界で大勢力を築きあげた。

フィレンツェ共和国　Firenze ⑥ イタリア中部トスカナ地方の都市共和国。13世紀以降、遠隔地貿易に加えて毛織物業と金融業で繁栄した。15世紀以降メディチ家が政権を握り、ルネサンスの中心地となった。

ジェノヴァ共和国　Genova ⑥ イタリア北西

部の都市共和国。富裕な商人・銀行家が政治を掌握し、13世紀に繁栄の頂点をきわめたが、ヴェネツィアとの覇権争いに敗れた。

ミラノ公国　Milano ④ イタリア北部の有力都市国家。商工業の発達により繁栄し、ヴィスコンティ家・スフォルツァ家の支配のもと、公国を形成した。

都市国家《イタリア》 ④ イタリアの有力な自治都市（コムーネ）が周辺の農村地域も支配した領域都市国家。古代的都市国家の伝統の残るイタリア諸都市では、近郊の農村に所領をもつ封建貴族が、都市に移って大商人とともに市政を握ることも多かった。

教皇党（ゲルフ）　Guelfs ⑥ 12世紀以降イタリアで続けられた教皇と皇帝の抗争における教皇支持派。都市の大商人に支持者が多く、ボローニャ・ミラノ・フィレンツェが拠点であった。

皇帝党（ギベリン）　Ghibellines ⑥ 12世紀以降イタリアで続けられた、教皇と皇帝の抗争における皇帝支持派。農村領主出身の貴族に支持者が多く、ピサ・ヴェローナなどが拠点であった。

マルグレーテ　Margrethe ⑤ 1353〜1412 デンマークの王女。ノルウェーにとつぎ、夫の死後、1387年以降は事実上の両国の女王となった。養子に迎えたエリクを北欧3国の君主とするカルマル同盟を成立させ、その摂政としてすべての実権を握った。

カルマル同盟　Kalmar ⑥ 1397年にスウェーデンのカルマルで結成された、デンマーク・スウェーデン・ノルウェーによる同君連合。黒死病（ペスト）への対応やハンザ同盟の進出に対抗するために結ばれた。デンマーク連合王国となったが、マルグレーテがデンマークへの権力集中をはかり、スウェーデンの反発をまねいた。1523年のスウェーデンの離脱後もデンマークとノルウェーの連合は19世紀のウィーン会議まで続いた。

同君連合 ④ 複数の国家が同一人物を君主として結んだ連合関係。

教会と修道院

修道院　monastery ⑦　修道士・修道女が世俗を離れて修養する宗教的共同体の場。キリスト教では3世紀頃にエジプト・シリアで成立し、6世紀のベネディクト修道院以後、西ヨーロッパに広がった。

ベネディクトゥス　Benedictus ⑦　480頃〜547頃　イタリアの修道者。モンテ゠カシノに西ヨーロッパ最古の修道院を建てた。彼が定めた戒律(会則)は、以後の修道院運動の規範となった。

モンテ゠カシノ　Monte Cassino ⑥　529年にベネディクトゥスが修道院を創建した中部イタリアの山。たびかさなる破壊を受けたがそのつど復興し、修道院運動の聖地とされた。

ベネディクト修道院　Benedictine Order ⑥　ベネディクトゥスがイタリア南部のモンテ゠カシノに創設した修道院。広い意味では、その戒律(会則)に従う数多くの修道会を含める。数多くのローマ教皇を輩出し、名門修道会として西ヨーロッパ中世社会に大きな影響力をもった。

聖ベネディクトゥスの戒律 ⑥　ベネディクトゥスが修道士に課した、「清貧・純潔・服従」を基本理念とする73条からなる戒律。労働による経済的自立を重んじ、「祈り、働け」をモットーとした。

「祈り、働け」 ⑤　ベネディクト修道会における生活原則の標語。生産労働を奴隷の仕事とみなしてきた、古典古代以来の労働観の転換に影響を与えた。

大開墾時代 ⑥　ヨーロッパ諸地域で開墾・植民運動が展開された12〜13世紀頃の呼称。ドイツおよび東方地域、スペイン、南フランスなどで、支配地の拡大をめざす封建領主が、未開地に修道院をまねいて開墾事業を推進した。

シトー修道会　Cistercian Order ⑥　1098年、フランス・ブルゴーニュ地方のシトーに創設された修道会。諸侯による修道院の所領や人事への介入に対抗して、複数の修道院の連合体として修道会が結成された。なかでもシトー修道会は清貧と労働を重んじ、12世紀以降、大開墾運動の中心として西ヨーロッパ最大の修道会に発展した。代表的

な改革者として、聖母マリア信仰を確立したベルナルドゥス(聖ベルナール、1090頃〜1153)がいる。

フランチェスコ　Francesco ⑥　1181頃〜1226　フランチェスコ修道会を設立したイタリアの国民的聖人。中部イタリアのアッシジの富裕な織物商家に生まれる。奔放な生活から回心して生涯清貧に徹した。

フランチェスコ修道会　Franciscan Order ④　1209年、フランチェスコが中部イタリアのアッシジに創設した托鉢修道会。ローマ教皇により公認され、西ヨーロッパを代表する修道会に発展した。

ドミニコ　Dominico ④　1170頃〜1221　スペインの聖人。南フランスでアルビジョワ派(カタリ派)の改宗に力をつくしたのち、ドミニコ修道会を創設した。

ドミニコ修道会　Dominican Order ⑥　1215年、ドミニコがフランス南部のトゥールーズに創設した托鉢修道会。パリ大学における神学研究や異端審問に貢献した。

托鉢修道会　Mendicant Order ⑤　財産をもたず、信者からのほどこしをよりどころとして清貧をつらぬく修道会。都市における説教活動を重んじ、民衆の信仰生活に大きな影響を与えた。また、托鉢修道士が布教・外交などに活躍した13世紀を「托鉢修道士の時代」ともいう。

神学　theology ⑥　キリスト教の信仰や教理を探究する学問。ヨーロッパ中世の学問体系において頂点に立つ分野であった。

ラテン語　Latin ⑤　古代ローマ帝国およびカトリック教会の公用語。ヨーロッパ中世においては知識界の共通語として使用され、イタリア語・フランス語・スペイン語などの基となった。　→ p.65

学問と大学

アリストテレス哲学 ④　諸学を集大成し、論理的な思考体系を確立した、古代ギリシアのアリストテレスにもとづく哲学。アラビア語に翻訳され、イブン゠シーナーらによるイスラーム哲学の構築に貢献した。13世紀、翻訳運動によりその思想や研究がイスラームから西欧キリスト教世界に導入されると、トマス゠アクィナスによってスコラ学が集大成された。

スコラ学　scholasticism ⑥　古代哲学を利用して、キリスト教神学の体系化を試みる中世特有の学問。とくにアリストテレス哲学

の導入により理性と信仰の調和を探究し、教会権威を理論的に確立しようとした。元来スコラとは教会・修道院付属の「学校」を指す言葉。

実在論〔じつざいろん〕 realism ④ 普遍的なものを実在するとみなすスコラ学の立場。プラトン主義の影響を受け、神や普遍は事物に先だって存在するとして、信仰の優越を主張した。アンセルムスが代表的論者。

アンセルムス Anselmus ④ 1033〜1109 イタリア出身の実在論の代表的論者。ベネディクト修道会に入り、カンタベリ大司教〔だいしきょう〕となった。「スコラ学の父」と呼ばれる。

唯名論〔ゆいめいろん〕 nominalism ④ 普遍的なものは実在せず、個物につけられた名前にすぎないとするスコラ学の立場。無批判な信仰を退け、理性を重んじた。アベラールやウィリアム＝オブ＝オッカムが代表的論者。

アベラール Abélard ⑤ 1079〜1142 唯名論をとなえたフランスのスコラ学者。アリストテレス哲学を重んじる先がけとなった。代表的著作『然〔しか〕りと否〔ひ〕』。

ウィリアム＝オブ＝オッカム William of Occam ④ 1290頃〜1349頃 イギリスのスコラ学者・論理学者。反教皇派の立場から唯名論をとなえて理性と信仰を明確に分離し、近代合理論への道を開いた。

普遍〔ふへん〕**論争** ③ スコラ哲学における中心的な論争。「普遍」は現実に実体として存在するのか、思考のなかにしか存在しえないのかをめぐって対立した。論争のなかで学問と信仰の分離が進んだ。

12世紀ルネサンス ⑦ 12世紀に西ヨーロッパでおこった文化の復興運動。大規模な翻訳運動によってアリストテレスやプトレマイオス、エウクレイデスやガレノス（古代ギリシアの医師）らの著作がギリシア語・アラビア語からラテン語へ翻訳され、ラテン語古典の復活、ローマ法・哲学・科学の復興、建築技術の進歩といった一連の知が花開いた。農業技術の革新や都市の発展がその背景にあった。 → p.93

トレド Toledo ⑤ 12世紀以降、アラビア語からラテン語へ翻訳作業が大規模におこなわれたスペインの古都。アリストテレス哲学をはじめ、医学・数学・天文学など多くのギリシア語の文献がここから西ヨーロッパに流布〔るふ〕し、多大な影響を与えた。 → p.92

パレルモ Palermo ② 12世紀ルネサンスの中心となったシチリア王国の都。ノルマン

人の進出以降、整備された官僚制度のもとで王宮にはイドリーシーらのアラブ人やギリシア人の学者が集〔つど〕ってさかんな文化活動がおこなわれ、イスラーム・ビザンツ文化の多くの文献がラテン語に翻訳された。

トマス＝アクィナス Thomas Aquinas ⑦ 1225頃〜74 中世最大のスコラ学者。パリ大学教授。教父アウグスティヌス以来の信仰の超越性にアリストテレス哲学による理性を調和させ、スコラ学を大成した。彼の理論は現在においてもカトリックの一般的学説とされる。

『**神学大全**〔なん〕』 ⑤ トマス＝アクィナスの代表的著作。500以上の問いの討論という形式をとりながら、中世キリスト教神学を体系的に解説した書。

ロジャー＝ベーコン Roger Bacon ⑥ 1214頃〜94 イギリスの自然科学者・スコラ学者。神学による諸学の体系化に加え、イスラーム科学の影響から実験と観察を重視する経験論への思潮を築いた。「実験科学」は彼がはじめて使った言葉。

大学 universitas ⑦ 教会・修道院の付属学校に起源をもつ高等教育機関。都市の発達と12世紀ルネサンスの影響のもとに、教授・学生の自治的なギルドとして形成された。13世紀末までに46の大学が設立され、学生は遍歴〔へんれき〕しながら学問をおさめた。

3学部 ③ 中世の主要大学におかれた神学部・法学部・医学部を指す。これら専門3学部に一般教養を扱う人文学（哲学）部を加えて4学部とする考え方もある。

自由七科 ⑥ 教会・修道院でおこなわれてきた、中世教養の基本となる科目。文法学・修辞学・論理（弁証〔べんしょう〕）学の初級3学科と、算術・幾何・天文・音楽の上級4学科にわかれる。大学の設立により各学部の基礎的な教養課程となった。

ボローニャ大学 Bologna ⑤ 1088年、北イタリアのボローニャに設立された、現存する最古の大学。ローマ法研究で有名。1158年に神聖ローマ皇帝フリードリヒ1世の特許状によって自治権を認められた。

サレルノ大学 Salerno ③ 医学校を前身とする中世最古の大学の一つ。イタリア南部の保養地サレルノに設立され、イスラーム医術の強い影響のもと、12世紀に西欧医学教育の頂点に立った。

パリ大学 Paris ⑥ 12世紀中頃、パリ大司教を長として、私塾の教師や学生が結成した大学。歴代国王や教皇の保護のもと、ソル

ボン（1201〜74）の設置した学寮を前身とする神学部は、中世神学の最高権威となった。

オクスフォード大学　Oxford ⑥ パリ大学を模範として12世紀後半に設立されたイギリス最古の大学。神学研究で発展し、独自の学寮制をとった。

ケンブリッジ大学　Cambridge ② 13世紀初頭、オクスフォード大学やパリ大学から移った教授・学生によってイギリスに設立された大学。16世紀に宗教改革の拠点となった。

学寮（コレッジ）② オクスフォード・ケンブリッジ両大学で発展した、独立した自治組織をもつ教育機関。多くが出身地の有力者の後援によって設立され、大学自体が学寮の集合体となっている。

◁◁◁ **美術と文学** ▷▷▷

ロマネスク様式　Romanesque ⑥ 11世紀頃、南フランス・イタリアから西欧に広がった建築様式。「ローマ風」の意味。石造天井を支える厚い壁と列柱、小さな窓が特色で、荘重な雰囲気をもつ。ドイツのシュパイアー大聖堂やイタリアのピサ大聖堂が代表的。

ピサ大聖堂　Pisa ④ ロマネスク様式最大級の建築物。11〜13世紀に建てられた。ローマ風の列柱に加え、イスラーム風の尖塔、ビザンツ風のモザイクといった様々な様式が混在している。鐘楼（しょうろう）は「ピサの斜塔」として有名。

ゴシック様式　Gothic ⑥ 12世紀頃、北フランスから西ヨーロッパに広がった建築様式。「ゴート人風」という言葉は、当初「野蛮（やばん）な」を意味した。特色である高い塔と尖頭（せんとう）アーチは富と信仰の象徴（しょうちょう）であり、諸都市は競いあってこの様式の大聖堂を建設した。フランスのランス大聖堂やノートルダム大聖堂などが代表的。

ステンドグラス　stained glass ⑥ 絵ガラス。ゴシック様式の教会の窓に用いられ、聖書の場面などが差しこむ光で神秘的に表現された。

シャルトル大聖堂　Chartres ⑥ フランスの代表的なゴシック聖堂。12世紀末から建設が進められ、とくにステンドグラスなどの装飾は高い芸術性を誇る。

ノートルダム大聖堂　Notre-Dame de Paris ⑤ パリ司教座聖堂として13世紀に完成した代表的なゴシック建築。ノートルダムは「聖母マリア」の意味。

ケルン大聖堂　Köln ⑤ ドイツの代表的なゴシック聖堂。13世紀に起工したが、たびたび中断され、1880年に完成した。

騎士道物語 ⑤ 中世騎士の理想像や冒険を題材とした口語の宮廷文学。『アーサー王物語』が代表的であるが、広義には『ニーベルンゲンの歌』のような英雄叙事詩や『ローランの歌』などの武勲（ぶくん）詩も含まれる。

『ローランの歌』　Roland ⑥ フランスを代表する武勲詩。12世紀初頭に完成。カール大帝のスペインにおけるイスラーム討伐を題材として、騎士ローランの活躍と死が描かれている。

『ニーベルンゲンの歌』　Nibelungenlied ⑥ 中世ドイツを代表する英雄叙事詩。13世紀初頭に完成。北欧・ゲルマン神話とブルグンド人の歴史を題材とした作品で、英雄ジークフリートの死と妻クリームヒルトの復讐（ふくしゅう）が悲劇的に描かれている。

『アーサー王物語』　Arthur ⑥ ブリトン人の英雄王アーサーを題材とした騎士道物語。12世紀に完成。ケルト神話や聖杯（せいはい）伝説、円卓（えんたく）の騎士の伝承などが盛り込まれた口語文学。

吟遊（ぎんゆう）詩人（トゥルバドゥール）⑤ 西ヨーロッパ各地の宮廷において、騎士道を背景とした貴婦人への愛を題材にうたった詩人たち。フランスではトゥルバドゥールと呼ばれた。

第8章　東アジア世界の展開とモンゴル帝国

1　アジア諸地域の自立化と宋

東アジアの勢力交替

遣唐使の停止④ 894年、遣唐大使に任命された菅原道真の建議により、派遣を停止した。渡航使節は838年が最後であった。停止の背景には、安史の乱以降に国家主体の朝貢貿易が衰え、かわって民間交易が活発化したことがあった。

キタイ（契丹）⑦ 遼河上流域に居住していた遊牧・狩猟民、および彼らが建てた国家。中国の史料では、6世紀初頭から元朝時代まで「契丹」とあり、キタイやキタン、カタイ(Khatai)とも称される。中国を指す呼称としてイスラーム圏やヨーロッパに伝わった。

遼⑦ 916〜1125　キタイがモンゴル東部から中国東北地方に建てた国家で用いられた、中国風の国号。都は上京臨潢府。916年に建国し、926年渤海を滅ぼした。936年に後晋の建国を助けて燕雲十六州を獲得し、華北の一部をも領有した。947年に国号をキタイから遼と改めた（その後、またキタイに戻した時期もある）。唐の制度や文化の影響を受けつつ、自民族の文化の維持もはかった。二重統治体制をとり、契丹文字を制定するとともに、仏教もさかんに信仰した。

耶律阿保機（太祖）⑦ 872〜926　遼の創建者・初代皇帝（在位916〜926）。907年キタイの諸部族に推されて遊牧民の長（君長）となり、華北に進出して漢人を部下に用いて国力を蓄えた。916年中国風に皇帝を称した。926年、親征して渤海を滅ぼしたが、帰国途上に病死した。

燕雲十六州⑦ 現在の北京（燕州）・大同（雲州）などの長城付近地域。936年、キタイは後晋の建国を援助した代償としてこれらの地域を獲得した。

二重統治体制⑥ 遊牧・狩猟民と農耕民とをわけて統治した、遼や金の国家体制。遼では、北面官が固有の部族制で遊牧・狩猟民を、南面官が中国的な州県制で農耕民を統治する、二面的な統治制度をとった。

北面官⑦ 遼の二重統治体制下で、軍政と遊牧民の民政を担った官庁および官吏。

南面官⑦ 遼の二重統治体制下で、農耕民の民政を担った官庁および官吏。やがて、軍政を担う北面官に対して、南面官が文政を扱うようになった。

契丹文字⑦ キタイが作成した民族文字。耶律阿保機の時代に漢字を基につくられた大字と、のちに弟の迭剌がウイグル文字の影響でつくった表音文字系の小字からなる。まだ完全には解読されてない。

王建⑤ 877〜943　高麗の建国者（在位918〜943）。新羅末の反乱軍の一首領として台頭し、918年王位について国号を高麗とした。新羅・後百済を滅ぼして936年に半島を統一し、諸制度をととのえて王朝の基礎を固めた。

高麗⑦ 918〜1392　王建が建国した朝鮮の王朝。高句麗の継承を意識して高麗と称し、936年に朝鮮半島を統一した。当初から仏教を保護する一方、10世紀後半には中国の官制や地方行政制度を導入して、文民中心の官僚統治体制をととのえた。門閥化した官僚層による政治に陰りがみえるなか、12世紀後半より武人政権が成立した。→ p.121

開城④ 現在の北朝鮮南部に位置する高麗の都。建国の翌年、王建の出身地である同地域が「王京」と定められた。

両班② 高麗・朝鮮王朝時代の特権身分の官僚たちの呼称。高麗では現職の官僚である文官（文班）と武官（武班）を総称する言葉として使われた。→ p.146

高麗版大蔵経⑥ 高麗で刊行された大蔵経。11世紀に彫造された『大蔵経』版木は、モンゴル軍の侵攻によって焼失した。その後、13世紀半ばに武人政権の崔氏がモンゴル退散を祈念してつくらせた8万余枚の版木は、韓国の海印寺に現存している。

金属活字③ 13世紀前半の高麗で世界最初の金属活字がつくられた。素材は銅・鉛・鉄などで、印刷に用いられたとされる。→ p.128

高麗青磁 ⑤ 高麗でつくられた青磁。宋の青磁の影響を受けてつくられはじめ、12世紀頃に高麗独特の色調と技法の青磁が完成した。

大理 ⑥ 937〜1254 宋代の雲南地方に存在した王国。南詔の滅亡後、白蛮族系（白蛮族をタイ系とする従来の説は根拠が薄いとされる）の豪族が建国した。文化的には、南詔の仏教文化を継承・発展させた。1254年クビライ率いるモンゴル軍に降伏して滅んだ。

国風文化 ⑥ 中国文化の消化のうえに成立した、日本風（国風）の文化。藤原氏の摂関時代を中心として、漢字を基にした仮名文字の発達や、日本的風物を主題とした大和絵などの優雅な貴族文化、浄土教の流行が特徴的であった。

武人政権《朝鮮・日本》④ 東アジアの動揺期に生まれた、武力を基盤に武人が政治を支配した政権。高麗では、12世紀後半に武臣が文臣勢力を倒して政権を掌握し、同世紀末から崔氏が4代にわたり政治を支配した。日本では、1167年に平清盛が京都六波羅に最初の武家政権を建て、同世紀末に源頼朝が鎌倉幕府を樹立した。

李朝（大越） ⑦ 1009〜1225 ベトナム人が北部ベトナムに建てた最初の長期王朝。李公蘊によって創始され、都を昇竜（ハノイ）におき、のち1054年に国号を「大越」とした。仏教文化が栄え、宋・大理・チャンパー・カンボジアなどの侵入軍を撃退した。皇帝の軍事・宗教的権威と国際交易を基にして、ゆるやかな統治体制をとった。 → p.49

昇竜（ハノイ） ② 紅河デルタの中央に位置する都市。7世紀の安南都護府を前身とし、李朝大越の時代に首都となり、18世紀末まで歴代王朝の首都とされた。

陳朝（大越） ① 1225〜1400 李朝につぐ大越の王朝。紅河デルタの治水事業による人口増や官僚制の整備などで、安定政権を築いた。元の侵攻を3度撃退して民族意識を高揚させ、「南の小中華」国家として発展した。 → p.49

タングート ⑦ 6〜14世紀に活躍したチベット系民族。はじめ青海・四川地方で遊牧を営んでいたが、吐蕃の圧迫を受け、8世紀半ばまでには霊州やオルドス南部に移った。オルドスの夏州拓跋思恭は、黄巣の乱平定の功績によって、唐から李姓をたま

わった。その後、タングートは宋や遼に帰順したが、1038年に李元昊（在位1038〜48）が大夏（西夏）を建てて自立した。

西夏（大夏） ⑦ 1038〜1227 オルドス地方を中心にタングート人が建てた国家。西夏は宋側の呼称で、自称が大夏。1044年の慶暦の和約で、宋に臣下の礼をとることと引きかえに、宋から歳賜として絹・銀・茶を毎年得ることを約束させたが、その後も宋との抗争は続いた。のち華北に進出した金に服属しながら中継貿易で栄え、仏教文化を基調とする独自の文化を発達させた。1227年チンギス=カン（ハン）に滅ぼされた。 → p.119

西夏文字 ⑦ 西夏でつくられた民族文字。漢字の要素を組み合わせた、大部分が複雑な字体をもつ表意文字である。日本や旧ソ連の学者によって解読が進んだ。

宋と金

趙匡胤（太祖） ⑥ 927〜976 宋の建国者・初代皇帝（在位960〜976）。後周の有力武将で部下に推されて即位し、統一を進めた。後周の方針を継承して、武人からの兵権回収、禁軍（皇帝の親衛軍）の再編、文人官僚制、君主独裁、中央集権化を推進し、宋の政治体制の基礎を築いた。

宋（北宋） ⑦ 960〜1127 五代・後周の皇帝から禅譲を受けて、趙匡胤が建てた王朝。都は開封。第2代太宗の時に中国を統一した。内政では文治主義を採用し、科挙制を確立して中央集権的な君主独裁体制を構築した。しかし、11世紀に入ると遼・西夏など隣接する諸民族の圧迫を受け、1127年、金の攻撃で開封は陥落し、高宗が臨安（杭州）を拠点に宋を復興した（南宋）。

開封（汴州） ⑦ 黄河と大運河の合流地点に位置する都市。五代（後唐を除く）と北宋の都。 → p.41

太宗 ⑥ 939〜997 北宋の第2代皇帝（在位976〜997）。趙匡胤の弟。内政・外政とも兄の政治路線を受け継ぎ、979年に中国統一を完成した。節度使の行政権を取りあげ、文官による州県支配で中央集権的体制を確立した。

文治主義 ⑦ 武力によらず儀礼・法制・教化によって社会の安定を維持しようとする政治。宋の太祖・太宗は節度使の権力を奪い、文官優位の国家体制を樹立した。

科挙《宋》⑥ 宋代に整備された官吏登用

制度。3年に1回の実施となり、また州試
しゅうし・省試しょうし・殿試でんしの3段階制が確立された。

殿試でんし ⑦ 宋で導入された科挙の最終試験。
文治主義をめざす趙匡胤ちょうきょういん（太祖）によって、
省試合格者に対して皇帝みずからがおこな
う最終審査として創設された。皇帝を師、
殿試の上位合格者をその門下生とみなすこ
とによって君主権の強化がめざされた。

澶淵せんえん**の盟** ⑦ 1004　宋と遼（当時の国号は
キタイ）が澶州（河南省）で結んだ和議。お
もな内容は、(1)宋が遼に毎年絹けん20万匹ひき、
銀10万両りょうをおくる、(2)宋が兄、遼が弟の
関係とする、(3)国境を保全する、であった。
以後、両国間では平和が続いた。

神宗しんそう ④ 1048～85　北宋の第6代皇帝（在位
1067～85）。王安石を登用し、その新法に
よって、官僚の過剰、軍事費増大、歳賜さいし
などで悪化した財政の回復をはかった。1080
～82年には官制改革を実施した。

王安石おうあんせき ⑦ 1021～86　北宋の政治家・文人。
神宗のもとで1070年頃から新法による改革
を実施した。財政は一時好転したが、保守
派官僚の反対もあり、宰相辞任後に改革は
瓦解がかいした。文人として唐宋八大家の一人
にも数えられる。

宰相さいしょう ② 中国では、中央政府の最高責任者
で皇帝を補佐する者の総称。歴代王朝での
呼称が同一でないため、便宜上この名称が
使われる。

新法しんぽう ⑦ 北宋で王安石が実施した財政・行
政・教育などの改革諸法。保守派官僚の反
対、実行上の不正や不徹底などもあり、王
安石の辞任と神宗の死で、改革は瓦解した。

青苗法せいびょうほう ⑤ 新法の一つで、貧農救済を目
的とした、植え付け時の金銭や穀物こくもつの低
利貸し付け策。低利で金銭を貸し、穀物で
おさめさせる内容は、地主・高利貸の利益
と搾取さくしゅを抑止するものだったため、地主
層の強い反対にあった。

市易法しえきほう ⑤ 新法の一つで、中小商人への低
利融資策。大商人の営利独占と小商人への
抑圧をおさえるものだったため、大商人の
強い反対がおこり、王安石の辞職につなが
った。

均輸法きんゆほう ④ 新法の一つで、物価安定と物資
の流通円滑えんかつ化を目的とした、政府による
買い上げや転売策。各地の特産物を輸
送させ、不足地に転売して、政府の利益を
あげようとするものだった。そのため大商
人の反対にあった。

募役法ぼえきほう ④ 新法の一つで、上・中層農民に

割り当てた労役などの差役さえき法にかわる政
策。差役法が上・中層農民を苦しめたため、
彼らから免役銭を、また差役を免ぜられて
いた官戸や商人からは助役銭を徴収する一
方、これらを財源として、新たに希望者を
募り雇銭を給して労役にあてた。

保甲法ほこうほう ④ 新法の一つで、傭兵ようへい制にかわ
る兵農一致の強兵策。はじめは警察の仕事
にあたらせたが、やがて農閑期のうかんきに軍事
訓練をほどこし、禁軍を整理して民兵を強
化した。

保馬法ほばほう ③ 新法の一つで、財政負担を少な
くして軍馬を確保する政策。戸の資産に応
じて1～2頭の官馬をやしなわせる政策で、
開封と華北でおこなわれた。

新法党しんぽうとう ⑥ 北宋で王安石の新法を支持した政
治勢力。経済の先進地域である、江南を含
めた南方の出身者が多かった。

旧法党きゅうほうとう ⑥ 北宋で王安石の新法に反対した保
守派勢力。司馬光らを中心とし、華北出身
者が多かった。

司馬光しばこう ④ 1019～86　北宋の政治家・学者。
旧法党の中心人物。王安石と対立していっ
たん引退し、英宗えいそう（在位1063～67）の命で
着手していた史書『資治通鑑しじつがん』の編纂へんさんに専
念した。王安石辞職後、哲宗てっそうの即位（在
位1085～1100）にともなって宰相となり、
新法をことごとく廃した。

ツングース系　Tungus ⑦ アルタイ語族に属
するツングース諸語を話す人々の総称。東
北アジアに分布し、靺鞨まっかつ・女真・満洲
まんしゅうなどの諸民族が含まれる。

女真じょしん（ジュシェン、ジュルチン）　Jušen,
Jurchin ⑦ 中国東北地方を居住地としたツ
ングース系の狩猟・農耕民。女直じょちょくとも
呼ばれる。渤海の滅亡後、その遺民を遼が
女真と呼んだ。12世紀初め、完顔部の阿骨
打が金を建国した。　→ p.133

完顔阿骨打ワンヤンアグダ（太祖）⑥ 1068～1123　金の
初代皇帝（在位1115～23）。完顔部の首長と
して、1115年皇帝を称して金を建国し、謀
安・謀克の編制や女真文字を制定した。宋
と提携し、燕京（現北京）を攻め、遼の追討
に向かったが途中で病死した。

金きん ⑦ 1115～1234　中国東北地方に建てられ
たツングース系女真人の王朝。第2代太宗
の時代には、1125年に遼を、27年に北宋を
滅ぼした。その後南宋と対峙するが、秦
嶺しんれい・淮河の線を国境と定め、南宋から臣
下の礼と歳貢さいこうを受けた（のちに条件は一
部変更）。華北を領有して二重統治体制を

とったが、やがて漢化にともなう女真人の弱体化と財政悪化が進み、1234年モンゴルと南宋の攻撃を受けて滅んだ。　→ p.119

猛安·謀克⑤　金の行政·軍事組織およびその長官名。二重統治体制のもと、女真人やキタイ人など遊牧·狩猟民に適用された。300戸を1謀克、10謀克を1猛安とする行政組織で、1謀克から約100の兵を徴集する軍事組織を兼ねた。

女真文字⑦　金でつくられた民族文字。太祖阿骨打の命で1119年に契丹文字と漢字を基に大字がつくられ、38年には小字がつくられた。

徽宗⑤　1082〜1135　北宋第8代皇帝(在位1100〜25)。神宗の子。政治面では新法を採用し、金と同盟して遼に対する挟撃を策した。金軍の華北侵入に際して欽宗に譲位して退避したが、ほかの皇族とともに東北へ連行された(靖康の変)。　→ p.117

欽宗⑤　1100〜61　北宋最後の皇帝(在位1125〜27)。金軍の開封攻撃直前に徽宗から譲位された。開封陥落後の1127年、徽宗らとともに金に連行された。

靖康の変⑥　1126〜27　開封が2回金の攻撃を受け、北宋が滅んだ事件。靖康は欽宗の元号。宋が金と連携して遼を滅ぼしたのち、宋の違約を理由に金軍が南下して、1126年開封が陥落し、27年徽宗や欽宗など3000人余りが囚われ、金に連行された。

高宗⑤　1107〜87　南宋の初代皇帝(在位1127〜62)。欽宗の弟。靖康の変に際して連行をのがれて南京で即位し、宋の再建を志す岳飛らと淮河を境界として金の進出をくいとめた。1138年都を臨安(杭州)に定め、42年に和議を成立させ、金に臣下の礼をとった。

南宋⑦　1127〜1276　靖康の変の直後、高宗が江南に再建した宋朝。臨安(杭州)を都とし、淮河·秦嶺の線を金との国境として、金に臣下の礼をとった。経済が発展し、儒学では宋学が朱熹により体系化された。1276年、元軍の臨安占領によって滅亡し、幼帝を奉じて抗戦していた残存の宋軍も79年に壊滅した。

臨安(杭州)⑦　大運河の南端に位置する浙江省の港市。1138年から南宋の都となり、臨時の都の意味で臨安と称した。　→ p.121

秦檜⑤　1090〜1155　南宋の政治家。靖康の変での連行から帰国後、高宗に重用されて宰相となる。和平派の中心として1142年

に和議を成立させたが、金に対する臣下の礼を主戦派から激しく批判され、死後、売国奴とみなされた。現在では、政治家として南宋を安定させた側面も評価されている。

岳飛④　1103〜41　南宋の武将。宋の再建を志し、高宗らと淮河の線で金の進出をくいとめた。主戦派の中心として秦檜に弾圧され、獄死した。後世、民族的英雄とされた。しかし現在の中国では、民族的英雄としての評価を見直す動きもある。

淮河⑦　黄河と長江のあいだを流れ、黄海に注ぐ河川。中国では、淮河は北の畑作地帯と南の稲作地帯をわかつ境界線とされる。

鎌倉幕府⑥　12世紀末〜1333　源頼朝によって、東国の武士団を中心に樹立された武人政権。1185年、東国を中心としていた頼朝の支配権が西国にもおよんだ。そして92年、頼朝は征夷大将軍に任じられた。

中央ユーラシア型国家①　騎馬遊牧民が、出身地の草原地帯に本拠をおきながら、その軍事力で南方や中央アジアの農耕地帯·都市を支配した国家類型。騎馬遊牧民が有した軍事力·経済力·文字文化などに着目した類型である。具体的には、五代の突厥系王朝、キタイ(契丹、遼)、金、西夏、中央アジアから西アジアに展開したトルコ系遊牧勢力の諸王朝などがこれにあたるとされ、大モンゴル国(モンゴル帝国)がこの国家類型の完成形とみなされる。

唐末から宋代の社会と経済

喫茶の普及⑤　茶の木の原産地は雲南地方といわれる。紀元前後には漢人が漢方薬の手法で茶葉を煎じて飲むようになり、喫茶が広まった。その後、唐代に喫茶が大流行して庶民にまで普及し、茶は課税の対象となった。宋代になると、むした茶葉を乾燥し、粉末にして椀にとり、湯を注いで飲むようになった。

草市⑤　中国において、都市の城壁の外や村落の道路上に散在した、小規模な定期市。草市とは粗末な市の意味。唐以後、とくに宋代に数多く出現した。

鎮⑥　宋代に商工業の活発化で生まれた小都市。交通の要衝や寺廟の門前の草市から発展したものが多かった。

「清明上河図」⑦　経済的に繁栄した開封の様子を描いたといわれる画巻。北宋末の張択端の作。冬至から105日目の清

明節(人々がこぞって墓参に出かける日)の
にぎわいが描かれている。

佃戸㊆ 中国の小作農の呼称。佃戸の労働
による大土地経営は宋代より一般化した。
地主におさめる地代は収穫物の半分が普通
であった。　→ p.41

官戸㊋《宋》② 宋代以降は科挙官僚を出した
家をいう。一般の人々とは戸籍が別で、租
税以外の職役(徭役ょ)が免除され、刑法上
でも優遇措置ょが与えられた。

形勢戸けいせい ④ 宋代の富農・有力官人階層。唐
末から大地主として勢力をのばした新興の
地方豪族こ層で、ここから多くの官戸が出
たため形勢官戸とも呼ばれた。　→ p.41

塩・茶の専売 ④ 宋朝の流通政策の要となっ
た政策。その目的は、第一が国家による
塩・茶などの商品化、第二が塩・茶の専売
を全国的な流通の原動力として利用するこ
とにあった。宋は商品としての塩・茶と辺
境での軍糧確保の支払い手段としての引換
証を結びつけた。その結果、大量の商品が全
国に流通するようになった。

行こう ⑥ 宋以後の商人の同業組織の名称。唐ま
では都市内の市の商工業者の同業街を指し
た。宋代から商人は営業独占と互助などの
目的で商人組合を結成し、のち行は業種別
にわかれた。

作さく ⑤ 中国の手工業者の組合。宋以後、手工
業者の業種別組織として広く組織された。

市舶司しはく ㊆ 海上交易全般を管理した官庁。
唐とうの玄宗時代に広州にはじめて設置さ
れ、宋代には南海貿易の発展にともない、
泉州、明州・杭州(浙江省)、密州(山東省)
などにもおかれた。　→ p.37

広州こうしゅう《宋》⑥ 古くから、南海貿易の拠点
として繁栄した広東かん省の海港都市。唐代に
ムスリム商人が来航して、はじめて市舶司
がおかれ、外国人居留地きょりゅうち(蕃坊ばん)も設
けられた。南宋から元げの時代には一時泉
州に繁栄を奪われたが、明以降も繁栄を続
けた。　→ p.37, 148, 241

泉州せんしゅう ⑥ 福建ふっけん省の東南部にある港市。唐
代にはムスリム商人が交易のために居留し
ていた。宋代に市舶司がおかれ、元代にこ
の地を訪れたマルコ=ポーロやイブン=バ
ットゥータにより、その繁栄が広く伝えら
れた。　→ p.121

明州めいしゅう(寧波ニンポー)⑥ 浙江省東部の海港都市。
唐代では明州、明ん代からは寧波と呼ばれ
た。日本との関係が深く、唐代には遣唐使
船、明代には勘合かんごう貿易船の入港地であっ

た。宋代に市舶司がおかれた。

占城稲せんじょう ⑥ インドシナ半島東部の占城(チ
ャンパー)原産の稲。ひでりに強い早稲種
わせであったことから、北宋の時代に種子が
取りよせられ、長江下流域の江蘇こう・浙江
で栽培された。

「蘇湖(江浙こうせつ)熟すれば天下足る」㊆ 北宋
から南宋にかけて長江下流域が穀倉こくそう地
帯の中心となったことを示す言葉。蘇は蘇州、
湖は湖州の略。

銅銭どうせん(宋銭そう)㊆ 宋で鋳造された青銅通貨。
貨幣経済が発展した北宋時代には、大量の
銅銭が発行され、主貨幣としてもっとも広
く流通した。宋銭は精度・品位が高かった
ため、東アジア全域に輸出されて広く使わ
れた。日本では、平安末期から室町時代に
かけて大量に輸入され、国内通貨として用
いられた。

飛銭ひせん ① 唐代後半から宋代の送銭手形。唐
代中期以降の遠隔地えんかく取引、両税法りょうぜい
による銭納、藩鎮はんの禁銭政策などを背景
に、おもに都から地方に送金する際に利用
された。

交子こうし ⑥ 北宋で発行された世界最古の紙幣。
宋初、四川の成都せいとの富商ふしょう組合(交子舗
ほ)が発行した手形であったが、11世紀前半
に経営不振となったため、業務を政府が引
き継ぎ、紙幣として発行した。

会子かいし ⑥ 南宋で発行された紙幣。北宋以来
東南地方で用いられた民間手形であったが、
12世紀後半から政府が不換紙幣として発行
した。

日宋貿易にっそう ⑤ 10世紀後半から13世紀半ばの
日本と宋との貿易。平氏政権時代には、宋船
が博多を経て大輪田泊おおわだのとまり(神戸)に出入り
した。仏典・漢籍かんせき・陶磁器とうじ・宋銭や禅
宗の流入は、日本の経済・文化の発展に大
きな影響をもたらした。日本からは、金や
火薬の原料となる硫黄いおうなどが輸出された。

士大夫したいふ ㊆ 儒家じゅかの教養を身につけた政治
的・社会的指導者層。「大夫」「士」は周代の
世襲的支配層を指す語であったが、宋以後
は、「士大夫」という語で読書人や知識人階
層をいい、また科挙出身の文人官僚を指し
た。宋においては新興地主・富商階層の出
身者がそのほとんどを占めていた。

景徳鎮けいとくちん《宋》④ 江西省北東部に位置する、
中国第一の陶磁器生産地。宋代の景徳年間
に名づけられ、以後、高品質の白磁の産地
として、その名は世界的にも知られた。

宋代の文化

白磁 ⑦ 中国に起源をもつ、白色の素地に透明な釉薬をほどこして高温で焼きあげた磁器。宋代にもっとも発達し、とくに河北の定窯の白磁、景徳鎮の影青（インチン）（青みを帯びた白磁）が名高い。青磁とともに海外に輸出され、また技法は日本にも影響をおよぼした。

青磁 ⑦ 中国に起源をもつ、釉薬の鉄分が変化して青緑色を帯びた磁器。白磁と同様に六朝時代からさかんに制作され、技術は宋代になって最高度に発達し、浙江の竜泉窯などですぐれたものがつくられた。白磁とともに海外にも輸出され、その技法は高麗に影響をおよぼした。

宋学 ⑥ 宋代に成立した哲学的な新儒学。朱子学ともいう。北宋の周敦頤に始まり、南宋の朱熹によって大成された。魏晋南北朝時代～唐代に力をもっていた仏教・道教や、経典の注釈を中心とする訓詁学に対して、宇宙の理法（ことわり）が人間の則るべき規範であるとする性理学、孔子・孟子の学統を継承して儒教精神を発揮しようとする道学などを特色とした。

周敦頤 ⑥ 1017～73　北宋の儒学者。その学説は『易経』と『中庸』を基に、道家思想や仏教哲学を取り入れて、道徳論を宇宙哲学から基礎づけようとした。朱子学の形成に多くの影響を与えた。著書に『太極図説』がある。

朱熹（朱子） ⑥ 1130～1200　南宋の儒学者で朱子学の祖。朱子は尊称。周敦頤らの学派と、欧陽脩らの歴史学派を統合して宋学を集大成した。学問方法としては、物事の道理をきわめて自分の知識を完成する格物致知を、実践的には君臣・父子間の道徳の重要性を説いた。また儒学の古典では、四書を五経の上においた。主著は『四書集注』『資治通鑑綱目』。

朱子学 ⑥ 宋学の別称。朱熹が大成したことに由来する呼称。　→ p.130

四書 ⑥ 朱熹が重視した儒学の古典。『論語』『大学』『中庸』『孟子』の4書。

華夷の区別 ③ 中央の中華（華夏、中夏）と、その周辺の四夷（東夷、西戎、南蛮、北狄）に区別し、中央に文化の優位性を認める思想。華夷思想ともいう。中国ではこうした思想を批判的にいう時、中華思想とも表現される。宋代には遼・西夏・金からの圧力のもと、華夷の区別が強調された。

大義名分論 ④ 儒家の政治理論。君臣・父子の道徳を絶対視し、とくに臣下として守るべき節操と本分を明らかにする考え方。なお、「大義名分」の語自体は、朱子学の議論をもとに江戸時代の日本で定着した和製漢語と考えられている。

陸九淵（陸象山） ③ 1139～92　南宋の儒学者。知的努力の積み重ねを重視する朱熹の「性即理」説を批判して、おのれの心を養い天地との一体化を重んじる「心即理」説をとなえた。彼の説は明の陽明学によって継承された。

『資治通鑑』 ⑥ 司馬光が著した編年体の通史。皇帝の治政の参考となるよう、戦国時代の始まりから五代末までを、『史記』以降の史書を基に、19年かけて294巻にまとめた。君臣の道徳など儒教的な歴史意識・厳正な史料批判に立って編纂し、『史記』と並ぶ中国の代表的通史である。

編年体 ⑥ 年代記として年月を追ってできごとを記す歴史書の編纂形式。その代表は、『春秋』とそれにならった『資治通鑑』である。

欧陽脩 ⑤ 1007～72　北宋の学者・政治家。唐宋八大家の一人。古文の復興と宋代の道徳重視の歴史学の先駆者として、君臣関係を明確に評価した史書『新唐書』『新五代史』を編纂した。政治家としては王安石の青苗法に反対した。

蘇軾 ⑥ 1036～1101　北宋の政治家・文人。王安石の新法に反対し、政治経歴は不遇であった。唐宋八大家の一人として、豪放な詩・文・詞や書に秀でていた。

院体画 ② 中国宮廷の画院で描かれた宮廷様式の絵画。その特色は、宮廷の趣味的・鑑賞的な様式をそなえ、写実性、伝統的手法、装飾性の3つを重んじた点にあった。しかし南宋末以後、形式化していった。

徽宗 ⑥ 1082～1135　北宋第8代皇帝（在位1100～25）。文芸を保護し、また彼自身「風流天子」と称され、書画の大家だった。「桃鳩図」が代表作。　→ p.115

画院 ② 中国宮廷の絵画制作機関。翰林図画院（かんりんとがいん）の略。唐の玄宗の時代に創設され、宋は初めから開設した。とくに徽宗の時代に多くの画家を輩出し、写実的で鮮やかな色彩の院体画が形成された。

文人画 ⑥ 士大夫や文人など非職業画家が描いた画。南画・南宗画とも呼ばれる。北宋時代が最盛期であった。はじめ明

確な様式はなかったが、元末の頃より山水全景をやわらかく趣深く描く画法が確立した。

雑劇⑥ 中国の古典演劇。北宋で歌劇として成立し、その後華北で流行して元代に元曲として完成された。

詞⑥ 中国の韻文学の一種。唐代より、西域から入ってきた外国音楽に刺激されてつくられた楽曲の歌詞。宋代には上下階層に広まり、宋代を代表する文芸ジャンルの一つとして宋詞と呼ばれた。

禅宗⑥ 禅（瞑想）または座禅による修行をおこなう仏教の一派。宋では士大夫層に受容され、中国仏教の主流となった。→ p.37

浄土宗③ 阿弥陀仏信仰により極楽浄土への往生を説く仏教の一派。宋代には各種の念仏結社が生まれ、官僚から庶民にまで幅広く浸透した。 → p.37

全真教⑤ 金代に成立した道教教団の一派。王重陽を開祖とし、儒・仏・道3教の調和をとなえ、禅宗の影響を受けて平易で庶民的な性格をもっていた。華北の道教を代表するものとして、江南の正一教と道教界を二分した。

王重陽② 1113～70　金代の道士で全真教の開祖。3教の融合思想に立ち、実践的・庶民的な新道教を始めた。

木版印刷⑦ 木の板に文字や絵を刻んでおこなう印刷。中国では唐代の8世紀中頃、本格的な木版印刷が開始された。宋代になると科挙受験のために経典や参考書の需要が高まり、多種多様な書物が印刷された。

羅針盤⑦ 盤の中央に磁針を配置し、船の針路・方角をはかる機器。磁針を水に浮かべた湿式羅針盤は宋代に実用化された。この湿式羅針盤はムスリム商人の手を経てヨーロッパに伝えられ、乾式羅針盤が考案された。 → p.151

火薬⑦ 衝撃・摩擦・引火などによって急激な化学変化をおこして爆発する物質。硝石・硫黄・木炭の混合物で、兵器の発達をうながした黒色火薬がその代表。その発明時期は明らかでないが、唐末には火薬の軍事への転用が始まっていた。宋代に様々な火器が開発され、実戦に利用された。この火薬は金を経てモンゴルに受け継がれ、世界各地への遠征で用いられた。

2 モンゴルの大帝国

モンゴル帝国の形成

カラキタイ（西遼）⑦ 1132～1211　キタイ（契丹、遼）の王族の耶律大石が中央アジアに建てた国。カラキタイとはキタイ人の自称で「黒いキタイ」の意味。漢文史料の表記が西遼。間接支配を基本に東西トルキスタンを支配したが、1211年、トルコ系ナイマン部に王位を奪われて滅んだ。

耶律大石⑤ ？～1143　遼の王族でカラキタイ（西遼）の建国者。遼の滅亡直前にモンゴルで自立して王を称し、遊牧民を率いて西進し、1132年に中央アジアでカラキタイを建国した（在位1132～43）。41年には分裂したカラハン朝の一勢力を滅ぼした。

モンゴル民族　Mongolian ⑤ モンゴル高原東部を原住地とした騎馬遊牧民。言語はアルタイ語族に属する。中国文献では唐代に「蒙兀」「蒙瓦」で初出する。キタイの滅亡やカラキタイの成立で遊牧諸勢力の再編の動きが強まると、モンゴル系遊牧諸部族の一つにすぎなかった「モンゴル」は、13世紀初めのチンギス＝カンの大モンゴル国（イェケ＝モンゴル＝ウルス）建国を契機に、様々な部族を取り込んで大集団へと発展した。

テムジン　Temujin ⑥ 1162頃～1227　チンギス＝カンの本名。生年には諸説あり。

クリルタイ　khuriltai ⑦「集会」を意味するモンゴル語で、大モンゴル国の最高議決機関。帝国各地から王族・貴族が招集され、君主の推戴、対外戦争、法令発布などの重大事を協議・決定した。

カン（ハン）　khan ⑤ カンは、従来遊牧民が用いていた君主の称号であるカガン（可汗）に由来する語。チンギス＝カンはカン（ハン）と呼ばれたが、オゴデイ以降はカアン（ハーン）を名乗るようになった。なお、当時の発音は「カン」「カアン」であったとみられ、時代がくだって「ハン」「ハーン」と発音されるようになった。

カアン（ハーン、大ハン）　qa'an ③ オゴデイの時代から使用された、カン（ハン）にまさる「皇帝」の意味の称号。以後、モンゴル全体の君主がカアン（ハーン、または大ハン）とされ、ほかの諸王はカン（ハン）とされた。また、遊牧社会においては、チンギス＝カ

ン家の血統者だけがカアンやカンなどの君主になりうるというルールも成立した（チンギス統原理）。

チンギス＝カン（ハン）（成吉思汗） Chinggis Khan ⑦ 1162頃～1227　大モンゴル国（モンゴル帝国）の建国者（在位1206～27）。13世紀初めモンゴル全部族を統一したテムジンが、1206年のクリルタイで推戴されてチンギス＝カンと称した。ホラズム＝シャー朝を攻略して中央アジアに版図を広げ、西夏征服後まもなく病没した。彼一代で世界帝国の礎を築いた。

大モンゴル国（モンゴル帝国） ⑦ 1206～1388　13世紀初めチンギス＝カンによって創建され、ユーラシアの東西に広がった世界帝国。「大モンゴル国（イェケ＝モンゴル＝ウルス）」は自称で、一般的には「モンゴル帝国」とも呼ばれる。クビライのカアン（ハーン）即位をめぐり内紛がおこったが、彼の即位に反対して抵抗を続けたカイドゥ（ハイドゥ）の死後、元朝のカアンをキプチャク・チャガタイ・イルの3ハン国の君主が戴くかたちで、「タタール（モンゴル）の平和」が実現した。その後、元朝は明の軍に敗れ、北方に退いて王朝を維持したが、14世紀後半にクビライの子孫によるカアン位の継承は断絶した。

ウルス ⑥ ユーラシア中央部に成立した、遊牧民を中心とする国家を指すモンゴル語。土地や領域といった側面は薄く、「人間のかたまり（集団）」＝国を意味した。

千戸制 ⑦ 大モンゴル国の軍事・行政組織。国家成立時、チンギス＝カンは全遊牧民を1000人までの兵士を提供できる単位である千戸集団と、その下の百戸・十戸の集団に再編制した。自分とともに戦ってきた親兵を千戸長の司令官に任命したため、以後、彼らはモンゴルの世襲貴族となった。

ナイマン Naiman ③ 10～13世紀初め、アルタイ山脈付近に王国を築いていた遊牧トルコ系部族。ネストリウス派キリスト教を信奉し、ウイグル文字を使っていた。1204年君主がカン即位前のテムジンに敗れた際、王子が中央アジアに逃れてカラキタイを乗っとったが、18年にチンギス＝カンの派遣軍に滅ぼされた。

ホラズム＝シャー朝 Khwārazm Shāh ⑦ 1077～1231　アム川下流のホラズム地方に成立したトルコ系イスラーム王国。セルジューク朝のトルコ人奴隷（マムルーク）出身者が建て、13世紀初めに最盛期を迎えた。

しかしモンゴルの使節を殺害したため、1220年チンギス＝カンの侵攻を受けて敗れ、その後滅亡した。　→ p.90

西夏（大夏） ⑥ 1038～1227　オルドス地方を中心にタングート人が建てた国。1227年チンギス＝カン（ハン）の遠征軍によって滅ぼされた。　→ p.113

オゴデイ（オゴタイ） Ogodei（Ogotai）⑦ 1186～1241　大モンゴル国第2代皇帝（在位1229～41）。チンギス＝カンの第3子。1234年に総力をあげて金を滅ぼし、その後、首都カラコルムの建設、駅伝制の整備、中央行政機構の創設など、帝国の基礎をととのえた。36年にはバトゥに西方遠征をおこなわせた。

金 ⑦ 1115～1234　中国東北地方に建てられた女真人の王朝。チンギス＝カン時代から攻撃を受け、1234年モンゴルと南宋の攻撃を受けて滅亡した。　→ p.114

カラコルム Khara Khorum ⑤ 大モンゴル国の首都。オゴデイの命でオルホン川東岸に建造され、第4代モンケの時代まで帝国の首都として繁栄した。大都への遷都後も、モンゴル高原の拠点都市であった。

バトゥ Batu ⑦ 1207～55　モンゴルのヨーロッパ遠征軍の総司令官。チンギス＝カンの長子ジョチ（ジュチ）の次子。1242年ハンガリーで皇帝オゴデイの訃報に接し、引き返す途中ジョチ家一門とともに南ロシアにとどまり、サライを都にキプチャク＝ハン国（ジョチ＝ウルス）を建てた。

西征（ヨーロッパ遠征） ⑤ 1236～42　オゴデイの命でおこなわれた、バトゥを総司令官としたモンゴル軍の西方遠征。オゴデイの訃報が届き、ハンガリーから引き返した。

ワールシュタットの戦い Wahlstatt ④ 1241　現ポーランド領のレグニツァ（リーグニッツ）近郊で、バトゥ率いるモンゴル軍がドイツ・ポーランド連合軍を破った戦い。ドイツ語で「ワールシュタット」とは、のちに町（シュタット）がつくられた時、そこから多くの死体（ヴァール）が出てきたため、といわれる。なお、「ワールシュタットの戦い」の存在を疑問視する説もある。

キプチャク＝ハン国 Kipchak ⑦ 1243～1502　ジョチの所領を基に、バトゥが南ロシアのキプチャク草原に建てた政権。別名ジョチ＝ウルス。首都はヴォルガ川下流のサライ。14世紀前半に最盛期を迎え、イスラーム文化も盛んであったが、同世紀後半ティムールに圧迫されて衰えた。15世紀後

半のモスクワ大公国の自立後、分裂・解体した。 → p.100

チャガタイ＝ハン国 Chaghatai ⑦ 1306～46 東西トルキスタンを中心に、チンギス＝カンの次子チャガタイの子孫が建てた政権。別名チャガタイ＝ウルス。首都はアルマリク。14世紀半ば東西に分裂し、西チャガタイ＝ハン国からティムールが台頭した。

フレグ（フラグ） Hülegü（Khulaghu） ⑦ 1218～65 イル＝ハン国の初代君主（在位1258～65）。モンケやクビライの弟。モンケの命で西アジア遠征をおこない、1258年バグダードを陥落させ、アッバース朝を滅ぼし、カスピ海南西のタブリーズを首都にイル＝ハン国を建てた。 → p.91

イル＝ハン国 Ⅱ⑦ 1258～1353 フレグがイラン高原に建てたモンゴル政権。イル＝ハンは「国の王」の意味で、フレグの別称。別名フレグ＝ウルス。首都はタブリーズ。元朝を宗主と認めていたが、のちハン位争いと有力貴族の横行などで衰え、1353年チンギス＝カンの王統が絶えた。 → p.91

グユク Güyük ⑤ 1206～48 大モンゴル国第3代皇帝（在位1246～48）。オゴデイの長子。父の死後、バトゥの反対で即位が遅れた。なお、即位式の宴会には修道士プラノ＝カルピニも参加したとされる。帝国の安定に苦しむなか、1248年中央アジアで急死した。

モンケ（憲宗） Mongke ⑤ 1208～59 モンゴル帝国第4代皇帝（在位1251～59）。チンギス＝カンの末子トゥルイの長子。第3代皇帝グユクの死後、バトゥのあと押しとトゥルイ家の軍事力を背景に即位した。即位後、オゴデイ家とチャガタイ家をきびしく弾圧し、ジョチ家・トゥルイ家の主導で帝国の再編をはかった。

カイドゥ（ハイドゥ）**の乱** Qaidu（Khaidu） ⑥ クビライの即位とオゴデイ家への弾圧に対抗した、オゴデイの孫のカイドゥ（ハイドゥ、？～1301）による13世紀後半の内紛。カイドゥはクビライの即位に反対し、対抗して即位したアリクブケ（クビライの末弟）を支援し、さらにチャガタイ家などの不満勢力を結集した。1300～01年、モンゴル高原西部での元軍との会戦におけるカイドゥ軍の敗北とその後の彼の死で終わった。

クビライ（フビライ） （Qubilai）Khubilai ⑦ 1215～94 大モンゴル国（モンゴル帝国）第

5代皇帝（在位1260～94）・元の初代皇帝（在位1271～94）。第4代皇帝モンケの弟。兄をたすけて大理・チベットを服属させ、兄の死の翌年、開平府（上都）で支持者を集めてクリルタイを開き皇帝に即位した。モンゴル高原で即位した末弟アリクブケの乱を平定すると、1264年大都に遷都し、71年に国号を「大元」とした（大元ウルス）。76年南宋を滅ぼして中国を統一し、内政を整備して中国支配を固める一方、それと前後して日本・高麗・東南アジアに遠征軍を派遣した。

元の東アジア支配

南宋の滅亡 ⑦ 1276 南宋はモンケ時代よりモンゴル帝国の攻撃を受けてきたが、1276年クビライ治下の元軍の攻撃を受けて滅亡した。その後も宋軍の残存勢力が抵抗を続けたが、79年の厓山の戦いに敗れて壊滅した。

元 ⑦ 1271～1368 クビライによって改称された、大モンゴル国宗主国の中国式名称。クビライは国号を「大元」としたが（大元ウルス）、中国王朝の通例にならい、一文字で「元」と表記されることが多い。駅伝制と新運河・海運の整備によって、大都を結節点としてユーラシア大陸の陸と海の交易ネットワークを結びつけ、銀と交鈔を基本とする貨幣制度を定着させた。またムスリム官僚を重用して経済政策を展開する一方、パクパ文字の制定、チベット仏教やイスラーム学術の盛行など、多元的な文化・社会を形成した。しかし、14世紀に入ると疫病の流行などの影響で社会混乱が生じ、同世紀半ばにおこった紅巾の乱とその後の明の成立で、1368年大都を放棄してモンゴル高原に退いた。

大都 Khanbalik ⑦ 1264年のクビライによる遷都後の大モンゴル国・元朝の首都。現在の北京。この遷都で、大モンゴル国内でそれまで従属的なものと考えられてきた中国農耕社会が、政治的中心になった。

駅伝制（ジャムチ） ⑦ 支配地域の主要街道に一定の距離ごとに宿駅を設け、宿泊施設や交通手段を提供し、旅行者・物資・情報を運んだ制度。大モンゴル国と元朝での通称はジャムチ（漢字で站赤）。大モンゴル国でチンギス＝カンによって導入され、オゴデイの時代に整備・拡充されて、元代には大都を中心にユーラシア規模で整備された。

約10里ごとの駅では、近辺の住民より100戸が選ばれて站戸として使役され、牌符（牌子符）をもった使節・軍人・官吏などに食料や馬などを提供した。

杭州 ⑥ 大運河の南端に位置する港市で、浙江省の省都。南宋では臨安の名で首都とされて繁栄した。マルコ＝ポーロはキンザイという名でヨーロッパに紹介した。　→ p.115, 129

泉州 ⑦ 福建省の海港都市。唐初よりムスリム商人が来航し、1087年に市舶司がおかれてから繁栄し、アラブ人なども多く居住した。元代には南海交易において、中国一の港となった。マルコ＝ポーロはザイトンと呼んだ。　→ p.116

高麗 ⑤ 918〜1392　王建が建国した朝鮮の王朝。13世紀に入るとモンゴルの侵略を受け、これに抵抗した武人政権が倒れ、同世紀後半に服属した。14世紀になると倭寇の侵入に苦しんで国力が衰え、1392年朝鮮王朝にとってかわられた。　→ p.112

元の東南アジア遠征 ⑦ クビライ時代におこなわれた、元の東南アジア地域への軍事遠征。陸上遠征で、1254年に大理を降伏させ、その後ビルマのパガン朝を衰退させた。しかし、海路遠征のベトナムでは、元の遠征隊は陳朝によって3度撃退された。またジャワでは、シンガサリ朝滅亡直後におこなわれた元の遠征は、新たに成立したマジャパヒト王国のため、事実上撤退するかたちで終わった。これらの遠征は、征服・支配よりも、服属をうながし、さらに通商ルートを把握することを主目的としていた。

日本遠征 ⑤ 13世紀後半に元がおこなった2度の日本遠征（元寇）。1274年の文永の役は元・高麗の連合軍、81年の弘安の役は元・高麗・旧南宋の連合軍が侵攻したが、いずれも敗退した。

モンゴル帝国の交易・情報ネットワーク ⑦ モンゴル帝国およびクビライの時代に形成された、ユーラシア東西を結ぶ交易網。クビライによって元朝の都となった大都は、帝国全土をおおう駅伝制と連結された。さらに海上交易が盛んな江南地方が元朝の支配下に入ると、南北をつなぐ海運や運河なども大都に連結され、大都を結節点とする交易・情報ネットワークが形成された。なお、元朝が各地域に送った遠征軍は、こうしたネットワークを拡大するねらいもあった。

銀経済《ユーラシア大陸》 ⑤ ユーラシア大陸で広くおこなわれていた、銀を用いた決済。モンゴル帝国のもとではムスリム商人がおもに銀での交易を担い、取引に際しては、銀錠と呼ばれる約2kgを基本単位とする銀塊が用いられた。こうした銀経済は、中国にも波及した。

塩の専売《元代》 ③ 塩との引換証（塩引）を商人に販売して徴税する、元の財政政策の柱。政府の交鈔立で収入の5〜8割におよんだといわれる。

交鈔 ⑦ 金・元における紙幣の呼び名。元では当初銀の補助通貨として併用されたが、銀不足を補うようになり、やがて政府収支と民間取引で広く用いられた。

日元貿易 ③ 鎌倉・南北朝期の日本と中国の元との貿易。博多と江南の明州（慶元）とのあいだを中心に、民間商人によっておこなわれた。中国からは陶磁器や銅銭などがもたらされた。日本からは、禅宗の留学僧が元に渡り、また寺社の造営・修築費調達のための貿易船も多く仕立てられた。この貿易・交流を通じて、宗教のみならず、学問・知識や建築技術などの禅宗文化が本格的に日本にもたらされた。なお、日本と元の国内事情や対立状況により、貿易の中断期もあった。

色目人 ⑥「様々な種類の人」の意。おもにイラン人や中央アジア系の人を指し、元朝の財務官僚として重用され、政治・経済・文化面で活躍した。

漢人 ⑤ 元朝では、旧金朝治下の遺民を指した総称。女真人・キタイ（契丹）人・漢族・渤海人・高麗人などが含まれた。

南人 ⑤ 元朝では、旧南宋治下の遺民、おもに漢族を指した総称。

郭守敬 ⑥ 1231〜1316　元代の科学者・官僚。クビライに仕え、運河建設など多くの水利工事をおこなったのち、暦法改定事業に関わり、1280年に授時暦を作成した。

授時暦 ⑦ 元代に作成された暦。クビライの命を受け、精密な観測を基に郭守敬らが作成した。イスラーム暦法の影響を強く受けた太陰太陽暦で、1281年より施行され、西洋暦法が伝わるまで350年以上にわたり使われた。

貞享暦 ⑥ 授時暦を基に、江戸時代の日本で作成された暦。渋川春海が1684年（貞享元）年に完成、翌年から使用され、1754（宝暦4）年まで用いられた。また、その後も修正が加えられて用いられた。

チベット仏教 ⑦ チベットで発展した大乗

仏教。クビライがパクパを国師としたため、元朝のもとで保護されて栄えた。しかし、寺院の建立や仏事供養[ぶつじくよう]での莫大[ばくだい]な費用は、元末の財政難の一因となった。
　　→ p.38, 146

科挙[かきょ]《元》④ 元では中央政府の首脳部をモンゴル人が独占したことから、当初科挙は停止されていた。第4代皇帝仁宗[じんそう]（在位1311〜20）の1314年に復活したが、合格者枠で漢人や南人が不利であった。

元曲[げんきょく]⑥ 広義には元代の戯曲全般で、北曲[ほっきょく]と南曲[なんきょく]の総称。狭義には、宋代に始まった雑劇[ざつげき]のうち、北曲系統のものの元代の呼称。北曲はおもに4幕からなり、幕ごとに異なる音階の旋律を用い、歌詞も台詞[せりふ]も口語を駆使して、新しい文学様式を開いた。南曲は中国南方系の楽曲を基調とした戯曲[ぎきょく]。

『西廂記』[せいそうき]⑤ 宰相[さいしょう]の娘と書生との恋愛をテーマとした元曲の代表作。登場人物の性格と心理を巧みに描写した、王実甫[おうじっぽ]の作品。

『琵琶記』[びわき]④ 元末につくられた南曲の代表作。出世して都で栄華な生活をおくる夫と、故郷で貞節な生活をおくる妻とを対比し、当時の士大夫[したいふ]階級を批判した、高明[こうめい]（高則誠[こうそくせい]）の作品。

『漢宮秋』[かんきゅうしゅう]② 前漢[ぜんかん]の王昭君[おうしょうくん]の故事[こじ]を劇化した元曲の代表作の一つ。匈奴[きょうど]との和親策の犠牲となった女性の悲劇を題材とした、馬致遠[ばちえん]の作品。

『水滸伝』[すいこでん]④ 北宋[ほくそう]末の義賊108人の武勇[ぶゆう]を題材とした口語長編小説。南宋時代から講談や読み物とされていたものを、元末〜明初に施耐庵[したいあん]が一つの作品にまとめた。

『西遊記』[さいゆうき]④ 玄奘[げんじょう]のインド求法[ぐほう]を題材とした口語長編小説。唐末以来の説話を基に、明代の16世紀後半、呉承恩[ごしょうおん]が完成させた、空想豊かな妖怪変化[ようかいへんげ]の物語。　　→ p.130

『三国志演義』[さんごくしえんぎ]④ 中国三国時代の歴史を背景に英雄豪傑の活躍を描いた長編歴史小説。元代に歴史物語として発展したものに、元末〜明初に羅貫中[らかんちゅう]が加筆して完成させた。今日知られる『三国志』物語の基である。　　→ p.130

モンゴル帝国時代の東西交流

オルトク商人 ① モンゴル帝国や元の時代に活躍したウイグル商人やムスリム商人などを指す。オルトクはトルコ語で「仲間」の意。モンゴルの皇族などから交易特権や銀などの出資を受け、組合・会社組織をつくって遠隔地商業・高利貸し・徴税請負などで活動した御用商人。

プラノ＝カルピニ　Plano Carpini ⑥ 1182頃〜1252　教皇インノケンティウス4世の命で大モンゴル国をたずねた大モンゴル国修道士。布教と情勢偵察[ていさつ]のため1245年に出発し、カラコルムを訪れてグユクに書簡を渡し、47年に帰国した。彼の旅行記によって、大モンゴル国の実情がはじめて西ヨーロッパに伝えられた。

ルブルック　Rubruck ⑥ 1220頃〜93頃　フランス国王ルイ9世の命で大モンゴル国を訪れたフランチェスコ会修道士。中央アジア経由で訪れ、1254年カラコルム南郊でモンケに会って帰国した。その報告書は、大モンゴル国に関する貴重な史料とされる。

ルイ9世　Louis ⑤ 1214〜70　カペー朝フランスの国王（在位1226〜70）。イスラーム勢力に対する十字軍に協力を求めるため、ルブルックをカラコルムに派遣した。　　→ p.96, 105

マルコ＝ポーロ　Marco Polo ⑦ 1254〜1324　元を訪れたヴェネツィア生まれの商人・旅行家。1271年父と叔父に連れられて出発し、陸路で大都（カンバリク）に到達してフビライに仕えた。90年南シナ海から海路ペルシアに至り、95年に帰国した。

『世界の記述』（『東方見聞録[とうほうけんぶんろく]』）⑦ マルコ＝ポーロの旅行記。ジェノヴァの獄中で彼が述べた見聞談を、同房のピサ出身者が記述し、のちに出版された。13世紀のユーラシア大陸に関する貴重な証言を含み、西ヨーロッパ人の東方世界観に大きな影響を与えた。　　→ p.134

モンテ＝コルヴィノ　Monte Corvino ⑥ 1247〜1328　中国での最初のカトリック布教者となったフランチェスコ会修道士。教皇の特使としてホルムズから海路で泉州に至り、1294年大都に入京した。大都に教会堂を建立[こんりゅう]するなど布教につとめ、1307年に大都の初代大司教に任命された。30余年の活動後、大都で没した。

写本絵画 ⑦ 金彩や多色濃彩を用い精密な技法で描かれた、写本の挿[さ]し絵などの絵画。イル＝ハン国経由で西アジアに伝わった中国絵画の影響を受けて、イランで発達した。　　→ p.91, 143

染付 ⑥ コバルトブルーの顔料の下絵に、透明な釉薬をかけて焼いた白磁。中国では青花、日本では染付と呼ばれる。イスラーム圏からもたらされたコバルト顔料を用いて元代に景徳鎮でつくられ、明でさらに盛んとなった。

ウイグル文字 Uyghur ④ おもに西ウイグル王国で用いられた表音文字。ソグド文字に由来し、その後、モンゴル文字・満洲文字に継承された。 → p.42

モンゴル語 ④ モンゴル高原とその周辺のモンゴル系民族の言語。アルタイ語族に属する。なお現在モンゴル語の表記においては、内モンゴルではウイグル文字、モンゴル国ではキリル文字が用いられている。

パクパ文字 ⑥ 元代にモンゴル語を表記するためにつくられた文字。クビライに重用されたチベット仏教の高僧パクパ(パクパは「聖者」の意味の尊称)が、その命を受けてチベット文字を基に作成し、1269年に公布された。パクパ文字は元の国威の象徴として、公文書や印璽・牌符などに用いられたが、書きにくさもあって一般には普及しなかった。

モンゴル帝国の解体

大モンゴル国の衰退 ③ 14世紀前半以降、大モンゴル国(モンゴル帝国)の衰退・分裂傾向が顕著になった。北半球で広範囲に異常気象がおこり、天災による不作・飢饉や疫病(ペスト、黒死病)の大流行などによって人口が激減した。中国地域でも、黄河の決壊などの天災に見舞われるなか、紅巾の乱をはじめとする反乱が各地で始まった。さらにモンゴル政権内で内紛が続き、帝国は各地で弱体化した。なお、ユーラシア規模で発生した疫病の拡散については、大モンゴル国による交通網の整備と東西交流の発展が、皮肉なことに、要因の一つともいわれる。

カザン=ハン国 Kazan ③ 15世紀前半〜1552 キプチャク=ハン国分裂後、その一派がヴォルガ川中流域に樹立したモンゴル系国家。イヴァン4世に征服され、以後ロシアのヴォルガ川流域への進出が進んだ。

クリミア(クリム)=ハン国 Crimea(Qïrïm) ③ 15世紀前半〜1783 キプチャク=ハン国から自立してクリミア半島に樹立されたムスリム政権。1475年以降はオスマン帝国の宗主権下におかれた。 → p.174

紅巾の乱 ⑥ 1351〜66 元末に白蓮教などの宗教結社がおこした農民反乱。名称は紅い頭巾を目印としたことに由来する。1351年、河北での白蓮教徒の挙兵が事前に発覚して指導者の韓山童は殺された。その後、彼の子韓林児を擁した白蓮教徒が蜂起し、また弥勒教徒も蜂起して、大農民反乱となった。 → p.125

ティムール朝の興亡

ティムール Tīmūr ⑦ 1336〜1405 ティムール朝の創始者(在位1370〜1405)。トルコ化したモンゴル貴族の出身。軍人としてチャガタイ諸部族を統率し、サマルカンドを都に大帝国を建設した。軍事の才能にすぐれ、モンゴル帝国の再興を意図して中央アジアからイラン・イラクに至る広大な地域に征服活動を展開し、1402年にはオスマン軍を破った。また統治にあたっては、イラン系定住民の経済力や行政能力を重用した。明遠征の途中、中央アジアのオトラルで病死した。

チンギス統原理 ③ 大モンゴル国以来の、チンギス=カン家の男系子孫だけが君主となりうるとする、中央ユーラシアにおける共通認識。ティムールは、チンギスの血統ではなかったため傀儡のカン(ハン)を擁立して、みずからはチンギス家系の女性と結婚して「娘婿(キュルゲン)」を称し、その権威を利用して統治した。こうした統治方法は、オスマン帝国・モスクワ大公国(ロシア帝国)・ムガル帝国・清朝などに引き継がれたともいわれる。

ティムール朝 ⑦ 1370〜1507 ティムールがサマルカンドに拠って建てた政権。都はのちにヘラート(現アフガニスタン北西部)に移った。15世紀に経済・文化の最盛期を迎えたが、君主位をめぐって一族間での争いが絶えず、トルコ系の遊牧民ウズベクによって滅ぼされた。

アンカラの戦い Ankara ⑥ 1402 トルコのアンカラ近郊でティムール軍がオスマン軍を打ち破った会戦。オスマン帝国のバヤジット1世を捕虜とし、短期間であるがティムール朝がアナトリアを属領とした。 → p.139

トルコ=イスラーム文化 ④ セルジューク朝やイル=ハン国のもとで繁栄したイラン=イスラーム文化が、ティムール朝により中央アジアに伝わって形成された文化。トル

コ語文学や天文学、写本絵画が発達した。

サマルカンド Samarkand ⑦ 中央アジアの中心都市。陸路の東西交易の拠点として発展した。チンギス゠カンにより破壊されたが、ティムールによって首都とされて繁栄した。ウズベク人による占領ののち、ブハラ゠ハン国領となった。 → p.42

ウルグ゠ベク Ulugh Beg ⑥ 1394～1449 ティムール朝第4代君主(在位1447～49)。天文学の発達に貢献するなど学芸君主として名高い。息子との争いに敗れ、殺された。

遊牧ウズベク(ウズベク人) Uzbek ⑥ 中央アジアのトルコ系遊牧民。キプチャク゠ハン国のもとでイスラーム化した遊牧集団の総称。シャイバーニー(在位1500～10)が統合して16世紀初めにティムール朝を滅ぼした。その後、しだいにオアシス地域に定住し、ブハラ・ヒヴァ・コーカンドの3ハン国と総称される国々を建てた。

ブハラ(ボハラ)゠ハン国 Bukhārā ⑤ 1500～1920 シャイバーン朝(1500～99年)をはじめとする、ブハラに都をおいたウズベク人の王朝の総称。1868年にロシアの支配下に入り、ロシア革命後に併合された。

ヒヴァ゠ハン国 Khiva ⑤ 1512～1920 ホラズム地方を中心に建てられたウズベク人の国。17世紀より都をヒヴァにおいた。政権は安定せず、1873年にロシアの支配下に入り、ロシア革命後に併合された。

コーカンド゠ハン国 Khokand ⑤ 1710頃～1876 フェルガナ地方を中心に建てられたウズベク人の国。コーカンドを都とし、タシケントなどの交易都市を支配した。ブハラ軍の侵攻で弱体化し、1876年ロシアに併合された。

大交易・大交流の時代

1 アジア交易世界の興隆

モンゴル帝国解体後のアジア

南北朝の争乱 ⑤ 1336〜92　京都の北朝と吉野の南朝のあいだで繰り広げられた日本の動乱。足利尊氏が京都に光明天皇を立てたのに対抗して後醍醐天皇が吉野に移ったことから、朝廷と武士など諸勢力が両派にわかれて抗争を続けた。

李成桂 ⑦ 1335〜1408　朝鮮王朝の建国者（在位1392〜98）。倭寇撃退などの功績から親元派の高麗政府の命で明軍討伐の指揮官となった。しかしモンゴル勢力の衰亡を見越して遠征途上で軍を引き返し、1392年にみずから王位について新王朝を開いた。儒教（朱子学）を柱とした国家の基礎を築いた。

朝鮮王朝 ⑦ 1392〜1910　李成桂が高麗を倒して建国した王朝。都は漢城。朱子学を官学とし、15世紀には官僚体制の確立、訓民正音の制定など諸制度が整って最盛期を迎えた。16世紀以降は両班の党争や豊臣秀吉の侵攻で疲弊し、17世紀に清と朝貢関係を結んだ。19世紀後半からは帝国主義列強の圧力を受け、1910年日本に併合された。

漢城 ④ 朝鮮の都。漢江に面した要地で、朝鮮の政治・経済の中心として繁栄した。現ソウル。

明初の政治

白蓮教 ⑤ 宋代に成立した仏教系の民間宗教。弥勒仏が貧農を救うために現れるという下生信仰と結びついて拡大した。

弥勒仏 ⑥ ブッダ入滅の56億7000万年後に、仏としてこの世に現れるとされる未来仏。

紅巾の乱 ⑦ 1351〜66　元朝滅亡のきっかけとなった農民反乱。呼称は中心となった白蓮教の信者らが紅い布を頭に巻いていたことに由来する。指導者の韓山童の処刑後、引き継いだ子の韓林児らにより、地方豪族らを巻き込んだ大農民反乱に発展

した。 → p.123

朱元璋（洪武帝・太祖） ⑦ 1328〜98　明の初代皇帝（在位1368〜98）。太祖は廟号。貧農出身の流浪僧であったが、紅巾の乱に参加して頭角を現した。群雄をおさえて南京で帝位につき明を建国、元の都大都を占領し、遊牧勢力をモンゴル高原に駆逐した。以後、漢・唐王朝への復帰を掲げて皇帝独裁体制を強化していった。

明 ⑦ 1368〜1644　元をモンゴル高原に追い、江南を拠点に中国を統一した王朝。初代洪武帝は都を南京においたが、1421年には北京に移された。漢人による皇帝支配体制の再建がめざされ、第3代永楽帝の時代には積極的な対外拡張政策がとられた。中期以降は北虜南倭の外圧、宦官勢力の台頭による内政の混乱などで弱体化し、李自成の乱により滅亡した。

南京 ⑦ 洪武帝が都とした長江南岸の要衝に位置する都市。呉の孫権が建業と名づけて以降、様々な呼称で諸王朝の都がおかれた。永楽帝の北京遷都後、南京と称された。

モンゴル（北元） ④ 元の皇室は明に追われてモンゴル高原まで退いたが、チンギス＝カン家の権威は継承していた。明朝は北へ移動した政権を「北元」と呼んだが、クビライ以来の皇統がとだえて以降、元の継承王朝とは認めず、彼らモンゴル人を宋代以来の旧称である韃靼（タタール）と呼んだ。明の追撃への対応に加えて、アルタイ山脈以西を根拠地とする遊牧勢力オイラトと勢力争いを繰り返した。

一世一元の制 ⑥ 一人の君主（皇帝）が一元号を用いる制度。朱元璋が即位後に元号を「洪武」のみで通したことから、以後継承されていった。日本では明治時代以降この制度がとられている。

中書省の廃止 ⑥ 1380　すでに実態を失っていた門下省・尚書省を含め、三省は全廃され、行政機関は皇帝の直属となった。

丞相の廃止 ③ 1380　中書省の長官であった丞相（宰相）を廃止したことにより、

皇帝の権力把握が進んだ。

六部《明》⑤ 唐代に体系化された中央の行政執行機関の総称。設立時は三省の尚書省に属していたが、元代に尚書省が廃止されてからは中書省が管轄していた。洪武帝による中書省の廃止以降は皇帝に直属し、この体制は清末まで続いた。

里甲制⑦ 洪武帝が定め、1381年に全国で実施された村落行政制度。連帯責任を課すことにより支配が末端の農民にまでおよんだ。農家110戸で1里を構成し、富裕な10戸を里長戸、残りの100戸を10甲にわけて甲首戸をおいた。輪番で租税の徴収や10年ごとの賦役黄冊の作成、治安維持などをおこなわせた。明代後期には土地売買の活発化とともに各戸間・里甲間の貧富の差が開いたため、里甲は解体に向かい、清代には各戸の直接納税が原則となった。

里老人④ 里甲制にともなう民衆教化・相互扶助を任とする役職。里ごとに人望の厚い年長者が選ばれた。

賦役黄冊⑤ 明代の戸籍・租税台帳。洪武帝の命により里甲制の施行と同時に作成された。各戸の家族構成・田畑・財産などが記され、最終的に中央の戸部で管理した。呼称は台帳の表紙に黄色の紙が使われたことに由来する。

魚鱗図冊⑤ 宋代に始まり、明代で整備・拡充された土地台帳。課税の基礎資料として土地の形状・面積・所有者などが記された。呼称は台帳の最初にある区画図が魚の鱗のようにみえることに由来する。

六諭⑤ 1397年に洪武帝が民衆教化のために発布した6カ条の教訓。「父母に孝順なれ」「郷里に和睦せよ」などといった内容を里老人が毎月6回となえて民衆に儒教道徳を徹底することで里甲制を補完し、従順な民衆の育成をはかった。

明律⑤ 明の刑法典。洪武帝が「唐律」を参考に作成させ、1368年公布。のち実情にあわせて改訂され、97年に完成した。日本など近隣諸国の法制度に大きな影響を与えた。

明令⑤ 明の行政法典。洪武帝が編纂させ、1368年公布。「唐令」よりも元代の法を参考にしており、のちに「大明会典」などの総合行政法典がつくられたこともあって、改訂されることはなかった。

民戸⑥ 農民・商人・手工業者など一般の家。里甲制の基盤として税役を負担した。州・県に属して賦役黄冊に記載され、戸部が管轄した。

軍戸⑥ 明代に兵役を負担した家。元代の漢人軍徴集の仕組みを継承し、戸籍を一般の民戸と区別して兵部の管轄下におかれた。所属した衛所のもとで屯田を耕し、各戸1人の兵士を出した。

衛所制⑥ 明の兵制。唐の府兵制を模範に洪武帝が定めた制度で、軍戸の112人で百戸所、10百戸所で千戸所、5千戸所で1衛(定数5600人)を編制し、その長官は指揮使と呼ばれた。衛の数は全国で300をこえた。

宝鈔① 1375年に明朝が発行した紙幣。正式名称を「大明通行宝鈔」という。銅銭不足に対応するものであったが、銀との兌換ができず、流通価格は急激に下落した。

建文帝⑥ 1383～1402 明の第2代皇帝(在位1398～1402)。皇太子であった父が病死し、祖父洪武帝の死後16歳で即位した。諸王の領地削減を進めたが、靖難の役をまねき、南京陥落時に消息不明となった。

燕王⑥ 洪武帝の第4子。当時北平と呼ばれていた北京一帯(燕)に封じられていた。

靖難の役⑥ 1399～1402 明代初期の帝位継承をめぐる内乱。建文帝が側近の進言により諸王勢力を削ぐ政策をとるなか、燕王朱棣が「皇室の艱難を靖んずる」という名目を掲げて挙兵し、4年におよぶ戦いの末に帝位につき、永楽帝となった。

永楽帝⑥ 1360～1424 明の第3代皇帝(在位1402～24)。靖難の役に勝利して即位し、宦官勢力を重用しつつ皇帝独裁の強化をはかった。対外関係ではモンゴル遠征、ベトナム出兵、鄭和の南海派遣、朝鮮・チベットの服属化など、積極的な政策を進めた。内政では北京に遷都し、長城や大運河の修築、大編纂事業にも積極的に取り組んだ。

内閣大学士② 永楽帝が創設し、明から清初期の最高政治機関となった内閣において、皇帝の職務を補佐した大臣。六部を統轄するに至って、主席大学士は事実上の宰相となった。軍機処が清代に設立されると権力を失っていった。

北京⑦ 中国北部の要衝に位置する都市。1421年、永楽帝は「北平」と呼ばれていたこの地に紫禁城を築いて国都とし、「北京」と改称した。 → p.145

モンゴル遠征⑦ 1410～24 永楽帝の5度にわたるモンゴル高原への大規模な遠征。漢人皇帝としてはただ一人、みずからゴビ砂漠をこえて親征し、モンゴル(韃靼)やオイ

ラトを攻撃した。

鄭和⑦ 1371～1434頃 永楽帝に仕えたイスラーム教徒の宦官。雲南出身。靖難の役の活躍で抜擢され、永楽帝から命じられて南海遠征をおこない、東南アジアやインド洋沿岸地域の情報を明にもたらした。

南海諸国遠征⑦ 1405～33 鄭和の率いる大艦隊の遠征。前半3回は東南アジアからインド西岸まで、後半4回はペルシア湾に至り、一部はアフリカ東海岸に到達した。「宝船」と呼ばれた大型の帆船で船団を組み、第1回は60数隻、乗員2万数千人という大艦隊であった。根拠地としたマラッカを経由した南洋諸国からの朝貢貿易が盛んになり、華人（華僑）進出のきっかけともなった。

『四書大全』③ 永楽帝が編纂させた四書の注釈書。1415年刊。儒教解釈は国定化され、以後の科挙試験はこの解釈以外認められなくなった。

『五経大全』③ 永楽帝が編纂させた五経の注釈書。1415年刊。唐代の『五経正義』にならって作成され、『四書大全』と同じく儒教解釈の基準となった。

『永楽大典』④ 永楽帝が編纂させた類書（百科事典）。1408年刊。2万巻をこえる中国最大の編修事業で、膨大さゆえに正本は1部のみ作成された。散逸して副本の800巻が現存するだけとなった。

明朝の朝貢世界

海禁⑦ 明清両王朝がとった、海上交通や交易を制限する政策。広義には大型船建造禁止や武器輸出禁止など、海上交通に関する禁令全般を指すが、狭義は民間の対外交易・海外渡航を全面的に禁止する政策を指す。明朝は狭義の海禁政策をとり、朝貢貿易のみを認めたが、16世紀中頃、私貿易の取締りが倭寇の大規模な侵入を引きおこしたため、政策は緩和された。清初には鄭氏の反清活動をおさえこむため狭義の海禁が厳格におこなわれたが、鄭氏の降伏後は解除された。 → p.145

朝貢貿易《明》⑦ 華夷の区別にもとづいておこなわれた、周辺諸国との恩恵的な貿易システム。諸国の支配者が中国皇帝に貢物をささげをし、返礼の品を授かるという形態で進められた。年度や規模、品目や経路などきびしい制限が定められていたが、正式の使節団以外に、同行する商人が中国国内

で交易することも認められていた。

冊封体制③ 中国の皇帝が周辺諸国の支配者に位階を与え、君臣関係を結ぶことによって形成された国際秩序。東アジア諸国は朝貢国として交流を保証される一方、中国の権威を内政の安定に利用した。 → p.33

琉球⑦ 沖縄諸島の別称。15世紀以降の琉球王国を指すことも多い。14世紀、沖縄本島では北山・中山・南山の三つの小国が抗争していたが、15世紀に中山王が統一して明の冊封体制に入り、中継貿易で繁栄した。『明書』に記録された朝貢回数は171回と、朝貢国のなかでもっとも多かった。17世紀初めに薩摩藩の島津氏に制圧され、日中両属の体制となった。 → p.147

中山王⑤ 浦添城を拠点とした中山国の王。尚巴志が北山国・南山国を征服して琉球王国を建てた。統一後は首里を都とし、尚氏の王朝が約400年間継承した。

マラッカ（ムラカ）王国 Malacca(Melaka) ⑦ 14世紀末～1511 マラッカ海峡を望むマレー半島南西岸に建てられたイスラーム国家。マレー人の国。鄭和が遠征艦隊の基地としたことで、中国への朝貢貿易の拠点となった。ヒンドゥー国家であるマジャパヒト王国の衰退にともない、インド洋のムスリム商人と東・南シナ海の中国人商人のネットワークを結びつけ、海域世界の交易を支配する中心的な港市として繁栄した。また、マラッカ海峡地域で使用されていたマレー（ムラユ）語は、商業共通語として東南アジア島嶼部各地に広まり、のちにマレー語を用いてマラッカの商業的慣行を共有する人々のあいだにマレー人意識が生じた。 → p.87

科挙《朝鮮》⑤ 隋に始まる官吏登用制度。朝鮮では高麗時代に導入され、朱子学の官学化にともない盛んになった。地方に学校（書院）が多く建てられたが、合格者は両班層が独占していった。

朱子学《朝鮮》⑤ 朱熹によって体系化された儒教哲学。朝鮮建国を支持した官僚が朱子学派であったことに加え、清には服属したが、朝鮮こそ儒教文化の継承者であるという意識が国家の支えとなった。

世宗⑥ 1397～1450 朝鮮の第4代国王（在位1418～50）。法制・税制を整備し、女真や倭寇の侵入を防ぐなど、内政・外交両面で朝鮮の最盛期を築いた。訓民正音の制定

や儒学・出版の奨励（しょうれい）など、文化事業も広く推進した。

金属活字《朝鮮》④ 朝鮮で用いられた活字。高麗時代の13世紀前半に世界で最初に使用され、朝鮮では1403年、3代太宗（たいそう）の命で官立の鋳字所（ちゅうじしょ）が建てられた。素材は銅・鉛・鉄が用いられた。豊臣秀吉は出兵の戦利品として活字や印刷器具を持ち帰った。 → p.112

訓民正音（くんみんせいおん）（ハングル）⑥ 世宗が制定した朝鮮の国字。漢字による朝鮮語表現の不十分な点を補うために創設され、1446年に同名の条例で公布された。「民（たみ）を訓（おし）く正しい音」の意で、おもに民衆のあいだで使用された。1894年に公文書に採用され、20世紀initに なって「ハングル」（偉大な文字）と呼ばれるようになった。

室町（むろまち）**幕府**⑦ 1338〜1573 足利尊氏（たかうじ）が京都に建てた武家政権。第3代義満の時代に盛期を迎えたが、15世紀後半の応仁（おうにん）の乱で弱体化し、15代将軍義昭（よしあき）が織田信長に追放されて滅びた。

足利義満（あしかがよしみつ）⑦ 1358〜1408 室町幕府の第3代将軍（在任1368〜94）。南北朝の合一に成功し、守護大名を弱体化させて将軍の権威を高めた。将軍職を退いたのち、明と国交を開いて日本国王に封じられ、1404年勘合貿易を始めた。

勘合（かんごう）**貿易**⑦ 日明間でおこなわれた勘合船による朝貢貿易。遣明船（けんみんせん）が明の交付した勘合（割符（わりふ））の持参を義務づけられたことによる呼称。日本側の利益は大きく、大量の銅銭（どうせん）が輸入された。

黎朝（れいちょう）⑥ 1428〜1527、1532〜1789 明軍を退けて建てられたベトナム王朝。明朝の集権的制度を導入して国力を高めたが、16世紀に武将の莫（ばく）氏に一時帝位を奪われ、18世紀の西山（たいそん）の乱で滅亡した。

オイラト（瓦剌（ワラ））Oirat ⑥ モンゴル高原西部からシベリア南部を本拠地とした、モンゴル系騎馬（きば）遊牧民の部族連合。チンギス＝ハン家直系ではないが通婚関係をもち、明からは瓦剌と呼ばれた。15世紀には、元朝の血統を引き継ぐモンゴル諸部族（明朝が韃靼と呼称）と抗争し、エセンが両勢力の統一に成功して強勢を誇（ほこ）った。

エセン Esen ④ ?〜1454 オイラトの指導者。モンゴル勢力を統合し、中央アジアから中国東北地方に至る領域を支配下におさめた。土木の変で明軍を破り、1453年にはハーンを名乗るが、強い反発を受けて翌年

部下に暗殺された。

正統帝（せいとうてい）③ 1427〜64 明の第6代皇帝（在位1435〜49）。9歳で即位。宦官に実権を握られるなかで雲南や福建（ふっけん）の民衆反乱に苦しみ、1449年に親征した土木堡（とぼく）でオイラトのエセンに包囲されて捕虜（ほりょ）となった。帰還ののち、第8代天順帝（てんじゅんてい）*（在位1457〜64）として復位した。

土木（とぼく）**の変**⑥ 1449 正統帝が土木堡でエセン率いるオイラト軍の捕虜となった事件。遠征した明軍は壊滅したが、明が第7代皇帝を立てたため、1450年に正統帝は無条件で解放され、和議が成立した。

万里（ばんり）**の長城**（ちょうじょう）**修築**⑦ 明代に最大規模でおこなわれた土木事業。モンゴルのアルタン＝ハーンの侵入が激化した16世紀中頃を頂点として、長城の補修・新築がおこなわれた。長城の修築は古来おこなわれていたが、現存する長城は明代に修築されたものがほとんどである。

交易の活発化

マラッカ占領《ポルトガル》⑦ 1511 マラッカは、その重要性に注目したポルトガルのインド総督アルブケルケにより軍事占領された。1641年のオランダ占領までポルトガルの支配が続いた。

スンダ海峡ルート③ スマトラ島・ジャワ島間のスンダ海峡を通る交易ルート。ポルトガルのマラッカ占領に対抗するムスリム商人が中心となり、インド洋からスマトラ島西岸を通ってこの海峡を抜けるルートが開拓され、おもに香辛料が扱われた。ルートの要衝にあたるスマトラ島のアチェやジャワ島のバンテンといった港市の発展がうながされた。

モンゴル（韃靼（だったん）・タタール）⑥ 明代にモンゴル高原東部に勢力をおいた、チンギス＝カンの系統をひくモンゴル系諸部族。エセン暗殺によりオイラトが勢力を失ったのち、15世紀末から強勢となり、16世紀半ばのアルタン＝ハーンの時代に最盛期をむかえた。明側が用いた「韃靼」（タタール）という語は、モンゴル軍の侵入を受けたロシア・東ヨーロッパにおいてモンゴル人やその配下のトルコ系ムスリムを指す呼称となったように、彼ら北方遊牧民の総称としても用いられることがある。

アルタン＝ハーン Altan Khan ⑥ 1507頃〜82 モンゴルを統合して強勢を誇った族長。

北京を包囲するなど、20年にわたり明の北辺に侵入を繰り返し、一時は北京を包囲するに至ったが、1570年に和議を結んで朝貢関係に入った。オイラトを駆逐して青海ガイ・チベットにまで勢力を拡大した。チベット仏教を信仰し、黄帽派ジャン指導者にダライ＝ラマの称号を贈った。

倭寇⑦ 14〜16世紀。おもに朝鮮半島から中国東南沿岸で活動した海賊・私貿易の集団。「倭」は日本人の意であるが、中国・朝鮮人も加わって武装化した。14世紀を中心にした前期倭寇と、16世紀中頃を中心とする後期倭寇にわけられる。日本の豊臣政権の取締りにより活動は鎮静化した。

前期倭寇⑦ 14世紀を中心に活動した、日本人を主体とする海賊・私貿易の集団。朝鮮半島から遼東リョウ半島にかけて略奪行為を働き、高麗や建国まもない明を苦しめた。

後期倭寇⑦ 16世紀中頃を中心に活動した、中国人を主体とする海賊・私貿易の集団。明の海禁策に反発する人々を主体とし、おもに中国東南沿岸地域に来襲した。

北虜南倭ホクリョ⑥ 明朝の国力を衰退させた、南北の外患の総称。世界的な商業の活発化のなかで、交易統制を続ける明朝に対する不満が背景にあった。15世紀以降の北辺におけるモンゴル諸部族の侵入と、16世紀中頃を頂点に激化した東南沿岸の倭寇の活動により、明は大きな打撃を受けた。

五島列島ゴトウ③ 長崎県の西方、東シナ海に浮かぶ列島。複雑な海岸線と中国との近さから倭寇の根拠地となった。

王直オウ⑤ ？〜1559 明の密貿易商人で、倭寇の頭目。生糸・硫黄イオウを東南アジアや日本で売買して富を築いたのち、五島列島や平戸ヒラを拠点として東シナ海で海賊行為を繰り返したが、逮捕・処刑された。

民間貿易（互市コ）の承認《明》① 後期倭寇を抑えた明朝は、1570年頃より統制政策を緩和してモンゴルとの交易を再開し、民間人の海上交易も許可した。公認の交易場、および明代後期以降の朝貢によらない民間交易体制を互市と呼ぶ。

日本銀⑥ 明代後半から中国に輸入された日本産の銀。中国国内の銀山が枯渇コカツするなかで、商取引や諸税の徴収による需要増大に対応するため、石見イワ（島根県）や但馬タジマ（兵庫県）などから産出された銀が大量に持ちこまれた。

メキシコ銀⑤ 広義には、スペインのアメリカ大陸領有以後ラテンアメリカで鋳造チュウゾ

された大型銀貨を総称し、狭義には独立後のメキシコで鋳造される銀貨をいう。国際通貨として広く流通し、16世紀後半からフィリピンのマニラを拠点とした交易により中国にも大量に流入した。近代の東アジア諸国で採用された「円」「元」などの貨幣単位の呼称は、メキシコ銀貨の形状を基としている。

種子島タネガ⑤ 鉄砲が伝来した九州南方の島。1543年、倭寇の頭目トウの一人王直が所有したとされる船でポルトガル人が漂着し、鉄砲とその製造方法が日本に伝えられた。

明代後期の社会と文化

家内制手工業《明》⑥ 大交易時代にともなう国際商業の活発化と銀経済の普及を背景に、長江下流域の農村部では生糸・綿織物などの家内制手工業が発展した。重い税や小作料を課せられた農民が、水稲耕作以外に求めた収入源・副業でもあった。

「湖広フ熟すれば天下足る」⑥ 明代中頃に長江中流域が穀倉コクソ地帯となったことを示す諺コトワ。湖広（現、湖南・湖北省）の河川沿い平野の開発が進み、宋代の江浙コウセツ（長江下流域）から穀物移出地域が移動した。

蘇州ソ②② 江蘇コウ省の商工業都市。長江下流デルタ地域の中核都市として絹キヌ織物業が繁栄し、明代経済の中心地となった。

杭州コウ②② 浙江セッコウ省の港市。南宋の都。大運河南端の経済上の要地として、絹織物業で繁栄した。 → p.121

景徳鎮ケイトクチン《明》⑤ 江西省の工業都市。古来より陶磁器の生産地として有名であったが、明代に政府直営の工場が建てられ、質・量ともに中国随一イチの窯業ヨウギョ都市として繁栄した。

陶磁器⑤ 粘土類・珪石ケイセキなどを原料に、成形したものを焼いてつくられた器ウツワや装飾品。宋代から名産地となった景徳鎮などを中心に、中国でさかんにつくられ、重要な交易商品となった。

赤絵アカ③ 明代に確立された陶磁器の装飾技法。いったん焼きあげた白磁の上に、赤を主調として黄・緑・青・黒などの多色で文様を描いて焼きつけた。15世紀以降は生産量で染付を圧倒した。

一条鞭法イチジョウベン⑥ 明代後期から実施された税法。銀経済の進展と不正の横行を受け、複雑化していた租税と労役ロウエキを銀に換算し、一本化して納入させた。16世紀中頃に地方

から始まり、清の地丁銀[ちていぎん]制の先がけとなった。

山西[さんせい]商人 ⑥ 山西省出身の商人集団。モンゴル勢力と対峙した北辺への軍糧補給と専売塩を扱う政商として勢力を拡大し、金融業界の中心としても繁栄した。徽州（新安）商人とともに特権商人の代表とされた。

徽州[きしゅう]（新安[しんあん]）商人 ⑥ 安徽[あんき]省徽州府（旧名新安）出身の商人集団。専売塩の販売から業務を拡大し、血縁・地縁の結びつきを利用した遠距離交易で巨万の富を築いた。

特権商人 ③ 政府など政治権力と結びついて勢力を築いた商人。徽州（新安）商人や山西商人がその代表。

会館[かいかん]・公所[こうしょ] ② 同郷・同業の商人や職人が、進出した各都市に建てた施設。親睦[しんぼく]・互助に加えて、遠距離商人集団の活動拠点として、そのネットワーク形成に大きな役割を果たした。

郷紳[きょうしん] ④ 科挙を通じて得た資格や官僚経験をもつ地方社会の有力者。明代後期から権威ある指導者層として成長し、地方行政において強い政治的・社会的影響力を保持した。労役免除の特権を利用して、大地主となる者も多かった。　→ p.148

『三国志演義[さんごくしえんぎ]』 ② 元末～明初に羅貫中[らかんちゅう]が完成させた口語長編歴史小説。三国時代の英雄の活躍を描き、『水滸伝』とともに中国民衆の精神世界に大きな影響を与えている。　→ p.122

『水滸伝[すいこでん]』 ⑥ 元の施耐庵[したいあん]の原作を明代に編纂した口語長編小説。北宋[ほくそう]末、山東[さんとう]の梁山泊[りょうざんぱく]を根拠地にした108人の豪傑の武勇[ぶゆう]を描き、民衆文学の代表作とされる。　→ p.122

『西遊記[さいゆうき]』 ⑥ 明代に呉承恩[ごしょうおん]が編纂した口語長編小説。玄奘[げんじょう]のインド求法[ぐほう]の旅を題材に、荒唐無稽[こうとうむけい]な妖怪[ようかい]説話が混入された。従者に楽観主義・現実主義・悲観主義の特徴をもたせ、巧妙な人間劇となっている。　→ p.122

『金瓶梅[きんぺいばい]』 ④ 明末の口語風俗小説。作者不詳。『水滸伝』の一段を改作・発展させ、明末の新興商人階層の欲望に満ちた生活を描いている。

講談[こうだん] ③ 軍記物語や武勇伝などを、抑揚[よくよう]をつけて語り聞かせる演芸。都市の寄席[よせ]や地方の祭りなどでおこなわれ、芝居とともに庶民に親しまれた。

王守仁[おうしゅじん]（王陽明[おうようめい]） ⑥ 1472～1528　明代中期の思想家・政治家。宦官の専横[せんおう]に反

対したために左遷された貴州[きしゅう]省で「心即理」を悟り、陽明学を確立した。のちに軍人として反乱鎮定に功をたてた。

朱子学 ③ 南宋[なんそう]の朱熹[しゅき]によって体系化された儒教哲学。君臣・父子間の道徳の重要性を説いて、明や日本・朝鮮において官学とされた。　→ p.117

陽明学 ⑥ 王陽明によってとなえられた儒学の一学派。当時朱子学がおちいっていた外面的事物や知識を通じてのみ理を求める傾向に反対し、聖人の道は自己の心にそなわっているとして「心即理」をとなえた。また、実践を重んじて「知行合一」を説き、明代後期に幅広い層の人々の支持を集めた。

心即理[しんそくり] ③ 陽明学の代表的概念の一つ。朱子学が心を性と情の二つにわけ、本来もっているべき道徳性（「性」）を人間の本質と考えた（「性即理[せいそくり]」）のに対し、陽明学では本来もっている心そのものが人間の本質（「理」）に合致するとした。

知行合一[ちこうごういつ] ② 陽明学の代表的概念の一つ。朱子学の知識重視に反対する立場から、無学な庶民にも本来そなわっている良知を重視し、良知と行動との自然な一体化を説いた。

実学[じつがく] ② 現実社会に役立つ学問をいうが、実際に指している学問傾向は様々である。朱子学も正しい社会のあり方をめざす学問として、みずからを実学と考えていたが、一般には実用的な科学・技術に関する学問を指すことが多い。また、朱子学や陽明学を批判して、より具体的な国家制度や経済政策を論ずるいわゆる「経世致用[けいせいちよう]」の学を実学と呼ぶこともある。

『本草綱目[ほんぞうこうもく]』 ⑥ 明代の薬物・医学解説書。1596年刊。李時珍[りじちん]著。旧来の薬物書を整理し、1898種類の薬物を石・草・虫など60類にわけて薬効を解説している。日本など海外の医学にも大きな影響を与えた。

李時珍[りじちん] ⑥ 1523頃～96頃　明代の医師・薬学者。民衆の治療をおこないながら各地の民間療法や薬を研究し、独力で『本草綱目』を著した。

『農政全書[のうせいぜんしょ]』 ⑥ 農業技術・農業政策の総合書。1639年刊。全60巻。徐光啓の編纂で、旧来の農書250冊余りにもとづいた中国農書の集大成。田制・水利・農器・樹芸・蚕桑[さんそう]など12部門からなる。綿・絹などの商品作物の詳しい解説や、ヨーロッパの知識や技術が導入されている点に特色がある。

徐光啓[じょこうけい] ⑥ 1562～1633　明末の政治家・学

者。カトリックの洗礼を受け、マテオ＝リッチと協力して西洋諸学の導入につとめた。『幾何原本』の漢訳、『農政全書』『崇禎暦書』の編著などに活躍した。

『天工開物』(てんこうかいぶつ)⑥ 明代の産業技術書。1637年刊。宋応星著。中国の伝統的な生産技術を18部門にわけ、豊富な図版を用いて生産工程を解説している。

宋応星(そうおうせい)⑥ 1590頃～1650頃　明末の学者。地方官をつとめながら国内の諸産業を見聞し、『天工開物』を著した。

イエズス会(ジェズイット教団)Jesus⑥ 1534年、イグナティウス＝ロヨラらによって創設されたカトリック修道会。ヨーロッパに多数の学校を設立し、インド・東アジア・ラテンアメリカで大規模な宣教活動をおこなった。明・清代の中国にも多くの宣教師が派遣されてヨーロッパの学術を伝え、逆に彼らが持ち帰った中国の情報はヨーロッパの啓蒙思想や芸術に影響を与えた。
→ p.157

フランシスコ＝ザビエル　Francisco Xavier⑤ 1506頃～52　スペイン出身のイエズス会宣教師。インド・東南アジアにおける布教活動ののち、1549年に日本にはじめてキリスト教を伝えた。中国本土上陸を目前に広州沖で病死した。　→ p.157

マテオ＝リッチ(利瑪竇)(りまとう)Matteo Ricci⑦ 1552～1610　イタリア出身のイエズス会宣教師。1583年マカオに入り、イエズス会による中国布教の礎(いしずえ)を築いた。伝統文化の尊重とヨーロッパの科学技術の紹介に重点をおいた伝道で信頼を獲得し、徐光啓らを入信させた。『幾何原本』の漢訳や「坤輿万国全図」の刊行をおこなった。　→ p.158

「坤輿万国全図」(こんよばんこくぜんず)⑦ 中国最初の漢訳世界地図。マテオ＝リッチの指導のもと、1602年北京で刊行された。中国を中心に配置する工夫もされ、東アジア知識人の世界観に大きな影響を与えた。

『崇禎暦書』(すうていれきしょ)⑥ 明末に編纂された暦法書。全135巻。徐光啓の指導のもとで事業が開始され、アダム＝シャールが完成させた。暦は清代に修正されたのち「時憲暦」(じけんれき)として施行された。

『幾何原本』(きかげんぽん)⑥ 古代ギリシアの数学者エウクレイデスの著作『幾何学原本』の漢訳本。1607年刊。徐光啓とマテオ＝リッチが共訳し、平面幾何学を伝えた。

東南アジアの動向

フィリピン占領《スペイン》⑦ 1571年のマニラ建設以降、スペインはフィリピンの植民地化を進めた。アメリカ大陸からの銀と中国の生糸・陶磁器やインドの綿布といったアジアの産品との中継交易で活況を呈した。18世紀からは砂糖やタバコのプランテーションが拡大した。

マニラ　Manila⑦ スペインのフィリピン経営の拠点とされたルソン島西部の港市。1571年レガスピが占領し、城郭(じょうかく)都市を建設、総督府がおかれ、スペインの支配下に入った。16～19世紀には、メキシコのアカプルコとのガレオン貿易で栄えた。

アチェ王国　Aceh⑦ 15世紀末～1903　スマトラ島北部のイスラーム国家。スンダ海峡を通る新しい海洋交易路の要衝に位置する。ポルトガルのマラッカ占領以後、反発するムスリム商人を受け入れ、香辛料交易の中心地として発展した。オランダ進出後、アチェ戦争に敗れて占領された。　→ p.88

バンテン王国　Banten③ 1526頃～1813　ジャワ島西部のイスラーム国家。16～17世紀半ば、スンダ海峡を通る海洋交易路のコショウ交易で栄えた。バタヴィアを中心とするオランダ東インド会社と競合して衰退し、のちオランダ領東インドに吸収された。

ジョホール王国　Johor③ マレー半島南部のイスラーム国家。1511年のポルトガルによるマラッカ占領後、逃れたマレー人の王族が南下して建設し、貿易拠点として繁栄した。

マタラム王国　Mataram⑥ 1580年代末頃～1755　ジャワ島中・東部のイスラーム国家。内陸部の稲作と交易で栄えた。内紛とオランダの介入で王家が分裂し、その後オランダの影響下におかれた。　→ p.88

香辛料(こうしんりょう)**交易**⑥ コショウ・シナモン・クローヴといった東南アジアやインド産の香辛料を取引する貿易。15世紀まで、マムルーク朝やオスマン帝国のムスリム商人がヨーロッパ向けの貿易で巨利をあげていた。15世紀末以降のポルトガルに始まるヨーロッパ勢力の参入により、東南アジアでは、イスラーム教を奉ずる港市国家との競合関係に入った。

アユタヤ朝　Ayutthaya⑦ 1351～1767　チャオプラヤ川にある水上交通の要衝アユタヤを都としたタイ人の王朝。15世紀にカンボ

ジアのアンコール朝やタイ北部のスコータイ朝を支配下に入れ、17世紀には米の生産、中国・日本やヨーロッパ諸国との商業活動で繁栄した。その後、ビルマのコンバウン朝に滅ぼされた。

タウングー（トゥングー）朝 Toungu ⑥ 1531～1752　パガン朝に続くビルマ人の王朝。南部のタウングーに建国し、1538年にモン人の港市ペグーに遷都、17世紀には占領した北部のアヴァに都をおいた。ベンガル湾の交易で繁栄し、16世紀後半にはタイ・ラオスまでを支配下におく広大な王国に発展した。

ラオス Laos ①　インドシナ半島の内陸山岳地帯の国家。タイ語系のラオ人が14世紀に建てたラーンサーン王国に始まる。18世紀に周辺諸国の圧力を受けて3国に分裂、19世紀にはフランスの支配下に入り、インドシナ連邦に編入された。

東アジアの新興勢力

織田信長 おだのぶなが ⑥ 1534～82　尾張おわり出身の戦国大名。室町幕府を滅ぼし、強大な軍事力で全国統一をめざして政治・宗教の諸勢力を圧倒したが、本能寺ほんのうじの変で明智光秀あけちみつひでに敗死した。

豊臣秀吉 とよとみひでよし ⑦ 1537～98　豊臣政権を樹立した戦国大名。織田信長の事業を引き継ぎ、1585年に朝廷から関白かんぱくに任じられて、事実上日本全国の支配権を握った。

南蛮 なんばん **貿易** ⑤　16世紀半ばから17世紀半ばまでおこなわれた日本とポルトガル・スペインとの貿易。両国人を南蛮人と呼んだことに由来する。おもに鉄砲や中国の生糸と日本の銀とを交易した。

鉄砲《日本》 ⑥　火薬の力で弾丸を打ち出す火器。16世紀中頃にポルトガル人により種子島たねがしまに伝来した。堺さかいや近江おうみの国友くにとも、紀伊きいの根来ねごろなどで大量に生産されるようになり、戦術や城の構造を一変させた。

朝鮮侵攻 ⑥ 1592～93、97～98　2度にわたる豊臣秀吉の朝鮮出兵。明攻撃の先導を朝鮮側が拒否したことを理由に、秀吉は朝鮮半島に侵攻した。当初鉄砲でまさる日本軍は勝利を重ねたが、明の参戦に加え、李舜臣ひきいる水軍や民間の義兵に苦戦し、結局秀吉の死後撤兵した。長期の戦乱は朝鮮全土に大きな被害をもたらした。

文禄 ぶんろく **・慶長** けいちょう **の役** ④　秀吉の朝鮮出兵に対する日本側の呼称。

壬辰 じんしん **・丁酉** ていゆう **の倭乱** から ⑤　秀吉の朝鮮出兵に対する朝鮮側の呼称。当時の干支えとから命名された。

李舜臣 りしゅんしん ⑥ 1545～98　朝鮮の武将。亀船を改良するなど水軍の強化につとめ、侵攻してきた日本軍を破った。1598年の海戦で戦死したが、現在に至るまで救国の英雄として尊敬されている。

義兵《朝鮮》 ③　みずからの正義のために戦いに参加した兵士。朝鮮王朝時代、豊臣秀吉や王朝末期の日本から受けた侵略に対して自発的な挙兵がおこなわれた。

亀船 きせん **（亀甲船** きっこうせん **）** ②　李舜臣が用いた軍艦。接舷せつげんして斬きり込む倭寇への対策から開発され、尖とがった鉄錐てっすいを植えた厚い木材の屋根で亀の甲羅こうのように甲板かんぱんがおおわれていた。

江戸幕府 ⑦ 1603～1867　徳川家康とくがわいえやすが江戸に開いた武家政権。武士を支配層とし、領主権をもつ将軍（幕府）と大名（藩）が土地や人々を統治する幕藩ばくはん体制は、1867（慶応3）年の大政奉還たいせいほうかんまで15代265年間続いた。

徳川家康 とくがわいえやす ⑦ 1542～1616　江戸幕府の初代将軍。1603年征夷大将軍に任じられ、徳川氏を頂点とする新しい政治秩序である幕藩体制の基礎を築いた。

朱印船 しゅいんせん **貿易** ⑦　朱印船とは、江戸幕府から渡航許可証である朱印状を与えられた貿易船。外国船も含まれる。徳川家康の貿易奨励の方針から大名や大商人が船主となり、東南アジアを舞台におもに中国商人との取引がおこなわれた。銀・銅を輸出して、中国やベトナムから生糸・絹布、タイやカンボジアから香木や武具に用いる鹿皮しかがわ・鮫皮さめがわなどが輸入された。また、東南アジア各地に中国商人の華人街や日本町が数多くつくられた。

日本町 ⑥　17世紀に東南アジア各地につくられた日本人居住地。朱印船貿易の興隆とともに南方各地に渡った日本人は、タイのアユタヤやフィリピンのマニラ郊外などに自治権を与えられた町を建設した。

日明 にちみん **貿易** ②　室町時代の日本と明とのあいだで、勘合を用いておこなわれた朝貢形式の貿易。日本からの輸出品は銅・硫黄など、輸入品は銅銭・生糸などであった。

台湾 ④　中国南部の福建ふっけん省対岸の島と付属の島嶼とうしょ。古代から中国による探検は数回あったが、1624年オランダが占領し、後続のスペイン勢力を駆逐した。61年になると

鄭成功がオランダ勢力を駆逐し、対清闘争の拠点とした。83年、清朝が征服して台湾府がおかれた。 → p.164

「鎖国」⑥ 江戸幕府が実施した対外通交を禁止する政策。キリスト教の禁止と貿易独占による幕藩体制の強化のためにおこなわれた。1641(寛永18)年以降、清とオランダの2国のみに長崎貿易が許可されたが、朝鮮と琉球王国からは使節が来日するなど、諸国との交流は江戸時代を通じて続いた。「鎖国」という言葉自体は19世紀につくられたもの。

女真じょしん(女直じょちょく、満洲人) Jušen, Jurchin ⑦ 中国東北地方に居住したツングース系民族。狩猟・農耕生活を営み、12世紀に建国した金がモンゴルに滅ぼされたのち、明朝の間接統治下で建州・海西かいせい・野人やじんの各部にわかれた。 → p.114

建州部けんしゅうぶ② 遼東半島の北側に居住した女真の一派。明の統治機関である建州衛の統制下におかれていたものの。16世紀以降、明との交易をめぐる有力者の内部抗争が激化し、自立の動きが盛んになった。

満洲まんしゅう⑥ ヌルハチが建州部を統一して名づけた国の名称。女真が信仰していた文殊菩薩もんじゅぼさつ(マンジュシリ)に由来するともいわれる。ホンタイジ以降は民族名も満洲族と称するようになり、女真は使用されなくなった。

ヌルハチ Nurhaci ⑥ 1559～1626 清朝の創始者で、金(後金)国の初代君主(在位1616～26)。廟号は太祖。建州部の出身で、姓はアイシンギョロ(愛新覚羅あいしんかくら)。全女真の統一を成し遂とげ、1616年に建国し、国号を金(アイシン(満洲語で「金」の意))とした。満洲文字・八旗を制定し、明軍をサルフ山で撃破した。

金きん(後金こうきん、アイシン)⑥ 清の建国初期の名称。12世紀に女真人が建国した金朝の後身として命名された。もとの金朝と区別して一般に後金と呼ばれる。

八旗はっき⑥ 満洲人の社会制度を基盤にした軍事・行政組織。ヌルハチが創始。全軍を8つの「旗き」と呼ばれる軍団にわけ、黄・白・紅・藍らんの各色とそれに縁ふちどりをした計8種類の旗はたを標識とした。300人で1ニル(矢)、5ニルで1ジャラン(隊)、5ジャランで1グサ(旗)として編制された。満洲族の成人男性はすべて八旗に属し、旗人として諸権利を世襲した。 → p.148

旗人きじん② 八旗に属した人々。旗地を与えら

れ、所属する旗(軍団)の長官の統制下に入って、軍人・官僚として特権を有した。

旗地きち① 清朝が旗人に支給した土地。もともと清朝が中国東北地方で領有していた土地に加えて、中国本土に入ってからは北京周辺の土地を農民から奪って旗地とし、旗人に分配した。旗人はこの土地で荘園経営をおこない、生計と軍役の経費をまかなった。

満洲文字まんしゅうもじ⑦ 満洲語を表記するためにつくられた文字。モンゴル文字を応用したもので、ヌルハチの命で創始され、ホンタイジの時代に改良された。

ホンタイジ Hong Taiji ⑥ 1592～1643 清の第2代皇帝(在位1626～43)。廟号は太宗。ヌルハチの第8子。武勇のほまれ高く、1635年のチャハル平定の際に元の玉璽ぎょくじ(印章)を献上されると、翌36年に満洲人・漢人・モンゴル人に推戴されて皇帝位につき、国号を清と改めた。民族名も満洲(マンジュ)と改称し、37年には朝鮮を制圧して朝貢国とした。

チャハル Chakhar ④ 明代に内モンゴルを支配したモンゴル部族。チャハルは「辺境」の意。1635年、ホンタイジの治世に満洲人の支配下に入った。

内モンゴル③ ゴビ砂漠以南のモンゴル高原の呼称。ほぼ現在の中国内モンゴル自治区にあたる地域。なお、ゴビ砂漠以北の、現在のモンゴル共和国にあたる地域を外モンゴルという。

清しん⑦ 1616(36)～1912 明にかわって中国を支配した満洲人の王朝。中国東北地方においてヌルハチが女真を統一して金(後金)を建国、ホンタイジが1636年に国号を清、民族名を満洲と改めた。44年に北京に入城し、17～18世紀の康熙こうき・雍正ようせい・乾隆けんりゅうの3皇帝の時代に支配領域を拡大し、ほぼ現在の中国にあたる版図はんとを築いた。辛亥しんがい革命により1912年に滅亡した。

万暦帝ばんれきてい③ 1563～1620 明の第14代皇帝(在位1572～1620)。幼少で即位。宰相の張居正による改革により財政の再建や綱紀こうきの粛正しゅくせいをはかった。しかし、親政後の万暦帝は政務につとめず、放漫ほうまんな政治におちいった。民衆反乱や秀吉の朝鮮侵攻などの「万暦の三大征」によって財政は破綻はたんし、明は衰亡に向かった。

張居正ちょうきょせい⑤ 1525～82 万暦帝の幼少期、10年間にわたり首席内閣大学士として大権を握った政治家。外交ではアルタン=ハーンと講和して北辺の防衛を整え、内政では

綱紀粛正と行政改革、全国的な検地による財政再建に取り組んだ。税収の増大と中央政府による管理強化をめざす厳格な改革は反感を生み、その死後家産は没収され、長子は自殺した。

顧憲成〔こけんせい〕② 1550～1612　明末の政治家・学者。東林派の指導者。万暦帝に免職されて帰郷後、在野の同志とともに宋代に設立された東林書院を再興し、腐敗した政府や宦官を批判する講学をおこなった。

東林派〔とうりんは〕④ 明末に有力となった政治的党派。東林書院と結びついた中堅官僚を中心に、宦官との関係を強めた内閣や皇帝側近を批判して大きな政治勢力となったが、宦官勢力のきびしい弾圧を受けた。

東林書院④ 明末に儒学を講じた学校。顧憲成らが故郷の江蘇省無錫〔むしゃく〕に再興し、政府の政策や高官・宦官などの不正を批判して政局に大きな影響力をもった。宦官の魏忠賢〔ぎちゅうけん〕(1568～1627)により閉鎖された。

非東林派④ 明末に東林派と敵対した政治的党派。宦官勢力と結んで東林派と党争を繰り返し、明衰亡の大きな原因をつくった。

李自成〔りじせい〕⑥ 1606～45　明末の農民反乱軍の指導者。厳格な軍規のもと、租税減免などを掲げて農民の支持を受け、北京を攻略して明を滅ぼした。しかし清軍の助力を得た明の将軍呉三桂〔ごさんけい〕に敗北した。

崇禎〔すうてい〕**帝**(毅宗〔きそう〕)① 1610～44　明の第17代皇帝(在位1627～44)。明朝の改革をめざしたが、治世下で政治・社会の混乱はさらに深まった。李自成軍に北京を包囲され、自殺した。

ヨーロッパの海洋進出

新型の帆船③ 帆〔ほ〕の推進力を利用して高速で航海ができるようになった船。ポルトガルの「航海王子」とも呼ばれたエンリケによるマスト数の増加や逆風に強い縦帆の導入などの改良が、帆船の高速化と大型化を本格的に開始させた。以後、縦帆と、追い風に強い横帆を組み合わせるなど様々な改良が進められ、高速化が進んだ。

羅針盤の改良③ 方位を測定する道具である羅針盤は中国で発明されたとされ、11世紀末頃の使用記録が残っている。12世紀、イスラーム圏を通してヨーロッパに伝わった。14世紀初頭イタリア人が改良してヨーロッパ人の海外進出をうながした。

香辛料〔こうしんりょう〕⑦ 調味料や香り付けに利用する植物の実や種。中世ヨーロッパでは肉や魚の保存・香り付けの目的で必要とされた。とくに需要が高かったものは、コショウ・シナモン(桂皮〔けいひ〕)・クローヴ(丁子〔ちょうじ〕)・ナツメグ(肉荳蔲〔にくずく〕)などで、ヨーロッパでは入手できず、アジア航路開拓以前は東方貿易(レヴァント貿易)で運ばれた。

コショウ④ インドを原産とする香辛料。東南・南アジアなどで広く栽培され、肉の保存や臭み消し効果から需要が高かった。古くから東西交易の主要産品の一つで、紀元前2世紀のローマでもインドとのコショウ取引の記録があり、14世紀には同重量の銀と等価で交換された。

『世界の記述』(**『東方見聞録〔とうほうけんぶんろく〕』**)⑤ マルコ=ポーロがアジアで経験・伝聞した内容を口述筆記した旅行記。13世紀のユーラシア大陸に関する記録として、当時広く読まれ、ヨーロッパ人の東方への関心を高めた。
→ p.122

ジパング　Zipangu ④ 『世界の記述』における日本の呼称。黄金が無尽蔵〔むじんぞう〕であること、真珠〔しんじゅ〕を大量に産することなどが伝聞として書かれ、アジアの豊かさの象徴の一つとして西欧人の関心をかき立てた。

ヨーロッパのアジア参入

「大航海時代」④ 15～16世紀、ヨーロッパ人が大西洋を起点にインドやアメリカ大陸に

至る新航路を開拓し、世界各地に進出して
いった時代を指す日本での呼称。欧米では
「(地理的)発見の時代」とよばれる。ポル
トガル・スペインがその先鞭をつけた。
また航海者の動機には、アジアの物産の獲
得という経済的要因だけでなく、キリスト
教の布教など宗教的要因もあった。

エンリケ Henrique ⑥ 1394〜1460 ポルト
ガル王ジョアン1世の王子で「航海王子」と
も呼ばれた。アフリカ西岸探検を奨励
し、アジア航路開拓への道を開いた。1415
年にアフリカ西北端のセウタを攻略し、大
西洋および西アフリカの探検事業を推進し
た。奴隷貿易で富を築き、航海学校や天文
台を設置したともされる。

ジョアン2世 João ② 1455〜95 ポルトガ
ルの海外進出を進めた国王(在位1481〜95)。
その治世下で、バルトロメウ=ディアスが
喜望峰に達し、またスペインとトルデシリ
ャス条約を結んだ。 → p.107

バルトロメウ=ディアス Bartolomeu Dias
⑥ 1450頃〜1500 ポルトガルの探検家。
1487年8月、ジョアン2世の命によりリス
ボンを出航、途中暴風で漂流したのち88年
2月にアフリカ南端(のちの喜望峰)に上陸、
アジア航路開拓への可能性を開いた。

喜望峰 Cape of Good Hope ⑥ アフリカ
南端の岬。ここへの到達がアジア航路実現
の可能性を開いたことから、ジョアン2世
はディアス命名の「嵐の岬」を改称し、「喜
望峰」と名づけた。

ヴァスコ=ダ=ガマ Vasco da Gama ⑦
1469頃〜1524 ポルトガルの軍人・航海者。
国王マヌエル1世(在位1495〜1521)の治下、
アジア航路開拓をめざしてリスボンを出発、
喜望峰を経由してアフリカ東岸を北上しマ
リンディに至った。以降ムスリム水先案内
人の先導で、1498年にインド西岸のカリ
カットに到達し、航路開拓に成功した。その
後2度インドに渡るが、その間アフリカ東
岸のモザンビークとソファラを植民地とし、
インド副王(総督)にも任じられた。

カリカット Calicut ⑤ 1498年ヴァスコ=
ダ=ガマが到達した、インド西南部の港市
。コショウ・綿織物などを輸出した。カ
リカットの呼称はキャラコ(綿織物)の語源
とされる。ポルトガル・フランスなどが進
出し、1792年にはイギリス領となった。

アジア航路(インド航路) ⑥ 東方貿易(レヴ
ァント貿易)ルートにかわってアジアの物
産品をヨーロッパにもたらした航路。とく

にヨーロッパとインドを直結する航路はア
ジア交易の中心となった。航路の開拓によ
り、コショウの値段は急激に低下した。

マルク(モルッカ、香料)**諸島** Maluku
(Moluccas) ④ スラウェシ島とニューギニ
ア島のあいだに位置し、香辛料を豊富に産
する島々。とくにクローヴ・ナツメグなど
の主産地で、1512年のポルトガル来航後、
スペイン・イギリス・オランダも往来し、
激しい争奪戦が繰り広げられた。17世紀前
半のアンボイナ事件を機にオランダが支配
下におくが、18世紀には香料産地がほかに
も増え、マルク諸島の重要性は低下した。
→ p.164

セイロン島(スリランカ) Ceylon(Sri Lanka)
③ インドの南海沖の島。1505年ポルトガ
ル人が来航して交易所を建設し、以後しだ
いに支配を拡大した。17世紀半ばにオラン
ダ、1814〜15年のウィーン会議以降はイギ
リスの支配下に入った。 → p.163, 203

ゴア Goa ⑥ インド西岸の港市。1510年
のポルトガルによる占領後、同国のアジア交
易やキリスト教布教の拠点となったが、住
民の反乱も頻発した。

マカオ Macao ⑦ 中国南部、珠江の河口西
岸の港市。1517年ポルトガル人が来航し倭
寇討伐に協力したことから、57年明朝か
ら居住権を得、以降ここを対明貿易の拠点
とした。1887年ポルトガルが正式に領有し
たが、1999年中国へ返還された。

平戸 ④ 九州・長崎県北西部の島。1550(天
文19)年にポルトガル船が、以後スペイ
ン・オランダ・イギリスの船が来航し、南
蛮貿易が開始された。「鎖国」体制がし
かれるなかの1641(寛永18)年に平戸のオラ
ンダ商館が長崎の出島へ移転することで、貿
易港としての役割を終えた。 → p.164

海上交易帝国 ② 16世紀、ポルトガルがアジ
ア航路を開拓し、アジア貿易の覇権を握
った状況を表す言葉。

リスボン Lisbon ⑥ ポルトガルの首都。テ
ージョ川河口に位置し、アジア航路開拓後、
16世紀はおもに香辛料取引で繁栄した。一
時、世界貿易の中心地となったが、17世紀
にはアムステルダムに中心が移った。

▶▶▶ **ヨーロッパのアメリカ「発見」と征服** ◀◀◀

イサベル Isabel ③ 1451〜1504 カスティ
リャの女王(在位1474〜1504)。1479年、夫
フェルナンドのアラゴン国王即位を受け、

両国を統一してスペイン王国とし、夫と共同統治した。92年、ナスル朝を倒して国土回復運動（レコンキスタ）を完成させ、コロンブスの航海を援助した。カトリックの拡大にも熱心で、夫とともに教皇から「カトリック両王」の称号を得た。　→ p.106

コロンブス　Columbus ⑦ 1451〜1506　ジェノヴァ出身の船乗り。トスカネリの地球球体説を根拠に西まわりでアジア到達が可能と主張し、スペイン女王イサベルの援助で1492年8月パロス港から西へ出発した。約2カ月半後に現在のバハマ諸島に到達、さらにキューバ島・イスパニョーラ島（現ハイチ・ドミニカ）も探検して、帰国後は女王夫妻から熱烈な歓迎を受けた。コロンブスは、のち3回にわたり航海・探検をおこない、終生ここを「インド」（インディアス）と信じた。

インディアス　Indias ② 中世末期のヨーロッパで、日本からインドにかけてのアジア大陸東半分を指した地名（スペイン語）。スペインは、アメリカ大陸の植民地やフィリピンもこの名称で呼んだ。

インディオ（インディアン）　Indio（Indian） ⑥ アメリカ大陸先住民に対する呼称。コロンブスが「インド（インディアス）」に到達したと誤解したことから名づけられた。苛酷な労働や「征服者」（コンキスタドール）のもたらした伝染病で、人口が激減した。
→ p.20, 201

トスカネリ　Toscanelli ⑤ 1397〜1482　地球球体説をとなえたフィレンツェ生まれの天文・地理学者。大西洋西航がアジアへの最短ルートと記した書簡と自作の海図をコロンブスに送り、大西洋西航を決意させた。
→ p.150

地球球体説 ⑥ 地球を球形と考える説。ギリシア・ヘレニズム時代のアリスタルコスが最初にとなえたが、中世ヨーロッパでは否定された。13世紀頃イスラーム圏を経てヨーロッパに伝わり、マゼランの世界周航で証明された。→ p.151

サンサルバドル島　San Salvador ⑤ 1492年コロンブスが最初に到達したとされる、バハマ諸島の島。「聖なる救世主」の意で、コロンブスが命名した。ただし、現在の島が、コロンブスが上陸して命名した島と同じであるかには議論がある。

西インド諸島 ④ フロリダ半島沖合からベネズエラ沖合にかけての、カリブ海上の島々。コロンブスが「インドへ到達した」と誤解し

たことによる呼称。ここでは、おもにサトウキビのプランテーションが展開された。

トルデシリャス条約　Tordesillas ③ ポルトガルとスペインがたがいの勢力圏を定めるために1494年に結んだ海外領土分割条約。前年に設定された教皇子午線を修正して、西方へ約1500km境界線を移動した結果、のちに「発見」されたブラジルがポルトガル領となった。ローマ教皇はこれを追認した。

アメリゴ＝ヴェスプッチ　Amerigo Vespucci ⑥ 1454〜1512　フィレンツェの航海者。数度にわたり南アメリカを探検し、1501〜02年の調査でここをアジアではなく未知の「新世界」であると確信、小冊子でそれを主張し、アメリカの呼び名の起源となった。

「新世界」（「新大陸」）　New World ⑤ ユーラシア・アフリカの旧大陸以外の大陸に対する、ヨーロッパ人からの表現。南北アメリカ大陸を指すことが多いが、のちにオーストラリア大陸を含む呼称ともなった。

「アメリカ」　America ⑦ 南北両アメリカを「新世界」と確認したアメリゴ＝ヴェスプッチにちなむ呼称。ドイツの地理学者ヴァルトゼーミュラーがこの呼称を提唱した。彼は16世紀初めに、アメリカをはじめて独立した大陸として表した世界地図を作製した。

カボット（父子）　Caboto ⑥ 父1450頃〜98、子1476頃〜1557　ジェノヴァ出身の航海者父子。イギリスに移住後、父は1497年コロンブスに刺激されて西まわりでアジアをめざしてニューファンドランド・ニューイングランド沿岸に到達、ここをヘンリ7世の領土と宣言した。さらに、子は1517年ハドソン湾に到達した。

カルティエ　Cartier ③ 1491〜1557　フランスの航海者。フランス王フランソワ1世の命により、アジア新航路開拓のために現在のカナダ北西部セントローレンス川周辺を探検した。航路開拓は失敗に終わったが、1534年にカナダのフランス領有を宣言した。

カブラル　Cabral ⑥ 1467頃〜1520頃　ポルトガルの航海者。インドへ航行中の1500年、西に流されてブラジルに漂着し、ここをポルトガル領と宣言した。

ブラジル　Brazil ⑥ ラテンアメリカで唯一ポルトガル領となった地域。1500年にカブラルが漂着し、トルデシリャス条約にもとづいてポルトガル領と認められた。

バルボア　Balboa ⑥ 1475頃〜1519　スペインの探検家。パナマ地峡を横断して太平洋に到達した最初のヨーロッパ人で、この海

と周縁の土地をスペイン領と宣言した。

パナマ地峡 Panama ④ 南北アメリカ間の細長い陸地のもっとも狭い部分。1513年、バルボアはここを横断して太平洋に到達した。

マゼラン(マガリャンイス) Magellan (Magalhães) ⑦ 1480頃～1521 ポルトガルの航海者。西まわりでのマルク諸島到達案が祖国で受け入れられず、スペインのカルロス1世の後援で計画を実施した。1519年セビリャ港を出発、アメリカ大陸を南下して海峡を通過し、「おだやかな海」(太平洋と命名)に抜けた。21年フィリピン諸島セブ島に到達したが、現地での抗争でマクタン島首長ラプラプに殺され、22年世界周航を達成したのは、彼の部下18名である。

世界周航 ⑦ 1519～22 マゼランの部下が成功させた、西まわりでの世界一周航海。この結果、地球球体説が実証された。部下は途中マルク諸島に立ち寄り、航海の費用を上まわる大量の香辛料を持ち帰った。

マゼラン海峡 ⑤ マゼランが「発見」した南アメリカ大陸南端地域の海峡。大西洋と太平洋を結ぶルートで航海の難所でもあった。1914年のパナマ運河開通後は重要性を失った。

太平洋 Pacific Ocean ⑥ 「おだやかな海」の意。1520年、マゼラン海峡を抜けた後、フィリピンに至るまでの海が比較的おだやかであったことから、マゼランが名づけた。

「征服者」(コンキスタドール) conquistador ⑤ 中南米で征服活動や植民地経営をおこなったスペイン人を指す。当初は物質的欲望にかられ、黄金など現地の豊かな財宝の略奪を繰り返した。征服に際しては宣教師も同行し、キリスト教の布教をおこなった。奪略を尽くすと、征服者たちは王室の認可を受けて植民地経営を開始した。その残虐な植民地経営で、先住民の人口は激減した。

マヤ文明 Maya ① メキシコ南部および中央アメリカに栄えたマヤ人の文明。16世紀のスペイン人侵入時は中心をユカタン半島北部やマヤ高地におき、小王国が割拠かっきょしていた。 → p.21

コルテス Cortés ⑥ 1485～1547 アステカ王国を滅ぼした、スペイン人征服者(コンキスタドール)。1519年アステカ王国に入りアステカ人の抵抗を受けるが、21年テノチティトランを占領して王国を滅ぼし、23年にはメキシコ総督となった。

アステカ王国滅亡 ⑦ 16世紀、メキシコ中央高原で栄えていたアステカ王国の滅亡。アステカ王国は同盟を結んだ有力都市国家

を圧倒して繁栄していたが、1521年スペイン人コルテスにより滅ぼされた。以降メキシコはスペインの支配下に入った。

テノチティトラン Tenochtitlan ③ アステカ王国の首都。テスココ湖上の島に建設された石造りの町で、湖の周囲と堤道で結ばれ、町中には水路が張りめぐらされた水運都市。現在のメキシコシティに位置する。 → p.21

ピサロ Pizarro ⑥ 1470頃～1541 インカ帝国を滅ぼした、スペインの征服者(コンキスタドール)。1532年ペルーに進軍、奸計かんけいによりインカ皇帝アタワルパを捕らえて莫大ばくだいな身代金を取ったうえで殺害し、33年帝国を滅亡させた。

インカ帝国滅亡 ⑥ 16世紀、アンデス高地で栄えていたインカ帝国の滅亡。インカ帝国は高度な石造建築やキープ(結縄)などを特徴としていたが、1533年スペイン人ピサロにより滅ぼされた。

クスコ Cuzco ① インカ帝国の首都。アンデス山脈の標高約3400m地帯に位置し、太陽の神殿や精巧な石壁が今も残存している。 → p.21

エンコミエンダ制 encomienda ⑥ 1503年スペインが王令で定めた、中南米における植民地経営形態。スペイン国王がコンキスタドールに先住民の統治を委託し、彼らをキリスト教に改宗させることを条件に労働力としての使用を認めた。しかし植民者たちが先住民を鉱山や農業労働などで酷使こくししたため人口が激減し、聖職者の批判や国王の抑制策もあり、エンコミエンダ制は16世紀に衰退し、18世紀にほぼ廃止された。

アシエンダ(大農園)制 hacienda ② 17世紀以降中南米のスペイン植民地で広まった大農園制。先住民人口の減少で衰退したエンコミエンダ制にかわり普及した。王領地購入などで得た広大な土地で、先住民や黒人奴隷を労働力にカカオ・サトウキビなどの商品作物を栽培した。

ラス=カサス Las Casas ⑦ 1484～1566 スペインのドミニコ修道会士。エンコミエンダ制下のインディオの悲惨な状況をスペイン国王に訴え、インディオ奴隷化の廃止と権利の擁護につとめ、みずからもエンコミエンダを放棄した。また、インディオの惨状に関する報告書『インディアスの破壊についての簡潔な報告』を著した。インディオ人口の減少対策として、黒人奴隷をアフリカから持ちこむ提案もおこなっている

（のちに撤回）。

ポトシ銀山 Potsí ⑦ 1545年に発見されたアメリカ大陸最大の銀山。現在のボリビアに位置する。一時は世界最大の銀産出量を誇り、ヨーロッパに大量輸送された銀は、価格革命をおこす一因となった。19世紀初頭には枯渇した。

伝染病《大航海時代》 ⑦ ウイルスや細菌で感染する、伝染力の強い病気。「大航海時代」には、ヨーロッパからアメリカ大陸に、それまで存在しなかった天然痘やインフルエンザなどが持ちこまれ、抵抗力のない先住民が大量に死亡した。一方で、梅毒がアメリカ大陸からヨーロッパに持ちこまれ、またたくまに世界中へと広まった。

黒人奴隷 ⑦ 16〜19世紀、西・南西・南東アフリカから運ばれ、アメリカ合衆国・ブラジル・カリブ海諸国などで使役された黒人とその子孫。強制労働や伝染病で激減した先住民（インディオ）にかわり、労働力としてアフリカから強制的につれてこられ、おもにプランテーションや鉱山で奴隷として使役された。その数1000万〜2000万に達するとされ、アフリカの社会や経済の発展が阻害された。19世紀以降徐々に廃止されていった。　→ p.170, 189

プランテーション（大農園） plantation ⑦ 商品作物栽培を目的とした大農園制。17〜18世紀以降、ヨーロッパ列強が半植民地・植民地で実施し、北米南部ではタバコや綿花、南米やカリブ海諸島ではサトウキビがおもに栽培された。単種耕作（モノカルチャー）の性格から現地の農業構造を破壊し、現在までその弊害が残っている。
→ p.171, 189

ガレオン船 galleon ④ スペイン・ポルトガルの遠洋航海に用いられた帆船。大型帆船の先がけとして商船・軍艦に利用された。

アカプルコ貿易 Acapulco ⑦ スペイン商人がアカプルコ（メキシコ）とマニラを結んでおこなった貿易。おもにガレオン船が使用されたことから、ガレオン貿易とも呼ばれる。アカプルコからマニラへメキシコ銀を運び、中国商人がマニラに運んだ絹・陶磁器などと交換した。中国商品は、メキシコを経由して最終的にスペインに運ばれた。

アシエント asiento ③ スペイン領アメリカに対する奴隷供給請負契約のこと。
→ p.169

「世界の一体化」 ④ 世界各地に形成された諸地域世界が、商業活動などを通して結びつきを強めていった状況。15世紀後半から始まる「大航海時代」以降、アメリカ大陸とヨーロッパとの交易や、東南アジアとヨーロッパとの香辛料を軸とした商取引などが展開された。さらに、スペインが太平洋を通じたアカプルコ貿易を開始したことでヨーロッパと東アジアが結ばれ、「世界の一体化」が大きく前進した。　→ p.184

商業革命 Commercial Revolution ⑦ 「大航海時代」の新航路開拓がもたらした、ヨーロッパの貿易構造の変化を指す言葉。ポルトガルがアジア航路を通してアジアの香辛料を、スペインがアメリカ大陸から大量の銀をヨーロッパに運ぶようになった結果、従来の北イタリア諸都市による東方貿易（レヴァント貿易）が衰退し、ヨーロッパ産の銀が駆逐された。また、貿易の中心が地中海から大西洋岸に移動した。

アントウェルペン（アントワープ） Antwerpen ③ スヘルデ川河口に位置する、ベルギーの港湾都市。14世紀初頭ハンザ同盟に加入後、各国の商品が集まる国際商業都市となった。商業革命によってヨーロッパでの貿易の中心地となった。　→ p.160

「コロンブス交換」 ⑤ ユーラシア大陸・アフリカ大陸とアメリカ大陸が交流したことで、食物や動植物、奴隷や伝染病など様々なヒトやモノが移動または交換されたことを指す言葉。ジャガイモ・サツマイモ・トウガラシ・トマト・トウモロコシ・タバコ・カカオなどがヨーロッパに根づき、サトウキビやコーヒーなどがアメリカ大陸に持ちこまれた。とくに伝染病は双方に免疫がなく、甚大な被害をもたらした。

「大西洋世界」 ③ 近世に「世界の一体化」が進むなかで、大西洋を挟んでヨーロッパ・南北アメリカ・アフリカのあいだでヒトやモノが密接につながるようになった状況を、一つの「世界」とみなした表現。近年では、近代以降の大西洋世界における、政治・経済・文化の様々な連関が強調されている。

アジアの諸帝国の繁栄

1 オスマン帝国とサファヴィー朝

オスマン帝国の成立

オスマン帝国 Osman ⑦ 1300頃〜1922 オスマン（1世）が建国し、アナトリア・バルカン半島を中心に発展した、スルタンを君主とするスンナ派ムスリムの国家。アンカラの戦いの敗北で一時滅亡の危機に瀕したが、再興後の1453年にビザンツ帝国を滅ぼし、強大な軍事力で領土をアラブ地域やバルカン半島に拡大した。建国から16世紀は軍事拡大の時代であり、シパーヒーの騎士団とイェニチェリなどの常備軍が機能し、徴税はティマール制にもとづいていた。17〜18世紀に軍事拡大が止んで安定時代に入ると、財源確保のために税制は徴税項目ごとに契約される徴税請負制へとかわった。しかし、この制度は地方有力者（アーヤーン）が台頭する契機ともなった。

アドリアノープル（エディルネ） Adrianople (Edirne) ③ オスマン帝国の首都となったバルカン半島東南部の都市。名称はローマ皇帝ハドリアヌスに由来する。第3代スルタンのムラト1世がビザンツ帝国から奪い、1453年まで都となった。

バヤジット1世 Bayazit ⑥ 1360〜1403 オスマン帝国の第4代スルタン（在位1389〜1402）。ニコポリスの戦いに勝利するなど、その俊敏な軍事的才覚から「稲妻」と呼ばれた。しかしアンカラの戦いでティムール軍の捕虜となり、その後死亡した。

ニコポリスの戦い Nicopolis ② 1396 オスマン軍がハンガリー王ジギスムント率いる連合軍を破った戦い。勝利したバヤジット1世はブルガリアを併合し、ドナウ川下流域の支配を確立した。

アンカラの戦い Ankara ⑤ 1402 オスマン帝国がティムール軍に大敗した会戦。捕虜となったバヤジット1世の死亡により帝国は分裂し、約10年間スルタンの空位が続いて王朝は中断した。 → p.123

メフメト2世 Mehmet ⑥ 1432〜81 オスマン帝国の第7代スルタン（在位1444〜46、51〜81）。コンスタンティノープルを攻略して「征服王」と呼ばれた。領土の拡大と官僚による統治体制の確立につとめ、帝国発展の基礎を確立した。

トプカプ宮殿 Topkapı Sarayı ③ イスタンブルに建てられたオスマン帝国の宮殿。メフメト2世の新宮殿建設から増改築が繰り返され、帝国の政治の中枢として機能した。「大砲門」を意味するトプカプは、19世紀以降の名称。

ビザンツ帝国の滅亡 ⑤ 1453 コンスタンティノープル陥落によるビザンツ帝国の消滅。すでにアナトリアやバルカン半島の領土を失っていたビザンツ帝国は、1000年以上の歴史に終止符を打った。 → p.99

イスタンブル İstanbul ⑤ オスマン帝国の都。コンスタンティノープルの別称。ボスフォラス海峡にのぞむ要衝にある。オスマン帝国占領前からイスタンブルとも呼ばれ、占領後は両者の名称が並列的に使われた。20世紀に入り、イスタンブルが正式名称となる。

ティマール制 timār ⑥ オスマン帝国の軍事封土制。領土を軍管区にわけ、騎士に封土（ティマール）を配分してその土地の徴税権を与えた。平時は農村の管理、戦時には封土の広さに応じた兵士数を定めて従軍させた。西アジアで広くおこなわれたイクター制やビザンツ帝国のプロノイア制の影響を受けたとされ、徴税請負制にかわるまで、帝国初期の根幹的な社会・軍事制度であった。

シパーヒー sipāhi ④ オスマン帝国のトルコ系騎士。ティマールにおける徴税権を認められ、その代償として軍事奉仕が義務づけられた。軍隊の主力がイェニチェリに移るとともに衰退した。

「スルタンの奴隷」（カプクル、デヴシルメ制）⑥ デヴシルメ（トルコ語で「集める」の意味）と呼ばれた徴集制度によって登用された、オスマン帝国スルタン直属の「奴隷」（カプクルは家門の奴隷の意味）。帝国は、征服したバルカン半島においてキリスト教徒の優秀な男子を強制的に徴用し、イスラ

ームに改宗させた後、適性に応じた訓練をほどこした。彼らはスルタンや宮廷の厚遇を受け、イェニチェリや高級官僚として要職に従事するなど、帝国の中枢となるエリート層を形成した。

イェニチェリ　yeniçeri ⑦　オスマン帝国の歩兵常備軍。トルコ語で、従来の騎士に対する「新しい兵士」の意味。デヴシルメによって徴集された「スルタンの奴隷」のうち、入念な訓練を受けたスルタン直属の精鋭軍。ヨーロッパに対する征服活動の中心となったが、のちにその特権から政治的圧力団体ともなり、近代化政策のなかで1826年に解散させられた。

オスマン帝国の拡大

セリム１世　Selim ⑥　1467〜1520　オスマン帝国の第９代スルタン（在位1512〜20）。父帝を退位させてスルタンに即位したため、「冷酷者」と呼ばれる。サファヴィー朝を破り、マムルーク朝を滅ぼした。

マムルーク朝滅亡　⑥　1517　セリム１世によりエジプト・シリアを支配していたマムルーク朝は滅亡した。オスマン帝国はメッカ・メディナの両聖都の保護権を獲得してメッカ太守を任命することとなり、スンナ派の盟主ともなった。

スレイマン１世　Süleyman ⑦　1494〜1566　オスマン帝国の第10代スルタン（在位1520〜66）。国内では諸制度を整備して「立法者」、ヨーロッパ諸国からは「壮麗王」と呼ばれ、帝国の最盛期を現出した。バルカン半島ではハンガリーを征服してウィーンを包囲、東方ではサファヴィー朝からイラク南部をうばい、さらに東地中海にも進出し、その制海権を握った。

モハーチの戦い　Mohaç ①　1526　スレイマン１世率いるオスマン軍が、ドナウ河畔のモハーチ平原でラヨシュ２世指揮下のハンガリー軍を撃破した戦い。

ハンガリー征服　⑤　オスマン軍はモハーチの戦いののち、敗走するハンガリー軍を追ってブダを攻略し、オスマン帝国によるハンガリー支配が始まった。

ウィーン包囲《第１次》　⑥　1529　スレイマン１世によるハプスブルク帝国の都ウィーンへの攻撃。フランスと友好関係を結び、12万の精鋭で包囲したが、突然の寒冷化で約20日後に撤退した。　→ p.155

プレヴェザの海戦　Preveza ⑥　1538　オスマン艦隊がスペイン・ヴェネツィア・ローマ教皇などの連合艦隊を破った海戦。プレヴェザはイオニア海東岸の町。

レパントの海戦　Lepanto ⑤　1571　オスマン艦隊がスペイン・ヴェネツィア・ローマ教皇などの連合艦隊に敗れた海戦。レパントはギリシアの町。オスマン艦隊は翌年に再建されて制海権も保ったが、この勝利はカトリック勢力を鼓舞した。　→ p.160

スレイマン＝モスク　Süleymaniye Camii ⑥　スレイマン１世の命で建てられたオスマン建築を代表する大モスク。建築家シナンが設計監督をつとめ、７年の歳月をかけて1557年に完成した。

シナン（スィナン）　Sinan ③　1492頃〜1588　オスマン帝国の建築家。スレイマン１世により国家の建設長官に抜擢され、スレイマン＝モスクに代表される400点以上の公共建築に関わったとされる。大ドームや細いミナレット（光塔）を特徴とする様式を確立した。

拡大後のオスマン帝国下の社会

徴税請負制　⑦　17世紀以降、ティマール制にかわってオスマン帝国で普及・拡大した徴税制度。変更の背景には、征服活動の停滞によって新たな財源が必要となったことがあった。この制度は、軍人・官僚・ウラマーが請負契約を獲得し、キリスト教徒やユダヤ教徒の金融業者も運営に加わって、帝国全体にまとまりをもたらした。その一方、実際の徴税業務を請け負った地方有力者（アーヤーン）の台頭を助長した。

アーヤーン　a'yān ③　ムスリム社会における地方有力者。とくに18世紀以降のオスマン帝国では、徴税請負権を握り、治安維持を含めた地方社会の実質的な支配者となった。彼らの台頭はオスマン帝国の中央権力が弱体化する要因となった。

カーディー（法官）　qādī ①　イスラーム法にもとづいて裁判をおこなう行政官。政府が都市・郡単位で任命し、駐在させた。

カーヌーン　kānūn ③　法令の意で、教会法を意味するギリシア語の「カノン」が語源。ムスリムの日常生活を広範囲に規定するイスラーム法（シャリーア）に対し、行政・世俗法を指す言葉。オスマン帝国ではスルタンの権限増大にともなって、国家運営のためにシャリーアの枠をこえた「スルタンの法」体系が必要となった。

ミッレト millet ⑥ オスマン帝国における非ムスリムの宗教共同体。ギリシア正教・アルメニア教会・ユダヤ教の各教徒は納税を条件に慣習と自治を認められた。イスラーム初期からの非ムスリム保護の考えを継承したもので、オスマン帝国に特殊な制度ではないとの見方もある。

エスナーフ esnaf ② オスマン帝国における同業組合の呼称。西欧のギルドにあたる。イスタンブルなど都市部の市場でまとまって店や工房を開き、キリスト教徒やユダヤ教徒が加わることもあった。徴税や地域社会の統合に役割を果たした。

カピチュレーション capitulation ⑥ ムスリムの君主がヨーロッパ諸国に与えた通商上の恩恵的特権。オスマン帝国の衰退とともに一般化した慣習を、1569年にセリム2世がフランスに公認したものが最初。オスマン帝国の衰退とともに裁判権や関税自主権に拡大解釈され、帝国主義時代には事実上の不平等条約となった。

コーヒーハウス〈コーヒー店〉④ 中東では、16世紀にイスタンブルにおいてはじめて専門の店舗がつくられた。コーヒーは、イスラーム神秘主義者たちが眠気ざましに用いたことから飲用の習慣が広まったとされる。コーヒーハウスには様々な階層の人々が集い、女性を含めた庶民の交流の場であった浴場（ハンマーム）とともに広く普及した。
→ p.182

軍楽隊〈オスマン帝国〉③ メフテルと呼ばれる合奏曲を演奏する、オスマン帝国の軍楽隊。伝統的音楽を打・管楽器を用いてアレンジし、イェニチェリとともに従軍して軍団の士気を鼓舞した。ヨーロッパ各国の軍楽隊や宮廷のオーケストラに影響を与えたとされる。

サファヴィー朝とイラン社会

サファヴィー教団 ⑤ サファヴィー朝建国の母体となったイスラーム神秘主義の教団。15世紀半ばから過激な教説をとなえて、トルコ系遊牧民に信者を広げた。建国後は王がシーア派の十二イマーム派を採用したため、衰退していった。

イスマーイール Ismāʻīl ⑤ 1487〜1524 サファヴィー朝の創始者（在位1501〜24）。神秘主義教団の教主であったが、王朝創設の過程でトルコ系遊牧民キジルバーシュを配下に入れ、遊牧国家の指導者の性格を強め

た。

サファヴィー朝 Ṣafavī ⑦ 1501〜1736 シーア派を国教とし、イラン高原に拠点をおいたムスリムの王朝。サファヴィーは「サフィー家」を意味し、13世紀に活動したシャイフ＝サフィーとその子孫が指導した教団の名称であった。教団の指導者となったイスマーイールが、トルコ系遊牧民キジルバーシュの支持を得て建国した。当初の都はタブリーズ。アッバース1世の治世下で、新首都イスファハーンを建設して最盛期を迎えたが、18世紀にアフガン人の侵入により滅亡した。

チャルディラーンの戦い Chāldirān ③ 1514年、アナトリア東部のチャルディラーンでおこなわれたオスマン帝国とサファヴィー朝との戦い。オスマン帝国の主力であったイェニチェリ歩兵軍団の鉄砲隊が、サファヴィー朝の騎馬軍団を破った。

シャー shāh ⑤ ペルシア語で王・支配者を意味する言葉。アケメネス朝以来のイランの伝統的王号で、サファヴィー朝の君主が採用した。

シーア派 Shīʻa ⑦ アリーとその子孫がムハンマドの後継者であるべきと考える諸派の総称。その最大宗派である十二イマーム派を指すことも多い。サファヴィー朝のもとでシーア派信仰の整備が進み、イランやアゼルバイジャンにシーア派が浸透した。
→ p.73

十二イマーム派 ⑤ シーア派の最大宗派。第4代正統カリフのアリー以下12人の男系子孫をイマーム（宗教指導者）とし、第12代ムハンマドは「幽隠（お隠れ）」状態に入り、将来マフディー（救世主）として再臨すると考える。イスマーイールが建国の際に、国家宗教とすることを宣言した。今日までイランの支配的宗派となっている。 → p.73

アッバース1世 ʻAbbās ⑦ 1571〜1629 サファヴィー朝第5代の王（在位1587〜1629）。中央集権的な統治体制を確立するとともに軍政改革をおこない、オスマン帝国から失地を奪回して王朝の最盛期を現出した。さらに、イスファハーンを整備して遷都し、多くの壮麗な建築物で飾った。

軍政改革〈サファヴィー朝〉⑤ アッバース1世期におこなわれた軍の近代化改革。グルジア人やアルメニア人といったコーカサス（カフカス）出身の軍人奴隷を中心に王直属の騎馬軍団を創設し、さらにイラン系住民からなる銃兵隊や砲兵隊をも組織した。

タブリーズ Tabrīz ⑤ イラン北西部の都市。サファヴィー朝草創期の都。アゼルバイジャン地方の中心地として発展した。

イスファハーン Eṣfahān ⑦ イラン中部の都市。16世紀末にサファヴィー朝の都となり、イラン南北の結節点および商業・文化の中心地として繁栄し、隆盛期を迎えた。

「イスファハーンは世界の半分」 ⑦ イスファハーンの繁栄ぶりを表現した言葉。王の広場を中心に壮麗な建築群に彩られ、17世紀には国際商業の中心都市に成長した。市域の人口は50万に達し、17世紀の世界ではイスタンブルやパリと肩を並べる大都市であった。

イマームのモスク ⑥ アッバース1世によりイスファハーンの「イマームの広場」に面して建てられたモスク。イラン建築の特色である青色を中心とした壮麗なタイル装飾がほどこされている。イラン=イスラーム革命以前は、それぞれ「王のモスク」「王の広場」と呼ばれていた。

ホルムズ島 Hormuz ④ ペルシア湾の出入り口にある島。戦略・貿易上の要衝であり、1515年以来ポルトガルが占領していたが、1622年にアッバース1世が奪取した。対岸の港市バンダレ=アッバースには、インド系商人やヨーロッパ諸国の商館が建てられ、サファヴィー朝の貿易拠点となった。

アルメニア商人 ④ 国際的な商業ネットワークを形成した、アルメニア人の商人。アルメニア人はもともと王国を形成していたが、11世紀以降各地に離散して居留地をつくり、ヨーロッパから東南アジアに至る商業ネットワークを形成した。貿易業や金融業で財をなし、とくにイラン産絹糸に関しては、イスファハーンを拠点に販売をほぼ独占していた。

絹製品《イラン産》 ③ 高品質で絨毯とともに重宝されたイランの手工芸品。インドの綿布、アラビア半島のコーヒーなどと並ぶ国際商品として、オスマン帝国やヨーロッパに輸出された。

ムガル帝国の成立とインド=イスラーム文化

バーブル Bābur ⑦ 1483〜1530 ムガル帝国の初代皇帝(在位1526〜30)。ティムールの直系としてフェルガナに生まれたが、遊牧ウズベクとの抗争に敗れてアフガニスタンのカーブルに根拠地を移した。1526年にパーニーパットの戦いでロディー朝軍を破ってデリーで建国し、ムガル帝国の基礎を築いた。回想録『バーブル=ナーマ』はトルコ文学の傑作とされ、15〜16世紀の中央アジア・インドの歴史的史料として高い価値をもつ。

カーブル Kābul ② アフガニスタン東部の都市。カイバル峠に近い戦略上の要衝にあり、バーブルが北インド侵攻の拠点とした。

パーニーパットの戦い Pānīpat ② 1526 デリー北方の軍事的要衝パーニーパットで、ムガル帝国の創始者バーブルが、デリー=スルタン朝最後のロディー朝の軍を破った戦い。数のうえでは不利であったバーブルが、鉄砲や大砲といった火器を使用して勝利した。このことは、アジアにおける軍事上および科学技術上の歴史的転機ともなった。

ムガル帝国 Mughal ⑦ 1526〜1858 インドのほぼ全域を支配したイスラーム国家。名称はモンゴルに由来する。バーブルにより建国され、第3代のアクバルから第6代のアウラングゼーブまでが最盛期であった。綿織物生産を中心とした手工業が発展したが、18世紀以降は各地の地方勢力との対立や欧米勢力の進出で急速に衰えた。

アクバル Akbar ⑦ 1542〜1605 ムガル帝国の第3代皇帝(在位1556〜1605)。帝国の実質的な確立者。ヒンドゥー教徒のラージプート勢力を平定・連合し、その軍事力を利用して征服事業を展開した。都をアグラに移し、マンサブダール制による支配階層の組織化、土地測量にもとづく税制改革などを進め、中央集権体制を確立した。宗教的には寛容政策をとり、ジズヤを廃止するなど諸宗教の融合をめざした。側近がその治世を著した『アクバル=ナーマ』は、ティムールにさかのぼって皇帝権の正統性が主張されている。

マンサブダール制 manṣabdār ⑥ アクバル帝が定めた官僚制度。マンサブは「位階じか」、ダールは「持つ者」を意味する。すべての官僚に序列をつけ、その位階に応じて給与と保持すべき騎馬の数が決められた。

アグラ Āgrā ⑥ インド北部の都市。ガンジス川の支流ヤムナー川西岸に位置する。1565年にアクバルが新都市を建設し、98年以降はほぼ50年間ムガル帝国の首都として繁栄した。

不可触民ふかしょくみん dalit ③ インド社会で4つのヴァルナの外におかれた下層民。宗教的に不浄とされ差別を受けていたが、村落社会において不可欠な職務をおこない、見返りの権利も保持していた。 → p.14

カビール Kabīr ③ 1440～1518頃 下層ムスリム出身の宗教改革者。儀礼や偶像、カースト制を否定した。イスラーム神秘主義の影響下にヒンドゥー教との融合をはかり、神ラーマへの帰依き（バクティ）を説いた。

ナーナク Nānak ⑦ 1469～1539 クシャトリヤ階層出身の宗教指導者。イスラーム神秘主義とカビールの影響を強く受けてヒンドゥー教を改革し、シク教を創始した。

シク教 Sikh ⑥ 16世紀初頭にナーナクが創始した新宗教。ヒンドゥー教のバクティ信仰とイスラーム神秘主義を融合し、偶像崇拝や苦行、カースト制を否定した。パンジャーブ地方に勢力を保持し、19世紀にはシク王国を建てたが、2度にわたるシク戦争でイギリスに征服された。名称はナーナクら師（グル）の前に忠実な弟子（シク）に由来する。

人頭税（ジズヤ）の廃止 ⑦ アクバルの政策。彼は「万民との平和」を掲げて諸宗教勢力の融和をめざし、1564年に非ムスリムへの人頭税（ジズヤ）を廃止した。しかし、第6代アウラングゼーブがこれを復活したため、非ムスリムの反発をまねいた。

インド＝イスラーム文化 ④ イスラーム文化とインド土着の様式や習俗が融合して生まれた文化。とくに建築・絵画・工芸といった芸術分野や、宗教の変革に特色がある。

写本絵画（細密画）⑥ イスラーム地域で発達した、写本にほどこされた彩色絵画。ササン朝や中央アジアの絵画様式を継承したイラン地域で確立し、イル＝ハン国の治世下で中国絵画との交流から人物像や自然描写といった技術が進歩した。オスマン帝国やムガル帝国にもイランから画家や写本が移入され、それぞれの地域の絵画文化と融合

した個性的な作風がつくりあげられた。『アクバル＝ナーマ』など、君主の業績をたたえる歴史書などを飾った。 → p.91, 122

ムガル絵画 ② サファヴィー朝から導入した写本絵画をもとに、ムガル帝国で発展した絵画様式。宮廷芸術としてアクバル時代から量産されるようになった。肖像画や動植物画のジャンルが確立し、たんなる写本絵画から、独立した1枚の絵画として鑑賞されるようになった。

ラージプート絵画 ② 16世紀以降ラージプート諸侯とうこう国で盛んになった絵画様式。クリシュナなどヒンドゥー教の神々を題材とした、宗教的・庶民的な画風を特色とする。

ペルシア語 Persian ⑥ インド＝ヨーロッパ語族のインド＝イラン語派に属する言語の一つ。歴史的にはアケメネス朝の碑文にある古代ペルシア語、ササン朝期の中世ペルシア語があるが、7世紀にイランがイスラーム化されてからは、アラビア文字への転換や、多くのアラビア語彙ごいの借用によって近世ペルシア語が成立した。ムガル皇帝家自体がペルシア語文化圏のティムール朝の子孫であり、王朝の基盤となった中央アジアやアフガニスタンとの盛んな交流から、ムガル帝国の公用語となった。 → p.50

ウルドゥー語 Urdū ④ インド＝イラン語派に属する言語。語彙にはペルシア語・アラビア語起源の単語が多く、アラビア文字で書かれる。おもにムスリムが使用し、現在パキスタンの公用語となっている。

ヒンディー語 Hindī ④ インド＝イラン語派に属する言語。元来北インドの共通語であったが、文字化の過程でウルドゥー語と分離した。語彙はおもにサンスクリットに由来し、デーヴァナーガリー文字で書かれる。現在インドの公用語の一つ。

タージ＝マハル Tāj Mahal ⑦ シャー＝ジャハーンが愛妃ムムターズ＝マハルのためにアグラに建てた墓廟はびょう。高さ約60mの白大理石の建物は透かし彫りや貴石で装飾され、インド＝イスラーム建築の代表例。

シャー＝ジャハーン Shāh Jahān ⑥ 1592～1666 ムガル帝国の第5代皇帝（在位1628～58）。デカン高原の地方政権を服属させ、帝国の安定期をもたらした。タージ＝マハルなど建築事業に力を注ぎ、インド＝イスラーム文化の黄金時代を築いた。

ヴィジャヤナガル王国 Vijayanagar ⑥ 1336～1649 デカン高原中南部から南インドを意支配したヒンドゥー王国。「勝利の町」を意

味する都ヴィジャヤナガルに建てられた王統の異なる4王朝の総称で、香辛料・綿織物交易や農業で繁栄した。西アジアから大量の軍馬を輸入して軍事力を保持し、イスラーム勢力との抗争を繰り返した。

インド地方勢力の台頭

アウラングゼーブ Aurangzeb ⑦ 1618～1707 ムガル帝国の第6代皇帝（在位1658～1707）。父シャー＝ジャハーンを幽閉して即位。「アーラムギール（世界の征服者）」と称し、南インドも支配下において帝国の最大版図を築いた。厳格なスンナ派イスラーム信仰をおおやけにし、人頭税を復活させたため、マラーター王国やシク教徒の反抗を受けた。治世の後半は農民反乱や貴族層の困窮化が進み、支配はゆらいだ。

人頭税（ジズヤ）の復活 ⑦ アウラングゼーブの政策。1679年に復活させ、アクバル以来の宗教寛容政策を転換した。

ラージプート Rājpūt ④ インド中西部に定住した戦士カースト集団。起源には諸説あるが、クシャトリヤの血統を自称し、一大ヒンドゥー勢力を形成した。アクバル時代にムガル帝国と提携してその軍事力の中核となったが、アウラングゼーブの抑圧策には激しく抵抗し、帝国衰退の原因となった。 → p.47

シク教徒の反乱 ④ 17世紀以降、パンジャーブ地方で有力化していたシク教勢力が、アウラングゼーブ帝の迫害によって武装化を進め、ムガル帝国との全面的な軍事対立が続いた。

黄金寺院《シク教》 ⑤ パンジャーブ地方のアムリットサール市にあるシク教の総本山ハリマンディル＝サーヒブの通称。「神の寺」を意味し、水上に建てられた建築物は教典の章句を刻んだ金箔で覆われている。

マラーター王国 ⑦ 17世紀半ば～1818 インド西部の諸侯集団マラーターの指導者シヴァージーが建てたヒンドゥー教国家。ムガル帝国との抗争のなかで弱体化したが、18世紀初頭に王国のペーシュワー（宰相）が実権を握って再興し、有力諸侯の連合体を築いた。北インドのムガル諸州や南インドまで拡大したこの勢力を、イギリス東インド会社はマラーター同盟と呼んだ。

マラーター同盟 ② 18世紀半ば～1818 マラーター諸侯の連合体に対する、イギリス東インド会社からの呼称。デカン高原西部のプネーを中心として、ペーシュワー政権が有力諸侯の同盟を築き、北インドのムガル諸州や南インドに勢力を拡大した。内紛で弱体化し、イギリスとの3次にわたるマラーター戦争により崩壊した。 → p.236

マイソール王国 Mysore ② 南インドのヒンドゥー王国。ヴィジャヤナガル王国の後継王朝として成立。18世紀半ば以降、ムスリムの軍人であるハイダル＝アリー、ティプ＝スルタン父子が実権を奪ったが、イギリスとの4次にわたるマイソール戦争で征服された。 → p.236

農村経済の活発化《ムガル帝国期》 ② ムガル帝国期のインド各地の農村では、発展する都市の需要や商人の活発な交易活動に対応して、綿布・藍・砂糖など商品作物の生産が発達した。とくにヨーロッパで綿布の人気が高まると国際商品としてさらに生産量が増大し、代価として大量に流入した金・銀によって、国内に貨幣経済が普及した。

3　清代の中国と隣接諸地域

多民族国家・清朝

呉三桂ごさんけい ⑤ 1612〜78　明末・清初の武将。司令官として山海関で清と対峙たいじしていたが、李自成りじせいの乱で明朝が滅ぶと、清に帰順し、山海関を開いて清軍の北京進撃の先導をつとめた。その後も清の征服に貢献して雲南うんなんの藩王となったが、三藩の乱をおこし、その最中に死去した。

山海関さんかいかん ② 渤海湾ぼっかいわんに面した万里ばんりの長城ちょうじょう東端の要地。中国本土と東北地方の境に位置する軍事・交通上の要衝ようしょうであり、「天下第一の関」と称せられた。

藩王はんおう ⑤ 清朝は、清に帰順し、中国支配に協力した漢人武将を中国南部の諸地域に封じて藩王とした。彼らは、封じられた地域の行・財政権を握り、独立王国のような勢力をもった。

盛京せいけい（瀋陽しんよう） ② 中国東北地方の都市。1625年ヌルハチが都とし、ホンタイジが盛京と改称した。44年北京に遷都せんとしてからは副都となり、日本では奉天ほうてんと呼んだ。

北京ペキン ⑦ 中国北部に位置する都市。古来より様々な名称で呼ばれたが、明の永楽帝えいらくていが「北京」と改称、順治帝は盛京（現、瀋陽）から清の首都をここに移した。 → p.126

順治帝じゅんちてい ① 1638〜61　清の第3代皇帝（在位1643〜61）。幼少のあいだは摂政せっしょうドルゴンの強力な補佐を受け、1644年の明滅亡を機に長城内に入って本土の支配を確立した。明の官僚機構を踏襲とうしゅうし、清朝の中国支配を安定させる基盤をつくった。

鄭芝竜ていしりゅう ④ 1604〜61　鄭成功の父。海上私貿易で富を築いて明の武官となり、当初は復明ふくみん運動を援助した。清に帰順後、鄭成功の説得に失敗して処刑された。

鄭成功ていせいこう ⑦ 1624〜62　明の復興運動に活躍した武将。平戸ひらどで鄭芝竜と日本人の母とのあいだに生まれた。明の亡command政権を援助し、厦門アモイを拠点として清と戦い、1658年には南京ナンキンを攻撃した。61年にオランダ勢力を駆逐くちくして台湾を占領したが、翌年病死した。明の遺王から皇族（国）の姓である「朱しゅ」（国姓）を賜ったとされることから、国姓爺こくせんやとも呼ばれる。

鄭氏ていし台湾 ⑦ 1661〜83　鄭氏一族のもとで22年にわたる清との戦いの根拠地になって

いた時期の台湾をいう。1662年の鄭成功の死後は、子の鄭経ていけいらが三藩の乱に連動して反抗を続けたが、康熙帝の攻撃により清に帰順した。

三藩さんぱんの乱 ⑥ 1673〜81　清初の漢人藩王の反乱。1673年に康熙帝が雲南・広東カントン・福建ふっけんの三藩の廃止を決定すると、雲南の藩王呉三桂らは反旗をひるがえした。乱は鄭氏の台湾、朝鮮・ベトナムなどの周辺地域を巻き込んだ大動乱となったが、この鎮圧により、清の中国支配が確立された。

康熙帝こうきてい ⑦ 1654〜1722　清の第4代皇帝（在位1661〜1722）。幼少で即位後、60年以上の在位期間に清朝の統治とうちを確立させた。三藩の乱や台湾の鄭氏を平定して国内を統一するとともに、外モンゴルのジュンガルを破り、ロシアとはネルチンスク条約を結んで北辺の国境を定めた。内政や文化事業にも力を注いだ。

海禁政策《清》 ⑦ 清朝は鄭成功の勢力を孤立させるために海禁を強化した。1661年、康熙帝は広東・福建両省を中心とする沿海の住民を強制的に内陸に移住させる遷界せんかい令を出し、沿岸を無人化して台湾との交流を絶った。台湾占領後、海禁は事実上解除された。 → p.127

海関かいかん ③ 開港場に設置された税関。海禁政策の解除にともない、1685年に広州や上海など4海関が設置された。民間貿易の徴税を任務とし、清朝の大きな財源となった。

互市ごし ③ 中国王朝が設置した公認の交易場。広義には明朝後期以降の朝貢ちょうこうによらない民間交易体制を指す。交易場は国境付近におかれ、交易を望む遊牧勢力の懐柔かいじゅうのほか、関所の役割も果たした。

雍正帝ようせいてい ⑦ 1678〜1735　清の第5代皇帝（在位1722〜35）。軍機処の設置や八旗制改革をおこない、綱紀粛正こうきしゅくせいと思想統制を進めて君主独裁体制を強化した。対外的にはロシアとキャフタ条約を結んだほか、キリスト教布教を禁止した。

乾隆帝けんりゅうてい ⑦ 1711〜99　清の第6代皇帝（在位1735〜95）。内政では大規模な編纂へんさん事業など文化を奨励しょうれいし、外政ではジュンガル・ウイグル人地域といった東トルキスタン全域を制圧して、清朝の領土を拡大させた。豊かな国家財政に支えられて清の最大版図はんとを築きあげたが、晩年は政治腐敗が進んで清は衰退へ向かった。

紫禁城しきんじょう ⑥ 北京にある明・清代の宮城。明の永楽帝が北京に遷都して築いたものを、

清代に復興・増築した。現在は故宮^{こきゅう}と呼ばれ、南門の天安門^{てんあんもん}は有名である。

ネルチンスク条約 Nerchinsk ⑦ 1689 清とロシアが結んだ国境画定条約。康熙帝とピョートル1世の治世下に結ばれ、国境を清に有利なアルグン川とスタノヴォイ山脈（外興安嶺^{がいこうあんれい}）とし、通商や不法越境者の処罰を規定した。中国がはじめて外国と対等な形式で結んだ条約であったが、清朝は理藩院に外交を担当させ、ロシアを朝貢^{ちょうこう}国の一つに位置づけた。　→ p.173

アルグン川 Argun ② ロシアと中国の国境をなす、黒竜江^{こくりゅうこう}の支流。

スタノヴォイ山脈（外興安嶺^{がいこうあんれい}）　Stanovoi ② 東シベリアを東西に走る山脈。東端はオホーツク海に至る。

ジュンガル Jungar ⑦ オイラトの一部族とその国家。17〜18世紀半ばにかけてイリ地方からタリム盆地で強勢を誇^{ほこ}った。首長ガルダン（1644〜97）がオイラト諸部族を統合して外モンゴルから青海・チベットにも勢力を拡大したが、親征した康熙帝に敗れた。さらに1757〜58年の戦いで、ジュンガルは乾隆帝によって滅ぼされた。

新疆^{しんきょう} ⑦ 清朝が藩部とした東トルキスタン一帯の地域。「新しい領土」を意味し、乾隆帝の時代に統治下におかれた。1884年に新疆省、現在は新疆ウイグル自治区となっているが、トルコ系イスラーム教徒の抵抗運動も繰り返されてきた。

回部^{かいぶ} ① 天山山脈以南のムスリム居住地域の呼称。現在の新疆ウイグル自治区南部にあたり、北部の準部（ジュンガルの旧領）は清朝の直接統治であったのに対し、ウイグル人有力者（ベグ）による間接統治がおこなわれた。回はウイグルを表す回紇（回鶻）^{かいこつ}の意。

ベグ ④ トルコ系有力者の称号。ベク、ベイともいう。突厥^{とっけつ}時代にも用いられ、清朝藩部のなかでは、ウイグル人のベグが回部（のちの新疆）の地方官として任用された。

青海^{せいかい} ⑤ チベット高原北東部の山岳地域。黄帽派チベット仏教の創始者ツォンカパの生地であり、1724年に雍正帝により併合されて藩部となった。

藩部^{はんぶ} ⑦ モンゴル・青海・チベット・新疆の総称。これらの非漢人が優勢な地方には自治を認め、統轄^{とうかつ}する中央機関である理藩院から将軍・大臣などを派遣して、軍事・行政を監督した。

理藩院^{りはんいん} ⑥ 藩部を統轄する中央官庁。ホン

タイジの内モンゴル征服の際に創設された蒙古衙門^{がもん}を改編し、1638年に発足した。藩部の自治や事務処理に加え、ロシアとの外交・通商も担当した。

キャフタ条約 Kiakhta ⑤ 1727 清とロシアが結んだ国境・通商条約。モンゴル地区における国境画定^{かくてい}、通商規定、北京におけるロシア正教会の設置など全11条からなる。1860年の北京条約締結まで効力をもった。

チベット仏教 ⑦ チベットで信仰された大乗^{だいじょう}仏教の一派。密教^{みっきょう}と民間信仰が混交して発展し、元朝^{げんちょう}の保護を受けた。新しく生まれた黄帽派は16世紀中頃からモンゴル地方に広まった。　→ p.38, 121

黄帽派^{こうぼうは}（ゲルク派） ⑦ ツォンカパが創始したチベット仏教の宗派。四大宗派の一つゲルク派の呼称。元朝の国師パクパ以来事実上の王家の地位を保ってきたサキャ派から、チベット仏教の指導的地位を奪った。

ツォンカパ Tsong kha pa ④ 1357〜1419 チベット仏教黄帽派の開祖。青海のツォンカに生まれ、戒律と修学を重んじて、衰えていたチベット仏教の改革運動をおこした。

ダライ゠ラマ Dalai Lama ⑦ 黄帽派チベット仏教の最高権威者の称号。ダライはモンゴル語で「大海」、ラマはチベット語で「師・高僧」の意味。1578年にモンゴルのアルタン゠ハーンがソナムギャムツォにこの称号を贈ったことに始まる。観音菩薩^{かんのんぼさつ}の化身として転生^{てんせい}すると信じられている。

活仏^{かつぶつ} ③ 転生活仏の略語。生まれ変わり（転生）によって地位が継承されるチベット仏教の高僧。なかでもダライ゠ラマは観音菩薩の化身として崇拝されるようになり、最大の権威と権力をもった。

ラサ Lhasa ⑦ 吐蕃^{とばん}以降発展した、チベットの中心都市。観音菩薩の聖地とされ、ダライ゠ラマ5世が17世紀半ばにポタラ宮殿を建立して以降、チベットの政治と宗教の中心地となった。現在は中華人民共和国チベット自治区の区都。

ポタラ宮殿^{きゅうでん} ⑤ 歴代ダライ゠ラマの宮殿・寺院。17世紀にダライ゠ラマ5世により、ラサの北西、ソンツェン゠ガンポの宮殿跡とされるポタラ山に建てられた。13層で、高さは市街地から90m以上、幅は400m以上。

清と東アジア・東南アジア

両班^{ヤンバン} ⑦ 高麗^{こうらい}や朝鮮の特権的支配階層。文官（文班）・武官（武班）の総称であったが、

朝鮮時代には官僚を事実上独占した家柄や身分を表すものとなった。厳格な儒教主義を背景に、出身地と婚姻関係の絆を重んじて階層の固定化をはかり、免税など様々な特権を保持した。　→ p.112

「小中華」⑦ 朝鮮が唯一中国の伝統文化を継承しているという思想。両班など朝鮮の支配層は、清の征服によって、中国は文明的・道徳的に劣った「夷狄」と化したとみなし、明以降の正統な「中華」を守っているのは自分たちだけであると自負した。

琉球⑥ 現在の沖縄県にあたる諸島。明に朝貢し、中継貿易で繁栄したが、17世紀初めに島津氏に制圧された。　→ p.127

島津氏⑥ 南九州の有力大名。薩摩藩主島津家久は琉球王国を武力で服属させた。幕末には有力な倒幕勢力となり、明治維新をおこす原動力となった。

両属体制⑥ 異なる二つの政権（国）に服属する政治・経済上の体制。琉球では1609年の薩摩藩侵攻後も、中国との冊封関係を維持しながら首里の琉球王府が独自の体制を保った。

首里③ 琉球王国の都。首里城の城下町として発展した。現在、那覇市の一部。

長崎⑦ 江戸幕府が直轄とした西九州の港市。出島にはオランダ東インド会社の支店がおかれ、清とオランダに対する唯一の対外的窓口となった。

対馬（宗氏）⑦ 守護、大名として対馬を支配した宗氏は、豊臣秀吉の朝鮮侵攻後の関係改善に尽力し、1609（慶長14）年の「己酉約条」により対朝鮮貿易独占の特権を与えられた。

朝鮮通信使 朝鮮から日本（江戸幕府）へ派遣された使節。通信使とは「信を通じるための使節」の意。おもに将軍の代替わりを慶賀する名目で来日した。

松前藩⑤ 1604年に徳川家康からアイヌとの交易独占権を与えられたことにより形成された蝦夷地の藩。松前、江差、箱館などの港を開いて交易をおこなった。アイヌへの収奪を強めたことから、1669年にシャクシャインの蜂起がおきた。

アイヌ⑤ おもに北海道から樺太・千島にかけて居住する先住民。17世紀初頭、徳川幕府より交易独占権を与えられた松前藩が、その支配を強めていった。

「四つの口」⑥ 「鎖国」体制下の日本で、海外に向けて開かれた4カ所の窓口。江戸幕府が直轄した中国・オランダの長崎のほか、

アイヌは松前、朝鮮は対馬、琉球は薩摩の各藩に窓口を担当させ、外交・貿易統制をおこなった。

国学② 日本の古典を研究し、儒教・仏教の影響以前の日本民族固有の精神を明らかにしようとする学問。江戸時代中期におこり、幕末の尊皇思想に影響を与えた。

ジャワ島進出《オランダ》⑥ オランダ東インド会社はジャワ島に進出してイスラーム諸国家を征服し、のちのオランダ領東インドの礎を築いた。コショウ交易で競ったジャワ島西部のバンテン王国や中・東部のマタラム王国は、19世紀には実質的にオランダの支配下におかれた。

バタヴィア　Batavia⑥ オランダの東インド進出の拠点。現ジャカルタ。17世紀初頭東インド会社が商館を建て、1619年にバタヴィアと改称、以降アジア進出の拠点とした。のちオランダ領東インドの首都。　→ p.163

コンバウン（アラウンパヤー）朝　Konbaung（Alaungpaya）⑥ 1752〜1885　アラウンパヤー（1714〜60）が建国したビルマ最後の王朝。タウングー朝を滅ぼしたモン人を破って国土を再統一し、さらにタイのアユタヤ朝を滅ぼして大国となった。19世紀、イギリスとの3次にわたるビルマ戦争を経て、インド帝国に併合された。

ラタナコーシン（チャクリ）朝　Ratanakosin（Chakri）⑥ 1782〜　バンコクを都とする現タイ王朝。建国者は軍の指導者チャクリ（ラーマ1世）。西欧諸国の門戸開放の圧力が強まった19世紀にはモンクット（ラーマ4世）が列強と外交関係を結び、つづくチュラロンコン（ラーマ5世）は近代化につとめて植民地化の危機を免れた。　→ p.240

黎朝の分裂④ 17世紀以降、黎朝の弱体化により生まれたベトナムの割拠状態。黎朝の大越支配が名目的なものになると、紅河デルタ地帯を中心とするベトナム北部で実権を握った鄭氏と、かつてのチャンパーの地である中・南部に広南王国を建てた阮氏という地域勢力が並立するようになった。

阮朝④ 1802〜1945　西山朝を倒したベトナム最後の王朝。国号を越南（ベトナム）とした。清を宗主国として諸制度を取り入れたが、19世紀からフランスの侵略を受け、インドシナ連邦に組み込まれた。　→ p.239

フエ（ユエ）　Hue② ベトナム中部の都市で、広南王国さらに阮朝の都。阮朝時代に中国式の王宮が建てられた。

「華人」(**「華僑」**) ⑥ 中国から海外に移住した人々の呼称。「僑」は「仮住まい」の意味。清代の人口増加にともなって、東南アジアを中心に大規模な移住が進んだ。故郷との強固な結合と経済力は、移住先の人々との対立をもたらすこともあったが、一方で反清革命運動の後援などで大きな力となった。現代では、移住先の国籍をもつ人々を「華人」という。　→ p.238

清代中国の社会と文化

科挙《清》④ 隋以後の中国歴代王朝でおこなわれた官吏登用制度。清では明代の制度を継承したが、受験者の増加とともに複雑化した。近代化が求められた清末には存在意義を失い、1905年に廃止された。

八旗⑤ 満洲人の血縁・地域集団を基盤にした軍事・行政組織。ヌルハチが創始。全軍を8つの「旗」と呼ばれる軍団にわけ、黄・白・紅・藍の各色とそれに縁どりをした計8種類の旗を標識とした。300人で1ニル(矢)、5ニルで1ジャラン(隊)、5ジャランで1グサ(旗)として編制された。満洲族の成人男性はすべて八旗に属し、旗人として諸権利を世襲した。ホンタイジ期には、帰来したモンゴル人で編制されたモンゴル八旗、おもに投降した漢人を編制した漢軍八旗が成立した。　→ p.133

緑営④ 漢人による清の正規軍。清の北京入城後、衛所制にもとづく明軍を再編して八旗を補完する役割を担わせた。名称は投降した明の軍旗の色に由来し、緑旗ともいう。兵力は約60万で、おもに治安維持など警察の機能を果たした。

満漢併用制 ⑤ 六部など中央官庁の高官の定員を偶数とし、満洲人と漢人を同数任命した制度。中枢機構の官僚化とともに、漢人の権限が高まっていった。

軍機処⑤ 清朝における政務の最高機関。1730年、雍正帝がジュンガル攻撃の際に軍事機密の保持を目的に創設し、その後機能を拡大して内閣の職権を吸収した。その責任者を軍機大臣と称し、清末まで政務や軍事にわたる最高審議機関となった。

郷紳③ 科挙により得た資格や官僚の経験をもつ地方社会の有力者。明代後期から社会の指導者層として強い影響力をもったが、清代でもその力を拡大し、19世紀に彼らが組織した郷勇は清末の新式軍の母体となった。　→ p.130

『康熙字典』⑤ 康熙帝が編纂させた字書。1716年刊。42巻。4万2000をこえる漢字を部首・画数で配列し、その様式は後代に引き継がれて中国を代表する字書となった。

『古今図書集成』③ 康熙帝の命で編纂され、雍正帝の時代に完成した類書(百科事典)。1725年刊。1万巻の類書であり、銅版印刷で64揃え(セット)作成された。

『四庫全書』⑤ 乾隆帝が編纂させた中国最大の叢書。1782年刊。当時の書籍を網羅して経(儒教)、史(歴史・法制・地理など)、子(思想・科学技術など)、集(文学)の4部に分類し編纂した。約3500種、8万巻からなり、7揃え作成された。禁書の捜索という思想統制の面も強かった。

文字の獄⑥ 康熙帝から乾隆帝の時期におこなわれた言論・思想弾圧。清朝は漢人社会に根強い「華夷の別」の思想を弾圧するため、反清・反満的な文を著した者には極刑でのぞんだ。

禁書⑥ 思想統制のために特定の書籍を禁ずること。『四庫全書』の編纂は禁書の捜索でもあり、焼却や字句の差しかえを受けた書物は約3000種、7〜8万部におよんだ。

辮髪⑦ 頭髪を剃り、後頭部の一部をおさげ状に結ぶ満洲人の習俗。清朝は漢人を中心とする支配領域の成人男性に対し、服従の証明としてこの髪型を強制した。

広州《清》⑦ 華南第一の海港都市。唐代に市舶司がおかれ、1757年乾隆帝によりヨーロッパ船の来航が許される唯一の港となった。欧米では「カントン」と呼ばれることが多い。　→ p.37, 116, 241

行商(公行) ⑥ 広州において貿易業務の独占を認められた特権商人団体。制度には変遷があるが、数家ないし十数家の特定の商人が関税の徴収などすべての手続きを請け負った。1760年には、貨物価格の共同決定などのために、行商が参加する公行という組織がつくられたが、71年に廃止された。一方、欧米では行商がCo-hongと訳され、一種のギルドによる独占とみなされたため、アヘン戦争期まで公行という独占組織が存在したかのように誤解された。

商品作物《清》② タバコや藍などが代表例。政治の安定と人頭税を廃した地丁銀制の普及を背景とする人口増加により、山間部の土地の開墾が進んだ。稲作に不適な場所では、これら商品作物の栽培が普及した。

輸入作物⑤ アメリカ大陸原産のトウモロコシやサツマイモなどが代表例。激増した人

口に対応するために、山間部や荒れ地でも耕作が可能なこれらの自給作物が、新開地で広く栽培されるようになった。

地丁銀制〈ちていぎん〉⑥ 清代に確立した税制。人頭税を廃止し、土地税に一本化した制度。清朝は明末の一条鞭法〈いちじょうべんぽう〉を引き継いだが、貧農の増加や虚偽申告、郷紳層の免税権乱用などで徴収が困難になった丁税（壮丁〈そうてい〉〈16〜60歳の成年男性〉に課した人頭税）を地銀（所有する土地に課した税）に繰り込み、単一税とした。康熙帝時代に始められ、雍正帝時代に全国実施された。

抗租〈こうそ〉① 明末から清代に激化した、佃戸〈でんこ〉（小作人）の地主への抵抗運動。不在地主化と市場経済の浸透を背景に、華南を中心に小作料である「租〈そ〉」の納入を拒否する事件が続発した。雍正帝以降、国家の課題として表面化した。

顧炎武〈こえんぶ〉⑥ 1613〜82 明末清初の思想家。抗清闘争に敗れたのち、江南各地を流浪〈るろう〉する生活のなかで書かれた『日知録〈にっちろく〉』は、広い歴史知識にもとづく実践的な社会批評で知られる。その実証的な学問方法から考証学の創始者の一人とされる。

黄宗羲〈こうそうぎ〉③ 1610〜95 明末清初の思想家。明朝復興運動に尽力したが、失敗後は学問に専念した。主著『明夷待訪録〈めいいたいぼうろく〉』は皇帝専制政治を批判する政治論として有名。考証学の先駆者とされる。

考証学〈こうしょうがく〉④ 明末清初に始まる、実証を重視する学問。朱子学〈しゅしがく〉・陽明学のように自身の頭のなかで論理を組み立てる方法とは対照的に、広く確実な文献の収集と厳密な考証により、儒学の古典を実証的にきわめようとした。清代中期に最盛期を迎えた。

銭大昕〈せんたいきん〉④ 1728〜1804 清代を代表する考証学者。『二十二史考異〈にじゅうにしこうい〉』などで考証学的な史学を確立した。音韻学・金石〈きんせき〉学など多方面の研究をおこない、西洋の数学や天文学に関する著書もある。

『紅楼夢』〈こうろうむ〉⑥ 清代の口語長編小説。全120回のうち前半80回が曹雪芹〈そうせつきん〉著、後半40回は別人により書き足された。上流社会の栄華没落を題材に、登場人物の哀感をたくみに表現して中国小説の代表とされる。

『儒林外史』〈じゅりんがいし〉④ 清代の口語長編小説。呉敬梓〈ごけいし〉著。儒林とは科挙を受験する読書人層を意味し、官僚の腐敗や堕落〈だらく〉を描いた。

『聊斎志異』〈りょうさいしい〉③ 清代の文語短編小説集。蒲松齢〈ほしょうれい〉著。怪異妖変〈かいいようへん〉の世界と人間の交錯を描き、民衆の人気を博した。

アダム＝シャール（湯若望〈とうじゃくぼう〉） Adam Schall ⑥ 1591〜1666 ドイツ出身のイエズス会宣教師〈せんきょうし〉。明末の中国で徐光啓〈じょこうけい〉とともに『崇禎暦書〈すうていれきしょ〉』の作成や大砲の製造などに従事した。清では暦作成に貢献し、天文台長官もつとめた。

フェルビースト（南懐仁〈なんかいじん〉） Verbiest ④ 1623〜88 ベルギー出身のイエズス会宣教師。布教活動中に清の順治帝にまねかれ、アダム＝シャールを補佐した。三藩の乱では多くの大砲を鋳造するなど活躍した。

「皇輿全覧図」〈こうよぜんらんず〉④ 中国初の実測による全国地図。ブーヴェ、レジス（1663〜1738）らフランス人宣教師の進言により10年にわたる測量がおこなわれ、1717年に完成し、19年に康熙帝へ上呈された。

ブーヴェ（白進〈はくしん〉） Bouvet ⑤ 1656〜1730 フランス出身のイエズス会宣教師。ルイ14世の命で派遣され、康熙帝の側近となり「皇輿全覧図」作製に尽力した。著書『康熙帝伝』はその人柄〈ひとがら〉を伝える傑作とされる。

円明園〈えんめいえん〉⑥ 北京郊外につくられた清朝の離宮・庭園。皇子時代の雍正帝が着工し、歴代皇帝により整備・拡張された。華麗なバロック式西洋館と大噴水で知られたが、第2次アヘン戦争（アロー戦争）末期の1860年に英仏軍の略奪と破壊により廃墟となった。

カスティリオーネ（郎世寧〈ろうせいねい〉） Castiglione ⑥ 1688〜1766 イタリア出身のイエズス会宣教師。康熙・雍正・乾隆の3帝に宮廷画家として仕え、遠近法や陰影法を取り入れた西洋画法を伝えた。円明園の西洋館設計にも参加した。

典礼〈てんれい〉**問題** ⑥ 中国布教におけるカトリック会派間の論争。イエズス会は中国人信者に対し、祖先の祭祀〈さいし〉や孔子の崇拝などといった伝統儀礼である「典礼」への参加を容認したが、遅れて参入したドミニコ会やフランチェスコ会はこれに反発し、教皇庁に提訴した。1704年に教皇が典礼に妥協することを禁止すると、康熙帝はイエズス会以外の宣教師を国外退去させた。

キリスト教布教の禁止 ⑥ 1724 雍正帝は一部宮廷奉仕のために滞在させた者以外、すべての宣教師を国外に追放し、キリスト教布教を全面禁止とした。

シノワズリ（中国趣味） chinoiserie ⑤ 中国的な図柄や主題を取り入れたヨーロッパの美術。宣教師や各国の東インド会社がもたらした陶器や美術作品の影響を受けて、17〜18世紀に流行した。

近世ヨーロッパ世界の動向

1 ルネサンス

ルネサンス運動

近世 ④ 中世と近代のあいだを表す時代区分。ヨーロッパでは、おもに15世紀後半以降の主権国家体制が形成される時期から18世紀後半の市民社会成立期までを指し、初期近代とも呼ばれた。中世にはすでにルネサンス的な文化運動や宗教改革の先がけがみられること、近世の科学が非合理な部分を内包していることなどから、近世は中世との連続性や近代との断絶性をもつ時代ととらえることもできる。

ルネサンス Renaissance ⑦ 14世紀イタリアで始まり、15世紀以降西ヨーロッパ各国に広まった、文芸・科学・技術など多方面で展開された文化運動。フランス語で「再生」の意味。その背景には、中世末期の黒死病（ペスト）の大流行によって生者としての人間に大きな価値が見出されたことや、イスラーム圏から伝わった諸学問の影響で天体や物質、人間の身体など自然の秘密（法則）を探究しようとする動きが高まったことがあった。

中世からの連続性《ルネサンス》③ ルネサンス期の文化と中世の文化運動との連続性を強調する見方。「12世紀ルネサンス」など、古典復興運動は中世から複数試みられていた。また物質面の探究は、錬金術や占星術など、現代からみれば迷信とも思える中世の手法にもとづいていた。このように、従来のルネサンスは近代への画期として評価されてきたが、近年は中世との関連・連続性が重要視されている。

北方ルネサンス ② アルプス以北の、または広義にはイタリア以外のルネサンスのこと。絵画では、理想ではなくありのままの姿を描き出す陰影に満ちた表現を特徴とし、エラスムスを筆頭とするヒューマニズムの浸透がその背景をなしていた。

フィレンツェ Firenze ⑦ イタリア中部トスカナ地方に位置する都市共和国。アルノ川両岸に開かれ、毛織物産業・金融業・東方（レヴァント）貿易などの遠隔地貿易で栄えた。メディチ家の学芸保護を背景に、イタリア＝ルネサンスの中心地となった。→ p.97

メディチ家 Medici ⑥ ルネサンスを保護したフィレンツェの大富豪一族。14世紀、金融業をおこして繁栄し、15世紀にはコジモ（1389〜1464）が共和国元首としてフィレンツェの支配権を握った。孫ロレンツォ（1449〜92）の代に繁栄の頂点を迎え、ルネサンスの学芸保護につとめた。15世紀末、一時フィレンツェを追放されるが16世紀に復帰し、のちトスカナ大公としてフィレンツェの領主となった。また、16世紀前半には一族からレオ10世などの教皇も輩出した。→ p.99

フランソワ1世 François ③ 1494〜1547 フランス・ヴァロワ朝の国王（在位1515〜47）。イタリア戦争で神聖ローマ皇帝カール5世（カルロス1世）と激しく戦った。イタリア侵入をきっかけにフランスにルネサンス文化を取り入れ、レオナルド＝ダ＝ヴィンチを宮廷にまねいた。→ p.158

ルネサンスの精神

ヒューマニズム（人文主義） humanism ⑥ ルネサンスの根本精神の一つ。キリスト教以前のギリシア・ローマの文化を通じて、人間性の尊重や個我の自覚を、文芸や思想面から探究する人間中心の考え方。

ヒューマニスト（人文主義者） humanist ③ ルネサンス期に人間的な価値観や本質を追求した人々。死語となっていたギリシア語を学んでギリシア・ローマの古典を研究し、教会の倫理観から離れた人間社会の赤裸々な姿を小説や詩、評論などに描写することで、人間性尊重の思想を表現した。また、写本の文言を検討し、複数の記述と比較することで文章の真偽を明らかにした。これはのちの古典学・聖書学・歴史学などの礎

トスカネリ Toscanelli ② 1397〜1482 地球球体説をとなえた、フィレンツェ生まれ

の天文・地理学者。 → p.136

地球球体説 ② 地球を球形と考える説。中世ヨーロッパでは否定されたが、ルネサンス期に天文学が発達したことで、トスカネリがとなえた。 → p.136

コペルニクス Copernicus ⑦ 1473〜1543 ポーランドの天文学者・聖職者。イタリア留学中にプトレマイオス天文学に疑問をもち、地動説を主張するに至った。『天球回転論』初版本の完成時にはすでに臨終の床にあった。

地動説 ⑦ 太陽を中心に、そのまわりを地球をはじめとする天体がまわっているとする説。コペルニクスが1530年頃に理論化したが教会の反発は激しく、多くの学者がこの説を支持するのはニュートン天体力学確立後であった。18世紀後半には地動説は一般化した。

天動説 ④ 地球は宇宙の中心で静止し、そのまわりをほかの天体がまわっているとする説。古代ローマのプトレマイオス学説が有名であり、教会によって支持された。 → p.67

))) **ルネサンスの広がり** (((

ルネサンス様式 ② ルネサンス期の建築様式。教会建築では大円蓋と列柱を特徴とし、中世ゴシック式の垂直方向重視とは異なる水平方向重視の様式をとったことが、人間中心の目線を表している。

油絵の技法 ⑤ 油をまぜた顔料を用いて絵画を制作する技法。中世ヨーロッパにはすでに試みられており、15世紀、ファン=アイク兄弟を中心とするフランドル派により技法が確立したとされる。

火器《ルネサンス》 ⑥ 火薬を利用した武器。ルネサンス期に改良が加えられ、鉄砲や大砲が発明された。こうした軍事技術の革新は、戦術の変化だけでなく、騎士階級の没落をうながすなど、社会的変化をもたらした。

軍事革命 ⑤ 近世ヨーロッパでおこった軍事面の変化。火器の使用と規律的な隊形の導入という軍事上の変化やその普及、および戦術上の変化が、中央集権の進展や騎士の没落などの社会的変化を引きおこしたことを指す。

羅針盤 ⑥ 方位を測定するための道具。中国で発明されたとされ、11世紀頃の船上での使用記録が残っている。12世紀、イスラ

ーム圏経由でヨーロッパに伝わり、14世紀初頭ヨーロッパ人が改良してヨーロッパ人の海外進出をうながした。 → p.118

グーテンベルク Gutenberg ⑦ 1400頃〜68 ヨーロッパの活版印刷術を改良して実用化させた最大の功労者であるドイツ人。1450年頃、鋳型鋳造の金属活字を使用する印刷技術を開発し、『四十二行聖書』や贖宥状などを印刷した。聖書や知識の普及をうながし、宗教改革の拡大にもつながった。

活版印刷術 ⑦ 活字を組み合わせて原版をつくる印刷方法。宋代の中国で粘土製活字が、13世紀に高麗で金属活字が考案された。ヨーロッパでは、15世紀半ばにグーテンベルクが鉛と錫の金属活字を考案し、ブドウ絞り器を参考にプレス式の印刷機を考案した。ルネサンス、宗教改革の時代に新しい思想や知識の普及に大きく貢献した。

ダンテ Dante ⑥ 1265〜1321 フィレンツェ出身の、イタリア最大の詩人。イタリア=ルネサンスの先駆者。『神曲』では、神への愛や魂の浄化のさまを描きつつ痛烈な聖職者批判をおこなった。皇帝党(ギベリン)と教皇党(ゲルフ)の政争に巻き込まれてフィレンツェを追放され、のちラヴェンナで死去した。

『神曲』 Divina Commedia ⑥ トスカナ語(イタリアの一方言で、のちの標準語)で書かれた、ダンテの代表作品。ダンテ本人が登場し、古代ローマの詩人ウェルギリウスなどの先導のもと、地獄・煉獄をめぐり天国へ至る経路を描く。登場人物たちがキリスト教的倫理観にもとづく賞罰を受けるさまを描き、聖職者をも痛烈に批判して、ルネサンスの先駆の著作である。

ペトラルカ Petrarca ⑤ 1304〜74 イタリア=ルネサンスの詩人・人文主義者・古典研究の第一人者。古代ローマの古典作品を多数復活させ、みずからもラテン語・イタリア語で著述した。ラウラへの愛をうたった『叙情詩集』や、古代ローマの将軍スキピオを描いた『アフリカ』などが代表作。

『叙情詩集』 ④ ペトラルカの著作で、イタリア語では『カンツォニエーレ』。1342〜74年にかけてイタリア語で書かれた作品で、愛人ラウラへの愛が随所で表現されている。

ボッカチオ(ボッカッチョ) Boccaccio ⑤ 1313〜75 イタリアの人文主義者・作家。ダンテに影響を受け、おもにフィレンツェで活躍し、代表作に『デカメロン』がある。同書はイタリア=ルネサンス散文学の最高

傑作といわれ、イギリスのチョーサーにも影響を与えた。

『デカメロン』 Decamerone ⑤ 1348〜53年著作の、ボッカチオの代表作。黒死病（ペスト）のために郊外へと逃れた男女10人が退屈しのぎに語った100の物語を集めた「枠物語」の体裁をとる。登場人物の赤裸々な描写から『人曲』とも称され、近代小説の原型となった。

エラスムス Erasmus ⑦ 1469頃〜1536 ネーデルラント生まれの、16世紀最大の人文主義者（ヒューマニスト）。代表作は『愚神礼賛』。カトリックの腐敗を鋭く風刺し、宗教改革にも大きな影響を与えたが、自身は宗教改革には批判的であり、ルターとも対立した。

『愚神礼賛』 ⑤ エラスムスが著した風刺文学の代表作。痴愚の女神が登場してこの世の痴愚を数えあげ、聖職者や王侯の偽善・腐敗を辛辣に批判した。

チョーサー Chaucer ④ 1340頃〜1400 イギリス＝ルネサンス期の先駆的詩人。国王に仕えたのち、高級官僚としての生涯をおくった。ダンテやボッカチオの影響を受けるが、イギリスの国民文学としての色彩を明らかにした。

『カンタベリ物語』 Canterbury Tales ④ 14世紀末にチョーサーが著した物語集。種々の社会階層の人々が、カンタベリ聖堂詣での途上で語った話を集めたという体裁をとり、その内容は社会風刺に富んでいる。

トマス＝モア Thomas More ⑥ 1478〜1535 イギリスの政治家・人文主義者。オクスフォード大学で学び、古典研究に傾倒してエラスムスと親交を結んだ。官僚最高位の大法官となるが、ヘンリ8世の離婚に反対してロンドン塔に投獄され、反逆罪で処刑された。

『ユートピア』 Utopia ⑥ トマス＝モアの作品。平等で精神性に富んだ架空の理想社会ユートピア（どこにもない場所の意）を描いて現実の社会を風刺し、当時イギリスで進行していた「囲い込み」（第1次）などを批判した。キリスト教で説かれる天国とは異なる理想郷の可能性を示したことで、後世の文学や社会思想に影響を与えた。

シェークスピア Shakespeare ⑦ 1564〜1616 エリザベス1世の時代から17世紀初めに活躍した、イギリス最大の劇作家。ロンドンに出て俳優兼劇作家として活動し、四大悲劇『ハムレット』『オセロー』『マクベス』『リ

ア王』や、喜劇『ヴェニスの商人』など、合作も含め37編の喜劇・史劇作品を残した。

『ハムレット』 Hamlet ④ 1601年頃初演のシェークスピアの四大悲劇の一つ。デンマーク王子ハムレットによる、父王を殺した叔父への復讐と、それに付随しておこった様々な事件を描いた作品。

ラブレー Rabelais ⑤ 1494頃〜1553頃 フランス＝ルネサンス期の代表的な作家。フランス語の著作『ガルガンチュアとパンタグリュエルの物語』は教会批判的内容をもち、パリ大学神学部により発禁処分とされた。解剖学を講ずるなど医者としても活躍した。

『ガルガンチュアとパンタグリュエルの物語』 ⑥ 1532〜52年にかけてラブレーが書いた滑稽譚。巨人の父子ガルガンチュアとパンタグリュエルを中心とした奇想天外な物語のなかに、社会や教会批判を盛り込んだ。全5巻のうち第5巻は死後の64年に出版されたが、偽作ともいわれる。

モンテーニュ Montaigne ④ 1533〜92 フランスの人文主義者。『エセー』（『随想録』）で社会や人間について深く省察し、随筆文学の祖と呼ばれる。ボルドー市長を2期つとめ、ユグノー戦争では調停者の立場に立ち、中庸精神を重んじた。

『エセー』（『随想録』） Essais ④ 1580〜88年にかけて加筆修正を加え、出版された、モンテーニュの随筆集。全3巻からなるが、自己の省察を中心に読書録から社会や人間についての思いなど、内容は多岐にわたる。

セルバンテス Cervantes ⑥ 1547〜1616 スペイン文学史上最大の作家の一人。代表作は『ドン＝キホーテ』。レパントの海戦で負傷し、左手の自由を失った。

『ドン＝キホーテ』 Don Quixote ⑥ セルバンテスの代表作。1605年に前編、15年に後編を発表した。時代錯誤の騎士ドン＝キホーテが従士サンチョ＝パンサと繰り広げる滑稽物語で中世の騎士道を風刺し、最初の近代小説と呼ばれる。

ジョット Giotto ⑤ 1266頃〜1337 ルネサンス絵画の先駆者。フィレンツェで活躍した。教会の壁画などに、キリスト教をテーマとする立体的で写実的・人間的な表現を試みた。「聖フランチェスコの生涯」が代表作。

ブルネレスキ Brunelleschi ⑤ 1377〜1446 ルネサンス初期の建築家・彫刻家。イタリアで活躍した。サンタ＝マリア大聖堂の大

円蓋を設計、完成させた。数学的調和を重んじるルネサンス様式の建築を創始した。

サンタ＝マリア大聖堂 Santa Maria ④ フィレンツェに建設された、ルネサンス初期の大聖堂。1296年に着工されて1436年に完成したが、その間に多くの人々が建設に関わった。ブルネレスキが設計・建築した八角形の大円蓋が有名である。

ドナテルロ Donatello ③ 1386頃〜1466 ルネサンス初期のイタリアの彫刻家。写実的な作品を多数残し、彫刻におけるルネサンス様式を確立した。彼の「ダヴィデ像」は、ルネサンス期初の裸体像である。「聖ジョルジオ像」が代表作。

ブラマンテ Bramante ② 1444〜1514 ルネサンス中期のイタリアの建築家。サン＝ピエトロ大聖堂の最初の設計者であり、教皇ユリウス２世（在位1503〜13）に仕えて建築にたずさわった。古典古代の理想を取り入れ、ルネサンス様式を確立した。

サン＝ピエトロ大聖堂 San Pietro ③ 現ヴァチカン市国にあるカトリックの総本山。イエスの弟子ペテロの墓所上に建てられたとされ、16世紀初め、老朽化により教皇ユリウス２世のもとで新築工事が始まった。建設に際して、当初ブラマンテが設計にあたり、のちラファエロ・ミケランジェロが建築にたずさわった。　→ p.154

ボッティチェリ Botticelli ⑦ 1444頃〜1510 ルネサンス中期の画家。フィレンツェでメディチ家の保護を受けて活躍し、キリスト教と古典文化の調和をめざした。「ヴィーナスの誕生」「春」が代表作。

「ヴィーナスの誕生」 ⑥ ボッティチェリの作品。ギリシア神話から着想を得、海から生まれたばかりの裸のヴィーナスを描いたもの。キリスト教の視点からは「異教的」であった。

レオナルド＝ダ＝ヴィンチ Leonardo da Vinci ⑦ 1452〜1519 ルネサンスにおいて理想とされた「万能人」（万能の天才）を代表する人物。絵画・彫刻・建築・科学・哲学など諸分野で卓越した才能をみせた。イタリアのフィレンツェで活動を始め、ミラノ・ローマやフランスなどで活躍し、フランソワ１世下のフランスで没した。遠近法による絵画「最後の晩餐」「モナ＝リザ」や、科学・技術に関する数多くの手稿を残している。

「最後の晩餐」 ⑦ 受難前夜のキリストと弟子たちの晩餐を題材とした、レオナルド＝ダ＝ヴィンチの壁画。遠近法の一種である一点透視法が使われている。

「モナ＝リザ」 ③ レオナルド＝ダ＝ヴィンチが描いた、女性の肖像画。美しい微笑みをたたえ、もっともすぐれた肖像画の一つともいわれる。色彩の明暗やぼかしで、遠近感が表現されている。

ミケランジェロ Michelangelo ⑦ 1475〜1564 ルネサンス期イタリアを代表する彫刻家・画家。フィレンツェとローマを中心に活躍し、彫刻「ダヴィデ像」や、システィナ礼拝堂の天井画「天地創造」、壁画「最後の審判」などを残した。

「ダヴィデ像」 ⑤ ミケランジェロが制作した大理石像。若きヘブライ王ダヴィデの姿を表現した裸体像で、当初はフィレンツェ市庁舎前に置かれ、フィレンツェの自由と独立の象徴とされた。

「最後の審判」 ④ ミケランジェロが教皇パウルス３世の命によりシスティナ礼拝堂の大祭壇奥に描いた壁画。「最後の審判」を受けた人々が、天国へと昇るか、あるいは地獄へと堕ちていくさまを描いた。

ラファエロ Raffaello ⑦ 1483〜1520 ルネサンス期イタリアの画家・建築家。多くの聖母子像を残し、おもにフィレンツェとローマで活躍した。ヴァチカン宮殿の署名の間には「アテネの学堂」を描いた。

システィナ礼拝堂 Cappella Sistina ② ヴァチカン宮殿内の中心的礼拝堂。ミケランジェロをはじめ多くの画家の作品で飾られている。コンクラーベ（教皇選挙）がおこなわれる場所としても知られる。

フランドル派 Flemish Art ③ 14世紀末以降、フランドル地方で展開した美術技法を継承した流派。絵画分野を中心とし、精緻な写実性に特徴がある。ファン＝アイク兄弟が代表的である。

ファン＝アイク兄弟 Van Eyck ⑤ 兄1366頃〜1426、弟1380頃〜1441 兄はフランドル絵画の創始者、弟は油絵画法を改良した画家。共作の祭壇画や、弟ヤンによる肖像画が複数残されている。「ガン（ヘント）の祭壇画」をはじめ、精緻な写実と象徴性が共存する作品を残した。

デューラー Dürer ⑤ 1471〜1528 ドイツの画家・版画家。人体比例の美しさと細部の描写にこだわる作風が特徴で、とくに版画に秀でている。ヨハネ、ペテロ、マルコ、パウロを描いた「四人の使徒」が代表作の一つ。

ブリューゲル　Bruegel ⑦ 1525頃〜69　フ
ランドルで活躍した画家。風景画や寓意(ぐうい)
画などを多数残したが、とくに農民や民衆
の日常生活を描いた絵はよく知られており、
「農民画家」とも呼ばれている。

「農民の踊り」⑤ 1566〜68年、ブリューゲル
が制作した作品。1550年代後半以降は、フ
ランドルの民衆や農民の生活を写実的にい
きいきと描いた。

ホルバイン　Holbein ④ 1497〜1543　ドイツ
出身で、のちにイギリス宮廷画家となった
芸術家。エラスムスやヘンリ8世を描くな
ど、肖像画で名高い。黒死病(ペスト)流行
を題材とした「死の舞踏」の木版画も残した。

「エラスムス像」④ ホルバインが友人エラス
ムスを描いた作品。

ジョルダーノ゠ブルーノ　Giordano Bruno
② 1548〜1600　イタリアの哲学者。ドミ
ニコ修道会で学ぶなか、地動説と汎神論
(はんしんろん)を主張するに至った。宗教裁判で異端
(いたん)とされ、8年間の獄中生活ののち、火刑
に処された。

2 宗教改革

宗教改革とルター

宗教改革　Reformation ⑦ 16世紀のカトリッ
ク圏でおこった、信仰と教会制度上の大変
革。ドイツから始まり、スイス・イギリス
などで展開されたが、国や地域によりその
展開や内容は異なった。宗教改革によって、
西ヨーロッパではローマ゠カトリック教会
の普遍的権威が否定された。

ヴィッテンベルク　Wittenberg ③ ドイツ中
東部ザクセンの小都市。1502年、ヴィッテ
ンベルク大学が設立され、のちルターが神
学教授として教鞭(きょう)をとった。ドイツ宗
教改革の中心地ともなった。

レオ10世　Leo ③ 1475〜1521　イタリア゠
ルネサンスを保護した、メディチ家出身の
教皇(在位1513〜21)。サン゠ピエトロ大聖
堂改築などで教皇庁の財政危機を引きおこ
し、解決のために贖宥状販売を許可したこ
とが宗教改革をまねく要因となった。

サン゠ピエトロ大聖堂　San Pietro ⑥ カト
リックの総本山。たびかさなる火災や老朽
化で荒廃した旧聖堂を取り壊し、1506年以
降建造が進められた。ルネサンス美術の粋
を集めた、キリスト教圏最大の聖堂。
→ p.153

贖宥状(しょくゆうじょう)　indulgence ⑦ カトリック教会
が発行した、贖罪の行為を免除する証明書。
サン゠ピエトロ大聖堂をルネサンス様式に
改築するための費用を集める目的などで、
贖宥状購入を善行の「寄進(きしん)」にあたると宣
伝し、販売した。とくにドイツでさかんに
売られ、ルターの教会に対する疑問と批判
につながった。なお、正当な手続きを経た
うえでの贖宥状の発行・販売自体は従来か
ら認められていたが、当時の販売実態は金
銭のみで罪を免じる「免罪符」であると激し
く批判された。

ルター　Luther ⑦ 1483〜1546　ドイツの宗
教改革を指導した修道士・神学者。ヴィッ
テンベルク大学神学教授として教鞭をとる
かたわら研究にはげみ、そのなかで「人は
信仰のみによって救われる」という真理を
悟った。贖宥状の販売に際してそれを厳し
く批判し、宗教改革を開始した。ルター派
教会設立など新教派の指導と同時に、聖書
のドイツ語訳で近代ドイツ語の確立に貢献

した。主著は『キリスト者の自由』。

福音（ふくいん）② よい知らせの意。キリスト教においては、イエスの死・復活により人間の原罪があがなわれ、神の国の支配が始まったことなどを指す。

「九十五カ条の論題」 95 Thesen ⑦ 1517年、ルターが贖宥状販売を批判した文書。ルターはイエスを唯一の救世主と信じる福音信仰にもとづき、心からの改悛（かいしゅん）のみが魂を救うとし、贖宥状や教皇を批判した。

「人は信仰を通して神に救われる」 ④ 魂の救済は信仰によってのみ可能であるとの考え方。背景に、原罪をもつ人間は神の恩寵（おんちょう）によってのみしか救われない、とする発想がある。ルターは、行為より信仰を上位に位置づけ、カトリックの善行重視の考えが教会腐敗をまねく要因の一つと考えた。

万人司祭主義（ばんにんしさいしゅぎ）② すべてのキリスト教徒が司祭（聖職者）であるとする、プロテスタントの思想。ローマ教皇やカトリック聖職者の権威を否定し、聖職者と一般信徒との区別を廃した。なおプロテスタントにおいては、教職者としての牧師が教会の指導にあたる。

「ローマの牝牛」（めうし）② 神聖ローマ帝国が政治的に分裂状態にあり組織的抵抗力が弱いことを背景に、さかんに贖宥状が販売されたことを揶揄（やゆ）する表現。牝牛の乳のように、神聖ローマ帝国から贖宥売上金が教皇庁に流れたとしている。

カール5世 Karl ⑤ 1500～58 神聖ローマ皇帝（在位1519～56）。スペイン王（カルロス1世、在位1516～56）に即位したのち、フッガー家の財政的支援をもとにフランス王との争いに勝利して、神聖ローマ皇帝に選ばれた。在位中にルターの宗教改革やオスマン帝国の脅威にさらされ、フランスとはイタリア戦争で衝突した。アウクスブルクの和議成立後、退位した。

ヴォルムス帝国議会 Worms ③ 1521 ルターを召喚（しょうかん）した、カール5世即位後初の国会。すでに教皇の破門（はもん）状を焼き捨てていたルターは、カール5世からの自説撤回要請を拒否したため帝国追放処分となり、ルター派の信仰も禁止された。

ルター派 ④ ルターの支持者たちが形成した宗派。聖書を信仰上の唯一の権威とし、神の救いを信じる信仰義認説を重視した。宗教改革時は反教皇・反皇帝の立場をとった。ルター派諸侯は、ルターの思想を根拠に自領内教会の支配を進め、領邦教会制を形成

した。

ザクセン選帝侯（せんていこう）**フリードリヒ** Friedrich der Weise von Sachsen ③ 1463～1525 反皇帝派の有力諸侯（しょこう）（在位1486～1525）で、プロテスタント指導者の一人。ヴィッテンベルク大学を創設し、その後、帝国追放処分になったルターをヴァルトブルク城にて保護した。

『新約聖書』のドイツ語訳 ⑦ ルターによっておこなわれた翻訳。ルターはヴァルトブルク城で『新約聖書』のドイツ語訳を完成させ、1522年に初版本を発行した。一般信者の聖書通読が可能となり、聖書主義の普及に貢献した。同時に、近代ドイツ語の確立にもつながった。

ドイツ農民戦争 Deutscher Bauernkrieg ⑥ 1524～25 ドイツ中・南部中心に勃発（ぼっぱつ）した農民一揆（いっき）。『新約聖書』のドイツ語訳の完成でルターの思想が急速に広まると、刺激された農民たちが農奴（のうど）制・領主制・十分の一税の廃止などをとなえて大規模な一揆をおこした。はじめ、ルターは農民たちに同情的であったが、一揆が社会変革をめざして急進化すると、農民は現世の利益のみを求めているとして領主の側に立ち、反乱弾圧を呼びかけた。ルターの態度の変化も要因となって、反乱は鎮圧された。

ミュンツァー Müntzer ⑤ 1490頃～1525 ドイツの宗教改革者で、農民戦争の指導者。はじめルターを支持したが1520年頃より急進化し、宗教改革を農奴解放、共有社会の実現などの社会改革思想に結びつけ、ルターと対立していった。テューリンゲンにおけるドイツ農民戦争を指揮したのち、斬首（ざんしゅ）刑に処された。

ウィーン包囲《第1次》 ② 1529年9～10月、スレイマン1世率いるオスマン帝国軍がウィーンを包囲・攻撃した事件。ウィーンの激しい抵抗、寒冷や食料不足などで失敗したが、ヨーロッパ諸国に脅威を与えた。
→ p.140

シュマルカルデン同盟 Schmalkaldischer Bund ③ 1530年、プロテスタント側の諸侯と帝国都市が結んだ同盟。カール5世の弾圧に対する、プロテスタントの信仰と自由の防衛を目的とした。シュマルカルデン戦争（1546～47年）でカール5世に敗れ、同盟は解体した。

アウクスブルクの和議 Augsburg ⑦ ルター派とカトリック派の対立収拾（しゅうしゅう）を目的として、1555年にアウクスブルク帝国議会

でなされた決定。ルター派が公認され、諸侯に対しては領邦におけるカトリック派かルター派かの選択権が認められた。個人の信仰の自由や、カルヴァン派は認められなかった。のちの三十年戦争の要因ともなった。

領邦教会制 Landeskirchentum ④ ドイツの領邦君主が、自領内の教会を支配・統制下におく制度。ルター派諸侯は自領内の修道院財産の没収などにより、教会に対する支配権を確立した。

カルヴァンと宗教改革の広がり

プロテスタント Protestant ⑦ カトリック教会から分離した、教皇権を認めない宗派の総称。カール5世が1526年にいったんは認めた信教の自由を29年に取り消したことに対して、ルター派の諸侯が「抗議文」を提出したことに由来する。なお、プロテスタントを新教、カトリックを旧教と表現するのは、明治維新後にプロテスタントが渡来したことに由来する、日本における俗称である。

ツヴィングリ Zwingli ⑤ 1484〜1531 スイスの宗教改革者。「万人司祭説」を主張し、チューリヒで宗教改革を進めた。聖餐論に関する考え方の相違からルターとの協力はならず、カトリック派との戦いで戦死した。

チューリヒ Zürich ⑤ スイスの都市。1218年には神聖ローマ帝国の帝国都市となった。ツヴィングリの宗教改革は、ここから始められた。

カルヴァン Calvin ⑦ 1509〜64 フランス出身の宗教改革者。神学や法学を学んだのち、ルターの影響で福音主義を主張した。迫害を受けてスイスに逃れ、ジュネーヴの改革派にまねかれて1541年以降は同市の宗教と政治の改革に本格的に乗り出した。「予定説」をとなえ、長老主義を確立した。

『キリスト教綱要』 ③ 1536年、バーゼルで出版されたカルヴァンの主著。福音主義にもとづいた、プロテスタンティズムの基本書。

ジュネーヴ Genève ⑥ フランス国境に近い、スイスのレマン湖畔の都市。1536年にプロテスタント宣言をおこない、カルヴァンによる神権政治がおこなわれ、プロテスタントの拠点の一つとなった。

神権政治 ① 宗教教義が政治に反映される、政教一致体制。宗教改革期のジュネーヴではカルヴァンの思想が政治に反映され、生活に宗教的規範が導入される神権政治がおこなわれた。

予定説 Lehre der Prädestination ⑥ カルヴァンが強調したキリスト教の教説。魂が救われるか否かは神によりあらかじめ定められており、善行や努力には無関係であるとする考え方。規律と勤勉が救済の前提条件であるとされた。背景に、神の意志は絶対であり、原罪をもつ人間の行為はその前には無力である、とする思想がある。

長老主義 ⑥ カルヴァン派がとる教会制度。信仰のあつい牧師と信者が長老を選び、長老が牧師の任免など教会の管理・運営にたずさわる。ルター派と異なり、上から任命された司教(監督)をおかない。

カルヴァン派 ⑥ カルヴァンの教説を信奉する宗派。信仰のみが魂に救いをもたらすとする福音主義や予定説をとり、禁欲・倹約などの生活道徳が重んじられ、娯楽や賭け事なども禁止された。商工業者や知識人を中心に、ヨーロッパ各地に広まった。

司教(主教)制 ① カトリック教会における監督制度。司教が司祭・修道院・信徒などを監督する。イギリス国教会では、主教制と呼ばれた。

ピューリタン(清教徒) Puritans ⑦ イングランドにおけるカルヴァン派の呼称。国教会改革を不十分とし、さらなる宗教改革や教義の純化を望んだことに由来する。　→ p.165

プレスビテリアン(長老派) Presbyterians ③ スコットランドにおけるカルヴァン派の呼称。名称は長老主義体制をとったことに由来する。

ユグノー Huguenot ⑤ フランスにおけるカルヴァン派の呼称。「同盟者」という意味であり、当初カトリック側が侮蔑的な呼び名として使った。　→ p.161

ゴイセン Geuzen ③ ネーデルラントにおけるカルヴァン派の呼称。ゴイセンはドイツ語読みで、オランダ語読みではヘーゼン。「乞食」の意で、当初カトリック側が反政府派に対して侮蔑的な呼び名として使った。

ヘンリ8世 Henry ⑦ 1491〜1547 テューダー朝のイギリス国王(在位1509〜47)。最初の妻キャサリンとの離婚を認めない教皇と対立し、首長法(国王至上法)を制定してイギリス国教会を成立させた。教皇とは決別したが信仰面ではカトリックを維持した。

また、修道院を解散して得た土地を新興市民階級に売却して財政基盤を強化し、同時に多くのジェントリ層を生み出した。離婚のきっかけとなった2番目の妻アン=ブーリンとの娘が、のちのエリザベス1世である。

首長法(国王至上法) Act of Supremacy ⑦ 1534 イギリス国王を「国教会の最高の首長」と定めた法律。イングランドの教会はカトリックから分離・独立し、イギリス国王に従属した。

イギリス国教会 Anglican Church ⑦ 1534年の首長法(国王至上法)で成立したイギリスの国定教会。イギリス国王が首長となり、教会が国家に従属するが、教義・祭礼にはカトリック要素が多く残されていた。

メアリ1世 Mary ④ 1516〜58 テューダー朝のイギリス女王(在位1553〜58)。ヘンリ8世の娘。カトリックに復帰し、新教徒を弾圧したため「血まみれのメアリ(Bloody Mary)」と呼ばれた。スペイン皇太子(のちのフェリペ2世)と結婚し、対フランス戦争に加担してカレーを失うなど、国民の反発をまねいた。

エリザベス1世 Elizabeth ⑦ 1533〜1603 テューダー朝のイギリス女王(在位1558〜1603)。統一法で国教会を確立させ、救貧法で国内安定をめざした。対外的には、スペインに打撃を与え、東インド会社を設立して、のちの海洋大国発展の基礎を築いた。その治下にイギリス=ルネサンスが花開き、シェークスピアなどが活躍した。生涯独身を通し、その死でテューダー朝は絶えた。 → p.161

統一法 Act of Uniformity ⑦ イギリス国教会の祈禱や礼拝の統一をはかった法。1549年から計4回制定された。エリザベス1世は59年に第3回統一法を制定し、メアリ1世時のカトリック復帰による混乱をおさめ、ここに国教会が確立した。

カトリック改革とヨーロッパの宗教対立

カトリック改革(対抗宗教改革) Catholic Reformation (Counter Reformation) ⑥ 宗教改革の進展と並行して、カトリック側が信仰上・道徳上の刷新をめざした動き。改革の動き自体は宗教改革以前からあったが、トリエント公会議を機に本格的に始まった。イタリアとスペインが運動の中心となり、その一環としてイエズス会が海外伝

道やヨーロッパでの再布教をさかんにおこなった。こうした動きは文化面にも影響し、教会の権威を可視化するため、動的で豪華な表現を特徴とするバロック様式が生み出された。

:バロック様式 ⑤ → p.176

トリエント公会議 Trient ⑥ 1545〜63 イタリアのトレント(ドイツ名トリエント)で開かれた宗教会議。はじめ、カトリック・プロテスタント両派の調停を目的に開かれたが、プロテスタント側がほとんど出席せずカトリック側の思想確認の場となった。教皇の至上権やカトリックの教義を確認し、最初の禁書目録を制定した。

禁書目録 index librorum prohibitorum ⑥ 教会が反カトリック的内容と判断し、その読書と所有を禁じた書物および著者のリスト。1559年に初のリストが出され、のち20世紀半ばに至るまで約40回改版されたが、1966年に禁書目録は廃止された。

宗教裁判 inquisition ⑦ 信仰に関わる問題を審問する裁判。別名、異端審問。異端審問は古代よりあったが、13世紀に教会の制度として確立した。宗教改革期にカトリック・プロテスタント両派で強化され、とくにスペインで激しかった。

グレゴリウス暦 Gregorius ① 1582年、教皇グレゴリウス13世が導入した暦。ユリウス暦が季節とのずれを生じたため、その修正を目的とした。10月4日の翌日を10月15日とし、以後、閏年のうち100で割り切れ、400で割り切れない年を平年とした。 → p.66

イエズス会(ジェズイット教団) Jesus ⑦ カトリック改革(対抗宗教改革)の旗手となった修道会。1534年、イグナティウス=ロヨラらによってパリで創設され、40年教皇から認可された。海外伝道を積極的に進め、ヨーロッパの広範囲における再カトリック化にも成功し、数百の大学を設立するなど教育活動にも力を入れた。 → p.131

イグナティウス=ロヨラ Ignatius Loyola ⑦ 1491頃〜1556 イエズス会の創設者。スペイン貴族出身の軍人。出征で負傷し療養中に回心し、その後パリ大学で知りあったザビエルら6人の同志とともに、イエズス会を結成した。

フランシスコ=ザビエル(シャヴィエル) Francisco Xavier ⑦ 1506頃〜52 イエズス会創設に参加したスペイン人宣教師。海外伝道に活躍し、インドから東南アジア

へと布教したのち、1549（天文18）年日本へ
はじめてキリスト教を伝え、さらに中国布
教におもむいたが、広州沖で病死した。
→ p.131

マテオ＝リッチ　Matteo Ricci ②　1552～1610
イタリア出身のイエズス会宣教師。1583年
から中国での布教を始め、1601年には万暦
帝に謁見し、北京居住を許されて、
キリスト教伝道の基礎を築いた。　→ p.131

宗教による内戦（宗教戦争）④　宗教改革にと
もなうカトリック・プロテスタント両派の
対立を背景に、16～17世紀前半にかけてお
こった武力抗争。シュマルカルデン戦争・
ユグノー戦争・オランダ独立戦争・三十年
戦争の初期などが該当する。純粋な宗教的
抗争に加え、フランスとハプスブルク家の
権力抗争など国際的利害を内包する戦いも
あった。

「魔女狩り」　witch hunting ⑦　「魔女」とは、
悪魔と契約して魔力を得て個人や社会に災
いをなす、とされた人間。魔女狩りはカト
リック・プロテスタント両派でおこなわれ
たが、ヨーロッパでは16～17世紀にもっと
も激しく、男性も含む10万人以上が処刑さ
れたとされる。18世紀の啓蒙思想の普及
とともに沈静化した。

イタリア戦争と主権国家体制

イタリア戦争 ⑦　1494～1559　イタリアの覇
権を争うフランスと神聖ローマ帝国の戦
い。ヨーロッパ諸国も状況に応じて参戦し
た。1494年、フランス王シャルル8世がナ
ポリ王国の継承権を主張してイタリアへ侵
入したことで始まった。16世紀のフランス
王フランソワ1世と神聖ローマ皇帝カール
5世の時代に戦いは激化したが、1559年に
カトー＝カンブレジ条約で和議が成立した。
成立途上の主権国家間の争いの性格を有し、
主権国家体制成立の契機となったともいわ
れる。

カール5世（カルロス1世）　Karl（Carlos）⑥
1500～58　ハプスブルク家出身のスペイン
王（在位1516～56）。フッガー家の援助でフ
ランス王フランソワ1世を選挙で破り、神
聖ローマ皇帝カール5世（在位1519～56）と
して即位した。オーストリア・スペイン両
ハプスブルク家の支配者として、ヨーロッ
パの広大な領土とアメリカ大陸の植民地と
を支配した。しかし、神聖ローマ帝国では
ルターの宗教改革やオスマン帝国の圧迫、
イタリア戦争などに苦しみ、1556年皇太子
フェリペにスペイン・ネーデルラントを、
弟フェルディナントにオーストリアを継承
させて引退し、修道院に隠棲した。

ハプスブルク家　Habsburg ⑥　15～19世紀、
神聖ローマ皇帝位をほぼ継承したオースト
リア王家。10世紀スイスにおこり、1273年
に同家初の神聖ローマ皇帝ルドルフ1世を
出したのち、オーストリアを所領に加えた。
1438年神聖ローマ皇帝に就任したアルブレ
ヒト2世以降、1806年の帝国消滅まで皇帝
位をほぼ独占した。カール5世（在位1519
～56）の時代にはスペイン王位も継承した
が、領土を長男と弟に二分して退位したた
め、ハプスブルク家はオーストリア系とス
ペイン系にわかれた。　→ p.107

フランソワ1世　François ④　1494～1547
フランス・ヴァロワ朝の国王（在位1515～
47）。1519年神聖ローマ皇帝選挙でカール
5世に敗れ、以後カール5世と激しく衝突
した。イタリア戦争ではハプスブルク家に
よるフランス包囲の打破をねらったが果た
せず、一時、捕虜とされたこともあった。

→ p.150

カトー＝カンブレジ条約 Cateau-Cambrésis ④ 1559年に締結された、イタリア戦争の講和条約。フランス王アンリ2世、スペイン王フェリペ2世、イギリス女王エリザベス1世を中心に締結され、フランスはイタリアに対する権利を放棄した。ハプスブルク家はミラノ・ナポリ・シチリアなどを領有し、神聖ローマ帝国側についていたイギリスはフランスに領有していたカレーを失った。

マキァヴェリ Machiavelli ⑥ 1469〜1527 フィレンツェの政治家・思想家。主著『君主論』でイタリア統一の必要性とその方策を述べた。フィレンツェ共和政下で軍事・外交を担当した経験から、政治を宗教や道徳から切り離した近代的な政治理論を展開した。

『君主論』 Il Principe ⑥ 1532年発刊のマキァヴェリの主著。イタリアの小国分立の状況、外国勢力の侵攻による混乱状態をみて、統一の必要性と方法論を論じた。恐怖や軍事力・権謀術数（けんぼうじゅっすう）の利用など、統治においては権力や利益を基本原理にすべきと主張し、宗教的・道徳的理想と政治を切り離して、近代政治学の祖とされる。

マキァヴェリズム Machiavellism ① 目的のためには手段を選ばない権謀術数主義。マキァヴェリの主張が典型的であったためこのように呼称された。ただし、マキァヴェリは道徳的君主を否定したわけではなかった。

主権国家 ⑥ 明確な領域（国土）を有し、確立した主権が存する近代国家のこと。主権は、国内では最高権力としての性格を、対外的には独立性をもつ。その背景には、中世末以降のローマ教皇や神聖ローマ皇帝など普遍的（てき）な権威が衰退したことがある。

主権国家体制 ⑦ 近世ヨーロッパで成立した政治体制。主権国家が相互に並立し、覇権を争いながら国際政治が展開される状況を指す。イタリア戦争を機に形成されはじめ、1648年ウェストファリア条約で確立したとされる。

王権神授説（おうけんしんじゅせつ） theory of divine right of kings ⑦ 王権は神から授けられた神聖不可侵なものとする政治思想。絶対王政を正当化し、臣民の絶対的服従を求める理論的根拠となった。フランスの聖職者でルイ14世の王太子の教育係をつとめたボシュエは、神の使者たる王の神聖性を説き、典型的な王権神授説をとなえた。

絶対王政 ⑥ 16〜18世紀のヨーロッパに現れた、王権を絶対視する政治体制。王権神授説を理論的支柱とし、常備軍と官僚制を整え、王権への集権化を進めた。また、絶対王政のもとで中央集権化が進展し、従来は王権を民衆に示すためつねに各地を移動していた国王が一都市に定住するようになり、首都が各国に成立した。これによって宮廷や豪華な宮廷文化も誕生した。

：宮廷文化 ④ → p.176

常備軍 standing army ⑥ 平時から常置されている軍隊。中世では平時においては軍隊は解散されていたが、絶対王政期になると、平時でも常置された。同時に、それはあくまでも王家の利害を守る国王の私兵の傭兵軍であった。のちにフランス革命中の徴兵制導入を契機として、近代国民軍の形成が始まった。

官僚制 bureaucracy ⑥ 王命に従い、国家行政事務を担（にな）う専門的な役人集団体制。ヨーロッパでは絶対王政期に成立した。貴族出身者が多い。

中間団体（社団）（しゃだん） corps intermédiaires ② 近世絶対王政社会における、政治的支配の基本単位。中世西ヨーロッパのギルド・大学などの職能集団や、都市・村落共同体などの地縁組織が近世社会を構成する基本単位となり、国王はこうした中間団体（社団）を支配下におくことで国民を統合しようとした。

重商主義（じゅうしょう） mercantilism ⑦ 16〜18世紀にかけて、おもにヨーロッパの絶対王政諸国でおこなわれた経済政策。官僚制と常備軍維持の財源を確保し国富を増やすために、政府が積極的に経済に介入した。貨幣や金銀など貴金属の所有量を増やすことで国家財政を富ませようとした重金（じゅうきん）主義や、輸出を増やし輸入をおさえて国家財政の増大をめざした貿易差額主義など、その形態は国や時期により異なる。

ヨーロッパ諸国の動向

フェリペ2世 Felipe ⑥ 1527〜98 カルロス1世を継いだスペイン王（在位1556〜98）。レパントの海戦でオスマン帝国を破り、母方の血筋からポルトガルを併合し、その広大な領土をあわせてスペインの最盛期を開いた。一方、カトリック政策の一環としてイギリス女王メアリ1世と結婚したが、ネ

ーデルラントに対してカトリックを強制したり、財政的負担を強いたことでオランダ独立戦争を誘発した。ネーデルラント北半の領地を失い、外征による財政難も重なり、治世後半には国力が衰退した。

レパントの海戦 Lepanto ⑥ 1571 スペイン・ローマ教皇・ヴェネツィア同盟軍とオスマン帝国軍の戦い。キプロス島を占領し、さらに西方進出をめざすオスマン帝国をギリシア西岸レパントで撃破して、オスマン帝国の地中海西部進出の動きをおさえた。
→ p.140

ポルトガル併合 ⑥ 1580～1640 ポルトガル王家断絶を機に、王の甥であるフェリペ2世がおこなった併合。ポルトガルの植民地を得て、スペイン領は世界にまたがる広大な領土となり、「太陽の沈まぬ帝国」の状況を呈するに至った。

「太陽の沈まぬ帝国」 ⑥ 「常にその領土のいずれかで太陽が昇っている国」の意。ヨーロッパ・アフリカ・アジア・アメリカ大陸にまたがる広大な領土を所有した世界帝国スペインをたとえている。

ネーデルラント Nederlanden ⑦ 現オランダ・ベルギーを中心とする地域の呼称。「低地地帯」の意。10世紀以降、北部は神聖ローマ帝国領、南部はフランス領として、中継貿易・毛織物工業で栄えた。その後、婚姻政策を通じてオーストリア領となり、1556年にはフェリペ2世が継承してスペイン領に移った。一方、16世紀半ば以降カルヴァン派がネーデルラントで拡大し、フェリペ2世のカトリック政策や経済政策が反発を生んで、オランダ独立戦争が勃発した。その結果、勝利した北部7州は独立した。

南部10州 ④ 現在のほぼベルギーにあたる地域。カトリック教徒が多く毛織物工業で発展、1579年にオランダ独立戦争を離脱してスペイン支配下にとどまり、親スペインの同盟を結成した。

北部7州 ⑥ 現在のほぼオランダにあたる地域。中継貿易などで繁栄し、プロテスタントが多かった。南部の戦線離脱後、1579年にユトレヒト同盟を結んでスペインに対する独立戦争を継続した。81年ネーデルラント連邦共和国として独立を宣言した。

ユトレヒト同盟 Utrecht ⑤ 1579年、北部7州が結成した同盟。南部10州の戦線離脱を受け、結束強化を目的に締結し、信教の自由を得るまで戦うことを誓いあった。

オラニエ公ウィレム（オレンジ公ウィリアム） Willem van Oranje ⑥ 1533～84 オランダ独立戦争初期の指導者。ネーデルラントにおける反カトリック暴動を機に、スペインによる責任追及を恐れて一時亡命するが、まもなく対スペインの独立戦争を展開した。ネーデルラント連邦共和国初代総督（在任1579～84）となったのち、カトリック教徒に暗殺された。

オランダ独立戦争 ⑦ 1568～1609 ネーデルラントのプロテスタントを主体とする、スペインへの抵抗運動。カトリック強制などフェリペ2世の圧政に対して戦いが勃発、カトリックの多い南部10州は途中脱落してスペイン支配下に残るが、北部7州は1579年ユトレヒト同盟を結成し、81年ネーデルラント連邦共和国樹立を宣言し、戦いを継続した。1609年の休戦条約で独立を事実上達成したが、国際的に承認されたのは48年のウェストファリア条約においてであった。

ホラント州 Holland ③ アムステルダムを州都とする、オランダの政治・経済の中心地。オランダ独立戦争では北部7州を主導して戦い、独立後も北部の中心となった。「オランダ」の呼称は「ホラント」に由来する。

オランダ総督（統領）② スペイン領時代、ネーデルラント各州におかれていた国王代官の職名。独立後はオランダ共和国指導者の最高官職となりオラニエ家が世襲したが、1806年ナポレオンの弟ルイのオランダ王就任を機に撤廃された。

独立宣言《オランダ》 ⑥ 1581 北部7州によりおこなわれた、フェリペ2世の統治権を否認するもので、事実上の独立宣言。北部7州はネーデルラント連邦共和国を樹立し、スペインから自立した。

休戦条約《オランダ独立戦争》 ⑥ 1609 長期化したオランダ独立戦争の休戦を指す。この休戦でオランダは実質的に独立したが、独立が国際的・正式に認められたのは1648年のウェストファリア条約であった。

ネーデルラント連邦共和国 ⑤ 1581年、北部7州が構成した連邦制の共和国。各州が主権と議会をもち、外交や軍事などは7州による連邦議会で決定され、オラニエ家の総督世襲が決められた。

アントウェルペン（アントワープ） Antwerpen ④ 現在のベルギーの都市。15世紀以降中継貿易で栄え、商業都市として繁栄した。1585年スペイン軍に占領されると、毛織物業者・商人が多数北部に亡命し、衰退

した。　→ p.138

エリザベス１世　Elizabeth ⑥ 1533〜1603
イギリス女王(在位1558〜1603)。1559年統一法で国教会を確立した。また救貧法などで内政を安定させ、対外的には、88年アルマダの海戦でスペインを撃退して海外進出を進め、イギリスの国力をのばした。独身を貫いて跡継ぎを残さず、その死でテューダー朝は絶えた。　→ p.157

私拿捕船(しだほせん)(私掠船(しりゃくせん))　privateer ③ 国の許可を受け、敵国植民地や船を略奪する民間船。16世紀イギリスのドレークは、私拿捕船でスペイン植民地や船を略奪して金銀などを奪い、アルマダの海戦の一因をつくった。

ドレーク　Drake ④ 1540頃〜96　イギリスの船乗り。私拿捕船での略奪でスペインにダメージを与え、スペイン植民地の打倒を目的にアメリカ大陸に西航して、結果的に世界周航を成し遂げた。1588年には副提督(ふくていとく)としてスペイン無敵艦隊を破り、エリザベス１世の対スペイン政策を支えた。

無敵艦隊(むてきかんたい)(アルマダ)　Invincible Armada ⑦ 1588年にスペインのフェリペ２世が編制したイギリス遠征艦隊。イギリスがつけた呼称で、広義には最盛期スペインの艦隊を指す。1588年、130隻で出撃したがイギリス海軍に惨敗した。

毛織物工業⑤ 14世紀以降発達したイギリスの主産業。イギリスは、14世紀後半より未加工の白地毛織物を輸出していたが、17世紀頃加工・仕上げ分野が発達して完成品製造が可能となった。問屋制・マニュファクチュア(工場制手工業)による生産が拡大し、18世紀イギリスは最大の毛織物工業国として台頭した。

囲い込み(エンクロージャー)《《第１次》》　enclosure ④ 15世紀末〜17世紀半ば　イギリスにおいて領主や地主が、開放耕地や共有地を牧羊地にする目的で生垣(いけがき)や塀(へい)で囲い込んだ動き。毛織物市場拡大が背景にあった。暴力的に土地を追われた農民たちの浮浪化・極貧化が問題となり、政府が囲い込み禁止令を数回出したが効果はなかった。ただし、この時に対象となったのは、イングランドの農地のうち３％程度であったとみられている。

ジェントリ(郷紳(きょうしん))　gentry ④ イギリスで、貴族とヨーマン(独立自営農民)の中間に位置し、支配層の一翼(いちよく)を担った地方地主層。身分的には平民である。中世末期、騎士階層が軍役免除金と引きかえに兵役義務を解放され、地方地主として土着した層をそもそもの主体とし、上層ジェントリは治安判事(ちあんはんじ)として無給で地方政治を担った。のちに医者や弁護士、国教会聖職者なども含まれるようになり、富をなした商工業者も土地を得てジェントリになることをめざした。下院議員としても活躍し、17世紀のピューリタン革命では中心的な役割を担った。　→ p.105

東インド会社《イギリス》　East India Company ⑥ 1600年、エリザベス１世の特許状により成立した特権的貿易会社。喜望峰(きぼうほう)・マゼラン海峡間の貿易を独占し、海外植民地では法律制定・貨幣鋳造(ちゅうぞう)・軍事権などを与えられ、政府に比する性格をもった。おもにインド・中国貿易で栄えたが、やがて国内で自由貿易の要求が高まると権利を縮小され、1858年のインド大反乱勃発を機に解散させられた。　→ p.170, 235

ジェームズタウン　Jamestown ② ヴァージニア植民が失敗したのち、1607年に北アメリカに建設されたイギリス最初の永続的な植民地。ジェームズ１世にちなんで名づけられた。

ヴァロワ朝断絶　Valois ② 1589　ユグノー戦争時のアンリ３世暗殺による、ヴァロワ朝(1328〜1589年)の断絶。アンリ４世が王位を継承し、ブルボン朝を開いた。

カトリーヌ゠ド゠メディシス　Catherine de Médicis ① 1519〜89　フランス王アンリ２世(在位1547〜59)の妃であり、その死後に子のシャルル９世(在位1560〜74)の摂政(せっしょう)となった。フィレンツェのメディチ家出身で、ユグノー戦争ではカトリック・プロテスタント両派の対立を利用して王権強化をめざしたが、やがてカトリックに傾倒して新教徒を弾圧し、サンバルテルミの虐殺を主導した。

ユグノー　Huguenot ⑥ フランスにおけるカルヴァン派の呼称。　→ p.156

ユグノー戦争⑦ 1562〜98　フランスでおこった宗教戦争。カトリック・プロテスタント両派の対立と、貴族の権力闘争の二つの側面を有していた。戦争中にヴァロワ家が断絶し、ブルボン朝を開いたアンリ４世が1598年に発したナントの王令で終結した。

サンバルテルミの虐殺　Massacre de la Saint-Barthélemy ⑥ 1572年８月パリで勃発した、カトリック教徒により多数のユグノーが殺害された事件。カトリック・プロテスタン

ト両教徒の融和<ruby>和<rt>ゆう</rt></ruby>を目的に、ユグノーの首領であるブルボン家のアンリ（のちのアンリ4世）と王妹が結婚したが、祝賀に集まった多数のユグノーをカトリック教徒が殺害し、争乱は地方へと拡大した。カトリーヌ=ド=メディシスが虐殺を主導したとされ、カトリック教徒とユグノーの対立は激化した。

アンリ4世 Henri ⑥ 1553〜1610　ブルボン朝の初代国王（在位1589〜1610）。ユグノー戦争ではユグノー側を主導し、ヴァロワ家が絶えると、血筋を背景に国王に即位してブルボン朝を開いた。即位後、カトリックに改宗し、ナントの王令でユグノー戦争を終結させるなど内政を安定させた。カナダに植民地を得るなど海外進出も進め、王権強化につとめたが、1610年カトリック教徒によって暗殺された。

ナントの王令 Edit de Nantes ⑦ 1598年、アンリ4世発布による王令。ユグノーに対し、条件つきながら信仰の自由を保障するなどカトリック教徒とほぼ同様な権利を認め、これによりユグノー戦争は終結した。しかし、王令は1685年ルイ14世により廃止された。

ブルボン朝 Bourbon ⑤ 1589〜1792、1814〜30　フランスの王朝。ルイ14世時に最盛期を迎えるが、1792年フランス革命時の第一共和政開始で一度とだえた。1814年、ナポレオンの失脚で復活するものの、30年七月革命で国王が退位し、オルレアン家に王位をゆずった。

ボダン Bodin ① 1530〜96　フランスの思想家。主著『国家論』のなかで、主権という概念をはじめて定式化した。ユグノー戦争のさなかにあった当時のフランスで、主権という絶対的権力を有する王権による平和と秩序の回復を説いた。

三十年戦争

ベーメン（ボヘミア）のプロテスタント貴族の反乱 Böhmen(Bohemia) ⑥ 1618　三十年戦争のきっかけとなった事件。ベーメンの新王で、のち神聖ローマ帝国皇帝となるフェルディナント2世がベーメンにカトリックを強制し、反発したベーメンのプロテスタントが反乱をおこした。

三十年戦争 1618〜48　ドイツを戦場とし、ヨーロッパ諸国が参戦した国際的宗教戦争。カトリックを強制されたベーメンの反乱か

ら始まり、神聖ローマ帝国全体のカトリック・プロテスタント両派諸侯<ruby>侯<rt>こう</rt></ruby>の戦いへと拡大した。スペインがカトリック側を援助し、デンマークやスウェーデンがプロテスタント側で参戦するなど国際戦争に発展し、カトリックのフランスがプロテスタント側に立って参戦した段階でフランス対ハプスブルク家による覇権争いへと転化した。1648年、ウェストファリア条約で終結し、以後神聖ローマ帝国の形骸化が決定的となった。

デンマーク Denmark ② ユトランド半島に位置する国。国王クリスチャン4世（在位1588〜1648）は、イギリスやオランダの援助を背景にプロテスタント保護を掲げて三十年戦争に介入した。　→ p.218

スウェーデン Sweden ⑤ スカンディナヴィア半島東岸部の王国。バルト海に勢力を張っていた国王グスタフ=アドルフ（在位1611〜32）は、三十年戦争においてプロテスタント勢力が劣勢となったことや、神聖ローマ帝国のドイツ北進をスウェーデンのバルト海支配に対する脅威とみなしたため、プロテスタント側で戦争に介入した。
→ p.172,218

傭兵《近世ヨーロッパ》④ 金銭で雇われた兵士。傭兵は集団契約が一般的で傭兵隊長が全体を統括<ruby>括<rt>とう</rt></ruby>した。三十年戦争でも活躍したが、しばしば激しい略奪をおこなったため、民間社会から恐れられた。18世紀後半以降は国民軍にとってかわられていった。

ヴァレンシュタイン Wallenstein ④ 1583〜1634　皇帝と契約してカトリック側に立って戦った傭兵隊長。三十年戦争で傭兵隊を指揮し、デンマークやスウェーデンのプロテスタント軍と戦った。プロテスタントとの和平工作で神聖ローマ皇帝の怒りを買い、暗殺された。

グスタフ=アドルフ Gustav Adolf ⑤ 1594〜1632　スウェーデン国王（在位1611〜32）。バルト海に勢力を張り、神聖ローマ帝国のドイツ北進の脅威に対抗しプロテスタント側に立って三十年戦争に介入した。1632年リュッツェンの戦いでヴァレンシュタイン指揮の軍団を破るなどカトリック側を圧倒するが、自身は混乱のなかで戦死した。内政にも力を注ぎ、名君と評される。

ウェストファリア条約 Westphalia/Westfalen ⑦ 1648　ドイツのウェストファリア地方の都市ミュンスターとオスナブリュックで開かれた和平会議にもとづく、三十年

戦争の講和条約。アウクスブルクの和議を確認し、カルヴァン派にルター派と同等の権利を与えた。領土問題では、フランスがアルザスとロレーヌの一部を獲得し、スウェーデンが西ポンメルンを獲得してバルト海の制海権を得、スイスとオランダの独立が国際的に承認された。神聖ローマ帝国では、各諸侯の領邦国家に独自の外交権が認められた。ほぼ完全な主権を得た領邦国家が絶対王政の確立に向かう一方、帝国は国家としては形骸化し、分裂状態が決定的となった。また、ハプスブルク家に対するフランスの優位が決定的となり、同時にヨーロッパの主権国家体制が確立したとされる。

スイス・オランダの独立 ⑦ 実質的にはすでに果たされていたハプスブルク家からの独立が、ウェストファリア条約で国際的に承認された。

カルヴァン派の公認 ⑤ 1555年のアウクスブルクの和議では否定されたカルヴァン派の信仰が、ウェストファリア条約でルター派と同等の条件で認められた。

神聖ローマ帝国の形骸化 ⑥ ウェストファリア条約で諸邦がほぼ完全な主権を得た結果、帝国は約300の領邦国家に分裂し、神聖ローマ帝国の国家としてのまとまりは形骸化した。そのため同条約は「神聖ローマ帝国の死亡診断書」とも揶揄される。

アルザス Alsace ③ 現フランス北東部のライン川左岸に位置する地方。10世紀以降神聖ローマ帝国領であったが、ウェストファリア条約でロレーヌの一部とあわせてフランス領となった。

西ポンメルン West-Pommern ③ バルト海南岸に位置する土地。ウェストファリア条約でスウェーデンが獲得し、バルト海の制海権獲得につながった。

オランダの繁栄と英仏の挑戦

バルト海貿易 ④ スカンディナヴィア半島とヨーロッパ大陸に囲まれた海域を通しておこなわれた貿易。オランダは東ヨーロッパのバルト海沿岸地域から穀物や造船資材の材木などを輸入し、かわりにヨーロッパ各地の産品を輸出する中継貿易で栄えた。造船技術の高いオランダでは、バルト海貿易でもたらされる材木は造船業にとって不可欠なものであった。

アムステルダム Amsterdam ⑦ オランダの現首都。ネーデルラント北部に位置する。オランダ独立戦争時、アントウェルペンがスペインに侵略されて衰退すると、17世紀前半には貿易・金融・文化の中心として繁栄し、市民文化が栄えた。

：レンブラント ④ → p.183

東インド会社《オランダ》 East India Company ⑦ 1602 多数の会社が連合して形成された貿易会社。世界初の株式会社であり、東南アジアではジャワ島のバタヴィアを拠点に香辛料貿易を独占、南アフリカでもケープ植民地を築き、17世紀オランダの繁栄を支えた。18世紀、オランダはフランスやイギリスの繁栄に遅れをとり、会社は内部の混乱も重なって1799年に解散した。

アンボイナ事件 Amboina ⑤ 1623 マルク（モルッカ）諸島のアンボイナ（アンボン）島でおこった、オランダとイギリスの紛争事件。アンボイナ島のオランダ商館員が、日本人雇用者9人を含むイギリス商館員20人を虐殺した。イギリス勢力がインドネシアから撤退してインドに拠点を移す契機となった。

バタヴィア Batavia ⑦ ジャワ島北西に位置する、オランダの東インド進出の拠点。現ジャカルタ。17世紀初頭東インド会社が商館を建て、1619年にバタヴィアと改称、以降アジア進出の拠点とした。のち、オランダ領東インドの首都となった。 → p.147

セイロン島（スリランカ） Ceylon（Sri Lanka）② インドの南東に位置する島。インドから移住したとされるシンハラ人の王朝が分立していたが、1505年ポルトガル人が来島して支配下においた。17世紀半ばにオランダが支配権を握ったが、18世紀末には

イギリスが占領し、ウィーン会議でイギリスによる領有が認められた。　→ p.135, 203

マラッカ Malacca ② マレー半島南西岸に位置する港市。マラッカ王国の王都として交易で栄えたが、1511年にはポルトガルに、1641年にはオランダに占領され、1824年からは正式にイギリス領となった。　→ p.238

マルク（モルッカ、香料）**諸島** Maluku (Moluccas) ② スラウェシ島とニューギニア島のあいだに位置し、クローヴ（丁子(ちょうじ)）・ナツメグ（肉荳蔲(にくずく)）などの香辛料を豊富に産する島々。16世紀にはポルトガルが、17世紀にはポルトガル・イギリスを駆逐(くちく)したオランダが、交易独占を試みた。　→ p.135

イギリス＝オランダ（英蘭(えいらん)）**戦争** ③ 1652～74　イギリス・オランダ間で勃発(ぼっぱつ)した3回にわたる戦争。第1次（1652～54年）はイギリスの航海法制定を機に、第2次（1665～67年）はイギリスの航海法更新や北アメリカ・アフリカ進出を背景におこり、植民地をめぐり争った。第3次（1672～74年）もおこなわれて、最終的にイギリスに海上覇権が移る契機となった。　→ p.166

イギリス＝オランダ同君連合 ⑤ 名誉革命によって成立したイギリス・オランダ間の国家連合。両国の背景には、ルイ14世率いるフランスの侵攻やカトリックの拡大に対抗するねらいがあった。ただし、ウィリアム3世は連合を維持するためにオランダよりもイギリスの利害を優先する政策をとったことから、オランダ経済には不利に働いた。1702年のウィリアム3世の死で連合は解消されたが、その後も両国はフランスとの対抗上、同盟関係を維持した。なお、その同盟にオランダの海軍力や貿易を制限する協定が含まれていたため、両国の国力が逆転するきっかけともなった。

西インド会社《オランダ》③ 1621　南北アメリカとアフリカ西岸の交易独占権を与えられた貿易会社。おもに毛織物を輸出し、北アメリカにニューネーデルラントを建設した。1790年、財政難で最終的に解散した。

ニューネーデルラント植民地 New Netherland ③ 17世紀前半、オランダ西インド会社が北アメリカのハドソン川河口に建設した植民地。1664年にイギリスに奪われ、第2次イギリス＝オランダ（英蘭）戦争を経てイギリスの領有が確定した。

ニューアムステルダム New Amsterdam ⑥ 1626年、オランダ西インド会社が、ニューネーデルラントのマンハッタン島に建設した都市。交易で栄えたが、先住民との紛争もおこった。1664年にイギリスに奪われたのち、ニューヨークと改称された。

ケープ植民地 Cape Colony ⑤ アフリカ最南部の植民地。1652年オランダが建設した。ナポレオンによる一連の戦争の混乱に乗じてイギリスが占領し、1814年ウィーン会議で正式にイギリス領と認められた。　→ p.203, 255

台湾 ③ 中国南部の福建(ふっけん)省対岸の島と付属の島嶼(とうしょ)。1624年オランダが占領し、ゼーランディア城を建設して支配の拠点とした。後続のスペイン勢力を駆逐したが、61年に鄭成功によってオランダ勢力は駆逐された。

平戸(ひらど) ① 長崎県北西部の島。1550（天文19）年ポルトガル船が、以後スペイン・オランダ・イギリス船が来航し、南蛮(なんばん)貿易で栄えたが、「鎖国(さこく)」体制完成後の1641（寛永18）年、オランダ商館が長崎の出島(でじま)に移ると平戸の繁栄は終わった。　→ p.135

日本との交易《オランダ》④ 1609年に本格的に始まった日本とオランダとの交易。江戸幕府から発行された朱印状にもとづき平戸にオランダ商館が設置され開始された。その後も200年以上にわたって日本が交流する唯一のヨーロッパの国となった。日本ではオランダ語で西洋の学問を研究する蘭学(らんがく)が発展した。

イギリスの2つの革命

ジェームズ1世 James ⑥ 1566～1625　イングランド王（在位1603～25）。スコットランド王ジェームズ6世（在位1567～1625）として母メアリ＝ステュアート女王の跡を継いだが、エリザベス1世死後、テューダー家の血を引くことからイングランド王に即位した。王権神授説を主張して議会と対立し、ピューリタンやカトリックを弾圧してピルグリム＝ファーザーズ（ピューリタンの一団）のアメリカ大陸移住を引きおこした。　→ p.132

ステュアート朝 Stuart ⑥ 1603～49、1660～1714　イギリスの王朝。エリザベス1世の死でテューダー朝が断絶し、同王家の血を引くスコットランド王がジェームズ1世として即位して開いた。イギリス（イングランド）とスコットランドは同君連合となった。

チャールズ1世 Charles ⑦ 1600〜49　イングランド国王(在位1625〜49)。強権政治で国民の反発を買い、議会は「権利の請願」を提出して対抗した。1640年にはスコットランドの反乱鎮圧のための増税案で再び議会と対立し、ピューリタン革命の発端をつくった。49年、議会派に処刑された。

権利の請願 Petition of Right ⑤ 1628　イギリス議会がチャールズ1世に抵抗して提出した文書。議会の承認のない課税や、不当な逮捕などの停止を求めた。チャールズ1世は一度はこれを受け入れたが、1629年に議会を解散し、以後11年間にわたる無議会の専制政治をおこなった。

スコットランドの反乱 ④ 1639〜40　ピューリタン革命の発端となった反乱。スコットランドに対するチャールズ1世の国教会強制に対しておこされた。鎮圧の戦費や賠償金の費用捻出のためにチャールズ1世は議会を招集し、そのなかで激しい反発を受けてピューリタン革命へとつながった。

短期議会 Short Parliament ② 1640年4月に招集され、3週間で解散したイギリス議会。チャールズ1世がスコットランドの反乱鎮圧費を得るための増税案を提出し、議会の拒否と非難を受けて解散した。

長期議会 Long Parliament ② 1640〜53　1640年11月に招集され、53年まで長期継続した議会。短期議会と同年、チャールズ1世がスコットランドへの賠償金支払いのため招集、様々な改革をせまる議会と国王のあいだで対立が再燃して内戦へと至った。53年、クロムウェルにより強制解散された。

王党(宮廷)派 Royalists/Cavaliers ⑥ ピューリタン革命における国王支持派。改革の徹底をめざす議会派に対抗した。貴族・特権商人・保守的ジェントリを中心に、宗教的には国教徒が多数であった。イングランド西・北部を活動の中心とした。

議会(地方)派 Parliamentarians/Roundheads ⑥ ピューリタン革命で、王党派と戦った革命派。議会による改革の推進を支持した。イングランド東・南部の進歩的ジェントリ・ヨーマン・小作農を中心に、ピューリタンが多数を占めた。のち、議会派は意見の相違から長老派・独立派・水平派へと分裂していった。

ピューリタン Puritans ⑤ イングランドにおけるカルヴァン派の呼称。王権と議会との対立に加え、国教会の強制とピューリタン的価値観との対立が、ピューリタン革命

の背景となっていった。　→ p.156

独立派 Independents ② 議会派のなかの一派。制限選挙による共和政を主張し、国王との和解を望む長老派を追放して国王を処刑、のち水平派も弾圧した。ヨーマン・商工業者などを支持層とし、クロムウェルが主導権を握った。

クロムウェル Cromwell ⑥ 1599〜1658　ジェントリ出身でピューリタンの政治家。内戦勃発後は騎兵隊を組織し、1645年のネーズビーの戦いなどで王党派に圧勝、議会派優位へと流れをかえた。議会派分裂後は独立派の指導者として活躍し、長老派を議会から追放後、国王を処刑して共和政を開いた。また53年、長期議会を解散して護国卿に就任し、軍事独裁を開始した。

鉄騎隊 Ironsides ② クロムウェルが指揮した騎兵隊の通称。厳格なピューリタン的道徳にもとづく規範のきびしい軍隊で、1644年のマーストン＝ムーアの戦いで王党派に圧勝したことから、王党派に「鉄騎隊」と恐れられた。この鉄騎隊を模範として、45年には議会派はニューモデル軍を結成し、国王軍を圧倒していった。

長老派 Presbyterians ③ 議会派のなかの一派。立憲王政とカルヴァン派に立った長老派教会を主張した。貴族の一部や進歩的ジェントリ、富裕商人などを支持層とし、共和政末期の国政の混乱に際しては、王政復古実現に向けて重要な役割を果たした。

水平派 Levellers ③ 議会派のなかの急進派。指導者リルバーン(1614〜57)のもと、一般兵士の支持を得て普通選挙による共和政をとなえて独立派と衝突した。貧農・小作農・職人などを支持層としたが、国王処刑後ロンウェルに弾圧されて衰退した。

ピューリタン革命 Puritan Revolution ⑥ 1642〜49　イギリスの絶対王政を崩壊させた革命。背景には、ルネサンス文化の影響で宮廷費用が増大し、それを地方が税として負担して王党派と議会派が政治的に対立したことや、チャールズ1世の強権政治に対する議会の不満などがあった。1642年に内戦が勃発し、49年のチャールズ1世の処刑で共和政へと移行した。その後、クロムウェルの軍事独裁を経て60年に王政復古へと至った。なお、ピューリタン革命に関しては、内戦とする見方と内乱とする見方で論争がある。

チャールズ1世の処刑 ⑥ 1649　議会派の設置した特別法廷で「有罪」判決がいいわたさ

れ、斬首刑となった。

共和政《イギリス》 Commonwealth ⑦ 1649
～60 チャールズ1世処刑後に宣言され、
王政復古まで続いた政治体制。共和政主導
者のクロムウェルは、1653年以降は護国卿
に就任して軍事独裁をおこなった。
：**ホッブズ** ⑥ → p.179
：**リヴァイアサン** ④ → p.180

アイルランド征服 ⑥ 1649 アイルランドを
王党派の拠点とみなし、クロムウェルがお
こなった征服活動。こののち約3分の2の
土地をイギリス人不在地主が所有し、アイ
ルランド人が貧しい農業労働者として搾取
される体制ができあがった。

スコットランド征服 ④ 1650 クロムウェル
がおこなった征服活動。チャールズ1世の
子(のちのチャールズ2世)のスコットラン
ド上陸を受け、クロムウェルはスコットラ
ンドに侵入・征服し、翌51年チャールズ軍
を破ってフランスへ亡命させた。

航海法 Navigation Act ⑥ 1651 中継貿易で
繁栄するオランダに打撃を与え、イギリス
貿易の保護・促進を目的につくられた法律。
イギリスと植民地・ヨーロッパ諸国間の貿
易において、イギリスか相手国の船を使用
することを定め、オランダ船の排除をねら
った。重商主義政策の一環として、共和国
政府下で制定された。また17世紀後半には、
植民地とヨーロッパ諸国との貿易や個々の
植民地間の貿易は、イギリスを経由するこ
とを規定する内容が追加された。

イギリス＝オランダ(英蘭)**戦争** ⑦ 3回にわ
たりおこなわれた、イギリスとオランダの
戦い。第1次(1652～54年)、第2次(1665
～67年)、第3次(1672～74年)とあり、第
1次は航海法に対抗しておこされた。全般
的にイギリスが優勢で、以後、衰退したオ
ランダにかわりイギリスが制海権を握った。
→ p.164

ニューヨーク New York ④ 1664年、イギリ
スが北アメリカに得た植民地の都市。オラ
ンダ人の建設したニューアムステルダムを
イギリスが1664年に獲得し、のち改称した。

護国卿 Lord Protector ④ 1653 共和政
期、クロムウェルが就任したイギリスの最
高官職。軍幹部の発案で設置され、以降軍
事独裁がおこなわれた。議会との衝突やジ
ェントリの離反もあり、政情は不安定であ
った。

チャールズ2世 ⑥ 1630～85 イギリス国王
(在位1660～85)。チャールズ1世の子で、

父王処刑後、革命派と戦って敗れ、フラン
ス・オランダへ渡った。1660年、帰国して
王政復古を実現したが、やがて反動化して
議会と対立した。

王政復古 Restoration ⑥ 1660 亡命先から
帰国したチャールズ2世による王政の復活。
クロムウェルの息子リチャードの護国卿政
治に不満がつのるなか、長老派と王党派の
妥協がなり、革命派への大赦、信仰の自
由などを「ブレダ宣言」で表明したチャール
ズ2世の帰国が実現した。

審査法 Test Act ④ 1673 文武の公職就
任者を国教徒に限るとした法。チャールズ
2世のカトリック政策に対抗して議会が制
定したが、非国教徒のプロテスタントも差
別待遇を受けることとなった。なお18世紀
前半には、国教会以外のプロテスタント信
仰も便宜的に認められた。

人身保護法 Habeas Corpus Act ⑤ 1679
正当な理由のない逮捕・拘禁の防止を目
的とした法律。人身保護令状に拘禁理由を
明記することを規定し、チャールズ2世の
暴政に対抗した。

トーリ党 Tory ⑥ 保守党の前身。「追いは
ぎ」の意で、チャールズ2世の弟ジェーム
ズの王位継承権を認める人々に、反対派が
つけた蔑称。国王の権威を重んじ、国
教徒や地主に支持者が多い。1830年頃より
保守党と呼ばれるようになった。

ホイッグ党 Whig ⑥ 自由党の前身。「スコ
ットランドの反徒」の意で、ジェームズの
王位継承に反対した人々に対する蔑称。議
会の権利を主張し、地主・商工業者や非国
教徒を支持者とする。19世紀半ば、急進派
と合流して自由党と呼ばれるようになった。

ジェームズ2世 James ⑥ 1633～1701 チ
ャールズ2世の弟、イギリス国王(在位
1685～88)。チャールズ2世の時代にその
カトリック信仰が発覚し、その王位継承を
めぐって国内で意見がわれた。即位後、カ
トリックの擁護、専制政治の強行が名誉革
命を引きおこす要因となり、のちフランス
に亡命した。

名誉革命 Glorious Revolution ⑦ 1688
～89 17世紀にイギリスでおこった二つ目
の革命。ジェームズ2世の強権政治に反発
した議会は、ジェームズ2世の娘で新教徒
のメアリと夫のオランダ総督ウィレムを
イギリスに招請した。ジェームズ2世はフ
ランスへ亡命し、イングランドにおいては
流血の惨事をともなわなかったため名誉革

命と呼ばれる。この後、議会の王権に対する優位が確立した。

権利の宣言 Declaration of Rights ③ 1689 名誉革命後の議会で可決され、権利の章典の基となった文書。ジェームズ2世の統治を批判し、議会の承認による課税や自由な討論の保障、恣意的な逮捕や裁判の禁止などを規定した。提出された宣言を承認し、ウィリアム3世とメアリ2世が即位した。

権利の章典 Bill of Rights ⑦ 1689 権利の宣言を若干補足した議会制定法。ジェームズ2世の悪政を列挙したうえで、議会が同意しない課税や法律の否定、恣意的な逮捕・裁判の禁止など従来の権利を確認し、さらにカトリック教徒の国王即位を禁じた。議会の王権に対する優越を明確にし、立憲王政の基礎となった。成文憲法をもたないイギリスの重要な基本法の一つ。

ウィリアム3世 William ⑦ 1650～1702 名誉革命により即位したイギリス王（在位1689～1702）。オランダ総督オラニエ公ウィレム3世（在位1672～1702）であり、また、メアリ2世の夫でもあるが、イギリス議会の要請にこたえてイギリスに進攻してジェームズ2世を亡命させた。名誉革命後、イギリス国王に即位し、妻であるメアリ2世と共同統治をおこなった。

メアリ2世 Mary ⑦ 1662～94 ジェームズ2世の娘で、ウィリアム3世の妻。名誉革命後、イギリス王（在位1689～94）として夫とともに即位し、共同統治をおこなった。

寛容法 ② 1689 イギリスで制定された議会制定法。カトリック以外の非国教徒に対し、信仰の自由を与えた。

立憲君主政 ⑥ 憲法などの法規にもとづいておこなわれる君主政治。イギリスで名誉革命後、議会主権の確立とあわせて成立した。近代国家において確立された政治形態。

: ロック ⑤ → p.180
: 『統治二論』 ⑤ → p.180

アン女王 Anne ② 1665～1714 ウィリアム3世死後のイギリス国王（在位1702～14）。プロテスタントとして名誉革命では義兄ウィレムの側に立った。1707年、スコットランドとの合同を果たしてグレートブリテン王国を成立させ、その初代国王となった。子どもがすべて夭折したため、アン女王の死でステュアート朝は断絶した。

グレートブリテン王国 Great Britain ⑥ 1707 イギリス（イングランド）とスコットランドが合同して成立した王国。ジェームズ1世

の即位以来、イギリスとスコットランドはステュアート朝による同君連合の形態をとっていたが、この年に合同した。

ハノーヴァー選帝侯 Hanover ③ ドイツ北西部ハノーヴァー公国の君主。1692年、神聖ローマ皇帝から選帝侯位を授けられた。ジェームズ1世の外孫ゾフィーと結婚したため、イギリスとのあいだに姻戚関係が結ばれた。

ジョージ1世 George ③ 1660～1727 ハノーヴァー朝を開いたイギリス国王（在位1714～27）、ジェームズ1世の曾孫。アン女王死後、王統が絶えたためドイツからまねかれて即位した。英語やイギリスの政治事情に不慣れであったとみられ、国民には不人気であった。ウォルポールを閣僚に国政を任せたことから、議院内閣制の確立と発展につながった。

ハノーヴァー朝 ④ 1714～1901 イギリスの王朝。ステュアート朝の断絶後、姻戚であるハノーヴァー家のゲオルクがイギリス国王ジョージ1世として即位し、開かれた。

ウォルポール Walpole ⑥ 1676～1745 イギリス初代首相とされる政治家（在任1721～42）。ホイッグ党に属し、1721年より大蔵大臣として政治を主導、実質的に首相の役割を果たした。

内閣 Cabinet ② 国の行政を担う政治機関。チャールズ2世時の寵臣貴族による協議諮問機関が起源で、密室の意。ジョージ1世時に議院内閣制が確立した。

議院内閣制（責任内閣制） ⑥ 内閣が議会の信任を受けて組織され、議会に対して責任を負う制度。議会の不信任にあたっては内閣総辞職か議会解散でこたえる。ウォルポールが議会多数の支持を失った際、国王の慰留にもかかわらず辞職したことが成立の発端とされる。

「王は君臨すれども統治せず」 ③ イギリス国王の政治的立場を象徴する言葉。ジョージ1世以降、議会政治や議院内閣制が確立していった政治的状況を表している。ただし、この言葉は後世にとなえられたものであり、実際には18世紀以降に国王が政治権力を完全に放棄したわけではなく、いわば政治の黒幕として振る舞い、議会に対して影響力を維持していた。

フランスの絶対王政

ルイ13世 Louis ⑤ 1601～43 フランス国王

（在位1610～43）。アンリ4世が暗殺されたのち即位し、リシュリューを宰相として、プロテスタント弾圧や海外進出を進め、絶対王政を確立した。

リシュリュー　Richelieu ⑤ 1585～1642　ルイ13世の宰相をつとめた枢機卿・政治家（在任1624～42）。内政面ではユグノーと貴族の力を削いで王権強化をめざし、外政面ではプロテスタント側に立って三十年戦争に介入してハプスブルク家に打撃を与えた。アカデミー゠フランセーズ創設による文化統制もめざした。

議会(全国三部会)の招集停止 ④ 1614～15年の開催以後、フランス絶対王権が強化された時期は招集が停止されていた。1789年5月、174年ぶりに開かれ、フランス革命勃発へとつながった。

ルイ14世　Louis ⑦ 1638～1715　フランス国王（在位1643～1715）。治世前半にフロンドの乱などで苦しむが、1661年以降の親政期には、財務総監コルベールを登用して重商主義政策を推進し、王権を強化した。ヴェルサイユ宮殿を拠点に貴族の従属化を進め、「自然国境説」を論拠に対外拡張策を強行したが、たびかさなる戦争で治世後半には財政状況を悪化させた。85年ナントの王令を廃止して多数のユグノーを国外移住に追いやり、仏産業・経済の停滞をまねいた。

マザラン　Mazarin ⑤ 1602～61　ルイ14世期の事実上の宰相（1642～61年）。幼少のルイ14世を補佐した。三十年戦争ではプロテスタント側に立って介入してハプスブルク勢力をおさえ、国内ではフロンドの乱を鎮圧して集権化を進めた。

ボシュエ　Bossuet ③ 1627～1704　フランスの聖職者。ルイ14世の王太子の教育係をつとめ、王権神授説を主張した。また、ガリカニスム（フランス国家教会主義）をとなえ、フランス司教権のローマ教皇からの独立をとなえた。

高等法院　Parlement ③ 13世紀からフランス革命期まで存続した、最高司法機関。王令は高等法院の審査と登録を受けなければ効力をもたず、ときに王権に対する貴族の抵抗の拠点ともなった。

フロンドの乱　Fronde ⑦ 1648～53　ルイ14世治世初期に生じた、王権に対する貴族や高等法院の反乱。マザランの強力な財政再建策への反対などを理由に、前期は高等法院、後期は貴族層を中心に反乱がおこされた。最後は鎮圧され、結果的に王権強化につながった。

つながった。

「太陽王」 ⑥ ルイ14世を指す言葉。ルイ14世が国王の紋章に太陽を選んだことが、この名の由来とされる。

「朕は国家なり」 ⑥ ルイ14世がいったとされる言葉。国王と国家の利害を同一視したルイ14世の政治観が象徴されている。

アカデミー゠フランセーズ　Académie française ③ フランスの学術団体。1635年リシュリューによって創設され、フランス語の統一と純化などを目的に『国語辞典』を刊行した（1694年初版。現在も改訂が続けられている）。その後、科学・芸術などのアカデミーとともにフランス革命期に統合・再編されて、1795年にフランス学士院が発足した。

ヴェルサイユ宮殿　Versailles ⑥ ルイ14世の命で建設され、1682年以降宮廷がおかれたバロック式宮殿。パリ南西約20kmに位置し、フランス革命勃発の1789年まで王宮とされた。豪華な建築様式や屋内装飾、幾何学的な庭園が特徴的で、当時の芸術様式の粋を示している。多くの貴族が宮殿に居住して王と行動をともにし、宮廷生活様式や文化の発信地ともなった。サンスーシ宮殿、赤坂離宮などはヴェルサイユ宮殿を模してつくられた。

コルベール　Colbert ⑥ 1619～83　ルイ14世に仕えた政治家。ルイ14世に登用されて重商主義政策を推し進め、1665年には財務総監に任じられた。王立マニュファクチュア創設による産業の育成・保護や、東インド会社の改革・国営化による貿易拡大政策の推進、保護貿易政策による自国の産業保護などにつとめた。コルベールが推し進めた財政政策を、重商主義政策の典型としてコルベール主義とも呼ぶ。

東インド会社の改革・国営化〈フランス〉 ④ 17世紀後半、コルベールが重商主義政策の一環として東インド会社を改革・国営化したが、18世紀インドでイギリスに覇権を奪われた。1769年に会社はいったん廃止されたが、85年に復活、95年まで活動した。

王立(特権)マニュファクチュア ④ 工場制手工業を取り入れた王立の工場。国内産業育成や輸出拡大による財政強化を目的にコルベールが創設し、ゴブラン織などの毛織物やガラス製品を生産させた。

ナントの王令廃止 ⑥ 1685　ルイ14世がおこなった宗教政策。カトリックによる宗教統一をめざし、1598年に発布されたナントの

王令を廃止した。約20万人をこえるユグノーがイギリスやオランダに亡命し、フランスの経済・産業が停滞する要因となった。

ルイ14世の対外戦争 ③ ルイ14世が王の威光を示す対外拡張策としておこなった一連の戦争。スペイン領ネーデルラントをめぐる南ネーデルラント継承戦争（1667〜68年）、その後で敵方に立ったオランダに侵入したオランダ戦争（1672〜78年）、義妹の血筋を背景に神聖ローマ帝国内ファルツ選帝侯の領土継承権を主張しておこしたファルツ戦争（アウクスブルク同盟戦争、1688〜97年）、断絶したスペイン王位の継承権をめぐるスペイン継承戦争などがあげられる。

スペイン継承戦争 ⑥ 1701〜14 断絶したスペイン王位の継承をめぐる国際戦争。スペイン王女を妃にもつルイ14世が孫をフェリペ5世としてスペイン王位につけたため、反発したオーストリアがイギリス・オランダ・プロイセンなどと結んで引きおこした。中盤からフランス・スペイン連合軍が劣勢となり、1713年ユトレヒト条約でイギリス・オランダ・プロイセンと、14年ラシュタット条約で神聖ローマ帝国と和平を結んだ。

ユトレヒト条約 Utrecht ⑥ 1713 スペイン継承戦争の講和条約。諸国ごとに個別に結ばれたものを総称してこのように呼ぶ。フランスとスペインの同君連合化の放棄を条件に、フェリペ5世のスペイン王位継承が認められ、一方イギリスはフランス・スペインから多数の海外領土を獲得して、国力を大きくのばした。

ジブラルタル Gibraltar ⑤ イベリア半島南端に位置する半島。ユトレヒト条約により、イギリスがスペインから獲得した。

ミノルカ島 Minorca ① スペイン東方、地中海西部に浮かぶ島。ユトレヒト条約によりイギリスが獲得した。1783年、スペイン領に戻った。

ニューファンドランド Newfoundland ③ フランスが領有していた、カナダ東部に位置する島。豊富な漁業資源を誇る。ユトレヒト条約によりイギリスが獲得した。

アカディア Acadia ① カナダ南東部ノヴァスコシア州を中心とした地域の旧名。17世紀にフランス人が開拓したが、1713年ユトレヒト条約でイギリスが獲得し、フレンチ＝インディアン戦争を機にフランス人を追放して、イギリス支配が確立した。

ハドソン湾地方 Hudson ② フランスが領有していた、カナダ東北部のハドソン湾を取り巻く地域。ユトレヒト条約によりイギリスが獲得した。

ラシュタット条約 Rastatt ② 1714 スペイン継承戦争終結を目的に、神聖ローマ皇帝とフランス国王ルイ14世のあいだで結ばれた条約。神聖ローマ帝国はスペインの本国以外の領土を獲得し、その一つとして南ネーデルラントを得た。

スペイン領ネーデルラント ③ 現在のほぼベルギーにあたる地域。10世紀前半以降フランスの支配下におかれ、毛織物工業で繁栄したが、15世紀に婚姻政策でハプスブルク家領となりスペイン＝ハプスブルク家に引き継がれていく。

|||| **イギリスとフランスの覇権争い**

第2次英仏百年戦争 ④ 1689〜1815 イギリス・フランスが展開した植民地争奪戦。ヨーロッパでの戦争に呼応し、植民地でも戦いが勃発した。ファルツ戦争（1688〜97年）が北アメリカでウィリアム王戦争に転化したのをはじめとし、七年戦争が北米でフレンチ＝インディアン戦争、インドでプラッシーの戦いに転化するなどし、最終的にイギリスが勝利をおさめた。

アン女王戦争 Queen Anne's War ② 1702〜13 北アメリカでおこったイギリスとフランスの戦争。制海権や植民地をめぐり対立していた両国が、スペイン継承戦争と並行して戦った。明確な勝敗はつかなかったが、1713年のユトレヒト条約でイギリスはアカディア・ニューファンドランド・ハドソン湾地方を獲得した。

ジョージ王戦争 King George's War ② 1744〜48 北アメリカでおこったイギリスとフランスの戦争。1689年から1763年にかけて両国間でおこった4回の植民地戦争の一つであり、オーストリア継承戦争と並行して戦われた。

カーナティック戦争 Carnatic ② 1744〜61（63） 18世紀にイギリス・フランス間で戦われたインド争奪戦争。現地勢力を巻き込み、3次にわたって展開された。1次：1744〜48年、2次：50〜54年、3次：58〜63年で、最終的に勝利をおさめたイギリスは南インドでの覇権を確立した。 → p.235

アシエント asiento ③ スペイン領アメリカに対する奴隷供給請負契約のこと。黒人奴隷の労働力を必要としたスペインはアフリ

カに植民地をもたなかったため、ポルトガルやオランダ、フランス、イギリスなどの外国商人と奴隷貿易の請負契約を結んだ。　→ p.138

(黒人)**奴隷貿易** ⑤ ヨーロッパ商人が西・南西・南東アフリカで得た黒人を、南北アメリカ大陸やカリブ地域などに奴隷として売った貿易。16世紀にポルトガル・スペインが、18世紀にはイギリスが中心となった。ブラジルおよび西インド諸島のサトウキビ＝プランテーションに黒人奴隷の約80％が、北アメリカに約6％が運ばれたとされ、青壮年層を奪われたアフリカ大陸諸地域は甚大な社会的被害を受けた。また、アフリカ大陸からカリブ海やアメリカ大陸へ向かう「中間航路」途上の死亡率は非常に高かった。イギリスでは1807年、フランスでは最終的に19年に奴隷貿易が廃止されたが、60年頃まで密貿易がさかんにおこなわれた。

黒人奴隷 ⑤ 16～19世紀、南北アメリカ大陸やカリブ地域などにアフリカ大陸から労働力として強制的に運ばれて奴隷とされた人々。西インド諸島やブラジルのサトウキビ＝プランテーション、スペイン領アメリカの鉱山採掘、北アメリカの綿花・タバコ・米のプランテーションなどで酷使された。　→ p.138, 189

ダホメ王国 Dahomey ③ 17世紀初め～1894　アフリカ大陸西岸の、現ベナンに存在した王国。武器・弾薬と引き換えにヨーロッパ人と奴隷貿易をおこなって強大化し、奴隷狩りで周辺諸国に恐れられた。1894年フランスの植民地とされた。

ベニン王国 Benin ④ 13～18世紀にかけて、現在のナイジェリア西部で繁栄した王国。15世紀末以降、ヨーロッパ商人とのあいだで奴隷やコショウ・象牙を武器・雑貨と交換する交易をおこなった。1897年英領ナイジェリアに組み込まれた。

七年戦争 ⑦ 1756～63　シュレジエン奪還をめざすオーストリアに対し、プロイセンが先制して始まった戦争。オーストリア側にフランス、プロイセン側にイギリスがつき、並行してイギリス・フランス両国は北アメリカでフレンチ＝インディアン戦争を、インドでプラッシーの戦い(1757年)をおこして衝突した。　→ p.175, 189

フレンチ＝インディアン戦争 French and Indian War ⑤ 1754～63　北アメリカの支配をめぐる、イギリス・フランス間の戦争。フランスがアメリカ先住民と同盟して戦っ

第11章

たことにちなむ呼称で、七年戦争と並行して戦われた。勝利をおさめたイギリスは、カナダとミシシッピ川以東の地をおさえ、北米における支配権を確立した。　→ p.189

パリ条約 ⑥ 1763　七年戦争とフレンチ＝インディアン戦争の終結に際して結ばれた、イギリス・フランス・スペイン間の条約。イギリスは北米・インドでの優位を確定させ、イギリス植民地帝国の基礎が確立した。

ミシシッピ川以西のルイジアナ ① パリ条約によりフランスからスペインへ割譲された。1800年、スペインを支配したナポレオンが返還させ再びフランス領となった。

東インド会社《イギリス》 East India Company ③ 1600年設立の特権的貿易会社。当時東アジアとされた、喜望峰からインド・マゼラン海峡にかけての貿易独占権を付与され、アンボイナ事件以降インド経営に力を注いだ。1858年解散した。　→ p.161, 235

マドラス Madras ⑥ インド南東岸に位置する都市。1640年、イギリス東インド会社が城塞(じょうさい)を設置してインド人商人・織工を周辺へ誘致したことを起源とし、以降インド進出の拠点の一つとなった。1996年現地語名チェンナイに改称された。

ボンベイ Bombay ⑤ インド西岸に位置する都市。17世紀後半、イギリス東インド会社のインドにおける拠点の一つとなった。1995年現地語名ムンバイに改称された。

カルカッタ Calcutta ⑤ インド北東部、ガンジス川河口に位置する港湾都市。17世紀後半以降、イギリス東インド会社のインド支配と貿易の拠点として繁栄した。2001年現地語名コルカタに改称された。

ポンディシェリ Pondicherry ⑥ インド東岸の都市。1674年にフランスが占領、フランス領となり、東インド会社の拠点がおかれた。1954年、インドに返還された。

シャンデルナゴル Chandernagore ③ インド北東部の都市。17世紀後半以降フランス領となり東インド会社の拠点がおかれ、繁栄した。1954年、インドに返還された。

プラッシーの戦い Plassey ③ 1757　イギリス東インド会社軍が、フランス軍を後ろ盾としたベンガル太守(たいしゅ)を破った戦い。イギリスが圧勝してインドにおける優位を確立し、ベンガル太守を傀儡(かいらい)化するなどインド支配を進める一歩とした。　→ p.235

植民地帝国(イギリス帝国) ⑦ 18～19世紀にかけて、イギリスが世界各地に植民地や支配圏を獲得し、国際貿易の覇権を握った状況。

17世紀後半、イギリス＝オランダ（英蘭）戦争を通じてオランダの商業覇権に打撃を与えたイギリスは、ついで第2次英仏百年戦争においてフランスに勝利し、カナダ・北アメリカ・西インド諸島・インドなどで植民地を獲得、世界商業の主導権を握り、ほかのヨーロッパ諸国を圧倒した。

イングランド銀行④ 1694　イギリスの中央銀行。1694年に創設され、19世紀半ばにはイギリス唯一の発券銀行となり、以降イギリス資本主義の発展に寄与した。1946年、アトリー内閣のもとで国有化された。

国債制度⑤ 国家が債券発行により民間社会から資金を調達する制度。絶対王政期には対外戦争の費用などにあてるため、公債がしきりに発行された。

財政革命④ イングランド銀行の設立と、国債制度の確立によるイギリスの金融・財政構造上の変化。名誉革命後、1694年に創設されたイングランド銀行は、おもにフランスとの戦費調達のために発行された政府の国債を引き受けるなど、政府の財政基盤を強化・支援した。

財政軍事国家① 国債で集めた資金を投入して軍事力増強を進めたイギリスを指す言葉。財政革命が進み、イングランド銀行の引き受けで信用を得たイギリス国債が内外からの資金を集めると、イギリスはこの資金を軍事費にあて、18～19世紀前半にはあいつぐフランスとの戦いを優勢に進めた。一方で、国債の利払いなどにあてるため国民の税負担は激増した。

三角貿易《大西洋》⑦ 収支のバランスをとることを目的として、3地点間でおこなわれる貿易。17～18世紀の大西洋を舞台に、西ヨーロッパの武器・雑貨を西アフリカで黒人奴隷と交換し、それを南北アメリカ大陸・カリブ地域へ運んで砂糖・綿花などを得、さらにそれを西ヨーロッパに運ぶ貿易がおこなわれた。イギリスなどが三角貿易で得た富は、産業革命の展開をうながした一因とされる。　→ p.185

リヴァプール　Liverpool ③ イングランド北西部に位置する海港都市。18世紀奴隷貿易を中心に三角貿易の拠点として繁栄し、産業革命期には綿花や綿製品の取引都市として活況を呈した。　→ p.187

ナント　Nantes ② フランス西部、ロワール川下流に位置する都市。奴隷貿易が盛んであり、火器や綿織物などの積み荷をアフリカ大陸にもたらし奴隷と交換された。

プランテーション（大農園・大農場制度）plantation ④ 植民地・半植民地などでおこなわれた、商品作物栽培のための大農園制。17～18世紀以降、カリブ海諸島やブラジルなどでは先住民や黒人奴隷を使役してサトウキビ＝プランテーションが、北アメリカでは黒人奴隷を酷使して綿花・タバコ・米などのプランテーションが展開された。奴隷貿易を拡大させる背景ともなった。　→ p.138, 189

サトウキビ⑥ 砂糖の原料として栽培される農作物。プランテーションで単一の商品作物として栽培された。サトウキビのプランテーションは、16世紀ポルトガル植民地のブラジルで開始され、やがてラテンアメリカ一帯に拡大した。イギリス・フランス・オランダなどもこれに参入した。

タバコ⑤ ナス科タバコ属に分類され、アメリカ大陸を原産とする嗜好品^{しこう}。「コロンブス交換」によりヨーロッパにもたらされた。タバコ＝プランテーションはヴァージニア植民地を中心に始まり、北アメリカ南部に展開した。労働力として当初は先住民や白人の年季奉公人などが使われたが、やがて黒人奴隷へと移った。

綿花③ 綿織物の原料となる農作物。1780年以降、イギリスでの産業革命の進展にともない、ホイットニーの綿繰^{わた}り機発明を背景に北アメリカ南部で綿花プランテーションが拡大し、労働者として多くの黒人奴隷が導入された。こうしたプランテーションは、西インド諸島・インド・アフリカにおいても展開した。

||||| **ポーランドとスウェーデン** |||||

ヤゲウォ（ヤゲロー）朝 Jagiellonowie ⑤
1386〜1572 リトアニアとポーランドの王朝。リトアニア大公ヤゲウォとポーランド女王が結婚し、両国が合同して開かれた。1410年にはドイツ騎士団を打ち破り、16世紀にはポーランドの最盛期を現出した。
→ p.101

選挙王政 ⑥ 1572年、ヤゲウォ朝断絶後に導入された、国会による国王選挙制度。国内貴族と結んだ外国勢力の選挙干渉などもおこり、ポーランドの国力衰退につながった。

ポーランド分割 ⑦ 1772、1793、1795 ロシア・プロイセン・オーストリア3国によるポーランド分割と併合。1772年は3国がそれぞれの国境線から侵入して約4分の1の領土を奪い、第2回は、ロシア・プロイセンが既奪地よりさらに侵入して残存地の約半分を分割、オーストリアはフランス革命への対応で参加しなかった。95年には3国で残るすべての領土を分割し、ポーランド王国は消滅した。

コシューシコ（コシチューシコ） Kościuszko
④ 1746〜1817 ポーランドの軍人。ワルシャワの士官学校卒業後、アメリカ独立戦争に参加し、アメリカ市民権を得た。その後帰国し、1792年に対ロシア戦に参加、94年には独立をめざして農民などを含む民族蜂起軍を指導したが、負傷して捕らえられ、追放処分によりアメリカに渡った。その後もポーランド独立運動に尽力した。
→ p.191

スウェーデン Sweden ④ スカンディナヴィア半島東岸部の王国。16世紀前半以降、デンマークの支配を脱して絶対王政化が始まった。三十年戦争ではドイツ地域の要所にも領土を広げ、バルト海地域の覇権を握った。もともと製鉄が盛んであったものの、人口は少なかった。18世紀初め、バルト海への進出をはかるロシアとの北方戦争に敗北して、急速にその地位を低下させた。
→ p.162, 218

||||| **ロシアの大国化** |||||

イヴァン4世 Ivan ⑥ 1530〜84 モスクワ大公（在位1533〜84）。3歳で即位し、1547年の親政開始以降正式にツァーリを名乗ってロシアの繁栄期を開いた。貴族に対して激しい弾圧をおこない、「雷帝」と呼ばれて恐れられたとされる。農奴制の強化、カザン＝ハン国の征服、イェルマークのシベリア進出による領土拡張などを進め、王権を強化した。→ p.101

ツァーリズム Czarism ⑥ イヴァン4世が開始した、皇帝（ツァーリ）に権力を集中させるロシア独自の絶対王政。1547年、イヴァン4世はツァーリとして正式に戴冠し親政を開始した。貴族を激しく弾圧する一方、官僚に登用し皇帝へ権力を集中する独自の専制政治をおこなった。20世紀のロシア革命の結果、ツァーリズムは終焉を迎えた。

コサック Cossacks ⑥ 15世紀頃よりロシアの農奴制を逃れて南ロシア辺境地帯に住みついた農民などを起源とする武装集団。狩猟・漁業・牧畜などを生業とし、ときに略奪もおこなった。ステンカ＝ラージンやプガチョフの反乱などでロシアの圧政に抵抗する一方、イェルマークがシベリアへ進出するなど、体制の尖兵ともなった。とくに18世紀以降は国家支配に組み込まれ、辺境防備や革命運動・労働運動の弾圧において体制のもっとも頼れる軍事力となった。

イェルマーク Ermak ③ ？〜1585 コサックの首領。イヴァン4世からシベリア開発の許可を得た豪商ストロガノフ家に仕え、ウラル山脈をこえてシビル＝ハン国の首都シビルを占領し、ロシアのシベリア進出を進めた。

シベリア Siberia ④ ウラル山脈から太平洋岸にかけての地域。呼称はイェルマークが撃破したシビル＝ハン国に由来し、17世紀に全域がロシア支配下に入った。毛皮の産地であり、19世紀には農奴解放令の影響で移住者が増加した。

ミハイル＝ロマノフ Mikhail Romanov ③
1596〜1645 ロマノフ朝初代皇帝（在位1613〜45）。イヴァン4世死後のロシアの政治混乱のなか、全国会議により16歳で皇帝に選ばれた。一時は父親が実権を握ったが、1633年より親政を始めた。彼の治世に農奴制が強化された。

ロマノフ朝 ⑥ 1613〜1917 ミハイル＝ロマノフが開いたロシアの絶対王朝。ピョートル1世、エカチェリーナ2世時代に帝権強化が進んでヨーロッパの国際政治を左右する強国となるが、農奴制が強固で近代化が遅れ、

1917年のロシア二月（三月）革命で倒れた。

ステンカ＝ラージン Stenka Razin ⑤ 1630
～71 コサック出身の農民反乱指導者。農
奴制強化から逃れた逃亡農民や下層コサッ
クを結集し、1667～71年にドン川・ヴォル
ガ川流域を占領、ツァーリからの独立をと
なえた。政府軍に惨敗し、処刑された。

ウクライナ地方 Ukraine ③ 東ヨーロッパ
平原の南、クリミア半島を含む広大な穀倉
地帯。9世紀にキエフ公国が繁栄し、16世
紀には北部がポーランドの支配を受けた。
17世紀半ばにロシアが獲得したことからウ
クライナ地方のロシア化が強まった。

ピョートル1世（大帝） Pëtr ⑥ 1672～1725
ロシア皇帝（在位1682～1725）。みずから西
欧視察をおこない、その技術・学問などを
導入してロシアの近代化・強国化につとめ
た。外政では、オスマン帝国からアゾフ海
の制海権を、北方戦争ではスウェーデンか
らバルト海の覇権を奪うなど、積極的進出
をおこなった。1712年ペテルブルクに遷都
せん、ここを西ヨーロッパ文明摂取の拠点とした。

西欧化改革《ピョートル1世》 ⑥ ロシアの近
代化・強国化のためにピョートル1世がめ
ざした、西ヨーロッパにならった国家建設。
ピョートル1世はみずから西欧視察をおこ
ない、軍事改革や先進技術の導入を推し進
めた。また、文化面でも伝統的慣習の改革
をはかり、貴族に顎ひげを生やすことを
禁じたり、洋服の着用を強制するなどした。

アゾフ海 Azov ③ 黒海と海峡でつながる、
黒海北東部の内海。17世紀末、ピョートル
1世はオスマン帝国と戦ってアゾフ海に進
出した。しかし1711年にオスマン帝国に敗
れたことでアゾフ海を返還し、南下政策の
断念をよぎなくされた。

カール12世 Karl ③ 1682～1718 スウェー
デン国王（在位1697～1718）。1700年に始ま
った北方戦争を当初は優勢に進めたが、ロ
シアに大敗して一時オスマン帝国に逃れ、
最終的に戦死した。

北方戦争 ⑥ 1700～21 スウェーデンとロシ
ア・ポーランド・デンマーク間の戦い。バ
ルト海をおさえるスウェーデンに対し、ロ
シアが同盟を結んで戦争を引きおこし、ス
ウェーデンを破った。以降、バルト海の覇
権はロシアに移った。

バルト海 ④ スカンディナヴィア半島とヨー
ロッパ大陸に挟まれた内海。古くから北ヨ
ーロッパ海上交易の要所として栄え、沿岸
には多くの海港都市が成立した。17世紀に

はスウェーデンが支配権を獲得するが、18
世紀の北方戦争以降ロシアが覇権を握った。

ペテルブルク Peterburg ⑦ バルト海に面し
たロシアの都市。ネヴァ川河口に位置する
交通の要衝ようしょうであり、1703年ピョートル
1世がスウェーデンからこの地を奪って都
市を建設し、12年モスクワから遷都した。
ペテルブルクは「西欧への窓」とも呼ばれ、
この地は西ヨーロッパ文化輸入の拠点とさ
れ、ロシアの近代化がはかられた。

ベーリング Bering ③ 1681～1741 デンマ
ーク出身の探検家。ロシア海軍に入り、ピ
ョートル1世の命でアジアとアメリカ大陸
間を探検した。また、カムチャッカ探検中
の1728年にはユーラシア大陸と北米大陸間
の海峡を発見し、ここはのちにベーリング
海峡と命名された。

アラスカ Alaska ③ アメリカ大陸北西端の
半島部。1741年、ベーリング率いる探検隊
が到達してロシア領となり、毛皮貿易がさ
かんにおこなわれた。

ネルチンスク条約 Nerchinsk ⑥ 1689 ロ
シア・清しん朝間の国境画定条約。ロシア人
が黒竜江こくりゅうこう周辺に進出したことによる両
国間での紛争頻発ひんぱつが背景にあり、国境を
アルグン川およびスタノヴォイ山脈（外興
安嶺がいこうあんれい）と定め、交易・越境者の処理に
ついて規定した。イエズス会士も通訳とし
て条約締結の会議に参与した。ロシアがピ
ョートル1世、清朝が康熙帝こうきていの時代で、
清が外国と結んだ初の対等条約でもあった。
→ p.146

エカチェリーナ2世 Ekaterina ⑦ 1729～
96 ドイツ出身のロシア皇帝（在位1762～
96）。ロシア皇太子と結婚し、その後ピョ
ートル3世として即位した夫からクーデタ
で帝位を奪った。啓蒙専制君主としてディ
ドロやヴォルテールと文通し、学芸保護や
法治主義などをめざしたが、プガチョフの
農民反乱やフランス革命を機に反動化した。
クリミア半島進出や、ポーランド分割を主
導するなど領土拡張も推し進めた。

ラクスマン Laksman ④ 1766～96以後 ロ
シア軍人で、初の訪日ロシア使節。1792年、
日本人の漂流民大黒屋光太夫だいこくやこうだゆうら3人
とエカチェリーナ2世の親書をともなって
北海道の根室ねむろを訪れ日本との通交を求め
たが、失敗した。

プガチョフの農民反乱 Pugachyov ⑥ 1773
～75 コサック出身のプガチョフ（1742頃
～75）が指導した、ロシアの農民反乱。エ

カチェリーナ2世の農奴制強化策が進められるなか、ピョートル3世を僭称し農奴解放を宣言して支持を集めた。最終的に密告により処刑され、反乱は鎮圧された。

クリミア半島 ⑥ 黒海北岸から突き出した半島。ギリシア人・ローマ人・ゲルマン人・モンゴルなど支配民族が交替し、15世紀にクリミア=ハン国が独立した。同世紀にオスマン帝国の版図に入るが、18世紀後半にロシア領となった。

クリミア(クリム)**=ハン国** Crimea(Qürim) ① 15世紀前半～1783 キプチャク=ハン国から自立してクリミア半島に建設されたムスリムの政権。1475年以降はオスマン帝国の宗主権下におかれたが、18世紀後半にはエカチェリーナ2世治下のロシアに滅ぼされた。 → p.123

オホーツク海 Okhotsk ② シベリア東端とサハリン(樺太)・カムチャッカ半島に囲まれた内海。17世紀初めにロシア人が進出し、18世紀初めにはオホーツク港とカムチャッカ半島のあいだに航路が開かれた。18世紀にはロシア人はアラスカにも進出した。

〰〰 **プロイセンとオーストリアの動向** 〰〰

プロイセン Preussen ⑦ 13世紀、ドイツ騎士団領を基に形成されたバルト海沿岸の国。16世紀前半、ホーエンツォレルン家出身の騎士団長がルター派に改宗して以降、プロイセン公国と名乗り、1618年にはブランデンブルク選帝侯国と合邦した。1701年、スペイン継承戦争での神聖ローマ帝国に対する軍事援助を背景に王国への昇格を許され、フリードリヒ1世が初代プロイセン国王に即位した。

ドイツ騎士団領 Staat des Deutschen Ordens ⑤ 13世紀前半より、宗教騎士団の一つであったドイツ騎士団がプロイセンへ進出して建設した国家。バルト海沿岸への東方植民とスラヴ人のキリスト教化を進めた。16世紀前半には、宗教改革の影響を受けてホーエンツォレルン家出身の騎士団長がルター派に改宗し、プロイセン公国として世俗化した。 → p.107

ブランデンブルク選帝侯国 Brandenburg ⑤ ドイツ東北部に設立された国。1134年に封ぜられた辺境伯を最初とし、1356年、七選帝侯国の一つとされ、1415年以降ホーエンツォレルン家が支配した。

ホーエンツォレルン家 Hohenzollern ④ プ

ロイセンを支配した家門。15世紀、ブランデンブルク選帝侯国の支配者となり、のちプロイセン公国・王位をあわせ、プロイセン王位を継承し、19世紀後半には統一後のドイツ帝国皇帝の地位についた。

フリードリヒ=ヴィルヘルム(大選帝侯) Friedrich Wilhelm ② 1620～1688 プロイセンの絶対王政の基礎をつくったブランデンブルク選帝侯(在位1640～88)。常備軍を強化し、そのための恒常的な課税を議会に認めさせた。かわりに、ユンカーの農奴支配を正式に認めた。中央政府と官僚制の強化を進めたほか、ナントの王令廃止によってフランスから亡命したユグノーを受け入れ、プロイセンの産業技術の発展をはかった。

ユンカー Junker ⑥ エルベ川以東に住む領主貴族の呼称。農場領主制の経営で富を得、18世紀以降プロイセンの官僚・軍隊の中心勢力として保守層を形成した。 → p.215

プロイセン王国 ⑤ 1701年プロイセン公国が昇格して成立した王国。以後勢力をのばし、フリードリヒ2世のもとでロシアの強国へと成長した。19世紀にはドイツ統一を主導し、1871年に統一を達成、ドイツ帝国を成立させた。

フリードリヒ=ヴィルヘルム1世 ④ 1688～1740 プロイセン国王(在位1713～40)。フリードリヒ2世の父。財政改革や産業振興などで王政を強化し、とくに軍隊強化に力を入れて兵員数を倍加させたため、「兵隊王」と呼ばれた。

フリードリヒ2世(大王) Friedrich ⑦ 1712～86 プロイセン国王(在位1740～86)。オーストリア継承戦争・七年戦争でオーストリアと敵対し、シュレジエンを奪い国力をのばした。官僚制整備や軍隊強化、産業振興など国力増強につとめ、1772年に第1回ポーランド分割に参加した。音楽・文学にも造詣が深く、法典編纂をおこない、ヴォルテールをサンスーシ宮殿にまねくなど、啓蒙専制君主でもあった。

オーストリア Austria ⑦ 神聖ローマ帝国の南東部に位置する強国。8世紀末、フランク王国のカール大帝が東方の防衛線として建設した領土「オストマルク」を起源とし、1278年以降はハプスブルク家の所領となり、神聖ローマ帝国の中核を担った。三十年戦争後は帝国の形骸化によって東欧の一君主国となったが、マリア=テレジアやヨーゼフ2世の改革で強国の地位を維持した。

第11章

ウィーン包囲《第2次》⑤ 1683　ハンガリー領有をめぐり、オーストリアと衝突を繰り返したオスマン帝国の軍事行動。堅牢な城壁で防御するオーストリアの抵抗とポーランドなどの援軍の参戦で、オスマン帝国は敗北した。翌1684年、オーストリアはポーランド・ヴェネツィアと同盟を結び、オスマン帝国への反撃を強化した。　→ p.231

カルロヴィッツ条約　Karlowitz⑤ 1699　オスマン帝国とオーストリア・ポーランド・ヴェネツィア間の講和条約。第2次ウィーン包囲以降、オスマン帝国へ積極的対抗策をとったオーストリアは、この条約でハンガリー・トランシルヴァニアを獲得し、中・東欧での勢力をのばした。　→ p.231

複合民族国家② 複数民族を支配する国家。たとえば、18世紀のオーストリアは、ベーメンのチェック人、ハンガリーのマジャール人など複数民族を支配する複合民族国家を形成したが、民族主義運動に苦しんだ。

シェーンブルン宮殿　Schönbrunn① 17世紀末～18世紀半ば、オーストリアのウィーンに建造された王宮。バロック式建築の代表であり、「美しい泉」の意をもつ。マリア゠テレジア時代、宮殿内部はロココ様式に改造された。

マリア゠テレジア　Maria Theresia⑥ 1717～80　ハプスブルク家出身のオーストリア大公(在位1740～80)。オーストリア継承戦争でプロイセンにシュレジエンを奪われ、奪還をめざした七年戦争にも敗北した。しかしこの間、軍事力強化などの国内改革やフランスとの接近を進め、オーストリアを強国に成長させた。1765年以降、息子ヨーゼフ2世との共同統治で農奴負担の軽減や小学校設置など啓蒙主義的の政策を実施する一方、72年には第1回ポーランド分割に参加した。

フランツ1世　Franz④ 1708～65　神聖ローマ皇帝(在位1745～65)。マリア゠テレジアと結婚し、ハプスブルク゠ロートリンゲン家を開いた。1740年からマリア゠テレジアとハプスブルク家の共同統治をおこない、のち神聖ローマ皇帝となった。

オーストリア継承戦争⑥ 1740～48　ハプスブルク家領継承をめぐり勃発した戦い。1740年、マリア゠テレジアのハプスブルク家継承にバイエルン選帝侯などが抗議し、プロイセンがこれに乗じてオーストリア領シュレジエンを占領して、戦争が勃発した。プロイセン側にはバイエルン・ザクセン・

フランス・スペインが、オーストリア側にはイギリスがついた。プロイセン側が勝利し、48年アーヘンの和約でプロイセンのシュレジエン領有とマリア゠テレジアのハプスブルク家領継承が確認された。

シュレジエン　Schlesien⑥ オーデル川中・上流に位置する石炭・鉄の産地。肥沃な耕地や繊維産業を有し、16世紀以来、ハプスブルク家支配下にあったが、オーストリア継承戦争時、プロイセンに占領された。七年戦争の結果、最終的にプロイセンの領有が確定した。

「外交革命」⑥ オーストリアのハプスブルク家とフランスのブルボン家の関係が、対立から同盟関係に変化したこと。プロイセンからシュレジエン奪還をめざすオーストリアがフランスに提唱して実現し、イタリア戦争以来の両国の対立が解消された。背景には、イギリス・プロイセン・ロシアの台頭による勢力関係の変化があった。

七年戦争⑦ 1756～63　シュレジエン奪還をめざすオーストリアと、プロイセンとの戦い。オーストリア側にはフランス・スペイン・ロシアが、プロイセン側にはイギリスがついた。イギリスとフランスは、並行して植民地支配の覇権をめぐり北アメリカ・インドでも戦った。1762年ロシアがプロイセンと講和を結ぶと戦況はオーストリア不利へと転換し、63年フベルトゥスブルク条約で講和が成立、プロイセンはシュレジエン領有を守った。　→ p.170, 189

啓蒙専制主義

啓蒙専制主義　enlightened despotism③ 西欧諸国と異なり、啓蒙思想の担い手たる市民層が十分に育たなかった地域において、君主が主体となり、上から進めた啓蒙改革。臣民の幸福の増大などを目的として、農業・商工業の奨励、教育の拡充、宗教的寛容の実現などの改革がおこなわれたが、身分制は維持された。オーストリア・プロイセン・ロシアがその典型例としてあげられる。

啓蒙専制君主　enlightened despot⑥ 啓蒙主義的政策を実施しつつ専制政治をおこない、上からの近代化をめざした君主。農奴負担の軽減や宗教寛容策などをおこない、国王主導の近代化をめざした。代表的君主として、プロイセンのフリードリヒ2世、オーストリアのヨーゼフ2世、ロシアのエ

カチェリーナ2世らがあげられる。

「君主は国家第一の僕_{しもべ}」 ⑥ 1740年発刊の『反マキァヴェリ論』のなかで、プロイセンのフリードリヒ2世がとなえた言葉。啓蒙専制君主としてのあり方が表現されている。

サンスーシ宮殿 Sanssouci ⑦ 1745〜47年、プロイセンのフリードリヒ2世が建設した夏の離宮。ロココ様式の代表的宮殿で、サンスーシとはフランス語で「無憂_{むゆう}」の意。

：ロココ様式 ⑤　→ p.177

ポツダム Potsdam ② ベルリン南西郊外に位置する都市。フリードリヒ2世は、ここにサンスーシ宮殿を建設した。

ベルリン Berlin ② 現ドイツ連邦共和国の首都。15世紀以降ブランデンブルク選帝侯の宮廷がおかれ、黒死病（ペスト）流行や三十年戦争で一時衰退したが、ブランデンブルク選帝侯国とプロイセン公国の合邦後はその首都として急速に発展した。18世紀以降もプロイセン王国・ドイツ帝国の首都として繁栄した。

ヨーゼフ2世 Joseph ⑥ 1741〜90　神聖ローマ帝国皇帝（在位1765〜90）。母マリア＝テレジアとハプスブルク家領を共同統治し（1765〜80年）、1780年以降は単独支配をおこなった。啓蒙専制君主として宗教寛容令、農奴解放令、検閲の禁止などの改革を進める一方、中央集権の強化をめざして税制改革や官僚制の整備をおこない、第1回ポーランド分割にも参加した。その強引な中央集権化は国内貴族や諸民族の反発をまねいた。しかし、一連の改革の結果、オーストリアの人口や徴税額は増大し、ヨーロッパで最大級の軍隊を保持するに至った。

農奴_{のうど}解放《オーストリア》 ⑤ 1781年にヨーゼフ2世が農奴解放令を発して農奴の人格的自由を認めたが、賦役_{ふえき}などの義務は有償廃止とし、農民の土地緊縛の状況は続いた。保守派の反発が激しく、ヨーゼフ2世死後に廃止された。

宗教寛容令_{かんようれい} ④ 1781　ヨーゼフ2世が発布した法令。プロテスタントやギリシア正教に信教の自由を認め、ユダヤ人の待遇も改善した。

ウィーン Wien ③ ドナウ川中流に建設されたウィンドボナを起源とし、13世紀以降ハプスブルク家の拠点として栄えた都市。文化的には、18世紀以降、モーツァルトやベートーヴェンらの音楽家が同地で活躍した。

宮廷文化・市民文化

宮廷文化 ④ 君主の宮廷生活との結びつきが強い文化。近世ヨーロッパでは、貴族などの諸身分の特権や議会の活動が制限されるなど中央集権化が進展した。国王が定住し行政機能を集中させた首都が各国に成立すると、国王の権威を誇示する宮廷文化も成立した。また、宮廷の娯楽として演劇やバレエ、オペラなどが発展をとげた。

バロック様式 Baroque ⑤ 16世紀のカトリック改革の特権や議会の生まれ、17世紀から18世紀初めまで西欧で隆盛した美術・建築様式。「ゆがんだ真珠_{しんじゅ}」の意とされ、ルネサンスの調和・均整の重視に対して、光と影のコントラストの重視や豊満な肢体_{したい}の描写など、躍動的で劇的な表現を特徴とする。

ルーベンス Rubens ④ 1577〜1640 フランドル派の画家でバロック絵画の巨匠。宗教・歴史などテーマは多岐_{たき}にわたるが、豊潤_{ほうじゅん}で華麗な画風と肌色の美しさには定評がある。外交官としても活躍した。

ファン＝ダイク Van Dyck ② 1599〜1641 フランドル派の肖像画家。ルーベンスの工房から独立し、独自の肖像画法を確立、のちイギリスにわたり宮廷画家としてチャールズ1世などの肖像画を多数残した。

エル＝グレコ El Greco ④ 1541〜1614 スペインのトレドで活躍した画家。ギリシアのクレタ島出身で、「エル＝グレコ」とは「ギリシア人」の意。長く引きのばした人物像や神秘的な光の描写を特徴とし、情念的な作風で知られる。代表作は「オルガス伯の埋葬_{まい}」。

ベラスケス Velazquez ⑤ 1599〜1660 スペインの代表的画家の一人。厨房画_{ちゅうぼうが}や肖像画・歴史画などを写実的技法で描き、宮廷画家としても活躍した。代表作の一つに「ラス＝メニーナス」（「女官たち」）がある。

ムリリョ Murillo ① 1617〜82 スペイン・バロック絵画の画家。多くの宗教画を残した。やわらかく明るい色彩は、ロココ美術への先がけともいえる。

古典主義《フランス》 ⑤ 17世紀フランスを中心に展開した形式美の文学。古代ギリシア・ローマを模範とし、厳格な形式上の制

約のもと、理性的な作品制作を追求した。悲劇作家のコルネイユ・ラシーヌ、喜劇作家のモリエールらが代表的である。

コルネイユ Corneille ③ 1606〜84 フランス古典主義を代表する悲劇作家。スペイン貴族の、名誉・義務と愛のあいだで揺れ動く心模様を描いた『ル＝シッド』などが知られる。

ラシーヌ Racine ③ 1639〜99 フランス古典主義を完成させた悲劇作家。理性と情念の狭間で身を滅ぼす人間の悲劇などを描き、一時ルイ14世や愛妾（事実上の王妃）マントノン夫人にも仕えた。『アンドロマック』『フェードル』などの代表作がある。

モリエール Molière ⑤ 1622〜73 フランス古典主義の喜劇作家。宗教家の偽善や、正義漢の独善性など鋭い性格描写をおこなって喜劇の評価を高め、ルイ14世の庇護を受けた。『人間嫌い』『守銭奴』などが代表作である。

ロココ様式 Rococo ⑤ ルイ15世期から革命前にかけて、18世紀フランスを中心に展開した絵画・建築装飾の様式。ロココとはロカイユ（貝殻や小石を模した装飾）に由来し、この時代の美術様式を指す呼称となった。バロック様式の豪華・重厚・権威性に対し、繊細・華麗・軽快を特徴とし、明るい色彩が好まれた。

ワトー Watteau ④ 1684〜1721 フランス・ロココ美術の代表的画家。「雅宴画」のジャンルを確立し、野外で宮廷貴族の男女が愛を語りあうさまなどを多数描いた。代表作に「シテール島への巡礼」がある。

バロック音楽 ③ 16世紀後半〜18世紀のヨーロッパ音楽様式の呼称。ルネサンスの調和重視に対し、情念や不均衡を取り入れた豪華で華麗な様式が特徴で、宮廷や市民の生活を彩った。バッハ・ヘンデルが代表的音楽家である。

バッハ Bach ⑥ 1685〜1750 ドイツ、バロック音楽の作曲家。オルガン奏者としても知られ、宮廷・教会での演奏や楽長などとして活躍しつつ、多くの宗教曲・器楽曲を残した。近代音楽の創始者ともされる。

ヘンデル Händel ③ 1685〜1759 ドイツの作曲家。バッハとともにバロック音楽を大成させた。のちイギリスに帰化し、国王や貴族の庇護のもと、宮廷音楽家として活躍した。

古典派音楽 ③ 18世紀後半〜19世紀初頭を中心としたヨーロッパ音楽様式の呼称。ウィーンを中心に展開し、バロック音楽の激情・叙情的表現に対し、調和を意識し形式美を重んじた。ハイドン・モーツァルト・ベートーヴェンが代表的音楽家である。 → p.226

モーツァルト Mozart ⑥ 1756〜91 オーストリアのザルツブルク出身の音楽家。古典派音楽を確立した。音楽家の父とともに幼時期より各国宮廷を訪れて神童ぶりを発揮し、オペラ・交響楽・協奏曲などで多くの名曲を残した。 → p.226

ハイドン Haydn ③ 1732〜1809 オーストリアの作曲家。古典派音楽を確立し、交響楽の発展に寄与したことから「交響楽の父」とも呼ばれる。 → p.226

ベートーヴェン Beethoven ③ 1770〜1827 古典派音楽を大成し、ロマン派初期にかけても活躍した、ドイツの作曲家。フランス革命・ナポレオン・ウィーン体制の時代に活動し、その影響力から「楽聖」と呼ばれた。 → p.226

ミルトン Milton ③ 1608〜74 イギリスの詩人・作家。ピューリタン革命やチャールズ1世処刑を支持する評論を書き、クロムウェルの秘書官としても活躍したが、王政復古後は一時投獄されるなど不遇であった。40代で失明し、『失楽園』を口述で記録した。

『失楽園』 Paradise Lost ③ ミルトンの長編叙事詩。『旧約聖書』に題材をとり、堕天使サタンの誘惑に負けたアダムとイヴが楽園追放に処された際、荒野に神の救いへの希望を見出すさまを描き、神の恩寵と摂理を説いた。

バンヤン Bunyan ③ 1628〜88 イギリスの作家。ピューリタン革命では徴兵されて議会側で戦った。妻の影響でピューリタンに改宗して説教師となり、王政復古後、無免許で説教をおこなったため逮捕された経験をもつ。

『天路歴程』 The Pilgrim's Progress ③ バンヤンの主著。1678年と84年に第1部・第2部がそれぞれ刊行され、1部では主人公が、2部では残された妻がそれぞれ天の都をめざす、ピューリタン信仰を表現した寓意物語。

ピューリタン文学 ③ ピューリタン的価値観や生き方を模索する文学。17世紀ピューリタン革命の混乱期を中心に書かれた。

科学革命

科学革命 ⑦ 16世紀のコペルニクスを嚆矢(こうし)とし、17世紀に本格化したヨーロッパにおける近代的合理主義の思想・学問の発展・確立の状況。実験・観察や数学的思考法が重視される一方、錬金術(れんきんじゅつ)や占星術(せんせいじゅつ)への関心も継続しており、現代科学への過渡期ともいえる。

科学協会 ③ 自然科学の発展にともないヨーロッパ各国に創設された研究団体。1660年、イギリスに王立協会が設立されてニュートンやフックらが参加した。1666年にはルイ14世によりフランス科学アカデミーが設立されるなど、ヨーロッパ各国で専門的な科学者が活躍する場が整備されるようになった。

アカデミー academy ⑤ 科学技術や芸術などの発展を目的とする各種学問の研究機関。16世紀の学問の発展を土台とし、17世紀のヨーロッパではイギリスの王立協会やフランスの科学アカデミーなど専門的な科学者が活躍する場が整備された。こうした動きはドイツやロシアへと拡大し、国家による研究機関の設置が進められた。

ガリレイ(ガリレオ=ガリレイ) Galileo Galilei ⑦ 1564〜1642 イタリアの天文学者・物理学者。ピサ大学などで教鞭(きょうべん)をとるなか、物体落下の法則を主張し、ピサ大聖堂の斜塔での実験で証明した。1609年には32倍率の望遠鏡を製作し、地動説をとなえるコペルニクスの正しさを確信した。のち、異端審問で自宅蟄居(ちっきょ)に処せられた。

ケプラー Kepler ⑥ 1571〜1630 ドイツの天文学者。太陽を一つの焦点とした惑星運行の法則を理論化し、地動説にもとづく『コペルニクス天文学概要』を著した。

ニュートン Newton ⑦ 1642〜1727 イギリスの物理学者・数学者。万有引力の法則の発見・提唱をはじめ、微積分法や光の性質などの分野で様々な研究業績を残し、近代物理学の創始者ともなった。1703年以降、王立協会会長職をつとめた。

万有引力(ばんゆういんりょく)の法則 ④ ニュートンが発見・提唱した、物体は常にたがいに引きあっている、とする考え方。

『プリンキピア』 Principia ⑤ ニュートンの主著。万有引力の法則など、地上から宇宙に至る力学の諸法則を体系化したもの。

望遠鏡 telescope ③ 遠くにある物体を拡大

してみるための装置。17世紀後半には高精度のニュートン式反射望遠鏡が実用化されるなど、天体の運動法則が解明されて天文学が発展した。

フック Hooke ② 1635〜1703 イギリスの自然科学者。顕微鏡を発明するなどすぐれた実験の技術をもち、自然科学の広範な分野に先駆的な業績をあげ、ニュートンと並んでイギリスの科学革命における推進者となった。

顕微鏡 microscope ④ 物体の微細部分を拡大してみる装置。17世紀後半、ヨーロッパでは望遠鏡や顕微鏡の発明により肉眼ではみえない世界への探究が始まった。フックはみずから改良した顕微鏡でおこなった観察を『ミクログラフィア』にまとめ、コルクの細胞などを図解した。

ハーヴェー Harvey ④ 1578〜1657 イギリスの医者。血液循環説をとなえ、心臓を推進役として血液が体内を循環すると説いた。ジェームズ1世・チャールズ1世の侍医をつとめた。

ボイル Boyle ⑤ 1627〜91 イギリスの化学者・物理学者。気体の圧力と体積の関係を解明したボイルの法則で、気体力学の基礎を確立した。実験や観察を重視し、近代化学の基礎をつくった。

リンネ Linné ④ 1707〜78 スウェーデンの植物学者・医者。動植物の分類について研究し、とくに植物分類法の体系化に大きな業績を残した。

博物学 natural history ② 動物・鉱物・地質などの自然事象を探究する学問。古代から存在したが、ヨーロッパでは大航海時代以降、海外から流入する珍奇なものへの関心から流行しはじめ、17〜18世紀にブームとなった。

ラヴォワジェ Lavoisier ④ 1743〜94 フランスの化学者。燃焼を理論化し、物質の質量は化学変化の前と後でかわらないとする質量保存の法則を打ちたてた。革命政府下で度量衡(どりょうこう)改正委員をつとめたが、ジャコバン政権が発足すると、元徴税請負人(ちょうぜいうけおいにん)であったなど旧体制に深く関わっていた責任を問われて、逮捕・処刑された。

ジェンナー Jenner ④ 1749〜1823 イギリスの医者。天然痘(てんねんとう)の発症を予防する種痘法を理論化し、免疫学(めんえきがく)の基礎を開いた。

種痘法(しゅとうほう) ④ ジェンナーが開発した、天然痘の予防接種のこと。牛痘(牛の天然痘)のウ

イルスを接種して免疫をつくり、天然痘への感染を防ぐ方法。

ラプラース Laplace ④ 1749～1827　フランスの天文学者・数学者。星雲説を発展させて太陽系の成立過程を理論化し、宇宙進化論をとなえた。また、惑星の運動と万有引力の法則を結びつけた。

帰納法（きのうほう）⑤ 実験や観察で得られた個々の事例を集め、そこから一般的理論を導き出す方法。経験論的認識に至るための思考法である。

演繹法（えんえきほう）④ 前提を立て、そこから論理的に結論を導き出す方法。合理論的認識に至るための思考法である。

デカルト Descartes ⑥ 1596～1650　フランスの哲学者・数学者。演繹法による合理論的認識方法を主張し、近代哲学の父と称される。

合理主義（合理論）⑥ 17世紀、フランスを中心として大陸で展開した認識論哲学。理性を認識の基礎とし、理性で確認できることのみを真実として論理的に世界を把握しようとした。また、合理主義では秩序と調和が重んじられ、その影響を受けて文化面では古典主義が興隆した。

「われ思う、ゆえにわれあり」 cogito, ergo sum ③ デカルトの著『方法序説』に書かれた言葉。すべての存在を疑った結果、疑うという行為をする「自分」の存在の確実性に行き着き、自己の理性を起点とする考察を説いた。

『方法序説』（ほうほうじょせつ）　Discours de la méthode ④ 1637年にデカルトが発刊した著作。6部で構成され、合理論的な思考方法が説かれた。

経験主義（経験論）⑥ 17～18世紀、イギリスを中心に展開した認識論哲学。人間の思考では知識や経験が決定的な役割をもつとし、先天的にそなわる先有観念を否定した。

フランシス゠ベーコン Francis Bacon ⑤ 1561～1626　イギリスの哲学者。経験や観察を重んじて帰納法的思考法を説き、イギリス古典経験論の祖となった。主著『新オルガヌム』では4種類の偏見をあげ、知に至る阻害要因とした。

ヒューム Hume ① 1711～76　イギリスの哲学者。経験論をさらに推し進め、すべてのものの存在を疑う懐疑（かいぎ）主義を説いた。

パスカル Pascal ⑥ 1623～62　フランスの宗教哲学者・数学者・物理学者。理性を重視すると同時に、「私」という存在の孤独や不安を神への信仰により解消することを説

いた。確率論の創始者でもある。

『パンセ』（『瞑想録（めいそうろく）』） Pensées ④ 死後の1670年に発刊されたパスカルの覚え書集。「人間は考える葦（あし）である」として人間の悲惨さと偉大さを比喩（ひゆ）的に表現し、信仰による神の救いを説いた。

スピノザ Spinoza ⑤ 1632～77　オランダの哲学者。ユダヤ商人の家庭に生まれたが、のちユダヤ教会を追放された。合理論的思考方法から汎神論（はんしんろん）に至り、自然と神は同一であるとした。

ライプニッツ Leibniz ⑤ 1646～1716　ドイツの哲学者・数学者・政治家。世界を合理的に認識して単子論を説き、個々の個体が神の手で調和的に結びつけられ構成されているとした。

単子論 monadology ③ ライプニッツの著作または理論。世界は、宇宙を内包する存在体である単子がそれぞれに独立しながら、無数に集まって構成されており、全体として秩序をもった「予定調和」のもとにおかれるとした。

カント Kant ⑤ 1724～1804　ドイツの哲学者。認識とは、理性が与えた形式で経験を理解することとして、理性を軸に経験論・合理論を総合した。そのうえで神の実在証明など認識の限界をこえた現象があるとし、批判哲学を展開した。　→ p.226

『純粋理性批判』（じゅんすいりせいひはん）⑤ 1781年に刊行されたカントの主著。『実践理性批判』（1788年刊）、『判断力批判』（1790年刊）とあわせた、三大批判書の1冊。

ドイツ観念論哲学（かんねんろんてつがく）④ 18世紀後半～19世紀初めのドイツで展開された哲学思想。カントからフィヒテ、シェリング、ヘーゲルに至る4人の思想家を中心に普遍的理性と歴史的思考を結びつけたもので、近代哲学を完成させた。　→ p.226

自然法 natural law ⑦ 自然状態において存在し、普遍（ふへん）的な妥当性をもつとされる法や規範。人為的につくられる実定法の上位にあるとされ、実定法の正当性や批判の根拠ともなる。近代の自然法思想はグロティウスに始まるとされ、生存権・自由権や抵抗権（ていこうけん）などが自然権としてあげられているが、権利の内容は思想家により解釈が異なる。

ホッブズ Hobbes ⑥ 1588～1679　イギリスの哲学者・政治学者。自然権や社会契約説に関する著述をおこなった。国王特権を擁護（ようご）した著作により、議会から逮捕される

ことを恐れ、ピューリタン革命中フランスに亡命した。その間に『リヴァイアサン』を執筆した。

『リヴァイアサン』 Leviathan ④ 1651年発刊のホッブズの主著。自然状態においては、各々が自然権を主張してやがて闘争状態におちいるとし、その解決のために人は相互に契約して政府を樹立し、為政者に自然権をゆだねたとした。国家主権は絶対として、抵抗権を排除したことが特徴的である。著書名『リヴァイアサン』は、『旧約聖書』に登場する怪物で、「強い国家」を象徴している。

「万人の万人に対する闘い」 ③ ホッブズの主著『リヴァイアサン』のなかの言葉。各人が究極の自然権である自己保持権(生存権)を自由に主張すれば、最後は万人による闘争状態におちいるというホッブズの考えを端的に表している。

社会契約説 theory of social contract ⑤ 平等・自由な個人相互の契約により、社会や国家が形成される、とする考え方。不安定な自然状態を政府を形成することで安定させ、各人の自然権の確保・保持をめざす。為政者と被為政者との関係など、細部については様々な解釈がある。

ロック Locke ⑥ 1632〜1704 イギリスの政治思想家・哲学者。1683年、反チャールズ2世の嫌疑からオランダに亡命し、名誉革命に際し帰国してウィリアム3世に仕えた。『統治二論』で社会契約説にもとづき名誉革命を正当化した。

『統治二論』(『市民政府二論』) Two Treatises of Government ⑤ 1690年刊行のロックの著書。自然状態で平和や自由を享受する人間は、契約により自然権の一部を委譲して政府を形成した、とする社会契約説を展開した。政府に対する各人の抵抗権をとなえた点に特徴があり、ロックはこれを根拠に名誉革命を擁護し、アメリカ独立革命やフランス革命にも影響を与えた。

抵抗権 right of resistance ② 国家権力の不当な行使に対して人民が抵抗する権利。ロックが『統治二論』のなかで主張し、専制権力に対する人民の抵抗権を正当化した。この主張は、のちのアメリカ独立革命やフランス革命の理論的な根拠となった。

グロティウス Grotius ⑦ 1583〜1645 オランダの法学者・政治家。宗教的対立からフランス・スウェーデンに亡命し、スウェーデンの駐仏大使もつとめつつ研究を続けた。

近代自然法を発展させて国際関係に応用、国際法の発展に寄与したことから、「国際法の祖」「近代自然法の父」と呼ばれる。

『海洋自由論』 ④ 1609年刊行のグロティウスの著作。オランダ中継貿易の発展を受けて海洋航行の自由を主張し、国際法による公海自由の原則確立に寄与した。

『戦争と平和の法』 ⑤ 1625年刊行のグロティウスの著作。国が有する自然権や、戦時における各国の守るべき義務・権利などを述べ、国際法を体系化した。三十年戦争の悲惨さから衝撃を受けたことをきっかけに著述された。

進歩主義 Progressivism ③ 人類の歴史が、時代の進展とともに、より完全なものへ不断に進歩・発展していくという考え方。17世紀末から18世紀初めにかけて、古代ギリシア・ローマの作品と当代(現代)の作品のいずれが優れているのか、という古代人派と現代人派との論争(「新旧論争」)がおこり、これに現代人派が勝利したことで、進歩主義の考え方が広まった。

啓蒙思想

啓蒙思想 enlightenment ⑦ 理性を絶対視し、理性という光で従来の慣習・制度・社会の問題点を批判・否定し、新たな合理的思想を展開する懐疑の態度のこと。17世紀イギリスに萌芽がみられ、18世紀ヨーロッパ、とくにフランスで展開し、フランス革命の思想的論拠となった。 → p.192

ケネー Quesnay ⑤ 1694〜1774 フランスの外科医・経済学者。ルイ15世やその愛妾ポンパドゥール夫人の侍医をつとめたのち、経済学を研究し、『経済表』で農業を唯一の富の源泉とみなし、重農主義の祖となった。

『経済表』 Tableau économique ③ 1758年刊、ケネーの主著。農業を唯一の富の源泉とみなし、自由放任経済を主張した。地主・生産者(農民)・非生産者(商工業者)における生産物や富の流通を考察し、はじめて経済を科学的にとらえた著作とされる。

重農主義 physiocracy ④ 18世紀フランスを中心に展開した、農業こそ富を生み出す源泉とみなした経済思想。重商主義政策への批判を含んでおり、国の経済活動への干渉を否定し、「なすに任せよ(レッセ=フェール)」の言葉に象徴される自由主義的経済を富蓄積の手段として重んじた。

テュルゴ Turgot ⑥ 1727〜81 フランスの

重農主義者・政治家。ルイ16世治下で財務総監に抜擢され、ギルド廃止・穀物取引の自由化・地租徴収などの政策や、新たな課税を実施したが、特権身分の激しい反発で辞任に追い込まれた。 → p.193

アダム＝スミス Adam Smith ⑦ 1723〜90 イギリスの経済学者・哲学者。フランスの重農主義に影響を受けつつ、分業と市場経済の基礎理論を打ち立てた。主著『諸国民の富』で自由放任主義や自由貿易を主張し、資本主義を体系的に考察して古典派経済学を開き、近代経済学の祖とされる。

『諸国民の富』（『国富論』） Wealth of Nations ⑥ 1776年刊行のアダム＝スミスの主著。富の源泉を農工商の生産労働におき、自由放任主義が富の蓄積に有効とし、「見えざる手」による市場経済の自然調和を説いた。

自由放任主義（「なすに任せよ」〈レッセ＝フェール〉） laissez faire ⑤ 個人や企業の自由な経済活動を重んじ、国家の規制や介入排除を説く政策。フランスの重農主義思想から、アダム＝スミスに代表されるイギリスの古典派経済学に引き継がれて展開され、19世紀前半における資本主義社会の基本理念とされた。「なすに任せよ」はその象徴的表現。しかし、自由な経済活動がやがて苛酷な労働条件や独占資本の台頭へつながると、改革を望む声や社会主義思想の広まりがみられるようになった。

古典派経済学 Classical school of Political Economy ⑤ アダム＝スミスが開いた自由主義経済学のこと。資本主義の構造を分析・体系化し、マルサス、リカード、ミルらの手を経て発展・統合された。経済学の原点にあたるという意味で「古典派（古典学派）」と呼ばれる。 → p.227

ヴォルテール Voltaire ⑥ 1694〜1778 フランスの啓蒙思想家。詩や小説、評論と幅広い分野で活躍、教会や政治へのきびしい批判から、逮捕や亡命の経験ももつ。一方でヴェルサイユ宮殿に出入りし、プロイセンのフリードリヒ2世にまねかれてサンスーシ宮殿で過ごし、ロシアのエカチェリーナ2世と文通するなど各国の君主に思想的影響を与えた。

『哲学書簡』 ④ 1733〜34年、英語とフランス語で発刊されたヴォルテールの著作。イギリスの制度・文物を紹介・賛美することで暗にフランスの制度・社会を批判したため、焚書に処された。

宗教的寛容 ② 国家や君主が信仰する宗教や宗派と異なる信仰を容認する姿勢。宗教改革以降、カトリックとプロテスタントの対立からユグノー戦争、オランダ独立戦争、三十年戦争などの宗教戦争が勃発した。ヴォルテールらの著作で宗教的な不寛容性が批判され、ヨーロッパにおける宗教的迫害や対立は収束に向かった。

モンテスキュー Montesquieu ⑦ 1689〜1755 フランスの啓蒙思想家。ヨーロッパ各地への旅で、とくにイギリスの法制度に対する関心を深めるなど見聞を深め、社会制度や歴史哲学に関する著作を残した。

『法の精神』 ⑥ 1748年刊行のモンテスキューの著書。各国への旅から得た資料で、諸国の政治・法体制を歴史や習慣、風土など国ごとの条件を検討しつつ考察した。イギリスをモデルに三権分立を説き、独裁や王権の制限を主張した。

三権分立 Separation of powers ④ 国家権力を立法・司法・行政の三つにわけ、異なる組織に執行させる制度。組織相互に牽制しあい均衡を保つことで、権力の集中や独裁の出現を防ぐことを目的とした。すでに古代ギリシア時代に権力分立思想の萌芽がみられ、近世に入り、ロックやモンテスキューにより体系化された。アメリカ合衆国憲法においてはじめて成文化された政治原理となり、フランス人権宣言にも取り入れられた。 → p.192

ルソー Rousseau ⑦ 1712〜78 フランスの啓蒙思想家・文筆家。ジュネーヴで生まれ放浪生活をおくるかたわら、音楽・評論・教育・政治思想など幅広い分野で関心を育み、国家や教会の専制を激しく批判した。人民主権の主張や、不平等に対する糾弾の姿勢は、フランス革命に大きな思想的影響を与えた。

『人間不平等起源論』 ④ 1755年刊行のルソーの著作。自然状態では人間は平等であるが、私有の開始が不平等を発生させ、貧者対富者の闘いを経て不平等が制度化されたとし、絶対王政下のフランス社会を批判した。

『社会契約論』 ⑥ 1762年刊行のルソーの主著。自然状態で各人が有する平等権・自由権の確保を目的に、各人が契約で政府を構成すべきこと、その際の人民主権の原則を打ち出した。フランス革命に大きな思想的影響を与えた。

ディドロ Diderot ⑥ 1713〜84 フランスの啓蒙思想家・文学者。ダランベールととも

に『百科全書』編纂の中心として活躍し、一時発禁処分を受けながらも秘密裏に印刷して完成させた。無神論・唯物論にも傾倒し、投獄経験も有する。

ダランベール d'Alembert ⑥ 1717〜83 フランスの数学者・哲学者。数学の他分野への応用で多くの科学的業績をあげるとともに、ディドロに誘われて『百科全書』編纂にたずさわり、序文・数学項目も執筆した。

『百科全書』 Encyclopedia ⑥ 1751〜72年に刊行された、啓蒙思想にもとづく百科事典。ディドロとダランベールがおもに編集し、合理主義・自由主義・個人主義などの啓蒙主義精神に則って科学・技術や哲学・思想・宗教などを紹介した。ヴォルテール・ルソー・モンテスキュー・ケネー・テュルゴらも執筆した。政府から危険視され、一時は発禁による廃刊の危機におちいった。

博物館 museum ② 歴史・芸術・民俗・産業・自然科学などに関する資料を収集・保管・展示して公衆の利用に供する施設。大交易時代以降、ヨーロッパには世界各地から文物が流入し、当初は社会上層、のち市民層向けにも展示されるようになった。1748年にウィーンに自然科学博物館が、59年にはイギリスに国立博物館（現大英博物館）が設立されるなど、この動きはヨーロッパ各国に広がった。

植物園 botanical garden ④ 多くの植物を栽培・保存して植物学の研究に資する施設。植物学の発展にともなって、1759年にロンドン郊外のキュー王立植物園、1858年にミズーリ植物園、1894年にニューヨーク植物園（ともにアメリカ）が開設されるなど、各地に植物園が設置された。

新聞 newspaper ⑦ ニュース報道をおもな内容として、定期的に刊行される印刷物。先駆的形態は古代ローマにすでにみられるが、17世紀初頭以降、ドイツ・フランス・イギリス・オランダなどの諸国で発刊が始まった。

雑誌 magazine (journal) ⑤ 種々の記事を記載した定期刊行物。情報の伝達や娯楽の提供などの機能をもつコミュニケーションメディアとしての役割を担った。18世紀のヨーロッパでは、書籍の扱う領域が文学や芸術に加えて政治にも拡大した。雑誌はコーヒーハウス・カフェ・クラブ・サロンといった交流の場で閲読されて討論の対象となり、世論の形成がうながされた。

コーヒーハウス coffee house ⑦ 17世紀に

イスラーム圏からコーヒーの飲用が伝わり、同世紀中頃からイギリスの都市で流行した飲食店。18世紀のロンドンでは2000以上のコーヒーハウスが営まれていた。店のなかでは各種の新聞や雑誌の閲覧が可能で、市民層が政治・経済・文化など多様な議論をかわす場として機能し、新思想の伝播や世論の成長に大きく貢献した。 → p.141

カフェ café ⑤ 17世紀頃からフランスの都市で流行した飲食店。18世紀のパリでは600以上のカフェが営業し、文化人や商人などの市民が政治・文化などを論議する場となり、新思想や世論が形成される場ともなった。

クラブ《イギリス》 club ③ 政治・レクリエーション・学芸など特定分野に関心をもつ人々が集まって形成した社交・交流組織。とくに17世紀以降盛んになり、同時期から流行したコーヒーハウスを拠点に活動するクラブも多数形成された。

サロン salon ⑥ 17〜18世紀を中心にフランスで流行した社交場。貴族・上流階級の女性などが主催し、文人・学者・芸術家らが文化・思想について論議した。のちにフランス革命の指導者となる思想家たちの集ったサロンもあり、芸術家にとっては自身の才能を認められる機会の場でもあった。

世論の形成 public opinion ④ ものごとや論点に対し、多くの人々が共通してもっている考え方・態度が形成されること。17世紀イギリスのコーヒーハウスやフランスのカフェなどで、新聞や雑誌がさかんに読まれ、世論形成の場ともなった。こうした議論は新聞や雑誌の論調にも影響し、「公論」を形成した。神意や王権などの伝統的な権威よりも公論が重視されるようになり、こうした動向はのちのアメリカ独立革命やフランス革命の要因の一つとなった。

デフォー Defoe ④ 1660〜1731 イギリスの小説家。名誉革命後、ホイッグ党の立場に立って数多くの政治的著作を執筆したほか、みずから新聞を発行するなどジャーナリストとしても活躍し、晩年に『ロビンソン＝クルーソー』など多数の小説を残した。

『ロビンソン＝クルーソー』 Robinson Crusoe ⑤ 1719年刊行のデフォーの小説。船乗りロビンソン＝クルーソーが無人の孤島に漂着し、みずから耕し生活物資をつくり出して、神の恵みを確信しつつ28年間を生き抜いていくさまを描いた作品。

スウィフト Swift ⑥ 1667〜1745 アイルラ

ンド出身の小説家。同時代の社会や政治・
宗教を鋭く風刺した。とくに、アイルラン
ド問題に関するイギリスへの風刺は辛辣_{しんらつ}
であった。代表作『ガリヴァー旅行記』。

『ガリヴァー旅行記』 Gulliver's Travels ⑥
1726年刊スウィフトの風刺小説。船医ガリ
ヴァーが漂着した未知の島での体験を叙述
する見聞記の体裁をとり、人間そっくりで
品性下劣な動物「ヤフー」が登場するなど、
社会や政治を辛辣に風刺した。

レンブラント Rembrandt ⑥ 1606～69 オ
ランダ画派の代表的画家。集団肖像画や風
俗画のほか、宗教画や自画像も多数残し、
その明暗をたくみに使った技法から「光と
影の画家」とも呼ばれる。

「夜警_{やけい}」 ④ 1642年レンブラント制作の集団
肖像画。アムステルダム火縄銃組合の注文
で制作された。明暗画法を取り入れたが、
顔が暗いなど人物により描かれ方に差があ
るため、制作当時は不評であったといわれ
る。

フェルメール Vermeer ③ 1632～75 オラ
ンダの画家。35点前後の作品が現存し、19
世紀半ばに再評価された。オランダ市民の
日常生活を多数描き、屋内に差し込む光や
色彩、明暗などの繊細な表現にすぐれてい
る。

ブルジョワ(市民) bourgeois ③ もとは都市
(ブール)の住民の意。近世以降、商業の発
展を基盤に台頭し、華やかな宮廷文化とは
異なる独自の文化を形成した。コーヒーハ
ウス・カフェ・クラブ・サロンでの新聞・
雑誌の閲読や自由な議論により公論が形成
され、国王をはじめとする支配階層と争う
ようになった。こうしたブルジョワの動向
は、のちのアメリカ独立革命やフランス革
命の基盤となった。　→ p.192

生活革命 ② 大航海時代以降、アメリカ大陸
やアフリカなどからヨーロッパに産しない
物品が運ばれ、主として西欧諸国の人々の
生活に大きな変化をもたらしたこと。ジャ
ガイモ・タバコなどの栽培品や、茶・コー
ヒーなどの嗜好品_{しこうひん}などが新奇商品として
あげられる。

第12章 産業革命と環大西洋革命

1 産業革命

近世ヨーロッパ経済の動向

「世界の一体化」② 大航海時代以降、主導権を握る地域とそれに従属する地域が発生するなかで、世界各地が政治的・経済的に不可分に結ばれていく過程。19世紀半ばから20世紀初めにかけては、イギリスを中心とするヨーロッパが主導権を握り、南北アメリカ・アジア・アフリカ各地域を経済的・政治的に巻き込み、全世界の動向が相互連関のなかで展開した。交通・通信の発達が果たした意義も大きい。 → p.138

農場領主制 Gutsherrschaft ⑤ 16世紀以降、エルベ川以東のドイツ諸地域でおこなわれた農業経営形態。プロイセンではグーツヘルシャフトと呼ばれる。おもに西ヨーロッパ向けの輸出用穀物栽培を目的に、領主(グーツヘル)は農民保有地を奪って直営地を増やし、農民への賦役労働を強化した(再版農奴制)。その結果、ヨーロッパ東西の経済的な地域差が拡大した。

再版農奴制 ③ プロイセンを中心に東ヨーロッパで広がった、農民支配の再強化の状況。農場領主制拡大のなか、領主の農民に対する賦役労働や人格的支配が強化された。背景には、商業革命で台頭するオランダをはじめとする大西洋岸諸国が、バルト海沿岸地域から穀物を輸入するようになったことなどがある。

価格革命 price revolution ⑦ 16世紀半ば以降、アメリカ大陸からの銀の大量流入によりおこったヨーロッパの物価騰貴。ポトシ銀山発見などによりヨーロッパの銀価が下落し、物価が急激に上昇した。金利低下により商工業が盛んになる一方、南ドイツのフッガー家などの大富豪や南欧の商業資本は没落し、固定の貨幣地代で生活する領主層も衰退した。なお、穀物の価格の激しい高騰を根拠に、人口増加が価格革命のより直接的な原因とする考え方もある。

「17世紀の危機」 ⑦ 1620年頃から約1世紀間続いた、ヨーロッパの人口減少や経済的停滞などの困難な状況を指す。16世紀の活況に対し、17世紀は寒冷化による穀物生産の減少、ペストの流行、魔女狩りの増加などの社会不安や、アメリカ大陸からの銀流入減少による経済活動の停滞がおこった。また三十年戦争・フロンドの乱・ピューリタン革命などの戦争や内戦も頻発し、政治・経済の混乱した状況で広まったとする。しかし、人口停滞以外は危機的状況ではなかったとする考え方もある。

囲い込み(エンクロージャー)《第2次》 enclosure ⑥ 18～19世紀のイギリスでおこなわれた土地制度改革。穀物増産を主目的に、共有地・耕作地を柵などで囲い込み、私有地に転換して農地とした。イングランド農地の20%程度が対象となった。第1次囲い込みは非合法的に農民の土地を奪ったが、第2次は議会の承認のもと、合法的におこなわれ、農業資本家による資本主義的大農業経営が確立した。

農業革命 Agricultural Revolution ⑥ 18世紀のイギリスにおける、農業技術や農業経営方式の変革。イギリスでは人口増加と穀物不足への対応が課題となったことから新たな農法が開発され、それを導入するための第2次囲い込みも、農業資本家によりさかんにおこなわれた。囲い込みにより土地を失った農民の多数が都市に流入して工場労働者となり、産業革命を進展させた。

ノーフォーク農法 Norfolk(Rotation)Four Course System ③ 18世紀前半にイギリス東部のノーフォークで開発された輪作農法。農地を4区画にわけ、1年ごとに大麦・クローヴァー(牧草)・小麦・カブ(飼料)の順で植え、4年で一巡する四輪作制をとる。休耕地をなくして飼料を育て、馬や穀物に対する需要の増大にこたえた。

商業社会 ② 18世紀のイギリスで、人口の増加や都市の成長を背景に生じた社会の変化を指す言葉。都市文化が発達し、茶や茶器、綿織物といった交易品の需要・消費が高まった。こうして交易と結びつくかたちで高い消費需要をもつ社会が成立し、産業革命の原動力となった。

イギリス産業革命と資本主義

問屋制 factor system ③ 商人が職人や農民に原材料や道具を前貸しして加工させ、加工賃を支払って生産物を引き取る経営形態。農閑期の農民などが自宅で従事し、イギリスの毛織物産業などでさかんにおこなわれた。

マニュファクチュア（工場制手工業） manufacture ③ 資本家が工場に労働者を集め、分業のかたちで手工業により商品を製造する生産様式。16世紀後半、イギリス毛織物生産の分野で始まった。ドイツやフランスでは、国家が主導する特権マニュファクチュアも成立した。

商業資本家 ④ 商品流通に専門的にたずさわり、利益をつくり出す人々。絶対王政時代においては、貿易や問屋制による商品流通を通じて豊かになった大商人たちを指す。国王から特権を得て商業活動を独占し、議員として政治の世界においても活躍して大きな社会的影響力をふるった。

綿織物（キャラコ） calico ⑥ 綿の繊維を原料としてつくられた布。インドのカリカットを産地とすることから、この呼称がついた。17世紀以降に東インド会社によってインドから輸入された綿織物は、丈夫で洗濯にも強く、染色性にすぐれていたため、ヨーロッパで人気を博した。毛織物業者の反発で、1700年にはインド産本綿の輸入禁止が、20年には着用禁止が法で定められたが、その人気は衰えなかった。18世紀後半には輸入代替工業化として木綿をイギリス国内で生産する動きが強化され、その需要が産業革命の原動力となった。

産業革命 Industrial Revolution ⑦ 農業基盤の社会から工業を基礎とした資本主義経済体制への移行と、それにともなう社会の変化。絹織物への需要を背景に18世紀後半のイギリスで最初におこり、19世紀以降各国に広まった。第2次・第3次産業革命まで含めた長期間の変化の過程は、「工業化」とも表現される。18～19世紀の石炭・蒸気を動力源におこった変化を第1次産業革命と呼ぶが、一方で資本主義社会の確立は、労働問題や様々な社会問題も生み出した。なお、産業革命をより長期間にわたる工業化の過程ととらえて、「革命」という急激な変化を指す言葉の使用を避ける考え方も存在する。

織物業 ⑤ 中世以降、イギリスの経済的繁栄を支える基盤となった産業。16世紀には問屋制やマニュファクチュアが導入され、生産の合理化が進んだ。

綿工業 ④ 18世紀後半、イギリス産業革命の発端となった工業分野。17世紀以降東インド会社が輸入したインド綿織物（キャラコ）は吸湿性・耐久性・染色性のよさで人気を博し、イギリスの毛織物業者をおびやかした。1700年、議会でインド産木綿の輸入禁止立法が制定されると、木綿の国産化をあと押しし、木綿分野でギルド規制などの制約が少なかったことも要因となって技術革新が進み、イギリス産業革命へとつながった。

三角貿易《大西洋》 ⑤ 17～18世紀の大西洋で大規模に展開された貿易。それぞれ、西ヨーロッパから武器や綿織物など、西アフリカから黒人奴隷、南北アメリカ大陸・カリブ地域からは砂糖・綿花などが輸出された。三角貿易によって綿織物の需要は増大し、またイギリスが貿易で得た富は産業革命の展開をうながす一因ともなった。 → p.171

石炭 ④ 堆積した植物が地熱・地圧を受け可燃性の岩石となったもの。原料炭と一般炭に分類され、原料炭はおもに製鉄（コークス）の原料として、一般炭はおもに発電用燃料として用いられる。16世紀頃より、森林資源枯渇などで木炭が不足して石炭が利用されるようになっていたが、産業革命により需要が急激に高まり、それとともに石炭業が急成長をとげた。

蒸気機関 ⑥ 蒸気を利用して発生させた運動を、動力に転換する装置。18世紀にニューコメンが実用化し、ワットがこれを改良して大きく安定した動力が得られるようにした。第1次産業革命期の動力の主役として、様々な機械に応用された。

エネルギー革命 Energy Revolution ② おもに使用されるエネルギー源が変化し、経済面にも大きな影響を与えたことを指す。産業革命以降、薪炭や水力などにかわり、石炭がおもなエネルギー源となり、20世紀半ば以降は石油の使用が石炭にとってかわった。その他、天然ガスの使用も進み、石炭・石油・天然ガスなど化石燃料をエネルギー源とする経済活動が社会を大きく変化させた。

ジョン＝ケイ John Kay ⑥ 1704～64頃 織布機の発明家。飛び杼を発明して織布過程の生産性向上に貢献した。失職におびえる

手織織布工に機械を破壊され、フランスへ移住した。

飛び杼(梭) flying shuttle ⑥ 1733 ジョン=ケイが発明した織布用具。横糸を巻いた杼が上下にわかれた縦糸のあいだを往復し布を織る装置で、幅広布の製造も容易にした。糸不足を引きおこし、紡績分野の発明をうながした。

ハーグリーヴズ Hargreaves ⑤ 1720頃〜78 紡績機の発明家。多軸紡績機(ジェニー紡績機)発明により紡績作業を効率化したが、失業を恐れる手紡ぎ職人の激しい反発を受けた。

多軸紡績機(ジェニー紡績機) Jenny ⑥ 1764頃 ハーグリーヴズが制作した紡績機。ジェニーは発明者の妻または娘の名ともされ、人力を動力源に回転運動を利用して一度に複数の紡錘に糸を巻きとり、糸の大量生産を可能にした。

アークライト Arkwright ⑥ 1732〜92 紡績機の発明家。ジェニー紡績機を改良し、水車を動力とする水力紡績機を発明した。企業家としても成功した。

水力紡績機 ⑥ 1769 アークライトが発明した紡績機。当初の馬力利用から、のちに水力利用に切りかえ、90年には蒸気を動力源に改良した。熟練不要・連続作業可能な機械で、工場制大量生産への道を開いた。

クロンプトン Crompton ⑥ 1753〜1827 紡績機の発明家。ジェニー紡績機と水力紡績機の長所を取り入れた紡績機を発明し、ミュール(ロバと馬の混血であるラバの意)と名づけた。

ミュール紡績機 Mule ⑥ 1779 クロンプトンが発明した紡績機。当時需要の高かった細糸の製造を可能にし、インド産に劣らない高品質の綿糸がつくられた。イギリス産業革命期の紡績技術が一応完成された。

カートライト Cartwright ⑥ 1743〜1823 織布機の発明家。水力紡績機の特許が切れ、綿糸が過剰生産状態で織工不足になっていたことから、力織機を発明した。また、フルトンの蒸気船製造も援助した。

力織機 ⑥ 1785 カートライトが発明した織布機。動力源に蒸気機関を利用した。織布速度は飛び杼を約4倍上まわり、現在の自動織機の原型となっている。

ニューコメン Newcomen ⑤ 1663〜1729 イギリスの技術者。1712年炭坑の地下水くみあげポンプに蒸気機関を動力源として利用することに成功した。運転には大量の石炭を必要とし、往復運動のみで汎用性も低いためワットの蒸気機関にとってかわられた。

ワット Watt ⑦ 1736〜1819 機械技術者・発明家。ニューコメンが考案した蒸気機関の修理からヒントを得て、1769年に熱効率を倍以上、石炭使用量を大幅に削減した新たな蒸気機関を発明した。81年には蒸気による往復運動を歯車利用の回転運動に転換させる技術を開発し、蒸気機関を広汎な機械への応用が可能なものとした。あわせて、「馬力」の単位も考案した。

ダービー Darby ⑤ 父1677〜1717、子1711〜63 製鉄法の改良者。1709年父が製鉄燃料を従来の石炭からコークスにかえて高純度製鉄を可能にし、35年に子が技術を発展させた。これにより鉄の硬質や生産量が大きく上昇した。

コークス製鉄法 ⑥ コークスの使用による高温燃焼で、鉄鉱石を燃焼させる際に硫黄・コールタールなどの不純物の除去を可能にした製鉄法。これにより硬度・純度の高い鉄鋼製造が可能になった。

鉄工(鋼)業 ③ 機械・機材の原料としての鉄を製造する工業。コークス製鉄法の導入により鉄の大量生産が可能となり、鉄工業が産業革命を支える基幹工業となった。

機械工業 ② 生産や消費に関わる機械そのものをつくり出す工業。蒸気機関、輸送用機械、織機や紡績機などの製造用機械がある。

運河 ⑤ 運輸・灌漑などを目的に人工的に設置された水路。18世紀後半工業化の進んだイギリスでは、安価に大量輸送できる運河の建設が進み「運河時代」と呼ばれたが、19世紀半ばから鉄道にとってかわられた。

鉄道 ⑤ 各国の産業革命を推し進める原動力となった交通機関。1830年イギリス・アメリカ、32年フランス、35年ドイツ・ベルギー、37年オーストリア・ロシア、39年イタリア・オランダの順に、蒸気機関車の営業運転が開始された。そのため、30年代は鉄道時代の始まりといわれる。

スティーヴンソン Stephenson ⑦ 1781〜1848 イギリスの鉄道技術者。1814年、炭坑貨車牽引のための蒸気機関車をつくり、25年にはロコモーション号で客車の牽引に成功、蒸気機関車の実用化が達成された。

蒸気機関車 ⑦ 蒸気機関を動力とする機関車。すでに18世紀から馬や人力によってレール上で貨車が牽引されていたが、19世紀初め、トレヴィシック(1771〜1833)がレール上を

走る蒸気機関車を開発し、つづいてスティーヴンソンがストックトン・ダーリントン間の貨車・客車の牽引に成功して実用化した。また、1830年にはマンチェスター・リヴァプール間で営業運転が始まった。1840年代には鉄道投資が激増し、鉄道網が急速に拡大する「鉄道狂時代」となった。

フルトン Fulton ⑤ 1765～1815 アメリカの発明家・技術者。1807年、外輪式蒸気船クラーモント号建造に成功し、ハドソン川を航行させた。

蒸気船 ⑥ 蒸気を動力にして航行する船。当初、内陸・沿岸の航行に利用された外輪式蒸気船は、19世紀前半には大西洋横断に成功し、スクリュー式蒸気船も建造されて高速化を達成した結果、蒸気船は帆船を凌駕していった。

機械制工場 ④ 人力や動物の力にかわり、機械を使用して生産をおこなう工場。従来の農村工業から生産の場を都市に移し、機械の使用によって商品の大量生産を可能にした。農業から工業中心へと産業構造を転換させる端緒となった。新式機械の導入には多額の資金が必要であり、綿織物への需要がそれを後押しした。

ラダイト運動（機械打ちこわし運動） Luddites ⑥ 1811～17 イギリスでは、18世紀後半から機械制工場が拡大するなか、工賃の下落や失業をおそれた手工業者・労働者たちが生産機械を破壊する打ちこわし運動を展開した。運動はイングランド中・北部を中心とする1810年代のラダイト運動で最高潮に達した。この名称は、打ちこわしの予告状にしばしば「ラッド＝ネッド」という架空の人物の署名があったことに由来する。しかし、政府による鎮圧や景気の回復などを受け、しだいに消滅した。

「聖月曜日」 ② 中世以来職人たちが飲酒を理由に月曜日に仕事を休んだ一種の慣習を指した言葉。産業革命期以降は、工場労働者が「聖月曜日」の慣習を理由に、労働時間厳守やきびしい労働条件を課す資本家に抵抗し

賃金労働者 Proletarier ⑦ 生産手段をもたず、みずからの労働力を資本家にゆだねて生活する労働者。プロレタリアの呼称は、古代ローマで下層市民を意味するプロレタリウス(proletarius)を語源とする。

資本家 ⑤ 資本主義社会における支配的階級。資本を投下して生産手段を所有し、労働力を購入して商品を生産・流通させ、利潤を

得る人々を指す。

産業資本家 ⑤ 工場・機械・道具・材料などの生産手段を所有し、労働力を雇って商品生産をおこない利潤を得る人々。16世紀以降はマニュファクチュア経営にたずさわり、産業革命期には機械制工場経営で富裕となった。やがて商業資本家を圧倒し、資本主義社会において経済・政治などの分野で支配的な地位を占めた。

資本主義体制 ⑦ 生産手段を有する企業や個人が資本を投下し、労働者を雇って商品を生産・流通させ、資本の拡大(利潤)を追求する経済システム。産業革命以降、世界規模で急速に拡大・成立した。また、その拡大とともに雇用形態は従来の職人の自立的な作業にもとづくものから、機械の都合にあわせて時間によって管理されるものへと変化し、家庭と職場の分離も進行した。

都市への人口集中《産業革命》② 産業革命により、都市部の人口が激増した状況。農村から都市の工場に多くの労働力が移動し、工業都市が多数成立した。それにともない、劣悪な住環境、疫病の発生、平均寿命の低下など、様々な社会・労働問題も発生した。

マンチェスター Manchester ⑦ イングランド北西部に位置する工業都市で、産業革命期の綿工業の中心地。近くにランカシャー炭田地帯を有し、急速な発展をとげた。

リヴァプール Liverpool ⑤ イングランド北西部の海港都市。古くから交易で栄え、18世紀には大西洋三角貿易の拠点として奴隷貿易が盛んであった。産業革命期には、マンチェスター産の木綿の輸出で繁栄した。 → p.171

バーミンガム Birmingham ② イングランド中部に位置する工業都市。石炭・鉄鋼の産地に隣接し、古くから金属製造で栄えた。産業革命後は製鉄業・機械工業の中心都市として人口が急増した。

イギリスによる世界経済の再編成

世界経済の再編成 ③ 19世紀以降、「世界の工場」の地位を獲得したイギリスが中心となって展開した、世界経済や貿易構造の再編成、およびそれにともなう社会的・政治的変化。従来、イギリスは原綿を輸入に依存し、その市場も欧米諸国に限られていた。しかし、産業革命で綿製品の大量生産が可能になると、新たな市場と原料供給地を求

めて南アジア・ラテンアメリカ・東アジア
へと進出した。その影響により、インドで
は東インド会社による植民地化が強化され、
綿製品の輸出市場となった。また、イギリ
スはラテンアメリカ諸国や中国など植民地
以外の国々に対しても、貿易協定や不平等
条約の締結を通して影響力を強めた。

「世界の工場」 Workshop of the World ⑦ 19
世紀半ばの国際市場における、他を圧する
イギリスの工業力の優位を表す言葉。1838
年のディズレーリの演説で用いられ、その
後、経済学者も用いて広まった。

工業機械の輸出解禁《イギリス》③「世界の
工場」として世界最大の工業生産国であっ
たイギリスが、19世紀初頭に各国へ工業機
械の輸出を解禁したこと。これにより、の
ちに世界経済においてイギリスと並び中心
的な役割を占めるベルギー・フランス・ア
メリカ合衆国北部・ドイツなどにも産業革
命は波及した。

産業革命の波及 ⑤ イギリスによる工業機械
の輸出解禁を機に始まった、世界各国の工
業化の動き。フランスでは七月王政期に工
業化が本格化し、七月革命の影響で独立し
たベルギーでも以後進展した。ドイツでは、
ドイツ関税同盟による国内市場の統合を機
に進展した。つづくアメリカ合衆国では南
北戦争後に本格化し、ロシアでは1890年代
の露仏同盟によるフランス資本の導入、日
本では日清戦争などを機に本格化した。

イギリスの北アメリカ植民地

フロリダ Florida ③ 北アメリカ東南部に位
置する半島。パリ条約によりスペインから
イギリスに割譲された。アメリカ独立戦争
後の1783年、再びスペイン領となった。

カナダ Canada ④ 北アメリカ北部に位置す
る地域。16世紀以降フランス・イギリス勢
力が進出したが、17世紀初頭ケベックを中
心にニューフランス植民地が形成され、毛
皮取引がさかんにおこなわれた。17世紀末
からこの地の領有をめぐって両国は断続的
に衝突したが、1763年のパリ条約ではほぼカ
ナダ全域がイギリス領とされた。

ケベック Québec ④ 1608年、フランス人シ
ャンプラン(1567/70〜1635)の交易所建設
で始まった植民地。フランス北米経営の拠
点として栄え、ニューフランス植民地の首
都ともなった。1763年パリ条約でイギリス
領とされた。

ルイジアナ Louisiana ⑤ ミシシッピ川流域
のフランス植民地。1682年、探検したラ＝
サール(1643〜87)がフランスによる領有を
宣言し、ルイ14世にちなんでルイジアナと
名づけた。

13植民地 Thirteen Colonies ⑦ 17〜18世紀
前半、大西洋岸に成立した13のイギリス領
植民地。北部では農業・造船などの工業や
海運業が、南部では奴隷制を基礎にしたプ
ランテーションが発達した。各植民地の成
立事情や形態はそれぞれ異なり、多くは王
領植民地であったが、領主植民地や自治植
民地などもあり、たがいに独立していた。

ピルグリム＝ファーザーズ Pilgrim Fathers
④ 1620年、イギリスから北アメリカへ移
住したピューリタンを中心とする人々。巡
礼始祖とも訳される。ジェームズ1世のピ
ューリタン弾圧に対し、宗教的自由を求め
てメイフラワー号で大西洋を渡り、移住し
た。上陸地にプリマス植民地が築かれ、や
がてニューイングランド植民地に発展した。

プリマス Plymouth ② ピルグリム＝ファー
ザーズが上陸し、植民地を築いた場所。マ
サチューセッツ州東部に位置する。

ヴァージニア Virginia ⑥ 北アメリカ最初
のイギリス植民地。1607年建設のジェーム
ズタウンを起源とし、「処女王」エリザベス

1世にちなんで名づけられた。1619年には13植民地ではじめて植民地議会が開かれ、アフリカの黒人が労働力としてもたらされた。黒人奴隷を用いたタバコ＝プランテーションなどで繁栄し、独立後の5代大統領までのうち4人を同地から輩出した。

植民地議会　colonial assembly ⑥ イギリス議会を手本に設置されたもので、13植民地それぞれに組織された。植民地の人々は議会活動を通じて自治の気風を育てていった。

ニューイングランド植民地　New England ⑤ イギリス人が初期に入植した、現在のメイン・ニューハンプシャー・ヴァーモント・マサチューセッツ・ロードアイランド・コネティカットの6州を指す。多くのピューリタンが入植してイギリス的自治の伝統を色濃く残し、独立革命を主導した。

ペンシルヴェニア　Pennsylvania ① 13植民地の一つ。1681年、ウィリアム＝ペン（1644〜1718）がクウェーカー教徒の信仰を保護する地として建設し、以後、宗教の自由を保障し様々な宗派を受け入れてきた。「シルヴェニア」は「森」を意味する。中心都市はフィラデルフィア。

ジョージア　Georgia ② 1732 13植民地のうち最後に成立した植民地。名称はジョージ2世（在位1727〜60）に由来。13植民地の南端に位置し、現州都アトランタは、南部最大の都市へと発展した。

黒人奴隷 ④ 西・南西・南東アフリカ地域から南北アメリカおよびカリブ地域などに運ばれ、プランテーションなどにおいて奴隷として酷使された黒人たち。北アメリカでは、1619年ヴァージニア植民地に黒人奴隷がもたらされ、やがてアメリカ南部では白人の年季奉公人にとってかわった。19世紀初めにイギリスで奴隷貿易が禁止されたものの、イギリスの産業革命による綿花需要の増大は奴隷制拡大をうながした。　→ p.138, 170

プランテーション（大農園・大農場制度）plantation ⑥ 商品作物生産を目的とする大規模農場を指し、北アメリカでは南部で発達した。当初は白人年季奉公人が労働力の中心を占めたが、17世紀末頃から黒人奴隷が多数使用された。おもにタバコ・米・藍などが栽培されたが、19世紀以降はイギリス産業革命の影響で綿花需要が拡大し、綿花プランテーションが全体の7割以上を占めるようになった。　→ p.138, 171

七年戦争 ⑥ 1756〜63 シュレジエンの領有をめぐりオーストリアとプロイセンがおこした戦争。イギリスとフランスは、おのおの、プロイセンとオーストリアを支援して戦うとともに、この戦争と並行して、北アメリカでフレンチ＝インディアン戦争を展開した。　→ p.170, 175

フレンチ＝インディアン戦争　French and Indian War ⑤ 1754〜63 北アメリカにおいて、フランスと先住民（インディアン）が連合してイギリスと戦った戦争。イギリスが圧勝し、フランスとの植民地戦争に決着をつけた。　→ p.170

イギリスの重商主義政策　mercantilism ④ イギリスが自国の産業保護を目的におこなった経済政策。北アメリカ植民地には、羊毛品の輸出入の禁止（1699年）、鉄製品製造の禁止（1750年）などで本国と重なる産業を規制し、一方で本国で必要な原料を生産させ、植民地の産業発展を阻害した。18世紀半ばまでは規制はゆるやかで植民地から「有益なる怠慢」とも呼ばれたが、七年戦争によって財政赤字が増大し、課税や密貿易の取締りを強化したため、それがアメリカの独立革命へとつながった。

アメリカ合衆国の独立

印紙法　Stamp Act ⑥ 1765 あらゆる印刷物に印紙を貼ることを義務づけた法律。北アメリカに駐屯するイギリス軍の費用の一部にあてることを目的に、本国が発行した。この法は多くの植民地人に直接的影響と負担をおよぼしたため、植民地の世論はわきたってイギリス製品不買運動などの激しい反発をまねき、翌1766年撤回された。

「代表なくして課税なし」　No Taxation without Representation ⑥ 印紙法への反対運動のスローガン。本国議会に植民地代表は議席をもたないことから、本国は植民地に対して課税できないと主張した。代議員の承認なしの課税は不当という、1215年の大憲章以来の理念にもとづいていた。

茶法　Tea Act ⑥ 1773 イギリス東インド会社が13植民地で販売する茶を免税とした法律。免税による安価な茶の販売で市場を独占させて会社の破産を救おうとしたが、イギリスの市場独占につながると植民地商人が激しく反対した。

ボストン茶会事件　Boston Tea Party ⑥ 1773 アメリカ独立革命の発端となった事件。茶法に反対する急進派が先住民（イン

ディアン)に扮してボストン港に停泊中の
イギリス東インド会社商船を襲い、積んで
あった茶箱を海に投げ捨てた。これに対し
て、本国政府はボストン港閉鎖やマサチュ
ーセッツ植民地の自治権剥奪などの弾圧策
をとり、本国と植民地の関係は悪化した。

大陸会議 Continental Congress ⑥ 13植民
地の代表により構成された連合組織。独立
戦争期や独立後にかけて各植民地の統一的
な行動を指導し、中央政府郊外の役割を果た
した。第1回会議は1774年に開かれ、ボス
トン茶会事件に対する本国の弾圧法の撤廃
を求めた。第2回は75年から開かれ、ワシ
ントンを植民地軍総司令官に任命した。独
立後は連合会議と呼ばれ、さらに憲法制定
後は合衆国議会へと引き継がれた。

アメリカ独立戦争 ⑦ 1775~83 13植民地が
イギリス本国から独立を勝ちとった戦争。
植民地戦力の中心は民兵で、当初は苦戦が
続いたが、『コモン゠センス』の発行や独立
宣言の発布が植民地人の独立の気運を高め、
さらにヨーロッパ諸国の参戦や革命支持の
動きが、戦況を植民地優位に転換させた。
最終的に1783年のパリ条約で植民地の独立
が承認された。

レキシントン・コンコード Lexington/
Concord ④ レキシントンは独立戦争最初
の戦いがおこなわれた地で、コンコードは
その発端となったボストン郊外の町。イギ
リス軍は、植民地人がコンコードに武器・
弾薬を集めていることを察知し、その接収
に向かったが、植民地側はレキシントンに
集結してイギリス軍を迎え撃ち、武力衝突
が始まった。

ワシントン Washington ⑥ 1732~99 アメ
リカ合衆国初代大統領(在任1789~97)。フ
レンチ゠インディアン戦争で民兵指揮官と
して活躍したことから、第2回大陸会議で
植民地軍総司令官に任命され、装備の不十
分な植民地軍を統率して独立戦争を勝利に
導いた。憲法制定議会では議長をつとめ、
1789年、合衆国初代大統領に就任した。大
統領としては、勃発したフランス革命など
ヨーロッパ政治への関与は避け、誕生まも
ない国家の安定化につとめた。

国王派(忠誠派) Loyalists ② 独立革命で
イギリス側を支持した植民地人。高級官吏
・大商人・大地主などが多く、植民地人
口の約3分の1を占めた。革命中、約10万
人が国外に亡命してその財産を没収された。

愛国派 Patriots ② 独立革命に賛成した植民

地人。南部のプランテーション経営者(プ
ランター)や中小商人、自営農民などが多
く、植民地人口の約3分の1を占めた。さ
らに、中立派も植民地人口の約3分の1を
占めていた。

トマス゠ペイン Thomas Paine ⑦ 1737~
1809 イギリス出身の政治哲学者。フィラ
デルフィアに移住し、ジャーナリストとし
て文筆活動をおこなった。1776年『コモ
ン゠センス』を著し、独立をためらう植民
地人の心を動かした。

『コモン゠センス』(『常識』) Common Sense
⑦ 1776年 トマス゠ペインが出版した小冊
子。ペインは著作のなかで、アメリカ植民
地はイギリスから搾取されるのみで何の
利益も得ておらず、「常識」的に考えれば独
立して共和国を建設すべきだと訴えた。短
期間で12万部を売りあげ、フランス革命に
も思想的影響を与えた。

独立宣言《アメリカ》 Declaration of Inde-
pendence ⑦ 1776 7月4日、第2回大陸
会議で採択された宣言。トマス゠ジェファ
ソンが中心となって起草し、フランクリン
やジョン゠アダムズ(のちの第2代米大統
領)らが補筆・修正した。ロックの自然法
思想にもとづき基本的人権や革命権につい
て述べ、ジョージ3世の暴政を弾劾し、
最後に独立を宣言した。のちのフランス人
権宣言にも大きな影響を与えた。なお、起
草段階では奴隷制を批判する内容もあった
が、実際の独立宣言では削除された。

トマス゠ジェファソン Thomas Jefferson
⑦ 1743~1826 独立宣言を起草した政治
家。ヴァージニアの大農園出身で、合衆国
成立後は反連邦派(州権派)の立場をとり、
第3代大統領(在任1801~09)としてはフラ
ンスからミシシッピ川以西のルイジアナを
購入した。→ p.219

フィラデルフィア Philadelphia ⑤ ペンシ
ルヴェニア植民地の中心都市。大陸会議の
開催、独立宣言や合衆国憲法の起草がおこ
なわれるなど、独立革命史のなかでも重要
な位置を占めている。1790年から1800年に
かけては、アメリカ合衆国の首都となった。

フランクリン Franklin ⑤ 1706~90 「代表
的なアメリカ人」と称される人物。政治
家・文筆家・外交官・科学者として広範囲
に活躍した。独立宣言の起草文を補筆・修
正し、また使節としてヨーロッパを遊説
してまわり、フランスの植民地に対する援
助を実現させた。科学者としては雷が電気

であることを解明し、その後に避雷針を発明した。

フランス参戦 ⑥ 1778 サラトガの戦い(1777年)で植民地軍がイギリス軍を破ったことを機に、フランスは同盟を結んだうえで植民地側に立って参戦した。参戦による戦費はフランス財政を圧迫し、のちのフランス革命勃発の一因となった。なお、植民地側の兵力の大半はフランス軍であった。

スペイン参戦 ⑥ 1779 フランスと同盟して参戦。スペイン国内のイギリス領ジブラルタルをフランスとともに攻撃し、イギリス軍の兵力の一部をヨーロッパにくぎづけにするなど、イギリスに打撃を与えた。

武装中立同盟 league of armed neutrality ⑥ 1780～83 ロシアのエカチェリーナ2世を中心に結成された、中立国による同盟。イギリスの対米海上封鎖に対し、中立国の自由な航行や交戦国の物資積載の自由を主張した。スウェーデン・デンマーク・プロイセン・ポルトガル・オーストリアが参加し、イギリスを外交的に孤立させて間接的に植民地を援護した。国際法の、とくに中立法規の発展に寄与した。

ラ=ファイエット La Fayette ⑥ 1757～1834 フランスの自由主義貴族、軍人・政治家。独立戦争では義勇隊を率いて植民地側に加わり、ワシントンの参謀としてヨークタウンの戦いの勝利に貢献した。 → p.194

コシューシコ(コシチューシコ) Kościuszko ⑥ 1746～1817 ポーランドの軍人。アメリカ独立戦争では義勇兵として植民地軍に参加し、サラトガの戦いや要塞建設で活躍した。のちに、ポーランド分割に反対する運動で指導的役割を果たした。 → p.172

ヨークタウンの戦い Yorktown ⑥ 1781 独立戦争における植民地側の勝利を確定した戦い。ヴァージニアのヨークタウン港において、アメリカ・フランス連合軍が陸と海からイギリス軍を包囲して、降伏させた。

パリ条約 ⑦ 1783 アメリカ・イギリス間で結ばれた独立戦争の講和条約。イギリスはアメリカの独立を承認し、ミシシッピ川以東のルイジアナをアメリカに割譲した。またフロリダをスペインに返還したが、カナダ地方は維持した。

ミシシッピ川以東のルイジアナ Louisiana ⑤ 1783年のパリ条約で、イギリスからアメリカに割譲された。

アメリカ合衆国 United States of America ⑦ 13植民地が統合されて成立した国家。

1777年のアメリカ連合規約で13植民地が州(共和国)としてゆるやかに統合されたが、87年に制定された合衆国憲法と89年の連邦政府樹立により、連邦共和国として正式に発足した。

アメリカ連合規約 Articles of Confederation ③ 1777 13植民地により起草された合衆国初の成文憲法。13州すべての批准を経て81年に発効した。連合会議を中央政府と定め、外交・戦争の決定および条約締結、貨幣鋳造、郵便政策などをおこなう権利が与えられたが、徴税や常備軍設置は禁じられ、各州が主権をもつ地方分権的な政治体制が規定された。アメリカ合衆国という国名が、このなかで定められた。

憲法制定会議《アメリカ》 Constitutional Convention ④ 1787 ワシントンを議長とした、憲法制定のための会議。フィラデルフィアで開かれた。各州に強力な権限を認める連合規約体制下で、連邦政府の財政的苦境や治安の混乱が問題となり、連邦政府の権限を強化した合衆国憲法が制定された。

アメリカ合衆国憲法 Constitution of the United States ⑥ 1787年の憲法制定会議で採択された近代的成文憲法。翌年9州の批准を得て発効した。(1)外交・通商規制・徴税権などを与えて連邦政府の権限を強めたこと、(2)連邦(中央)政府が強くなりすぎないよう三権分立を定めたこと、(3)人民主権による共和政を定めたこと、の3点が特徴としてあげられる。改正時には、本文はかえず修正条項を加える。一方、81年発効の連合規約で各州の主権を認めていたため、憲法の批准にあたって州と中央政府との関係をめぐる論争がおこった。

アメリカ連邦(中央)政府 Federal government of the United States ⑤ 1789年に発足した合衆国の行政機関。憲法によって設置された中央政府で、大統領を長として運営された。

アメリカ大統領 President of the United States ⑥ 国家元首かつ行政府の長で、陸海軍最高司令官も兼ねる役職。任期は4年間接選挙で選出される。1789年にはワシントンが初代大統領となった。1951年の憲法修正第22条で3期以上はつとめられないとされた。

アメリカ連邦議会 ⑥ 1774年に開催された大陸会議を起源とする、合衆国の立法府。各州2人の代表から構成される上院と、人口に比例して各州の議員数が割りあてられる

下院の二院からなっている。

最高裁判所 Supreme Court ② 司法組織の最高機関。違憲立法審査権を有し、立法などが憲法に適合しているかどうかを判断する権限をもつ。

三権分立 Separation of powers ⑥ 権力集中や濫用ぬの防止を目的とする政治制度。行政・立法・司法の各三権を分立して異なる機関にゆだねることで相互に牽制ほうさせ、権力の均衡をはかる。古くはアリストテレスがとなえ、近代ではモンテスキューが主張し、アメリカ合衆国憲法が制度として取り入れた。 → p.181

連邦主義 ④ 連邦政府(中央政府)の権力強化をめざす立場。合衆国憲法は連邦主義をとりつつも、連邦政府の権限(租税・戦争の宣言・貨幣鋳造など)を列挙し、それ以外は州の権限とすることで、反連邦派(州権派)との調整をはかった。 → p.220

連邦派 Federalists ⑥ 1787~88年に各州で合衆国憲法批准が進められるなか、連邦政府の権限強化を主張して憲法草案を支持した人々。商業都市や地方の富裕層・製造業者などを支持層とし、のち連邦党となった。中心の一人が、財務長官をつとめたハミルトン(1755/57~1804)。

反連邦派(州権派) Anti-Federalists ⑥ 1787~88年各州で合衆国憲法の批准が進むなか、州の自治権や権限の維持を主張し、憲法草案に反対した人々。おもに農業的利益を重視し、のちリパブリカン党(民主共和党)となった。中心の一人がジェファソン。

アメリカ独立革命 ⑥ 13植民地の人々がイギリス王に反逆し、ヨーロッパでは前例のない規模で人民みずから統治する共和国を樹立した過程を革命とみなす呼称。アメリカ合衆国の誕生は、当時君主国の多かったヨーロッパに大きな衝撃を与えた。独立宣言で掲げられた平等・自由の理想は、のちの革命運動の指導原理ともなった。一方、現実のアメリカ合衆国は、黒人奴隷制を存続させ、先住民に対する弾圧をおこなうなど白人中心の国家としての性格も強くもち、その後の大きな課題となった。

---

3 フランス革命とナポレオンの支配

フランス革命

旧体制(アンシャン゠レジーム) Ancien Régime ⑥ 16世紀からフランス革命前までの絶対王政下のフランス政治・社会を、革命側から評した言葉。とくに革命前の矛盾と問題を抱えた状況を指し、身分制度のなかに矛盾が色濃く表れていた。同一身分内でも経済的な格差が広がり、利害対立も深まっていた。また、社会制度に対する不満も高まっていた。

第一身分 ⑥ 聖職者。当時の総人口2500万のうち約12万人を占めた。高位聖職者は貴族出身者が多く、国王から俸禄質を受け、平民出身者の多い下位聖職者とは待遇面に格差があった。革命勃発ば後、第三身分側に立った平民出身聖職者も多かった。

第二身分 ⑥ 貴族。当時の総人口のうち約40万人を占め、フランス全土の約2割の土地を所有していた。豊かな貴族と零細な貴族との差は大きく、内部での対立も存在した。富裕貴族が自由主義的、零細貴族が保守的といった傾向もみられた。

第三身分 ⑦ 平民。当時の総人口の約98%を占めていた。農民と市民に大きくわけられるが、それぞれの内部でも格差が拡大していた。租税負担の義務がある一方で社会的発言権が認められず、特権身分(第一身分・第二身分)への不満がつのっていた。

ブルジョワ(市民) bourgeois ④ 市民とは、もとは都市(ブール)の住民の意。18世紀フランスの市民階級は、特権商人・大地主・法律家などの上層ブルジョワジー、新興商工業者・知識人などの中層ブルジョワジー、労働者・職人などの下層市民にわかれていた。革命当初は上層ブルジョワジーが自由主義的改革を求めて革命の主体となったが、やがて下層市民層が影響力を強め、革命は急進化した。 → p.183

農民《旧体制》 ② 総人口の約85%を占め、富農もいたが、4分の3以上は隷農・小作農など貧しい農民であった。領主支配下におかれていた農民の多くは、領主への貢租や国王への税などに苦しんでいた。

啓蒙かい思想 enlightenment ② 18世紀、フランス・イギリス・ドイツなどで展開された思想運動。理性や科学的精神に則のり、偏

見や無知蒙昧（もうまい）な状況を打破しようとする批判的精神が根底にあり、様々な思想が展開された。アメリカ独立革命で啓蒙思想がはじめて具体的に実現したことを契機に、フランスでも新聞や雑誌で広く論じられて革命の思想的背景となった。　→ p.180

ルイ16世　Louis ⑥ 1754〜93　フランス革命時の王（在位1774〜92）。オーストリア皇女マリ＝アントワネットと結婚した。ルイ16世下のフランスの財政破綻（はたん）はアメリカ独立革命参戦で決定的となり、その後の財政改革も失敗した。革命下にパリの革命広場（現コンコルド広場）でギロチンにかけられて処刑された。

マリ＝アントワネット　Marie-Antoinette ② 1755〜93　オーストリア大公マリア＝テレジアの娘で、ルイ16世の妃（きさき）。浪費癖などを批判されて国民の反感を買い、スキャンダルも多かった。革命期には反革命派の中心とされ、恐怖政治下の1793年10月にギロチンにかけられて処刑された。

特権身分 ⑤ 種々の特権を与えられていた聖職者・貴族の身分を指す言葉。フランス総人口の約2％だったが、免税や上級官職につく権利などの特権を有し、フランス全土の土地の約40％を所有していた。

財政改革《フランス》 ⑤ ルイ16世の時代に試みられた財政再建策。ルイ14世以降の対外戦争が財政悪化をまねき、ルイ16世下でのアメリカ独立戦争参戦、宮廷の浪費、凶作などがそれを決定的にした。財務総監（そうかん）のテュルゴやネッケルは、特権身分の免税特権廃止や宮廷費削減などで財政再建をめざしたが、ともに貴族などの反対で辞任・免職に追い込まれた。

テュルゴ　Turgot ⑥ 1727〜81　重農主義経済学者・政治家。1774年財務総監に就任し、財政再建に向けて商取引の自由化やギルド廃止など自由主義的改革をおこなったが、特権身分の反発が強く76年に辞職した。　→ p.180

ネッケル　Necker ⑥ 1732〜1804　スイス出身の銀行家。1777年財務総監に任命され財政改革に取り組むが、貴族などの反発で免職される。88年再び財務総監に任命され、特権身分への課税や三部会の平民議員数倍増などを提案して民衆の人気を得るが、保守派貴族の反発で再び罷免（ひめん）された。

全国三部会　États généraux ⑦ 14世紀にはじめて設置されたフランスの身分制議会。1614〜15年を最後に、王権の強化を背景に長く招集されなかったが、1789年5月、特権身分の免税特権廃止案を審議するため175年ぶりに開催された。第三身分代表の人数は、ネッケルの提案で従来の倍となっていた。　→ p.105

身分別議決法 ③ 1身分1票として、身分別に審議する議決方法。1789年の全国三部会で、特権身分は従来通りのこの方法を主張した。一方、第三身分は特権身分の議員数と第三身分の議員数がほぼ同数であることから一人1票を投ずる個人別票決を主張した。このため、三部会は議決方法をめぐって紛糾（ふんきゅう）した。

シェイエス　Sieyès ④ 1748〜1836　第三身分出身の聖職者・政治家。パンフレット『第三身分とは何か』で身分制度のあり方を批判した。第三身分代表として全国三部会議員に選出され、国民議会の設立や1791年憲法の制定を主導した。

『第三身分とは何か』 ④ 1789年初頭、シェイエスが著したパンフレット。特権身分を批判して世論に大きな影響を与えた。「第三身分はフランスのすべてであるが、権利においては無であり、彼らは何者かになることを求めている」と著述した。

国民議会　Assemblée nationale ⑥ 1789〜91　第三身分議員が三部会から分離して結成した議会。全国三部会が議決方法をめぐり紛糾するなか、第三身分議員たちがみずからをフランス国民全体の代表と宣言して国民議会を名乗り、特権階級の一部も合流した。最終的に国王もこれを承認し、三部会議員全員に合流をうながした。7月9日以降は憲法制定国民議会と改称され、憲法制定に着手した。

球戯場（テニスコート）の誓い ④ 1789　第三身分議員が屋内球戯場に集まり、憲法制定まで国民議会を解散しないことを誓いあった事件。国民議会結成の動きに対して国王が議場閉鎖を強行したことに憤激（ふんげき）した第三身分議員が、ヴェルサイユ宮殿隣接の屋内球戯場に集まり、シェイエスやミラボーの指導で、誓約をおこなった。

ミラボー　Mirabeau ④ 1749〜91　第三身分代表として全国三部会議員に選ばれた自由主義貴族。国民議会設立に貢献し、立憲君主政成立をめざして活躍し、人権宣言の起草にも参加した。国王と、革命急進化阻止の取引をしていたことが死後発覚した。

フランス革命　la Révolution française ⑦ 1789〜99　フランスで絶対王政の矛盾に根

ざしておこった革命。多様な対立をはらみ複雑な経過をたどった。この革命によって、絶対王政が倒れ、封建的束縛は撤廃された。自由・平等の理念のもとに近代市民社会の原理が浸透し、自由主義改革として有産市民層の主張は貫徹したが、民主化など、多くの改革の実現は後世に託された。

バスティーユ牢獄襲撃 Bastille ⑦
1789　7月14日、フランス革命の発端となった事件。国王による軍隊招集やネッケル罷免に反発したパリ市民が市民軍を結集し、武器・弾薬を求めてバスティーユ牢獄を襲撃した事件。当時、バスティーユは絶対王政の象徴とされていた。第三共和政期になって7月14日は国民の祝祭日とされた。

農民の蜂起(「大恐怖」) ④ フランス革命初期、フランスの農村で広範に生じた社会不安。バスティーユ牢獄襲撃後、貴族に報復されると思い込んだ農民が、自己防衛のために貴族の屋敷を攻撃した。国民議会によって封建的特権の廃止が決定されると、沈静化した。

封建的特権の廃止 ⑥ 1789　農民の蜂起(「大恐怖」)をおさえるため、8月4日に国民議会が採択した宣言。収入に応じた納税を定めて特権身分の免税特権を否定し、農奴制・領主裁判権・十分の一税などを無償廃止して農民の人格的自由を認めた。「大恐怖」はこれを機におさまった。一方、貢租の廃止は20〜25年分の年貢一括払いを条件としたため、ほとんどの農民は貢租買いとり(土地の取得)ができなかった。

ラ=ファイエット La Fayette ⑦ 1757〜1834
自由主義貴族で軍人・政治家。アメリカ独立戦争時には、義勇兵として参戦した。全国三部会議員となり、国民議会に合流して立憲君主政を主張し、革命勃発後はパリ国民軍司令官として活躍、人権宣言の起草にもたずさわった。8月10日事件後、王権停止に反対してオーストリアへ亡命したが、その後帰国し、1830年の七月革命にも関わった。　→ p.191

人権宣言(人間および市民の権利の宣言)
Déclaration des droits de l'homme et du citoyen ⑦ 1789　8月26日、国民議会によって採択された、フランス革命の理念を表す宣言。前文と17条で構成され、1791年憲法の前文にも掲げられた。自由・平等・抵抗権などの自然権を確認し、その維持は政府の義務とされた。法の前の平等、国民主権、三権分立、私有権の不可侵などが規定

されている。

ヴェルサイユ行進 ④ 1789　10月5日、パンの値上げに苦しむパリの女性ら約7000人がヴェルサイユに行進し、宮殿に乱入した事件。事件の結果、国王ルイ16世一家はパリに移され、テュイルリー宮殿で革命派の監視下におかれた。これを機に、国王は8月4日の宣言および人権宣言を無条件に承認した。

ギルドの廃止 ⑤ フランス革命の勃発前から、財務総監テュルゴによって、一部を除くギルドの廃止が進められていた。1790年、国民議会により営業の自由が定められるとともに、ギルドの廃止が決定された。

県制度《フランス革命》③ 王権に立脚した旧体制下の統治機構とその行政区域を廃し、合理的な理念にもとづいて新たに創設された行政区域。フランス革命初期における県制度の確立は、フランスの行政構造全体を再構築し、国民統合を実現するものであった。

メートル法 Metric System ④ フランス革命期に始められた、長さに「メートル」、重さに「キログラム」を用いる十進法の計量単位系。1790年に国民議会が度量衡の単位の統一を宣言し、1799年にパリを通る子午線の4000万分の1を1メートルとする単位がフランスで正式に採用された。1875年のメートル条約により、国際的な度量衡体系となった。

教会財産の国有化 ④ フランスの財政難解決を目的とする革命政府の施策。1789年11月以降、教会財産が国有化され、競売にかけられた。

聖職者の公務員化(聖職者市民法) ② 聖職者を政府から俸給を受け取る役人としたこと。同時に、聖職者民事法への宣誓が強制され、革命政府に抵抗する宣誓拒否者も多数現れた。

国民国家 Nation State ⑥ 一定の領域に、国民を主権者として成立する近代国家。国家間の政治的・経済的競合が激化するなかで領域内住民の統合が進み、国民という観念が生じると、そこに国民国家が出現する。国民の観念は、革命など、住民の自発的意思から生じることもあるが、国家の働きかけで政策的に形成・強化されることもある。このため、国民国家では、代議制が発達する一方で、国家に対して住民が受け身になる状況も生まれる。国民国家は18世紀のヨーロッパに登場し、19世紀以降、ヨーロッ

パ以外へと広まった。

ナショナリズム　Nationalism ② 国民ないし民族という政治的共同体を重視・尊重する思想や運動。日本語では、民族主義・国民主義・国家主義という3つの訳語があてられる。民族主義は、他民族の支配下にある民族が独立をめざす思想・運動などを指す。国民主義は、統一的な国民国家の建設・維持・発展をめざす考え方や動きなどを指す。19世紀のドイツ・イタリアの統一運動がその典型。国家主義は、国家利益が個人の利益に優越するとする考えで、他国・他民族を犠牲にしても自国の拡大をはかる考えや動きなどを指す。自国の優越性を高唱し侵略戦争を推し進めたファシズム体制などがその典型としてあげられる。　→ p.204

1791年憲法 ⑦ 1791　国民議会が制定したフランス初の憲法。立憲君主政、納税額による制限選挙、一院制議会などをおもな内容としている。これにより、国民議会は解散された。

立法議会　Assemblée législative ⑥ 1791～92　1791年憲法にもとづく制限選挙によって成立した議会。旧議員の再選は許されず、議員の平均年齢は下がった。当初フイヤン派が支配的だったが、やがてジロンド派が優勢となった。92年、オーストリアに宣戦したが敗戦が続き、民衆の不満から8月10日事件が勃発した。王権停止後、議会は解散した。

フイヤン派（立憲君主派）　Feuillants ④ 自由主義貴族や富裕市民層を中心に、憲法にもとづく君主政を主張した人々。ヴァレンヌ逃亡事件後、ジャコバン＝クラブから分離して勢力を保ち、立法議会で右派を構成した。

ジロンド派　Girondins ⑤ 商工業ブルジョワジーを中心とする穏健共和派。ジロンド県出身者が多かったことからの呼称。立法議会では左派を形成し、ジロンド派内閣のもとで国王ルイ16世にオーストリアへ宣戦させた。国民公会では右派として山岳派と対立した。1793年5～6月の民衆蜂起で国民公会を追われ、幹部が処刑されて没落した。

ブリッソ　Brissot ① 1754～93　ジロンド派の指導者。共和政実現に向けての運動を進め、国王退位を求める請願書を起草した。国民公会で山岳派と対立し、亡命に失敗して処刑された。

サンキュロット　sans-culotte ⑥ フランス革命期の、小商店主・職人など都市民衆を指

す呼称。貴族やブルジョワが着用したキュロット（半ズボン）をもたず、長ズボンを着用していたことからサンキュロット（半ズボンなし）と呼ばれた。

オランプ＝ド＝グージュ　Olympe de Gouges ④ 1748～93　フランスの劇作家、フェミニズムの先駆者。1789年8月に出された「人権宣言」には女性の権利が書かれていないとして、1791年に『女性の権利宣言』を刊行し、女性は権利において男性と同等なものであると主張した。ロベスピエールへの批判などを反革命的とみなされ、恐怖政治のなか断頭台（ギロチン）で処刑された。

ヴァレンヌ逃亡事件　Varennes ⑥ 1791　6月、国王ルイ16世一家が王妃の故国オーストリアへの逃亡を企てて失敗した事件。国王は、国外逃亡後、外国軍の武力を借り絶対王政を回復しようと企てたが、国境間近のヴァレンヌでつかまりパリへつれ戻された。国民の国王に対する信頼は失われ、共和派が台頭するきっかけとなった。この後、オーストリアのレオポルド2世とプロイセンのフリードリヒ＝ヴィルヘルム2世は共同でピルニッツ宣言を出し、フランスにおける王の地位回復、革命政府の非正統性を訴えた。

対オーストリア宣戦 ⑥ 1792　4月20日の、ジロンド派内閣によるオーストリアへの宣戦布告。オーストリア・プロイセンがフランス王の地位回復や革命政府の非正統性を訴えたピルニッツ宣言を共同で発したことを背景に、フランス各地における王党派の反乱勃発や、オーストリアによる亡命フランス貴族への支援などの状況を打開するためになされた。

義勇軍 ⑥ 立法議会の呼びかけに応じた自発的な志願兵。対オーストリア戦におけるフランスの劣勢や、プロイセン軍の国境接近の報に窮した議会は「祖国は危機にあり」との非常事態宣言を出し、これに応じた多くの義勇兵が前線に向かった。

「ラ＝マルセイエーズ」　La Marseillaise ③ 現在のフランス国歌。1792年、士官ルージェ＝ド＝リールが「ライン軍軍歌」として作詞・作曲した。のちマルセイユ国民衛兵がうたいながらパリに入城したため、この名が生まれた。1879年、第三共和政のもとで正式に国歌となった。

8月10日事件 ⑤ 1792　8月10日、国民衛兵とサンキュロットが、ヴェルサイユ行進によって国王一家や議会が移されていたテュ

イルリー宮殿を襲撃した事件。国王一家は捕らわれてタンプルの塔に移され、王権が停止された。また、国民公会の招集が決まった。これによって革命は急進化し新段階に入った。

王権の停止《1792》⑤ 8月10日事件でおこなわれた王権停止。立法議会が宣言した。

国民公会 Convention nationale ⑥ 1792〜95 立法議会にかわり設立されたフランスの議会。初の男性普通選挙が実施されて成立し、王政廃止と共和政を宣言した。大きく、(1)1792年9月〜93年6月のジロンド派主導期、(2)1793年6月〜94年7月の山岳派主導の恐怖政治期、(3)1794年7月〜95年10月のテルミドール反動期にわけられる。

第一共和政⑥ 1792〜1804 国民公会が共和政宣言をおこなってから、ナポレオンの皇帝即位までの期間における、フランス初の共和政治体制。

山岳派（ジャコバン派） Montagnards(Jacobins)⑥ 国民公会で主導権を握った急進的共和派。1789年パリのジャコバン修道院で結成されたジャコバン＝クラブのなかの1グループ。ジャコバン＝クラブには立憲君主派や共和派が混在したが、91年立憲君主派のフイヤン派が、92年穏健共和派のジロンド派が離脱し、ダントン・マラー・ロベスピエールらを中心とする最左翼の急進勢力が国民公会の主導権を握った。彼らは議場の高い場所に席を占めたことから山岳派と呼ばれ、一般的にはこれを指してジャコバン派と呼ぶことが多い。

ルイ16世処刑⑥ 1793 国民公会における裁判で「国民への敵対」を問われ、賛成387票、反対334票の結果を受けて断頭台（ギロチン）で処刑された。

断頭台（ギロチン） guillotine ③ 1792年、正式に導入された処刑道具。国民議会議員で医者のギヨタンが苦痛の少ない人道的処刑具として考案した。パリをはじめ、フランス各県におかれ、反革命容疑者が多数処刑されたため、恐怖政治の象徴となった。

ピット Pitt ④ 1759〜1806 イギリスの政治家・首相（在任1783〜1801、1804〜06）。小ピットとも呼ばれる。フランス革命を静観したが、ルイ16世の処刑とフランスのベルギー進出を警戒して、対仏大同盟結成をヨーロッパ諸国へ提言、フランスと戦争状態に入った。

対仏大同盟 Coalition ⑥ フランス革命への干渉、ナポレオン1世への対抗のためにイ

ギリスをはじめとするヨーロッパ周辺諸国が結んだ軍事同盟。ルイ16世処刑を機に結ばれた第1回、ナポレオンのエジプト遠征を機に結ばれた第2回、フランス第一帝政に対抗しようとした第3回など、7度にわたって結成された。その多くはフランスの軍事力の前に瓦解したが、その中心となったイギリス・オーストリア・プロイセン・ロシアがのちの列強体制を担った。

徴兵制の導入⑤ 国民の兵役を義務化した制度。1793年2月、国民公会は対外戦争への対応策として30万人規模での募兵を実施し、つづく山岳派政権下では同年8月の「国民総動員令」のもとで徴兵制が実施された。徴兵制の導入は、従来の傭兵などによる国王の常備軍にかわって、徴兵による国民軍が軍隊の主力となる画期ともなった。

ヴァンデーの反乱 Vendée ④ 1793〜95 ヴァンデー県を中心にフランス西部でおこった農民反乱。30万人規模での募兵に対して不満を爆発させた農民たちを、王党派の貴族や聖職者が指導したことから、反革命運動とみなされた。国民公会は、「反乱参加者を徹底的に殲滅」するよう指示し、多くの農民が虐殺された。1795年にはほぼ平定された。

1793年憲法④ 1793年6月 山岳派が主導し、国民公会で制定された憲法。人民主権・男性普通選挙・抵抗権などが盛り込まれ、人民投票で圧倒的な支持を受けた。しかし、反革命の動きや対外戦争を理由に施行が延期され、実施には至らなかった。

男性普通選挙制③ 1793年憲法に盛り込まれた規定の一つ。21歳以上の男性すべてに選挙権を付与するもので、憲法の条文としてはフランス初のものであった。

封建地代の無償廃止④ 1793 農民層の革命支持を拡大すべく、1793年7月に山岳派が実施した政策。所有者の領主・地主に農民が支払う封建地代を無償で廃止した。その結果、農民は土地を得、保守的傾向を強めた。

最高価格令④ 1793 物価上昇をおさえるため、穀物・賃金などの最高価格を定めた法。違反者はきびしく取り締まられた。自由販売を望む商工業者、賃金の上昇を望む労働者の反感を買い、テルミドールの反動後、94年12月に廃止された。

ロベスピエール Robespierre ⑦ 1758〜94 フランス革命の代表的政治家。弁護士出身で全国三部会議員となり、以後、民衆運動

の側に立った。1791年山岳派（ジャコバン派）指導者となり、93年7月、公安委員会で主導権を握って恐怖政治を遂行した。厳格な性格で反対者にきびしく、山岳派内の敵対者も処刑した。94年7月（テルミドール）9日におこったクーデタで逮捕・処刑された。

ダントン　Danton ② 1759～94　弁護士出身の革命家。国民公会や公安委員会で活躍し、山岳派右派を主導した。恐怖政治の強化に反対し、ブルジョワジーへの寛容を説いた。ロベスピエールと対立し、処刑された。

エベール　Hébert ① 1757～94　フランスのジャーナリスト・政治家。民衆向けの新聞発行で下層民の人気を得、8月10日事件の蜂起で活躍し、山岳派の最左派をなした。過激な言説でロベスピエールと対立し、処刑に追い込まれた。

公安委員会　Comité de salut public ⑥ 1793年4月、国民公会に設置された委員会の一つ。内乱や対外戦争への迅速な対応を目的とし、行政権を握った。7月以後はロベスピエールが指導権を握り、山岳派独裁政治の拠点となった。テルミドールの反動後、95年に総裁政府により解散させられた。

革命裁判所　Tribunal révolutionnaire ① 1793年、反革命派をおさえる目的で設置された機関。多くの反革命容疑者を刑死させ、山岳派による「恐怖政治」を進めた。テルミドールの反動後、1795年に廃止された。

革命暦　⑥ フランス革命期に使用された暦。共和暦とも呼ばれる。国民公会で採択後、1793年11月から施行された。共和政開始の1792年9月22日を紀元、各月を30日とし、「サンキュロットの日」と呼ばれる祝祭日5（6）日を合わせて365（閏年は366）日と定めた。革命時のキリスト教排除の動きの一環としておこなわれ、各月は「ブドウ月」（ヴァンデミエール）など自然物にまつわる名称が当てられた。1806年1月、ナポレオンの提唱でグレゴリウス暦に戻された。

理性の崇拝　culte de la raison ② エベール派を中心におこなわれた、非キリスト教化運動の一環としての宗教祭典。1793年10月ノートルダム大聖堂で挙行された。国民の反発や混乱を危惧したロベスピエールが反対し、エベール処刑後、運動は終息した。

黒人奴隷解放宣言《国民公会》　① 1794　国民公会が決議した宣言。1791年、カリブ海のハイチで、フランス革命の影響のもと黒人奴隷の反乱がおこったことや、ヨーロッパ諸国との戦いで奴隷たちに戦争協力させたことなどを背景に、黒人奴隷解放宣言を決議した。しかし、ナポレオンの時代に奴隷制は復活した。

恐怖政治　La Terreur ⑦ 1793～94　ロベスピエールを中心におこなわれた、山岳派主導の独裁政治。反革命的動きの阻止や、「国民総動員令」での戦争防衛をめざした。ロベスピエールは公安委員会・保安委員会・革命裁判所の主導権を握って、反革命容疑者や反対者をつぎつぎと処刑した。マリ＝アントワネット、エベール、ダントンらが処刑され、その数は約1万6000人にのぼる。

テルミドールの反動　Réaction thermidorienne ⑥ 1794　革命暦テルミドール9日（7月27日）におこった反ロベスピエール派によるクーデタ、および革命急進化の終結を指す言葉。国境付近の外国軍の一掃や、国内の反革命運動の抑制でフランスの軍事的危機が去ると、革命公会内の穏健共和派の山岳派独裁に対する反発が表面化した。ロベスピエールらが逮捕・処刑されて山岳派は失脚し、穏健共和派が国民公会の主導権を握った。

1795年憲法（共和国第3年憲法）④ 1795　国民公会が採択した憲法。1795年8月に採択し、制限選挙を復活してブルジョワジーを優遇し、独裁を防ぐ目的から5人の総裁・二院制・三権分立を定めた。

王党派の反乱　③ 1795　パリを舞台とする王党派の武装蜂起。新議会の3分の2は国民公会議員で構成するという決定に、復権をねらう王党派が反発して、1795年10月に反乱をおこしたが、ナポレオンの軍隊に鎮圧された。

総裁政府　Directoire ⑥ 1795～99　1795年憲法にもとづく共和政府。5人の総裁で権限を分担し、経済統制廃止・自由貿易推進などブルジョワ的施策を推進した。王党派やジャコバン派の攻撃で政局は安定しなかった。

バブーフ　Babeuf ④ 1760～97　フランス革命期の思想家・革命家。土地台帳管理人として農民の貧しい生活を目にし、農地均分による平等な社会をめざした。秘密結社を結成して蜂起を計画したが、1796年5月、事前に発覚し死刑に処された。19世紀の社会主義運動に大きな思想的影響を与えた。

ナポレオン＝ボナパルト　Napoléon Bonaparte ⑦ 1769～1821　コルシカ島生まれの

軍人、のちフランス皇帝。パリ士官学校卒業後、1793年トゥーロンの反革命運動や95年王党派の反乱を鎮圧して抜擢され、96年イタリア方面軍司令官、98年エジプト遠征軍司令官となった。99年ブリュメール18日のクーデタで総裁政府を倒し、統領政府を樹立して第一統領となり独裁権を握った。1802年終身統領、04年皇帝に即位した。対外戦争などの勝利でヨーロッパのほとんどを支配下・勢力下においたが、やがてナポレオンの支配に対する反発や各国のナショナリズムが高まり、最終的に15年ヨーロッパ諸国との戦いに敗れた。流刑先のセントヘレナ島で21年に没した。

イタリア遠征 ⑥ 1796～97 ナポレオンが指揮をとり、ロンバルディアでオーストリアとイタリア諸勢力を撃破した軍事遠征。総裁政府は、ライン方面からの東進と、イタリア方面からの北上の、2方向からの攻撃でオーストリア打倒をめざし、後者の司令官にナポレオンを任命した。北イタリアで勝利したナポレオンは1797年カンポ＝フォルミオの和約を結び、第1回対仏大同盟は崩壊した。

エジプト遠征 ⑦ 1798～99 ナポレオンが指揮した、オスマン領エジプトへの軍事遠征。イギリス・インド間の連絡路遮断などを目的としたとされる。ナポレオンは、ピラミッドの戦いでオスマン軍を破ったものの、アブキール湾の戦いでイギリス軍に敗北し、苦戦が続いた。1799年、対仏大同盟軍侵入による本国危機の報に、ナポレオンはひそかにフランスに戻りクーデタで政権を握った。エジプトに残存したフランス軍は、1801年イギリス軍に大敗し、降伏した。

ロゼッタ＝ストーン Rosetta Stone ① 1799年、ナポレオンのエジプト遠征時に発見され、エジプト文字解読の手がかりとなった石板。エジプト王プトレマイオス5世をたたえる文章が、神聖文字（ヒエログリフ）・民用文字（デモティック）・ギリシア文字で書かれ、1822年フランス人シャンポリオンにより解読された。 → p.9

ブリュメール18日のクーデタ le 18 brumaire ⑥ 1799 革命暦ブリュメール18日（11月9日）ナポレオンが総裁政府を倒したクーデタ。シェイエスらが協力したが、結果的に統領政府が樹立され、ナポレオンの独裁が実現した。また、フランス革命終結が宣言された。

統領政府（体制） Consulat ⑥ 1799～1804 ブリュメール18日のクーデタによって樹立された政府。任期10年の統領3人が行政権をもち、立法府は4院制をとる共和主義体制であったが、第一統領ナポレオンに権力が集中していた。

第一統領 ④ ナポレオンが就任した、統領政府の第一人者。行政・立法の最終決定権や軍隊統帥権・宣戦講和権を有した。統領政府の実態は、第一統領の独裁であった。

ナポレオンのヨーロッパ支配

政教（宗教）**協約**（コンコルダート） concordat ⑥ 政教協約（コンコルダート）は、教皇と国王や国家元首とのあいだで、カトリック教会と国家との関係を調整するために結ばれる外交的協約（条約）。1801年に教皇ピウス7世とナポレオンが結んだものでは、革命中に否定されたカトリック教会の復権を認める一方、革命政府が没収した教会領などは返還しないことが確認された。これにより、信仰を保障された農民層のナポレオン支持が高まった。なお、1929年に教皇とムッソリーニとのあいだで結ばれたラテラノ条約も政教協約の一つ。

アミアンの和約 Amiens ⑤ 1802 イギリス・フランス間で締結された講和条約。イギリスの主戦論者ピットが首相を退陣したことで実現し、イギリスとフランスは占領地の多くをたがいに返還した。1792年以来のフランスの戦争状態および第2回対仏大同盟が解消され、国内のナポレオンの立場は強まった。

フランス銀行 Banque de France ④ 1800 ナポレオンによって設立されたフランスの中央銀行。民間銀行として発足したが、政府との関係が深く、国家財政の安定に寄与した。19世紀半ばに唯一の発券銀行となり、1945年に国有化された。

終身統領 ⑥ 1802年8月、ナポレオンの憲法改定により設置された終身の行政職。アミアンの和約締結による国内での支持上昇を背景に国民投票を実施し、ナポレオンがみずから就任した。

ナポレオン法典（フランス民法典） Code Napoléon ⑦ 1804 ナポレオンのもとで制定された民法典。全2281条。法の前の平等、私有財産の不可侵、契約の自由など、革命によって確立した近代市民社会の法の諸原理を内容とし、部分的改定を経ながら現行の「民法典」へつながっている。スペイン・

オランダ・日本など各国の民法典にも影響を与えた。

ナポレオン1世 ⑤ 在位1804〜14、15　ナポレオンの皇帝号。ナポレオンは革命の成果を守るためには世襲皇帝が必要と説き、国民投票での圧倒的支持を受けて皇帝に即位し、第一帝政を成立させた。国民投票の実施は、ナポレオンが主権者である国民の意向をふまえ、その承認を得ることで権力を形成したことを表している。

第一帝政 ⑥ 1804〜14(15)　ナポレオン1世の皇帝即位から失脚までの政治体制。1814年の退位までを指すが、15年の百日天下を含める場合もある。

トラファルガーの海戦　Trafalgar ⑦ 1805　トラファルガー岬沖合のジブラルタル海峡における、フランス・スペイン連合艦隊とイギリス艦隊の戦い。1805年10月、フランスはネルソン指揮のイギリス艦隊に大敗し、ナポレオンはイギリス本土侵攻を断念した。

ネルソン　Nelson ③ 1758〜1805　イギリスの海軍提督。エジプトのアブキール湾の戦い(1798年)でナポレオンを破った。トラファルガーの海戦(1805年)でもナポレオンに大勝したが、重傷を負って戦死した。

アウステルリッツの戦い(三帝会戦)　Austerlitz ④ 1805　アウステルリッツ(現チェコ)における、フランスとロシア・オーストリア間の戦い。1805年12月、ナポレオンは、アレクサンドル1世のロシア軍および神聖ローマ皇帝フランツ2世のオーストリア軍を破り、多額の賠償金を得た。これによって、第3回対仏大同盟は崩壊した。

ライン同盟　Rheinbund ⑤ 1806〜13　ナポレオン保護下にバイエルンなど西南ドイツ諸邦が結成した同盟。領土拡大などと引きかえにフランスへ約6万の軍隊を提供し、神聖ローマ帝国を離脱した。1807年ティルジット条約後、同盟はオーストリア・プロイセンを除くほぼドイツ全土に拡大したが、ライプツィヒの戦いでナポレオンが失脚すると崩壊した。

神聖ローマ帝国消滅 ⑥ 1806　ライン同盟を結成した西南ドイツ16邦の離脱を機に、フランツ2世が帝位を退き、神聖ローマ帝国は名実ともに消滅した。

ティルジット条約　Tilsit ③ 1807　1806年のイエナの戦いなどで大勝したナポレオンが、1807年7月にロシア・プロイセンと結んだ講和条約。ロシアには大陸封鎖令協力を求

め、プロイセンに対しては広大な領土の割譲および高額な賠償金を課した。プロイセンが失ったエルベ川左岸と旧ポーランド領にはそれぞれウェストファリア王国とワルシャワ大公国が建てられ、ナポレオンの支配下におかれた。

ワルシャワ大公国　Warszawa ④ 1807〜15　ナポレオンにより旧ポーランド領に建てられた国。一定の自治が認められてポーランド人は祖国再興を期待したが、ウィーン会議でポーランド立憲王国が成立して、事実上ロシアに併合された。

フィヒテ　Fichte ④ 1762〜1814　ドイツの哲学者。ベルリン大学教授・初代総長をつとめた。フランス軍占領下のベルリンで「ドイツ国民に告ぐ」という講演を14回にわたっておこない、ドイツ人の国民意識を高揚させた。　→ p.227

「ドイツ国民に告ぐ」　Reden an die deutsche Nation ④ 1807〜08　フィヒテがおこなった連続講演。ナポレオン支配に対抗しようと、自由改革による国力強化などを訴え、ドイツ人の国民意識を鼓舞した。

プロイセン改革 ④ 1807年以降、プロイセンで進められた近代化政策。ティルジット条約の打撃を背景に、シュタインとハルデンベルクが主導した「上からの近代化」で、農奴制廃止による農民解放などの行政改革、営業の自由化などの経済改革、シャルンホルスト(1755〜1813)やグナイゼナウ(1760〜1831)による軍制改革、フンボルト(1767〜1835)による教育改革などがおこなわれた。自由主義的改革に対する保守派の反対もあり、ウィーン体制成立後、改革の動きは停滞した。

シュタイン　Stein ⑤ 1757〜1831　プロイセン改革を主導した政治家。プロイセン首相(在任1807〜08)として、十月勅令による農民解放、都市条例による都市への自治権付与など近代化を進めたが、ナポレオンの圧力で解任された。

ハルデンベルク　Hardenberg ⑤ 1750〜1822　プロイセンの首相(在任1810〜22)。シュタインの改革政策を引き継ぎ、経済の自由化を中心に行政改革・農業改革・ユダヤ人解放などをおこなった。ウィーン会議ではプロイセン全権として活躍し、領土拡大を果たした。

大陸封鎖令　Blocus continental ⑦ 1806　イギリス経済に打撃を与えようと、ベルリンで発せられたナポレオンの勅令。1806

年11月、大陸諸国にイギリスとの通商・通信やイギリス産業への寄港を禁じ、同時にフランス産業による大陸市場の支配をめざした。イギリス市場を失った諸国の不満がつのり、密貿易が横行し、ポルトガル・ロシアの離反をまねいた。

スペイン反乱 ④ 1808〜14　ナポレオンの侵略に対するスペイン民衆の抵抗。大陸封鎖令に従わないポルトガルへの出兵を決行したナポレオンは、さらにスペインに侵入し、兄ジョゼフをスペイン王とした。スペイン民衆はゲリラ戦で抵抗し、イギリスの反乱援助を受けつつ、1811年以降はフランス軍を破って苦しめ、ナポレオン支配を動揺させた。

「1808年5月3日」 ⑥ 1814年にゴヤがナポレオン軍の侵略に抗して戦うマドリード市民を描いた作品。フランス兵に銃殺されていく最期の場面が描かれた。

ロシア遠征 ⑦ 1812　大陸封鎖令に違反したロシアに対する、ナポレオンの軍事遠征。1810年、経済力が他国より劣り、穀物を輸出できずに苦しんでいたロシアが対英貿易を再開した。これに対してナポレオンは、制裁としてロシア遠征を決行し、退却を続けるロシア軍を追ってモスクワを占領した。しかし、ロシアの焦土（しょうど）戦術でモスクワ大火がおこり、補給を断たれたナポレオンは初雪を機に撤退を決意するが、寒さと飢え、ロシア軍と農民ゲリラの攻撃で兵士の大半を失い、遠征は失敗した。

ナショナリズムの高揚 ⑤ ナポレオンによる一連の戦争でその支配下に入った地域において、フランスへの抵抗心やみずからの国民的・民族的自覚が高まったこと。これを背景に、ナポレオンがロシア遠征に失敗すると、各地で民衆による蜂起が勃発した。

解放戦争（諸国民戦争、ライプツィヒの戦い）Befreiungskriege（Völkerschlacht, Leipzig）⑥ 1813〜14　ナポレオンのロシア遠征失敗を受け、第4回対仏大同盟に集結したヨーロッパ諸国が、ナポレオン体制を崩壊に至らしめた一連の戦争。1813年にプロイセン・ロシア・オーストリア連合軍がナポレオン軍を破ったライプツィヒの戦いで、この解放戦争の勝利が決定づけられた。1814年にはパリが陥落し、ナポレオンは退位に追い込まれた。

エルバ島 Elba ④ イタリア半島の西に位置する地中海上の小島。解放戦争に敗れて退位したナポレオンが、同地に移された。

ルイ18世 Louis ⑤ 1755〜1824　ルイ16世の弟で、フランス国王（在位1814〜24）。革命中に亡命したが、ルイ16世嫡子（ちゃくし）の死後にルイ18世を名乗り、ナポレオンの退位を受けて帰国、即位した。1815年のナポレオン復位で再び亡命し、ナポレオンのセントヘレナ島流刑によって、国王に復した。

復古王政《フランス》 Restauration ⑦ 1814〜30　ナポレオンの退位後に復活したブルボン朝。王が任命する世襲議員からなる貴族院と、制限選挙制で選ばれる代議院からなる、二院にもとづく立憲君主政として出発した。

百日天下 ④ 1815年3月〜6月　エルバ島を脱して復位したナポレオンが実現した、一時的なフランス支配。ワーテルローの戦いに敗れて再び退位するまでの期間が約100日であったことに由来する。

ワーテルローの戦い Waterloo ⑥ 1815　現ベルギーのワーテルローで展開された、ナポレオン軍とイギリス・オランダ・プロイセン連合軍の戦い。1815年6月、この戦いに敗れたナポレオンは、再び退位に追い込まれた。

セントヘレナ St. Helena ④ 南大西洋上に位置するイギリス領の孤島。ナポレオンは1815年10月同地に流刑とされ、21年そこで死去した。

4 中南米諸国の独立

環大西洋革命とハイチ革命

環大西洋革命 ⑦ 18世紀後半から19世紀前半、大西洋両岸のアメリカ大陸・ヨーロッパ大陸で展開した一連の変革運動。ジェファソンらがアメリカ独立革命とフランス革命の双方に関わったり、ボリバルがナポレオン時代に啓蒙思想を学んでいたように、思想的連関・人的交流などを通して相互に影響しあいながら生起した側面を重視し、七年戦争とアメリカ独立革命、アメリカ独立革命とフランス革命、フランス革命とラテンアメリカ諸国独立、産業革命と各変革運動などを同時代史的にとらえる考え方。

サン゠ドマング ⑦ フランス領、西インド諸島のイスパニョーラ島西部の呼称。17世紀末にフランス領となり、砂糖・コーヒーのプランテーション経営が当時世界最大規模でおこなわれていた。

トゥサン゠ルヴェルチュール Toussaint L'Ouverture ⑥ 1743〜1803 ハイチ独立運動の指導者。サン゠ドマングで奴隷として生まれ、1791年に始まった黒人奴隷の武装蜂起を指揮し、1801年に憲法を制定して独裁的な権力を握った。しかし翌年、ナポレオンの派遣した鎮圧軍に敗れ、フランスに幽閉され、独立達成直前に獄死した。

ハイチ革命 ⑤ 1791〜1806 ハイチの黒人による奴隷解放と独立のための運動の総称。黒人による奴隷解放の実現は、奴隷貿易や奴隷制、さらにラテンアメリカのクリオーリョに大きな衝撃を与えた。

ハイチの独立 Haiti ⑥ 1804 ラテンアメリカ地域最初の独立。イスパニョーラ島西部は17世紀末にフランス領となり、サン゠ドマングと呼ばれた。1791年に黒人奴隷の反乱が勃発し、独立運動へと発展した。1804年、世界ではじめて植民地支配を脱した黒人国家として独立。06年には共和政を宣言したが、まもなく国家は分裂し、欧米の干渉もあって政治は安定しなかった（1820年に再統一）。さらにフランスによる独立承認と引きかえに巨額の賠償金を課されたため、経済的困窮が続くことになった。

ムラート mulato ④ ラテンアメリカにおける、白人と黒人との混血を指す呼称。カリブ海域やブラジルに多く居住する。

メスティーソ mestizos ⑤ ラテンアメリカにおける、白人と先住民との混血を指す呼称。メキシコからアンデス地帯にかけて多く居住し、独立運動ではクリオーリョに協力した。

インディオ（インディアン） Indio（Indian）⑤ コロンブスが到着地を「インド（インディアス）」の一部と誤解したことに由来する、ラテンアメリカ先住民の呼称。 → p.20, 136

スペイン・ポルトガル植民地での独立運動

中南米の独立運動 ⑦ 1810年頃から、ナポレオン戦争によるスペインやポルトガル本国の動揺を受けて始まった、中南米（のちのラテンアメリカ）地域での独立運動。20年代にはキューバを除くほとんどの国が独立を達成し、大西洋を隔てながらもウィーン体制に動揺を与えた。成立した多くの国が奴隷制を廃止した一方で、先住民の立場は弱く、クリオーリョによる支配が独裁政治になることもあり政治は不安定な状態であった。

クリオーリョ criollos ⑦ スペイン領ラテンアメリカ植民地生まれの白人の呼称。地主階級が多く、彼らの独断専行を恐れたスペイン王室が本国生まれの白人優遇策をとったため、不満をいだき独立運動の主役となった。

ペニンスラール peninsular ① スペイン植民地におけるイベリア半島出身白人の呼称。行政府の高官や教会の高位聖職者の多くを占め、17〜18世紀には植民地生まれの白人であるクリオーリョとの亀裂が深刻化していった。

ブラジルの独立 Brazil ⑥ ポルトガル本国の干渉を忌避し、独立を求める植民地生まれの白人（クリオーリョ）の動きを背景に、1822年、ポルトガル王子ペドロが皇帝に即位して帝国として独立。その後、89年に共和国へ移行した。

スペイン1812年憲法（カディス憲法） ① ナポレオン軍の侵入のなか、スペイン南西部カディスで1812年に成立した憲法。ナポレオン1世に抵抗する勢力により公布され、立憲君主政が宣言された。

サン゠マルティン San Martin ⑤ 1778〜1850 アルゼンチン出身の中南米独立運動の指導者・軍人。1818年のチリ解放、21年のペルー解放ののち、22年にボリバルと会

談した。しかし、スペイン軍との戦いへの協力を拒まれ、すべての地位を退き、ヨーロッパに渡りフランスで死去した。

アルゼンチンの独立　Argentine ⑤　南アメリカ大陸南部の国で、1816年にスペインから独立。その後政治的混乱が続いたが、62年に国家統一を達成した。

チリの独立　Chile ④　南アメリカ大陸南部太平洋岸の国の独立。サン゠マルティンによる解放後、1818年にスペインから独立を宣言。その後19世紀末まで、白人の支配に対する先住民の抵抗が続いた。

シモン゠ボリバル　Simon Bolivar ⑥　1783〜1830　ベネズエラ出身の中南米独立運動の指導者。1810年からの自国の独立革命に参加し、亡命後、19年に大コロンビア共和国を樹立して大統領となる。25年にはボリビアの完全独立を達成したが、30年に大コロンビア共和国が解体し、中南米の統一という彼の理念は挫折した。

ベネズエラの独立　Venezuela ④　1806年に独立革命が始まり、19年にはボリバルらがとなえる大コロンビアの一部として独立を実現。大コロンビア共和国の解体とともに、30年にベネズエラ共和国として分離した。

コロンビアの独立　Colombia ⑤　南アメリカ大陸北部の国の独立。ボリバルの指揮で1819年に大コロンビアとして独立するが、30年に瓦解。32年にボゴタを首都とする現コロンビア共和国の領土が定まった。

エクアドルの独立　Ecuador ③　ボリバルの指揮で19世紀前半にスペインの支配から大コロンビアに編入され、1830年に大コロンビアから分離・独立した。国名はスペイン語で「赤道」の意味。

ボリビアの独立　Bolivia ②　1825年に共和国としてスペインから独立。国名は最終的な独立の指導者シモン゠ボリバルの名に由来する。

ペルーの独立　Peru ⑤　南アメリカ大陸における、スペイン植民統治の中心であった地域の独立。北上してきたサン゠マルティンの指導で1821年に独立を宣言したが、最終的にボリバルの部下が南下してスペイン軍を撃退し、24年に共和国として独立を達成した。

イダルゴ　Hidalgo ③　1753〜1811　メキシコ独立運動の先駆者。クリオーリョの神父で、1810年に自身の教区で蜂起したが、副王軍に捕らえられて処刑された。

メキシコの独立　Mexico ⑥　被支配層による蜂起が過激化するなか、それを鎮圧した白人支配層によって達成された独立。1810年、神父イダルゴがインディオやメスティーソなど被支配層の解放を掲げて蜂起したが失敗し、一部は白人を虐殺するなど過激化した。これを鎮圧したクリオーリョら白人支配層は、さらにスペイン本国からの干渉を逃れるため、21年に本国と条約を結んで独立を達成した。その後、22年に帝政となったが、24年には共和政に移行した。

モンロー宣言　⑥　モンロー米大統領が1823年の年次教書で発した声明。西半球に対するヨーロッパ諸国の非植民地主義および非干渉主義、ヨーロッパの国内問題に対する合衆国の不干渉主義の3原則からなる。これにより、ラテンアメリカ諸国の独立を間接的に支援した。　→ p.219

モンロー　Monroe ④　1758〜1831　第5代アメリカ合衆国大統領（在任1817〜25）。1823年の年次教書で、その後のアメリカ外交の基調となる孤立主義の方針を発表した。→ p.219

モンロー主義　④　モンロー宣言で確立されたアメリカ外交の基本路線。ヨーロッパとの関係でみた場合、孤立主義外交を意味した。

カニング　Canning ④　1770〜1827　イギリスの政治家。2期目の外相（在任1822〜27）時代、輸出市場開拓のために中南米貿易を承認し、また1825年以降はギリシアの独立を支援した。これらは保守的なウィーン体制に対する抵抗でもあった。

モノカルチャー　monoculture ⑤　単一の作物だけを栽培する農業、または特定の農産物や鉱産物の生産・輸出に依存する経済構造。国際分業体制のもとで原料・食料の供給地とされ、植民地支配を受けた中南米地域など非ヨーロッパ地域の多くで形成された。こうした経済構造は、気候や国際価格の変動に大きく影響を受けるため、現在でも旧植民地の開発途上国における経済的ひずみの要因となっている。

イギリスの優位と欧米国民国家の形成

1 ウィーン体制とヨーロッパの政治・社会の変動

ウィーン会議

ウィーン会議　Wien ⑦ 1814年 9 月〜15年 6 月　フランス革命とナポレオンによる一連の戦争後の、ヨーロッパ秩序再建のために開かれた国際会議。全体会議は開かれず、領土問題をめぐる列強の利害対立で調整が難航したことから、「会議は踊る、されど進まず」とも揶揄された。ナポレオンのエルバ島脱出が伝わると、列強の協調によりウィーン議定書が調印された。

メッテルニヒ　Metternich ⑦ 1773〜1859　オーストリアの政治家。1809年に外相となり、議長としてウィーン会議を主催。のちに宰相（在任1821〜48）として保守的姿勢でウィーン体制を主導したが、1848年革命の勃発で失脚してイギリスに亡命した。

タレーラン　Talleyrand ⑤ 1754〜1838　フランスの政治家・外交官。総裁政府・第一帝政・復古王政の時代に外相を歴任。フランス代表としてウィーン会議に参加し、正統主義をとなえて、自国の戦争責任を回避し、ブルボン朝復活を擁護した。

正統主義　legitimism ⑦ ウィーン会議の基本原則。タレーランが提唱した、フランス革命前の各国の王朝と体制を正統とみなし、その状態に戻そうとした考え。

勢力均衡　balance of power ⑤ ウィーン会議の基本原則で、主権国家体制成立後のヨーロッパで生まれた外交思想。同程度の力をもつ諸国ないし諸勢力が勢力の均衡を保つことで、ある特定の国家または勢力による国際支配を阻止しようとする政策、および阻止されている状態。ウィーン会議では、イギリスが基本原則としてとなえた。

ウィーン議定書　⑤ 1815　正統主義と勢力均衡を二大原則として調印されたウィーン会議の最終議定書。有力国の利益を考慮して領土を調整した。

フィンランド　Finland ③ 1809年にロシアがスウェーデンから獲得した地域。ウィーン議定書でロシアの領有が確認された。→ p.218

ベッサラビア　Bessarabia ② 1812年にロシアがオスマン帝国から獲得した地域。ウィーン議定書でロシアの領有が確認された。→ p.306

ポーランド王兼任《ロシア》　⑤ ウィーン議定書で取り決められた、ロシア皇帝によるポーランド国王の兼任。アレクサンドル 1 世は旧ワルシャワ大公国領にポーランド王国を成立させたが、同国国王を兼ねてロシア領に組み込んだ。そのため、ポーランドの独立は実現しなかった。

マルタ島　Malta ② シチリア島南方の島。1801年にイギリスが全島を占領し、ウィーン会議でその領有が承認された。

ロンバルディア・ヴェネツィア　Lombardia, Venezia ⑤ 北イタリアの二つの地域。ウィーン議定書でオーストリア領とされた。

ラインラント　Rheinland ③ ライン川の中流地域。ウィーン議定書でプロイセンが獲得し、同国の工業地域として発展した。

セイロン島（スリランカ）　Ceylon（Sri Lanka）⑥ インド南端の島。ウィーン議定書で、領有権がオランダからイギリスに移った。→ p.135, 163

ケープ植民地　Cape Colony ⑥ アフリカ南端の地域。ウィーン議定書で、領有権がオランダからイギリスに移った。　→ p.164, 255

オランダ王国　② ウィーン議定書で復活したオランダ国家。消滅した連邦共和国が立憲制の王国として復活するとともに、南ネーデルラント地方をオーストリアから得た。

スイスの永世中立　Switzerland ⑥ ウィーン議定書で認められたスイスの地位。武装永世中立が承認され、さらに1815年の「同盟規約」で22の州（カントン）による地域連合国家となった。

ドイツ連邦　Deutscher Bund ⑥ ウィーン議定書で認められたドイツ地域の国家連合。構成国代表からなる連邦議会は35君主国と 4 自由市とで構成され、オーストリアが議長国となった。1848年の三月革命で一時解散、51年に復活ののち、66年のプロイセ

ン゠オーストリア（普墺戦争）戦争で最終的に解体した。

ウィーン体制 ⑦ 1815〜48　ウィーン会議で形成された19世紀前半のヨーロッパの国際秩序。正統主義と勢力均衡の考えにもとづき、メッテルニヒが主導して自由主義とナショナリズムの運動の抑圧をはかった。

アレクサンドル1世　Aleksandr ⑤ 1777〜1825　ロシア皇帝（在位1801〜25）。自由主義的政策をおこなっていたが、ナポレオン軍の遠征を受け、これを中断。遠征軍を撃破し、ウィーン会議で神聖同盟を成立させたのち、内政面でも徐々に反動化した。

神聖同盟 Holy Alliance ⑥ ウィーン会議中に成立した、キリスト教の友愛精神を基調とする君主間の同盟。自由主義やナショナリズムの運動をおさえることを目的とし、イギリス国王・オスマン帝国皇帝・ローマ教皇を除くヨーロッパの全君主が参加した。　→ p.

四国同盟 ⑥ 1815　ウィーン会議の結果、1815年11月に成立した軍事的・政治的同盟。ウィーン体制維持のため、イギリス・ロシア・オーストリア・プロイセンが結成した。

五国同盟 ⑥ 1818　四国同盟にフランスの加入が認められて成立した。

列強体制 ② ヨーロッパにおいて、一国だけが覇権を握ることを防止し、列強が勢力均衡のもとで国際秩序の維持をはかる仕組み。ウィーン会議後は、イギリスとロシアがこの体制の中心であった。

立憲改革の進展とウィーン体制の動揺

自由主義 Liberalism ⑤ 個人の自由を尊重し、それを集団や国家に優先させようとする思想。19世紀にはブルジョワ階級を中心に広まり、参政権獲得、所有権の確立、経済活動の自由などが追求された。なお、早くから議会制度が発展したイギリスでは個人の自由な活動が重視されたが、大陸のヨーロッパ諸国では憲法と議会の確立が目的とされた。

ナショナリズム Nationalism ⑥ 国民または民族という政治的共同体の価値を最高のものとして、重視・尊重する意識や運動。地域と時代によって、民族の統一、国民国家の形成・拡大、他国支配からの解放・独立を求めるなどがみられる。　→ p.195

保守主義 Conservatism ② 現行の社会・政治体制や思想の正当性をとなえる考えや運

動。19世紀には自由主義と対立し、メッテルニヒなどが主張した。

ブルシェンシャフト Burschenschaft ⑤ 1815年に結成されたドイツの大学生組合。自由とドイツ統一を求めてイエナ大学で結成され、17年のヴァルトブルク祭典（ルターの改革三百年祭）を機に全ドイツ的組織へと発展した。しかし、メッテルニヒによって19年に弾圧された。

スペイン立憲革命 ⑤ 1820　復活したブルボン朝に対して、共和主義者らがおこした革命。1814年に破棄されたカディス憲法（1812年発布）を20年に復活させたが、フランス軍の干渉で23年に挫折した。

カルボナリ Carbonari ⑤ 19世紀前半のイタリアの秘密結社。はじめナポリ王国で結成され、ウィーン会議の頃には北部にも広まり民主派組織と接触した。1820年代初めナポリ・ピエモンテで革命運動の中心となったが、オーストリア軍に弾圧され、その後、専制政治打倒と憲法制定を目的とした。31年以後革命が衰え、運動の主導権を「青年イタリア」にゆずった。

デカブリスト（十二月党員）の乱 Dekabrist ⑥ 1825　ロシアの青年貴族士官たちが、1825年12月におこした蜂起。ロシア語の12月（デカーブリ）から、蜂起参加者はデカブリストと呼ばれた。ナポレオン軍に対する解放戦争に加わり、西欧の自由主義にふれた貴族の青年士官の多くが、帰国後、反動政府に不満をもち秘密結社をつくった。新皇帝ニコライ1世即位の日に専制打倒や農奴制解体を掲げて集会を開いたが、直後に鎮圧された。

ギリシア独立戦争 ⑥ 1821〜29　オスマン帝国支配からの独立をめざしたギリシアの戦い。1821年、ギリシア独立をめざす秘密結社が蜂起し、翌年ギリシア地域の国民議会が独立を宣言。25年、オスマン帝国が鎮圧のためエジプトに派兵を要請すると、26年からイギリス・フランス・ロシアがギリシアを支援して介入した。27年のナヴァリノの海戦でオスマン帝国が列強に敗れ、29年のアドリアノープル条約で独立を認めた。

ロンドン会議《1830》 ④ ギリシア独立戦争の戦後処理のための会議。議定書で、ギリシアの独立をイギリス・フランス・ロシアが承認した。

シャルル10世 Charles ⑦ 1757〜1836　復古王政期のフランス王（在位1824〜30）。ルイ16世・ルイ18世の弟。革命期から反動勢

第13章

力の中心で、即位後も反動政治を強化した。そのため1830年の七月革命で王位を追われ、イギリスへ亡命した。

アルジェリア遠征 Algeria ⑤ 1830　5月〜7月にシャルル10世が強行した北アフリカ侵略戦争。国民の不満を外にそらす目的で強行し、以後1962年まで続くアルジェリア植民地化の出発点となった。

七月革命 ⑦ 1830　ブルボン復古王政を打倒したパリ市民による革命。総選挙で反国王派が多数当選すると、国王シャルル10世は議会を一度も招集せずに解散し、出版の自由の制限や選挙制度の改悪を定めた七月王令を発した。これに対して共和主義者に率いられたパリ民衆が蜂起して市街戦に勝利し、国王はイギリスに亡命した。新政府の樹立に際しては立憲君主派が主導権を握り、共和政を阻止するため、自由主義者として知られたオルレアン家のルイ＝フィリップを国王に即位させた。

ルイ＝フィリップ Louis Philippe ⑥ 1773〜1850　七月王政期のフランス王（在位1830〜48）。オルレアン家出身で、七月革命後、大ブルジョワジーの支持で即位した。しかし、有産階級優遇の保守的姿勢から共和派の改革要求に反対し、1848年の二月革命勃発でイギリスに亡命した。

七月王政 ⑥ 1830〜48　七月革命で成立したフランスの立憲王政。反教権主義のもとでカトリックの影響力を退け、きびしい制限選挙制によって、銀行家など大ブルジョワジーが社会の支配層を占めた。一方産業革命が本格化するなか、社会改革を求める中小資本家や労働者などによる選挙法改正運動が、1847年の夏以降高まった。

オルレアン家 Orleans ⑤ ルイ14世の弟を祖とする公爵家。王族筆頭であるにもかかわらず、フランス革命時の当主はルイ16世の処刑に賛成投票した。

「民衆を導く自由の女神」 ⑦ ロマン主義の画家ドラクロワの代表作。七月革命を題材に描いた作品で、別名「1830年7月28日」。

ベルギー独立 ⑥ ウィーン会議でオランダに併合された、南ネーデルラント地域の独立。七月革命の影響下、1830年に同地域で武装蜂起が発生し、独立を宣言した。31年にレオポルド1世が即位し、自由主義的なベルギー憲法が制定されて立憲王国となった。

ポーランド蜂起 ⑤ 1830〜31　ロシア皇帝の支配強化に反対して、1830年にポーランドの愛国派士官らがおこした蜂起。蜂起派の内部対立が続くなか、31年9月ワルシャワがロシア軍に降伏し、蜂起は失敗した。

ドイツ蜂起 ② 1830〜33　七月革命の影響下にドイツ各地でおこった、立憲化の動きや自由主義者および急進派の運動。これらの動きはメッテルニヒによって弾圧された。

イタリア蜂起 ④ 1831　七月革命の影響下、カルボナリがボローニャを中心とする中部イタリアでおこした蜂起。オーストリア軍の介入で鎮圧され、これが事実上カルボナリ最後の蜂起となった。

ドイツ関税同盟 Zollverein ⑥ ドイツの国民経済創出のため、諸邦によって結ばれた経済同盟。1818年にプロイセンと加盟国間で関税撤廃の第一歩が始まり、この同盟を含む3つの同盟が統合されて、34年にドイツ関税同盟が発足した。発足には、イギリス経済に対抗するため保護貿易主義をとなえた、歴史学派経済学者リストの理論が貢献した。その後68年頃までに、オーストリアを除く全ドイツ地域の経済的統一が達成された。

イギリスの自由主義的改革

自由主義改革 ③ 産業革命で力をつけた産業資本家らを担い手に、個人の自由な活動を重視して、政治・経済・社会の改革を求める動き。大陸諸国に先がけて議会制度などが確立していた19世紀前半のイギリスでは、多方面で自由化が進められた。

団結禁止法廃止 Combination Act ③ 1824　労働者の結社禁止と労働組合を違法とした法律（制定は18世紀末）の廃止。自由主義思想の発展と熟練労働者の要求によって1824年に同法が廃止され、以後、労働組合の結成が許されるようになった。

アイルランド併合 ④ 1801年のイギリスによる併合。1800年のイギリス議会における、アイルランド議会の廃止と領土併合を規定した合同法の可決を受けて実施された。

グレートブリテン＝アイルランド連合王国 United Kingdom of Great Britain and Ireland ③ 1801年のアイルランド併合にともない変更された、イギリス地域の国名。

審査法の廃止 ④ 1828　1673年制定の審査法の廃止。これにより非国教徒に公職就任の権利が保障された。なお、実際には国教会以外のプロテスタント信仰も便宜的に容認されており、審査法の廃止は象徴的なものであった。

カトリック教徒解放法 Catholic Emancipation Act ④ 1829 カトリック教徒に対する差別の制約に撤廃につとめた弁護士・政治家。1810年頃より差別撤廃運動を推進し、大規模な大衆動員の手法によって言論とデモを中心に議会へ圧力をかけ、カトリック教徒への差別撤廃を29年に勝ち取った。その後、下院議員やダブリン市長としてアイルランドの改革に取り組んだ。

オコネル(オコンネル) O'Connell ③ 1775～1847 アイルランドのカトリック教徒に対する法的制約の撤廃につとめた弁護士・政治家。1810年頃より差別撤廃運動を推進し、大規模な大衆動員の手法によって言論とデモを中心に議会へ圧力をかけ、カトリック教徒への差別撤廃を29年に勝ち取った。その後、下院議員やダブリン市長としてアイルランドの改革に取り組んだ。

奴隷貿易禁止《イギリス》 ⑤ 1807 イギリス領西インド諸島における奴隷貿易の廃止。下院議員ウィルバーフォースの人道主義と福音主義にもとづく奴隷解放運動や世論の高まりなどを背景に実現した。

奴隷制度廃止《イギリス》 ⑤ 1833 イギリスにおける奴隷制度の廃止。奴隷制反対運動を背景に、植民地を含めたイギリスの全領土で実現した。なお、フランスやアメリカ合衆国もイギリスに続いて奴隷貿易を禁止したが、奴隷制度自体はその後も継続した。

第1回選挙法改正 Reform ⑦ 1832 ホイッグ党内閣によって実現した最初の選挙法改正。イギリスでは15世紀以来選挙法にほとんど変化がなかったが、この改正で腐敗選挙区の廃止、新興都市や人口の多い州への議席割当て、産業資本家をはじめとする中産階層の参政権獲得などが実現した。

腐敗選挙区 rotten borough ⑥ 産業革命にともなう社会構造の変化と、それにともなう人口の移動で、有権者が著しく減少しながらも、地域有力者の支配下におかれていた極小選挙区。18世紀末までに、こうした不公平な選挙区が急増していた。

チャーティスト運動 Chartism ⑦ 1837～50年代 中産階級や都市労働者がおこなった参政権獲得のための政治運動。人民憲章を政治綱領として全国的に展開され、1839・42・48年に議会請願運動が組織されたが、いずれも議会によって拒否され、明確な成果を得られないまま50年代に終息した。

人民憲章 People's Charter ④ 1838年に公表されたチャーティスト運動の政治綱領。要求内容は、21歳以上の男性の普通選挙権、議員の財産資格撤廃、毎年の議会改選、平等な選挙区、議員の有給制、無記名秘密投票の6カ条からなっていた。

自由貿易体制 ⑦ 対外取引に関する国家の管理や統制を排除する体制。重商主義下の貿易を批判してアダム＝スミスやリカードによって主張され、19世紀半ば以降、イギリス貿易政策の基調となった。

穀物法 Corn Laws ⑤ イギリスにおける国産農業保護法。この種の法律は中世から存在したが、1815年制定の法がもっとも有名。ナポレオン没落後の大陸封鎖廃止による安価な大陸産穀物の流入で国産穀物価格が下がるのを防ぐため、地主や農業家の働きかけで、輸入穀物に高関税を課した。しかし、産業資本家層を中心とする自由貿易運動が高まるなかで46年に廃止された。

コブデン Cobden ⑤ 1804～65 イギリスの自由主義政治家・経済学者。木綿や染色業で成功したのち、自由貿易の推進を主張して1839年に反穀物法同盟を結成。41年に下院議員となり、穀物法廃止運動を指導した。

ブライト Bright ④ 1811～89 イギリス産業資本を代表する自由主義政治家。コブデン率いる反穀物法同盟に参加して、穀物法廃止を実現。下院議員としては、1860年代に第2回選挙法改正を強力に推進した。

反穀物法同盟 Anti-Corn Law League ④ 1839年に穀物法廃止を目的に結成された団体。マンチェスターを本部に、コブデン・ブライトらの指導で運動を展開した。

穀物法廃止 ⑦ 1846 自由貿易運動が高まるなか、保守党ピール内閣のもとで実現された。

航海法廃止 ⑦ 1849 1651年以降、数度にわたり制定された、イギリス重商主義政策の根幹をなす法の廃止。穀物法の廃止とともに、自由貿易体制を実現した。

東インド会社の中国貿易独占権廃止 ⑥ 1833 東インド会社に残されていた中国貿易独占権の廃止。1813年にはインド貿易独占権が廃止されており、20年おきの特許改定で33年には東インド会社の貿易独占権が完全に撤廃された。さらに同社の商業活動の全面禁止も定められた(翌34年実施)。この結果、中国貿易にカントリートレーダーと総称されるイギリスの民間会社が参入したが、清朝は自由貿易を認めず彼らの不満がつのった。

━━━ 社会主義思想の成立 ━━━

社会問題 ③ 産業革命による社会の変化が生

み出した諸問題。資本主義社会確立による労資間の対立や物価の変動、住宅や生活環境の悪化、女性労働など、様々な問題が発生した。また、不衛生な生活環境のなか、コレラ菌に汚染された水によってコレラが大流行し、多数の死者が出た。

労働問題 ⑤ 工業化の進展や資本主義社会確立のなかで表出した諸問題。低賃金や長時間労働、女性や子どもの酷使ミ、劣悪な勤務環境などがあげられ、労働者の生活が産業革命で悪化したかを問う「生活水準論争」もおこった。

女性・子どもの労働 ③ 女性や子どもが大量雇用され、長時間労働や劣悪な勤務環境などを強いられた。機械制工場では熟練技能を必要としないため、低賃金ですむ女性・子どもが多数雇用され、結果的に全体の賃金水準も低下させた。

社会主義思想 socialism ⑦ 19世紀前半の西ヨーロッパに出現した、資本主義の生み出す諸矛盾を解消し、労働者を中心として平等・公正・友愛にもとづく社会を実現しようとする様々な思想。理論的には、私有財産制の廃止、生産手段(土地や機械)の共有・共同管理によって、経済的に平等で調和のとれた社会を実現しようとする考え方。19世紀後半からは、この思想にもとづいた労働運動が広まった。

オーウェン Owen ⑦ 1771~1858 イギリスの初期社会主義者。産業革命期に徒弟から身を立て、ニューラナークの紡績ほジ工場の経営者となった。そこで労働者の生活環境と労働条件の改善に意を払った工場経営をおこない、社会主義者として工場法の改正をめざす運動を展開した。1825年に渡米し、実験的な共産社会ニューハーモニーの設立を試みたが、失敗した。帰国後、生活協同組合運動を指導し、33~34年の全国労働組合大連合の結成にも尽力びっくした。

労働組合 ⑤ 労働者が賃金・労働条件・社会的地位などの改善をはかるために結成した組織。

協同組合 ③ 中小生産者・労働者・消費者などが、自分たちの経済的立場や事業の改善をはかるため、協同で活動することを目的につくった相互扶助の組織。

工場法 Factory Act ⑦ 労働者保護のための法律の総称。数次にわたって出され、1802年の児童保護を目的としたもの、19年のオーウェンの貢献による9歳以下の労働禁止や児童の労働時間短縮を定めたものが続い

た。後者は監督官不在のため実効力に乏しく、33年の一般工場法では、18歳未満の夜間勤務禁止などを定め、工場監督官を設置した。これが工場法の基礎となり、以後漸次ぎ改善された。

サン゠シモン Saint-Simon ⑦ 1760~1825 フランスの初期社会主義者。搾取さ"のない産業社会を構想し、のち、社会調和のための精神的支柱として新キリスト教を提唱した。

フーリエ Fourier ④ 1772~1837 フランスの初期社会主義者。資本主義社会を批判して、生産や消費を協同でおこなう団体(社会)「ファランジュ」の設立を説き、理想社会を実現しようとした。当時の影響力は低かったが、20世紀に再評価された。

ルイ゠ブラン Louis Blanc ⑥ 1811~82 フランスの社会主義者。国家管理のもとで能力に応じて働き、利益を平等に分配する社会を構想した。選挙権拡大運動時に改革宴会を組織し、二月革命後の臨時政府に入閣した。労働委員会の組織、国立作業場の設置など社会改革を推進したが、四月普通選挙で落選して挫折した。

プルードン Proudhon ⑤ 1809~65 フランスの社会主義者。著書『所有とは何か』で労働にもとづかない私有財産を批判し、経済的相互扶助による社会改革を主張した。また自治や自主管理を重視して無政府主義運動に影響を与えた。

無政府主義(アナーキズム) anarchism ⑤ 国家をはじめいっさいの政治権力を否定し、完全な自由をもつ個人の自主的な結合による社会をめざす思想や運動。近代の無政府主義は、19世紀半ばのプルードンによって定式化された。

マルクス Marx ⑦ 1818~83 ドイツの社会主義者。1848年革命後、イギリスに亡命。資本主義社会の分析から、その弊害により社会主義への移行が必然である、との理論を提唱した。その後の社会主義の思想と運動にもっとも大きな影響をおよぼした。
→ p.227

エンゲルス Engels ⑦ 1820~95 ドイツの社会主義者。1848年革命後、イギリスに亡命。マルクスの親友・同志として、多くの著作と実践活動によって、マルクス主義の確立と普及に貢献した。

マルクス主義 Marxism ③ マルクスとエンゲルスによって提唱された思想と理論、およびその後継者たちによる解釈と発展の諸

系列をいう。なおエンゲルスは、オーウェン、サン゠シモン、フーリエらの思想をユートピア的なものとみなして「空想的社会主義」と批判し、対して自分たちの考え方を「科学的社会主義」と称した。しかし、近年は前者における計画経済の提唱などに関して、見直しが進んでいる。 → p.360

『共産党宣言』 Das Kommunistische Manifest ⑦ 1848年2月にマルクスとエンゲルスが発表した、共産主義者同盟の綱領宣言。これまでの歴史を階級闘争の歴史とみなし、土地や工場など生産活動をする時に必要な要素を公有化する社会革命を説く。社会主義社会建設のために「万国の労働者よ、団結せよ」と呼びかけた。

『資本論』 Das Kapital ⑦ 資本主義経済を理論的に分析したマルクスの主著。第1巻は1867年刊、第2巻・第3巻はマルクス死後に遺稿をエンゲルスが編集して刊行した。労働者はみずからが生み出した利益の多くを資本家に搾取される一方、資本家も利潤を無限に拡大することは不可能であると、マルクスは考えた。そして、彼は弁証法的唯物論によって資本主義社会の構造を分析し、その没落と社会主義社会到来の必然性を主張した。

1848年革命

「大衆貧困」 ① 19世紀前半のヨーロッパにおける貧民層の増大を示す言葉。貧しい農民や都市下層民の収入が増えず、人口の増加も加わって貧民層が拡大したことで、ヨーロッパ各地で革命的気運が高まった。

選挙権拡大運動《フランス》 ⑥ 七月王政末期に展開された選挙権拡大運動。当時のフランスでは、全人口の0.6%の高額納税者だけが有権者であった。1847年から「改革宴会」という名目で集会が始まり、民衆も参加して、普通選挙の実施を求めた。

二月革命 ⑦ 1848 パリの共和派市民・労働者・学生などが蜂起して、第二共和政を樹立した革命。1848年2月、改革宴会禁止令に反対して民衆蜂起がおこると、首相のギゾーと国王ルイ゠フィリップがイギリスへ亡命して七月王政が倒された。革命はヨーロッパ諸国に波及して、自由主義とナショナリズムの運動を高揚させ、ウィーン体制を崩壊させた。

臨時政府《1848》 ⑤ 二月革命直後に組織された政府。共和主義者を中心に、急進派とル

イ゠ブランを含む2人の社会主義者・労働者代表で構成された。社会主義者の要求で、失業者救済のために土木事業をおこなう国立作業場を設立したが、実際にはほとんど機能しなかった。

第二共和政 ⑥ 1848〜52 二月革命で成立した臨時政府から、第二帝政開始までの共和政体。

四月普通選挙 ③ 1848年4月に実施された、憲法制定議会のための男性普通選挙。急進的なパリの事態を懸念して、保守化した市民や農民はさらなる社会改革を望まず、穏健共和派が過半数を占めて社会主義勢力が惨敗した。

六月蜂起 ⑥ 1848年6月 第二共和政下のパリで発生した労働者の蜂起。四月普通選挙後、政府から社会主義者が排除されたことや、国立作業場の閉鎖に抗議して引きおこされた。しかし政府軍によって鎮圧され、ブルジョワ共和派の支配が確立するとともに、ヨーロッパ各地の革命運動にとっては弾圧強化への契機となった。

ルイ゠ナポレオン Louis Napoléon ⑥ 1808〜73 ナポレオン1世の弟（オランダ王ルイ）の子。二月革命後にイギリスから帰国し、ナポレオン1世の名声を利用して、1848年12月の大統領選挙に圧勝した。軍部を掌握して、51年12月にクーデタで議会を解散し、国民投票で圧倒的に承認された。52年に新憲法を制定し、帝政復活が国民投票で可決されてナポレオン3世と称し皇帝に即位した（在位1852〜70）。

1851年クーデタ ⑥ 軍部を掌握した大統領ルイ゠ナポレオンが1851年12月におこしたクーデタ。50年に制限選挙制を復活した王党派の多い議会を武力で解散し、同月末の国民投票で圧倒的多数で承認された。

三月革命《ウィーン》 ⑦ 1848 二月革命の影響下にウィーンの学生・市民・労働者がおこした革命。メッテルニヒを追放してウィーン体制を崩壊させ、皇帝に憲法制定と自由主義的改革を約束させた。しかし、パリ六月蜂起の鎮圧後、皇帝と保守派が弾圧に転じ、革命派は10月に鎮圧された。

三月革命《ベルリン》 ⑦ 1848 二月革命の影響下、ベルリンでおこった革命。市民を代表する自由主義内閣が成立し、王令で憲法制定が約束されると、憲法制定議会が開かれた。ウィーンでの三月革命とあいまってウィーン体制は崩壊した。しかし、パリ六月蜂起の鎮圧で保守派が勢力を盛り返し、

11月の議会弾圧でプロイセンの革命は終わった。

フランクフルト国民議会⑦ Deutsche Nationalversammlung　1848年5月からフランクフルトで開かれた、全ドイツの統一と憲法制定のための、ドイツではじめての立憲議会。各邦から選ばれた議員の多くは、自由主義的な官僚・学者・市民層であった。議会は、ドイツ統一方式をめぐって大ドイツ主義か小ドイツ主義かで紛糾したが、49年3月に「小ドイツ的」なドイツ帝国憲法を採択した。しかし、プロイセン王の帝位就任拒否にあい、国民主導のドイツ統一は失敗した。

ベーメン(ボヘミア)民族運動⑥ 1848　1848年革命時におこったチェコ人の民族運動。4月にベーメン(ボヘミア)議会の選挙と、ドイツ語とチェコ語との対等な扱いが確認されたが、労働者や学生によるプラハの六月独立蜂起はオーストリア帝国軍に鎮圧された。

スラヴ民族会議② 1848　プラハで開かれた初のスラヴ民族全体の会議。ドイツ人(オーストリア人)とマジャール人の接近と、ドイツ統一のためのフランクフルト国民議会とに対抗して開かれた。指導者パラツキー(1798～1876)は、あくまでもオーストリア帝国内でのスラヴ人の地位向上と自治権、および諸民族による帝国の連邦化をとなえていたが、各地代表の対立と六月蜂起の勃発で散会した。

ハンガリー民族運動⑥ 1848～49　1848年革命時に展開されたハンガリーの独立運動。48年3月にハンガリーは、樹立した責任内閣の承認をオーストリアから勝ちとり、自立をめざして翌49年4月に完全独立を宣言した。同時にコシュートを執政として独立戦争を戦ったが、8月、オーストリアを支援するロシア軍に敗北した。

コシュート Kossuth⑤ 1802～94　ハンガリーの政治家。1848年革命でハンガリー責任内閣の蔵相となり、49年にオーストリアからのハンガリーの独立宣言を起草して執政に就任。しかし、ロシア軍に敗れて亡命した。

マジャール人② ウラル語系のハンガリー人の自称。　→ p.82, 102

イタリア民族運動⑤ 1848年3月からイタリア諸国で始まった独立運動。イタリア諸国で憲法制定の動きが進むなか、ウィーン三月革命の報が伝わると、ミラノ・ヴェネツィアで蜂起が始まり、諸国もオーストリア軍との戦いを開始した。しかし諸国の運動は、49年7月のフランス軍によるローマ共和国の崩壊を最後に、すべて終息した。

1848年革命④ 二月革命の影響によりヨーロッパ各地でおこった革命状況の総称。「下からの」運動がヨーロッパのほぼ全域におよんでウィーン体制を崩壊させたが、各地の運動は挫折した。しかし、19世紀後半に自由主義・ナショナリズム・社会主義の運動が拡大する転換点となった。

「諸国民の春」⑥ 二月革命の影響下、1848年の春にヨーロッパ各地でナショナリズムが高揚した状況を指す言葉。1848年革命の別称。

プロイセン欽定憲法③ 1850年に発布された、王政原理を強調した欽定憲法。三月革命後にプロイセン議会が検討していた民兵制への移行や、議会主義的な統治体制などを否定して、国王政府が不平等・公開・間接選挙権の選挙法を布告した。

新絶対主義《オーストリア》① 1850年代にドイツ地域でとられた、近代的行政機構を整備しつつも、王朝的正統主義の回復をめざした反動的な体制。オーストリアは、カトリック教会を思想的な柱として、皇帝専制体制の維持をはかった。

2 列強体制の動揺とヨーロッパの再編成

クリミア戦争

南下政策 ⑥ 18〜19世紀にロシアが展開した、不凍港を求めて黒海の制海権を獲得し、さらに地中海進出をはかった政策。イギリスによってすべて阻止され、1878年のベルリン条約でバルカン半島への南下政策は挫折した。

ニコライ1世 Nikolai ③ 1796〜1855 ロシア皇帝(在位1825〜55)。即位日にデカブリストの乱を鎮圧するなど、内政では強圧的な専制政治を強行しながら、工業化を一部振興した。外交ではギリシア独立を援助する一方、ポーランドを抑圧し、1848年革命の際には反革命の中心として行動した。そのためロシアは「ヨーロッパの憲兵」と呼ばれた。1853年にクリミア戦争を開始したが、そのさなかの55年に病死した。

ギリシア正教徒の保護 ④ オスマン帝国支配下のバルカン地域へ干渉する際の、ロシアの口実。正教徒のリーダーを自任するロシアは、この地域に多く居住している正教徒の保護を、介入の口実として利用した。

クリミア戦争 Crimea ⑦ 1853〜56 聖地イェルサレムの管理権問題を背景に、イギリスがオスマン帝国内のギリシア正教徒保護を口実としてオスマン帝国と開始した戦争。クリミア半島が主戦場となった。 → p.233

セヴァストーポリ要塞 Sevastopol' ④ クリミア半島南端の要塞・港市。ロシア黒海艦隊の軍港で、クリミア戦争最大の激戦地となった。

パリ条約《1856》 ⑥ 1856 ロシア・オスマン帝国間で締結されたクリミア戦争の講和条約。オスマン帝国の領土保全、黒海の中立化、1840年のロンドン会議の内容の再確認、ロシアのベッサラビア放棄、ドナウ川の自由航行などが定められた。

黒海の中立化 ⑤ 1856年パリ条約の内容。黒海沿岸でのロシアの軍事基地保有と軍艦航行が禁止された。

モルダヴィア・ワラキア Moldavia, Walachia ① ドナウ川河口の二つの地域。1859年に連合公国として事実上の独立が認められた。78年のベルリン条約で完全独立が承認され、81年にルーマニア王国となった。

列強の新体制——ロシア・イギリス・フランスの対応

〈ロシアの大改革〉

アレクサンドル2世 Aleksandr ⑥ 1818〜81 ロシア皇帝(在位1855〜81)。クリミア戦争中に即位し、戦争敗北後、1861年の農奴解放令の発布で「上からの」近代化改革を断行した。63年のポーランド反乱鎮圧後も改革は進められたが、しだいに反動化した。外交では親ドイツ政策をとり、バルカン進出をめざした。81年、ナロードニキの一派により爆弾で暗殺された。

農奴解放令 ⑦ 1861 アレクサンドル2世が発布した、農奴に身分的自由を認めた勅令。しかし土地の取得は、「買い取り金」支払いによる有償とされた。土地の多くは「買い取り金」完済まで、地縁的な農村共同体であるミールに引き渡され、また「買い取り金」返済をミールが連帯保証するため、農民は解放後もミールにしばられた。しかし、この勅令で始まった「大改革」は、農奴制の廃止、工業化の推進、地方自治機関の設置など、ロシアが近代的社会制度を導入する契機となった。

ミール(農村共同体) mir ⑤ ロシアの地縁的共同体。起源については、古くからの自治組織説と、近代になっての国家創出説がある。各農家の戸主の集まりで、租税や賦役の連帯責任を負い、農地の割り替えなどをおこなった。農民の自治・連帯などの基盤であり、反抗の拠点ともなった。

ポーランドの反乱 ⑤ 1863〜64 ロシアの「上からの改革」に乗じて、ポーランドの民族主義者がおこした蜂起。蜂起は、ロシア軍の徹底的弾圧とポーランドへの農奴解放令により、終息した。

インテリゲンツィア intelligentsia ⑥ 知識人の意味。ロシアでは1860年代中頃から、高等教育を受け、社会に対する批判をもつ教養人が増大し、70年代にナロードニキ運動を展開した。

「ヴ=ナロード(人民のなかへ)」 V narod ⑥ ナロードニキの名称の由来となった標語。1870年代に青年・学生が民衆啓蒙のため農村で活動する際にとなえた。

ナロードニキ(人民主義者) narodniki ⑤ 個人を重視する西欧と異なり、農村共同体をロシア再生と社会主義化の出発点と考えた思想家・運動家を指す。彼らは地主本位の不徹底な「大改革」を改革しようと、1870年

代に農村に入って宣伝・扇動したが、官憲にきびしく弾圧されて、運動は挫折した。

テロリズム(暴力主義) terrorism ⑥ 政治目的実現のために、暗殺や暴力的行為の行使を肯定する思想・運動。ロシアでは改革挫折後、ナロードニキの一部がこの思想に走った。ナロードニキの一派による皇帝アレクサンドル2世爆殺事件がその代表例。

〈イギリス〉

交通革命 ⑥ 蒸気機関車・蒸気船の発明、運河網の拡大、道路の改良などにより推進された、交通環境の飛躍的発展を指す。工業化の進展は大量の製品・原料の短時間での輸送を必要とし、交通機関や交通網の発展をうながした。

通信革命 ② 電信の普及により世界各地との通信時間が劇的に短縮された動きを指す言葉。鉄道の普及と連動して陸上の電信線が延伸されるとともに、1851年にドーヴァー海峡を横断する海底電信ケーブルが設置され、19世紀後半おもにイギリスによって全世界に拡張されグローバル化が促進された。なお、情報を配信するアヴァス(仏)やロイター(英)などの通信社も設立された。

ポンド《基軸通貨》② 19世紀に世界の基軸通貨となったイギリスの通貨。金融街であるロンドンのシティには商業と金融の情報が集まり、ポンドが基軸通貨として世界各国との貿易の決済に利用された。

世界標準時 ③ ロンドンのグリニッジ天文台を標準とする時刻。19世紀半ばから1880年にかけてイギリス国内の標準時がロンドン時刻で統一されたのち、84年の国際子午線会議においてグリニッジ天文台が本初子午線の起点(経度0度)とされて、世界標準時が定められた。

パクス゠ブリタニカ Pax Britannica ⑦ 19世紀半ばを中心とした、イギリスが圧倒的な経済力と軍事力をもっていたことを指す言葉。「パクス゠ロマーナ」にならったラテン語で、「イギリスの平和」の意。当時のイギリスは、全世界の商船の3分の1にあたる海運力と圧倒的な海軍力を保持し、その実力で各国の利害を調整した。

ヴィクトリア女王 Victoria ⑥ 1819〜1901 「パクス゠ブリタニカ」を現出したイギリス女王(在位1837〜1901)。彼女の治世下、イギリスは広大な植民地を擁し、世界経済の覇者として君臨した。 → p.237

ロンドン万国博覧会 ⑥ 1851年に開催された、世界初の万国博覧会。40カ国が参加したこ

の博覧会は、イギリスの技術力の象徴となった鉄とガラスによる「水晶宮」を主会場に開かれた。また、トマス゠クックら旅行業者が企画して多くの団体客を送りこみ、600万人の見学者を数えるイベントとなり、旅行が大衆の娯楽となる契機にもなった。

自由党 Liberal Party ⑥ 19世紀イギリスの二大政党の一つで、ホイッグ党の後身。第1回選挙法改正と穀物法廃止を通じてホイッグ党中心の政治的連繋が進み、この呼称が使われはじめた。1868年の第1次グラッドストン内閣以降、名実ともに自由主義政党となった。

保守党 Conservative Party ⑥ トーリ党の後身で、第1回選挙法改正後に使われはじめた党名。地主階級を基盤とし、穀物法廃止に際して党内は分裂したが、19世紀半ば、ディズレーリの指導下で党勢拡大に転じた。

ディズレーリ Disraeli ⑥ 1804〜81 イギリス保守党の政治家。ヴィクトリア女王の同意のもと、第2次内閣(1874〜80年)時にスエズ運河会社株の買収、インド帝国の樹立、キプロスの獲得など、大英帝国の強化をめざす帝国主義外交を開始した。 → p.249

グラッドストン Gladstone ⑥ 1809〜98 イギリス自由党の政治家。1868〜94年までに4回首相となり、内政改革を重視して教育法や労働組合法の制定、第3回選挙法改正をおこなったうえ、アイルランド問題の解決をめざした。外交政策では、同時代のビスマルク外交と距離をおいた。

第2回選挙法改正 ⑥ 1867〜68 都市部の労働者の大部分に選挙権が拡大された選挙法の改正。議会改革をめざす中流階級や労働者階級の圧力団体がつくられるなか、1867年に保守党ダービー内閣のもとで成立し、翌年にかけて連合王国全体に適用されて、有権者が135万人から247万人に増大した。

第3回選挙法改正 ⑥ 1884 農村部の労働者の大部分に選挙権が拡大された選挙法の改正。グラッドストン内閣のもとで成立し、成人男性のほとんど(約440万人)が有権者となった。なお、1885年の議席再配分法でロンドンと大工業都市の議席増加、人口比例制の議員選出と小選挙区制などが導入され、議会制民主主義の基盤が確立された。

教育法 ② 1870 グラッドストン内閣で成立した、公立初等教育学校の増設法。国民意識を労働者階級にまで広げる目的から制定された。

労働組合法 ② 1871　労働組合を法的に認めた法律。グラッドストン内閣が制定した。

ジャガイモ飢饉（きょん）⑥ 1840年代半ばに、ジャガイモの疫病（えきびょう）による凶作で発生したアイルランドの飢饉。主食がジャガイモとなっていた零細（れいさい）なアイルランドの小作農は飢餓におちいり、100万人以上が餓死する一方、ほぼ同数の人がブリテン島やアメリカに移住した。その結果、イギリスの国内問題として穀物法廃止の議論があと押しされた。

アイルランド移民 ④ ジャガイモ飢饉後20世紀にかけて、アイルランドからブリテン島やアメリカ合衆国へ渡った移民。約400万人がアイルランドを離れ、1840年に800万あった人口は、1911年には440万となった。

アイルランド自治法案 ④ グラッドストンが晩年、その成立を最大の政治課題とした法案。自治獲得をめざす民族主義政党のアイルランド国民党が、自由党内閣を通じて1886年と93年に議会に提出させたが、帝国解体につながると危惧した自由党の分裂も生じて、成立しなかった。

アイルランド問題 ③ アイルランド支配を通じてイギリスが抱えることになった、土地問題・宗教問題・政治問題などの総称。17世紀のクロムウェルの征服によって、アイルランドの人々は「内国植民地」として土地所有・宗教・政治などで差別された。1801年のイギリスへの併合後、アイルランド人は29年にカトリック教徒解放法を成立させて議会に進出した。その後、土地問題の解決と自治権獲得を求めて民族運動を推進した。1960～70年代以降は北アイルランド紛争が激化したが、現在、北アイルランド問題は解決に向かっている。

自由貿易帝国主義 ② 1950年代に提唱された、19世紀イギリス産業資本の世界展開に関する概念。従来19世紀のイギリスは自由貿易主義から帝国主義へと段階的に移行したと解釈されていたのに対して、実際には自由貿易主義と帝国主義が併存し、その工業力を背景として広大な周辺世界に植民地的＝従属的発展を強要していた、という考え。

インド帝国の成立 ② イギリスによるインド植民地化の完成。実質的には1858年のイギリス政府による直接統治（とうち）から、正式には77年のヴィクトリア女王の皇帝即位から始まった。

〈フランス第二帝政と第三共和政〉

第二帝政 ⑥ 1852～70　国民投票をおこなって即位した皇帝ナポレオン3世による治世。男性普通選挙による議会は存在するが、行政・立法の実権を握る皇帝が国民投票によって国民に責任を負う独裁体制。治世は、カトリック勢力と小農民層を支持者として言論や労働者への統制を強化した権威主義体制の1850年代と、経済自由化にあわせて自由主義的改革を認めた60年代に区分される。産業革命の完成とフランスの栄光の再現をめざして積極的な対外政策を推進したが、70年のドイツ＝フランス（独仏）戦争中に、皇帝自身の捕囚（ほしゅう）で崩壊した。

ナポレオン3世　Napoléon ⑦ 1808～73　フランス第二帝政の皇帝（在位1852～70）。サン＝シモン主義の影響を受け、社会政策の充実で大衆の支持確保につとめ、国家主導の産業化政策を推進した。また外交的・軍事的成果を追求したが、ドイツ＝フランス戦争で捕虜となり廃位された。

英仏通商条約 ③ 1860　自由貿易主義にもとづきフランスがイギリスと結んだ条約。フランスでは産業界が反対したが、従来の輸入禁止制を廃し、関税率を大幅に引き下げた。そのためフランスの工業化が急速に発展する一因となった。第二帝政の自由主義帝政への転換を示すできごと。

ナポレオン3世の対外戦争 ⑥ ナポレオン3世が、国内の支持基盤をまとめるためにおこなった一連の対外戦争。1853～56年のクリミア戦争、56～58年の第2次アヘン戦争、59年のイタリア統一戦争、58～67年のインドシナ出兵などをおこなって、フランスの国際的な地位を向上させた。しかし、61～67年のメキシコ出兵でつまずくと、70～71年のドイツ＝フランス戦争に敗北するなか第二帝政は崩壊した。

パリ万国博覧会 ② 1855年の第3回万国博覧会。産業化を背景としてナポレオン3世が開催した。なお、67年にも再びパリで開催され、日本の幕府、薩摩藩、鍋島藩が初出品した。

レセップス　Lesseps ⑥ 1805～94　フランスの外交官。各国勤務ののち、1854年エジプト政府からスエズ運河建設の特許を獲得して、スエズ運河株式会社を設立した。

スエズ運河 ④ エジプトに建設された、地中海と紅海を結ぶ運河。スエズ運河株式会社が1859年に着工し、69年に完成した。
→ p.232

メキシコ遠征（出兵）⑥ 1861～67　対外債務（さいむ）の返済停止を宣言したメキシコに対して

おこなった、フランス・イギリス・スペインの武力干渉。出兵後まもなく撤兵した2国と異なり、領土的野心をもっていたナポレオン3世は、フアレス政権を倒し、同じ野望をいだくオーストリア皇帝の弟マクシミリアンを1864年メキシコ皇帝に即位させた。しかし、メキシコ人の激しい抵抗や南北戦争終了後のアメリカ合衆国の抗議もあり、フランス軍が撤退して干渉は失敗した。
→ p.259

ドイツ＝フランス(独仏)**戦争**(プロイセン＝フランス戦争) ⑤ 1870〜71　プロイセン主導のドイツ諸邦とフランスとの戦争。
→ p.216

臨時国防政府 ③ 1870〜71　第二帝政崩壊後、パリで穏健共和派が中心となって樹立した臨時政府。共和政を宣言し、ドイツ軍との戦いを継続したが、1871年1月末にビスマルクと休戦条約を結んだ。

臨時政府《1871》④ ドイツとの休戦条約締結後の総選挙によって生まれた政府。圧倒的に保守派が多数を占める国民議会がボルドーで開かれ、ティエールが行政長官に選出された。この政府のもとで、屈辱的な内容のドイツとの仮講和条約が調印された。

パリ＝コミューン Commune de Paris ⑥ 1871　革命化したパリ民衆が樹立した自治政権。臨時政府軍によるパリ国民兵の武装解除を契機にパリ民衆が蜂起し、1871年3月に全市民の選挙でコミューン議会(パリ市議会)を樹立して、臨時政府から自立を宣言した。知識人を中心に都市民衆も参加した自治政権は、公務員の選挙とリコール制、労働者による仕事場の自主管理などを打ち出した。しかしドイツの支援を受けた臨時政府との「血の週間」と呼ばれた市街戦ののち、5月末に崩壊した。

ティエール Thiers ② 1797〜1877　フランスの政治家・歴史家。共和主義者だが七月王政の樹立に尽力し、1836年と40年に首相をつとめた。第二共和政と第二帝政下では保守派となり、ドイツ＝フランス戦争後の臨時政府の行政長官として、ビスマルクの援助でパリ＝コミューンを鎮圧した。その後、第三共和政の初代大統領(在任1871〜73)に就任した。

第三共和政 ⑥ 第二帝政崩壊後に成立した共和政体。フランス革命の理念を原点として国民統合をめざした。開始年代については、(1)共和政を宣言した臨時国防政府成立の1870年9月説、(2)ティエールが初代大統領

に就任した71年8月説があり、研究者のあいだでは近年後者が有力である。はじめ王党派の抵抗が強かったが、80年代より共和派の支配が確立した。しかし、小党派分立と対独報復主義の風潮が強まった。なお、第三共和政は第二次世界大戦中の1940年まで続いた。　→ p.250

第三共和国憲法 ⑤ 1875年に制定されたフランス第三共和政の憲法。単一の憲法ではなく、国家元首の選出と公権力に関する3つの法律からなり、三権分立・二院制・任期7年の大統領制などが規定された。

〜〜〜〜〜 **新国民国家の成立** 〜〜〜〜〜

〈イタリアの統一〉

「青年イタリア」 Giovine Italia ⑤ 1831年、マッツィーニが亡命先のマルセイユで組織した政治結社。共和主義と民族統一を掲げ、民衆の支持を得ようとたびたび蜂起したが、ことごとく失敗に終わった。弾圧を受けて衰退し、43年には再結成されたが、48年実質的に消滅した。なお、「青年」とは既存の政治に対する抗議の表現。

マッツィーニ Mazzini ⑤ 1805〜72　イタリアの共和主義者・革命家。カルボナリでの活動後、1831年に亡命地マルセイユで「青年イタリア」を組織し、革命がおこった48年に帰国した。翌年、制憲議会によって樹立されたローマ共和国に参加して3人の執政官の一人に選ばれたが、フランス軍の介入で共和国が崩壊してイギリスに亡命した。のち、60年にひそかに帰国し、ガリバルディの南イタリア征服に協力した。

ローマ共和国 La Repubblica Romana ⑥ 1849　1848年革命の影響で、翌49年ローマ教皇領に樹立された共和政府。市民の支持を失った教皇のローマ脱出後、49年2月男性普通選挙で成立した制憲議会が共和政府の成立を宣言した。その後マッツィーニも加わり、7月1日に共和国憲法を宣言したが、防衛軍がフランス軍に敗れて崩壊した。

サルデーニャ王国 Sardegna ⑥ 1720〜1861　トリノを首都とした北イタリアの王国。1720年にサヴォイア家がサヴォイア・ピエモンテ・サルデーニャを領域として樹立した。18世紀を通じて富国強兵につとめ、ウィーン会議ではジェノヴァを獲得した。1848年革命時には、3月に国王カルロ＝アルベルトのもとで憲法を定め、オーストリアに宣戦したが敗北した。1859年の対オー

ストリア戦争で北イタリアを獲得し、61年イタリア統一に成功した。

ヴィットーリオ＝エマヌエーレ2世 Vittorio Emanuele ⑥ 1820〜78　サルデーニャ国王(在位1849〜61)、初代イタリア国王(在位1861〜78)。首相にカヴールを登用してサルデーニャを強国化し、1861年イタリア統一に成功した。

カヴール Cavour ⑥ 1810〜61　サルデーニャ王国の首相(在任1852〜61)。貴族出身の自由主義的な立憲主義者。首相に登用されて国内の近代化をはかる一方、外交では国際的地位向上につとめた。1861年、シチリア島と南イタリアを占領したガリバルディと国王との会見を設定し、ガリバルディに領土を献上させてイタリア統一を宣言した。

プロンビエール密約 Plombières ④ 1858年にナポレオン3世とカヴールが結んだ密約。サルデーニャとのあいだでは、対オーストリア戦争におけるフランスの支援、代償としてサヴォイア・ニースのフランスへの割譲を内容とした。

イタリア統一戦争 ④ 1859　イタリア統一に関わるサルデーニャの第2次の対オーストリア戦争。4月の開戦後、連勝するサルデーニャの強大化を恐れ、また戦争介入に対する国内での反対もあり、ナポレオン3世は密約に反して7月にオーストリアと講和した。なお、カヴールは当初オーストリアの排除による北イタリア統合のみを目標としており、全イタリアの統一まで想定していたわけではなかった。

ロンバルディア Lombardia ⑥ 1859年、イタリア統一戦争によってサルデーニャがオーストリアから獲得した、ミラノを含む北イタリア地域。

サヴォイア Savoia ⑤ イタリア北西部の地域。サヴォイア家(サルデーニャ王家)発祥の地だが、1860年に中部イタリア併合の代償としてフランスに割譲された。

ニース Nice ④ 地中海沿いのイタリア西部の地域。1860年、サヴォイアとともにフランスに割譲された。

中部イタリア併合 ⑤ 1860　中部イタリア諸国のサルデーニャ王国への編入。トスカナなど中部イタリアのサルデーニャへの合併希望を把握したカヴールは、サヴォイア・ニースへの割譲でナポレオン3世から合意を得て、諸国で住民投票を実施し、1860年3月に統合した。

ガリバルディ Garibaldi ⑥ 1807〜82　イタ

リアの共和主義者・革命家。「青年イタリア」に加入し1834年にジェノヴァで蜂起するが、失敗して海外に亡命した。1848年革命時に帰国し、翌年ローマ共和国の防衛戦に加わるも鎮圧され、再び南米に亡命した。帰国して59年のイタリア統一戦争に参加したが、フランスに生まれ故郷のニースを割譲する密約に失望してサルデーニャ軍から離反し、60年に千人隊を率いてシチリア・南イタリアを解放した。さらに教皇領への進軍をめざしたが、これを危惧したカヴールが住民投票をおこなってシチリア・南イタリアを併合すると、ガリバルディは占領地をサルデーニャ国王に「献上」し、これがイタリア統一につながった。

両シチリア王国 Due Sicilie ⑥ 12世紀からイタリア南部とシチリア島を支配した王国。支配王家や両地域の分離・再統一の複雑な変遷ののち、1815年のウィーン会議でスペイン＝ブルボン家が統一を回復し、両シチリア王国と称した。しかし、60年ガリバルディに征服され、61年イタリア王国に統合された。　→ p.83

千人隊(赤シャツ隊) I Mille ⑤ 1860年にガリバルディがシチリア遠征をおこなうために組織した義勇軍。約千人であったためのちに千人隊と呼ばれ、また赤シャツを着たことから「赤シャツ隊」とも呼ばれる。

イタリア王国 ⑥ 1861〜1946　ヴィットーリオ＝エマヌエーレ2世を初代国王(在位1861〜78)とした統一王国。1861年2月、トリノでヴェネツィアと教皇領を除くイタリアの代表による国会が開かれ、サルデーニャ憲法をそのまま用いるイタリア王国の成立が宣言された。首都はトリノ(1861〜65年)、フィレンツェ(65〜71年)、ローマ(71〜1946年)と変遷した。

ヴェネツィア併合 ⑥ 1866　イタリア王国による併合。イタリア王国はプロイセン＝オーストリア戦争にプロイセン側で参戦し、オーストリアとの講和条約でヴェネツィアを割譲され、1866年末に併合した。

ローマ教皇領占領 ⑥ 1870　イタリア王国によるヴァチカンを除く全教皇領の併合。教皇は、ドイツ＝フランス戦争に乗じたイタリア王国による占領を認めず、みずからを「ヴァチカンの囚人」と宣言し、王国との対立を深めた。

トリエステ Trieste ⑥ イタリア北東部のアドリア海最奥の港市。住民は多くがイタリア系であったが、14世紀後半からハプスブ

ルク家領となり、1719年に自由港となって発展し、オーストリアの重要な貿易港であった。

南チロル Tirol ⑥ オーストリア西部のチロル地方の南部地域。チロル地方は14世紀半ばにハプスブルク家領となり、ドイツ語を話す住民が圧倒的に多かったが、南部にはイタリア系住民がいた。

「未回収のイタリア」 Italia irredenta ⑥ 1870年以後もオーストリア領に残った、トリエステ・南チロルなどイタリア系住民の多い地域を指した呼称。1870年代後半から、反オーストリア意識をもつ共和派と民主派が「未回収のイタリア」という言葉を使い始めた。 → p.272

南部問題《イタリア》② イタリア統一後の南北の経済格差問題。武力で併合されたイタリア南部には文化的な特徴が残り、イタリア人意識は薄かった。また、商工業の発展した北部に対して、農業中心の南部は経済発展から取り残されて貧困に苦しんだ結果、多くの出稼ぎ労働者やアメリカ合衆国・南米などへの移民を生んだ。

〈ドイツの統一〉

大ドイツ主義 Grossdeutschtum ⑥ 統一ドイツの構成・範囲に関する構想の一つ。オーストリア内のドイツ人地域とベーメン（ボヘミア）を含む方式。

小ドイツ主義 Kleindeutschtum ⑥ 統一ドイツの構成・範囲に関する構想の一つ。オーストリアを除いて、プロイセン中心にドイツ統一をめざす方式。

ユンカー Junker ⑥ プロイセンの高級官僚・軍人を独占した保守的な地主貴族層。→ p.174

ビスマルク Bismarck ⑦ 1815〜98 プロイセン・ドイツ帝国の政治家。ユンカー出身で、プロイセン首相（在任1862〜90）として軍備拡張を実行し、オーストリア・フランスとの戦争に勝利してドイツ統一を達成。ドイツ帝国初代宰相（在任1871〜90）として国民統合をめざす内政を実施する一方、勢力均衡とフランスの孤立化をめざす外交策を展開し、19世紀後半のヨーロッパ国際政治の中心人物でもあった。

鉄血政策 ⑦ ビスマルクのドイツ統一をめざす軍備拡張政策の別称。この名称は、首相就任直後（1862年9月）の議会演説、「現在の大問題は議会の演説や多数決ではなく、鉄（兵器）と血（兵士）によって解決される」に由来した。

シュレスヴィヒ・ホルシュタイン Schleswig-Holstein ⑤ ユトランド半島基部の2地域。デーン人の多い北部のシュレスヴィヒと、ドイツ系住民の多い南部のホルシュタインは、15世紀以来、連合公国となりデンマークと同君連合を形成してきた。

デンマーク戦争 ⑥ 1864 プロイセンとオーストリアが、デンマークに対しておこした戦争。1863年末にデンマークが新憲法でシュレスヴィヒ併合を宣言したのを機に、64年にプロイセンがオーストリアを誘って開戦し、シュレスヴィヒ・ホルシュタイン両公国を占領した。戦後、住民の意思は無視されて、シュレスヴィヒはプロイセンに、ホルシュタインはオーストリアに分轄（ぶんかつ）管理された。

プロイセン＝オーストリア（普墺（ふおう））**戦争** ⑦ 1866 ドイツ統一の主導権をめぐるプロイセンとオーストリアとの戦争。シュレスヴィヒ・ホルシュタイン問題をきっかけに、北ドイツ諸邦とイタリア王国がプロイセンに、中・南ドイツ諸邦がオーストリアについて、6月に開戦した。7週間でプロイセンが圧勝してプラハ条約が結ばれ、小ドイツ主義にもとづく統一が優勢となった。

北ドイツ連邦 Norddeutscher Bund ⑥ 1867〜71 プロイセン＝オーストリア戦争後、マイン川以北の22国で結成された連邦国家。プロイセン国王を連邦首席とし、男性普通選挙による連邦議会と連邦参議院を設けた。

アウスグライヒ Ausgleich ② 1867年、オーストリアがハンガリーを王国と認めた協定。ドイツ語で「妥協」を意味する。ハプスブルク家領内のスラヴ人をおさえるため、マジャール人のハンガリー王国に自治権を認め、同君連合の帝国とした。

フランツ＝ヨーゼフ1世 Franz Josef ② 1830〜1916 オーストリア皇帝（在位1848〜1916）。1848年革命の混乱のなかで即位し、翌年ハンガリーの革命運動を鎮圧した。そののち、50年代に新絶対主義と呼ばれる反動体制をとった。66年のプロイセンとの戦争に敗れると、ハンガリーとのアウスグライヒを締結し、ハンガリー王を兼ねた。

オーストリア＝ハンガリー帝国（二重帝国）⑥ 1867〜1918 アウスグライヒで成立したオーストリアとハンガリーの同君連合国家。ハンガリー王国の自立を認めた二重体制国家で、オーストリア皇帝がハンガリー国王を兼ね、外交・軍事とそれに必要な財政は共通内閣が統轄（とうかつ）した。そのほかの事

項はそれぞれの国の議会と政府が担った。

スペイン王位継承問題 ③ 1868年の自由主義者らの革命による、スペイン女王のフランス亡命にともなう後継問題。ホーエンツォレルン家の傍系ぼうけいが後継者に選ばれたが、フランス世論の猛反対で、70年に辞退した。

ドイツ＝フランス(独仏どくふつ)戦争(プロイセン＝フランス戦争) ⑦ 1870～71 ドイツ統一過程の最終局面で勃発ぼっぱつした、プロイセン主導のドイツ諸邦とフランスとの戦争。1870年7月、ナポレオン3世の宣戦布告で始まったが、圧倒的な世論を背景に南ドイツ諸邦もプロイセンと同盟して戦った。9月にナポレオン3世がスダンで捕らえられるなど、ドイツ側が勝利を続けるなか、71年1月にドイツ統一が宣言された。
→ p.213

スダン(セダン) Sedan ③ ベルギー国境に近いフランス北東部の町。1870年9月、この地でナポレオン3世がドイツ軍の捕虜となった。

アルザス・ロレーヌ Alsace, Lorraine ⑥ フランスとドイツとの国境地帯に位置する地域。ドイツ＝フランス戦争の結果、1871年にドイツが獲得した。ドイツ名は、エルザス・ロートリンゲン。 → p.278

クルップ Krupp ② ドイツ最大の鉄鋼軍需コンツェルン。アルフレート＝クルップ(1812～87)が鉄鋼大企業として発展させ、1870年代から炭鉱・製鉄所・造船所などをつぎつぎと吸収した。兵器製造を通じ、プロイセンの軍拡政策と結びついた。

ドイツ帝国とビスマルク外交

ヴィルヘルム1世 Wilhelm ⑥ 1797～1888 プロイセン王(在位1861～88)、初代ドイツ皇帝(在位1871～88)。軍備拡張をめぐる政府と議会下院との対立の際、ビスマルクを首相に登用し、軍制改革を強行してドイツ統一を実現した。

ドイツ皇帝 ④ ドイツ帝国君主の称号。ヴィルヘルム1世に始まり、プロイセン国王が世襲した。

ドイツ帝国 Deutsches Reich ⑦ 1871～1918 ドイツ＝フランス戦争中の1871年1月、ヴェルサイユ宮殿で成立が宣言された国家。帝国は22君主国・3自由市と直轄地ちょっかつちアルザス・ロレーヌから構成され、プロイセン国王が皇帝を、プロイセン首相が帝国宰相を兼ね、帝国宰相は議会ではなく皇帝に

のみ責任を負った。中央政府は、帝国構成諸邦の既得権をおかさないという条件のもとに設けられた。

連邦参議院 Bundesrat ② ドイツ帝国を構成する各君主国と都市国家の代表で構成された議会。帝国宰相を議長とし、立法・行政上大きな権限をもち、選挙で選ばれた国民代表の帝国議会に優越していた。

帝国議会 Reichstag ⑤ ドイツ帝国の25歳以上の男性普通選挙で選ばれた国民代表議会。ただし、予算審議権はあるが、軍事・外交面での発言を封じられ、政府に対して受動的だった。

文化闘争 Kulturkampf ⑥ 1871～80 ビスマルクが国家統合のために進めた、南ドイツや東部の旧ポーランド領におけるカトリック勢力との闘い。政教分離や近代思想を批判するローマ教皇との争いでもあり、ビスマルクは近代国家建設のためカトリック教会の影響力をおさえ込もうとした。名称は国家統合を強めようとした自由主義者たちが「(近代)文化のための闘争」と称したことに由来する。

ドイツ社会主義労働者党 Sozialistische Arbeiterpartei Deutschlands ④ 1875年に成立した社会主義政党。全ドイツ労働者協会のラサール派と、社会民主労働者党のアイゼナハ派が合同して成立した。社会主義者鎮圧法で弾圧されたが、様々な運動で党勢をのばした。

社会主義者鎮圧法 Sozialistengesetz ⑥ 1878 ビスマルクが制定した社会主義者を弾圧するための法。1878年に二度発生した皇帝ヴィルヘルム1世に対する狙撃事件を口実に制定され、社会主義的な政党・労働組合の活動を厳禁した。1890年にビスマルクの引退で廃止された。

ドイツ社会民主党 Sozialdemokratische Partei Deutschlands ⑤ 1890年、ドイツ社会主義労働者党が改称して成立した社会主義政党。マルクス主義理論と組織力で第2インターナショナルの中心勢力となった。
→ p.251, 273

ビスマルクの社会政策 ⑦ ビスマルクが採用した、国家による労働者および国民の労働・生活に対する保護政策。災害、疾病しっぺい・養老などの社会保険制度に代表され、労働者を社会主義運動から切り離し、国民統合を進める目的もあった。

保護関税法 ③ 1879年に成立した、輸入された工業製品と穀物に関税を課す法律。73年

に始まった恐慌とその後の経済停滞のなか、イギリスに対抗するために産業資本家とユンカーの要求を受けてビスマルクが推進した。その内容から「鉄と穀物の同盟」と呼ばれる。

パン=スラヴ主義 Pan-Slavism ③ スラヴ民族の連帯と統一をめざした思想・運動。19世紀初めに文化的一体性を求める思想として提唱された。1848年にプラハでスラヴ民族会議が開かれたのち、19世紀後半にバルカン地域で盛んになると政治的色彩を帯び、ロシアの南下政策に利用された。
→ p.271

ロシア=トルコ(露土)戦争 ⑥ 17〜19世紀にロシアがオスマン帝国とおこなった戦争の総称。とくに、1875年ボスニア・ヘルツェゴヴィナでおこった反乱がオスマン帝国に弾圧され、77年ロシアがスラヴ民族の保護を口実に宣戦してオスマン帝国を破った戦争が知られる。

サン=ステファノ条約 San Stefano ⑥ 1878 ロシア=トルコ戦争の講和条約。ルーマニア・セルビア・モンテネグロの独立と、ロシア保護下でのブルガリアの自治国化が認められ、ロシアの南下政策がいったん成功したかにみえた。

ベルリン会議 ⑦ 1878 ロシア=トルコ戦争後にビスマルクが調停役となって開いた国際会議。サン=ステファノ条約でのロシアの南下成功に反発したオーストリア・イギリスの意向を受け、国際的秩序の維持を望むビスマルクによって開かれた。

ベルリン条約 ④ 1878 ベルリン会議で、サン=ステファノ条約を破棄して結ばれた条約。ルーマニア・セルビア・モンテネグロの独立承認、ブルガリアの領土縮小とオスマン帝国下での自治国化、オーストリアによるボスニア・ヘルツェゴヴィナの占領や行政権などが認められた結果、ロシアの南下政策は失敗に終わった。なお、同時期にイギリスはオスマン帝国と協定を結んで、キプロス島の占領・行政権を認めさせた。

ルーマニア Rumania ⑥ ドナウ川下流域のラテン系住民が多数を占める国。1859年モルダヴィア・ワラキアが連合公国を形成し、61年ルーマニア自治公国となった。78年サン=ステファノ条約で独立し、同年のベルリン条約で国際的に承認された。→ p.315

セルビア Serbia ⑤ ドナウ川中流域のスラヴ人国家。1815年にオスマン帝国宗主権下の自治公国として、近代セルビア国家が出発した。67年にオスマン軍が撤退して自立し、78年にサン=ステファノ条約で独立、ベルリン条約で国際的に承認された。→ p.271

モンテネグロ Montenegro ⑤ アドリア海に面したスラヴ人国家。名称は「黒い山」の意味。15世紀以降、オスマン帝国の影響下におかれながらも自治を保った。1850年代に近代的法治国家としての体制を整え、1878年にサン=ステファノ条約で独立し、同年のベルリン条約で国際的に承認された。

ブルガリア Bulgaria ④ 黒海に面するバルカン半島の国。1878年にサン=ステファノ条約で領土を拡大し、ロシア保護下の自治国としてロシアの南下政策の一翼に位置づけられたが、ベルリン条約で領土を縮小されオスマン帝国支配下の自治国とされた。1885年、オスマン帝国下の東ルメリア自治州を併合した。→ p.315

キプロス島 Cyprus ③ 東地中海の島。1878年のベルリン会議と同時期に、イギリスがオスマン帝国と協定を結んで同島の占領と行政権を認められた。背景に、1875年にエジプトとの共同経営権を獲得したスエズ運河の安全を確保して、インド=ルート支配をめざすイギリスの外交方針があった。

ボスニア・ヘルツェゴヴィナ Bosnia, Herzegovina ⑤ バルカン半島南西部のスラヴ系住民の多い地域。1875年にその後のロシア=トルコ戦争の誘因となる反乱がおきたが、78年のベルリン条約でオーストリアが占領と行政権を認められた。

三帝同盟 ⑤ 1873 ドイツ・オーストリア・ロシア3国の皇帝が締結した同盟。フランスの孤立をはかるビスマルクの意図で成立した。バルカン半島をめぐるオーストリアとロシアの対立のなか、1878年のベルリン会議で事実上解消し、81年に新三帝同盟(三帝協商)として復活するが、87年には崩壊した。→ p.259

三国同盟 ⑤ 1882〜1915 ドイツ・オーストリア・イタリアが結んだ軍事的相互援助同盟。フランスのチュニジア占領に反発して、1882年イタリアがドイツ=オーストリア同盟に加わり成立した。→ p.260

再保障条約 Reinsurance Treaty ⑤ 1887〜90 ドイツとロシアが結んだ秘密軍事条約。ベルリン会議にともなう三帝同盟の崩壊後、ビスマルクがロシアとの保障関係維持と、ロシアのフランスへの接近を阻止する目的で締結した。ビスマルク引退後にドイツが

更新を拒否し、1890年に消滅した。
→ p.259

ビスマルク体制 ⑤ フランスの孤立化とヨーロッパの勢力均衡を目的にビスマルクがつくりあげた、1870年代～90年までのヨーロッパ同盟網による国際体制。

スウェーデン Sweden ④ スカンディナヴィア半島東岸部の王国。ナポレオンによる一連の戦争時の1809年にフィンランドをロシアに割譲したが、ウィーン会議でノルウェーをデンマークから獲得して同君連合を形成した。また立憲君主制のもと、漸進的に改革を進めた。 → p.162, 172

フィンランド Finland ③ バルト海北岸に位置し、ロシアと国境を接する国。13世紀末からスウェーデンに統合されてきたが、ナポレオンによる一連の戦争中の1809年ロシアに併合されて大公国となった。これ以降民族意識が高まり、1917年のロシア革命を機に独立し、共和国を宣言した。 → p.203

ノルウェー Norway ⑤ スカンディナヴィア半島西岸部の国。ウィーン会議でスウェーデン領となるが、同君連合下で独自性を強め、1905年平和裏に立憲王国として独立を達成した。

デンマーク Denmark ④ ユトランド半島に位置する国。ウィーン会議でノルウェーを失ったのち、1848年の三月革命で絶対王政を終わらせたが、64年のプロイセン・オーストリアとの戦争に敗れて、シュレスヴィヒ・ホルシュタインを失った。以後、中立小国として平和外交や福祉政策につとめた。 → p.162

中立外交《北欧》② 国際紛争への介入を避けるため中立を維持する外交。勢力均衡にとらわれなかった北欧諸国で多くみられ、第一次世界大戦後には国際連盟を重視した。

第1インターナショナル The First International ⑥ 1864～76 ロンドンで結成された国際的な労働者組織。1863年のポーランド民族蜂起を支援したイギリス・フランスの労働組合活動家が、国際労働者集会で設立を決定し、出席していたマルクスが創立宣言と規約を起草した。パリ＝コミューン鎮圧後の各国政府の弾圧激化と協会内で

のバクーニン(1814～76)派の強大化により、72年ハーグ大会で実質的に解散した。正式解散は76年のフィラデルフィア大会。

ナイティンゲール Nightingale ⑤ 1820～1910 イギリスの看護師で近代看護制度の確立者。ロンドンの病院で看護師長となったのち、陸軍の要請で1854年からイスタンブルの病院におもむき、クリミア戦争の傷病兵の看護と野戦病院の改革に貢献した。帰国後、学校を創設して近代的看護制度を確立したほか、その活動はスイスのデュナンに大きな影響を与えたとされる。

デュナン Dunant ⑤ 1828～1910 スイス人銀行家で、国際赤十字運動の創始者。イタリア統一戦争(1859年)の時に負傷者の救助をおこなったことから、戦場における中立の救護機関の設置を提唱し、1864年のジュネーヴ条約により国際赤十字を創設した。1901年に第1回ノーベル平和賞を受賞した。

国際赤十字 The International Red Cross ⑦ はじめ戦時における傷病者の救護を目的に設立された国際的組織。創設者はスイスのデュナン。1863年ジュネーヴに創立された医療福祉団体が母体で、64年に赤十字条約が結ばれて加盟各国に赤十字社がおかれた。その後活動は、捕虜の保護、平時の疾病・災害への対処、衛生思想の普及などへと広がった。

国際オリンピック大会 ② スポーツを通じた国際親善をめざして、4年ごとに開かれる国際競技会。古代オリンピアの祭典に着想を得て、フランスのクーベルタン(1863～1937)の提唱で、1896年にアテネで第1回大会が開かれ、現在に至る。

万国電信連合(国際電信連合) International Telegraph Union ④ 国家間の電気通信に関する規格化や相互調整をおこなう国際組織。1865年にパリで結ばれた万国通信条約で設立された。

万国郵便連合 Universal Postal Union ④ 国際郵便のための組織。1874年に成立し、78年に郵便の政治的障害を撤廃して、現在の名称となる。1948年以降、国際連合の専門機関の一つとなった。

ハーグ万国平和会議 ① ロシア皇帝ニコライ2世の呼びかけで、1899年と1907年にオランダのハーグで開かれた国際会議。戦時国際法に関する多くの条約と紛争の平和的解決に関する若干の条約を採択した。

トマス=ジェファソン Thomas Jefferson ③ 1743〜1826 　合衆国建国期の政治家、第3代大統領（在任1801〜09）。独立宣言起草の中心として貢献したのち、1800年に反連邦派（州権派）の候補として大統領に当選した。自営農民を基礎とする民主主義を理想とし、工業育成には消極的であった。領土面ではフランスからルイジアナを購入した。　→ p.190

ルイジアナ買収 Louisiana ⑥ ミシシッピ川以西のフランス領地域の購入。1803年、大統領ジェファソンがナポレオンから1500万ドルで購入し、国土が倍増した。当時、ナポレオンはカリブ海から北米大陸中部にかけての帝国建設を構想していたが、ハイチ革命により挫折したため、ルイジアナ売却を決断した。

フロリダ買収 Florida ④ 1819 　アメリカ=イギリス戦争中に占領した西フロリダと、のちの第7代大統領ジャクソンが将軍として1818年に侵入した東フロリダを、スペインから購入した。これにより領土がカリブ海に達した。

アメリカ=イギリス（米英）戦争 ⑥ 1812〜14 ヨーロッパ大陸でのナポレオンによる一連の戦争中に勃発した、アメリカとイギリスの戦争。ナポレオンの大陸封鎖令に対抗するためイギリスがアメリカの通商を海上封鎖で妨害すると、合衆国内でイギリス領カナダへの領土拡張を掲げる強硬派が台頭して戦争となったが、ナポレオンの没落にともない両国は講和した。この戦争を機に、合衆国北部における産業革命や保護貿易主義が進展し、アメリカ人意識も強まった。

モンロー Monroe ① 1758〜1831 　第5代合衆国大統領（在任1817〜25）。1823年の年次教書で、その後のアメリカ外交の基調となる孤立主義の方針を発表した。　→ p.202

モンロー宣言 ⑤ 合衆国大統領モンローが1823年の年次教書で発した声明。アメリカ大陸とヨーロッパ諸国との相互不干渉をとなえ、ラテンアメリカ諸国の独立を間接的に支援した。以後モンロー主義はアメリカ外交の基本路線とされる。　→ p.202

ジャクソン Jackson ⑤ 1767〜1845 　第7代合衆国大統領（在任1829〜37）。独立13州以外の西部から出た最初の大統領。アメリカ=イギリス戦争で活躍して英雄となり、独立独行の人物として人気を得た。南部の奴隷所有者の圧倒的支持を背景に、自由貿易と州権論にもとづく政策を定着させるとともに、先住民の強制移住法を制定した。

ジャクソニアン=デモクラシー ④ ジャクソン大統領時代に進んだ民主化と改革の総称。白人男性普通選挙制の普及を背景に、大統領選挙に勝利した陣営が上級公務員の職を総取りするスポイルズ=システム（猟官制）の導入による二大政党制の確立、資本家勢力の抑止などを達成した。一方、先住民に対しては強制移住を命じ、また労働運動や奴隷解放運動には敵対的であった。

西部 The West ⑦ 独立時は13州の西側すべて、19世紀半ばまではアパラチア山脈以西のうちの五大湖周辺からオハイオ川にかけての地域を指した呼称。商工業の発達した東部、奴隷制の南部に対して、小農民的性格を特徴とした。西部開拓にともなう対象地域もかわり、今日では一般に大平原（グレート・プレーンズ）より西を指す。

民主党 Democratic Party ⑦ 共和党と並ぶ合衆国の二大政党の一つ。西部の小農民や南部の大農園主らのジャクソン支持者が1820年代に結成した政党。南北戦争まで2期を除いて大統領を輩出したが、戦争後は共和党政権優位のなか、支持基盤を南部から徐々に北部の都市部に移していった。

先住民《アメリカ》 Native American ⑥ 北米大陸各地で狩猟・漁労・採集・農業などを組み合わせた多様な生活を送っていたが、白人の西漸運動で土地を奪われ、人口も激減した。蔑視的ニュアンスを含む「インディアン」という呼称は推奨されていない。

先住民強制移住法 ⑦ 1830年にジャクソン大統領が制定した、先住民にミシシッピ川以西への移住を強制した法律。「涙の旅路」と呼ばれたチェロキー族のオクラホマへの移動はとくに苛酷で、途上で約4分の1が死亡したといわれる。先住民のなかには武力で抵抗する者もいたが、すべて鎮圧された。

「涙の旅路」 Trail of Tears ⑤ 強制移住法にともない先住民が受けた悲惨な移動を指した言葉。1838〜39年のチェロキー族の移動（約1300km）では、4000人が病気や飢餓で命を落としたため、「涙の旅路（道）」と呼ばれた。

保留地リュウ ⑤ 強制移住させられた先住民に居住地として与えられた荒地。保留地に移住させる政策は、一種のアパルトヘイト(人種隔離政策)として南北戦争後に一般化した。

西漸セイゼン**運動**(西部開拓) ⑦ 19世紀を通じて合衆国がおこなった、西部への拡張とそれにともなう人口移動の総称。西部開拓は、白人入植者が先住民の生活圏を奪っていく過程でもあった。

フロンティア frontier ③ 合衆国の歴史における開拓地と未開拓地との境界地帯。西漸運動にともなって西方に移動し、1890年に政府がその消滅を宣言した。

フロンティア=スピリット ③ 開拓者精神。一般にはアメリカの開拓にともない、未知の困難に立ち向かう自主独立の精神を意味して使われた。

「明白なる運命」 Manifest Destiny ⑦ 合衆国による西部開拓を正当化した言葉。白人による西部開拓を神からの使命であるとして、1840年代半ばから使われはじめた。

テキサス併合 Texas ⑤ 1845 合衆国がおこなったメキシコ領土の併合。メキシコの奨励ショウレイ策でテキサスに移住したアメリカ系住民が、1836年に独立を宣言してテキサス共和国を発足させた。その後、共和国から併合の要請ヨウセイを受けた合衆国政府は、45年末に併合し、州として連邦加入を認めた。

アメリカ=メキシコ戦争 Mexican war ⑥ 1846~48 アメリカのテキサス併合にともなう国境問題から発生した戦争。勝利したアメリカは、1500万ドルでカリフォルニア・ニューメキシコ両地方を獲得した。

カリフォルニア California ③ 1848年にメキシコから獲得した太平洋岸の地域。人口急増で、50年には早くも州となった。

ゴールドラッシュ Gold Rush ⑥ 金鉱発見地域への人口の大移動現象。1848年初めにアメリカ軍占領下のカリフォルニアで金鉱が発見され、49年に全世界から人々が殺到し、同年末には人口が10万人に達した。

日本の開国 ⑤ 1853(嘉永6)年、米大統領の親書をたずさえたペリー(1794~1858)が東インド艦隊カンタイを率いて日本の浦賀に来航し、さらに翌54年の再来航時に日本と日米和親条約を締結して、日本を開国させた。その背景には、対中貿易ルート確保のための石炭や水・食料の補給拠点として日本が位置づけられたことがある。

アラスカ買収 Alaska ④ 1867 ロシア領だった北米大陸北西部の買収。漁業基地や資源獲得を目的に合衆国が購入し、その後金鉱が発見されて、19世紀末から20世紀初めにかけてゴールドラッシュがおこった。

南部 The South ⑦ ヴァージニア以南の大西洋岸諸州とアパラチア以西のオハイオ川以南の地域。奴隷制プランテーションによるタバコや綿花の生産が中心産業で、自由貿易と州の自治を強く要求した。

北部 The North ⑦ ニューイングランドと中部大西洋岸をあわせた地域。商工業が発達し、保護貿易政策と連邦制および奴隷制反対をとなえ、南部との対立が激化した。

奴隷制《アメリカ》⑥ 合衆国南部諸州の根幹をなした社会経済制度。南部の主要な輸出作物であるタバコが独立後にイギリス市場を失ったため、黒人を使役する奴隷制は一時衰退した。しかし、綿繰り機の発明によって、19世紀にイギリスへの綿花輸出を目的とするプランテーション経営が進展したことで、南部の黒人奴隷制は最盛期を迎えた。

ホイットニー Whitney ③ 1765~1825 アメリカの発明家。1793年に綿花と不純物をよりわける綿繰り機を発明し、綿花生産量を画期的に増大させた。また、部品の互換性生産法の応用は、小銃の大量生産も可能にした。

綿繰ワタク**り機** cotton gin ⑤ 1793年ホイットニーが発明した、綿実メンジツから種や不純物を分離する装置。針金のついた2本のローラーのあいだを通過させると、綿は前に進み種が残るというもの。手作業に比べ約50倍(のち300倍)で作業が進み、アメリカ南部の綿花生産高を激増させた。並行して、南部の黒人奴隷の数も急増した。

自由貿易《南部》⑥ 南北戦争前に南部諸州が主張していた貿易政策。プランテーションで生産した綿花が、ヨーロッパ諸国への輸出用原料として有利な立場にあったため、連邦政府による統制をきらった。

保護関税政策《アメリカ》⑥ 南北戦争前に北部の製造業者が望んでいた政策。イギリス工業製品との競争にさらされていた北部の産業資本家は、輸入品に対する高関税を要求した。

連邦主義 ② 合衆国において中央政府の権力を重視する立場。保護関税政策を主張する北部、およびそこを基盤とする共和党がとなえた。 → p.192

自由州 free state ③ 合衆国で奴隷制を禁止

した州。南北戦争前に19州あった。

州権主義(州の自治) ② 州政府の権限や州の自治を重視する立場。建国期のジェファソンや、南北戦争前の南部の奴隷主が強くとなえた。

奴隷州 slave state ⑤ 合衆国で奴隷制を認めていた州。南北戦争前に15州あった。

ミズーリ協定 Missouri Compromise ⑥ 1820 奴隷制をめぐる南北対立のなかで成立した妥協。ミズーリの奴隷州としての昇格を認めるが、以後、新州は北緯36度30分以北を自由州、以南を奴隷州と定めた。

準州(じゅん) ③ テリトリーの日本語訳。アメリカ合衆国で将来州をつくる地域に、その準備として設定された行政地域。自由人の男性人口が5000人に達すると準州として自治政府を設け、6万人に達すると連邦政府の承認を得て州に昇格した。

ストウ Stowe ⑥ 1811〜96 アメリカの女性作家。小説『アンクル=トムの小屋』を著し、北部での奴隷解放運動高揚(こうよう)に影響を与えた。

『アンクル=トムの小屋』 Uncle Tom's Cabin ⑥ 1852年にストウが発表した小説。奴隷トムを主人公に、奴隷制の悲惨さを描いた作品。

カンザス・ネブラスカ法 Kansas-Nebraska Act ⑥ 1854 新州における奴隷制の可否を住民の決定にゆだねた法律。カンザス・ネブラスカの二つの準州が連邦に加盟する際に上記の内容を認めたため、奴隷制をめぐる南北の対立を激化させた。

共和党 Republican Party ⑦ 民主党と並ぶ合衆国の二大政党の一つ。1854年、連邦派と旧ホイッグ党メンバーなど奴隷制に反対する人々が組織した政党。北部諸州を基盤とした。

南北戦争

リンカン Lincoln ⑦ 1809〜65 第16代合衆国大統領(在任1861〜65)。ケンタッキー州の貧農出身で、下院議員となったのち共和党結成に参加し、1860年に同党の大統領候補として当選した。連邦の維持を最大の目標とし、奴隷解放には積極的ではなかったが、南北戦争開始後、内外情勢を判断して63年に奴隷解放宣言を出した。南北戦争を北部の勝利に導いたが、戦争終結直後、南部人に暗殺された。

アメリカ連合国(南部連合) Confederate

States of America ⑥ 1861〜65 合衆国を脱退した南部諸州が結成した連邦国家。ジェファソン=デヴィスを大統領(在任1861〜65)とし、7州が州権と奴隷制の正当性を認める憲法を制定した。南北戦争開戦後、さらに4州が加わった。

リッチモンド Richmond ② ヴァージニアの州都。南北戦争開始後、アメリカ連合国の首都となったが、1865年に陥落した。

南北戦争 Civil War ⑦ 1861〜65 南部のアメリカ連合国(CSA)と北部のアメリカ合衆国(USA)との戦争。リンカンの考えはあくまで「連邦の維持」だったが、南軍が戦端を開いて始まった。戦況は、はじめ南軍有利に進んだが、まもなく人口や経済力にまさる北軍有利に逆転した。戦争は1865年、ヴァージニア州で南軍のリー将軍が北軍のグラント将軍に降伏して終了した。近代的総力戦となり、戦死者は62万人を数え、現在に至るまでアメリカ史上最多の死者を出す戦争であった。なお、南北戦争は意訳で、アメリカ合衆国では北部の立場から「内戦(Civil War)」と呼ばれる。

ホームステッド法(自営農地法) Homestead Act ⑥ 1862 自営農育成のための法。公有地で5年間定住・耕作した者に、160エーカー(約65ヘクタール)の土地を無償で与えるとした。西部農民の北軍支持と、戦後の西部開拓に貢献した。

奴隷解放宣言 Emancipation Proclamation ⑦ 1863 1月1日にリンカンが発表した、「反乱状態にある(南部の)州と地域」の奴隷を自由にするとした宣言。合衆国にとどまった奴隷州を除いた400万人ほどの奴隷の解放と、戦争目的としての奴隷解放を内外に表明した。これによりイギリスなど他国の介入を防ぐとともに、国際的な支持を得た。

ゲティスバーグ Gettysburg ⑥ ペンシルヴェニア州最南部の小村。1863年7月、ここで南北戦争における最大の激戦がおこなわれた。

「人民の、人民による、人民のための政治」 Government of the people, by the people, for the people ⑤ アメリカ民主主義を象徴(しょうちょう)する言葉。1863年11月、ゲティスバーグの追悼式典で演説したリンカンの言葉。

アメリカ合衆国の大国化

奴隷制の正式廃止 ④ 南北戦争後の憲法修正

により実現した、奴隷制度の廃止。1865年の憲法修正第13条で奴隷制が禁止され、68年の修正第14条では黒人の市民権が保障された。さらに70年の修正第15条で黒人男性の選挙権が規定された。

シェアクロッパー　sharecropper ④ 南北戦争後の南部で普及した小作人制度。地主がプランテーションの土地を小区画にわけ、それを農具・住居・種子などとともに小作人に貸し、収穫物を一定の割合で受け取った。小作人の多くが解放黒人で、収穫の半分程度をおさめなければならなかったため、彼らは債務に苦しむことになった。

クー＝クラックス＝クラン(KKK)　Ku Klux Klan ⑤ 合衆国の白人優越主義を信奉する秘密結社。南北戦争後の1860年代半ばのテネシー州において、旧南軍兵士によって黒人に対するテロ組織として結成され、南部全域に広まった。　→ p.286

ジム＝クロウ法　Jim Crow Laws ② 1890年頃から南部諸州で再確立された、黒人差別法の総称および文の体制。州法などで黒人の投票権を制限したり、公共施設での隔離をおこなうなど、憲法の修正条項を骨抜きとした。1896年の最高裁判決で「分離すれども平等」であれば憲法違反ではないとの判決が下されたことで決定的となった。

西部の発展 ③ 南北戦争中から戦後にかけて進展した、北米の西部地域の開発。1862年のホームステッド法を背景に入植者が増加して牧畜業や小麦の生産が伸張し、アメリカ合衆国は世界最大の農業生産力をもつようになった。

大陸横断鉄道　transcontinental railroads ⑦ 合衆国の東西を結ぶ鉄道。1869年に最初の大陸横断鉄道が開通し、東部工業地帯と太平洋岸が結ばれ、西部開拓が促進された。この時の鉄道建設に際して、東からはアイルランド人移民が、西からは中国系のクーリー(苦力)が、おもな労働力として使われた。

フロンティアの消滅 ⑥ 1890　白人入植者が合衆国のほぼ全域に広がったことを意味する、境界地域の消滅。国勢調査の結果、1890年に合衆国政府が発表した。先住民による組織的な抵抗が鎮圧され、すべてが「文明化」されたとする宣言でもある。以降、合衆国の海外進出が本格化する背景ともなった。

世界最大の工業国《アメリカ》④ アメリカ合衆国が、イギリス・ドイツを抜いて19世紀末に達成した工業の躍進。広大な国土や豊富な天然資源、移民を中心とする安価な労働力を背景に実現した。とりわけ重化学工業が発展し、19世紀末にイギリスを上まわった。

アメリカ労働総同盟(AFL)　American Federation of Labor ③ 1886年に成立した合衆国の職業別組合の連合組織。熟練労働者の組織で、会長サミュエル＝ゴンパーズ(1850～1924)の指導によって組合の政治闘争に反対し、労働条件の改善をめざす経済闘争を重視した。

移民《アメリカ》⑦ 近代国民国家の形成以降、様々な目的から国外に移った人および集団。合衆国への移民は、1840年代後半～50年代はおもにアイルランド系やドイツ系で、彼らは北部の工場に労働力を提供した。80年代以降になると、東欧・南欧からの移民が急増した。また太平洋岸では、ゴールドラッシュを機に中国系移民、ついで日系移民が到来した。

新移民《アメリカ》⑤ 1880年代以降に急増した、東欧・南欧から合衆国への移民の呼称。貧農出身者が多く、独身者や出稼ぎの割合が高かった。識字率が低く、宗教的にはカトリック・ユダヤ教・ギリシア正教が多数を占め、都市の最下層の労働者として出発した。

クーリー(苦力) ⑤ 中国人やインド人などのアジア系移民に対する欧米人の呼称、転じて蔑称ともなった。彼らは南北アメリカ・西インド諸島・南アフリカ・オーストラリアなどで、低賃金で苛酷な労働を強いられた。とくにアメリカ合衆国では、アイルランド系移民と低賃金労働の職を奪い合った。

移民法(中国人移民禁止法)《1882》 Immigration Acts ⑤ 1882　アメリカ合衆国が中国系移民の入国を禁止した法。自由な移民受け入れをおこなってきた合衆国が、特定の国(あるいは民族)を対象として入国を禁じた最初の法でもある。アイルランド系などの貧しい白人たちが、低賃金で働く中国系移民によって職を奪われると考えて排斥運動を展開した。この結果、労働力不足となった西海岸地域に日系移民が増加した。　→ p.253, 286

4 19世紀欧米文化の展開と市民文化の繁栄

文化潮流の変遷と市民文化の成立

市民文化 ③ 都市の市民を担い手とする文化。特権的な王侯貴族ではなく、公衆とも呼ばれる市民が文化を生み、享受した。

国民文化 ② 一国の国民性や民族性が表現された文化。または、その国の人々に広く親しまれている文化。近世以来の貴族文化を「伝統」として継承しつつ、近代以降の市民文化を取り入れて、学校教育や国旗・国歌などの様々な表象、博物館や美術館、音楽や文学などの芸術活動を通して民族としての自覚を与え、「国民」を創造することで国民国家への統合を促進した。

ヨーロッパ近代文明 ② 一神教、個人の自由、営業の自由、法の支配、議会制度や工業化の進展などヨーロッパで発達した諸制度や価値観にもとづく文明の体系。欧米諸国による経済的・軍事的支配のもと、19世紀以降世界中に広まった。人間社会の普遍的な側面と、それに合致しない価値観を「未開」「野蛮」として見下すヨーロッパ中心主義というもう一つの側面をもつ。

各国の国民文化の展開

古典主義 classicism ② 古代ギリシア・ローマの文化を理想とした、ヨーロッパにおける調和と形式美を重んじた文芸思潮。ルイ14世時代のフランスに始まり、ドイツでは18世紀後半から盛んになった。

疾風怒濤(シュトゥルム゠ウント゠ドランク) Sturm und Drang ② 1770年代のドイツで生まれた文学運動。人間性の自由な発展や感情の解放を主張して、ロマン主義の先駆をなした。

ゲーテ Goethe ⑤ 1749〜1832 ドイツの詩人・作家。疾風怒濤の旗手となる一方、ヴァイマル公国の宰相としても活躍した。1786年からのイタリア旅行後、文学活動に専念し、友人のシラーとともにドイツ古典主義文学を大成した。疾風怒濤期の代表作としては、『若きウェルテルの悩み』(1774年刊)があげられる。

『ファウスト』 Faust ④ ゲーテの代表作。民間伝説の錬金術師ファウストを題材に、「探求者」としての人間の葛藤と理想を描いた戯曲(1808〜31年)。

シラー Schiller ③ 1759〜1805 ドイツの詩人・劇作家・歴史家。疾風怒濤運動の作家として出発し、1780年代後半から歴史と哲学の研究に移る一方、ゲーテとの交遊を通じてドイツ古典主義文学を確立した。

ロマン主義 romanticism ⑦ 18世紀末から始まり、ウィーン体制時代に主流となった文芸思潮。形式美の古典主義に反発して人間の個性や感情を重んじ、また理性や普遍性を重視する啓蒙思想に反発して、個別的な歴史や民族文化の伝統を尊重した。なお現実の政治に対するロマン主義者の姿勢は、民衆の解放を志向するものから、反動を支持するものまで様々であった。

グリム兄弟 Grimm ⑤ 兄1785〜1863、弟1786〜1859 ともにドイツの言語学者・文献学者。ゲルマン神話や民話を収集して『グリム童話集』を編集(1812〜15年)し、画期的な『ドイツ語辞典』を刊行した。以後、歴代の学者に引き継がれ、1961年にこの辞典は完結した。

ハイネ Heine ⑥ 1797〜1856 ドイツのロマン派詩人。詩人として名声を確立したのち、七月革命に共感してパリに移住した。1840年代にマルクスと親しくまじわり、「革命の詩人」と呼ばれた。代表作に『歌の本』、フランスからドイツに帰郷した経験を詠んだ『ドイツ冬物語』がある。

『歌の本』 ③ ハイネの代表作。1827年刊。この作品で叙情詩人としての名声を確立した。

ヴィクトル゠ユゴー Hugo ⑤ 1802〜85 フランスのロマン主義を代表する詩人・作家。七月王政期に共和主義者となり、ルイ゠ナポレオンのクーデタに反対して18年間の亡命生活を送り、第二帝政崩壊後に帰国した。「国民的詩人」として尊敬され、その死は国葬とされた。

『レ゠ミゼラブル』 Les Misérables ⑤ 亡命中に著したユゴーの代表作。しいたげられた人々を人道的に描いた長編小説。

バイロン Byron ④ 1788〜1824 イギリスのロマン派詩人。『チャイルド゠ハロルドの遍歴』で名声を獲得した。ギリシア独立戦争に参加したが、現地で病死した。

ホイットマン Whitman ① 1819〜92 合衆国のロマン派詩人。自由な表現でアメリカらしさを詩に象徴的に著した。代表作は詩集『草の葉』で、庶民の生活や感情を描き、1855年に初刊が出されてから死に至るまで

新作が加えられた。

プーシキン　Pushkin ③ 1799〜1837　ロシアのロマン派詩人・作家。デカブリストの思想に共感し、専制政治を批判して2度流刑を経験した。ロシア語ですぐれた作品を生み出したことから、「ロシア近代文学の父」と呼ばれている。代表作は自伝的物語詩『オネーギン』や『大尉の娘』など。

写実主義(リアリズム)　réalisme ⑤ 現実をありのままに描くことを主張した文芸思潮。19世紀半ばのフランスで、ロマン主義に対する反動として提唱され、広まった。

スタンダール　Stendhal ⑤ 1783〜1842　フランス近代小説の創始者。陸軍に勤務ののち、七月王政下では外交官としても活躍した。心理描写にすぐれ、現実を直視して、写実主義の先駆者となった。

『赤と黒』　Le Rouge et le Noir ④ 1830年刊行のスタンダールの代表作。特権階級に敵意と野心をいだく青年の心理を描き、復古王政下の政治と社会を批判的に描いた。

バルザック　Balzac ⑤ 1799〜1850　フランスの写実主義作家。カトリックと君主制の擁護者として、19世紀前半の市民的近代社会を批判的に著した。代表作は「人間喜劇」と総称される約90編の短編小説で、2000人余りの人物を様々な短編に登場させる「人物再登場」の手法を使い、それぞれの個性と多様性を書き分けた。

フロベール　Flaubert ② 1821〜80　フランス写実主義文学の確立者。言語表現の完璧さを求め、自己をおさえた客観的な描写につとめた。代表作は、一女性の不倫と自殺を描いた『ボヴァリー夫人』。

ディケンズ　Dickens ④ 1812〜70　イギリスの代表的な写実主義作家。ユーモアをまじえて庶民生活をあたたかく描く一方、きびしく社会悪を糾弾して読者に共感を与えた。代表作は『オリヴァー゠トゥイスト』『二都物語』など。

トゥルゲーネフ　Turgenev ③ 1818〜83　ロシア写実主義の代表作家。農民の悲惨さを描いて農奴制廃止への世論をおこし、農奴解放令後は貴族階級出身でないインテリゲンツィアとその苦悩する精神を描いた。代表作は『父と子』で、1862年に刊行され、社会改革のために新しいインテリゲンツィアのエネルギーが必要であることを描いた。

ドストエフスキー　Dostoevskii ⑤ 1821〜81　19世紀のロシアを代表する作家。1849年、革命運動に加わった罪で死刑判決を受ける

が、執行の寸前に減刑されてシベリアに流刑された。その恐怖の体験を通して神秘主義とロシア正教の擁護者にかわり、人間の魂の救済をめざす大作を発表した。最後の長編小説は『カラマーゾフの兄弟』(1880年刊)。

『罪と罰』④ ドストエフスキーの長編小説。1866年刊。「正義のため」と信じて殺人をおかした青年の反省と苦悩を題材に、時代の閉塞状況のなかでくすぶる人間回復への強い願望を訴えた。

トルストイ　Tolstoi ⑤ 1828〜1910　19世紀のロシアを代表する作家・思想家。クリミア戦争に従軍後、郷里で農民子弟の教育にあたる一方、文学においてリアリズムと人道主義の結合をめざした。晩年、すべての戦争への反対と無抵抗主義を含む独自の宗教観をとなえ、ガンディーの非暴力・不服従思想などに大きな影響を与えた。

『戦争と平和』⑤ トルストイの代表作の一つ。1863〜69年刊。ナポレオンのロシア遠征時におけるロシア国民の抵抗を描いた歴史小説。

自然主義　naturalism ⑥ 19世紀後半にヨーロッパで大きな潮流となった文芸理論。写実主義を継承するとともに、科学的に社会や人間の抱える問題を分析し、表現しようとした。

ゾラ　Zola ⑤ 1840〜1902　フランス自然主義の代表的作家。自然科学の実証主義の方法を文学に導入し、「実験小説論」を著した。1880年代以降、しだいに理想主義的・社会主義的色彩を強め、ドレフュス事件では被告の無罪を弁護した。　→ p.250

『居酒屋』④ ゾラの代表作。1877年刊。パリの下層労働者が酒のために破滅するさまを描いた作品。

モーパッサン　Maupassant ④ 1850〜93　フランスの自然主義作家。フロベールの弟子。明晰な文体と厭世主義を特徴とする、多くのすぐれた短編小説を残した。代表作は、ある女性の一生を救いのないかたちで描いた『女の一生』(1883年刊)。

イプセン　Ibsen ⑤ 1828〜1906　「近代劇の父」と呼ばれるノルウェーの劇作家。自然主義的な家庭劇・社会劇を多く発表した。

『人形の家』④ イプセンの代表作。1879年発表。資本主義社会における夫婦関係のゆがみを主題とした作品だが、女主人公ノラの目覚めと家庭からの解放を描き、女性解放劇としても評価されている。

耽美（たんび）主義 aestheticism ③ 19世紀末のヨーロッパでおこった文芸思潮。自然主義に反発して、美の享受（きょうじゅ）はそれだけで人生に価値と意義を与えると主張した。唯美（ゆいび）主義とも呼ばれる。

象徴（しょうちょう）主義 symbolism ③ 1880年代のフランスで始まった文芸思潮。科学的実証主義への反感から、なにか別のものを象徴として代行させ、事物や状態の繊細な内面を表現しようとした。

ボードレール Baudelaire ⑤ 1821〜67 フランスの詩人・批評家。1857年に詩集『悪の華（はな）』を出版し、象徴主義の先駆をなした。

ゴヤ Goya ③ 1746〜1828 スペインの画家。1789年に宮廷画家となり、肖像画・風俗画・宗教画など広範な作品を残した。ナポレオン軍に対するマドリード市民の抵抗を描いた「1808年5月3日」がよく知られる。

古典主義絵画 ① 18世紀末〜19世紀初めにおこった、美術における古典主義様式。古代ギリシア・ローマを模範とした、格調の高さと均整さを重んじた。

ダヴィド David ⑦ 1748〜1825 フランス古典主義絵画の代表者。フランス革命の初期にはジャコバン派として活躍。のちナポレオン1世に傾倒してその首席画家となった。代表作は「ナポレオンの戴冠（たいかん）式」など。

ロマン主義絵画 ⑤ 19世紀初めから始まった、美術におけるロマン主義様式。情熱的・幻想的な傾向が強く、テーマは民族や地域に根ざしたものが好まれた。

ドラクロワ Delacroix ⑤ 1798〜1863 フランスのロマン主義絵画の画家。光り輝く色彩と自由な技法で、ギリシア独立戦争支援を訴える「キオス島の虐殺」や、七月革命を題材とした「民衆を導く自由の女神」などを描いた。

カスパー＝フリードリヒ Caspar Friedrich ① 1774〜1840 ドイツのロマン主義絵画の画家。ウィーン体制下の1819年に作成した「月をながめる2人の男」で、ロマン主義美術のテーマの一つである自然への畏敬（いけい）の念を表現した。

自然主義絵画 ③ 19世紀前半に生まれた、ありのままの素朴な自然の姿を描こうとした美術様式。題材には農村や自然の風景が多い。

ミレー Millet ⑥ 1814〜75 フランス自然主義の画家。パリ郊外のバルビゾンでみずから農業をしながら、農民の姿を描き続けた。代表作は「落ち穂拾（ひろ）い」「晩鐘（ばんしょう）」など。

写実主義絵画 ④ 19世紀半ばのフランスで生まれた、美術における写実主義様式。

クールベ Courbet ⑤ 1819〜77 フランスの写実主義の画家。民衆や社会生活を力強く描いた。パリ＝コミューンに参加した後、スイスに亡命した。代表作は「石割り」「オルナンの埋葬」など。

マネ Manet ③ 1832〜83 「近代絵画の父」と呼ばれ、黒色を基調に独自の技法を展開したフランスの画家。少し遅れて現れた印象派の画家たちを支援したことから、「印象派の父」と呼ばれることもある。ただし、彼自身は官展（サロン）に出展しつづけ、印象派には加わらなかった。代表作の一つの「草上の昼食」は、1863年の発表当時酷評された。

印象派 impressionnisme ⑥ 19世紀後半に現れたフランス絵画の様式。先入観を捨て、外界の事物から受ける感覚的印象をそのまま表現しようとして、光と色彩を重視した。

モネ Monet ③ 1840〜1926 フランス印象派を代表する画家。1874年の作品「印象・日の出」が印象派の語源となった。その他、晩年の連作「睡蓮（すいれん）」がよく知られる。

ルノワール Renoir ⑥ 1841〜1919 フランスの画家。1870年代の印象派から、80年代以降は情感豊かな色彩美を追求する画風に変化した。人物画が得意で、多くの裸婦を華麗に描いた。代表作の一つに「ムーラン＝ド＝ラ＝ギャレット」がある。

ポスト印象派 post-impressionnisme ③ 19世紀末に出現した、印象派から影響を受けながらも、自分の心のなかにある感覚や感受性を重視して様々な展開をみせた画家たちの総称。「ポスト」とは「〜の後」という意味であるため、一般にいわれる「後期印象派」は訳語の誤り。

セザンヌ Cézanne ④ 1839〜1906 フランスのポスト印象派の画家。印象派を出発点とした後、対象を幾何学的な構造でとらえようとする独自の作風をつくり出し、キュビスムなど20世紀絵画に多大な影響を与えた。代表作は「サント＝ヴィクトワール山」など。

ゴーガン Gauguin ④ 1848〜1903 フランスのポスト印象派の画家。ヨーロッパ文明を嫌悪（けんお）し、原始的な美を求めて1891年南太平洋のタヒチ島に移り住んだ。代表作は「タヒチの女たち」など。

ゴッホ Gogh ③ 1853〜90 オランダ生まれのポスト印象派の画家。1886年のパリ移住

後、印象派と日本の浮世絵技法に強い影響を受けた。2年後に南仏に移ってからは、大胆な色彩の絵を描いた。しかし共同生活を試みたゴーガンとの関係が破局を迎えてからは精神を病み、自殺した。代表作は「ひまわり」など。

ロダン　Rodin ⑤ 1840～1917　フランスの彫刻家。写実をこえて人間の内面性を追求し、苦悩や官能を力強く表現した。代表作は1880年の「考える人」など。

アール＝ヌーヴォー　art nouveau ①　フランス語で「新しい芸術」を意味する、19世紀末から20世紀初めに欧米で広まった装飾的な造形様式。植物の蔓、女性の髪、蛇状曲線など、なめらかで非対象の曲線の模様を特徴とした。最初の近代的スタイルともいわれる。

古典派音楽 ③ 18世紀後半～19世紀初めの、均整さを追求した器楽曲が特徴の音楽。貴族文化であったバロック音楽にかわり、市民文化の新たな様式として広まった。
→ p.177

ハイドン　Haydn ③ 1732～1809　オーストリアの作曲家。古典派音楽の確立者で、多くの交響曲やオラトリオ「天地創造」などを作曲した。　→ p.177

モーツァルト　Mozart ③ 1756～91　優雅で典麗な古典派音楽を確立したオーストリアの作曲家。幼時より作品を書き、各国の宮廷で演奏し、交響曲・歌劇・協奏曲・室内楽など600曲以上を作曲した。　→ p.177

ベートーヴェン　Beethoven ⑤ 1770～1827　古典派音楽の大成者であると同時に、ロマン主義音楽の先駆者となったドイツの作曲家。晩年には人間の内面的な美や情熱の表現を追求し、音楽芸術の極致に到達した。交響曲「運命」「田園」「第九番」などを残した。
→ p.177

ロマン主義音楽 ③ 19世紀前半～半ばに広まった、個性や意志・感情を強く表現した音楽。

シューベルト　Schubert ⑤ 1797～1828　オーストリアのロマン派作曲家。「野ばら」「冬の旅」など美しい旋律の歌曲を数多く残し、「歌曲の王」と呼ばれた。

ショパン　Chopin ⑤ 1810～49　ポーランド出身のロマン派作曲家。ピアニストとして成功したのち、1830年の民族蜂起の直前パリに移った。ポーランドの民族舞踊マズルカやポロネーズを基に叙情的なピアノ曲を多く作曲し、「ピアノの詩人」と呼ばれた。

ヴァーグナー　Wagner ⑤ 1813～83　ドイツのロマン派作曲家。「タンホイザー」などのオペラを作曲したのち、1848年にドレスデンの蜂起に参加し、バクーニンとともに亡命した。その後独自の総合芸術論を追求して、「ニーベルングの指環」などの楽劇を完成させた。

ヴェルディ　Verdi ① 1813～1901　イタリアのロマン派の代表的作曲家。1848年革命期の諸作品は、イタリア統一を象徴するものとみなされた。代表作は「リゴレット」「椿姫」「アイーダ」など。

スメタナ　Smetana ③ 1824～84　チェコの作曲家。1848年6月のプラハ蜂起に参加。その後もチェコ民族運動に積極的に加わり、チェコ国民楽派の創始者とされる。代表作は連作交響詩「わが祖国」など。

ドヴォルザーク　Dvořák ① 1841～1904　チェコの作曲家。スメタナから影響を受けて国民音楽の創造をめざした。渡米中の1893年、交響曲「新世界より」を作曲した。

チャイコフスキー　Chaikovskii ③ 1840～93　ロシアの作曲家。ヨーロッパ音楽の伝統様式を継承・発展させて、ロシア音楽を普遍的芸術にまで高めた。代表作にバレエ音楽「白鳥の湖」「くるみ割り人形」、交響曲第6番「悲愴」などがある。

印象派音楽 ② 詩の象徴主義、絵画の印象主義に対応した、19世紀後半に始まる音楽の潮流。全音音階を活用し、感覚的な音響の世界を表現し、現代音楽の出発点となった。

ドビュッシー　Debussy ④ 1862～1918　印象派音楽を創始・確立したフランスの作曲家。教会旋法の和声や全音音階などを取り入れて、情感の綿密な表現をねらった。代表作は管弦楽曲「牧神の午後への前奏曲」、交響詩「海」など。

近代諸科学の発展

ドイツ観念論哲学 ⑥ 18世紀後半～19世紀初めにドイツで主流となった哲学。精神的なものを世界の根底に実在すると考える、観念論哲学の一つ。カントに始まりヘーゲルによって大成された。　→ p.179

カント　Kant ⑥ 1724～1804　ドイツの哲学者。合理論と経験論を批判的に総合してドイツ観念論哲学を創始した。人間の認識能力を経験できる対象範囲に限定し、理性を吟味・検討する方法は批判哲学とも呼ばれる。代表的著書は『純粋理性批判』

（1781年刊）。 → p.179

フィヒテ Fichte ③ 1762〜1814 ドイツの哲学者。ベルリン大学の初代総長。カント哲学から出発し、自我の意志を強調する主観的観念論を説いた。「ドイツ国民に告ぐ」の連続講演でも有名。 → p.199

ヘーゲル Hegel ⑥ 1770〜1831 ドイツの哲学者でドイツ観念論哲学の大成者。弁証法哲学を提唱し、世界を絶対者＝精神の自己展開の過程ととらえ、絶対的観念論を説いた。

弁証法哲学 Dialektik ⑤ 本来は対話法・問答法と呼ばれる。ヘーゲルは、すべて存在や思惟には、ある立場が肯定されると、それを否定し対立する立場が現れ、より豊かで高次の次元へと総合されていく、と考えた。

マルクス Marx ⑥ 1818〜83 ドイツ生まれの哲学者・経済学者・社会主義思想家。ドイツ観念論哲学、イギリス古典派経済学、フランスの社会主義を研究・批判し、マルクス主義と呼ばれる総合的な思想体系を確立した。これは、その後の社会主義の思想と運動に大きな影響を与えた。 → p.207

史的唯物論 ⑤ マルクスとエンゲルスが確立した、唯物論に立つ社会観・歴史観。人間の物質的生産活動が社会や歴史の土台であり、ヘーゲルの弁証法哲学を用いて生産力と生産関係の矛盾から発生する階級闘争を社会発展の原動力とみなし、歴史の発展法則を究明しようとした。

経験論哲学 ② 認識の基礎を個別的・経験的事実におこうとする哲学。イギリスにおける代表的な哲学である。

功利主義 utilitarianism ⑥ 19世紀のイギリスで体系化された倫理・政治学説。人生や人間の行為の目的は、利益と幸福・快楽を得ることにあるとする考え。

ベンサム Bentham ⑤ 1748〜1832 イギリスの功利主義哲学の創始者。人生の目的である幸福は量的に測定できると考え、第1回選挙法改正など現実社会の改革や資本主義原理に理論的基礎付けを与えた。

「最大多数の最大幸福」 the greatest happiness of the greatest number ④ ベンサムがとなえた功利主義の標語。できる限り多くの人々に最大の幸福をもたらす行為が善であるとする考え。ベンサムはこうした考えにもとづき、選挙法改正運動などに取り組んだ。

ジョン＝ステュアート＝ミル John Stuart

Mill ④ 1806〜73 イギリスの哲学者・経済学者。経済学者として自由貿易の実現をめざす一方、ベンサム功利主義に修正を加え、高い質の幸福を追求する功利主義を説いた。晩年には、第2回選挙法改正や女性の参政権を提唱した。

スペンサー Spencer ④ 1820〜1903 イギリスの哲学者・社会学者。進化論の概念を道徳や社会の諸分野に適用して社会進化論を提唱した。

社会進化論 ④ ダーウィンの進化論における生存競争や自然淘汰の原理を、人間社会に応用した考え。社会ダーウィニズムともいう。人間社会も適者生存と優勝劣敗の原則にもとづいて進化・発展するとしたため、「劣った」民族や国家を優秀な国が支配することを正当化する差別主義に利用された。 → p.261

コント Comte ② 1798〜1857 フランスの哲学者で社会学の創始者。人間の知識の発展を神学的段階・形而上学的段階・実証的段階にわけ、実証主義哲学を創始した。

実証主義 positivisme ② コントが体系化した哲学。19世紀の自然科学の発達を背景に、科学的な方法を哲学に取り入れ、すべての知識の対象を観察できる経験的な事実だけに限定した。

社会学 ① 社会活動を支配する法則を科学的に実証しようとする学問。フランスの実証主義哲学者コントが創始した。

ニーチェ Nietzsche ⑤ 1844〜1900 ドイツの実存哲学の先駆者。キリスト教を近代ヨーロッパ文明衰退の原因と考え、「神は死んだ」と叫んで無神論的実存主義を展開し、超人の出現と永劫回帰の思想を展開した。

古典派経済学 Classical school of Political Economy ⑥ アダム＝スミスによって創始された自由主義経済学の別称。 → p.181

マルサス Malthus ⑥ 1766〜1834 イギリスの古典派経済学者。過剰人口による社会的貧困と悪徳の必然的な発生をとなえ、解決策として人口の抑制を説いた。これは社会主義者からきびしい批判を受けたが、近代経済学からは有効需要説などの点から高く評価されている。

『人口論』 An Essay on the principle of population ③ マルサスの著作（1798年刊）。食料は算術級数的にしか増えないが、人口は幾何級数的に増加するため、人類の貧困化は避けられないと説いた。

リカード　Ricardo ⑤ 1772～1823　イギリスの古典派経済学者。労働価値説を徹底し、商品価値は労働量によって決定されると説き、マルサスと対立しながら古典派経済学を確立した。主著は『経済学および課税の原理』(1817年刊)。

歴史学派経済学③ 19世紀のドイツで盛んになった経済学。リストが先駆者で、経済発展を歴史的に考察することを主張し、経済的後発国では保護貿易政策が必要と説いた。また、国民を単位とする経済社会を考察対象としたため、国民経済学の別称をもつ。

リスト　List ⑥ 1789～1846　ドイツの経済学者。自由貿易論を批判して保護関税政策を主張し、上からの統一的な国内市場創出を説いて、ドイツ関税同盟結成に貢献した。

近代歴史学⑥ 史料批判を通して実証的・科学的に史実を求めようとする歴史学。しかし、19世紀の近代国民国家としての各国の成立を正当化する歴史学として、現在その限界性も指摘されている。

ランケ　Ranke ⑥ 1795～1886　ドイツの歴史家。厳密な史料批判によって、歴史学とは「本来そうであったまま」に叙述するものとなえ、近代歴史学の基礎を確立した。

歴史法学② 19世紀前半のドイツでサヴィニーによって確立された法学。法の普遍性を主張する自然法学に対して、法の歴史性や法と民族精神との関連性を重視した学派をいう。

ファラデー　Faraday ⑤ 1791～1867　イギリスの化学・物理学者。1825年にベンゼンを発見したのち、31年に電磁誘導、33年に電気分解に関する「ファラデーの法則」を発見し、電磁気学の基礎を築いた。

電磁気学⑤ 電流によっておこる磁気を研究する学問。これにより発電の原理が解明された。

マイヤー　Mayer ⑤ 1814～78　ドイツの医師・物理学者。船医として東南アジアへの航海中に熱と運動との相互の関連を考察し、1842年にエネルギー保存の法則を発表した。

ヘルムホルツ　Helmholtz ⑤ 1821～94　ドイツの生理学者・物理学者。自然科学の全分野を研究し、1847年に「力の保存」を発表して、エネルギー保存の法則を提唱した。

エネルギー保存の法則⑤ 無からエネルギーは生まれないことを示す、物理学の根本原理の一つ。

レントゲン　Röntgen ⑤ 1845～1923　ドイツの物理学者。1895年、不透明体を通過する放射線を発見した。この業績で1901年最初のノーベル物理学賞を受賞した。

X線の発見⑤ レントゲンが発見した透過力の強い放射線。医学への応用が認められて大発見となった。

キュリー夫妻　Curie ⑥ 夫1859～1906、妻1867～1934　フランスの物理・化学者で、妻はポーランド出身。1898年にラジウムとポロニウムの分離に成功し、1903年に夫妻でノーベル物理学賞を受賞した。のち、妻マリは純粋なラジウムの分離に成功し、11年ノーベル化学賞を得た。

ラジウムの発見⑥ キュリー夫妻が発見した放射性元素。元素記号 Ra。医療・理化学研究に用いられる。

ダーウィン　Darwin ⑦ 1809～82　イギリスの博物学者。ビーグル号に乗って南半球をめぐり、動植物の変異の観察から生物進化を確信し、1859年に進化論として発表した。

進化論　evolution theory ⑦ ダーウィンが発表した、種は自然淘汰によって進化したとする学説。進化論は社会科学の諸分野に大きな影響を与えたが、生物が神によって創造されたものでないといった考えは、キリスト教関係者の強い反発をまねいた。

『種の起源』　Origin of species ⑥ ダーウィンが生物進化を例証した主著(1859年刊)。

メンデル　Mendel ④ 1822～84　チェコ(当時オーストリア領)の修道院長・植物学者。1865年、修道院内でのエンドウ豆の交配実験から発見した、遺伝の法則を発表した。メンデルの業績は生前認められなかったが、1900年に「メンデルの法則」として再評価された。

遺伝の法則④ 親のもっている形態や性質が、遺伝子によってその子孫に伝わるという学説。

細菌学⑥ 菌類に属する微生物を研究対象とする学問。

パストゥール　Pasteur ⑥ 1822～95　フランスの化学者・微生物学者。発酵・腐敗が微生物によっておこることを証明し、生物からの自然発生説を否定した。また狂犬病の予防接種に成功するなど、伝染病の予防・治療に貢献した。

コッホ　Koch ⑥ 1843～1910　ドイツの医師・細菌学者。1876年から炭疽菌・結核菌・コレラ菌などを発見した。また純粋培養法・染色法・顕微鏡写真撮影法などを開発したのち、ツベルクリンを創製した。さらに多くの伝染病研究をおこない、近代細

菌学の祖と呼ばれる。

北里柴三郎 ① 1852〜1931　細菌学者。1886年からドイツに留学してコッホに師事。滞独中に破傷風菌の純粋培養とその毒素の研究、ジフテリアと破傷風の血清療法を創始した。

公衆衛生 ③ 都市の環境整備などを通して疫病を予防し、心身の健康と社会生活の発展をはかる考え。細菌学や予防医学の知見と連動して、上下水道の整備やゴミの収集、河川の浄化などが進められて、幼児死亡率の低下や平均寿命の伸長がもたらされた。

ノーベル　Nobel ⑥ 1833〜96　スウェーデンの技術者。1867年にダイナマイト、87年に無煙火薬を発明した。彼の遺産を基金に、1901年ノーベル賞が創設された。

ダイナマイト ⑥ ノーベルが発明した、液体で不安定なニトログリセリンを珪藻土などにしみこませてつくった爆薬。

モース(モールス)　Morse ⑤ 1791〜1872　アメリカの発明家。1837年に電磁石を応用した最初の電信機とモールス信号を考案し、44年ワシントン・ボルティモア間に世界最初の電信線を架設した。

電信機 ⑥ 電流・電波を利用して情報を伝える通信方式。無線と有線に大別される。

ベル　Bell ⑦ 1847〜1922　アメリカの発明家。スコットランド出身。耳が不自由な人の教育にたずさわっていた、音響学の研究から1876年に磁石式電話機を発明した。

電話 ⑦ 音声を電流または電波にかえて遠方に送り、さらに音声に還元して通話する装置。

マルコーニ　Marconi ④ 1874〜1937　イタリアの電気技術者。1895年無線電信の実験に、1901年大西洋横断無線電信に成功した。09年ノーベル物理学賞を受賞した。

無線電信 ④ 電線によらず、電波を用いておこなう通信方法。

エディソン　Edison ⑤ 1847〜1931　アメリカの発明家。1876年に研究所を設立し、蓄音機・白熱電灯・映画など1000件以上の発明をおこない、「発明王」と呼ばれた。

電灯 ⑤ 電力を光源とした灯火。

海底電信ケーブル ③ 海を隔てた通信のため海底に設けられた電線。1851年世界最初のものがドーヴァー海峡(英仏間)に敷設され、以後、大洋航路に沿って66年に大西洋間、70年にイギリス・インド間にしかれた。日本では、71年にウラジヴォストークおよび上海それぞれが長崎と結ばれた。

ダイムラー　Daimler ③ 1834〜1900　ドイツの機械技術者。1883年に自動車エンジンの原型となる内燃機を発明し、86年にガソリン自動車を完成させた。90年にダイムラー社を設立し、自動車の製造を始めた。

ディーゼル　Diesel ③ 1858〜1913　ドイツの機械技術者。1897年に燃料消費の少ない実用的ディーゼル機関を完成した。

ライト兄弟　Wright ⑤ 兄1867〜1912、弟1871〜1948　動力飛行機の初飛行に成功したアメリカ人兄弟。1903年、兄弟は59秒の飛行に成功した。

タスマン　Tasman ② 1603〜59　オランダの航海者。1640年代の航海でタスマニア・ニュージーランド・フィジーなどに到達し、帰途、オーストラリア沿岸を探検した。

クック　Cook ⑤ 1728〜79　イギリスの探検家・軍人。1768年からの3回の航海で太平洋のほぼ全域を探検した。79年にハワイで先住民に殺された。

リヴィングストン　Livingstone ③ 1813〜73　イギリスの宣教師・探検家。宣教のため南アフリカに派遣され、1849年より南部アフリカ奥地を探検し、ヴィクトリア滝などを発見した。　→ p.254

スタンリー　Stanley ③ 1841〜1904　イギリス出身のアメリカ人新聞記者・探検家。リヴィングストンを捜索し、1871年にタンガニーカ湖畔で遭遇した。74年以降は、ベルギー王の支援でコンゴ地方を探検した。　→ p.254

極地探検 ④ 19世紀末から国家威信をかけて展開された、南極・北極への探検と到達の試み。

ピアリ　Peary ⑤ 1856〜1920　アメリカの探検家。1909年北極点の初到達に成功した。

アムンゼン　Amundsen ⑥ 1872〜1928　ノルウェーの探検家。はじめ北極点の初到達をめざしたが、ピアリに先をこされたため南極点到達に切りかえ、1911年スコットとの競争に勝って、南極点の初到達に成功した。

スコット　Scott ③ 1868〜1912　イギリスの探検家。1912年アムンゼンより1カ月遅れて南極点に到達したが、帰路遭難死した。

ヘディン　Hedin ③ 1865〜1952　スウェーデンの探検家・地理学者。1893年以降4回にわたって中央アジアを探検し、楼蘭の遺跡の発見、ロプノール湖の周期的移動の確認など、成果をあげた。

スタイン　Stein ① 1862〜1943　イギリスの

探検家・東洋学者。インド帝国政府の支援のもと、1900〜16年までの3次にわたり中央アジアを探検し、敦煌ミラなどを調査した。

近代大都市文化の誕生

コレラ cholera ③ インドのベンガル地方の風土病。19世紀以降、世界的に流行して多くの命を奪った。劣悪な都市環境が流行をうながしたことから、上下水道の整備が進展した。1883年、コッホによるコレラ菌の発見によって治療法も確立された。

上下水道の整備 ③ 上水と下水をわけて公衆衛生をはかること。ヨーロッパの大都市では、パリに代表されるように上水と下水で同じ河川を利用することが一般的であったが、両者を分離することで衛生状態の改善がはかられた。

パリ改造 ⑥ 第二帝政時代に、セーヌ県知事オスマン(1809〜91)が推進したパリの全面的な都市改造。何重かの環状道路と放射状に走る道路網の整備を基盤に、治安対策を考慮したスラム街の一掃、公衆衛生を考慮した地下上下水道の建設などがおこなわれた。

ウィーンの都市計画 ② 19世紀に進められたウィーンの都市整備・改造。ウィーンの周囲を取りまいていた城壁を撤去して環状道路(リング゠シュトラーゼ)がつくられ、そこに劇場・コンサートホール・美術館などの公共施設が整備された。

都市交通網の整備 ② 19世紀後半のヨーロッパにおける電車や地下鉄による交通網の整備。郊外と都市中心部を結ぶ路線が整備されて交通の便がよくなった。また、混雑した市内の道路を避けて地下鉄がつくられた。最初の地下鉄は1863年のロンドンに建設された「メトロポリタン鉄道」。

映画 ③ 1895年のフランスのリュミエール兄弟による上映が映画の誕生とされる。その後、記録媒体・大衆娯楽の一ジャンルとして大きく発展を遂げた。

デパート ③ 様々な種類の商品を陳列し、正価販売をおこなう豪華大型店舗。1852年、パリでブシコ夫妻により世界最初のデパート「ボン゠マルシェ」がつくられ、58年にはニューヨークで「メイシーズ」が誕生した。

第14章　アジア諸地域の動揺

1　西アジア地域の変容

オスマン帝国の動揺と「東方問題」

オスマン帝国の動揺 ⑦ 第２次ウィーン包囲の失敗を機とする、オスマン帝国支配体制の動揺。帝国はヨーロッパ諸国に対する優位を失い、カルロヴィッツ条約以降は外交を優先して体制維持をはかった。しかし、18世紀半ばにアラビア半島でワッハーブ運動が興隆し、ロシアにクリミア半島を奪われるなど、周辺地域から支配が揺らぎはじめた。また内部では、徴税請負（ちょうぜいうけおい）を担ったアーヤーン（地方の有力者）が台頭（たいとう）し、自立化の傾向もみせた。19世紀に入ると、ナショナリズムの高揚を背景に、領内の諸地域や民族の自立の動きが高まり、それに乗じたヨーロッパ列強の干渉も強まった。

ウィーン包囲《第２次》 ⑤ 1683　オスマン帝国がオーストリアの都ウィーンを包囲した事件。オーストリアとポーランドの連合軍の抵抗で失敗し、オスマン帝国が中東欧から後退する契機となった。→ p.175

カルロヴィッツ条約 Karlowitz ⑥ 1699　オスマン帝国がオーストリア・ポーランド・ヴェネツィアに領土を割譲（かつじょう）した講和条約。オーストリアにハンガリー・トランシルヴァニアなどをゆずり、オスマン帝国の勢力は大きく後退した。→ p.175

トランシルヴァニア Transilvania ① ルーマニア中部から北西部のカルパティア山脈に囲まれた地域。16世紀にはオスマン帝国の宗主権（そうしゅけん）下に公国として独立した。17世紀にオーストリア領となり、1867年のオーストリア＝ハンガリー帝国成立後は、ハンガリー王国領となった。

イブン＝アブドゥル＝ワッハーブ Ibn Abdul-Wahhāb ③ 1703～92　イスラーム復興運動の指導者、ワッハーブ派の祖。厳格な唯一神信仰を説き、神秘主義や聖者崇拝などを否定した。

サウード家 Su‘ūd ⑥ アラビア半島中部の豪族。イブン＝アブドゥル＝ワッハーブと協力して勢力を拡大し、1744年頃にワッハーブ王国（サウード王国）を建てた。

ワッハーブ運動 Wahhāb ⑥ 18世紀にイブン＝アブドゥル＝ワッハーブが始めた、イスラーム教の原点回帰をめざす改革運動。神秘主義やシーア派を激しく攻撃し、各地のイスラーム復興運動に影響を与えた。また、豪族サウード家と協力してシャリーア（イスラーム法）を厳格に適用する王国の建設をめざした。サウード家はワッハーブ派と協力してワッハーブ王国（1744頃～1818年、23～89年）を建ててオスマン帝国からの分離をはかり、メッカ・メディナを占領してアラビア半島を支配下に入れたが、1818年にムハンマド＝アリーに敗れた。王国は23年に復活したものの、やがて内紛により衰え、19世紀末にサウード家の支配は崩れた。のち運動はサウジアラビア王国に受け継がれた。

サウジアラビア ② 1932年、イブン＝サウードが、アラビア半島中央部のリヤドを都として建てた王国。サウード家がワッハーブ派と協力して建てたワッハーブ王国がその基礎となった。

サヌーシー教団 ① ムハンマド＝ブン＝アリー＝アッサヌーシー（1787～1859）がメッカで創設したイスラーム神秘主義教団。のちにリビアに本拠地を移した。フランスやオスマン帝国と対決姿勢をとり、1911年以降はイタリアの進出に抵抗した。51年にリビア王国が独立すると、教団の指導者ムハンマド＝イドリース＝アッサヌーシーが国王となったが、69年に軍人のカダフィによる革命で王制は打倒された。

セリム３世 Selim ① 1761～1808　オスマン帝国第28代スルタン（在位1789～1807）。西欧化改革に取り組み、西欧式の新軍隊ニザーム＝ジェディットを設立したほか、西欧各国へ常駐大使を派遣した。しかし、反発したイェニチェリなど保守勢力に廃位・殺害された。

ナポレオンのエジプト占領 ⑦ 1798～99　その支配は短期間に終わったが、フランスの軍事力や科学技術、法の運用法はオスマン帝国に大きな衝撃を与え、エジプト近代化

の端緒となった。

ムハンマド゠アリー　Muḥammad 'Alī ⑦
1769〜1849　オスマン帝国のエジプト総督
で、ムハンマド゠アリー朝の創始者。ナポ
レオンのエジプト遠征に抵抗し、1805年に
オスマン帝国からエジプト総督に任命され、
18年にはオスマン帝国の要請でワッハー
ブ王国を滅ぼした。近代化政策を推進し、
ギリシア独立戦争でオスマン帝国を支援し
た代償にシリア領有を要求した。2度のエ
ジプト゠トルコ戦争でエジプト・スーダン
総督の世襲権を認められたが、ヨーロッパ
列強の干渉もまねいた。

総督《オスマン帝国》⑤　州の長官。帝国の
衰退とともに、自立化していった。

ムハンマド゠アリー朝⑤　1805〜1952　ムハ
ンマド゠アリーを開祖とするエジプト最後
の王朝。この王朝のもとで国家体制や経済
の近代化がはかられたが、同時にヨーロッ
パ諸国への従属も進んだ。1914年にイギリ
スの保護国となったのち、22年に独立した
が、52年のエジプト革命で打倒され、エジ
プトは共和制に移行した。

マムルークの一掃　mamlūk ④　エジプトの
支配層であったマムルーク（軍人奴隷）勢力
に対し、ムハンマド゠アリーがおこなった
虐殺。オスマン帝国下のエジプトは、
属州でありながらも自立的な立場にあった。
そこでは「ベイ」の称号をもつ有力なマムル
ークが実権を握っていたが、ナポレオンの
遠征で弱体化した。遠征軍に抵抗して勢力
をのばしたムハンマド゠アリーは、式典を
名目にマムルークたちを招き寄せて虐殺し、
権力を確立した。

アラビア語による文芸復興運動③　アラブ民
族主義に影響を与えた、シリアでアラブ系
キリスト教徒の知識人がおこした文芸復興
運動。ヨーロッパのナショナリズムに刺激
を受け、アラビア語教育を柱に宗教をこえ
たアラブ民族の連帯を訴えた。

綿花《エジプト》③　高品質で知られるエジプ
トの綿花。19世紀後半、アメリカで南北戦
争が勃発して南部での綿花生産が急減す
ると、イギリスがその代替としてエジプト
の綿花に注目し、その需要・生産が急増し
た。

エジプト゠トルコ戦争⑦　エジプトとオスマ
ン帝国間の2度の戦争。ヨーロッパ諸国の
干渉に大きく左右された。〈第1次〉1831〜
33　ムハンマド゠アリーがシリアの行政権
を要求したから開戦。ロシアがオスマ

ン帝国を支援して南下をはかると、これを
警戒したイギリス・フランス・オーストリ
アが干渉し、ムハンマド゠アリーはシリア
を占領した。〈第2次〉1839〜40　報復をは
かるオスマン帝国のマフムト2世がエジプ
トを攻撃した。戦いはフランスの支援を受
けたエジプトが優勢だったが、エジプトの
台頭を警戒するイギリス・ロシア・プロイ
セン・オーストリアが干渉して、1840年の
ロンドン条約でエジプトのシリア領有は阻
止された。

ロンドン会議（ロンドン条約）《1840》④　イギ
リス・ロシア・プロイセン・オーストリ
ア・フランスによる第2次エジプト゠トル
コ戦争の講和会議。イギリス・ロシア・プ
ロイセン・オーストリアはロンドン4国条
約を結び、ムハンマド゠アリーのエジプ
ト・スーダンの総督世襲権を認める一方、
シリア領有は阻止してその強大化をおさえ、
フランスのエジプトへの影響力をそいだ。
また、フランスが加わった翌41年の海峡協
定で、ボスフォラス・ダーダネルス海峡が
中立化され、ロシアの南下政策も後退した。

ダーダネルス海峡・ボスフォラス海峡
Dardanelles, Bosphorus ④　黒海と地中海
を結ぶ水路の二つの海峡。ロシアは両海峡
の独占的な通行権の獲得・維持を南下策の
最大目標としていた。

「東方問題」　Eastern Question ⑥　オスマン
帝国の支配がゆるみ、支配下の諸地域・諸
民族が独立をめざすなか、ヨーロッパ列強
の介入でおこった国際的諸問題の総称。南
下政策を進めるロシアと、それを警戒する
イギリス・フランス・オーストリアとの対
立が軸となった。

オスマン帝国の経済的な従属化

トルコ゠イギリス通商条約⑥　1838　オスマ
ン帝国とイギリスとのあいだに結ばれた通
商条約。カピチュレーションで認められて
いた特権を法的に確定し、イギリス側に領
事裁判権を認め、オスマン帝国の関税自主
権を奪う不平等条約で、帝国の西欧への経
済的従属が進む契機となった。また、名目
的に帝国の宗主権下にあったエジプトにも
適用された。同条約によって貿易自体は拡
大し、その窓口として、サロニカ（現テッ
サロニキ）・イズミル・ベイルートなどの
港市が発展した。

スエズ運河　Suez ⑦　フランス人レセップス

が建設した地中海と紅海を結ぶ全長162km
の運河。1859年に着工し69年に完成、ヨー
ロッパとアジアの距離を短縮した。スエズ
運河会社の株式は、フランス政府とエジプ
ト政府が所有したが、75年にイギリスは財
政難のエジプト政府から株式を購入し、エ
ジプトへの介入を強めた。→ p.212

財政破綻《オスマン帝国・エジプト》⑥ クリ
ミア戦争以降の欧米諸国からの借款を
背景とする、オスマン帝国の財政破綻。徴
税権などが、1881年に債権国が設立したオ
スマン債務管理局に握られ、経済的従属が
進んだ。エジプトもスエズ運河建設などの
近代化事業で財政難に陥り、1875年にスエ
ズ運河会社の株式の40%をイギリスに売却
した。

オスマン帝国の改革

マフムト2世 Mahmud ③ 1785〜1839 オ
スマン帝国第30代スルタン(在位1808〜39)。
イェニチェリ軍団を廃止し、軍事・行政・
社会全般の西欧化を進めるなど、オスマン
帝国近代化の基礎を築いた。外交面では、
ギリシアの独立、ロシアの干渉、ムハンマ
ド゠アリーの自立化など、多くの課題に直
面した。

イェニチェリ軍団の解体⑥ 1826 マフムト
2世が実施した軍制改革。16世紀末頃から、
イェニチェリはデヴシルメ制による登用に
かわってムスリム子弟の世襲となり、都
市の商工業とも連動して一種の経済的特権
となっていた。マフムト2世は、イェニチェ
リにかわる近代的軍隊としてムハンマド
常勝軍を新設した。

アブデュルメジト1世 Abdülmecit ② 1823
〜61 オスマン帝国第31代スルタン(在位
1839〜61)。その治世下にタンジマートが
進行した。1840年、ロンドン条約でムハン
マド゠アリーと和睦した。また、1853〜
56年のクリミア戦争では、イギリス・フラ
ンス・サルデーニャの支援を受けてロシア
に勝利した。一方、英仏が支援の代償を求
めたため、アブデュルメジトは1856年に改
革勅令を発し、非イスラーム教徒の人権を
認めるなどの改革をおこなった。

ギュルハネ勅令 Gülhāne ④ 1839 ムス
タファ゠レシト゠パシャ(1800〜58)が起草
し、アブデュルメジト1世によって発布さ
れた勅令。名称は勅令が発表されたトプカ
プ宮殿のバラ園の名称に由来。この勅令は、
宗教を問わない帝国臣民の法のもとでの平
等(オスマン主義)や、身体・名誉・財産の
保障、平等な税制・徴兵などを宣言した。

タンジマート Tanzimat ⑦ 1839〜76 ムス
タファ゠レシト゠パシャら官僚の主導によ
る、オスマン帝国の司法・行政・財政・軍
事にわたる改革。帝国臣民の法のもとでの
平等、生命・財産の保障など、西欧型の近
代化をめざしたが、保守派の抵抗により十
分な効果をあげられずに挫折した。

クリミア戦争 Crimea ⑤ 1853〜56 クリミ
ア半島でロシアとオスマン帝国が開戦し、
イギリス・フランス・サルデーニャの連合
軍がオスマン帝国を支援した戦争。
→ p.210

オスマン主義④ オスマン帝国の全住民に平
等な権利を認め、ムスリムと非ムスリムの
共存・協力を求める考え方。バルカン半島
における民族運動やキリスト教徒保護など
を口実とする列強の干渉に対抗し、帝国の
統一をはかろうとした。しかし、バルカン
の民族運動を抑えることはできず、しだい
に影響力を失っていった。

「新オスマン人」⑤ 宗教の違いをこえて「オス
マン人」として共存・協力を呼びかけるオ
スマン主義に立ち、自由主義的立憲運動を
推進した人々。

ミドハト゠パシャ Midhat Paşa ⑦ 1822〜
84 オスマン帝国の大宰相(在任1872、
76〜77)。地方官を歴任後、大宰相に就任
した。ミドハト憲法を起草したが、アブデ
ュルハミト2世と対立して失脚した。

ミドハト憲法(オスマン帝国憲法)⑦ 1876
近代化を内外に示すため、大宰相ミドハ
ト゠パシャが起草したオスマン帝国最初の
憲法。上下両院の議会設立などを規定した
が、78年、ロシア゠トルコ戦争を口実に停
止された。

アブデュルハミト2世 Abdülhamit ⑥ 1842
〜1918 オスマン帝国第34代スルタン(在
位1876〜1909)。立憲運動の高まりを受け、
1876年にミドハトを大宰相に任用して憲法
を制定したが、ロシア゠トルコ戦争を口実
に78年に停止した。パン゠イスラーム主義
を政治的に利用してオスマン帝国の分裂を
阻止しようと専制政治をおこなったが、諸
民族の反抗やたびかさなる敗戦による領土
喪失などに批判が高まった。1908年、青年
トルコ革命に憲法を復活させたが、翌年、
反革命をくわだてたとして廃位された。

ヒジャーズ鉄道② アブデュルハミト2世が

シリアのダマスクスと聖都メディナ間に建設した鉄道。1908年に完成し、巡礼鉄道とも呼ばれたが、アラビア半島の支配やパン＝イスラーム主義の一環といった軍事的・政治的な目的もあった。

エルトゥールル号 ③ 19世紀末にオスマン帝国から日本に派遣された軍艦。帰路の1890年、台風による暴風雨のため和歌山県沖で座礁し、多くの犠牲者が出た。この事故に際して現地の人々が献身的に救助にあたったことは、日本とトルコの友好関係の始まりとされる。

))) イラン・アフガニスタンの動向 (((

テヘラン Tehran ② イラン高原北部の都市。一小都市であったが、ガージャール朝の首都となって以降、発展した。続くパフレヴィー朝・イラン＝イスラーム共和国においても首都とされた。

ガージャール朝 Qājār ⑦ 1796〜1925 ザンド朝(1751〜94年)を倒し、サファヴィー朝滅亡後のイラン高原における政治的混乱を収拾したトルコ系王朝。首都テヘラン。19世紀にはロシアとイギリスを中心とする列強の進出に苦しみ、バーブ教徒の乱などで内政も不安定な状況が続いた。

トルコマンチャーイ条約 Turkmanchay ⑥ 1828 第2次イラン＝ロシア戦争の講和条約として、ロシアとガージャール朝のあいだに締結された不平等条約。ガージャール朝はロシアにアルメニアを割譲し、治外法権を認め、関税自主権も失った。この条約を契機に、ガージャール朝は諸外国とも不平等条約を締結し、列強のイランへの干渉の道を開いた。

コーカサス(カフカス) Caucasus (Kavkaz) ⑤ 黒海とカスピ海に挟まれた地域。コーカサス山脈を境に南北にわかれる。1820年代にイラン領からロシア領となった。コーカサスは英語読みで、ロシア語読みではカフカス。

アルメニア Armenia ③ ザカフカース・トルコ・イランにまたがる、カスピ海とアナトリア(小アジア)のあいだに広がる高原地帯。トルコマンチャーイ条約で大半がロシア領となった。

アゼルバイジャン Azerbaijan ① コーカサス山脈の南、カスピ海の西南岸の地域。16世紀、サファヴィー朝がオスマン帝国と争って領地とした。しかし、19世紀に北部を

ロシアに奪われた。

バーブ教 Bāb ⑤ 1840年代にイランで広まった新宗教。開祖サイイド＝アリー＝ムハンマド(1819〜50)は、みずからをマフディー(救世主)と人とをつなぐ「バーブ(門)」と称してシャリーア(イスラーム法)の廃止を宣言、イスラーム教からの分離をはかった。社会の混乱を背景に、ロシア・イギリスの圧力とそれに対するガージャール朝の無策により多くの信者を集めたが、50年代に政府のきびしい弾圧を受けた。

バーブ教徒の乱 ④ 1848〜52 イギリスやロシアに屈服し、外国勢力の支配が強まるイランで、中小商人や貧農たちがおこした反乱。指導者サイイド＝アリー＝ムハンマドが1850年に処刑されたが、その後、52年に国王暗殺未遂事件がおこると、政府は徹底した弾圧に踏みきり、バーブ教は壊滅的打撃を受けた。

バハーイー教 Bahāʼī ① バーブ教の分派。バーブ教弾圧後、国外追放された指導者の一人が創始した。霊魂不滅説を基礎に、男女平等・世界語の採用などをとなえた。

アフガニスタン王国 Afghānistān ③ 1747年、パシュトゥーン系のドゥッラーニー朝(1747〜1842年)建設により成立。今日のアフガニスタンの起源とされる。19世紀、ロシアとイギリスが勢力争いを展開し、第2次アフガン戦争でイギリスの保護国とされた。第一次世界大戦後の1919年に独立を回復、73年に共和政に移行した。

アフガン人 ② 18世紀中頃にアフガニスタン王国を建国した民族で、パシュトゥーン人が自称。アフガニスタンとパキスタンの国境に位置するスレイマン山脈を原住地とする、アーリヤ系民族かつイスラーム教徒である。広義にはアフガニスタンに住む全住民を包括する。

アフガン戦争《第1次〜第3次》 ⑥ 1838〜42、78〜80、1919 ロシアとイギリスの勢力争いを背景とする、アフガニスタンとイギリスの戦争。イギリスはロシアの南下を恐れて第1次戦争(1838〜42年)をおこしたが、完敗した。第2次戦争(78〜80年)ではアフガニスタンを事実上の保護国とし、英露協商(1907年)でロシアにも認めさせた。しかし、1919年、ロシアの社会主義政権樹立の影響下で第3次戦争がおこり、アフガニスタンはイギリスから独立した。

アフガニスタン保護国化 ⑤ 1880 イギリスはロシアのアフガニスタン進出を恐れ、第

2次アフガン戦争をおこなった。その結果、アフガニスタンは、外交権をイギリスにゆだねて保護国となった。

グレートゲーム ④ イギリスとロシアの中央アジアの覇権をめぐる抗争を、チェスに見立てた呼称。両国は、諜報活動や外交での駆け引きを繰り返したが、直接戦うことはなかった。1880年代初頭に始まり、1907年の英露協商で終結したとされる。

2 南アジア・東南アジアの植民地化

西欧勢力の進出とインドの植民地化

東インド会社《イギリス》 East India Company ⑦ 1600年、エリザベス1世の特許状により設立された貿易会社。インド貿易と中国貿易に力を入れ、1757年のプラッシーの戦いを契機にインド征服戦争を進めた。イギリスの植民地獲得が進むにつれ、現地の領土支配を目的とする準政府的な組織へと性格をかえていった。 → p.161, 170

ムガル帝国の衰退 ⑤ 地方勢力の自立化や英仏の進出によって、18世紀以降急速に進んだムガル帝国の衰退。18世紀初めの第6代アウラングゼーブ帝の死後、各地で諸侯の自立傾向が強まり、有力な政権が割拠した。また、イギリスやフランスが領域支配を進めたため、1757年のプラッシーの戦い以後は実質的な統治力を失い、インド大反乱中の1858年、イギリスに滅ぼされた。

カーナティック戦争 Carnatic ② 1744〜61 (63) イギリス・フランスが、現地勢力を巻き込み、南インドで展開した3次にわたる戦争。第1次(1744〜48年)、第2次(50〜54年)は、インド総督デュプレクスの活躍でフランス優位に展開した。第3次(58〜63年)でイギリスが勝利し、南インドにおけるフランスに対する優位を確定した。 → p.169

プラッシーの戦い Plassey ⑦ 1757 イギリス東インド会社軍が、フランス軍を後ろ盾としたベンガル太守軍を破った戦い。イギリスはベンガルの実質的な支配権を手に入れ、フランスはインドシナ進出に転じた。イギリスは北米でもフランスを破り、1763年のパリ条約で、植民地をめぐる争いにおける優位を決定づけた。 → p.170

ベンガル Bengal ⑤ ガンジス川下流のデルタ地帯で、現在の西ベンガル州とバングラデシュ。ムガル帝国時代、もっとも豊かな地域の一つといわれた。

ベンガル太守 ③ ムガル帝国のベンガル州長官。アウラングゼーブ帝の死後、独立傾向を強めた。1764年ブクサールの戦いでイギリスに敗れ、翌年徴税権(ディーワーニー)を奪われ、イギリスの傀儡とされた。

クライヴ Clive ② 1725〜74 イギリスの軍人・政治家。東インド会社書記としてカー

ナティック戦争で活躍し、さらにプラッシーの戦いを勝利に導いた。1765年にベンガル州知事となり、領土支配に着手した。帰国後、収賄などの非難を受け、自殺した。

ディーワーニー（徴税権）　dīwānī ⑦　イギリスは1764年のブクサールの戦いでベンガル太守・アワド太守・ムガル皇帝の連合軍に勝利し、翌65年にインド北東部のベンガル・ビハール・オリッサ地域のディーワーニー（徴税権）を獲得した。これを契機に、イギリスはインドでの領域支配を開始した。

マイソール王国　Mysore ③　17世紀初頭、ヴィジャヤナガル王国から分離した南インドのヒンドゥー教国。ハイダル゠アリー、ティプー゠スルタン父子の統治下でイスラーム化したが、マイソール戦争に敗れ、イギリスの支配下に入った。　→ p.144

マイソール戦争 ④　1767〜69、80〜84、90〜92、99　マイソール王国とイギリスのあいだの4次にわたる戦争。イギリスが勝利し、南インド支配を確立した。

マラーター同盟 ②　18世紀半ば〜1818　デカン高原西部のマラーター諸侯が形成したゆるやかな同盟。ムガル帝国の衰退に乗じ、一時はインドの覇権を握ったが、3次にわたるイギリスとのマラーター戦争に敗れ滅亡した。　→ p.144

マラーター戦争 ④　1775〜82、1803〜05、17〜18　マラーター同盟とイギリスの3次にわたる戦争。勝利したイギリスはデカン高原西部を支配したが、マラーター諸侯の多くは藩王国として残った。

シク王国 ③　1799〜1849　シク教徒がパンジャーブ地方に建てた王国。イギリスと2度戦ったが敗れて滅亡した。イギリスはこの勝利でインドの全域をほぼ掌握した。

シク戦争 ④　1845〜46、48〜49　イギリスがシク王国を破り、パンジャーブをイギリス領インドに併合した戦い。

藩王国 ⑤　植民地時代のインドで、従来の支配者に外交・国防権を除く内政権が認められ、間接統治とされた国。イギリスは当初、藩王国を取りつぶして併合する政策を進めたが、インド大反乱を契機に保護策に転じ、現地支配者の協力による間接支配を重視した。その数は大小あわせて600近くになり、面積でインドの3分の1、人口で4分の1を占めた。

植民地統治下のインド社会

ザミンダーリー制　Zamīndārī ④　イギリスがインド支配のために、1793年にベンガル・ビハール・オリッサ地域で導入した地税徴収制度。1765年にディーワーニー（徴税権）を獲得したイギリスは、植民地支配の財政基盤を固めるため、徴税システムの確立を急いでいた。当初は旧来の徴税請負制度も試みたが、より効率のよい制度を求め、ザミンダールと呼ばれるインドの在地領主層に広大な領域の土地所有権を与え、永代定額の地税納入の義務を負わせた。制度導入後、ザミンダールは領主的性格を失って地主化した。

ライヤットワーリー（ライーヤトワーリー）制　Raīyatwārī ④　19世紀初め、イギリスがインド南部や西部で導入した地税徴収制度。実際に農地の耕作にあたるライヤット（農民）に土地所有権を認め、直接地税を徴収した。インド南部では、マイソール戦争やマラーター戦争で有力な在地領主層が弱体化しており、イギリスは彼らを無視して上層農民を対象としたライヤットワーリー制を実施できた。その背景には、中間支配層を排除して統治しようとするイギリスの考えがあった。

輸出入の逆転《インド》④　18世紀、インドはイギリスに綿布を輸出していたが、産業革命を機にしだいにイギリスの機械製綿布や綿糸が優勢となり輸入が増大し、1810年代末には輸出入が逆転した。以降、インドは綿花や藍などの原料供給地として、イギリス資本主義の市場に組み込まれていった。

アヘン ⑥　ケシの汁液を原料とする麻薬。イギリスがインドにおいてアヘンの栽培を奨励したことから、19世紀前半、手織りによる綿製品にかわってインドのおもな輸出品となった。　→ p.241

イギリス東インド会社の貿易独占権廃止 ⑤　1813　自由貿易を求める産業資本家や商人たちの批判を背景に、東インド会社は中国貿易・茶貿易に関する独占を除き、インド貿易を自由化した。

イギリス東インド会社の商業活動停止 ⑤　1833　中国貿易・茶貿易に関する東インド会社の独占権が廃止され、会社は商業活動を停止し、インド統治機関となった。実施は1834年。

カントリー゠トレーダー　Country Trader

② 中国・インド・東南アジアにおけるアジア間貿易を中継した地方貿易商人。イギリス東インド会社が調達したインド産アヘンを、現地のイギリス人民間商人が中国に密輸した。東インド会社の中国貿易独占権が1834年に廃止されると、彼らはさらに多くのアヘンを中国に輸出した。のちに上海や香港を拠点とするジャーディン＝マセソン商会が有名。

インド大反乱とインド帝国の成立

インド大反乱(シパーヒーによる大反乱) ⑦
1857～59 インドにおける民族独立運動の先がけともされる反英反乱。デリー北東部のメーラトに駐屯するシパーヒーが反乱をおこし、宗教的対立をこえてムガル皇帝を擁立して、イギリスに宣戦した。これに呼応して各地のシパーヒーが蜂起し、イギリスの支配に不満をもつ旧支配層や農民、都市の民衆も加わり、反乱は北インド全域に広がった。しかし、軍事力・組織力にすぐれるイギリスは、体制を立て直して反乱を鎮圧した。1858年、ムガル帝国は滅亡し、インドはイギリスの直接統治下におかれた。

シパーヒー sipāhī ⑥ イギリスが植民地支配のために雇用したインド人傭兵。ペルシア語・ウルドゥー語で「兵士」の意味。比較的上位カーストのヒンドゥー教徒や上層のイスラーム教徒が多かった。

デリー城占拠 ⑤ メーラト基地のシパーヒーたちがデリー城を占拠したこと。彼らは有名無実の存在となっていたムガル皇帝バハードゥル＝シャー2世の復権を宣言した。

ムガル帝国滅亡 ⑤ 1858 ムガル皇帝が捕えられ、イギリス国王への反乱罪でビルマに流刑となった。これにより帝国は名実ともに滅亡した。

東インド会社解散《イギリス》⑦ 1858 インド大反乱の責任を問われた東インド会社の、インド統治改善法の成立による活動停止。以後、インドはイギリス政府の直接支配下におかれた。

インド政庁 ② イギリス領インドを統治した政府。政府の長であるインド総督は、イギリス国王の代理人として「インド副王」と呼ばれ、藩王国も統制した。

ヴィクトリア女王 Victoria ⑥ 1819～1901 大英帝国最盛期の女王(在位1837～1901)。その治世はヴィクトリア時代と呼ばれ、

1877年からインド皇帝(在位1877～1901)を兼任した。 → p.211

インド皇帝 ⑦ インド直接統治への移行を印象づけるため、イギリス国王が使うことを認められた称号。1877年、ヴィクトリア女王がインド皇帝即位を宣言した。

インド帝国 ⑦ 1877～1947のインド植民地の呼称で、ヴィクトリア女王のインド皇帝即位で成立。首都はカルカッタ。イギリス国王を皇帝にいただくという特別扱いは、イギリス帝国におけるインドの重要性を示している。

分割統治 ⑤ 被支配者を分断し、団結・抵抗を防ぎ、支配を容易にする統治方法。古代ローマ帝国の統治法にならい、イギリスはインドにおける宗教やカーストの違い、地域の差異などにより、分断された集団間の反目を植民地支配に利用した。

東南アジアの植民地化

〈ジャワ〉

マタラム王国滅亡 Mataram ③ マタラム王国はジャワ島中・東部を支配したイスラーム王国。王位継承へのオランダの干渉により18世紀半ばに王家が分裂し、マタラム王国の名は消滅して、オランダの支配下に入った。

東インド会社解散《オランダ》③ 1799 イギリスとの競合や会社職員の汚職による会社の財政悪化、1795年のナポレオン軍によるオランダ占領などを背景に、東インド会社は99年末に解散させられた。

ジャワ戦争 Jawa ⑤ 1825～30 オランダの支配に対し、ジョクジャカルタの王族がおこした反乱。オランダは反乱鎮圧に成功したが、東インド政庁の財政は悪化した。

オランダ政庁 ① オランダが東インド植民地支配のために、ジャワのバタヴィアに設置した政府。1799年にオランダ東インド会社が解散され、東インド植民地は本国の直轄領となった。本国は政庁を設置して、東インド総督が統治にあたった。

強制栽培制度(政府栽培制度) ⑥ オランダ領東インド総督のファン＝デン＝ボス(1780～1844)が、財政立て直しのため1830年からジャワ島を中心に実施した経済政策。強制栽培制度は実態にもとづく意訳で、単に政府栽培制度とも呼ばれた。村落にコーヒー・サトウキビ・藍などの作物栽培を割りあて、安い価格で買いあげた。オランダ経

済は回復したが、ジャワでは場所によって食料自給が難しくなり飢饉が生じた。一方、村落の編成が強化され、大きな戦乱もおきなかったため、人口増加につながった。

アチェ戦争 Aceh ② 1873〜1912 アチェ王国と植民地支配拡大をめざすオランダの戦争。アチェ側がゲリラ戦を展開して長期戦となったが、オランダが制圧した。

オランダ領東インド ④ オランダが現在のインドネシアに領有した植民地。オランダ本国がフランス革命軍に占領されていた1799年に東インド会社が解散すると、その植民地は本国政府の支配下に入った。その後、ジャワ戦争・バリ戦争(19世紀半ば〜20世紀初め)・アチェ戦争などを経て20世紀初頭にオランダ領東インドの領域が完成した。

イギリス＝オランダ協定 ⑤ 1824 マレー半島・シンガポール・インドをイギリスの、スマトラ・ジャワなどの諸島部をオランダの勢力圏とした協定。1819年、イギリスがシンガポールを獲得して英蘭間の対立が激化し、勢力圏をめぐる交渉が始まり、24年に結ばれた。

〈マレー半島・ビルマ〉

ペナン Penang ⑥ マラッカ海峡北部、マレー半島の西方に位置する島。1786年にクダー王国のスルタンからイギリスに割譲され、交易の中心に発展した。

マラッカ Malacca ⑥ マレー半島南西岸の港市。1400年頃にマラッカ王国の都として形成され、鄭和の遠征に応えて明に朝貢、15世紀中頃に東南アジアの交易の中心となった。1511年にポルトガルに占領され、1641年にオランダ、1824年からはイギリスの植民地となった。 → p.164

シンガポール Singapore ⑦ マレー半島南端のシンガポール島と周辺の小島からなる港市。1819年、イギリス人ラッフルズが上陸し、24年のイギリス＝オランダ協定でイギリス領となった。26年にペナン・マラッカとあわせて海峡植民地を形成し、イギリスのマレー半島における拠点となった。

ラッフルズ Raffles ③ 1781〜1826 イギリスの植民地行政官。ナポレオンによる一連の戦争のあいだ、ジャワの副総督として統治にあたり、ボロブドゥール遺跡を発見した。1819年、ジョホール王にシンガポールを関税のかからない自由港として開港させ、イギリスの交易拠点とした。

海峡植民地 Straits Settlements ⑦ 1826〜1946 マレー半島にイギリスが築いた植民地。ペナン・マラッカ・シンガポールからなる。1867年に直轄植民地となった。

マレー連合州 Federated Malay States ⑤ 1895年、イギリスがマレー半島のムラユ(マレー人)4カ国と協定を結び、翌年に保護領とした地域。豊富な錫を産出したが、19世紀末からはゴム栽培も盛んになった。

英領マレー(マラヤ) ⑤ 直轄領の海峡植民地を含めた、マレー半島のイギリス植民地の総称。イギリスは1895年にマレー半島の4カ国をマレー連合州に組織して支配下におくとともに、そのほかの諸国も非連合州として影響下において、マレー半島南半を植民地とした。

北ボルネオ Borneo ③ イギリスは1888年にボルネオ北部を領有し、南部を支配するオランダと協定を結んで境界を画定した。

ゴムのプランテーション ⑦ 20世紀にマレー半島で盛んとなったプランテーション。19世紀末、イギリスがブラジルから天然ゴムの苗をもちこんで栽培を開始し、20世紀には自動車の需要もあってプランテーションが拡大した。労働力はインド南部のタミル人が活用された。

錫開発 ⑥ 産業革命の進展にともない、工業原料として錫の需要が急増したため、イギリスがマレー半島でおこなった鉱床開発。労働力不足を補うために、広東や福建から多数の中国人がクーリー(苦力)としてマレー半島に移民として渡った(華人・華僑)。

印僑(インド人労働者) ⑥ インド出身の移民。奴隷貿易廃止後、黒人奴隷にかわる労働力として、茶・ゴムのプランテーションでの労働に従事した。移民の背景には、農村の困窮や頻発する飢饉があった。行き先は、19世紀に植民地支配のもとで労働力の需要が高まったマレー半島やセイロン島(スリランカ)のほか、イギリス本国・南アフリカなどが多かった。

華人(華僑) ⑤ 世界各地に定住する中国系住民の呼称。大半が東南アジアに集中している。アヘン戦争後に中国からの出国が容易になったこともあり、南部を中心に東南アジアへの移民が増えた。経済的に成功した人も多く、現代では移住先で国籍を得て定住する場合が多い。そのため、「仮住まい」の意味のある華僑より、華人と称することが一般的となった。 → p.148

アッサム Assam ② 茶の生産で知られるインド東北部の州。タイ語系の人々が樹立し

たアホム王国（13〜19世紀初め）が存在したが、1826年にイギリス領となった。

ビルマ戦争 ⑥ 1824〜26、52〜53、85　イギリスとビルマを支配していたコンバウン朝の3回にわたる戦争。第1回でサルウィン川以南のアラカン・テナセリムを、第2回でエーヤワディー（イラワディ）川下流域の下ビルマを失った。その後、コンバウン朝はフランスに接近したが、警戒したイギリスに第3回の戦争をしかけられて滅亡した。

ビルマ併合 ⑦ 1886　さしたる戦闘もなしに、第3回ビルマ戦争でコンバウン朝は滅ぼされ、ビルマはインド帝国に併合された。

ヤンゴン（ラングーン）　Yangon ①　エーヤワディー（イラワディ）川の河口に位置するミャンマーの旧首都。イギリスの植民地支配下で発展をとげ、1948年のビルマ独立に際して首都となった。88年に政権を握った軍事政権は2006年に首都をネーピードーに移した。

〈フィリピン〉

政教一致政策《フィリピン》④　スペインがフィリピンでしいた統治体制。スペインは住民をカトリックに強制改宗させ、フィリピン人を長とする統治組織をつくった。統治組織は教会の教区とほぼ一致しており、スペイン人の教区司祭が信仰と行政に絶大な権限をふるった。しかし、ミンダナオ島、スールー諸島などではイスラーム教徒がスペインへの抵抗を続け、その戦いはモロ戦争と呼ばれる。

マニラの開港 ④　18世紀末、自由貿易の圧力が強まったことから、スペインはマニラ貿易にヨーロッパ人商人の部分的参入を認め、1834年には正式に開港した。以後マニラは、国際貿易港として本格的な発展をとげた。

マニラ麻 ⑤　フィリピン原産のバショウ科の多年草。葉の表皮下の繊維からつくられるロープは耐水性が強く、船舶用ロープや漁網などに用いられる。

〈ベトナム・カンボジア・ラオス〉

西山の乱（タイソン）④ 1771〜1802　ベトナム中南部・西山出身の阮氏3兄弟の反乱。17世紀以降、ベトナム（黎朝）を二分してきた北部の鄭氏政権と中部の阮氏政権（広南王国）を滅ぼし、西山政権を建てた。

西山政権　Tay-son ② 1778〜1802　阮文岳・文呂・文恵の阮氏3兄弟が分裂していた黎朝を倒して建国したベトナムの

政権。土地改革やチュノムの公用語化などに着手したが、まもなく1802年に阮福暎に滅ぼされた。

阮福暎 ⑤ 1762〜1820　阮朝の初代皇帝嘉隆帝（在位1802〜20）。西山の勢力に滅ぼされた広南王国阮氏の生き残り。タイに亡命し、ラーマ1世やフランス人宣教師ピニョーの支援で西山政権を破り、フエ（ユエ）で即位した。

ピニョー　Pigneau ③ 1741〜99　阮福暎を支援したフランス人宣教師。阮福暎の救援依頼にこたえて帰国、1787年にフランス＝コーチシナ攻守同盟条約の成立に尽力した。フランスは革命直前の状況にあり、ベトナム支援はおこなわれなかったが、89年、個人的にフランス義勇兵をともなってベトナムに戻り、阮朝建国を支援した。

阮朝 ⑦ 1802〜1945　ベトナム最後の王朝。都はフエ（ユエ）。清の朝貢国だったが、1858年からフランスの侵略が始まり、83〜84年のフエ条約で保護国とされた。第二次世界大戦期の日本の進駐を経て、1945年、最後の皇帝バオダイの退位で滅亡した。
→ p.147

越南国（ベトナム）④　阮朝が宗主国の清朝から冊封を受けて使用した国号。1802年に阮福暎が即位して清に朝貢し、04年に清朝が彼を越南国王に冊封した。

サイゴン条約　Saigon ②　フランスが阮朝とベトナム南部のサイゴン（現ホーチミン市）で結んだ条約。仏越戦争（1858〜62年）後の1862年に結んだ第1次条約で、阮朝にキリスト教布教の自由、コーチシナ東部3省の割譲を認めさせ、74年の第2次条約ではコーチシナ西部3省の割譲を認めさせた。

コーチシナ東部獲得《フランス》Cochinchina　フランスが1862年のサイゴン条約で獲得した。67年には西部も占領した。コーチシナはヨーロッパ諸国が用いたベトナム南部の呼称。

劉永福 ④ 1837〜1917　清末・中華民国初期の軍人。広東の客家出身で、天地会の反乱に参加した。太平天国滅亡後にベトナムに逃れ、やがて華人武装集団の黒旗軍を率いて紅河流域地帯の交易を独占し、中国との国境地帯に半ば独立国をつくった。1873年、フランス軍のベトナム北部侵攻に際して阮朝から救援を求められ、フランス軍に対する抵抗戦争に参加した。またその後の清仏戦争の際には、李鴻章の要請で出兵し、フランス軍と戦った。

黒旗軍（こっきぐん） ④ 19世紀後半、阮朝の要請を受け、ベトナムでフランス軍に対する抵抗戦争に参加した華人武装集団。ベトナムに逃れてきた天地会系の農民を中心に、劉永福が1867年に安南で組織し、その後、中国との国境近くの紅河上流域に拠点を移していた。

フエ（ユエ）条約 Hue ④ 1883・84年にフランスとベトナムが結んだ条約。83年の条約はアルマン条約、84年の条約はパトノートル条約とも呼ばれる。83年の条約でベトナムはフランスの保護国とされ、84年の条約で修正・補強が加えられた。

宗主権（そうしゅけん） ⑥ 宗主国が支配下の国に行使する権限。内容は時代・地域によって様々である。従属国に自治を認めながら、外交・軍事・内政などに干渉することが多かった。

清仏（しんふつ）戦争 ⑦ 1884〜85　ベトナムの宗主権をめぐる清とフランスのあいだの戦争。フランスがフエ条約でベトナムを保護国とすると、清とベトナムの国境付近で清仏両軍が衝突、これを機に両国は開戦した。戦いはフランス優位に進んだが、清がしだいに劣勢を挽回（ばんかい）した。しかし李鴻章は講和を急ぎ、イギリスの仲介で天津条約を結んだ。

天津（てんしん）条約《清仏》 ⑤ 1885　清仏戦争の講和条約。イギリスの仲介で、清の李鴻章、フランスのパトノートルが調印。清は宗主権を放棄し、ベトナムに対するフランスの保護権を認めた。また、中国南部での通商・鉄道建設などにフランスの特権を与えた。

カンボジア保護国化 ⑥ 1863　ベトナムに対抗するため、カンボジア王はフランスの保護国化を受け入れた。その後、1887年にカンボジアはフランス領インドシナ連邦に組み入れられた。

フランス領インドシナ連邦 ⑦ 1887〜1945　ベトナム南部のコーチシナ・中部のアンナン・北部のトンキン、およびカンボジアをあわせて1887年に成立したフランスの植民地。99年にはラオスも統合し、清から租借した広州湾も管轄下においた。総督府は紅河デルタ中央に位置するハノイにおかれた。

ラオスのフランス領インドシナ連邦編入 ⑥ 1899　ラーンサーン王国分裂後、ルアンプラバン王国など3王国はタイの支配を受けた。1893年、フランスはラタナコーシン朝と条約を結び、メコン川以東をフランス領ラオスとし、99年にフランス領インドシナ連邦に編入した。

タイの情勢

シャム Siam ⑦ タイの旧名。1939年にピブン首相がタイを新国名として採用した。第二次世界大戦直後の45年にシャムが復活したが、49年に再びタイとなった。

バンコク Bangkok ③ ラタナコーシン朝の開祖ラーマ1世が首都と定めた都市。チャオプラヤ川河口から約30kmに位置する。

ラタナコーシン（チャクリ）朝 Ratanakosin (Chakri) ⑥ 1782〜　ラーマ1世が開いたタイの現王朝。ラーマ4世やラーマ5世の近代化政策により、また英仏両国の緩衝（かんしょう）地帯となったことなどにより独立を保った。1932年に立憲君主制に移行した。その後ラーマ9世（在位1946〜2016）は王権の回復をめざし、国王が国政に少なからぬ影響力を行使してきた。　→ p.147

ラーマ4世 Rama ③ 1804〜68　ラタナコーシン朝第4代国王（在位1851〜68）。英・仏の勢力均衡（きんこう）をはかり、積極的な近代化政策をとってタイの独立を守った。1855年にイギリスと不平等なバウリング条約を結び、ほかの欧米諸国とも同様の条約を結ぶ一方、国王の中国貿易独占を廃して自由貿易政策をとり、諸制度の改革に取り組んだ。

バウリング条約 Bowring ② 1855　タイとイギリスの修好通商条約。イギリス全権ジョン＝バウリングの名にちなむ。イギリスは領事裁判権、すべての港における交易と居住の権利、輸入貨物に対する3％の従価税率を獲得した。1856年フランス・アメリカも同様の不平等条約を結んだ。

ラーマ5世（チュラロンコン） Rama (Chulalongkon) ⑥ 1853〜1910　ラタナコーシン朝第5代国王（在位1868〜1910）。英・仏の圧力に苦しめられながら、中央集権体制の確立、奴隷制の廃止、行政・司法・軍事の西欧化を推進した。不平等条約の一部改正に成功、英・仏の勢力均衡政策にも助けられ、独立を維持した。

チャクリ改革 ① タイのラーマ5世がおこなった近代化をめざす改革。行政・軍事の西欧化を推進し、奴隷制廃止、鉄道敷設などを進めた。

内外からの清朝の危機

白蓮教徒びゃくれんきょうと**の乱** ⑥ 1796〜1804　四川しせん・湖北・陝西せんせい省境の新開地で発生した反乱。反乱鎮圧のために清しんの財政は困窮こんきゅうし、社会不安をまねいた。こうした状況下、地方の有力者が組織した団練と呼ばれる武装集団が、八旗はっき・緑営りょくえいにかわって活躍し、清朝の弱体化が露呈ろていした。

団練だん ③ 清代に組織された農村の武装組織。19世紀初めの白蓮教徒の乱に際し、郷紳きょうしん勢力が自衛のために武装集団を組織したことに始まる。やがて、こうした組織から正規軍にかわる地方軍が形成された。

清朝支配体制の動揺 ④ 18世紀以降、人口増加やそれにともなう開発の限界、物価騰貴とうきなどを背景に進んだ、清朝の支配体制の動揺。18世紀、清朝の領域は拡大し、人口も1億数千万から3億へと倍増した。山間部の開発なども進んだが、しだいに限界に達して土地不足による貧困化や社会不安が広がり、白蓮教徒の乱を代表とする紛争が各地で頻発ひんぱつした。また清朝の財政面では、人口増加で行政に必要な経費が増大した一方、銀の流入などによる物価の上昇にあわせて税収を増やすことができず、財政規模は実質的に縮小していた。そのため、財政難が深刻化し、頻発する紛争に対しても十分に対応することができなかった。

マカートニー　Macartney ⑤ 1737〜1806　イギリスの政治家・外交官。1793年、貿易関係改善を求めて熱河ねっかの離宮で乾隆帝けんりゅうていに謁見えっけんした。しかし清朝側は独自の世界観を崩さず、交渉は失敗した。

アマースト　Amherst ③ 1773〜1857　イギリスの政治家・外交官。1816年、マカートニーにつづいて清に貿易関係改善を求めた。しかし、三跪九叩頭さんききゅうこうとうの礼を拒んだため嘉慶帝かけいてい（在位1796〜1820）に謁見することもできなかった。

広州こうしゅう ⑥ 中国南部、珠江しゅこうデルタ地帯の港市こうし。1757年、乾隆帝がヨーロッパ船の来港を広州に限定し、対欧米貿易が集中した。→ p.37, 116, 148

三角貿易《アジア》 ⑥ 19世紀初めからイギリスが中国・インドとのあいだでおこなった貿易。イギリスは中国から大量の茶を輸入したが、それにみあう輸出品がなく、毎年多額の銀が流出していた。産業革命の進展にともなって資金需要が高まると、赤字が続く中国貿易への批判が強まった。そこで東インド会社は従来の片かた貿易を、インド産アヘンを中国に、中国の茶を本国へ、イギリスの綿製品をインドへ運ぶ三角貿易に再編した。中国へのアヘン流入は急増し、1830年代からは銀の流出が増大して、中国では銀価が高騰こうとうし、社会不安もまねいた。

アヘン密貿易 ⑤ 清朝がアヘン輸入を禁止したことに対し、東インド会社にかわり民間貿易商人がおこなった密貿易。1820年代より低価格アヘンを取り扱うようになったため、アヘンの流入量は激増し、銀が流出するようになった。

アヘン ⑦ ケシの汁液じゅうえきを原料とする麻薬。中国では鎮痛剤ちんつうざいとしても用いられ、17世紀後半からは吸飲きゅういんの習慣が広がった。人体に多大な悪影響をおよぼすため、清朝はその製造や販売、吸飲を禁止していた。→ p.236

林則徐りんそくじょ ⑥ 1785〜1850　清の政治家。湖広ここう総督時代にアヘン厳禁論を奏上し、道光帝どうこうてい（在位1820〜50）から欽差きんさ大臣に任じられた。1839年、広州でアヘンの没収と廃棄を強行して成果をあげたが、イギリスに開戦の口実を与える結果となった。40年に解任されてイリ地方に左遷されたが、のちに許されて大官に復帰した。50年、太平天国討伐を命じられ、赴任途中に病死した。

アヘン戦争 ⑦ 1840〜42　アヘンの密輸問題からおこったイギリスと清の戦争。中国の開国の起点ともされる。林則徐が広東できびしいアヘン取締りを強行すると、イギリスは中国の貿易体制打破を大義名分たいぎめいぶんに掲げて遠征軍を派遣した。イギリスが広東から北上し、寧波ニンポーや上海シャンハイ、鎮江ちんこうを攻略して南京にせまると、清は敗北を認め、42年8月に南京条約が締結された。

中国の開港と欧米諸国との条約

南京ナン**条約** ⑥ 1842　アヘン戦争の講和条約。南京沖に停泊するイギリス軍艦上で1842年8月に調印された。清は、(1)上海・寧波・福州・厦門アモイ・広州の5港の開港と領事の駐在、(2)香港島の割譲、(3)賠償金支払い、(4)行商の廃止、(5)イギリスの戦費の支払い、(6)中英両国官憲の対等交渉など13条を認めた。ただし、アヘン輸入問題については規

定されなかった。

香港ホン島の割譲かつじょう ⑥ 香港島は珠江の河口にある島。その後、イギリスは香港島の対岸や周辺の島々も清からの割譲や租借さくによって支配下においていった。

5港開港 ⑥ 上海・厦門・広州が1843年、寧波・福州が44年に開港した。

賠償金ばいしょうきんの支払い ⑥ 清は没収アヘンの補償費、行商の債務、イギリスの軍事費を支払った。

行商こうしょう（公行こうこう）の廃止 ⑥ 南京条約で取り決められた、行商を通じた貿易の廃止。結果として、イギリスによるアヘン輸出と茶の輸入は拡大したが、イギリスが期待した貿易収支の改善にはつながらなかった。

領事裁判権 ① 治外法権の一種。領事が自国民を本国の法で裁き、滞在国の司法の介入を認めないこと。

治外法権 ① 外国人が滞在国の裁判権、行政権に服することを免れる権利。

関税自主権の喪失 ⑥ 主権にもとづいて関税制度を定めたり、運営する権利を国家が失うこと。中国の場合、虎門寨追加条約で税率を決められたのが始まり。

最恵国待遇さいけいこくたいぐう ⑥ 条約締結国の一方が、もっとも有利な待遇を与える第三国と同等の待遇を相手国に対して与える取決め。清は、虎門寨追加条約でイギリスに片務的な最恵国待遇を認めた。

不平等条約 ④ 当事国の力関係が対等でなく、一方にとって有利な内容をもった条約。19世紀、ヨーロッパ諸国は非ヨーロッパ世界に多くの不平等条約を強制した。

五港（五口）通商章程ごこうつうしょうしょうてい ③ 1843年7月 南京条約の補足条約。清はこの条約で、領事裁判権を認めた。

虎門寨こもんさい追加条約 ⑤ 1843年10月 広州の虎門寨で結ばれた南京条約の追加条約。清は、(1)輸出入関税率、(2)片務的最恵国待遇、(3)開港場におけるイギリス人の土地租借と住居建築などを承認した。土地租借権はのちの租界設立につながった。

望厦ぼうか条約 ④ 1844 マカオ郊外の望厦で結ばれた、清とアメリカ間の修好通商条約。アメリカは、イギリスが南京条約と追加・補足条約で得た権利とほぼ同じ権利を得た。

黄埔こうほ条約 ④ 1844 広州郊外の黄埔で結ばれた清とフランス間の修好通商条約。南京条約・望厦条約とほぼ同じ内容で、フランスも英・米と同様の権利を獲得した。

アロー号事件 ⑤ 1856 第2次アヘン戦争の発端となった清英間の紛争。1856年10月、清朝官憲が、イギリス国旗を掲げて広州に停泊中の帆船アロー号の水夫を海賊の疑いで逮捕した。イギリス領事は、清がイギリス船籍のアロー号の船員を不当に逮捕、国旗を侮辱ぶじょくしたとして抗議した。

第2次アヘン戦争（アロー戦争） Arrow ⑦ 1856〜60 アロー号事件を口実に、イギリスがフランスと連合しておこした戦争。南京条約後も中国への工業製品輸出はのびず、条約改定の機会をうかがっていたイギリスは、アロー号事件を口実に遠征軍を派遣した。フランスも、広西こうせいでフランス人宣教師が違法な宣教活動をしたとして官憲に殺害された事件を口実に参戦し、連合軍は1858年に広州・天津を占領し、天津条約を結んだ。しかし、批准ひじゅん書交換をめぐって清軍の攻撃を受け、英仏両軍は戦争を再開して北京を占領、円明園を破壊して清朝を屈服させ、北京条約を結んだ。

天津てんしん条約《第2次アヘン戦争》 ⑥ 1858 第2次アヘン戦争（アロー戦争）に関し、清とロシア・アメリカ・イギリス・フランスが結んだ条約。おもな内容は、(1)英仏両国への賠償金600万両りゃんの支払い、(2)開港場の増加、(3)外国人の内地旅行の自由、(4)外交使節の北京常駐、(5)キリスト教布教の自由など。条約調印後、諸外国が撤退すると北京では主戦派が台頭たいとうし、59年に条約批准のため出向した各国全権を攻撃した。このため、英仏両国は再び軍事行動をおこした。

開港場の増加 ⑥ 中国北部の牛荘ぎゅうそう（営口えいこう）・芝罘しふ（煙台えんだい）・長江ちょうこう沿岸の漢口かんこう・九江きゅうこう・鎮江・南京、汕頭スワトウ、海南島の瓊州けいしゅう、台湾の淡水・台南の計10カ所。

円明園えんめいえんの破壊 ④ 1860 第2次アヘン戦争に際し、英仏両軍によって徹底的におこなわれた破壊行為により、清の離宮円明園は廃墟と化した。

北京ぺきん条約《英仏・清》 ⑥ 1860 第2次アヘン戦争の講和条約。天津条約の確認に加え、(1)賠償金を600万両から800万両へ増額、(2)天津の開港、(3)九竜半島先端部の市街地をイギリスに割譲、などを定めた。

九竜きゅうりゅう半島先端部割譲 ⑥ 香港島対岸の割譲。イギリスの香港植民地化の第二段階。

アヘン貿易の公認 ⑥ 天津条約および上海の税則会議で、「鴉片（アヘン）」から「洋薬」と名を改めて輸入が合法化され、輸入税が課された。

総理各国事務衙門^{そうりかっこく}_{じむがもん}（総理衙門）⑥ 1861 清で新設された対外国交渉のための官庁。礼部^{れいぶ}と理藩院^{りはんいん}にかわって外交を管轄^{かんかつ}した。1901年、外務部の新設により廃止された。

東シベリア総督 ③ 1847年にロシア皇帝ニコライ1世が設置した、シベリア東半からアラスカに至る地域を統轄する官職。総督府はイルクーツクにおかれた。

ムラヴィヨフ Muraviyov ③ 1809〜81 ロシアの軍人・政治家。1847年、ニコライ1世から東シベリア総督に任命されてシベリア開拓につとめ、58年に清とアイグン条約、60年に北京条約を締結し、ロシア領土の拡大に貢献した。

アイグン条約 Aigun ⑥ 1858 ロシアと清がアイグンで結んだ国境に関する条約。ロシアは第2次アヘン戦争を利用して清に圧力をかけ、黒竜江左岸をロシア領、ウスリー川以東（沿海州）を共同管理地と認めさせた。

黒竜江^{こくりゅう}_{こう}（アムール川） Amur ④ ロシア・中国・モンゴルを流れる大河。17世紀から清とロシアの係争地となった。

北京条約《露・清》⑥ 1860 清が、第2次アヘン戦争で英・仏との講和を斡旋^{あっせん}したロシアの要求で結んだ条約。アイグン条約で共同管理地とされたウスリー川以東（沿海州）をロシア領と定めた。

沿海州^{えんかい}_{しゅう} ⑥ シベリアの東南端に位置する日本海沿岸の地域。

ウラジヴォストーク Vladivostok ⑦ 1860年、ムラヴィヨフが海軍基地として建設に着手した沿海州の都市。シベリア鉄道の開通でロシアの中心部と結ばれ、ロシアの極東^{きょく}_{とう}政策の拠点となった。

ロシア領トルキスタン ⑤ 19世紀後半以降、ロシアが中央アジアにあったウズベク人の3ハン国を併合・保護国化して形成した領域。ロシアは中央アジアでも南下政策を進め、コーカンド＝ハン国（1710頃〜1876年）に侵攻して1867年にタシケントに総督府を設置し、まもなく同国を併合した。ロシアはさらに、ブハラ（ボハラ）＝ハン国（1500〜1920年）、ヒヴァ＝ハン国（1512〜1920年）を保護国化して支配領域を拡大した。ロシアにとってトルキスタンは、英領インドに対抗する戦略上の拠点や綿花の供給地など、重要な意味をもっていた。

ヤークーブ＝ベク Ya'qūb Beg ③ 1820頃〜77 コーカンド＝ハン国出身の軍人。回民

（ムスリム）の蜂起^{ほうき}に乗じて東トルキスタンで政権を樹立したが、左宗棠の率いる清軍に敗れた。

イリ事件 Ili ③ 1871〜81 ロシアが新疆^{しんきょう}のイリを占領し、清朝と対立した事件。清統治^{とうち}下の新疆でイスラーム教徒が蜂起すると、ロシアはこの戦乱を利用してイリを占領し、清朝の撤退要求を無視した。

イリ条約 ⑦ 1881 イリ事件に際して、ロシアと清が結んだ条約。清は英・仏の仲介でロシアとペテルブルクで条約を結んだ。この条約により清はイリ地区の大半を取り戻し、一方のロシアは通商上の特権を得た。

内乱と秩序の再編

捻軍^{ねん} ④ 1850〜60年代、安徽^{あんき}・河南・山東・江蘇^{こうそ}で活動した塩の密売をおこなう武装集団（捻子）による反乱軍。太平天国に呼応し、協同するものもあった。太平天国滅亡後も活動を続けたが、68年に淮軍に鎮圧された。

回民^{かいみん}の蜂起 ④ 回民は、13世紀に西アジアから移住したイスラーム教徒を祖先とする少数民族。清が18世紀半ばにカシュガル、ジュンガルを併合し、新疆を間接統治下において以来、イスラーム教徒の抵抗運動がみられた。1850年代末から、回民が陝西、甘粛、雲南で大規模に蜂起したが、陝甘^{せん}_{かん}総督の左宗棠に鎮圧された。

ミャオ族の蜂起 ③ ミャオ族は雲南・貴州など中国南部の少数民族。清の改土帰流^{かいどき}_{りゅう}政策（同化政策）や太平天国討伐のための増税に反発し、雲南・貴州で蜂起したが、太平天国崩壊後に鎮圧された。

太平天国^{たいへいてんごく}**の乱** ⑦ 1851〜64 清末、宗教結社上帝会を率いる洪秀全が中心となっておこした大規模な農民反乱。洪秀全が組織したキリスト教的宗教結社の上帝会は、広西省の移民社会において支持を集めた。広西省金田村^{きんでんそん}で蜂起し、1851年、国号を太平天国と定め、勢力を拡大しながら北上した。53年に南京を攻略し、天京と改称して首都とし、華中・華南を支配した。太平天国は男女平等に土地を均分する「天朝田畝制度」を発布するなど、理想社会建設をめざしたが、やがて内紛により力を弱めた。また、清朝が郷勇を編制して反撃を開始し、外国勢力も北京条約以後は中立・不干渉から清朝支援に転じたため、しだいに追い詰められて64年に滅亡した。反乱の被害は大

きく、清朝の国家体制にも大きな影響を与えた。

客家カッ ③ 4世紀、五胡の争乱を避け、華北から南方に移住した人々の子孫と称する集団。独自の生活習慣や方言を維持し、先住の漢民族と対立することもあった。著名な出身者として、洪秀全や孫文、鄧小平ことうへい、台湾の李登輝りとう、シンガポールのリー=クアンユーらがいる。

洪秀全こうしゅう* ⑦ 1814〜64　太平天国の創始者。広東省の客家出身で科挙かきょに失敗している。キリスト教の影響を受け、独自の解釈を加え、広西省で宗教結社の上帝会を組織した。偶像破壊運動を開始して清朝と対立し、1851年、天王を称して太平天国を建てた。56年以降内紛が激化すると、攻勢に出た清朝に対する有効な策を打てず、64年の南京陥落前に病死した。

上帝会じょうてい ⑥ 洪秀全が広西省で組織し、太平天国運動の中心となったキリスト教的宗教結社。広西移民社会の下層民衆の支持を集めて、太平天国の母体となった。洪秀全は上帝（ヤハウェ）を唯一の神として偶像崇拝を否定したが、拡大の過程で土着信仰の要素を加えていった。

上帝じょう ① 19世紀、キリスト教宣教師が用いた「God」の中国語訳。「上帝」と「神」の二つの語が候補となり、意見が割れた。上帝は儒教経典では天上の帝王を指す。

天京てんけい ⑤ 太平天国の首都。1853年、南京を占領後に改称した。56年、ここで太平天国が衰退に転じる内紛がおきた。

辮髪べんぱつ**廃止** ④ 太平天国がおこなった政策の一つ。太平天国は清朝に強制された満州の風習である辮髪をやめ、長髪にした。このため、太平天国は長髪賊ちょうはつとも呼ばれた。

纏足てんそく**廃止** ② 太平天国がおこなった政策の一つ。纏足は唐そう末五代ごだいから始まったとされる。幼女の足の指を折り曲げ、布を巻きつけて足を小さく整形する風習。纏足の廃止は男女平等より、女性に仕事を負担させることが目的だったと考えられる。

天朝田畝せんちょうでんぽ制度 ④ 1853年に南京を占領した後、太平天国政府が掲げた土地制度。男女の別なく土地を均分し、余剰生産物は国庫におさめさせるとした。農民の希望を表すものだったが、実施はされなかった。

郷勇きょう ⑥ 清代、正規軍（八旗・緑営）の無力が露呈し、それを補うために組織された義勇軍。地方官や郷紳が組織し、団練だんとも呼ばれるが、人間関係の地域性から郷勇と

呼ばれる。とくに太平天国鎮圧に活躍した。

曽国藩そうこくはん ⑦ 1811〜72　湘軍を組織し太平天国鎮圧に貢献した清末の政治家。両江総督・直隷ちょくれい総督・内閣大学士などを歴任。洋式兵器工場を建て、洋務運動の先駆者となった。

湘軍しょう ⑥ 1853年、曽国藩が湖南で組織した郷勇。太平天国鎮圧の主力部隊となり、64年に南京を攻略した。上級指揮官たちは湖南の読書人で、戦功により高級官僚となった者が多かった。

李鴻章りこう ⑦ 1823〜1901　清末の政治家。淮軍を率いて太平天国や捻軍鎮圧に活躍した。軍事力を背景に清朝の実権を握り、洋務運動を主導した。中国の外交を担にない、日清戦争での下関条約の全権をつとめた。その後政界から身を引いたが、1896年に露清秘密条約を結び、義和団だん戦争後には全権として北京議定書に調印した。

淮軍わいぐん ⑥ 1862年、李鴻章が曽国藩の命を受け、安徽省で組織した郷勇。太平天国・捻軍鎮圧に貢献した、近代的装備を誇る清朝最強の軍隊。李鴻章の私兵的性格をもち、権力を支える基盤ともなった。

ウォード　Ward ④ 1831〜62　上海の商人の要請ようせいを受け、外国人部隊（洋槍隊）を組織し、太平天国と戦ったアメリカ人。1862年に戦死した。洋槍隊は中国人兵士を徴募し、62年常勝軍と改称した。

ゴードン　Gordon ⑤ 1833〜85　イギリスの軍人。クリミア戦争・第2次アヘン戦争に従軍。ウォード戦死後の1863年、常勝軍の司令官に就任し、李鴻章の淮軍と協力して太平天国鎮圧に貢献した。1884年スーダンのマフディー運動鎮圧のため総督として派遣され、翌年ハルツームで戦死した。

常勝軍じょうしょうぐん ④ 太平天国鎮圧のために上海で組織された、欧米人を指揮官とする義勇軍。1860年、アメリカ人ウォードが上海の商人たちの要請で外国人兵士による洋槍隊を組織した。やがて中国人を兵士として徴募し、常勝軍と改称した。ウォード戦死後の63年3月、イギリスの軍人ゴードンが指揮官となり、淮軍とともに太平天国軍と戦い、64年に解散した。

同治帝どうち ⑤ 1856〜75　清朝第10代皇帝（在位1861〜75）。咸豊帝かんぽう（在位1850〜61）と西太后の子。治世は内政・外交の小康期で「同治中興」と呼ばれる。1873年から親政を始めたが、実権は西太后に握られていた。

西太后せいたいごう ⑥ 1835〜1908　咸豊帝の側室で同

治帝の母。同治帝即位後、恭親王^{きょうしんのう}らと協力して実権を握り、東太后（咸豊帝の皇后）とともに摂政^{せっしょう}となった。同治帝死後は、光緒帝^{こうしょてい}の摂政として政治を左右した。　→ p.260

同治中興^{どうちちゅうこう} ⑦ 同治帝の治世（1861〜75年）、清朝が内政・外交の安定を取り戻したことを指す。北京条約で列強との関係が比較的良好となり、太平天国も鎮圧されて、洋務派官僚による近代化が進められた。

左宗棠^{さそう} ③ 1812〜85　清末の政治家。楚軍^{そぐん}を率いて太平天国と戦った。1866年に福州に中国最初の近代的造船所を建て、洋務運動の先駆となった。陝甘総督として、東トルキスタンのイスラーム教徒の反乱を平定、ロシアとの国境をめぐるイリ事件では武力対決を主張した。

洋務運動 ⑦ 1860年頃から清で始まった、ヨーロッパの近代技術導入を中心とする富国強兵運動。曽国藩・李鴻章・左宗棠らの漢人官僚が中心となった。軍事工業部門から始まり、70年代には軽工業にも拡大、鉄道建設や鉱山開発も進められた。しかし、運動は清朝の支配体制の維持を前提とするものであったためしだいに行き詰まり、日清戦争の敗北でその限界が明らかとなった。

「中体西用」^{ちゅうたいせいよう} ④ 西洋文明導入を合理化するために、伝統的な中華文明が「本体」であり、西洋文明は利用すべき技術・手段にすぎないとする考え方。

北洋艦隊^{かん} ③ 1888年、李鴻章が編制した新式海軍。威海衛^{いかい}を基地として清朝海軍の主力となったが、日清戦争で敗れて壊滅した。

〉〉〉〉〉　**日本・朝鮮の開港と
東アジアの貿易拡大**　〈〈〈〈〈

ペリー　Perry ⑦ 1794〜1858　アメリカの東インド艦隊司令官。1853年、大統領の国書をたずさえて浦賀^{うらが}に来航、開国を要求したが、猶予^{ゆう}を求められて退去。54年に再度来航し、日米和親条約を結んだ。

日米和親条約 ⑥ 1854　江戸幕府とアメリカのあいだに結ばれた条約。神奈川条約とも呼ばれる。下田・箱館２港の開港、片務的な最恵国待遇などを定め、日本が欧米諸国へ開国する起点となった。

日米修好通商条約 ⑥ 1858　江戸幕府が米駐日総領事ハリスと結んだ不平等条約。神奈川・長崎・新潟・兵庫の開港、領事裁判権の承認、協定関税制（同条約では、日本は

関税率の改定に相手国の了承が必要とされ、関税自主権の喪失を意味した）などを定めた。天皇の勅許を待たずに調印され、尊王攘夷^{そんのうじょう}運動台頭^{たいとう}の契機ともなった。同年、オランダ・ロシア・イギリス・フランスとも類似の通商条約を結んだ（安政の五カ国条約）。

高宗^{こう} ⑤ 1852〜1919　朝鮮王朝の第26代国王（在位1863〜1907）。大院君の第２子。1873年までは摂政の大院君に、親政開始後は閔妃^{びんぴ}の一族に実権を握られた。また、日露戦争後、日本に外交・内政の実権を握られ、1907年に日本に強制されて王位を太子にゆずった。　→ p.262

大院君^{だいいんくん} ⑦ 1820〜98　高宗の生父。高宗の摂政として朝鮮の鎖国^{さこく}政策を推進したが、高宗の親政が始まると、王妃閔氏の一族に権力を奪われた。壬午軍乱に乗じて閔氏勢力の一掃^{いっそう}を企てたが、清軍の介入で失敗した。日清戦争後、日本の支援で親日政権をつくったが、短期間で失脚した。

江華島^{こうかとう}**事件** ⑦ 1875　朝鮮と日本の武力衝突。江華島水域で挑発的な示威^{じい}行動をとる日本の軍艦を朝鮮が攻撃すると、日本は応戦して付近を占領した。この結果、1876年に日朝修好条規が結ばれ、朝鮮は開国した。

日朝修好条規（江華条約）⑦ 1876　日本が武力を背景に朝鮮に開国を認めさせた不平等条約。内容は朝鮮の自主独立宣言、釜山^{プサン}・元山^{ウォン}・仁川^{インチョン}の３港の開港、日本公使館・領事館の設置、開港場での日本の領事裁判権承認など。

租界^{そかい} ④ 様々な特権を認められた外国人居留地^{きょう}。1845年にイギリスが上海に開設したのが最初で、日清戦争後に激増した。治外法権や経済活動の特権を認められ、列強の中国における活動拠点となった。

アジア域内貿易 ⑥ 19世紀における世界商業の活発化を背景に発展した、アジア域内の貿易。インドはイギリスからの綿製品流入、中国はイギリス・インド・中国間の三角貿易により世界市場に統合され、日本や東南アジア諸国も国際分業体制のなかに組み込まれていった。また、1870年代には汽船の定期航路開設、電信網の整備が進み、アジア諸国間の関係が密接となった。

アヘンの輸入代替化 ③ 輸入代替化とは、外国から輸入していた商品を国内生産により自給化すること。アヘンについて、すでに1830年代、中国からの銀流出を阻止するた

めに、中国アヘンの生産を奨励し輸入アヘンに代替させる弛禁論が論ぜられていた。アヘン戦争後は、四川・雲南・陝西・甘粛などの内陸部でケシの生産が拡大してインド産アヘンを駆逐し、しだいに地方政府や中央政府にとっての重要な財源となっていった。

明治維新と東アジア国際秩序の変容

倒幕運動③ 幕末期におこった徳川幕府打倒をめざす政治運動。1867年、薩摩藩・長州藩は公家の岩倉具視らと結び、武力による倒幕をはかった。15代将軍徳川慶喜(在任1866～67)は徳川家単独での政権運営に困難を感じて、大政奉還を申し出て権力の維持をはかったが、薩摩・長州藩は王政復古のクーデタで天皇中心の新政府を樹立した。

大政奉還② 1867年10月 江戸幕府第15代将軍徳川慶喜が政権を朝廷に返したこと。薩摩藩・長州藩を中心とした倒幕運動が進むなかでおこなわれた。

明治維新⑦ 江戸幕府を崩壊させ、天皇親政体制に転換させた政治・社会・経済の一大変革。明治天皇(在位1867～1912)を中心とする明治新政府の改革の範囲は中央官制・身分体制・地方行政・外交など多岐におよんだ。新政府はさらに旧幕府勢力との戊辰戦争(1868～69年)、最大の士族反乱となった西南戦争(1877年)などの内乱を終結させ、中央集権化・富国強兵政策を推進した。

岩倉(遣欧)使節団③ 1871～73 岩倉具視を正使、木戸孝允・大久保利通・伊藤博文・山口尚芳らを副使としてヨーロッパ・アメリカに派遣された外交使節団。目的の不平等条約改正の予備交渉は果たせなかった。

大日本帝国憲法⑦ 1889年に発布された、ドイツ憲法を範型とし、強大な天皇大権を認める欽定憲法。明治憲法とも呼ばれ、1947年に日本国憲法が施行されるまで存続した。

議会の開設《日本》④ 衆議院と貴族院の二院制をとる、大日本帝国憲法のもとにおける日本の立法機関の創設。1870～80年代の自由民権運動もあって国会開設を求める声が高まり、政府は国会開設の勅諭を出して国会開設を公約し、1890年に第1回帝国議会が開設された。しかし、強力な天皇大権のため、議会の権限は制限されていた。

福沢諭吉② 1834～1901 明治時代の啓蒙思想家。緒方洪庵の塾で学び、1860年代に3回にわたり欧米を視察・見学し、1868年に慶應義塾を創設した。明六社に参加、『時事新報』創刊に関わった。「脱亜論」を発表し、アジア諸国との連帯より西洋列強を追うべきと主張した。著書に『西洋事情』『学問のすゝめ』などがある。

樺太・千島交換条約⑥ 1875 日本とロシアが国境を画定した条約。樺太をロシア領とし、そのかわりにウルップ以北の千島列島を日本領とした。1905年のポーツマス条約で失効した。

樺太 Sakhalin④ 宗谷海峡を挟み、北海道の北に位置する島。19世紀に入ると間宮林蔵が探検をおこない、幕府はロシアの進出を警戒して直轄領とした。樺太・千島交換条約でロシア領となった。

台湾出兵⑥ 1874 近代日本初の海外出兵。台湾に漂着した琉球船の乗員が先住民に殺されたことを口実に、日本は台湾に出兵した。この事件を利用し、日本は台湾支配への道を開いた。

琉球処分(琉球領有)⑤ 明治政府が、日中への両属体制をとる琉球に中国との関係断絶を求め、日本に統合した施策。1872年、明治政府は琉球王国を廃して琉球藩を設置、79年には琉球藩を廃して沖縄県設置を強行した。

沖縄県⑥ かつては琉球と呼ばれた県。15世紀に中山王が琉球王国を建て、明・清に朝貢した。1609年の薩摩(島津氏)の侵入以来、日中への両属体制がとられたが、1872年に日本が琉球藩と位置づけ、さらに79年の廃藩置県で沖縄県を設置した。

日清修好条規⑤ 1871 日清両国が結んだ最初の修好通商条約。両国が制限的な領事裁判権を認め、変則的な対等条約となった。

壬午軍乱⑦ 1882 閔氏一族の専横に対し、軍人たちが漢城(現在のソウル)でおこした反乱。閔妃派の要人や日本公使館を焼き討ちした。この反乱に乗じて大院君が政権につき、改革に取り組んだが、介入した清軍に抑留され、閔妃が再び権力を握った。日本は済物浦条約で朝鮮から賠償金と駐兵権を得たが、清も朝鮮への干渉を強め、朝鮮をめぐる日清両国の対立は激化した。

閔氏⑥ 高宗の妃閔妃の一族。1873年、国王親政の名目で摂政大院君を退け、権力

を握った。大院君の攘夷政策を改め、日朝修好条規を結んだが、壬午軍乱を機に清朝と接近した。甲申政変で一時勢力を失ったが、清の援助で政権を回復し、日清戦争まで朝鮮の政治を主導した。閔妃を中心に清と結ぶ勢力を、開化派は事大党と呼んだ。日清戦争後は、日本の侵略を阻止すべくロシアに接近した。しかし、日本はこれに反発し、1895年に閔妃を宮中で殺害する事件をおこした。

金玉均<ruby>金玉均<rt>キムオッキュン</rt></ruby>⑦ 1851〜94　朝鮮王朝末期、開化派の指導者となった政治家。1884年の甲申政変で新政府を組織したが清の反撃で失敗し、朴泳孝<ruby>朴泳孝<rt>パクヨンヒョ</rt></ruby>らと日本に亡命した。94年、上海で暗殺された。

開化派(独立党)④ 日本と結び、清からの独立と近代化を進めようとした党派。壬午軍乱で大院君のクーデタが鎮圧されたのち、開国派が鎮圧派をおさえたが、開国派は事大党と開化派に分裂した。中心人物の金玉均や朴泳孝は、1884年に閔氏打倒をはかったが(甲申政変)、失敗した。

甲申政変<ruby>甲申<rt>こうしん</rt></ruby>⑦ 1884　開化派が閔氏政権打倒と国政改革をめざしておこした政変。開化派は清からの独立と近代化を掲げ、日本の支援を受け、閔氏ら守旧派打倒のクーデタを敢行<ruby>敢行<rt>かんこう</rt></ruby>した。開化派は一時政権を掌握<ruby>掌握<rt>しょうあく</rt></ruby>したが、清軍の介入で新政府は倒れ、金玉均・朴泳孝は日本に亡命した。

天津条約《日・清》④ 1885　日本と清が、朝鮮の甲申政変に関して結んだ条約。両国軍隊の朝鮮からの撤兵や、以後出兵する際には相互に通告することなどを定めた。

全琫準<ruby>全琫準<rt>ぜんほうじゅん</rt></ruby><ruby>全琫準<rt>チョンボンジュン</rt></ruby>④ 1854〜95　東学幹部で甲午農民戦争の指導者。彼が農民を率いて郡庁を襲撃<ruby>襲撃<rt>しゅうげき</rt></ruby>したことが甲午農民戦争勃発<ruby>勃発<rt>ぼっぱつ</rt></ruby>の契機となった。日清戦争がおこると抵抗を続けたが日本軍に捕えられ、処刑された。

甲午農民戦争<ruby>甲午<rt>こうご</rt></ruby>(東学<ruby>東学<rt>とうがく</rt></ruby>の乱)⑦ 1894　朝鮮王朝末期、全羅道<ruby>全羅道<rt>ぜんらどう</rt></ruby>でおこった農民蜂起。指導者に東学の幹部全琫準らがいたため、東学の乱とも呼ばれる。朝鮮政府が清に援軍を要請すると、日本も朝鮮に兵を出した。政府は反乱勢力と講和したが、日清両国は撤兵せず、日清戦争に突入した。

東学⑤ 1860年頃、崔済愚がとなえた新宗教。外国の侵略、朝鮮王朝の圧政に苦しむ民衆のあいだに急速に広まった。崔済愚は朱子学<ruby>朱子学<rt>しゅしがく</rt></ruby>や、西洋の新思想と異なる朝鮮独自の思想体系の構築をめざし、儒<ruby>儒<rt>じゅ</rt></ruby>・仏・道

教<ruby>教<rt>どうきょう</rt></ruby>に民間信仰を加えて東学を創始した。

崔済愚<ruby>崔済愚<rt>さいせいぐ</rt></ruby><ruby>崔済愚<rt>チェジェウ</rt></ruby>⑤ 1824〜64　朝鮮王朝末期の思想家、東学の創始者。東学は広く民衆に広まったが、その思想は伝統的な朱子学と対立する側面をもち、崔済愚は民をまどわす者として逮捕・処刑された。

日清戦争⑦ 1894〜95　朝鮮支配をめぐる日本と清の戦争。壬午軍乱・甲申政変を経て、清は朝鮮における優位を確保していた。しかし、甲午農民戦争を機に日清戦争が勃発すると、日本は陸海両面で清朝を圧倒した。この戦争で日本は国際的地位を高め、帝国主義国家への道を歩みはじめた。

下関<ruby>下関<rt>しものせき</rt></ruby>**条約**⑦ 1895　下関で結ばれた日清戦争の講和条約。日本全権は伊藤博文と陸奥宗光<ruby>宗光<rt>むねみつ</rt></ruby>、清朝全権は李鴻章<ruby>李鴻章<rt>りこうしょう</rt></ruby>。おもな内容は、(1)清と朝鮮との宗属<ruby>宗属<rt>そうぞく</rt></ruby>関係の廃止と朝鮮独立の承認、(2)遼東半島・台湾・澎湖諸島<ruby>澎湖<rt>ほうこ</rt></ruby>(台湾海峡上の列島)の日本への割譲、(3)2億両の賠償金支払い、(4)開港場での企業設立など日本の通商特権の承認。

朝鮮の独立⑦ 1895年、下関条約で清が朝鮮との宗属関係の廃止を承認し、確定した。この後、朝鮮半島では大陸進出をはかる日本と、南下をめざすロシアが激しく対立することになった。

遼東<ruby>遼東<rt>りょうとう</rt></ruby>**半島**⑦ 遼寧省<ruby>遼寧省<rt>りょうねいしょう</rt></ruby>南部、黄海<ruby>黄海<rt>こうかい</rt></ruby>と渤海<ruby>渤海<rt>ぼっかい</rt></ruby>のあいだに突出する半島。

開港場での企業設立⑦ 下関条約で、日本が列強に先がけて獲得した権利。最恵国待遇により列強にも追認された。このため中国への資本輸出が本格化、列強の経済的侵略を進行させる結果をまねいた。

三国干渉⑦ 1895　下関条約で日本が遼東半島を獲得したことに対し、ロシア・ドイツ・フランスが返還を勧告した外交事件。日本は代償3000万両で返還を了承、3国は干渉の報酬として、租借地を得た。

台湾総督府③ 1895年の下関条約の批准後、台湾統治のために日本が台北に設置した行政機構。土地調査事業で土地所有権を確定して税収を確保し、産業振興に取り組み、台湾民衆の抵抗を武力でおさえて同化・皇民化政策を進めた。

帝国主義とアジアの民族運動

1 第2次産業革命と帝国主義

第2次産業革命

第2次産業革命 ⑦ 1870年代から始まった、電力・石油を新動力源とする重化学工業を中心とした産業技術の革新。その製品は人々の日常生活に直結し、生活スタイルに大きな影響を与えた。また、近代科学の知識や専門資格が労働者に必要となったことから、近代教育も普及した。中心国は、統一されたドイツと、南北戦争後に国民国家の形成を開始したアメリカ合衆国であった。

重化学工業 ⑦ 鉄鋼・機械・造船などの重工業と化学工業の総称。第2次産業革命の中心分野で、巨額の資本を必要とするため企業の集中・独占と深く関連した。

電機工業 ⑤ 電力を使って動かす機械工業。1866年のジーメンスによる発電機の発明以降、様々な工業・交通・通信などで電力が動力として用いられ、発展した。

移民 ③ 生活基盤をおいていた地域や国を去って、新しい地域や国に移った人や集団。国民国家の形成後は、おもに国家間での人々の移動を指すようになった。16～18世紀半ば頃までは、ヨーロッパから植民地への移民と、アフリカやアジアからの強制的移民や役務としての労働者としての移動が主要なものであった。「移民の世紀」と呼ばれる19世紀後半～20世紀初めには、強制的移民はほとんど姿を消して労働移民が主流となり、さらに政治的亡命者などが加わった。

1870年代以降の世界的な不況(低成長) ⑤ 1873年のウィーン証券取引所で生じた株の大暴落と金融危機によって始まった不況。その影響で各国は保護貿易体制をとるようになった。従来、農業不況も重なってヨーロッパの不況は90年代半ばまで続いたとされてきた。しかし近年の研究では、工業生産の落ち込みが76年頃から回復しはじめたように、長期の「大不況」というより、低成長時代に移ったとする説が一般的になってきている。

カルテル Cartel ④ 独占の一形態。同一産業の複数企業が、独立性を維持しながら価格や生産量に関して協定を結ぶ企業連合。高い利潤を得るために、企業が競争を制限して独占的な支配力を維持しようとした。

トラスト Trust ⑤ 独占の一形態。同一産業の企業が有力資本のもとに吸収・合併される、競争排除を目的とした企業合同。1879年にアメリカでスタンダード石油トラストが結成され、その後に鉄鋼や重化学部門へと拡大した。

コンツェルン Konzern ④ 独占の一形態。異なる産業間の企業が、株式保有を通じて単一の資本系列のもとに統括されてできた企業形態。ドイツのクルップ社や戦前の日本の財閥がこれに該当した。

独占資本 monopoly capital ④ 少数の企業が資本力を集積し、市場を支配する資本形態。19世紀末以降、重工業を中心に独占的大企業と企業集団が現れ、国家や政府にも強い影響をおよぼすようになった。

金融資本 financial capital ④ 銀行資本と産業資本との融合によって成立した独占資本。株式の相互保有や企業幹部の派遣による経営関与で結びつきが強まり、成立した。

資本輸出(国外投資) ③ 先進資本主義国による、後発国や植民地に対する余剰資本の投資。19世紀後半からさかんにおこなわれ、列強の帝国主義政策の一要因となった。

帝国主義

帝国主義 imperialism ⑦ 1870～80年代以降の、欧米列強の対外膨張と植民地・勢力圏の獲得行動。欧米列強は、アジア・アフリカ・太平洋地域などを侵略して植民地や従属地域に組み込み、勢力圏を打ち立てた。その背景には、(1)独占企業と金融寡頭制の支配する独占資本主義への移行によって、原料・資源の供給地、商品・投資市場の獲得をめざす対外膨張策がとられたとする説、(2)労働運動や社会主義運動が活発化するなかで、大衆の不満を外にそらす対外膨張策と、国民的統合を強化する必要から国内での「福祉国家化」が並行して進め

られたとする説がある。この時代に欧米列強は、他地域の社会や文化を遅れた存在とみなし、その経済・社会構造を強引に変容させ、欧米中心の「世界の一体化」をうながした。

人種主義 racism ② 人種という概念にもとづいて、みずからと異なる集団の人々に対して差別的感情をもつ、あるいは差別的言動をとること。帝国主義国の人々によって、植民地や従属地域の支配を正当化する論理として用いられることが多い。こうした考えを背景に、ヨーロッパでは、黄色人種（日本人・中国人など）は白色人種に災いをもたらす存在であるとする黄禍論や、自分たちの「進んだ文化」を植民地に移植するのは義務であるとする「白人の責務」「文明化の使命」といった考え方も登場して、19世紀後半に広まった。

植民地獲得 ⑥ 従来からの原料供給地・製品市場に加え、帝国主義時代には、先進資本主義国の資本輸出（国外投資）先として植民地獲得の重要さが再認識された。

植民地不要論《イギリス》① 1840〜60年代にコブデン・ブライトらの自由貿易論者がとなえた植民地政策論。防衛費などで政府の財政負担を増大させていたカナダ・オーストラリアなどの白人移植民地に責任政府を樹立し、分離させようとした。別称は植民地分離論。

帝国主義時代の 欧米列強の政治と社会

現代大衆文化 ③ 20世紀になって生まれた、大衆を担い手とする文化。生活水準の向上、教育の普及、新聞や雑誌などでマス＝メディアの発達などを背景に形成された。

パリ万国博覧会《1900》③ 1900年、パリで5回目に開かれた国際博覧会。パリ＝オリンピックと同時に開かれ、動く歩道や電気館が話題を集めるなど第2次産業革命の成果を反映し、「電気の世紀」の始まりを告げた。

「ベルエポック」 Belle Époque ③ フランス語で「古き良き時代」の意。20世紀初めから第一次世界大戦勃発前までの、戦争がおこらず、豊かで芸術の栄えた、主として西欧諸国の時代状況を指した呼称。

〈イギリス〉

カナダ連邦 Canada ⑥ イギリス帝国内最初の自治領。1848年に責任政府を樹立し、67年に4州の連邦結成で自治領を形成した。

自治領 dominion ⑥ 自治権を与えられたイギリスの白人系植民地。植民地側の自治要求と、植民地防衛費の現地負担化をはかるイギリス本国側の方針とを背景に成立した。自治権ははじめ本国議会の決定に拘束されていたが、1931年のウェストミンスター憲章で完全な自治、対等な地位での独立が認められた。

ディズレーリ Disraeli ⑥ 1804〜81 イギリス保守党の政治家。ユダヤ系。2期にわたって首相（在任1868、74〜80）をつとめ、第2次内閣時代に帝国主義政策を開始した。 → p.211

スエズ運河会社株買収 ⑦ 1875 イギリスによるエジプト総督所有のスエズ運河会社株の買収。ディズレーリ首相はユダヤ系財閥のロスチャイルド家に金融支援を依頼して全株の44％を獲得し、会社の支配権を握った。これにより「インドへの道」を確保した。

ジョゼフ＝チェンバレン Joseph Chamberlain ⑥ 1836〜1914 イギリスの政治家。1886年、アイルランド自治法案に反対して自由党を離れ、自由統一党を結成した。植民地相（在任1895〜1903）時代、帝国主義政策を推進して南アフリカ戦争を引きおこした。

オーストラリア連邦 Australia ⑤ 1901年に6州・1準州・1特別州からなる連邦自治領となり、白人以外の移民を禁止する白豪主義を国是とした。 → p.257

ニュージーランド New Zealand ⑤ 1840年にイギリスが先住民のマオリ人に条約を結ばせて植民地とした。1907年には自治領とされた。 → p.257

南アフリカ連邦 Union of South Africa ⑤ 1910年に成立したイギリス帝国内の自治領。ケープ・トランスヴァール・オレンジ・ナタールの4州から構成された。なお、61年に共和国となってイギリス連邦を離脱した。 → p.255

フェビアン協会 Fabian Society ⑤ 知識人を中心とした改良主義的社会主義団体。1884年、漸進的社会主義を主張したウェッブ夫妻（夫：シドニー〈1859〜1947〉、妻：ベアトリス〈1858〜1943〉）や劇作家のバーナード＝ショー（1856〜1950）らによって結成され、はじめ自由党への接近を試みたが、のち労働代表委員会結成に参加した。名前の由来は、第2回ポエニ戦争でファビウス将軍がハンニバルとの決戦を避けて長期戦に持ちこみ、漸進的に成果を得たこと

による。

労働代表委員会　Labour Representation Committee ⑤ イギリス労働党の前身。1900年に65の労働組合と3社会主義団体（独立労働党・社会民主連盟・フェビアン協会）によって結成された。

労働党　Labour Party ⑦ イギリスの改良主義的な労働者政党。1906年、総選挙で29名の当選者を出した労働代表委員会が改称して成立。議会を通じての社会改革をめざす改良主義的路線をとったため、マルクス主義の社会民主連盟は参加しなかった。自由党の分裂後、1920年代からは保守党との二大政党として現在に至る。

国民保険法 ③ 1911　イギリスで自由党アスキス内閣のもと、蔵相ロイド=ジョージらの尽力で制定された法律。労働者と雇用主の共同積み立てにもとづく、疾病<ruby>（け<rt>きっ</rt></ruby>）保険と失業保険を内容とした。

議会法 ④ 1911　イギリスにおいて、世襲の貴族による上院（貴族院）よりも選挙による下院（庶民院）の優位を確定した法律。予算案を含む財政法案に対して、下院で3期可決された法案に対して、上院は拒否権を行使できなくなった。

アイルランド自治法　Irish Home Rule Bill ⑤ 1914　自由党アスキス内閣の時に、議会法の規定によって成立した法案。しかし、第一次世界大戦の勃発により、実施が延期された。

シン=フェイン党　Sinn Fein ⑤ 1905年に「シン=フェイン（我ら自身）」政策が提唱されたのち、07年に結成された、アイルランドの民族主義政党。アイルランドの完全独立を求め、16年のイースター蜂起後に独立運動を主導した。

アイルランド武装蜂起<ruby>（ほう）<rt></rt></ruby>（イースター蜂起）Easter ④ 1916　ダブリンで発生した、アイルランド独立を求めた武装蜂起。アイルランド自治法の実施延期に抗議して、4月に独立を求める強硬派がイースター（復活祭）の期間におこした。イギリス政府軍によって鎮圧され、首謀者は処刑されたが、これを機に独立を支持する世論が高揚した。

「世界の銀行」 ③ 19世紀末以降の世界経済における、イギリスの地位（役割）を表した言葉。アメリカなどの伸張による「世界の工場」の地位喪失にともなう貿易赤字を、資本の長期貸し出しやポンドによる貿易決済といった金融と、保険・海運料などのサービスで補塡<ruby>（ほてん）<rt></rt></ruby>できるよう、経済活動の重点

が変化した。こうした点が、第一次世界大戦期まで続く、基軸通貨としてのポンドの地位を優勢にしていた。

シティ　The city ④ ロンドンで最古に行政自治権を確立した地域の呼称。17世紀末にイングランド銀行が建てられ、その後周辺に金融・保険・海運などの業者が集まり、イギリス経済の中心地となった。19世紀後半に商業センターから金融センターへの変容が始まり、20世紀に本格的な金融センターとなった。

〈フランス〉

第三共和政 ⑤ 1870/71～1940　第二帝政の崩壊後に樹立された、フランスで3回目の共和政。→ p.213

露仏<ruby>（ろふつ）<rt></rt></ruby>同盟 ④ ドイツによる再保障条約更新拒否後、ロシアとフランスが1891～94年にかけて交渉・調印した政治・軍事同盟。これによって、フランスはビスマルク体制による国際的孤立から脱して三国同盟と対抗し、また、フランス資本によるロシア援助への道が開かれた。→ p.259

ブーランジェ事件　Boulanger ⑥ 1887～89　「第三のナポレオン」になることをめざしたブーランジェ将軍による、共和政打倒をめざしたクーデタ未遂事件。1887年に政府が対独強硬発言などで民衆に人気のあった陸相ブーランジェを罷免<ruby>（ひめん）<rt></rt></ruby>すると、彼はナポレオン3世の権力掌握を模して各地の補欠選挙に立候補し、当選と辞退を繰り返した。89年パリの補欠選挙で大勝すると、将軍支持派によるクーデタの噂<ruby>（うわさ）<rt></rt></ruby>が高まった。しかし、将軍が合法的な政権奪取をめざしたため運動は挫折し、逮捕直前に将軍はベルギーへ亡命した。

ドレフュス事件　Dreyfus ⑦ 1894～99　ユダヤ系軍人ドレフュス大尉に対する冤罪<ruby>（えんざい）<rt></rt></ruby>事件。1894年ドレフュスがドイツのスパイ容疑で終身刑を宣告されたが、96年に真犯人が判明した。その後、作家ゾラの救援活動でドレフュスは再審を勝ちとり、99年に再び有罪とされるが大統領令で恩赦<ruby>（おんしゃ）<rt></rt></ruby>され、1906年に無罪となった。事件をめぐって国内世論は二分され、第三共和政をゆるがした。国内では共和諸派が結集して急進社会党を結成し、カトリック教会に対する戦いを続け、政教分離が進んだ。国外では、キリスト教世界における反ユダヤ主義の根強さを実感したヘルツルによる、シオニズム運動開始のきっかけとなった。

ゾラ　Zola ⑤ 1840～1902　フランスの自然

主義作家。ドレフュス事件に際しては、1898年、新聞に「私は弾劾<ruby>糾<rt>きゅう</rt></ruby>する」と題する記事を書き、政府・軍部を非難した。
→ p.224

反ユダヤ主義　anti-semitism ⑤ ユダヤ教やユダヤ教徒、またはユダヤ人に対する、偏見・差別・迫害などの思想と行動。キリスト教世界で「キリスト殺しの民<ruby>な<rt></rt></ruby>」とみなされていたユダヤ教徒に対し、十字軍時代に迫害や社会的差別・隔離<ruby>がか<rt></rt></ruby>が始まった。19世紀に入ると、ヨーロッパ各地でユダヤ教徒に対する差別解放がなされ、彼らの市民社会への同化も進んだ。その一方、国民国家建設が進むなか、ナショナリズムが高揚すると19世紀後半に人種主義的な「反ユダヤ主義(反セム主義)」の思想が生まれ、ロシア・東欧でポグロム(ユダヤ系住民に対する集団的暴行・虐殺)がおこり、フランスでもドレフュス事件が発生した。また20世紀に入ってからも、ナチ党によるユダヤ人大虐殺がおこった。

シオニズム　Zionism ③ ユダヤ人を『旧約聖書』で約束されたパレスチナ(「シオンの地」)に移住させ、ユダヤ人国家を設立しようとする運動の総称。近代では、ドレフュス裁判を傍聴したヘルツルによって提唱され、1897年のスイスのバーゼルでの第1回世界シオニスト会議で、政治的シオニズムとして採択された。→ p.295

ヘルツル　Herzl ④ 1860〜1904 近代シオニズムの提唱者。ブダペスト生まれのユダヤ人ジャーナリスト。パリでドレフュス事件における反ユダヤ主義に衝撃を受け、ユダヤ人国家の設立を提唱した。

サンディカリズム　syndicalism ③ 労働組合(サンディカ)を社会革命の基本的組織と考える運動。19世紀末のフランスで始まり、議会や政党を否定し、労働者の直接行動とゼネストによる社会革命をめざした。

フランス社会党(統一社会党)　Parti Socialiste ③ 1905年にフランスの社会主義諸派が結成した政党。しかし、サンディカリズムに立つ労働総同盟は参加せず、議会を通じての社会改革をめざした。→ p.303

政教分離法　⑥ 1905 カトリック教会の政治介入を排除した法律。ドレフュス事件の経験から、教会を最大の脅威と認識した急進社会党の強い要求で成立した。

〈ドイツ〉

ヴィルヘルム2世　Wilhelm ⑥ 1859〜1941 ドイツ皇帝(在位1888〜1918)。ビスマルクを罷免<ruby>ひめん<rt></rt></ruby>し、海軍の拡張による「世界政策」と呼ばれる帝国主義政策を開始してイギリス・フランスと激しく対立した。さらに再保障条約の更新を拒否したことからロシアとの関係も悪化して、第一次世界大戦を迎えた。大戦末期のドイツ革命で退位してオランダに亡命し、ホーエンツォレルン家の支配が終焉<ruby>しゅうえん<rt></rt></ruby>した。

ビスマルク辞職　⑤ 1890 政策上の対立を理由とした、皇帝ヴィルヘルム2世による首相ビスマルクの罷免。これによりビスマルクの個人的な資質に拠っていたビスマルク体制が崩壊し、対立・競争が激化した。

「世界政策」　Weltpolitik ⑥ 19世紀末からのドイツの帝国主義政策を指した言葉。

海軍の大拡張　⑤ ヴィルヘルム2世が進めた、イギリスに対抗するための大規模艦隊への拡張政策。フランスを仮想敵とした近海の小規模艦隊からの変更で、これを脅威<ruby>きょうい<rt></rt></ruby>とみなしたイギリスとの建艦競争が始まった。

パン=ゲルマン主義　Pan-Germanism ④ すべてのドイツ系民族の連帯と結集を呼びおこし、ドイツ帝国の世界制覇<ruby>せいは<rt></rt></ruby>を実現しようとする主張。

ドイツ社会民主党　Sozialdemokratische Partei Deutschlands ⑦ 1890年、ドイツ社会主義労働者党の改称で成立した社会主義政党。マルクス主義理論と組織力で、第2インターナショナルの中心勢力となり、社会主義者鎮圧法の廃止により議席をのばした。19世紀末から議会主義路線に転じて1912年に国内第一党となったが、第一次世界大戦の勃発で多数派が政府支持に転じた。→ p.216, 273

ベルンシュタイン　Bernstein ④ 1850〜1932 ドイツ社会民主党の理論家。マルクス主義的な党綱領作成に関わったのち、亡命先のイギリスでフェビアン社会主義の影響を受けた。19世紀末に公刊した著書でマルクス主義を批判し、議会を通じた社会主義の実現を主張した。

修正主義　Revisionismus ⑥ 19世紀末のドイツ社会民主党で、マルクス主義的な社会革命を否定し、議会を通じての社会主義化をとなえた考えにつけられた呼称。マルクス主義者の論争では、「正統派」を自認するグループが、反対派にこの呼称をつけて批判することが多い。

〈ロシア〉

ポグロム　③ 19世紀後半〜20世紀初めにロシアでおこなわれた、ユダヤ人に対する集団

的な略奪や虐殺。ロシア語で「破壊」を意味する。1905年には革命運動の弾圧にも利用され、18～21年の内戦期にはウクライナなどで白軍によって大規模におこなわれた。

シベリア鉄道 ⑥ ロシア領内のシベリアの東西を結んだ鉄道。フランス資本をもとにウィッテが建設を推進した。 → p.261

ロシア社会民主労働党 ⑥ ロシアのマルクス主義政党。1898年の結党後、1903年にロンドンでの大会で党の路線をめぐる論争となり、直後にボリシェヴィキとメンシェヴィキとに分裂した。

レーニン Lenin ⑤ 1870～1924 ロシアの社会主義者・革命家。ロシア社会民主労働党に参加し、党派対立のなかでボリシェヴィキの指導者となった。

ボリシェヴィキ Bolsheviki ⑥ ロシア語で「多数派」を意味する、ロシア社会民主労働党の左派。第2回大会で組織のあり方をめぐって意見が割れた際、レーニンらが優位に立ったことによる自称。少数の革命家集団が労働者や農民を統制することを主張した。ロシア革命後、ロシア共産党と改称した。

プレハーノフ Plekhanov ② 1856～1918 ロシアのマルクス主義の創始者・革命家。1903年大会以降、メンシェヴィキに属した。

メンシェヴィキ Mensheviki ⑥ ロシア語で「少数派」を意味する、ロシア社会民主労働党の右派。呼称はレーニン側からのもの。1903年の大会で大衆的な労働者の党を主張し、資本主義発展を容認するなどゆるやかに革命を進めようとした。 → p.275

社会革命党(社会主義者・革命家党、エスエル) Sotsial-Revoliutsioner ⑥ ナロードニキの流れをくむ革命政党。1901年の結党で、全人民の土地所有と均等利用の実現を掲げ、テロによる専制政治打倒をめざした。 → p.275

立憲民主党 Kadet ④ 1905年、十月宣言の発布後に自由主義ブルジョワジーが設立した政党。立憲君主政の確立をめざし、1917年の二月(三月)革命後の臨時政府で主流を占めた。 → p.275

血の日曜日事件 ⑦ 1905 日露戦争中、1905年1月に「パンと平和」を掲げて冬宮(とうきゅう)へ請願(せいがん)デモをおこなった労働者・市民に対する、軍の発砲事件。1905年革命(第1次ロシア革命)のきっかけとなった。

ガポン Gapon ③ 1870～1906 ロシアの聖職者。1903年から労働運動に関わり、05年

に冬宮請願デモを主唱した。血の日曜日事件後、運動から脱落し、秘密警察のスパイ容疑でエスエル党員に暗殺された。

ソヴィエト(評議会) Soviet ④ ロシア語で「会議」の意味。1905年革命の際、工場を母体とする選挙にもとづく代表の会議として発足した。 → p.275

1905年革命(第1次ロシア革命) ⑦ 1905 日露戦争で社会不安が増大するなか、血の日曜日事件を発端に始まった革命運動。全国各地で、都市労働者の反政府運動や農民の土地要求闘争、ブルジョワジーの立憲運動が展開された。これを受けて、皇帝ニコライ2世は十月宣言を発した。しかし、宣言でブルジョワジーの姿勢が軟化したのち、労働者と農民の運動は軍によって鎮圧された。 → p.263

ニコライ2世 Nikolai ⑤ 1868～1918 ロマノフ朝最後の皇帝(在位1894～1917)。在位中に日露戦争・1905年革命・第一次世界大戦がおこった。1917年の二月(三月)革命で退位し、社会主義政権成立後に処刑された。 → p.275

十月宣言 ⑤ 1905年10月、1905年革命を鎮静化するためにニコライ2世が出した宣言。ドゥーマ(国会)開設・憲法制定・内閣制採用などを公約した。

ドゥーマ Duma ⑥ 1905年革命後に創設されたロシアの国会(下院)。議員は制限選挙で選ばれ、その権限も制約されていた。

ウィッテ Vitte ⑤ 1849～1915 ロシアの実業家・政治家。私鉄経営から官界に入り、蔵相(在任1892～1903)として保護貿易と外国資本の導入で急速な資本主義化を実現した。日露戦争講和時のポーツマス会議で全権代表をつとめ、帰国後、1905年革命鎮静化のため十月宣言を起草し、首相(在任1905～06)に就任した。革命収拾(しゅうしゅう)後、自由主義的な改革に着手したが、保守派の反発によって解任された。

ストルイピン Stolypin ⑥ 1862～1911 ロシアの政治家。1905年革命期に内相、ウィッテ解任後には首相(在任1906～11)に就任した。議会を解散して秩序維持をはかる一方、ミール解体と個人的土地所有の導入など改革を進めたが、社会不安増大のなか、暗殺された。

ミールの解体 mir ⑤ ストルイピンの内政改革でおこなわれた農村共同体の解体。1906年11月の勅令(ちょくれい)を起点とし、個人的土地所有の導入により自作農の創設をめざ

したが、十分な成果は得られなかった。

〈アメリカ〉

移民法（中国人移民禁止法）《1882》③ 1882 アメリカ史上最初の移民規制法。アイルランド系などの下層白人労働者の運動によって、多くが「契約労働者」であった西海岸の中国人労働者（クーリー）の移民が禁止された。 → p.222, 286

革新主義 progressivism ⑥ アメリカ合衆国で20世紀初めから第一次世界大戦までにおこった革新的な思潮・運動。経済の独占化と社会的な格差の拡大のなか、中産階級を中心に政界や経済界の浄化、反トラスト法による独占の規制などが試みられた。

反トラスト法 Anti-trust Laws ③ 合衆国の独占禁止のための法律。大資本への反感が高まるなか1890年にシャーマン反トラスト法が制定され、1914年のクレイトン法で補完されたが、独占の形成はやまなかった。

マッキンリー McKinley ⑥ 1843〜1901 共和党出身の第25代合衆国大統領（在任1897〜1901）。アメリカ＝スペイン戦争・ハワイ併合など帝国主義を開始した。1900年に再選されたが、翌年無政府主義者に暗殺された。

キューバの独立運動 Cuba ② スペインの植民地統治に対するキューバ住民の独立蜂起。キューバでは、第1次独立戦争（1868〜78年）ののち、ホセ＝マルティの呼びかけで第2次独立戦争（1895〜98年）がおこった。アメリカ＝スペイン戦争後、主権を制限されつつも、1902年に独立を実現した。

アメリカ＝スペイン（米西）**戦争** ⑦ 1898 合衆国とスペインとのあいだでおこった戦争。キューバの反スペイン独立運動支援と、ハバナ港の米軍艦メイン号の爆沈をを口実に、合衆国から開戦した。キューバとともに、スペイン植民地のフィリピンも両国の戦場となった。戦後、フィリピン・グアム・プエルトリコが合衆国領とされた。 → p.257

プエルトリコ Puerto Rico ⑤ カリブ海諸島東端の島。アメリカ＝スペイン戦争後に合衆国が併合し、現在も合衆国の自治領。

プラット条項 Platt Amendment ③ アメリカ＝スペイン戦争後、合衆国がキューバ憲法に盛りこませた付属項目。キューバ外交権の制約、海軍基地建設権、内政干渉権などを内容とし、これにより事実上合衆国がキューバを保護国とした。合衆国がキューバのグアンタナモに海軍基地を保有する契

機ともなった。

キューバの保護国化 ⑦ 合衆国に主権を制限された1902年のキューバの独立。01年、キューバが憲法に合衆国の付帯条項（プラット条項）を認めたため、独立を達成したものの、事実上、合衆国の保護国とされた。

門戸開放宣言 Open Door Doctrine ⑦ アメリカ合衆国の国務長官ジョン＝ヘイ（在任1898〜1905）が、中国進出の遅れを挽回するため1899〜1900年にかけて列国に提唱した宣言。 → p.261

セオドア＝ローズヴェルト Theodore Roosevelt ⑦ 1858〜1919 共和党出身の第26代合衆国大統領（在任1901〜09）。マッキンリーの死で副大統領から昇格し、内政では、革新主義の高まりを背景にトラスト規制などの改革政治を推進した。外交では、軍事力によるカリブ海政策を進め、また日露戦争の講和やモロッコ事件を調停した。 → p.263

棍棒外交 Big-Stick Policy ⑥ 軍事力を背景とした合衆国のカリブ海政策。アフリカの格言「棍棒を手に、話は穏やかに」をよく引用した、セオドア＝ローズヴェルトの強引な帝国主義外交を表す。

カリブ海政策 Caribbean Policy ⑤ 20世紀初頭、合衆国がカリブ海と中米地域における覇権をめざした帝国主義政策。19世紀末のアメリカ＝スペイン戦争で顕著となり、大統領セオドア＝ローズヴェルトの時期に軍事介入と金融支配が明確化した。

タフト Taft ④ 1857〜1930 共和党出身の第27代合衆国大統領（在任1909〜13）。カリブ海地域への経済進出を強める「ドル外交」を推進した。内政ではしだいに革新派と対立して保守化し、共和党を分裂に導いて、1912年の大統領選挙で敗北した。

ドル外交 ③ 合衆国のタフト大統領のカリブ海・中南米および東アジアに対する外交の呼称。「弾丸にかわりドルをもって」実施すると宣言したことに由来する、経済的・金融的手段を活用した外交政策。

ウィルソン Wilson ⑦ 1856〜1924 民主党出身の第28代合衆国大統領（在任1913〜21）。独占の打破や自由競争の回復などを強調した「新しい自由」を掲げ、内政では連邦準備銀行制や反トラスト法制定など革新的政策をおこなった。 → p.277

宣教師外交 ③ ウィルソン大統領の外交に対する呼称。いかなる国もアメリカ的理念に導かれるならば、アメリカのような資本

主義・民主主義体制をもつことができると
説き、その導きを提供するのがアメリカの
使命であるとした。この考えは、現代アメ
リカ外交に大きな影響をおよぼしている。

パナマ運河 ⑥ パナマ地峡に建設された、太
平洋と大西洋をつなぐ運河。1881年レセッ
プスが建設に着手したが失敗した。彼から
会社の権利を買いとった合衆国が、1903年
に独立後のパナマ政府と運河条約を結び、
運河の工事権と運河地帯の恒久的管理
権を獲得して、04年に着工し、14年に開通
させた。その後、カーター政権下の77年に
新条約が結ばれ、運河は99年末パナマに返
還された。

ロックフェラー（1世） Rockefeller ④ 1839
〜1937 合衆国の実業家・石油王。1870年
にスタンダード石油会社を創設し、トラス
ト方式を使って10年足らずで石油精製業の
9割以上を支配した。しかし反トラスト法
の標的とされ、1911年に会社を分割し引退
した。エクソン、モービル、シェブロンな
どはスタンダード石油の後継企業。その後
一族は、銀行業などへも進出した。

国際労働運動の発展

第2インターナショナル ⑦ フランス革命100
周年にあたる1889年にパリで結成された、
社会主義実現を掲げる国際的な労働者組織。
国ごとの加盟組織の連合体で、帝国主義が
激化するなか反戦平和を掲げた。内部では
ドイツ社会民主党が最大勢力を誇ったが、
第一次世界大戦が勃発すると加盟政党のほ
とんどは自国政府の戦争遂行政策を支持
したため、大戦下に活動が麻痺した。

2 列強の世界分割と列強体制の二分化

アフリカの植民地化

リヴィングストン Livingstone ⑤ 1813〜73
イギリスの宣教師・探検家。宣教のた
め南アフリカに派遣され、1849年より南部
アフリカ奥地を探検し、ヴィクトリア滝な
どを発見した。66年ナイル水源の探検に出
かけて消息を絶ったが、71年スタンリーの
捜索隊と出会った。結果的に彼の探検は列
強の植民地獲得政策の展開につながった。
→ p.229

スタンリー Stanley ⑤ 1841〜1904 イギリ
ス出身のアメリカ人新聞記者・探検家。リ
ヴィングストン捜索に出発し、1871年にタ
ンガニーカ湖畔で遭遇した。74年以降は、
ベルギー王の支援でコンゴ地方を探検して、
アフリカの植民地化を促進させた。
→ p.229

コンゴ Congo ⑤ アフリカ大陸中央部のコ
ンゴ川流域地帯。レオポルド2世がスタン
リーの探検を援助した関係から、ベルギー
がこの地域の植民地化をめざした。

ベルリン会議（ベルリン＝コンゴ会議）⑦
1884〜85 アフリカ分割に関する、列強に
よる国際会議。ビスマルクの提唱で開催さ
れ、コンゴ川流域の統治権をベルギーに、
ニジェール川河口の統治権をイギリスに認
めた。さらにアフリカを「無主の地」として、
ヨーロッパ人の安全や商業活動を保証する
実効支配をおこなった国が他国に通告した
うえで占領できること（先占権）や、沿岸地
域の植民地はその後背地も保有できる（境
界画定）といった原則が合意された。これ
を機にアフリカ分割は急速に進んだ。

コンゴ自由国 Congo Free State ④ 1885〜
1908 ベルリン会議によってアフリカ大陸
中央部に成立した形式的な独立国家。実態
はベルギー国王レオポルド2世の私有領。
ゴム栽培における収奪的で残虐な統治
が国際的に問題となり、1908年ベルギーの
正式な植民地となった。

レオポルド2世 Leopold ③ 1835〜1909
ベルギー国王（在位1865〜1909）。スタンリ
ーの探検を援助し、コンゴ自由国を領有し
た帝国主義者。その非人道的な植民地経営
が国際的に批判された。

アフリカ分割 ⑥ ヨーロッパ列強によるアフ

リカ大陸の植民地分割。1880年頃からイギリス・フランスなどによる植民地化が本格化し、20世紀初頭までにエチオピアとリベリアを除く地域が列強によって分割された。

エジプトの保護国化《イギリス》⑤ 1882　ウラービー運動鎮圧にともなう、イギリスによる事実上のエジプト支配。正式な保護国化は、第一次世界大戦が始まった1914年。

スーダンの制圧《イギリス》 Sudan ⑤ マフディー運動(1881〜98年)を鎮圧したイギリスによる、東スーダン地域の軍事支配。イギリスは、ゴードン将軍の戦死などマフディー運動との戦いに苦しんだが、エジプト軍とともにこれを鎮圧した。さらにイギリスは、1898年のファショダ事件でフランスの譲歩を得て、スーダンを確保した。

ローズ Rhodes ⑥ 1853〜1902　南アフリカで帝国主義政策を進めたイギリスの企業家・政治家・帝国主義者。1880年に鉱業会社を設立してダイヤモンド業を独占し、トランスヴァールの金鉱業でも成功した。ケープ植民地首相(在任1890〜96)となり、さらにリンポポ川以北に進出してローデシアを建国したものの、95年にトランスヴァール共和国転覆計画に失敗し、首相を辞した。

ローデシア Rhodesia ② 南部アフリカの内陸部にあったイギリス植民地。1895年、イギリス南アフリカ会社が、その征服地域をローズの名にちなんで命名した。現在のジンバブエ共和国とザンビア共和国にあたる。

ケープ植民地 Cape Colony ⑦ アフリカ最南端の地域。1652年オランダ東インド会社が補給基地として建設し、1814年ウィーン会議でイギリスに割譲された。
→ p.164, 203

ブール人(アフリカーナー) Boers ⑥ 「ブール」はオランダ語で「農民」の意味。17世紀後半からケープ植民地に入植したオランダ人移民の子孫に対する、イギリス側からの蔑称。ウィーン会議後にイギリスの支配が進むと、ブール人は民族意識をもち、19世紀末からアフリカーナーと自称した。

南アフリカ戦争⑦ 1899〜1902　南アフリカの植民地化をめぐる、ブール人(アフリカーナー)とイギリスとの戦争。1880年代にトランスヴァール共和国で金が発見されて以後対立が激化するなか、帝国主義政策を展開するイギリス側の画策で99年に始まった。ブール人の激しいゲリラ戦によって戦いは長期化したが、イギリスが勝利し、二つのブール人国家の領有権を獲得した。

トランスヴァール共和国 Transvaal ⑥ 1852〜1902　ブール人(アフリカーナー)が現在の南アフリカ共和国北東部に建てた国家。ダイヤモンド鉱山が見つかり、1877年にイギリスに併合されたが、81年に再び独立した。その後豊富な金鉱脈が発見されるとイギリスの介入をまねき、南アフリカ戦争で敗北した。

オレンジ自由国 Orange Free State ⑥ 1854〜1902　ブール人(アフリカーナー)が現在の南アフリカ共和国東部に建てた国家。ダイヤモンド鉱山の発見を機にイギリスの侵略を受け、のち南アフリカ戦争で敗北した。

ケープタウン Cape Town ③ 南アフリカ共和国の南西部に位置する港市で、同共和国の立法府所在地。

アフリカ縦断政策⑦ イギリスがアフリカ植民地化に際してとった政策。北のエジプトと南のケープ植民地との連結をめざした。

3C政策④ インド洋支配のためのイギリスの帝国主義政策。呼称は、ケープタウン・カイロ・カルカッタを結ぼうとしたことに由来。対をなすドイツの3B政策と同じく、日本でのみ使われる呼称。　→ p.260

南アフリカ連邦 Union of South Africa ⑤ 1910年に成立したイギリス帝国内の自治領。ケープ・トランスヴァール・オレンジ・ナタールの4州から構成されていた。
→ p.249

アパルトヘイト apartheid ③ 南アフリカ連邦における、白人の非白人に対する人種差別・隔離の政策と制度。1911年以降、イギリス人とブール人(アフリカーナー)の対立緩和のため、アフリカ人に対する人種差別的政策が導入されるようになった。
→ p.329, 346

チュニジア保護国化《フランス》 Tunisia ⑥ 1881　フランスによるアルジェリア東隣の占領・保護国化。反発したイタリアがドイツに接近し、翌82年三国同盟が結成された。

アフリカ横断政策⑥ フランスがアフリカ植民地化に際してとった政策。西アフリカ・サハラ砂漠地域と東のジブチとの連結をめざした。

ジブチ Djibouti ④ アフリカ大陸北東部の、インド洋から紅海への入口に位置する港市。1896年にフランス領ソマリランドとして植民地化され、アフリカ横断政策の東の拠点となった。

マダガスカル Madagascar ③ アフリカ大陸南東沖の島。18世紀末にメリナ王国が強大

となったが、19世紀末のフランス軍の攻撃によって王国は滅亡し、96年に全島がフランスの植民地となった。

ファショダ事件　Fashoda ⑥ 1898　アフリカ分割競争のなかでイギリスとフランスが遭遇した事件。横断政策を展開していたフランスと縦断政策を推進していたイギリスが、スーダンのナイル河畔のファショダで遭遇した。しかし、ドイツの動きを警戒するフランスが譲歩し、スーダンはエジプト・イギリスの支配下におかれた。

サモリ＝トゥーレ　Samori Touré ① 1830頃～1900　ジハード（聖戦）をとなえて、西アフリカ内陸部でフランス帝国主義に激しく抵抗した指導者。ギニア湾岸地域から植民地を拡大するフランスに対して1880年代にサモリ帝国を樹立し、イスラーム教による神権政治をおこなった。98年、フランス軍に捕えられて流刑地ガボンで病死した。

英仏協商　⑤ 1904　ドイツに対抗するためイギリスとフランスが結んだ協約。エジプトにおけるイギリスの優越と、モロッコにおけるフランスの優越を、相互に承認した。　→ p.260

モロッコ　Morocco ④ 北アフリカ西端の地域。17世紀からアラブ系のアラウィー朝が続いてきたが、英仏協商でこの地域におけるフランスの優越権が認められた。

カメルーン　Cameroun ④ ギニア湾に面するアフリカ中部の地域。1884年にドイツが保護領とした。

南西アフリカ植民地《ドイツ》② 南部アフリカ大西洋岸の、現在のナミビア。1885年にドイツが植民地とした。現地のヘレロ人が土地の強奪に反対して1904～07年に蜂起したが、ドイツによる絶滅政策で8割の人口が失われた。

東アフリカ植民地《ドイツ》① 現在のタンザニアの本土・ルワンダ・ブルンジをあわせた地域。1885年にドイツが保護領化を宣言し、86年のドイツ・イギリス間の協定でドイツ領とされた。

モロッコ事件　Moroccan Crisis ⑥ 1905年と11年の2度発生した、モロッコをめぐるドイツ・フランス間の国際紛争。〈第1次〉1905年、英仏協商に反発したドイツ皇帝ヴィルヘルム2世が、モロッコ北端のタンジール港を訪問してフランス進出への反対を表明し、緊張が高まった。06年のアルヘシラス国際会議でイギリスがフランスを支持してドイツは孤立し、フランスの進出が黙

認された。〈第2次〉1911年、モロッコで発生した反乱に対し、ドイツが居留民保護を口実に軍艦をモロッコ南部のアガディール港に派遣した。しかし、イギリスがフランスを支援したため、ドイツはフランスからコンゴ領の一部を獲得するだけで譲歩した。

モロッコ保護国化《フランス》⑥ 2度のモロッコ事件後、1912年にフランスが保護国化。一部がスペインにゆずられた。

ソマリランド　Somaliland ③ アフリカ大陸北東部の地域で、「アフリカの角」と呼ばれる。19世紀末、北から順にフランス・イギリス・イタリア領に分割された。

エリトリア　Eritrea ③ エチオピア北部の紅海に面する地域。1884～85年のベルリン会議でイタリアが、エチオピアから分離させて領有した。

エチオピア帝国　Ethiopia ⑥ アフリカ大陸北東部で古代から続いてきた国。別名アビシニア。紀元前後アクスム王国が成立し、4世紀にキリスト教が伝わり、5世紀に単性論派が中心となった。19世紀末においても列強による植民地化をまぬがれていた。

エチオピア侵入《イタリア》④ 1895～96　イタリアによる第1回目のエチオピア戦争。イタリアは北方のエリトリアから侵入を試みたが、横断政策を遂行中のフランスがエチオピアを支援したため、敗北した。

アドワ　Adowa ④ エチオピア北部の町。1896年、この地において、侵入したイタリア軍がフランスからの武器援助を受けたエチオピア軍に大敗した。

イタリア＝トルコ戦争　⑤ 1911～12　北アフリカのオスマン帝国領獲得をめざして、イタリアがおこした侵略戦争。勝利したイタリアは、トリポリ・キレナイカを獲得したが、まもなく財政難におちいった。

リビア　Libya ⑥ 古代ローマが北アフリカのトリポリ（西部）・キレナイカ（東部）一帯を呼んだ名称。1912年にこの地域を獲得したイタリアが、古名のリビアで呼んだ。

リベリア共和国　Liberia ⑥ アメリカ合衆国の解放奴隷を送りこんで、ギニア湾岸の西部地域に樹立された共和国。合衆国を白人のみの共和国にしようと考えるアメリカ植民協会が1822年から送り込みを開始し、47年に独立した。国名は「自由」を意味し、首都名は植民開始時の合衆国大統領モンローの名にちなんだモンロビア。アメリカ合衆国から移住した黒人が支配者となり、先住

黒人とのあいだに摩擦が生じた。

太平洋地域の分割

オセアニア Oceania ③ オーストラリア大陸とニュージーランド、太平洋のミクロネシア・メラネシア・ポリネシアなどの諸島からなる地域。別名、大洋州。　→ p.21

オーストラリア Australia ⑥ 1770年、探検家クックが到達してイギリス領を宣言した大陸。88年に流刑植民地となり、1829年に大陸全体が植民地とされて牧羊業が発展した。51年の金鉱発見でゴールドラッシュがおこり、人口が増加した。

金鉱発見《オーストラリア》⑤ オーストラリアでは、1851年にニューサウスウェールズ植民地をはじめ、各地で金鉱が発見された。

ニューギニア New Guinea ② 現パプアニューギニア地域。面積世界第2の島ニューギニアの西部は、1828年にオランダ領となった。東部は84年にドイツ・イギリスに占領され、その南半のイギリス領が1906年にオーストラリア連邦の準州 パプアと改称された。

アボリジニー Aborigine ⑦ オーストラリアの先住民。イギリスによる入植以前は推定で30～100万人いたとされ、狩猟・採集生活をおくってきたが、イギリスの植民地化後、迫害と病気により激減した。1967年に国民投票で市民権が認められ、少しずつ人口は回復し、現在総人口（約2590万）の約2.5%を占める。

オーストラリア連邦 Commonwealth of Australia ③ 1901年に成立したイギリス帝国内の自治領。6州・1準州・1特別州で構成され、首都はキャンベラ。→ p.249

白豪主義 ④ オーストラリアで実施された白人優先と有色人種排斥の思想・移民制限政策。1851年の金鉱発見後、流入した中国人労働者への反発が、この政策の起因になった。1901年の移民制限法で白人以外の移民は禁止となった。なお、70年代に移民制限が撤廃され、白豪主義は消滅して多文化主義へと転換した。

ニュージーランド New Zealand ⑦ オーストラリア東方の島国。1642年オランダ人航海者タスマンが到達。1769年イギリス人探検家クックがイギリス領を宣言。1840年にワイタンギ条約でイギリス植民地になると、先住マオリ人の抵抗運動が激化した。その後1907年に自治領となった。なお1893年に

は、世界に先がけて女性参政権を実現させた。→ p.249

マオリ人 Maori ⑥ ニュージーランドのポリネシア系先住民。イギリス植民地となったのち、1860年からマオリ戦争をおこした。高度な木造彫刻やハカと呼ばれる勇壮な伝統舞踊でも知られる。

ビスマルク諸島 Bismarck ③ 赤道南方のメラネシアの諸島。1884年ドイツ領とされ、第一次世界大戦後、オーストラリアの委任統治領になった。

カロリン諸島 Caroline ① ミクロネシアのうち、マリアナ諸島とマーシャル諸島を除く島々の総称。19世紀末よりスペイン・ドイツ・日本・アメリカに統治されてきた。

マリアナ諸島 Mariana ② ミクロネシア西北部の島々。1565年にスペイン領となり、1899年ドイツが買収した。

マーシャル諸島 Marshall ① ミクロネシアの東部にある諸島。ドイツ・日本の統治後、1947年から国連信託統治領としてアメリカに統治され、1986～90年にかけて独立。

パラオ諸島 Palau ② ミクロネシアの西端に位置する島々。国連信託統治領としてアメリカに統治された。パラオは通称で、憲法上はベラウ共和国。

アメリカ=スペイン（米西）戦争 ④ 1898年にアメリカ合衆国とスペインとのあいだでおこなわれた戦争。勝利したアメリカはフィリピン・グアム・プエルトリコを獲得し、東南アジアにおける植民地統治や東アジアへの経済進出をめざす門戸開放政策のきっかけともなった。→ p.253

フィリピン Philippines ⑤ アメリカ=スペイン戦争における戦場の一つ。キューバとともに、マニラが戦場となった。1898年、2000万ドルでスペインからアメリカに割譲された。

グアム Guam ⑥ マリアナ諸島南端の島。アメリカ=スペイン戦争後、1898年にスペインからアメリカが獲得した。海底電信ケーブルの中継地としても重要。

ハワイ Hawaii ⑦ 太平洋中央部に位置する諸島で、合衆国50番目の州。1778年、クックがヨーロッパ人で最初に来島した。95年ハワイ島に成立したカメハメハ朝が、全島を統一して1810年にハワイ王国を樹立した。カメハメハ1世が政権維持に白人を利用したため、その後に白人の移住が始まった。40年に立憲君主政となり、50年代以降サトウキビ栽培と製糖業が盛んになると、日本

など東アジア諸国やポルトガルからも多くの移民が移り住んだ。93年に親アメリカ系市民のクーデタで臨時政府が樹立されると、97年に併合条約が成立し、翌年合衆国に併合された。

ハワイ王国 ③ 18世紀末に成立したカメハメハ朝が、1810年にハワイ全島を統一して建てた王国。1893年に滅亡した。

リリウオカラニ Liliuokalani ④ 1838〜1917 ハワイ王国最後の女王（在位1891〜93）。1893年にハワイ王朝の権威復活をめざして新憲法を通達したが、同年の親アメリカ系市民のクーデタで退位をよぎなくされ、カメハメハ朝は滅んだ。代表的なハワイ民謡「アロハオエ」の作詞・作曲者でもある。

フィジー Fiji ① ニュージーランド北方の、メラネシアの群島。1874年にイギリスが保護領とし、サトウキビ農園の労働者としてインド人を移住させたため、先住民との対立が発生した。

ニューカレドニア New Caledonia ① オーストラリア東方の南回帰線付近に位置する島。1853年にフランス領となり、その後に流刑植民地とされた。現在もフランスの海外領土である。

タヒチ Tahiti ② 南太平洋南東部の島。1847年フランスの保護領となり、91年には画家ゴーガンが移り住んだことでも知られる。

ラテンアメリカ諸国の従属と発展

ラテンアメリカ Latin America ③ メキシコ以南の、おもにスペイン語やポルトガル語もしくはフランス語を母語とする地域の呼称。19世紀後半、メキシコに出兵したナポレオン3世が「アングロアメリカ」に対抗する概念として広めた。幅広い地域を包含する概念として一般に用いられるが、近年は先住民文化を強調したり、カリブ海地域の黒人文化などラテン系とは異なるルーツをもつ人々に焦点をあてた呼称を用いる場合もあり、ラテンアメリカという呼び方には疑問も出されている。

対欧米輸出《ラテンアメリカ》② ラテンアメリカ諸国における、農産物や原材料など一次産品の欧米諸国に対する輸出拡大。鉄道や汽船の普及と冷凍技術の発達により、アルゼンチンの牛肉、ブラジルのコーヒー、キューバの砂糖、チリの硝石などが輸出された。ラテンアメリカ諸国はかわりに欧米から工業製品を輸入し、資本輸出も受

け入れるなど従属的に世界経済へ組みこまれた。南米はイギリス、中米はアメリカ合衆国の経済的影響がとくに強かった。

奴隷制廃止《アメリカ大陸》① 1888年のブラジルの奴隷制廃止で確定した、南北アメリカ大陸における黒人奴隷制の消滅。1833年にイギリス、48年にフランスが奴隷制を廃止したことで、カリブ海地域の英仏植民地における奴隷制は撤廃された。その後、19世紀半ばにかけて大陸のラテンアメリカ諸国でも奴隷制廃止が進み、65年にアメリカ合衆国、86年にスペイン領キューバ、88年にブラジルでも廃止された結果、南北アメリカ大陸において奴隷制は消滅した。

ブラジルの共和政移行 ① 共和派・軍のクーデタによる、1822年から続いてきたブラジルの帝政崩壊と共和政への移行。1888年、奴隷制廃止によって経済的混乱が生じ、地主層が帝政から離反すると、89年に軍の一部と結んだ共和派がクーデタをおこし、共和政を成立させた。なお、奴隷制廃止によって不足した労働力は、南欧からの移民によってまかなわれた。

アルゼンチンへの移民 ① 憲法で規定された移民の招致を背景に進んだ、アルゼンチンへの移民の増大。独立後のアルゼンチンでは、19世紀半ばに中央政府が確立し、政府がヨーロッパ移民を招致するという世界のまれな規定をもった憲法が1853年に公布されて、以後移民や海外投資が増加した。パンパと呼ばれる大草原地帯の開発が進んで、農牧業も発展した。

パン＝アメリカ会議 Pan American conference ⑤ アメリカ大陸諸国家の国際会議。1826年にボリバルの指導で開かれたパナマ会議に始まる中南米会議を引き継ぐかたちで、89年アメリカ合衆国主催の第1回会議がワシントンで開かれた。以後、ほぼ定期的に開かれて域内の共通の問題が話しあわれたが、事実上合衆国の外交の指導下にあった。

フアレス Juárez ② 1806〜72 先住民出身のメキシコ大統領（在任1858〜72）。1857年の内乱勃発に際し、辞任した大統領にかわって最高裁長官から昇任し、内乱下の自由主義派政府を指導した。マクシミリアンの帝政成立後も抵抗を続け、保守派とフランス軍に勝利をおさめ、メキシコの民主化に貢献した。

メキシコ内乱 ② 1857〜67 メキシコにおける自由主義派と保守派の内乱。1855年の自

由主義革命や57年の自由主義的憲法の公布に対抗して反革命クーデタがおこり、内戦が始まった。61年フアレス大統領の指導で自由主義派が優位に立ったが、対外債務の返済停止を宣言すると、フランスのナポレオン3世が干渉して派兵した。64年にはマクシミリアンを皇帝とする帝政が成立したものの、メキシコ民衆の抵抗と合衆国の抗議でフランス軍が撤退し、内乱も自由主義派が勝利をおさめた。

メキシコ遠征(出兵) ⑤ 1861〜67　対外債務の返済停止を口実に、ナポレオン3世がイギリス・スペインを誘っておこなった、メキシコへの武力干渉。ナポレオン3世は、ハプスブルク家出身でオーストリア皇帝の弟であるマクシミリアンをメキシコ皇帝(在位1864〜67)に迎えて傀儡政権としたが、メキシコ人の反発や南北戦争を終えたアメリカ合衆国の抗議もあってメキシコからフランス軍を撤退させた。マクシミリアンはフランス軍に敗れて処刑され、メキシコは共和政に復帰した。　→ p.212

ディアス　Díaz ⑥ 1830〜1915　メキシコの軍人・大統領(在任1877〜80、84〜1911)。メスティーソ出身で、内乱時フアレスのもとで活躍したが、のち反旗をひるがえした。1876年のクーデタで政権を奪い大統領となった。長期にわたり独裁体制をしいて経済成長策を実施したが、地主階級の特権復活や英米資本への従属によって経済格差が強まったため、メキシコ革命で打倒され、1911年フランスに亡命した。

マデロ　Madero ③ 1873〜1913　メキシコ革命の指導者。自由主義者で、1910年の大統領選挙後に武装蜂起を呼びかけ、11年にディアス政権を打倒して大統領に就任した(在任1911〜13)。しかし、旧軍部を温存し、農地改革に否定的で農民革命派と対立するなど、指導力を低下させるなか、13年にウエルタ将軍のクーデタで暗殺された。

サパタ　Zapata ⑥ 1879〜1919　メキシコ革命の農民運動指導者。マデロに呼応してメキシコ南部で農民軍を組織したが、農地改革を主張し、1911年にマデロから離反した。農民運動を継続したが、憲法を制定したカランサ派により19年に暗殺された。

ビリャ　Villa ③ 1878〜1923　メキシコ革命の指導者。北部でマデロの蜂起に加わり、その後サパタと同盟してカランサ派と争った。23年、政府の陰謀で暗殺された。

メキシコ革命　Mexico ⑥ 1910年にメキシコでおこった民主主義革命。マデロの呼びかけで武装蜂起が始まり、11年にディアス政権が打倒され、マデロが大統領に就任した。土地改革をめぐる対立がおこるなか、13年マデロが軍部のクーデタで暗殺されたが、軍部政権も革命派に打倒された。その後革命派のなかで、立憲派のカランサと農民革命派のサパタ・ビリャらの内戦が始まった。15年末にカランサ派が優勢となり、17年に土地改革・地下資源の国家管理・労働者の権利保障などを内容とする民主的憲法を制定し、革命は終了した。なお、農民への土地分配にともなう大土地所有制の解体や、労働組合の育成、外国企業国有化などに取り組んだカルデナス政権(在任1934〜40)までを、メキシコ革命とみなす説もある。

メキシコ憲法 ⑤ メキシコ革命のなか、1917年に制定された民主的憲法。この憲法は、強力な権限を大統領に付与しつつ、民族主義・反教会主義・土地改革や勤労者の権利保障といった社会改革などを特色とした。

列強体制の二分化

三帝同盟 ② 1873　ドイツ・オーストリア・ロシア3国の皇帝が締結した同盟。バルカンをめぐるオーストリアとロシアの対立により、1878年のベルリン会議で事実上解消された。その後81年に新三帝同盟(三帝協商)として復活するが、87年に更新されず、失効した。　→ p.217

再保障条約　Reinsurance Treaty ⑥ 1887〜90　ドイツとロシアが結んだ秘密軍事条約。ベルリン会議にともなう三帝同盟の崩壊後に、ドイツ・ロシアの友好関係維持に、ロシアのフランスへの接近阻止のため、ビスマルクが成立させた。1890年、ヴィルヘルム2世と参謀本部が「外交上の自由を得る」という理由で更新を拒否し、期間満了で消滅した。　→ p.217

露仏同盟 ⑥ ロシアとフランスが1891〜94年にかけて締結した政治・軍事同盟。フランスの国際的孤立からの脱脚、ロシアへのフランス資本導入の契機となった。　→ p.250

バグダード鉄道　Bagdadbahn ⑤ ドイツが計画した、オスマン帝国内の鉄道網のペルシア湾までの延長路線。1899年にドイツがコンヤ(アナトリア中央南部の都市)・バグダード間の敷設権を獲得して以後、3B政策を支える事業となった。しかし、バグ

ダード手前までの開通にとどまった。

3 B 政策 ⑥ 19世紀末から第一次世界大戦期の、中東・インド洋進出をめざしたドイツ帝国主義政策の日本での呼称。3 Bとはベルリン・ビザンティウム（イスタンブル）・バグダード3都市の頭文字などに由来した。

3 C 政策 ② インド洋の支配権確保のためのイギリス帝国主義政策の日本での呼称。3 Cとはカイロ・ケープタウン・カルカッタ3都市の頭文字を指した。 → p.255

「光栄ある孤立」 Splendid Isolation ④ 19世紀後半のイギリス非同盟外交を象徴した呼称。強大な経済力と海軍力を背景に、イギリスがクリミア戦争後（1856年）から日英同盟締結（1902年）まで、他国と同盟せず孤立を保っていた状態を指した。

日英同盟 ⑥ 1902 極東におけるロシアの脅威に対抗するため、日本とイギリスが結成した同盟。日露戦争開始の背景、および第一次世界大戦への日本参戦の口実となった。第3次同盟まで結ばれたが、21年、ワシントン会議における四カ国条約の締結で解消された。 → p.262

英仏協商 ⑥ 1904 ドイツに対抗するためイギリスとフランスが結んだ協約。これにより両国の対立関係が解消され、ドイツ包囲網の一角が形成された。 → p.256

英露協商 ⑥ 1907 ドイツの世界政策やバルカン進出に対抗するため、イギリスとロシアが結んだ協約。イランに関しては北部をロシア、南東部をイギリスの勢力範囲とし、アフガニスタンはイギリスの勢力範囲、チベットは両国ともに不干渉とすることを取り決めた。 → p.270

三国協商 ⑥ イギリス・フランス・ロシア3国の協力関係の総称。露仏同盟・英仏協商・英露協商の成立で形成された。最終的に軍事同盟の性格を帯び、ドイツを中心とした三国同盟に対立する陣営となった。なお、1917年のロシア革命によってこの関係は消滅した。

三国同盟 ⑥ 1882〜1915 フランスの孤立化をはかるビスマルク外交の中心の同盟。フランスのチュニジア占領に反発したイタリアが1882年ドイツ・オーストリアに接近し、結ばれた。しかし、第一次世界大戦勃発後、トリエステ・南チロルなど「未回収のイタリア」獲得をめざすイタリアが協商国側と密約を結び同盟を離脱して、1915年に崩壊した。 → p.217

列強の中国進出と清朝

「変法」 ⑥ 王朝創設以来の政治の方法・方針をかえること。日清戦争の敗北後、康有為らは洋務運動の限界性を批判し、西洋や日本の政治制度を手本とした立憲君主制の樹立をめざして、政治改革をおこなった。

康有為 ⑦ 1858〜1927 清末の学者・変法運動の指導者。1888年光緒帝に上申して、孔子を改革者とみなす公羊学の立場から洋務運動を批判し、徹底した内政改革（変法）により強国となること（自強）を強調した。98年、光緒帝に登用されて戊戌の変法を開始するが、保守派の巻き返しで失敗し、日本に亡命した。日本で孫文らの革命派に対抗して、99年に帝政擁護の保皇会を組織した。辛亥革命後は、共和政に反対して、清朝回復運動に参加した。

梁啓超 ⑦ 1873〜1929 清末民国初期の思想家・政治家・ジャーナリスト。康有為に学び、変法運動を進めたが、政変で日本に亡命した。「中国」のナショナリズムや民族意識の形成に大きな影響を与え、また立憲君主制の立場から革命派と激しい論戦をおこなった。辛亥革命後、帰国して大臣を歴任するが、帝政復活には反対した。

光緒帝 ⑦ 1871〜1908 清朝第11代皇帝（在位1875〜1908）。母は西太后の妹。西太后に擁立されて4歳で即位し、17歳から親政を開始した。1898年に康有為らを登用して変法を断行したが、保守派のクーデタで失敗し、幽閉された。

戊戌の変法 ⑥ 1898 康有為・梁啓超らの変法派が光緒帝に登用されて進めた、立憲君主制の樹立をめざす政治改革。1898年6月より学校制度創設・行政改革などをつぎつぎと発令したが、西太后ら保守派の巻き返しにあい、百日余りで失敗した。なお、この改革に際して京師大学堂（現在の北京大学）が設立された。

西太后 ⑦ 1835〜1908 清末の宮廷の中心人物。咸豊帝（位1850〜61）の側室（妃）で、同治帝の母。同治帝即位後、東太后（咸豊帝の皇后）とともに摂政として政治の実権を握った。同治帝の死後、光緒帝を擁立して実権を維持し、光緒帝の親政開始後も権力と権威を保ち続けた。

1898年に変法派を弾圧したが、義和団戦争で列強に敗れたのち、変法的改革＝新政を命じた。 → p.244

戊戌の政変 ⑦ 1898　西太后ら保守派によるクーデタ。1898年9月、袁世凱の寝返りで変法派が弾圧され、光緒帝は幽閉された。

鉄道敷設権 ③ 鉄道設置に関する権利。清末に列強が獲得した代表的利権の一つ。

鉱山採掘権 ③ 鉱山の調査・採掘・経営などの権利。日清戦争後、列強が中国で獲得した代表的な利権の一つ。

シベリア鉄道 ③ ロシア領内のシベリアの東西を結んだ全長約9300kmの鉄道。露仏同盟成立後、ウィッテがフランス資本の導入で建設を推進し、帝政ロシアのシベリア開発や極東政策の手段となった。 → p.252

東清鉄道 ⑦ 日清戦争後、ロシアが三国干渉の見返りとして1896年に敷設権を得て、中国東北地方に建設したバイパス鉄道。シベリア鉄道の迂回部分を最短距離で結ぶ満洲里・綏芬河間の本線と、中間地点のハルビンから旅順・大連に南下する支線からなり、1903年に完成して営業を開始した。

租借 ⑥ 条約によってある国が他国の領土を借り受けること。一般に期限付き貸与であるが、借りる国が大きな政治・軍事権をもつ場合には、事実上、譲渡と同じ意味をもった。中国においては、日清戦争後、列強の租借地要求が激化した。

膠州湾 ⑥ 山東半島南西岸の港湾。1897年にドイツが宣教師殺害事件を口実に占領し、98年に期限99カ年で租借した。海軍基地を築き、青島市を建設した。

遼東半島南部 ⑥ 中国遼寧省南部の半島の南端部。1898年に半島南端部分をロシアが期限25カ年で租借し、旅順に要塞と軍港を、大連に商港を建設した。

威海衛 ⑥ 山東半島東北端の港。清の北洋艦隊の根拠地であったが、ロシアの旅順・大連租借に対抗し、1898年にイギリスが期限25カ年で租借して東洋艦隊の基地とした。

九竜半島（新界） ⑥ 香港島対岸の半島。1860年にイギリスは半島先端部を獲得していたが、98年に半島の残り全域を期限99カ年で租借した。なお、イギリスが租借した九竜半島地域と付属する島々を新界と総称する。

広州湾 ⑥ 広東省西端の雷州半島東側の湾。フランスが1898年に占領し、99

年に期限99カ年で租借した。

勢力範囲（勢力圏） ⑥ 中国へ進出した列強が、租借地や鉱山・鉄道を中心に設定したとされる勢力圏。列強は、勢力範囲内の諸権利を他国に割譲しないことを清朝政府に条約化させた。実際には、その影響力は開港場や利権を得た鉱山・鉄道周辺に限られてそれ以外の地域にはおよばず、名目的なものだった。しかし、中国の知識人はこれを「中国分割（瓜分、瓜のように中国が分割されるという意味）」の危機とみなした。

ジョン＝ヘイ　John Hay ⑦ 1838〜1905　合衆国の政治家。マッキンリー大統領の国務長官（在任1898〜1905）としてアメリカ＝スペイン戦争の処理を担い、1899年と1900年には、列国に対して中国に関する門戸開放政策を提唱した。

門戸開放宣言　Open Door Doctrine ③ 合衆国国務長官ジョン＝ヘイが、中国進出の遅れを挽回するために列国に提唱した宣言。1899年の門戸開放・機会均等、1900年の領土保全を内容とした。 → p.253

門戸開放 ④ 1899　合衆国が、中国における商業活動の自由を列強に対して表明したことを指す言葉。

機会均等 ④ 1899　合衆国が、門戸開放とともに、中国への参入機会の対等化を列強に対して表明したことを指す言葉。

領土保全 ④ 1900　合衆国が、中国の領土と行政の安全を保つことを列強に対して表明したことを指す言葉。

「中国」《国家名称》③ 列強の中国進出に対する危機意識のなかで生み出された、国民国家としての中国の名称。日本に亡命した梁啓超は、政治誌『清議報』（のち『新民叢報』）を刊行して、列強の中国進出を亡国の危機としてナショナリズムを鼓吹する議論を展開し、明や清といった王朝の名称にかわる国家の名称として「中国」を提唱した。その主張は中国にも持ち込まれて大きな影響を与えた。

社会進化論 ② ダーウィンの進化論を社会や民族、国家などに適用する考え。ハーバート＝スペンサーらによって提唱され、中国には厳復（1854〜1921）が翻訳・紹介した。「優れた」民族や国家のみが「適者生存」によって生き残ると考えて、危機感をもった中国の知識人に受け入れられた。 → p.227

教案（仇教運動） ⑤ 中国における、反キリスト教を掲げた排外運動。1860年の北京条約でキリスト教布教の自由が認められ

て以降、伝統的な村落秩序や民衆感情との摩擦$\stackrel{まさつ}{}$が生じ、各地で儒教を信奉する地方官や郷紳$\stackrel{きょうしん}{}$が民衆を組織して、教会焼き打ちや宣教師傷害事件などを引きおこした。1897年の山東省でのドイツ人宣教師殺害事件を発端とした義和団運動は、反帝国主義的な排外運動となった。

義和団$\stackrel{ぎわだん}{}$ ⑦ 武術を修練した宗教的武術集団である義和拳$\stackrel{けん}{}$を中心とした排外主義の民衆集団。1897年頃より災害で窮乏$\stackrel{きゅうぼう}{}$した華北一帯の農民や下層労働者に広まった。98年から、ドイツの進出に反発した山東省でキリスト教会や同教徒を襲い、鉄道や電信線などを破壊した。

「扶清滅洋$\stackrel{ふしんめつよう}{}$」 ⑤ 義和団が掲げた排外主義のスローガン。「清を扶$\stackrel{たす}{}$けて、外国（洋）を滅ぼす」の意味。

義和団戦争 ⑦ 1900～01 義和団を支持した清朝が、列強に宣戦しておこした戦争。1900年6月、「扶清滅洋」を掲げて排外運動を展開した義和団が北京に入り、各国の公使館を包囲して日本・ドイツの外交官を殺害すると、清朝は義和団を支持して列国に宣戦した。これに対して日本・ロシアを中心とする8カ国が共同出兵し、8月に北京を占領した。翌年、北京議定書が結ばれ、列国に対する清朝の従属が強まった。

8カ国連合軍 ① 義和団戦争の際、公使館員救出を目的に8カ国によって結成された連合軍。地理的に近い日本・ロシアを中心に、イギリス・フランス・アメリカ・ドイツ・オーストリア・イタリアが派兵して、公使館員を救出し、義和団を鎮圧した。

北京議定書$\stackrel{ぺきんぎていしょ}{}$（辛丑$\stackrel{しんちゅう}{}$和約） ⑥ 1901 義和団戦争に関する清朝と11カ国（出兵8カ国とベルギー・オランダ・スペイン）との講和条約。清朝は、責任者の処罰、賠償金$\stackrel{ばいしょうきん}{}$4億5000万両$\stackrel{テール}{}$の支払い、北京公使館区域および特定地域への列国軍隊の常駐などを承認した。

北京駐屯権 ⑦ 北京議定書の項目の一つ。列国は、北京の公使館区域防衛のための駐屯権のほか、北京と海港とのあいだの自由交通確保のための常駐権を認めさせた。

日露戦争と韓国併合

甲午$\stackrel{こうご}{}$改革 ② 1894～96 日清戦争の勃発後に成立した開化派政権のもとで進められた朝鮮における近代化改革。日本の支持も得ながら、行財政機構改革、身分制廃止、政

府と宮中の分離、科挙の廃止、地方制度改革、清との宗属関係廃止の断行、太陽暦採用、断髪令$\stackrel{だんぱつれい}{}$など多岐にわたる改革を進めた。しかし、閔妃殺害事件を機に反日感情が高まるなか、挫折した。

閔妃$\stackrel{びんひ}{}$（ミンビ） **殺害事件** ④ 1895 日本の公使三浦梧楼$\stackrel{みうらごろう}{}$らによる朝鮮王妃殺害事件。三国干渉後、朝鮮政府内で王妃を中心とする親露派の影響力が増したため、勢力挽回をはかる三浦梧楼は、大院君$\stackrel{だいいんくん}{}$をかつぎ出して王妃を殺害する計画を立てた。10月7日未明から翌朝にかけて、日本公使館・領事館員、日本軍守備隊、日本の民間人らが景福宮$\stackrel{けいふくきゅう}{}$に侵入し、王妃を殺害して遺体を焼却した。日本の広島でおこなわれた三浦らに対する裁判では、治外法権によって全員無罪とされた。

高宗$\stackrel{こうそう}{}$ ③ 朝鮮王朝第26代国王（在位1863～1907）。大院君の第2子。王妃の閔妃を日本によって殺害されたのち、一時ロシア公使館に避難した。1897年に国号を大韓と定め皇帝に即位（在位1897～1907）して主権国家であることを世界に示した。ハーグ密使事件を口実に日本によって退位させられ、1919年の死去は三・一独立運動の契機ともなった。 → p.245

大韓帝国$\stackrel{だいかんていこく}{}$ ⑦ 1897～1910 1897年に朝鮮が採用した国号。下関$\stackrel{しものせき}{}$条約で認められた自主独立の国であることを示すため、国王高宗は97年8月に新元号「光武$\stackrel{こうぶ}{}$」を施行し、10月皇帝に即位した。独立協会を弾圧する一方、皇帝専制体制の強化による近代化をめざす改革を進めたが、財源不足や外圧により挫折$\stackrel{ざせつ}{}$し、三度の日韓協約後、1910年日本に併合された。

独立協会 ② 19世紀末の朝鮮で、自主独立の確保と政治改革をめざした政治結社。1896年に開化派官僚を中心に結成され、創刊した「独立新聞」や啓蒙活動集会を通じて、議会開設活動を展開したが、98年末大韓帝国政府によって弾圧・解散させられた。協会の活動はほぼ漢城$\stackrel{かんじょう}{}$（ソウル）に限定されていた。

満洲占領（東北地方駐留）《ロシア》③ 義和団戦争の際のロシア軍の東北三省占領と、戦後の駐留。ロシアのこの動きは、日本との対立を深めたのみならず、イギリス・アメリカの利害とも衝突した。1902年4月、ロシアは翌年9月までの撤退を約束したが、その履行は先延ばしにした。

日英同盟 ⑦ 1902 極東におけるロシアの南

下に対抗するため、日本とイギリスが結んだ同盟。締結国の一方が戦争に入った場合、他方は中立を守り、もし第三国が敵側に加わった場合には参戦するといった軍事同盟的性格をもっていた。その後、1905・11年に2度更新されたが、07年の英露協商成立で同盟の存在意義は低下し、21年のワシントン会議での四カ国条約締結によって解消された。→ p.260

日露戦争 ⑦ 1904〜05　朝鮮・中国東北地方の支配をめぐって対立した日本とロシアの戦争。日本によるロシア太平洋艦隊への奇襲ののち、1904年2月、両国の宣戦で始まった。日本軍は旅順要塞を攻め、苦闘の末、05年1月に陥落させた。その後、3月の奉天会戦、5月の日本海海戦で勝利したが、日本の戦争続行能力は限界を迎えた。一方、ロシアでも1905年革命が勃発し、戦争続行が困難になった。そのため両国は、米大統領セオドア＝ローズヴェルトの斡旋で講和した。この戦争は、非ヨーロッパ地域に「立憲は専制に勝つ」のメッセージを与えたが、日本は大韓帝国に対する侵略を強めた。

奉天会戦 ② 1905　日露戦争中に中国東北地方の奉天（現、瀋陽）でおこなわれた戦い。日本はこの戦いに勝利し、以後、対露講和工作を積極化させた。

日本海海戦 ⑤ 1905　日本海軍がロシアのバルチック艦隊を撃破した戦い。日本との戦いで戦力が低下し、旅順港にこもったロシア太平洋艦隊の増援として、1904年10月、38隻からなる艦隊が出航した。しかし、イギリスの支援を得て艦隊の運航情報をつかんだ日本海軍は、1905年5月に対馬沖でこれをほぼ全滅させた。

1905年革命（第1次ロシア革命）⑥ 1905　日露戦争による社会不安を背景に、血の日曜日事件を発端に始まった革命運動。全国各地で都市労働者の反政府運動や農民の土地要求闘争が激化したが、日露戦争の講和や十月宣言を経て、軍隊によって鎮圧された。→ p.252

セオドア＝ローズヴェルト Theodore Roosevelt ⑥ 1858〜1919　共和党出身の合衆国大統領（在任1901〜09）。日露戦争時には、講和会議を斡旋した。→ p.253

ポーツマス条約 ⑥ 1905　合衆国のポーツマスで調印された日露戦争の講和条約。全権代表は、日本が小村寿太郎、ロシアがウィッテ。日本は、韓国に対する指導・監

督権を認めさせ、遼東半島南部（旅順・大連地区）の租借権、南満洲鉄道および付属地の租借権、樺太の南半分などを獲得したが、賠償金を獲得できなかった。

韓国の指導・監督権 ⑤ ロシアが認めた、朝鮮半島に対する日本の政治・軍事・経済上の優先権。

遼東半島南部 ⑦ 日本が租借権と関連する全利権を継承した、ロシアの租借していた旅順・大連地区。

関東州 ② 日本による、遼東半島南端部（旅順・大連地区）の租借地の呼び名。

南満洲鉄道 ⑥ 東清鉄道支線の南部にあたる長春・旅順間の鉄道。日本はポーツマス条約でこの利権を獲得し、1906年に設立した南満洲鉄道株式会社（満鉄）が、鉄道とその沿線を経営した。

南樺太 ⑥ ポーツマス条約で日本が獲得した、樺太（サハリン）の北緯50度以南の地。

日露協約 ⑥ 1907　東アジアの現状維持に関して日本とロシアが結んだ協約。付随の秘密条約で、韓国と中国東北地方の南半部における日本の権益と、外モンゴルと中国東北地方の北半部におけるロシアの権益を相互に承認した。1912年の第3次協約では、内モンゴル地域について東半部を日本、西半部をロシアの勢力圏と画定した。

日韓協約 ⑤ 1904〜07　韓国の植民地化を進めるため、日本が大韓帝国と結んだ3次にわたる協約。

第1次日韓協約 ② 1904　日露戦争中の1904年8月に締結された日本と大韓帝国との協約。日本が推薦する財政・外交顧問の任用を義務づけた。

第2次日韓協約 ④ 1905　別名、韓国保護条約。日露戦争後の1905年11月に日本が強要した協約。日本が韓国の外交権を奪い、内政支配のための統監府設置を認めさせた。

韓国の保護国化 ⑥ 第2次日韓協約で実行された日本による韓国の保護国化。

ハーグ密使事件 ⑤ 1907　韓国皇帝の高宗が、オランダのハーグで開かれた第2回万国平和会議に3人の密使を派遣した事件。会議で日本による保護条約の無効を列国に訴えようとしたが、日本と秘密条約を結んで利権を相互に承認しあっていた列国により、密使の会議参加は拒否された。これを口実に日本は高宗を退位させ、第3次日韓協約を強制した。

義兵闘争 ⑦ 朝鮮民衆の抗日武装闘争。朝鮮では、1895年の閔妃殺害事件と開化派政

権による断髪令への反発から、翌年、各地で儒学者を指導者とする義兵闘争がおこった。さらに一般民衆をも指導者とする義兵闘争は、1905年の韓国保護国化後に始まり、07年の第3次日韓協約による韓国軍解散に抗して兵士が合流し、全土で14年頃まで続いた。

愛国啓蒙運動 ④ 教育と実業の振興、言論・出版などの活動を通じて、韓国の富強と国権の回復をめざした運動。1906年以降韓国の都市部を中心に展開され、担い手は、教員や新聞記者などの新知識人、学生、開化思想を受容した官僚・商工業者・在地両班などで、義兵闘争に対しては批判的であった。

第3次日韓協約 ① 1907 日本が強制した協約。これによって統監の韓国内政支配権が確立し、韓国軍隊が解散させられた。

統監 ⑤ 第2次日韓協約にもとづき、1906年に日本政府が設けた官庁（統監府）の長官。韓国の外交事務を管理し、内政を監督した。初代統監は伊藤博文。

伊藤博文 ⑦ 1841〜1909 明治期の政治家。初代韓国統監（在任1906〜09）として日本の韓国併合策を推進したが、1909年、ハルビン駅ホームで暗殺された。

安重根（アンジュングン） ⑦ 1879〜1910 朝鮮の独立運動家。1907年沿海州で愛国啓蒙運動と義兵闘争に参加。東洋平和をとなえて09年10月に伊藤博文をハルビン駅ホームで暗殺した。翌年に処刑された。

ハルビン ④ 松花江中流に面する黒竜江省の省都。19世紀末にロシアが東清鉄道の本拠をかまえ、交通の要衝しとなる。1909年、ここの駅ホームで伊藤博文が安重根に狙撃された。

韓国併合 ⑦ 1910 「韓国併合に関する条約」の強制により、韓国が日本の完全な植民地とされたこと。以後、韓国という国号は廃されて朝鮮が正式な称号とされた。

朝鮮総督府 ⑦ 韓国併合後の日本による朝鮮統治の中枢機関。初代総督は寺内正毅。天皇の制約から離れ、長たる総督は陸海軍大将のなかから選ばれた（総督武官制）。
　　→ p.288

武断政治 ④ 武威や武力によって政治をおこなったり、ものごとを処置すること。ここでは朝鮮総督府による統治策を指す。
　　→ p.288

土地調査事業 ⑤ 1910〜18 租税収入を安定

的に確保するため朝鮮総督府によっておこなわれた、土地所有権者すなわち地税負担者を決定した政策。重層的な土地所有を解消して、朝鮮における近代的土地所有を確立した。この事業によって、結果的に日本人の土地所有面積は、1910年に比べて18年末には3倍以上になった。

日本の工業化 ② 1880年代から製糸業や綿紡績業が、さらに日清戦争後には重工業が発展して進んだ日本の工業化。製糸業、ついで綿紡績業が発展し、欧米への生糸輸出が主要な外貨獲得手段となった。日清戦争後には八幡製鉄所に代表される製鉄業など重工業生産も始まり、第一次世界大戦期にピークを迎えた。

金本位制確立《日本》 ③ 日清戦争の賠償金を背景とする、日本の金本位制の確立。中央銀行の発行する貨幣と国家が保有する金との相互交換を保証する金本位制は、1871年の新貨条例で導入されたが金準備の不足で安定しなかった。そこで、賠償金を獲得した下関条約後の98年に明治政府は貨幣法を制定し、金本位制を確立させた。これにより産業革命が進展した。

アジア間貿易 ① アジア諸国・諸地域間の国際交易。欧米諸国が支配を広げる以前から存在するアジア間貿易を基盤に、帝国主義時代にも独自の貿易が発展した。インドの綿花を原材料に、インド・中国・日本での綿工業の発展は、イギリス製綿糸をアジア市場から駆逐した。東アジアでは、中国東北地方の大豆、日本の綿糸や綿布、朝鮮の米、台湾の砂糖などが取引されて、相互の結びつきを強めた。

清朝の改革と辛亥革命

光緒新政（新政） ⑦ 義和団戦争後、西太后政権のもとで開始された近代化改革。変法派がめざした立憲君主制の方針を採用した。当時の元号にちなんでこう呼ばれた。

外務部 ③ 1901 清朝初の恒常的な近代的外政機関。総理各国事務衙門が臨時の兼職にすぎず専門的な外交官も生まれなかったことから、列強の要求もあって外務部へと改組された。

科挙の廃止 ⑥ 1905 光緒新政の一政策。袁世凱らの意見で断行された。さらに、新たな学校制度の整備も進められた。

憲法大綱 ⑥ 1908 光緒新政の一つとして、清朝政府が発布した欽定憲法大綱。日本

の明治憲法を模範としたが、日本の憲法以上に皇帝の権限を強化していた。

国会開設の公約 ⑦ 清朝が憲法大綱で命じた、9年以内の憲法制定と国会開設の約束。しかし国会の早期開設要求が強く、政府は1910年に13年の開設を約束した。

新軍 ④ 清末に編制された洋式陸軍で、新建陸軍の略称。日清戦争後、清は淮軍の一部をもとに、ドイツ式の近代軍編制に着手し、光緒新政の一環として、1905年に陸軍の軍制が制定された。北洋新軍は袁世凱の権力基盤となったが、各省の新軍の将校には日本から帰国した革命派が多く、辛亥革命に重要な役割を果たした。

北洋軍 ④ 清末の、北洋大臣を兼ねた袁世凱指揮下の新軍。起源は李鴻章が統轄した軍隊であった。義和団戦争後、袁世凱がその基盤を継承し、増強して私兵化した。辛亥革命後、独自の軍事勢力（北洋軍閥）を形成したが、袁の死後、部将たちによって直隷派・安徽派と、傍系の奉天派に分裂した。

留学生 ④ 近代中国でのおもな留学先は、洋務運動期の1870年代からは欧米諸国、日清戦争後からは日本であった。日本への留学生は亡命していた変法派や革命派の主張に接することが多く、彼らのなかで徐々に革命派の影響が大きくなっていった。

興中会 ④ 1894　清末に孫文が組織した革命団体。華人（華僑）として成功していた兄を頼ってハワイに渡った孫文が、1894年に同地で創立した。翌年、香港に本部をおき、広州で蜂起したが失敗し、孫文らは日本に亡命した。

孫文 ④ 1866〜1925　近代中国の革命家。号は中山。香港などで学んで医者となるが、1894年ハワイで興中会を結成して清朝打倒の革命運動を始め、1905年東京で中国同盟会を結成した。蜂起の資金調達のためアメリカに滞在中の11年に辛亥革命がおこると年末に帰国し、翌12年1月中華民国の臨時大総統に就任した。しかし清朝滅亡後、袁世凱にその地位をゆずり、13年の第二革命に失敗して日本に亡命し、14年に中華革命党を組織した。19年に中国国民党を創設し、24年に国共合作を実行して各地の軍事勢力（軍閥）の打倒をめざしたが、25年に北京で「革命未だ成らず」の遺言を残して病死した。

宋慶齢 ② 1893〜1981　孫文夫人、中華人民共和国国家副主席（在任1959〜75）。1927

年の蔣介石による反共クーデタ後、彼を非難して出国し、国際的な反帝平和運動にも参加した。共産党へは81年5月15日に入党、16日国家名誉主席の称号を授与され、同29日に病死した。

中国同盟会 ⑥ 1905年、革命諸団体が東京で設立した組織。孫文らの興中会、章炳麟らの光復会、黄興・宋教仁らの華興会などの革命諸団体が結集し、多くの留学生を巻き込みながら、孫文を総理に選んで三民主義を基本原則とした。機関紙『民報』を刊行（1905〜10年）して梁啓超ら立憲派と激しく論争したが、広東省などでの武装蜂起はすべて失敗し、革命方針をめぐって組織は分裂状態となった。11年の武昌蜂起の成功後は辛亥革命を推進し、12年に同盟会の穏健派は、宋教仁をリーダーとして国民党を組織した。

三民主義 ⑥ 孫文が提唱した中国革命の理論と綱領。民族主義・民権主義・民生主義を内容とした。

民族の独立 ⑥ 異民族王朝としての清朝打倒と漢民族の独立を意味した。しかし辛亥革命後は、帝国主義下での民族独立による旧清朝領土の分裂・分割を避けるため、立憲派の主張する五族共和が採用された。

民権の伸張 ⑥ 主権在民の共和国の建設を意味した。

民生の安定 ⑥ 国家主導での土地改革などによる社会問題の改善を意味した。

立憲派 ④ 清朝の近代的な改革を求める知識人の勢力。変法運動の挫折以後、日本などに亡命した梁啓超らは、立憲君主制の樹立と中国の統一を求める運動を進め、革命派と激しい論戦を繰り広げた。光緒新政によって地方議会が生まれると、郷紳ら地方有力者のなかに議会制の発展を求める勢力も増え始めた。しかし、辛亥革命以後は革命勢力に押されて、大きな力を発揮することが困難になっていった。

幹線鉄道国有化 ⑥ 1911　清朝が発した民営幹線鉄道の国有化政策。民営の広州・漢口間、四川・漢口間の鉄道がその対象とされた。しかし、民営化を勝ちとっていた民族資本家や地方有力者の激しい反対を受けた。

利権回収運動 ③ 清末に展開された、列強に奪われた鉄道・鉱山などの利権を回収しようとした運動。大衆の基盤に立つ運動で、回収後、鉄道・鉱山などは中国の民間資本によって経営された。

民族資本 ④ 一般的には、外国資本または植

民地本国の資本に対して、従属国や植民地の人々の資本を指す。民族運動や独立運動の推進主体にもなった。

四川暴動 ⑦ 1911年5月の鉄道国有化令に反対した四川省民の武装蜂起。別名、四川保路運動。省民が保路同志会を結成して武装蜂起し、辛亥革命の起因となった。

武昌蜂起 ⑦ 1911 辛亥革命の発端となった、武昌でおきた湖北新軍の蜂起。1911年10月10日、新軍内の革命派が挙兵し、武昌占領後、湖北軍政府を創設して湖北省の独立を宣言した。

辛亥革命 ⑦ 1911〜12 清朝を倒し、中華民国を樹立した革命。幹線鉄道国有化問題での弾圧で立憲派も清朝から離反するなか、1911年(辛亥の年)10月10日の武昌蜂起が発端となり、革命は華中・華北に波及し、14省が独立を宣言した。12年1月、孫文を臨時大総統とする中華民国の建国が宣言され、2月、袁世凱との取引により清朝皇帝が退位した。成立した民国(共和国)で3月、臨時大総統に就任した袁世凱のもと、臨時約法(憲法)が発布された。

臨時大総統 ⑦ 中華民国臨時政府の長。大総統は大統領を意味し、1912年1月1日、孫文が就任し、清朝滅亡後、その地位は袁世凱にゆずられた。

中華民国建国 ⑦ 1912 アジア最初の共和国の建国。辛亥革命で独立を宣言した各省の代表者によって、1912年1月1日、孫文を臨時大総統として南京で樹立された。

袁世凱 ⑦ 1859〜1916 清末・民国初期の軍人・政治家。李鴻章のもと、朝鮮に派遣されて清への属国化を試み、日清戦争後は新軍整備につとめ、戊戌の政変では変法派を弾圧した。李鴻章の死後、要職を歴任し、新政も進めて清朝最大の実力者となったが、1909年に失脚した。11年に辛亥革命がおこると総理大臣に登用されたが、革命側と取引し、12年2月に宣統帝を退位させ、3月中華民国臨時大総統に就任した。13年、第二革命鎮圧後、正式な大総統となり独裁政治を進めた。15年末に帝政復活を宣言すると第三革命をまねき、16年に帝政宣言を取り消し、まもなく病死した。

宣統帝(溥儀) ⑦ 1906〜67 清朝最後の皇帝(在位1908〜12)。光緒帝の甥。3歳で即位したが、辛亥革命により1912年2月に退位した。優待条件により紫禁城にとどまっていたが、24年に軍事勢力のクーデタで追放された。日本に担ぎ出されて

32年満洲国の執政となり、34年皇帝となった(在位1934〜45)。第二次世界大戦後ソ連に抑留され、50年の帰国後は戦犯として収容所で服役した。59年に特赦で出所し、以後市民として余生をおくり、自伝『わが半生』を著した。

臨時約法 ② 中華民国初期の1912年に公布された暫定憲法。若手の宋教仁らによって、三権分立・主権在民・責任内閣制などを内容として作成された。公布は、孫文から臨時大総統をゆずられた袁世凱による。14年に袁が大総統権限を強化した新約法を制定したことで失効した。

国民党 ⑥ 中華民国初期の政党。1912年8月、中国同盟会がほかの小党派を加えて結成した。13年の選挙で大勝したが、袁世凱の弾圧で指導者宋教仁が暗殺され、第二革命失敗後、同年11月に解散させられた。

宋教仁 ① 1882〜1913 清末民国初期の革命運動家・政治家。湖南省出身で、1903年華興会に参加。04年の蜂起計画が発覚して日本に亡命し、05年中国同盟会に参加した。革命運動においては、孫文に対して批判的であった。辛亥革命後、12年結成の国民党の党務を掌握し、13年初めの国会議員選挙で国民党を勝利させ議会制民主主義の実現に邁進したが、その直後、暗殺される。その首謀者は、議院内閣制に反対して彼と対立していた袁世凱であったとされる。

第二革命 ④ 袁世凱の専制化に反対した武装闘争。宋教仁の暗殺、国会無視の専制、国民党弾圧に対して、1913年7月江西省で李烈鈞・黄興らが挙兵したが失敗した。

中華革命党 ⑤ 第二革命失敗後、孫文が亡命先の東京で結成した革命の秘密結社。1914年7月、孫文に忠誠を誓う者たちで結成されたが広がりを欠き、19年、五・四運動発生後、大衆政党の中国国民党に改編された。 → p.289

袁世凱の帝政 ⑤ 袁世凱による帝政復活の試み。第二革命鎮圧後、袁は正式に大総統に就任し、新約法を1914年に定めて独裁を強めた。15年末に帝政復活を宣言し、16年1月皇帝に即位した。しかし、すぐさま第三革命がおこり、諸外国の反対もあって、3月に退位したのち、6月に病死した。

第三革命 ③ 袁世凱の帝政復活に反対して国民党系の地方軍人らがおこした闘争。1915年末に雲南地方で始まり、16年3月に袁は帝政撤回を宣言した。

軍閥 ④ 広義には軍人の私的集団。中華民国では、袁世凱の死後、その部下たちが各地に軍事指導者として割拠しつつ、近代化を進めながら勢力を競った。彼らは、国民党側から批判的に「軍閥」と呼ばれた。北洋系の直隷派・安徽派・奉天派などが代表で、資金を諸外国に求めながら、1916年から28年の北伐の完了まで、北京政府の実権をめぐって争った。

外モンゴルの独立宣言 ⑦ 1911年12月、辛亥革命の勃発を機とした、ハルハ地域の清朝からの独立宣言。その後、13年の外モンゴルに関する露中宣言で、ロシアが中国の宗主権を、中国が外モンゴルの自治を承認するとされ、15年の3国の協定でこれが確認された。

チベット独立の布告 ⑤ ダライ=ラマ13世による、1913年3月の、事実上の独立宣言である「五カ条宣言」の発布。しかし、同年10月からのチベット・中国・イギリスによるシムラ会議で、中国がチベットの「独立」を拒否し、イギリス・チベット間のみでの承認となった。

ダライ=ラマ13世 Dalai Lama ④ 1876〜1933 チベットに「事実上の」独立を実現し、その近代化に着手した、チベット仏教の教主。2度目の国外亡命後、1913年ラサに帰還し、チベット「独立」のために活動した。

モンゴル人民共和国 1924年11月に成立したモンゴル国家。シベリアの反ソヴィエト内戦がモンゴルにおよぶなか、21年7月、モンゴル人民党がソヴィエト赤軍などの協力を得て、モンゴル人民政府を樹立した。この政府の国家元首である活仏の死後、24年11月にモンゴル人民共和国と改称、社会主義国家をめざす方針が明示された。

チョイバルサン Choibalsan ④ 1895〜1952 モンゴルの革命家・首相(在任1939〜52)。シベリア留学後、スヘバートルらと人民党創設に参加し、人民政府を樹立した。その後実権を掌握し、1939年首相として、ソ連軍の支援によりノモンハン事件で日本軍を撃退した。

モンゴル人民革命党 ⑥ モンゴルにおける革命を主導した中心組織。1920年の結成時の党名は人民党で、24年の人民共和国への改称後、人民革命党と改称された。

インドにおける民族運動の形成

サティー(寡婦殉死) satī ⑤ インドの高位カーストのあいだで残っていた、夫が死ぬと、残された夫人が夫を焼く火のなかに身を投じて殉死した風習。ベンガル地方で1810年代にインド人社会活動家ラーム=モーハン=ローイらの反対運動がおこり、29年イギリス植民地政府が法律で禁止した。現在でもまれにおこなわれるとされる。

ラーム=モーハン=ローイ Rām Mōhan Rōy ② 1772/74〜1833 ベンガル出身の啓蒙思想家・社会活動家。ヒンドゥー教の偶像崇拝を痛烈に批判し、サティー廃止に尽力した。

茶プランテーション ③ インドにおける、輸出用の茶栽培をおこなう大農場経営。イギリスが中国からの輸入に頼らず茶を確保するために、セイロン島やインド東部のダージリン・アッサムなどで生産させた。現在世界遺産に登録されているダージリン鉄道などを使って港に運ばれ、世界市場へと輸出された。

本国費 ② インド政庁が負担した、イギリスがインド統治をおこなうための経費。インド政庁は鉄道建設に関わる利子保証分の費用や、イギリス帝国防衛に従事するインド軍の維持経費、インド支配に関連する行政経費などを負担した。インド政庁は、農民から徴収する地税をおもな財源として、19世紀末に収入の16%程度、1933年に27%を本国費にあてていた。

綿紡績業《インド》 ③ インド人民族資本の成長を背景とする、工場制の綿紡績業の発展。のちに財閥を形成するタタなどが代表格で、工場制綿工業を発展させて安価な綿製品をつくりはじめた。民族資本家はインド国民会議に参加して、独立運動の担い手になった。

インド国民会議 Indian National Congress ⑦ 1885年末、ボンベイで、植民地政府への請願の場を確保するため、植民地政府の支援を受けて親英的エリート層が発足させた会議。ベンガル分割令発布後、反英色を強めて政治化していった。

ベンガル分割令 Act of Bengal Partition ⑥ 1905 インド総督カーゾンが出した、ベンガル州を二つに分割するとした法令。反英運動の分断をねらって、イスラーム教徒の多い東ベンガルと、ヒンドゥー教徒の多い西ベンガルにわけようとしたが、激しい反対運動を受けて、09年に撤回した。

ティラク Tilak ④ 1856〜1920 19世紀末〜20世紀初めのインド民族運動最大の指導者。

1905〜08年のベンガル分割反対運動で、大衆の急進的な反英意識を高揚させ、国民会議カルカッタ大会でスワラージ要求を強く掲げた。

カルカッタ大会4綱領 ⑥ 1906　インド国民会議カルカッタ大会で採択された4綱領。ベンガル分割反対闘争を進めるため、英貨排斥・スワデーシ・スワラージ・民族教育が実践綱領として掲げられた。

英貨排斥・英製品の不買 ⑥ イギリス製品のボイコット。

スワデーシ（国産品愛用）　swadēśī ⑥ インド諸語で国産品の意味。インド人資本による産業の発展と広範な国産品愛用を意味した。

スワラージ（自治獲得）　swarāj ⑥ インド諸語で自治・独立の意味。

民族教育 ⑥ インドの青少年に対する、イギリス植民地教育の否定と、民族的自覚をうながす教育。

国民会議派 ⑤ 政治結社としての、インド国民会議の別称。　→ p.291

全インド=ムスリム連盟　All India Muslim League ① 1906　イギリスの支援で結成されたインドのムスリム政治団体。1906年の結成当初は対英協調路線をとっていたが、16年に国民会議と協定を結んで民族運動に参入した。　→ p.292

ベンガル分割令の撤回 ⑤ 1911　1905年の分割令発布後、反英闘争が激化したため、11年にこの法は廃棄された。

デリー遷都 ② 1911年におこなわれた、イギリス領インド（インド帝国）におけるカルカッタからデリーへの遷都。ベンガル分割令廃止と同時に、カルカッタを全インドの政治の中心からはずすためにおこなわれた。

東南アジアにおける民族運動の形成

インドネシア民族運動 ③ 20世紀初頭以降オランダ領東インドの知識人から始まった、植民地支配に対する抵抗運動。組織的な民族運動がおこる前に、近代教育を受けたカルティニらの、民族的自覚や女性教育を説いた個人的啓発運動があった。

カルティニ　Kartini ② 1879〜1904　インドネシアの女性解放運動・民族運動の先駆者。ジャワの富裕な家に生まれてオランダ語による近代教育を受け、女性の地位向上をめざし、各種の改革運動に取り組んだ。書簡集『闇から光へ』は、インドネシア語に訳されて広く読まれている。

「倫理政策」 ① オランダが1901〜20年代半ばに採用したインドネシア統治策。キリスト教布教、自治促進、住民の福祉向上を核に、近代教育の普及がはかられた。この政策は、新しい知識人の誕生に貢献したが、20年代後半のインドネシア共産党の反乱や世界恐慌を機に、終焉を迎えた。

ブディ=ウトモ　Budi Utomo ① 1908年に結成されたインドネシア最初の民族主義団体。ジャワ語で「最高の英知」を意味し、知識人中心の組織で、ジャワ人の教育、文化の向上をめざした。

イスラーム同盟（サレカット=イスラム）　Sarekat Islam ⑦ 1911年末に前身が設立され、翌年改称されたインドネシア最初の大衆的民族組織。はじめジャワの商人が相互扶助を目的に設立したが、イスラーム教徒の団結と物心両面の発展を掲げ、労働運動にも進出し、10年代の民族運動を主導した。社会主義運動に影響を受けたインドネシア人が同盟に加わると、運動は反植民地主義を前面に掲げるようになった。

フィリピン独立運動 ⑤ 1880年代にフィリピンからのスペイン留学生が本国政府に対して、フィリピン統治の改革を要求したのが発端。1892年の急進的な秘密結社カティプーナンの結成後、スペインからの独立運動に発展した。98年のアメリカ=スペイン（米西）戦争によるアメリカの介入で、翌年フィリピン=アメリカ戦争が始まり、フィリピンの敗北以降、アメリカからの独立運動へとかわった。

ホセ=リサール　José Rizal ⑦ 1861〜96　19世紀後半のフィリピンの知識人・民族運動家。スペイン留学中に政治小説『われにふれるな』で植民地支配を批判した。1892年に帰国し、フィリピン（民族）同盟を組織して平和的な方法による独立を主張したが、96年、カティプーナンの蜂起への関与を口実に逮捕され、銃殺された。

カティプーナン ① フィリピン革命を主導した秘密結社。1892年、ボニファシオを中心に、スペイン支配からの解放をめざして結成された。96年8月にその存在がスペインに発覚すると各支部に蜂起が通達され、フィリピン革命が始まった。

フィリピン革命 ⑥ 1896〜1902　1896年の秘密結社カティプーナンによる対スペイン蜂起から、フィリピン=アメリカ戦争期までの、フィリピンの独立・革命運動。闘争対象はスペインからアメリカ合衆国へと変化

した。革命は失敗したが、フィリピン人意識が強まった。

アギナルド　Aguinaldo ⑥ 1869〜1964　フィリピン革命の指導者。1895年カティプーナンに入党して独立運動に参加したが、スペイン軍と和約を結んで、香港に亡命した。98年、アメリカ＝スペイン（米西）戦争が勃発するとアメリカの協力で帰国し、翌99年、フィリピン（マロロス）共和国の独立を宣言して、大統領となった。しかし、アメリカはこれを認めず、共和国は同年に対アメリカ戦争を開始したが、1901年に降伏した。

フィリピン（マロロス）共和国 ⑥ 1899年1月、アギナルドを大統領として樹立された国家。

フィリピン＝アメリカ戦争 ⑤ 1899〜1902　1898年のパリ条約でフィリピンを領有したアメリカと、99年に成立を宣言したフィリピン革命政府の戦争。1902年、アメリカが平定宣言を出し、新たな支配者となった。

ベトナム民族運動 ⑤ フランス支配下のベトナムで20世紀初めから始まった民族運動。伝統的な知識層による近代的知識の摂取を通した王権回復運動として始まり、日本をモデルとしたドンズー運動もおこなわれたが挫折した。以後、辛亥革命をモデルに共和政国家の樹立が模索された。

ファン＝ボイ＝チャウ　Phan Bội Châu ⑥ 1867〜1940　ベトナム民族運動の指導者。19世紀末には阮朝擁護の反仏独立運動をおこした。1904年に維新会を結成し、翌年来日してドンズー（東遊）運動を組織したが、その後日本政府によって追放され、運動も挫折した。12年、広東でベトナム光復会を結成し、共和制国家の樹立をめざす武力革命を準備するが失敗した。

維新会 ④ 1904年にファン＝ボイ＝チャウが組織した、反仏独立のための秘密結社。立憲制の樹立をめざし、日本の有力者にも支援を求めた。

ドンズー（東遊）運動　Dong Du ⑥ 日露戦争直後、ファン＝ボイ＝チャウの提唱で開始された、ベトナムから日本への留学運動。200人をこす青年が来日し、犬養毅や大隈重信らの斡旋によって、日本語や軍事技術の習得にあたった。しかし、1907年の日仏協約締結後、フランス政府の要請により、日本政府の取締りが強化され、運動は挫折した。

ベトナム光復会 ④ 1912年、広東でファン＝ボイ＝チャウが組織した反仏秘密結社。辛亥革命に影響されて武力革命をめざした

が、フランス植民地当局に弾圧され、15年以降衰退した。

ファン＝チュー＝チン　Phan Châu Trinh ① 1872〜1926　ベトナムの民族運動指導者。大衆の啓蒙と教育による近代化を通じての社会改革と独立をめざした。1907年ハノイにドンキン義塾を設立して改良主義的な啓蒙運動を開始したが、翌年、植民地政府により逮捕され、流刑に処せられた。

西アジアの民族運動と立憲運動

パン＝イスラーム主義　Pan-Islamism ⑥ ヨーロッパ植民地主義に対抗するために、イスラーム教徒は一致協力して「イスラーム世界」を打ちたてるべきだとする思想と運動。19世紀後半にアフガーニーの提唱で始まり、同世紀末のオスマン帝国では政治的に利用された。

アフガーニー　Afghānī ⑥ 1838〜97　イスラーム改革と反帝国主義をとなえた思想家・革命家。イラン出身だが、アフガーニー（アフガン人）を自称した。パン＝イスラーム主義を提唱し、ムスリム知識人の思想や政治・社会改革運動に大きな影響を与えた。1884年にパリでムハンマド＝アブドゥフと刊行した雑誌『固き絆』が、大きな影響力をもった。

ムハンマド＝アブドゥフ　Muḥammad 'Abduh ③ 1849〜1905　エジプトのイスラーム改革思想家・法学者。アフガーニーの弟子となり、ウラービー運動にも参加した。国外追放後、パン＝イスラーム主義を広め、帰国後はイスラーム思想と近代文明の調和を説き、またアズハル学院の改革にも取り組んだ。

ウラービー運動 ⑦ 1881〜82　軍人ウラービーがおこした、エジプト民族運動の原点となった運動。ウラービーは「エジプト人のためのエジプト」を掲げてイギリスのエジプト支配に抵抗し、立憲制樹立と議会開設を求める運動を展開して、国民的運動へと発展させた。しかし、イギリス軍に鎮圧され、エジプトは事実上イギリスの保護国となり、ウラービーはセイロン島に流刑となった。

ウラービー（オラービー）　'Urābī ⑦ 1841〜1911　エジプトの農民出身の陸軍大佐。議会開設などの改革を求めたが、イギリスに敗れてセイロン島に流刑となった。のち日本の柴四朗（東海散士）がウラービーと

面会し、『佳人之奇遇（かじんのきぐう）』において日本に紹介した。

「エジプト人のためのエジプト」⑦　ウラービー運動のスローガン。その後もエジプト民族運動におけるスローガンとなった。

エジプトの保護国化《イギリス》⑤　1882　イギリスはウラービー運動を単独で鎮圧し、事実上エジプトを保護下においた。1914年、第一次世界大戦勃発後には、正式に保護国とした。

マフディー運動　Mahdī　③　1881〜98　ムハンマド＝アフマドに率いられた、スーダンの宗教運動および反英・反エジプト武力闘争。マフディー軍は1885年にハルツームを征圧するなど、20年間近くイギリスを足止めした。98年エジプト・イギリス連合軍に鎮圧された。

ムハンマド＝アフマド　Muhammad Ahmad　②　1844〜85　スーダンの宗教指導者。1881年にマフディー（救世主）を名乗り、エジプト・イギリス軍と戦ってマフディー国家を樹立した。

ハルツーム①　現スーダン共和国の首都。1885年1月、マフディー勢力はイギリスのゴードン将軍を敗死させ、ここを拠点にマフディー国家を建設した。

タバコ＝ボイコット運動⑥　1891年末〜92年に展開されたイラン最初の民族運動。ガージャール朝の国王が、タバコの原料買い付け・加工・販売・輸出などの独占的利権をイギリス商人に与えると、バザール商人・ウラマー・職人など広範な民衆が抵抗運動を展開した。国王が利権買戻しを約束したが、賠償金（ばいしょうきん）支払いのためにガージャール朝の財政は逼迫（ひっぱく）した。

イラン立憲革命⑥　1905〜11　イギリス・ロシアの侵略とガージャール朝の専制支配に反対したイラン民衆の政治闘争。ウラマーの呼びかけで1906年に国民議会が開設され、憲法制定と国民国家の宣言がなされた。しかし、英露協商でイランの勢力範囲を設定したイギリスとロシアが干渉し、ロシア軍によって議会が解散され、11年末に挫折した。

英露協商⑥　1907　ドイツの「世界政策」やバルカン進出に対抗するため、イギリスとロシアが結んだ協約。イランに関しては、北部がロシア、南東部がイギリスの勢力範囲とされた。→ p.260

「青年トルコ人」　Genç Türk (ler)　⑥　オスマン帝国末期、ミドハト憲法の復活を求める運動をおこなった人々の総称。帝国内外で幅広い組織が運動を展開し、1908年、革命に成功して憲法を復活させた。13年のクーデタで政権を獲得したが、政策不安定のまま第一次世界大戦に参戦し、敗戦で消滅した。

「統一と進歩団」④　オスマン帝国末期の、憲法復活を目的とした政治組織。1889年に創設され、その後「青年トルコ人」の中心的組織となった。名称は、フランスの社会学者コントの「秩序と進歩」の主張に由来。なお、97年の弾圧により、本部はパリに移った。

青年トルコ革命⑥　1908　マケドニア地方のサロニカで、エンヴェル（1881〜1922）らの青年将校が成功させた無血革命。マケドニアをめぐる列強の動きに対し、「自由・平等・友愛・公正」を掲げる青年将校らが立憲制を宣言すると各地で祝賀式典がおこなわれ、地位保全のため皇帝アブデュルハミト2世も立憲制を宣言した。なお「青年トルコ人」はバルカン戦争後の1913年のクーデタまで、直接に政権を握ることができなかった。

トルコ民族主義④　オスマン主義やパン＝イスラーム主義に対し、オスマン帝国の国民統合にはトルコ人を主体とすべきだとする考え方。青年トルコ革命後も、オスマン帝国政府はオスマン主義を取り続けた。しかし、バルカン戦争でヨーロッパ領のほとんどを失い、第一次世界大戦期にアラブ人の離反も進むと、新たに政権を握った「青年トルコ人」政府は、トルコ民族主義を強く打ち出すようになった。

第16章　第一次世界大戦と世界の変容

1　第一次世界大戦とロシア革命

バルカン半島の危機

パン＝スラヴ主義　Pan-Slavism ⑤ スラヴ系諸民族の統一と連帯をめざす思想と運動。ドイツ人を統合して大帝国の建設をめざすパン＝ゲルマン主義と対立した。19世紀後半にバルカン半島でさかんにとなえられるようになると、ロシアは南下政策に利用するためこれを支援した。　→ p.217

セルビア　Serbia ⑤ ドナウ川中流域のスラヴ人国家。1878年のベルリン会議で国際的に独立を認められたのち、領土拡大をめざして西のオーストリアと対立を深め、バルカン地域におけるパン＝スラヴ主義の中心勢力となった。　→ p.217

ブルガリアの独立　Bulgaria ⑤ 黒海に面するバルカン半島の国家。1878年のベルリン会議でオスマン帝国支配下の自治公国とされていたが、1908年、青年トルコ革命の混乱に乗じて独立を達成した。

ボスニア・ヘルツェゴヴィナ併合　Bosnia, Herzegovina ⑥ 1878年のベルリン会議でこの地域の占領と行政権を認められていたオーストリアによる完全併合。1908年、ミドハト憲法復活をめざす「青年トルコ人」（「統一と進歩団」）の青年トルコ革命に乗じて実行した。

バルカン同盟　Balkan League ⑥ 1912　ロシアのあと押しでセルビア・ブルガリア・モンテネグロ・ギリシアが結成した同盟。名目的にはオーストリアに対抗するための同盟だが、オスマン帝国からのバルカン半島の解放をめざした。

第1次バルカン戦争 ⑥ 1912～13　バルカン同盟とオスマン帝国との戦争。オスマン帝国は、北アフリカでの領土獲得をねらうイタリアとのイタリア＝トルコ戦争（1911～12年）のさなかであった。1912年10月、バルカン同盟が宣戦して始まり、敗れたオスマン帝国は、13年5月のロンドン条約でバルカン半島のほとんどを失った。

第2次バルカン戦争 ⑥ 1913　第1次バルカン戦争で獲得した領土の配分をめぐっておこった、ブルガリアとほかのバルカン同盟国との戦争。ブルガリアと国境紛争を抱えていたルーマニアとオスマン帝国が、同盟国側に加わった。敗れたブルガリアは、マケドニアなどを失い、失地回復のため、その後ドイツ・オーストリア陣営に接近した。

「ヨーロッパの火薬庫」 ⑥ 20世紀初頭から第一次世界大戦までのバルカン半島情勢を形容した言葉。オスマン帝国の弱体化、バルカン諸民族の独立要求、帝国主義諸国の思惑などが集中し、一触即発の状況にあったため、このように呼ばれた。

第一次世界大戦の勃発

オーストリア帝位継承者夫妻 ⑥ オーストリア皇帝フランツ＝ヨーゼフ1世の甥にあたる、フランツ＝フェルディナント大公夫妻のこと。サライェヴォ事件で暗殺された。

サライェヴォ事件　Sarajevo ⑥ 1914　オーストリア＝ハンガリー帝国の帝位継承者フランツ＝フェルディナント大公夫妻がボスニア・ヘルツェゴヴィナの中心都市サライェヴォで暗殺され、第一次世界大戦勃発の契機となった事件。セルビアは1908年のオーストリアによるボスニア・ヘルツェゴヴィナ併合に不満をもっており、オーストリア陸軍の演習のためサライェヴォを訪れた夫妻を、14年6月28日、パン＝スラヴ主義者のセルビア人青年プリンチプが狙撃、暗殺した。

第一次世界大戦 ⑦ 1914～18　協商国27カ国と同盟国4カ国のあいだで戦われた史上初の世界大戦。サライェヴォ事件後、オーストリアがドイツの支持のもとにセルビアに宣戦し、セルビアを支えるロシアが総動員令を発すると、ドイツがロシアに宣戦して、フランスとイギリスもロシア側で参戦した。戦争が世界規模に拡大した背景には、各地で激化していた列強の利害対立があった。戦争は長期化、総力戦となり、新兵器の投入により甚大な被害をもたらした。戦争の舞台となったヨーロッパの荒廃、植民地で

の民族主義勃興など、様々な影響をおよぼした。

ベルギーの中立侵犯 ⑤ 1914 ドイツは8月1日にロシア、3日にフランスに宣戦し、短期決戦をもくろみ（シュリーフェン＝プラン）、8月3日に中立国ベルギーを侵犯した。このドイツの行動を理由にイギリスはドイツに宣戦布告した。

マルヌの戦い Marne ⑤ 1914 仏英軍がパリ東方のマルヌ川でドイツ軍の進撃をくいとめ、短期決戦作戦（シュリーフェン＝プラン）を挫折させた戦い。西部戦線は膠着状態におちいり、ドイツは東西二面作戦をよぎなくされた。

西部戦線 ⑥ 第一次世界大戦でドイツ軍と英仏連合軍が対峙した、スイスからベルギーに至るドイツ側からみた西方の戦線。マルヌの戦いで膠着状態に入り、1918年7月からの連合軍の総攻撃で崩壊しはじめるまで、戦争の主戦場であった。

ヴェルダンの戦い Verdun ③ 独仏両軍で70万人の死傷者を出した西部戦線の戦い。1916年2〜12月、ドイツがフランスの消耗をねらってヴェルダン要塞を攻撃したが、ペタン将軍はこれを防いだ。

ソンムの戦い Somme ② 1916年6〜11月フランス北部のソンム河畔で英仏軍が攻勢に出た戦い。イギリス軍がはじめて戦車を投入したことで知られる。両軍あわせて100万人以上の死傷者を出したが、勝敗は決しなかった。

塹壕戦 ⑦ 戦場に壕を掘り、兵士がたがいに射撃しあう戦い。機関銃の発達で塹壕戦が中心となり、戦争の長期化をまねいた。

東部戦線 ⑥ 第一次世界大戦でドイツ・オーストリアとロシアが対峙した、ドイツ側からみた東方の戦線。

タンネンベルクの戦い Tannenberg ⑤ 1914 ドイツのヒンデンブルク将軍が、ポーランド北東部のタンネンベルクでロシアを破り、東部戦線の主導権を握った戦い。

協商国（連合国） The Entente Powers (The Allies) ⑦ 第一次世界大戦で同盟国と戦った国々。イギリス・フランス・ロシアを中心に、セルビア・モンテネグロ・日本。1915年にイタリア、16年にルーマニア・ポルトガル、17年にアメリカ合衆国・中国・ギリシアなどが加わり合計27カ国。

同盟国 The leagues ⑥ 第一次世界大戦で協商国（連合国）と戦った国々。ドイツ・オーストリア・オスマン帝国・ブルガリア王国の4カ国。

イタリア参戦 ⑥ 1915年5月、イタリアは協商国（連合国）とロンドン秘密条約を結び、三国同盟を離脱してオーストリアに宣戦した。

戦時外交と総力戦

戦時外交（秘密外交）④ 第一次世界大戦時、列強が繰り広げた秘密条約にもとづく外交。秘密条約とは、外交交渉が議会や世論の動向に左右されることをきらって、交渉過程・結果を交渉相手国以外の国々や国民に公開しない条約であり、ロンドン秘密条約やフセイン・マクマホン協定、サイクス・ピコ協定などがその例にあたる。

ロンドン秘密条約 ④ 1915 イギリス・フランス・ロシア・イタリア間で1915年4月に結ばれた秘密条約。イタリアに連合国側での参戦の代償として、南チロル・ダルマティアなどの割譲を約束した。

「未回収のイタリア」 Italia irredenta ⑥ イタリア統一時に獲得できなかったイタリア人居住地域。イタリアはこの獲得をめざして第一次世界大戦に参戦した。1919年のサン＝ジェルマン条約により、ほぼイタリア領となった。 → p.215

サイクス・ピコ協定 Sykes-Picot ⑥ 1916 イギリス・フランス・ロシアの3国が戦後のオスマン帝国領の扱いを定めた秘密協定。サイクスとピコは協定をまとめた英・仏の外交官。各国の勢力範囲の画定とパレスチナの国際管理を定めた。ロシア革命後、革命政府が暴露し、内容がフセイン・マクマホン協定と矛盾することからアラブ側を憤激させた。 → p.293

エジプトの正式保護国化 ③ 1882年、イギリスはエジプトを実質的に保護国としたが、形式的にはオスマン帝国の宗主権下にあった。1914年、第一次世界大戦にオスマン帝国がドイツ・オーストリア側から参戦したため、イギリスはエジプトを正式に保護国とすることをオスマン帝国に通告した。

インド自治の約束 ④ 1917年8月、イギリスのインド担当大臣モンタギューが、インドの戦争協力を得るため、曖昧なかたちで責任政府と自治機構実現を提示した。インドは戦後の自治を期待し、100万人以上の義勇軍を出したが、戦後イギリスは約束を反故にした。

中央アジア諸民族の蜂起 ① 1916年夏から年末にかけてロシア政府がおこなった労役

の動員に対し、中央アジア諸民族がおこした反乱。反乱はロシア軍に鎮圧された。

総力戦 ⑦ 軍事力だけではなく、経済力・政治力や国民動員力など、国家の総力をあげて戦う戦争。第一次世界大戦ではじめて使われた言葉。総力戦は長期の消耗戦となり、一般社会も戦争遂行に動員された。また、攻撃は戦闘員・非戦闘員の区別なくおこなわれ、生産拠点・交通網の破壊が重視され、大きな犠牲を生むことになった。

配給制 ④ 軍需品を中心に生産力拡大を強行した結果、極度に不足した生活必需品を国家が人々に割り当てて販売・支給すること。第一次世界大戦が長期化するなか、協商国（連合国）・同盟国の各国が導入し、国民生活を統制した。しかし、国民の不満は高まり、ドイツでは暴動やストライキがおきるなどドイツ革命や敗戦の遠因となり、ロシアでは食料問題がロシア革命の発端ともなった。

機関銃（きかんじゅう） ⑤ 自動連射のできる銃。第一次世界大戦では、兵士が射撃しながら前進できる軽量な機関銃もつくられた。

戦車 ⑥ 塹壕戦による膠着状態打破のために開発された兵器。1916年9月、ソンムの戦いにイギリス軍が投入した。

航空機 ⑥ 初めは偵察（ていさつ）・爆撃に用いられ、第一次世界大戦中に戦闘機もつくられた。

毒ガス ⑦ 生物に有害な気体を用いた武器。1915年4月、イープルの戦いでドイツがフランスに対して用いたのが最初。

潜水艦（せんすいかん） ⑤ 水面下を潜行して行動する軍艦。第一次世界大戦では敵の商船を攻撃することがおもな任務であった。

ルシタニア号事件 Lusitania ③ 1915年5月、大西洋航路で運行されていたイギリスの大型客船ルシタニア号がドイツ潜水艦の攻撃で沈没し、多くの犠牲者を出した事件。そのなかに100人以上のアメリカ人がいたことから、ドイツに対する世論が悪化、のちにアメリカが参戦する背景ともなった。

挙国一致（きょこく）**体制** ④ 戦争や経済大恐慌など、非常事態を乗り切るため、反対政党も加えて政府を支える体制。第一次世界大戦中はイギリスのロイド＝ジョージ内閣、フランスのクレマンソー内閣がこれにあたる。

ロイド＝ジョージ内閣 Lloyd George ③ 1916年12月に成立したイギリスの挙国一致内閣。

ウィンザー朝 Windsor ③ 現在のイギリス王室。1714年のジョージ1世に始まるハノ

ーヴァー朝は、1901年にサックス＝コーバーグ＝ゴータ朝と改称した。さらに第一次世界大戦中の1917年に、敵国ドイツの名称にかえて、離宮の所在地の名称をとってウィンザー朝と改称した。

クレマンソー内閣 Clemenceau ② 1917年11月に成立したフランスの挙国一致内閣。

ドイツ社会民主党 Sozialdemokratische Partei Deutschlands ① ドイツ社会主義労働者党が1890年に改称して成立。第2インターナショナルで主導的役割を果たしたが、第一次世界大戦に際して、多数派が政府支持に転じた。 → p.216, 251

第2インターナショナルの崩壊 ③ 第一次世界大戦の勃発で1914年に実質的に活動が停止し、戦後の20年には事実上解散した。

ドイツ独立社会民主党 ② 1917年4月、ドイツ社会民主党から分離した政党。反戦勢力が集結して結成した政党のため、統一性と行動力に欠けていた。

ロマン＝ロラン Romain Rolland ① 1866〜1944 フランスの作家・思想家。生涯を通じて文学活動ならびに実際の運動を通じて、人類愛と国際平和を積極的に表明した。第一次世界大戦中には滞在先のスイスで反戦・平和を訴えた。1915年度のノーベル文学賞を受賞した。

大戦の結果

無制限潜水艦作戦 ⑦ 1917年2月に開始された、ドイツがイギリス封鎖をねらってとった、潜水艦による通商破壊作戦。地上戦での苦戦の打破のため、指定航路以外を航行する船には無警告で撃沈（げきちん）すると宣言した。

アメリカ合衆国の参戦 ⑦ 1917 ウィルソンは「戦争不参加」を掲げて1916年の大統領選挙に勝利した。しかし、ドイツが無制限潜水艦作戦をとると、ただちにドイツと断交、議会の承認を得て17年4月6日に宣戦布告した。アメリカの参戦で豊富な軍需物資が投入され、連合国が戦いを有利に進められるようになった。

ロシア単独講和 ③ 1918年3月、ソヴィエト政権はドイツなど同盟国と単独でブレスト＝リトフスク条約を結んで講和した。条約交渉は1917年12月から始まったが、ドイツのきびしい領土要求で難航し、18年3月3日に成立した。

ブルガリア降伏 ③ 1918年9月 連合国と休戦協定を締結。国王フェルディナントが退

位し、息子のボリス3世が即位した。

オスマン帝国降伏 ⑦ 1918年10月　連合国と休戦協定を締結した。

オーストリア降伏 ④ 1918年11月　帝国内の諸民族がつぎつぎに離反、政情が不安定となった。11月3日に連合国と休戦条約を結び降伏、皇帝カール1世は退位し、オーストリアは共和政に移行した。

ドイツ革命 ⑦ 1918〜19　ドイツ帝国を崩壊させ、ヴァイマル共和国を成立させた革命。キール軍港の水兵反乱後、各地で労働者・兵士がレーテを樹立、1918年11月9日に帝政が倒れ、皇帝ヴィルヘルム2世(在位1888〜1918)はオランダに亡命した。成立した臨時政府が降伏し、第一次世界大戦は終結した。18年末に政権を握った社会民主党は革命の急進化を恐れ、社会主義革命をめざすスパルタクス団や独立社会民主党左派をおさえるために旧勢力と妥協した。19年1月にはスパルタクス団が蜂起したが、政府はこれを武力弾圧し、ドイツ革命は終息した。

キール軍港の水兵反乱 Kiel ⑦ 1918　ドイツ革命の端緒^{たんしょ}となった反乱。敗戦目前の状況で、ドイツ海軍はイギリス艦隊^{かんたい}に一矢^{いっし}報いるべく、全艦隊に出撃を命じた。これに反抗した水兵たちの1918年11月3日の反乱が全国に波及し、ドイツ帝国を崩壊に導いた。

レーテ(評議会) Räte ④ ドイツ革命で組織された評議会。ロシア革命で組織された労働者の「ソヴィエト」のドイツ語訳。1918年12月、レーテの全国大会は議会制民主主義を決議し、その役割を終えた。

ドイツ共和国の成立 ③ 1919　ドイツでは1918年10月に帝国憲法が改正されて議会主義が実現し、休戦交渉の準備も始まった。キール軍港の水兵反乱を端緒とする革命勢力がベルリンを制すると、皇帝ヴィルヘルム2世はオランダに亡命し、11月10日に臨時政府が成立、翌19年8月にはヴァイマル憲法が制定されて共和国が成立した。

ドイツ休戦協定 ④ 1918　ドイツと連合国の休戦協定。皇帝が亡命した翌日の11月11日、フランスのコンピエーニュの森で署名され、第一次世界大戦を終結させた。

シュペングラー Spengler ① 1880〜1936　ドイツの思想家。世界の諸地域の文化は、それぞれが生成・興隆・没落を経験するとして、キリスト教文明の優越性を相対化した。

『西洋の没落』 ① シュペングラーの主著。「ヨーロッパのキリスト教文化は終わりに近づいた」と述べ、第一次世界大戦後の混乱したヨーロッパ社会に大きな衝撃を与えた。

女性参政権 ⑤ 女性参政権運動は19世紀に活性化し、1893年にニュージーランドではじめて国政で認められたが、大きく広がったのは第一次世界大戦期である。ロシアの革命政府が「18年憲法」で18歳以上の女性に参政権を認めると、ドイツ、アメリカ、カナダ、イギリスなど欧米諸国がこれに続いた。その背景には、大戦中にそれまで男性が占めていた社会的領域に女性が進出したことがあった。

「スペイン風邪」 ④ 1918〜19年に世界中で大流行したインフルエンザ。伝染力が強く、死亡者数は第一次世界大戦による死者数を上まわるといわれ、最大級のパンデミックに数えられる。参戦国では流行が軍事機密扱いとされていたが、中立国であったスペインの状況が報道されたため、この別称で呼ばれた。

ロシア革命

ロシア革命 ⑦ 1917　ロシアでおこり、史上初の社会主義国家を成立させた革命。ロマノフ朝を崩壊させた二月革命と、社会主義政権を打ちたてた十月革命から成り、全世界にきわめて大きな影響をおよぼした。第一次世界大戦のなかで革命勢力は力をのばし、1917年3月には首都で労働者・兵士が蜂起してソヴィエトを組織し、ブルジョワ階級と合流してロマノフ朝を滅亡に追いこんだ(三月革命、ロシア二月革命)。ブルジョワを主体とする臨時政府はソヴィエトからも閣僚を迎えたが、英・仏との関係を重視し、戦争を継続した。労働者・兵士はしだいに臨時政府から離れ、レーニンが指導するボリシェヴィキは、臨時政府を倒し、社会主義政権を樹立した(十一月革命、ロシア十月革命)。

ペトログラード蜂起 ③ 1917　3月8日の首都でのストライキから始まった事件。食料不足への不満からのデモやストライキは、「戦争反対」「専制打倒」のスローガンを加え、反乱兵士も合流することで革命に発展した。なお、首都サンクト＝ペテルブルクは第一次世界大戦開戦後、ドイツ風のペテルブルクからロシア風のペトログラードに改称されていた。

サンクト゠ペテルブルク Sankt Peterburg
④ ピョートル1世がネヴァ川河口に建て
たロシア帝国の首都。第一次世界大戦でド
イツと交戦状態になるとロシア語風にペト
ログラード、ソヴィエト連邦成立後にレニ
ングラードと改称されたが、1991年に旧名
のサンクト゠ペテルブルクに戻った。

レニングラード Leningrad ③ ソヴィエト連
邦時代のサンクト゠ペテルブルクの都市名。
1924年にレーニンにちなんで改称された。
ソ連解体直前の91年9月に住民投票の結果、
旧名に戻った。

ソヴィエト（評議会） Soviet ⑦ ロシア語で
「会議」の意。1905年革命（第1次ロシア革
命）で成立した。17年の二月革命でも労働
者・兵士の評議会として組織され、以後の
革命の中心として機能した。　→ p.252

ニコライ2世 Nikolai ⑥ 1868〜1918 ロマ
ノフ朝最後の皇帝（在位1894〜1917）。シベ
リア鉄道を完成し、極東進出をはかっ
たが、日露戦争の敗北で挫折した。1905
年革命では皇帝権を維持したが、第一次世
界大戦中におこった二月革命で退位をよぎ
なくされ、臨時政府によって自由を剥奪
された。十月革命でボリシェヴィキが政権
を獲得すると、家族とともに革命派によっ
て処刑された。　→ p.252

ロシア二月革命（三月革命） ⑦ ロマノフ朝を
滅亡させた革命。1917年3月（ロシア暦で
は2月）、ペトログラードでの労働者のス
トライキに、鎮圧出動を拒否した兵士たち
も加わり、ソヴィエトが結成された。その
支持を得て、国会ではブルジョワジーを中
心とする臨時政府が組織された。皇帝ニコ
ライ2世は退位し、ロマノフ朝は滅亡した。

ロシア暦（ユリウス暦） ⑥ 十月革命まで用い
られたロシアの暦。ユリウス暦で、革命の
際にはグレゴリウス暦より13日遅れていた。

立憲民主党 kadet ④ 1905年10月に結成され、
立憲君主政をめざしたブルジョワ政党。ド
ゥーマで有力野党となり、二月革命後の臨
時政府でも中心的位置にあり、戦争継続政
策をとった。　→ p.252

社会革命党（社会主義者・革命家党、エスエ
ル） Sotsial-Revoliutsioner ⑥ 1901年末に
結成された、ナロードニキの流れをくむ社
会主義政党。専制の打倒と全人民の土地所
有をめざした。二月革命後はメンシェヴィ
キとともにソヴィエトで多数派を形成し、
臨時政府にも加わり、戦争継続を支持した。
十月革命後の憲法制定会議で第一党となっ

たが、会議はレーニンに解散させられた。
また、解散される直前の1917年12月に、党
は左右に分裂した。　→ p.252

メンシェヴィキ Mensheviki ⑤ ロシア社会
民主労働党右派。二月革命後、社会革命党
とともにソヴィエト内の多数派となり、臨
時政府にも参加したが、十月革命前後には
民衆への影響力を失った。　→ p.252

臨時政府 ⑦ 1917 二月革命から十月革命ま
でのロシア政府。1917年3月、立憲民主党
を中心に組織され、ソヴィエトの要求する
国内の民主化も認めたが、戦争については
連合国との協力を続ける方針をとった。ま
た、ソヴィエトからも閣僚を迎え、政権基
盤を固めようとしたが、食料問題などを解
決できず、十月革命によって打倒された。

二重権力 ⑥ 二月革命から十月革命の期間、
臨時政府がロシアを代表したが、同時にソ
ヴィエトが民衆を代表する政治権力として
併存したことを指す。

レーニン Lenin ⑦ 1870〜1924 ソヴィエト
連邦を建設したボリシェヴィキの指導者。
1905年革命挫折後スイスに亡命したが、二
月革命後の4月に帰国した。ペトログラー
ドで「四月テーゼ」を発表し、国家権力をソ
ヴィエトに移すことを主張、ボリシェヴィ
キを率いてケレンスキー政権を倒し（十月
革命）、社会主義政権を樹立した。
　→ p.252

四月テーゼ ⑦ 1917 4月、レーニンが発表
したボリシェヴィキの革命戦略要綱。臨時
政府を認めず、全権力をソヴィエトに移し、
議会制民主主義ではなく、ソヴィエト共和
国樹立をめざすべきとした。

「すべての権力をソヴィエトへ」 ③ 四月テー
ゼ以降の、ボリシェヴィキの中心的なスロ
ーガン。

ケレンスキー Kerenskii ⑦ 1881〜1970 社
会革命党の政治家。ペトログラード゠ソヴ
ィエト副議長をつとめ、臨時政府に入閣、
のちに首相。十月革命後、反革命軍を組織
したが失敗して亡命した。

トロツキー Trotskii ④ 1879〜1940 ロシア
の革命家でソ連共産党の指導者。二月革命
後にメンシェヴィキからボリシェヴィキに
転じた。ペトログラード゠ソヴィエト議長
として十月革命を指導し、外務人民委員な
どをつとめ、対ドイツ講和や赤軍創設に貢
献した。　→ p.285

ボリシェヴィキの武装蜂起 ⑥ 1917年11月7
日、首都ペトログラードでおき、十月革命

の発端となった事件。レーニンの提起で武装蜂起の方針を決定、臨時政府を倒して権力を奪取した。

ロシア十月革命(十一月革命)⑦ 1917年11月(ロシア暦では10月)、ロシアに社会主義政権を樹立した革命。二月革命後、戦争を継続する臨時政府とソヴィエトの二重権力状態が続いた。9月初め、ボリシェヴィキは、ケレンスキー内閣に対する軍部のクーデタ鎮圧に貢献し、ソヴィエト内での力を強めた。11月7日、レーニンはケレンスキーの臨時政府を倒し、史上初の社会主義政権を樹立した。

「平和に関する布告」⑦ 1917 レーニンが起草し、11月8日、第2回全ロシア=ソヴィエト会議が採択した布告。全世界の政府と人民に、無併合・無償金・民族自決にもとづく即時講和を呼びかけた。連合国はこれを黙殺したが、ウィルソンが「十四カ条」を発表したように、平和に向けての取組を求めた。

無併合・無償金・民族自決⑦ 1917年11月、第2回全ロシア=ソヴィエト会議が採択した「平和に関する布告」で訴えられた第一次世界大戦講和の原則。連合国はこれを黙殺し、ドイツだけが講和交渉に応じたが、ドイツは領土や償金を要求し、この原則が実現することはなかった。

「土地に関する布告」⑥ 1917 レーニンが起草し、11月8日、第2回全ロシア=ソヴィエト会議で採択された社会主義化政策。「平和に関する布告」と同時に採択された。地主の所有地を無償で即時没収、土地の私的所有廃止を宣言した。実際にはすでに農村で進んでいた土地改革を追認したものである。

ブレスト=リトフスク条約 Brest-Litovsk ⑦ 1918 ソヴィエト政権が、ドイツなど同盟国と結んだ単独講和条約。1917年12月から交渉が始まったが、ドイツのきびしい領土要求で難航し、18年3月3日に成立した。この条約でロシアはポーランド・リトアニア・エストニアなど広大な領土を失い、賠償金を約束した。しかし、同年にドイツと連合国との休戦協定が成立すると条約は破棄された。

憲法制定会議《ロシア》⑦ 1917年11月、普通選挙によって開催された会議。選挙の結果、社会革命党が第一党となり、ボリシェヴィキの議席数は社会革命党の半数以下となった。しかし、会議は18年1月18日に開催さ

れたものの、ソヴィエト決議の承認を拒み、翌日レーニンによって武力で解散させられた。

ロシア共産党 Russian Communist Party ⑦ 十月革命に勝利したボリシェヴィキが1918年3月に改称した党名。さらに、25年に全連邦共産党、52年にソヴィエト連邦共産党と改称した。

モスクワ Moskva ④ 1918年3月、ソヴィエト政権が首都と定めた都市。ピョートル1世がサンクト=ペテルブルクに遷都して以降も、第2の都市として経済・文化の中心であったが、ほぼ200年ぶりに再び首都となった。

内戦《ロシア革命》⑤ ロシア革命後におこった、反革命軍(白軍)と革命政府軍(赤軍)の戦い。チェコスロヴァキア軍団の反乱(1918年5月)を機に本格化し、ポーランド=ソヴィエト戦争の終結(21年)頃まで続いた。

反革命軍(白軍)③ ソヴィエト政権に反対する勢力が結成した軍の総称。地主・貴族や反ボリシェヴィキの諸勢力が結成し、英・仏などの支援を受けた。赤軍と激戦を展開したが、内部分裂により弱体化した。

赤軍⑦ 1918年1月に設立され、トロツキーによって拡充されたソヴィエト政権の軍隊。十月革命中に労働者・兵士で組織された赤衛隊が前身。内戦や干渉戦争で主力軍として活躍した。

ボリシェヴィキの一党支配 憲法制定会議を武力で閉鎖したことでソヴィエトは唯一の権力となった。さらに、ブレスト=リトフスク条約をめぐって社会革命党左派が人民委員会議を脱退したため、ボリシェヴィキの単独政権となった。その後、内戦のなかで社会主義政党を含むすべての野党が事実上禁止され、ボリシェヴィキの一党支配が成立した。

対ソ干渉戦争⑦ 1918〜22 内戦と一体となっておこなわれた外国軍の軍事干渉戦争。1917年12月、英仏両国は秘密協定を結んで反革命軍を支援し、18年4月からロシア領に侵入、18年8月には日・米がチェコスロヴァキア軍団救出を口実にシベリアに出兵した。干渉戦争は大戦終了後も続いたが、ソヴィエト政権は赤軍の強化と戦時共産主義体制により対抗し、これを退けた。

シベリア出兵④ 1918〜22 ソヴィエト政権打倒のため、シベリアでおこなわれた対ソ干渉戦争の一つ。1918年5月、チェコスロヴァキア軍団の反乱を契機に、日本もアメ

リカの提案を受けて出兵した。日本は東部シベリアでの勢力圏拡大を企図して、米英仏軍の撤退後も22年までシベリアに駐兵を続けたが、目的は達成できなかった。
→ p.288

戦時共産主義⑥ 1918〜21　内戦期にソヴィエト政権がとった経済政策。総力動員をめざし、中小工場の国有化、賃金の現物支給、農作物の強制徴発、労働義務制と食料配給制などをおこなった。しかし、この政策は農民の激しい反発を受けた。

チェカ(非常委員会) Cheka⑤ 十月革命後の1917年12月、革命政権を防衛するために設置された治安組織。反革命・サボタージュ・投機活動の取締りを任務とした。内戦が終結した22年に国家政治保安部(GPU)に改組された。

コミンテルン(共産主義インターナショナル、第3インターナショナル) Comintern⑦ 1919　レーニンがモスクワで設立し、各国で共産主義政党を組織させた国際組織。当初は世界革命の推進、ならびに従属地域の民族解放運動を革命運動に発展させることをめざした。1935年以降はファシズムに対抗するための人民戦線戦術をとり、独ソ戦の開始を契機に連合国との協力を重視し、43年5月に解散した。

新経済政策(ネップ) New Economic Policy⑥ 1921年からソヴィエト政権が実施した経済政策。政府は国民の不満を除き、生産力の回復を果たすべく、戦時共産主義から政策を転換した。穀物の徴発制の廃止、小規模の私企業・小農の自由経営を認めた結果、生産は27年に戦前の水準に復帰した。

フィンランドの独立 Finland① 日露戦争の影響でロシアの影響力が後退したのち、1917年12月、ロシア革命に際してソヴィエト政権の承認で独立し、共和国となった。

2 ヴェルサイユ体制下の欧米諸国

ヴェルサイユ体制とワシントン体制

パリ講和会議⑦ 1919　1月18日から戦勝国が開いた、第一次世界大戦の終結についての会議。重要な問題は米・英・仏・日・伊の最高会議で検討されたが、実際には米・英・仏の3国が決定した。

ウィルソン Wilson⑦ 1856〜1924　アメリカ合衆国第28代大統領(在任1913〜21)。民主党。第一次世界大戦前半には中立の立場をとったが、1917年4月にドイツの無制限潜水艦作戦を理由に参戦した。18年1月には「十四カ条」を発表し、戦後の世界秩序構築に高い理想を掲げたが、上院の反対でヴェルサイユ条約を批准できず、国際連盟への加盟もかなわなかった。→ p.253

「十四カ条」⑦ 1918　アメリカ合衆国大統領ウィルソンが発表した第一次世界大戦の講和のための原則。ヴェルサイユ条約に大きな影響を与えた。1917年11月にソヴィエト政府が、無併合・無償金・民族自決を掲げた「平和に関する布告」を発表し、大戦中の秘密条約を暴露して各国の帝国主義政策を批判したことに対抗して発表された。おもな内容は、秘密外交の廃止、海洋の自由、関税障壁の廃止、軍備縮小、民族自決、植民地問題の公正な解決、国際平和機構の設立など。

秘密外交の廃止⑤ 西欧列強がおこなってきた秘密外交を批判し、国民に開かれた外交を主張した。

海洋の自由⑤ 戦時においても公海の自由航行を主張した。

関税障壁の廃止④ 開放的な通商関係の樹立を主張した。

軍備縮小④ 各国が安全確保に必要最低限まで軍備を縮小することを主張した。

植民地問題の公正な解決④ 植民地の権利だけではなく、植民地をもつ国の権利にも考慮すべきであると規定し、「民族自決」に反する内容も含んでいた。

国際平和機構の設立⑤ 戦後に国際連盟として結実した。

クレマンソー Clemenceau⑤ 1841〜1929　国民を鼓舞し、第一次世界大戦を勝利に導いたフランス首相(在任1906〜09、17〜20)。パリ講和会議ではドイツへのきびし

い制裁を求め、フランスの地位回復につとめた。

ロイド＝ジョージ Lloyd George ⑤ 1863〜1945　イギリスの自由党政治家・首相（在任1916〜22）。パリ講和会議をウィルソンやクレマンソーと主導、ドイツに対するフランスの強硬な要求の抑制につとめた。

ヴェルサイユ条約 Versailles ⑦ 1919　ドイツと連合国とのあいだで結ばれ、第一次世界大戦後の国際関係を規定した講和条約。6月28日に結ばれたこの条約は、ドイツをきびしく圧迫するもので、ドイツ人の不満をまねき、のちにナチ党の政権掌握の一因となった。中国は山東問題の処理に反対して調印せず、アメリカ合衆国は上院の反対で批准を拒否した。内容は、ドイツの全海外植民地の放棄、ドイツ・オーストリアの合併禁止、ザール地方の帰属に関する取り決め（国際管理後の住民投票による決定）、アルザス・ロレーヌのフランスへの割譲、ポーランド回廊のポーランド編入、ラインラントの非武装化、ドイツの軍備制限、賠償金支払いなど。

アルザス・ロレーヌ Alsace, Lorraine ⑥ 古くからのドイツとフランスの係争地。ヴェルサイユ条約でドイツからフランスへ割譲された。　→ p.216

ラインラント非武装化 Rheinland ⑦ ライン川の東岸50kmを非武装地帯、西岸は連合軍が15年間保障占領とした。ラインラントはライン川両岸地域のことで、独仏間の係争地の一つであった。

ドイツの軍備制限 ⑦ 陸軍兵力10万人・海軍兵力1万5000人までの制限、潜水艦の保有や1万トン以上の大型軍艦の建造禁止、軍用機の開発・輸入の禁止、徴兵制の廃止など。

ドイツの賠償金 ⑦ 大戦の戦争責任を問われ、賠償金が規定された。講和会議では暫定的に戦前の金平価で200億マルクとされ、1921年4月に当時のドイツのGNP（国民総生産）20年分に相当する1320億金マルクと決められた。なお「金マルク」とは、1873〜1914にドイツ帝国で使用された、金本位制下のマルクのこと。第一次世界大戦後のハイパーインフレで価値が急落したマルクと区別するためにつくられた呼称である。

サン＝ジェルマン条約 St.Germain ⑤ 1919年9月　連合国とオーストリアの講和条約。領内からチェコスロヴァキア・セルブ＝ク

ロアート＝スロヴェーン王国（ユーゴスラヴィア）・ハンガリー・ポーランドが独立した。また、南チロル・トリエステのイタリアへの割譲も規定され、オーストリアは大戦前と比べると、面積・人口が4分の1に減少し、軍備は制限され、ドイツとの合併も禁止された。

ヌイイ条約 Neuilly ⑤ 1919年11月　連合国とブルガリアの講和条約。大戦中に奪った領土をルーマニアに返還、セルブ＝クロアート＝スロヴェーン王国・ギリシアに領土を割譲したが、これによりあらたな民族問題が引きおこされた。

トリアノン条約 Trianon ⑤ 1920年6月　連合国とハンガリーの講和条約。オーストリアから独立した旧ハンガリー領からは、スロヴァキア・クロアティア・トランシルヴァニアが分離、ハンガリーは領土面積の3分の2、人口の5分の3を失った。また、300万人のハンガリー人が国外におかれる結果となり、戦間期に失地回復運動がおこった。

セーヴル条約 Sèvres ⑤ 1920年8月　連合国とオスマン帝国の講和条約。イラク・パレスチナ・シリア全域とアラビア半島の放棄、イスタンブルと隣接地以外のギリシアへの割譲、治外法権の存続、財政の連合国共同管理などを定めた。ムスタファ＝ケマル率いるアンカラ政府は受諾を拒否し、ギリシア＝トルコ戦争の勝利後、1923年にローザンヌ条約を結び、セーヴル条約を廃棄した。　→ p.293

オーストリア＝ハンガリー帝国の解体 ⑥ 1918　第一次世界大戦中、帝国内の矛盾が表面化し、諸民族の独立運動が高まった。連合国がチェコスロヴァキア国民会議を臨時政府として承認すると、帝国内の諸民族がつぎつぎと独立を宣言した。皇帝カール1世は退位して亡命、11月帝国は解体した。

チェコスロヴァキア Czechoslovakia ④ 1918年10月、チェコ人とスロヴァキア人は統一国家の形成を宣言し、11月にチェコスロヴァキア共和国が成立した。暫定国民議会でマサリクが初代大統領となった。　→ p.284

ハンガリー Hungary ④ 1918年11月、オーストリア＝ハンガリー帝国から分離して共和国が成立した。　→ p.315

セルブ＝クロアート＝スロヴェーン王国（ユーゴスラヴィア）⑥ 1918年12月、セルビア人、クロアティア人、スロヴェニア人が、セルビア王国の摂政アレクサンデル公

を国王として建てた国。サン゠ジェルマン条約・トリアノン条約で承認された。しかし、集権主義のセルビアと、連邦主義を主張するクロアティアが対立するなど内紛が続いた。1929年、国王アレクサンデルが、「南スラヴ」の民族意識による国民統合をめざしてユーゴスラヴィアと改称し、憲法を停止して独裁制を布告、国民の統合をはかった。

ポーランド　Poland ④ 1918年11月に独立を宣言し、19年のパリ講和会議で承認された。ピウスツキを元首とする共和国となった。
→ p.315

エストニア　Estonia ③ バルト3国の最北に位置する。1918年にロシアから独立を宣言。20年にソヴィエト政権が承認し、共和国が成立した。

ラトヴィア　Latvia ③ バルト3国の中間に位置する。1918年にロシアから独立を宣言。20年にソヴィエト政権が承認し、共和国が成立した。

リトアニア　Lithuania ③ バルト3国の最南に位置する。1918年にロシアから独立を宣言。20年にソヴィエト政権が承認し、共和国が成立した。

民族自決《十四カ条》 ⑥ 各民族がみずからの意志でその帰属や政治組織を決定するべきとする理念。「十四カ条」で東欧の諸民族を対象に示された「10. オーストリア゠ハンガリー帝国における民族自治、11. バルカン諸国の独立、12. オスマン帝国支配下の諸民族の自治、13. ポーランドの独立」が、「民族自決」と解釈され、アジア・アフリカの植民地の独立運動にも刺激を与えた。

委任統治 mandate ⑥ 第一次世界大戦後、旧ドイツ領と旧オスマン帝国領について、国際連盟が戦勝国に保護をゆだねた統治方式。「民族自決」の原則との妥協から生まれたが、事実上は植民地とかわらなかった。

シリア　Syria ③ 旧オスマン帝国領。1920年にフランスの委任統治領とされ、46年に独立して共和国となった。

イラク　Iraq ② 旧オスマン帝国領。1920年に委任統治権を得たイギリスは、翌年ハーシム家のファイサルを国王とした。ファイサルは条約改定を重ね、32年にイラクは王国として独立した。

トランスヨルダン　Transjordan ③ 旧オスマン帝国領。1920年にイギリスの委任統治領となった。23年にヒジャーズ王国のフセインを王としてトランスヨルダン首長国が

成立、46年に独立した。

パレスチナ　Palestine ③ 旧オスマン帝国領。イギリスの委任統治領とされた。

南太平洋の旧ドイツ植民地 ⑤ 1914年8月、日本はドイツに宣戦し、同年10月までにドイツ領南洋諸島(ミクロネシア諸島)を占領した。19年のヴェルサイユ条約でドイツはすべての海外植民地を失い、赤道以北の地は日本の委任統治領となった。赤道以南では、ニューギニアの一部がオーストラリア、サモア諸島がニュージーランドの委任統治領となった。

国際連盟　League of Nations ⑦ 1920年1月、42カ国が参加して発足した史上初の国際平和機構。本部はスイスのジュネーヴ。アメリカ大統領ウィルソンの提案にもとづく。連盟規約はヴェルサイユ条約やサン゠ジェルマン条約などに組み込まれた。アメリカ合衆国の不参加、ソ連やドイツの排除などの問題を抱え、30年代に入ると大国間の対立が激化し、平和維持機能は麻痺していった。一方、中小国間の紛争調停や難民支援などでは成果をあげた。

総会《国際連盟》 ⑥ 全加盟国によって構成される国際連盟の最高機関。全会一致を原則としたが、実際の運用では緩和された。

理事会 ③ 国際連盟の主要執行機関。常任理事国はイギリス・フランス・イタリア・日本で、1926年にドイツ、34年にソ連が加わった。非常任理事国は総会で選出され、当初4カ国、22年に6カ国、26年から9カ国。

連盟事務局 ③ スイスのジュネーヴに設置。

国際労働機関(ILO)　International Labor Organization ⑤ 連盟付属の機関。労働者保護のため、労働問題の調整・勧告をおこなう。

常設国際司法裁判所 ④ オランダのハーグに設置された連盟付属の機関。紛争について裁定する権限をもったが、当事国の同意を必要とした。

国際連盟保健機関　League of Nations Health Organization ② 保健衛生分野での国際協力推進をめざし、1923年に設置された国際連盟の常設諮問機関。第二次世界大戦後には、国際連合の専門機関、世界保健機関(WHO)に吸収された。

国際連盟不参加《アメリカ》 ⑥ 戦後のアメリカでは保守的風潮が高まった。上院では共和党が優勢で、外交の自由拘束をきらう立場からヴェルサイユ条約の批准を拒否し、そのため国際連盟不参加となった。

ヴェルサイユ体制　Versailles ⑦ 第一次世界
大戦後、一連の講和条約で形成されたヨー
ロッパの国際秩序。その維持のために国際
連盟が組織された。敗戦国の領土削減・軍
備制限が進められ、民族自決の理念のもと
で東欧・バルカン地域で独立国が生まれた。
一方、ソ連の締め出し、戦勝国による植民
地維持がはかられた。世界恐慌による混乱
や日本、ナチス＝ドイツの脱退などで崩壊
していった。

ワシントン会議　Washington ⑦ 1921〜22
第一次世界大戦後の東アジア・太平洋地域
の情勢変化を調整するため、アメリカ大統
領ハーディングの提唱で日・米・英・仏な
ど９カ国が参加した国際会議。海軍軍備制
限条約、中国に関する九カ国条約、太平洋
に関する四カ国条約などが締結された。

ワシントン海軍軍備制限条約 ⑦ 1922　アメ
リカ・イギリス・日本・フランス・イタリ
アの五大国で調印された海軍軍縮条約。戦
後の建艦（けんかん）競争激化は各国の経済を圧迫し、
歯止めをかけることが求められていた。こ
の条約は、五大国の主力艦の総トン数の比
率を５：５：３：1.67：1.67とすることで
同意し、アメリカの海軍力はイギリスなみ
に強化された。

九カ国条約 ⑦ 1922年、アメリカ・ベルギー・
イギリス・中国・フランス・イタリア・日
本・オランダ・ポルトガルの９カ国が調印
した中国に関する条約。中国の主権と独立
の尊重、領土の保全（ほぜん）、門戸開放（もんこかい）、機
会均等（きんとう）の原則を約した。アメリカが東
アジアにおける国際関係の主導権を握り、
石井・ランシング協定の廃棄、二十一カ条
の一部放棄など、日本の中国政策は後退さ
せられた。

四カ国条約 ⑦ 1921　アメリカ・イギリス・
日本・フランスの４カ国が調印。太平洋地
域の現状維持、共同会議による紛争処理な
どを定めた。

日英同盟解消 ⑥ 1921　四カ国条約発効と同
時に解消。四カ国条約でのアメリカのねら
いは、中国の門戸開放の障害と考えられる
日英同盟の解消にあった。

ワシントン体制 ⑥ ワシントン会議で成立し
た一連の条約・決議によって形成された、
第一次世界大戦後の東アジア・太平洋の国
際秩序。アメリカの主導下に列強が協力体
制をとり、ヨーロッパのヴェルサイユ体制
とならんで1920年代の国際秩序を規定した。

第４回選挙法改正《イギリス》 ⑥ 1918　財産
資格が撤廃され、21歳以上の男性と30歳以
上の女性に選挙権が認められた。

女性参政権《イギリス》 ⑥ 19世紀後半からの
女性参政権運動を背景として1918年に実現。
男女の参政権が平等になったのは28年の第
５回選挙法改正による。

第５回選挙法改正《イギリス》 ⑥ 1928　普通
選挙を実現した改正。男性と同じく、21歳
以上の女性に参政権が認められ、男女の権
利が平等になった。

マクドナルド　MacDonald ⑥ 1866〜1937
イギリスの政治家。労働党の基礎を築き、
第一次世界大戦では反戦的姿勢をとった。
1924年と29〜31年に労働党内閣の、31〜35
年には挙国一致内閣の首相をつとめた。

第１次マクドナルド内閣 ⑤ 1924　自由党と
の連立で成立した、イギリス初の労働党内
閣。フランスとドイツの関係改善の支援や
ソ連の承認など、外交面で成果をあげたが、
短命に終わった。

労働党内閣《イギリス》 ⑤ 1923年の総選挙で
第二党となり、第１次内閣を組織したが短
命に終わった。29年の総選挙で第一党とな
り、第２次内閣を組織したが、世界恐慌に
対する打開策をうてず倒れた。

**ウェストミンスター憲章（けんしょう）　Statute of West-
minster** ⑥ 1931　イギリスと自治領の対等
の関係を定めた法律。イギリスでは1907年
からイギリス本国と自治領の代表者がイギ
リス帝国会議を開催してきたが、1926年の
帝国会議はイギリスと自治領の関係を名目
上対等とする報告書を提出した。ウェスト
ミンスター憲章はこれを確認し、法制化し
たもの。

**イギリス連邦　British Commonwealth of
Nations** ⑤ イギリスと旧イギリス領から
独立した国家のゆるやかな結合体。1926年
の帝国会議で性格が規定され、31年のウェ
ストミンスター憲章で法律化された。49年
に正式名称からイギリス（British）が省か
れ、たんに連邦（コモンウェルス）と呼ばれ
るようになった。

アイルランド独立戦争 ② 1919〜21　アイル
ランドが自治を獲得した戦争。1916年のイ
ースター蜂起は短期間で鎮圧されたが、そ
の後独立を求める運動が高まり、19年１月
にデ゠ヴァレラ（1882〜1975）らがアイルラ

ンド共和国の独立を宣言、独立戦争がおこった。アイルランド義勇軍（IRA）との戦いでイギリス側の残虐な鎮圧行為に国際的な非難がおこり、21年、イギリス＝アイルランド条約が結ばれ、独立国に近いアイルランド自由国の樹立が認められた。

アイルランド自由国　Irish Free State ⑥
1922年に成立したイギリスの自治領。18年の総選挙でシン＝フェイン党が勝利し、翌年北アイルランドを除く南部諸州の独立を宣言した。21年、イギリスは独立戦争の鎮圧をあきらめ、自治領として承認した。23年に国際連盟に加入、31年のウェストミンスター憲章でイギリス連邦内の事実上の独立国となった。37年に憲法を施行し、国名をアイルランド（アイルランド語でエール）と改め、49年にはイギリス連邦を離脱した。

アルスター　Ulster ②　アイルランド島北部の地域。イギリス領の北アイルランドとアイルランド共和国の3県で構成される。1949年にアイルランドが成立し、イギリス連邦からも離脱したが、アルスターにイギリス領が残ったことは深刻な問題を残した。

エール　Eire ⑥　1937年、新憲法を公布して共和政に移行したアイルランド自由国の、アイルランド語による新国名。首都はダブリン。49年にはイギリス連邦からも離脱した。

ポワンカレ右派内閣　Poincaré ②　フランスの保守派のポワンカレ（1860～1934）が1922～24年に組織した内閣。対独強硬策をとり、賠償の担保としてルール地方を占領したが失敗した。

ルール占領　Ruhr ⑦　1923～25　ドイツの賠償支払いの不履行を口実に、1923年からフランスとベルギーが鉱工業地帯ルールを武力占領した事件。ドイツはストライキなど、受動的抵抗で応じたが、通貨インフレなど経済の大混乱におちいった。大連合内閣を組織したシュトレーゼマンは抵抗を中止し、賠償履行政策に転じた。フランスも莫大な駐兵費用に悩み、1924年に賠償金支払いに関するドーズ案が示され、翌年に撤退した。

左派連合政権《フランス》③　1924～26　ルール占領など対独強硬策の失敗を背景に、1924年5月の総選挙に勝利した左派連合が組織した政権。急進社会党のエリオを首班にブリアンが外相をつとめ、ソ連承認・ルール撤兵・ロカルノ条約締結などの成果をあげた。しかし、国内のインフレ対策失敗

などにより崩壊した。

ブリアン　Briand ⑥　1862～1932　フランスの政治家。首相や外相を歴任し、ルール撤兵・ロカルノ条約調印・不戦条約締結など平和外交を進め、ドイツとの関係改善、西欧の安全保障に貢献した。1926年、ノーベル平和賞受賞。

スパルタクス団　Spartakusbund ④　1916年、ドイツ社会民主党内の戦争反対派が結成した急進勢力。ドイツ革命を指導し、18年にドイツ共産党結成の中心となった。

ドイツ共産党③　1918年12月、スパルタクス団を中心に組織された革命政党。19年1月の蜂起でルクセンブルクらの有力指導者を失うが、その後も勢力を拡大、コミンテルンに参加し、その指導下に社会民主党政権の政策をきびしく批判した。

ローザ＝ルクセンブルク　Rosa Luxemburg ③　1871～1919　社会民主党左派を理論的に指導したポーランド出身の女性革命家。スパルタクス団を組織し、ドイツ共産党を創立したが、1919年の蜂起で右翼将校により虐殺された。

カール＝リープクネヒト　Karl Liebknecht ③　1871～1919　社会民主党左派の革命家。スパルタクス団を組織しドイツ革命に参加、ドイツ共産党を創立したが、1919年の蜂起で右翼将校により虐殺された。

社会民主党政権《ドイツ》⑥　ドイツ社会民主党による政権。ドイツ社会民主党は第2インターナショナルの中心勢力であったが、第一次世界大戦では政府の戦争政策に協力した。1919年のドイツ共産党の蜂起を保守勢力と協力して鎮圧し、ヴァイマル共和国を樹立した。平和外交を展開したが、ヒトラー率いるナチ党に政権を奪われて弾圧され、33年解散した。

ヴァイマル国民議会　Weimar ⑤　1919年1月に選挙がおこなわれ、中部ドイツのヴァイマルに招集された議会。社会民主党が中心となり憲法制定に着手した。

エーベルト　Ebert ⑥　1871～1925　ヴァイマル共和国初代大統領（在任1919～25）。社会民主党党首として、ドイツ革命を議会制民主主義にとどめるべく、旧勢力と妥協してスパルタクス団の蜂起を鎮圧した。ヴァイマル国民議会で大統領に選出され、左右両派からの攻撃のなか、内外の課題に取り組んだが、1925年の任期満了前に死去した。

ヴァイマル憲法⑦　「1919年8月11日のドイツ国憲法」の通称。人民主権、20歳以上の男

女普通選挙、労働権の保障、強い権限をもつ大統領の直接選挙などを規定した、当時の世界でもっとも民主的とうたわれた憲法。

ヴァイマル共和国 ⑥ ドイツ革命によって成立した共和政ドイツの通称。左右両派の攻撃や経済の混乱などで不安定であったが、賠償金問題の解決に向かうとともに共和政は安定し、国力復興も進んだ。しかし、世界恐慌による混乱で右翼勢力が再び台頭し、1933年にナチ党政権が成立して崩壊した。

賠償問題《ドイツ》④ ヴェルサイユ条約で課された巨額の賠償金支払いをめぐる問題で、国民生活を圧迫した。ドイツ政府は支払い履行策をとったが、支払い不能におちいってルール占領など内外の危機をむかえた。賠償問題はヴェルサイユ条約の不当性を示すシンボルとなって、ヴァイマル共和国への不満を高めた。

インフレーション《ドイツ》⑦ 戦後の経済混乱にルール占領の影響も加わり、マルクの価値が破壊的に下落した状況。ドイツ国民の生活が破壊され、社会不安は頂点に達した。

シュトレーゼマン Stresemann ⑥ 1878〜1929 ドイツ人民党の党首。1923年、大連合内閣の首相となり、ルール占領に対する抵抗を中止、通貨安定と経済再建に取り組んだ。その後、長く外相をつとめ、ドーズ案・ロカルノ条約締結・国際連盟加盟など、協調外交を展開し、26年ブリアンとともにノーベル平和賞を受賞、ドイツの国際的地位向上と西欧の安定に貢献した。

レンテンマルク Rentenmark ⑤ 1923年、インフレ収拾のために発行された紙幣。不動産などからの収入を担保に1兆マルクを1レンテンマルクと交換、緊縮財政政策などとあいまって、24年9月頃には破壊的なインフレを収拾した。

ドーズ案 Dawes Plan ⑦ 1924 アメリカの銀行家ドーズを議長とする専門委員会が提案し採択された、ドイツの賠償支払い方法と期限の緩和計画。このプランによってアメリカ資本のドイツ流入が進み、フランスはルール地方から撤退、ドイツ経済は一時的に安定した。

ヤング案 Young Plan ⑤ 1929 アメリカの銀行家ヤングが指導する委員会により成立した賠償削減案。支払総額を大幅に減額したが、59年の長期払いとしたため、ドイツ国内の反対運動を引きおこした。世界恐慌の影響で1931年に支払いは中止され、翌年

にはヤング案も撤廃された。

ローザンヌ会議 Lausanne ② 1932 賠償と戦債問題に関する国際会議。フーヴァー＝モラトリアムの期限が切れたことを受けて開かれた。総額を30億金マルクに減額すると定め、賠償問題は事実上打ち切られた。また、アメリカは会議に参加せず、英・仏の戦債問題の処理もできなかった。

ヒンデンブルク Hindenburg ⑤ 1847〜1934 ドイツの軍人・政治家。第一次世界大戦の際にタンネンベルクの戦いでロシアを破り、国民的英雄となった。1925年、エーベルトの死後、ヴァイマル共和国第2代大統領に選出され、32年にも再選された。しかし、世界恐慌への対応策を打てぬまま、33年にはヒトラーに組閣を命じた。

国際協調と軍縮の進展

ギリシアのトルコ侵攻 ③ 1919年5月、ギリシアは敗戦後のオスマン帝国の混乱に乗じてアナトリアのスミルナ（イズミル）に侵攻し、ギリシア＝トルコ戦争が始まった。1920年、ムスタファ＝ケマルがアンカラでトルコ大国民議会を招集して抵抗運動を続け、22年にギリシア軍は撤退した。

ポーランド＝ソヴィエト戦争 ③ 1920〜21 ポーランドが旧王国領の回復をめざしてロシアに侵入し、ソヴィエト政権と戦った戦争。攻勢に転じたソヴィエト軍がワルシャワにせまったが、ポーランドの反撃で撤退した。ラトヴィアのリガで休戦条約が結ばれ、ポーランドはウクライナの一部とベラルーシの一部を獲得した。

国際協調主義 ④ 国際問題について、多国間での協議と調整、国際協力を重視して解決にあたる外交思想や政策。帝国主義間の対立が第一次世界大戦を引きおこしたことへの反省から生まれた。その成果が、シュトレーゼマン、ブリアンらによる1925年のロカルノ条約締結とそれにともなうドイツの国際連盟加盟、ブリアンとケロッグの提案による28年の不戦条約締結などである。

ロカルノ条約 Locarno ⑦ 1925 イギリス・フランス・ドイツ・イタリア・ベルギー・ポーランド・チェコスロヴァキアが結んだ集団安全保障条約の総称。国境条約と仲裁裁判条約を中心とする。1925年10月にスイスのロカルノで仮調印され、12月にロンドンで本調印された。ドイツ西部国境の現状維持や不可侵、ラインラントの非武装化を

確認し、ドイツを国際社会に復帰させ、ヨーロッパの緊張緩和に貢献した。この条約締結に貢献したイギリスのオースティン＝チェンバレン（1863～1937）が1925年、シュトレーゼマンとブリアンが26年にノーベル平和賞を受賞した。

ドイツの国際連盟加入 ⑦ 1926　ロカルノ条約により実現。同条約はドイツの国際連盟加盟を発効の条件としていた。

ジュネーヴ軍縮会議 ② 1927　アメリカ大統領クーリッジの提唱で補助艦の制限を検討した海軍軍縮会議。イタリア・フランスが参加を辞退し、アメリカ・イギリス・日本の３国による会議となった。アメリカとイギリスが対立し、問題は1930年のロンドン海軍軍縮会議にもちこした。

ケロッグ Kellogg ④ 1856～1937　アメリカ国務長官（在任1925～29）。ブリアンの戦争違法化条約の提案にこたえ、不戦条約を提唱した。

不戦条約（ブリアン・ケロッグ条約）⑦ 1928　仏外相ブリアンと米国務長官ケロッグが提唱し、戦争違法化の先例となった国際法。1928年８月、パリで15カ国が調印、のち63カ国が参加した。

ロンドン会議 ③ 1930　アメリカ・イギリス・日本が補助艦艇などの保有比率を、ほぼ10：10：７と定めた。しかし、日本海軍は強い不満をもった。フランス・イタリアも会議に参加したが、条約には調印しなかった。

クーデンホーフ＝カレルギー Coudenhove-Kalergi ① 1894～1972　オーストリアの政治活動家。東京でオーストリアの外交官と日本人女性のあいだに生まれ、1896年に父の祖国オーストリア＝ハンガリー帝国に渡った。「パン＝ヨーロッパ」構想を提唱し、欧州連合構想の先駆者となった。

))))) イタリアのファシズム (((((

北イタリアのストライキ ⑤ 1920　ミラノ・トリノなど北イタリアで労働者たちが多数の工場を占拠した事件。政府は労働者の指導部と交渉を重ねるとともに資本家側の譲歩を引き出し、事態を平和的に収拾した。以後、左翼運動は低迷期に入り、ファシズム勢力が力をのばしていった。

ムッソリーニ Mussolini ⑦ 1883～1945　イタリアの政治家。イタリア社会党左派に属し機関誌の編集にあたったが、第一次世界大戦への参戦を主張し、党を除名された。

1919年、ファシスト党を結成し、22年の「ローマ進軍」で首相となり、43年までファシズム体制のもとで独裁権力をふるった。第二次世界大戦末期、パルチザン（非正規軍）に処刑された。

ファシスト党 Partito Nazionale Fascista ⑥ 1919年３月、ムッソリーニが「戦士のファッシ」として創設した政党。資本家・地主・軍部の支持で20年末から急速に発展、21年11月に国民ファシスタ党と改称した。22年10月に「ローマ進軍」でムッソリーニが首班に指名されて政権を掌握、23年の選挙で第一党となり、25年のファシズム独裁宣言で唯一の合法政党となった。

「ローマ進軍」 ⑤ 1922　ムッソリーニが政権獲得のためにおこした示威的行動。政府はこれを阻止すべく戒厳令を要請したが、国王は内乱を恐れて拒否し、逆にムッソリーニに組閣を命じたため、彼は政権を掌握した。

ファシズム大評議会 Gran Consiglio del Fascismo ② 1922年末設立のファシスト党の最高議決機関。28年12月に国家の最高機関となり、ファシズム体制が完成した。

ファシズム体制 ⑤ イタリアのファシスト党による一党独裁体制。1926年11月、ファシスト党以外の政党が禁止されて成立した。ファシズム体制は、議会制民主主義とマルクス主義を敵視し、国家による経済の統制、極端なナショナリズム、指導者崇拝、議会主義を否定する一党独裁体制、批判勢力の暴力的封じ込めなどを特徴とする。一方でこの体制は、職場や自治体を通じて団体旅行をはじめとする余暇活動を組織するなど、労働者を含む広範な国民統合に力を注いだ。

ファシズム fascism ⑤ 第一次世界大戦後、イタリアからヨーロッパ各国に広まった新しいタイプの政治運動。第一次世界大戦後の混乱のなか、共産主義を排除し、民主主義も攻撃、極端なナショナリズムのもとで暴力的な独裁をおこない、対外的には侵略主義をとった。1920年代前半のイタリアが典型例で、世界恐慌後のドイツのナチズムもその一例である。

フィウメ併合 Fiume ⑦ 1924年、ムッソリーニがセルブ＝クロアート＝スロヴェーン王国（29年以降ユーゴスラヴィア）と協定を結んで、フィウメを併合した。フィウメはアドリア海沿岸の都市で、第一次世界大戦までオーストリア領、大戦後はセルブ＝クロアート＝スロヴェーン王国領になったが、

1919年、それに反対するイタリアの右翼勢力が武力占領したのち、20年に自由市となっていた。第二次世界大戦後にはユーゴスラヴィア領に戻った。

アルバニアの保護国化 Albania ⑥ 1926・27年のティラナ条約による保護国化。アルバニアは1920年に独立を回復していたが、この条約でイタリア軍駐兵を認め、事実上その保護国となった。

ラテラノ(ラテラン)**条約** Lateran ⑥ 1929 ローマ教皇庁とムッソリーニ政府がラテラノ宮殿で調印し、1870年以来の絶縁状態に終止符を打った協定。イタリアはヴァチカン市国の独立を認め、カトリックを国教と定めて教会への賠償を規定し、教会はムッソリーニ政府を承認した。政教協約(コンコルダート)の一例。

ヴァチカン市国 Vatican ⑥ 1929年のラテラノ条約でイタリア政府から主権を認められた、教皇が統治する国家。ローマ市内に位置し、面積0.44km²の世界最小の独立国。

東欧・バルカン諸国の動揺

チェコスロヴァキア ⑤ 第一次世界大戦後の1918年11月、マサリクを初代大統領として成立した共和国。チェコ人・スロヴァキア人・ドイツ人・ハンガリー人などで構成される多民族国家で、議会制民主主義がとられ、1920年代には経済も安定した。
→ p.278

権威主義体制 ③ 大地主などの伝統的な支配層に依拠しながら、指導者が強権的な統治をおこなう体制。全体主義と似ているが、明確なイデオロギーがなく、大衆動員の要素も弱いなど、異なる面もある。1920年代末までに東欧やバルカン諸国で多く成立したが、スペインのフランコ政権や第二次世界大戦後の開発途上国の開発独裁などもこれに相当する。

ピウスツキ Piłsudski ⑤ 1867〜1935 ポーランドの政治家。1918年、独立回復直後に領土拡大をはかり、ポーランド゠ソヴィエト戦争(20〜21年)を指導した。その後、政界を引退したが、26年、国民の支持を背景に復帰、クーデタによって政権を握った。

ハンガリー革命 ⑤ 1918〜19 第一次世界大戦末期におこった革命。1918年11月に共和制を宣言、19年3月にはクン゠ベラ(1886〜1938)の指導のもとに共産党のソヴィエト政権が成立したが、農民の反発や周辺諸国の

干渉を受け、8月には崩壊した。

ホルティ Horthy ④ 1868〜1957 クン゠ベラらのハンガリー゠ソヴィエト共和国を倒した軍人。1920年、国王不在の状態で摂政となり、権威主義的な体制を樹立した。第二次世界大戦には同盟国側で参戦し、44年に失脚、ポルトガルに亡命した。

ユーゴスラヴィア Yugoslavia ⑤ 1918年にオーストリアから独立したセルブ゠クロアート゠スロヴェーン王国が、29年に改称した国家。第二次世界大戦後は社会主義国としてユーゴスラヴィア連邦人民共和国となったが、91年からの紛争で解体した。

ソ連の成立

ソヴィエト社会主義共和国連邦(ソ連邦、ソ連) Union of Soviet Socialist Republics ⑦ ロシア・ウクライナ・ベラルーシ・ザカフカースの4共和国が結成した連邦国家。1922年12月、第1回全連邦ソヴィエト大会で成立が宣言された。その後、ロシアから独立したウズベク・キルギス両共和国が加わるなど、最終的に15共和国の連合に拡大した。24年には、第2回全連邦ソヴィエト大会でソヴィエト社会主義共和国連邦憲法を制定した。

ロシア Russia ⑤ ソ連邦を構成する共和国の中心的な国家。首都はモスクワ。ロシア人が多数派を占める多民族国家。

ウクライナ Ukraine ⑤ ソ連邦を構成する共和国。首都はキーウ(キエフ)(1934年から)。

ベラルーシ(白ロシア) Belorussia ⑤ ソ連邦を構成する共和国。首都はミンスク。

ザカフカース Zakavkaz'e ⑤ ソ連邦を構成する共和国。グルジア(ジョージア)・アルメニア・アゼルバイジャンのソヴィエト政権がロシア共産党の指導によりザカフカース゠ソヴィエト連邦共和国に統合された。首都はトビリシ。その後1936年には、スターリン憲法の規定によりジョージア・アルメニア・アゼルバイジャンそれぞれの共和国がソ連邦を構成することになり、連邦共和国は消滅した。

ラパロ条約 Rapallo ⑤ 1922 国際的に孤立したドイツとソヴィエト政権が締結した条約。相互に賠償請求権を放棄し、外交関係を回復、最恵国待遇(さいけいこくたいぐう)、通商関係の促進を定めた。

レーニンの死 ④ 1924 1923年に病に倒れて以来、レーニンは政治の表舞台からは姿を

消していた。翌年1月の死によって、社会主義建設の方向や後継者の地位をめぐる争いが激化した。

スターリン Stalin ⑦ 1878〜1953 ソ連共産党の指導者。1922年に書記長に就任、レーニンの死後、一国社会主義論を主張し、党内の主導権争いでトロツキーを破った。その後も多くの政敵を失脚させ、30年代には独裁権力を握った。28年から始まった五カ年計画で急速な工業化と農業の集団化を進める一方、反対派に対するきびしい粛清をおこない、恐怖政治をおこなった。

一国社会主義論 ⑥ スターリンが主張した革命理論。トロツキーらが先進国の革命を不可欠であると主張するのに対し、社会主義建設は後進国であるソ連1国だけでも可能であるとした。

トロツキー Trotskii ⑥ 1879〜1940 ロシアの革命家、ソ連共産党の指導者。レーニンの後継者と目されていたが、党内でのスターリンとの争いに敗れ、1929年に国外に追放された。国外でもスターリン批判を続けたが、亡命先のメキシコで暗殺された。
→ p.275

世界革命論 ⑦ トロツキーらが主張した革命理論。農民が大半を占め、プロレタリアが少数のロシアで革命が勝利するためには、西欧プロレタリアートの勝利と支持が必要であるとした。

第1次五カ年計画 ⑦ 1928〜32 社会主義建設と共産主義への移行のために強行されたソ連の総合的な経済政策。重工業重視の工業化、コルホーズ建設による農業の集団化などを推進した。工業化は急速に進んだが、農村の荒廃などの問題も生んだ。

コルホーズ kolkhoz ⑥ ソ連の集団農場。土地・家畜・農具を共有することで、農場の共同経営化をはかるもので、五カ年計画で全国に拡大した。

ソフホーズ sovkhoz ⑥ ソ連の国営農場。農具も国有で、働き手は賃金を受けとる労働者となった。1920年代末の土地開拓やコルホーズからの転換で組織された。

農業集団化 ⑤ 第1次5カ年計画で工業化をはかるソ連が、穀物調達量の向上をめざしてとった政策。「富農の絶滅」をスローガンとして始まったが、富農と中農・貧農の区別は恣意的で、集団化に反対した「富農」は財産没収のうえ強制収容所に送られるか、あるいはシベリアへ流刑になった。集団化が進められた結果、穀物生産はむしろ減少

し、農村は荒廃した。

ソ連の承認 ③ ネップ期に入り、ソ連政権が安定すると、列国は経済関係回復のねらいもありソ連を承認した。1922年にドイツがラパロ条約で、24年にイギリス、イタリア、フランスが、25年に日本がソ連を承認した。しかし、アメリカは33年までソ連を承認しなかった。

アメリカ合衆国の繁栄

債権国アメリカ ⑦ 債権国とは、対外資産が対外負債を上まわっている国のこと。第一次世界大戦において、アメリカは参戦期間が短く、国土も戦場にならなかった。また、連合国へ軍需物資を輸出したことで大きく経済発展をとげた。そのため戦後は債権国となり、国際社会において大きな発言力をもつ国となった。

孤立主義 isolationism ⑥ アメリカと西欧諸国との相互不介入を外交の原則とする立場。1823年のモンロー宣言が有名だが、ワシントンがフランス革命に中立の立場をとったように、建国時からこの傾向はみられる。第一次世界大戦後にはこの傾向が強まり、国際連盟への加盟を拒む一因となった。

女性参政権《アメリカ》 ⑥ 1920 アメリカの女性参政権運動は1848年のニューヨーク州での集会から始まり、第一次世界大戦中の戦時協力などを通じて、1920年に実現した。

保護主義関税《アメリカ》 ⑤ 共和党政権は保護貿易主義をとった。1922年の関税法は高関税を競争力のある工業製品にまで設定し、ヨーロッパの経済復興を阻害する要因となった。

共和党政権 ⑤ 1921年からの12年間、ハーディング・クーリッジ・フーヴァーと3人の共和党の大統領が続いた。共和党は1854年の結党当初奴隷制に反対するなど革新的だったが、しだいに保守的傾向を強め、1920年代の繁栄期には自由放任主義をとなえて政権を担った。

ハーディング Harding ② 1865〜1923 アメリカ合衆国第29代大統領（在任1921〜23）。共和党。「平常への復帰」を掲げて当選、ワシントン会議を成功させた。国内経済も繁栄に向かったが、汚職事件が頻発した。

クーリッジ Coolidge ② 1872〜1933 アメリカ合衆国第30代大統領（在任1923〜29）。共和党。ケロッグ国務長官ら有能な閣僚を擁し、経済の繁栄を背景に自由放任主義

政策をとった。

フーヴァー Hoover ② 1874～1964　アメリカ合衆国第31代大統領(在任1929～33)。共和党。重工業への投資拡大、ヨーロッパの疲弊による競争力の相対的上昇などで「永遠の繁栄」と呼ばれた、1920年代のアメリカ経済の繁栄期に商務長官をつとめた。大恐慌時には政府の介入に消極的だったため、1932年の選挙で民主党のフランクリン゠ローズヴェルトに敗北した。　→ p.297

大量生産・大量消費社会 ⑦ 大量生産により生産コストがさがり、消費者が大量に消費し、経済が成長するという循環。この新しいシステムを生み出したのは、フォード自動車会社で始まった流れ作業による大量生産技術、また月賦販売(月払いローン)による消費者の購買力の向上である。人々の生活を豊かにし、大衆文化を生み出す一方、資源を浪費し、地球環境を破壊する遠因にもなった。

フォード Ford ⑦ 1863～1947　自動車王と呼ばれたフォードの実業家。1903年にフォード自動車会社を設立し、コンベアーライン式の組み立てで生産を合理化して低価格化に成功、1908年にT型フォードを発売して自動車を大衆化した。

「組み立てライン」方式 ⑥ ライン作業(流れ作業)をとる製品の組み立て工程。フォード社は1914年、T型フォードの生産工場にベルトコンベアーを導入して作業を効率化し、自動車価格の大幅値下げに成功した。

アメリカ的な生活様式 ⑤ 大量生産・大量消費に支えられた生活様式。自動車や家庭電化製品が普及し、豊かなアメリカのイメージを形成した。

大衆文化 ④ 1920年代のアメリカで、均一化された大衆のライフスタイルを基礎に開花した文化。家庭電化製品の普及で生活が変化し、ラジオ・音楽・演劇・映画・プロスポーツ観戦などの娯楽・余暇の活動が普及して形成された。またマス゠メディアの発達がその普及を促した。

ジャズ jazz ⑥ 20世紀初めにアメリカ南部のニューオーリンズで演奏されるようになった黒人の音楽。独特のリズムや即興演奏を特色とし、パレードの行進曲からダンス音楽、そして鑑賞のための音楽へと発展し、世界の音楽に影響を与えた。

新中間層 ② 中間層とは、豊かな資本家層および賃金の少ない下層労働者の、どちらにも属さない諸階層。自営農民・小企業家・自由専門職などの旧中間層に対して、19世紀末から増加した、技術者・専門職・事務職・セールスマンなど現業に従事しない者を新中間層と呼ぶ。

ワスプ(WASP) ④ White, Anglo-Saxon, Protestant 系のアメリカ人を指す言葉の略称。建国以来、アメリカ社会の支配層を構成するとみなされてきたが、価値観の多様化とともにその意味は曖昧になっている。

禁酒法 Prohibition Law ⑥ アメリカ合衆国における酒類の製造・販売・運送を禁じた法律。禁酒運動は宗教的な意味と、労働者の規律や生産効率向上をねらう経済的な意味をもっていた。1919年に憲法を修正して成立したが、酒の密造・密売の横行をまねいたため、33年に廃止された。

クー゠クラックス゠クラン(KKK)　Ku Klux Klan ⑤ アメリカ合衆国の人種差別的秘密結社。1860年代半ばに成立し、その後下火となったが、第一次世界大戦後の外国人排除の風潮に乗じて復活、勢力を拡大した。　→ p.222

移民法 Immigration Acts ⑥ アメリカ合衆国への移民を制限する諸法。1875年に制定されて以来、対象は拡大し、82年の移民法は中国人を排斥する人種差別的なものとなった。さらに1924年の移民法は「国別割当て法」とも呼ばれ、東欧・南欧からの「新移民」を制限し、アジア諸国からの移民を全面的に禁止した。　→ p.222、253

サッコ・ヴァンゼッティ事件 Sacco, Vanzetti ② 1920　イタリア系移民で無政府主義者とみなされたサッコとヴァンゼッティが、殺人事件の犯人とされた事件。戦後の保守の風潮のなか、証拠不十分なままに二人に死刑が宣告され、世界各地から抗議の声があがったが、1927年に執行された。

アジア・アフリカ地域の民族運動

第一次世界大戦と東アジア

東アジアの工業発展⑥ 1880年頃から成長していたアジア域内貿易の発展を背景に、第一次世界大戦中から東アジアの工業は大きく発展した。ヨーロッパからの輸入減少と軍需拡大により、日本では重化学工業が大幅に拡大し、工業生産額が農業生産額を抜き、中国にも進出して工場建設を進めた。こうした大戦景気のもと、日本は債務国から債権国に転じ、諸産業の発展で資本の集中も進んで、三井・三菱などの財閥を中心に独占資本が形成された。また中国でも、紡績業や製糸業など軽工業を中心に中国企業が成長した。

大正デモクラシー⑦ 日本で大正期に高揚した民主主義・自由主義的傾向。日露戦争後の資本主義の発達や都市人口の急増を背景に、政治的自由獲得をめざす運動が高まり、普選運動などに一応の成果をおさめた。

米騒動⑥ 1918 米価の急騰に対し富山の漁村の主婦がおこした一揆を機に、全国に波及した民衆の騒動。寺内正毅内閣は総辞職し、原敬を首相とする政党内閣が成立した。

政党内閣の誕生《日本》④ 1898年、大隈重信を首相、板垣退助を内相として成立した隈板内閣が政党内閣の先がけだが、4カ月で崩壊した。その後、1918年9月、立憲政友会総裁の原敬（1856〜1921）が、米騒動で総辞職した寺内内閣から政権を引き継いで内閣を組織した。これは元勲ではない、政党の党首が組織した最初の内閣であり、政党内閣の誕生とされる。原敬は爵位をもたない平民宰相として人気があったが、21年に暗殺された。

男性普通選挙法《日本》⑥ 1925 加藤高明内閣で成立した改正衆議院選挙法。25歳以上の男性に選挙権、30歳以上の男性に被選挙権を与えた。1928年2月の総選挙から実施された。

治安維持法⑥ 1925 普通選挙法成立直前に制定された、社会運動弾圧法。当初は懲役・禁固の罰則を定め、1928年に死刑を追加した。国民の思想統制に用いられ、第二次世界大戦後の45年に廃止された。

新文化運動⑥ 1910年代に中国でおこった啓蒙運動。陳独秀が創刊した雑誌『新青年』に寄稿した魯迅・胡適・李大釗らが中心となり、西欧の文化を紹介し、儒教に代表される旧い道徳や文化を打破することを提唱した。運動は政治的な主張とも結びつき、五・四運動にも大きな影響を与えた。

陳独秀⑦ 1879〜1942 中国の思想家・革命家。1915年に上海で『青年雑誌』を発刊、新文化運動を指導した。17年に蔡元培の招きで北京大学教授に就任、五・四運動後はマルクス主義に関心をもち、21年7月、コミンテルンの指導下に中国共産党を組織し、初代委員長に就任した。しかし、27年、国共合作失敗の責任を追及されて委員長を辞任した。その後トロツキーの思想に共鳴し、29年にはコミンテルンを批判して党を除名された。

『新青年』⑦ 新文化運動を推進した啓蒙雑誌。1915年に陳独秀が上海で発刊した『青年雑誌』が翌年に改称した。「民主」と「科学」の二つのキーワードで西欧近代文明を紹介し、封建的な中国の政治や文化を批判した。中国共産党成立後はその機関誌となった。

「民主と科学」③ 新文化運動の指導者陳独秀が掲げたスローガン。彼は、中国は近代化のために西欧文明を全面的に取り入れることが必要だと主張した。「民主と科学」はそのための旗印として掲げられた。

胡適⑥ 1891〜1962 中国の学者・外交官。1910年にアメリカに留学、プラグマティズムの影響を受けた。『新青年』に「文学改良芻議」を発表して口語文学を提唱、文学革命の口火を切った。帰国後に北京大学教授となり、儒教批判を展開したが、五・四運動後はマルクス主義とは対立した。第二次世界大戦後の49年にはアメリカに亡命したが、58年から台湾に移り学術の発展に尽力した。

白話（口語）文学⑥ 従来、邪道とされていた口語による文学を提唱した運動。白話とは文語に対する口語のこと。1917年、胡適が『新青年』誌上で提唱すると、広範な支持を集めた。

文学革命⑥ 中国の新文化運動のなかで展開された、文語体の文学を否定した口語文学運動。陳独秀・胡適・魯迅らが『新青年』に論陣を張り、青年・学生たちに大きな影響を与えた。

魯迅⑥ 1881〜1936 中国の文学者・思想家。本名は周樹人。1902年、官費留学生として日本で医学を学んだが、文学によ

る中国人の精神的改造をめざし、退学した。帰国後、18年に『新青年』に白話小説の『狂人日記』を発表し、21年の『阿Q正伝』などの作品で中国近代文学の基礎を築いた。30年結成の左翼作家連盟の中心となり、国民党政府の弾圧に抵抗を続けた。

『狂人日記きょうじんにっき』 ⑤ 1918年に『新青年』に掲載された魯迅の小説。白話運動を実践した最初の文学作品。被害妄想の患者の日記のかたちをとり、儒教道徳をきびしく否定した。

『阿Q正伝あきゅうせいでん』 ④ 1921～22年に発表された魯迅の小説。貧農の阿Qを主人公として、辛亥しんがい革命の頃の中国人の姿を描き、現実を見ようとしないその無知・無自覚を風刺した。

北京ペキン大学 ⑤ 1912年、京師けいし大学堂(1898年設立)が改称されて成立した大学。2代学長の蔡元培(1917年就任)の時代、陳独秀や李大釗らが教授にまねかれ、新文化運動や五・四運動の中心となった。

李大釗りたいしょう ④ 1889～1927　中国の思想家・政治家。1918年に北京大学教授となり、五・四運動では指導的役割を果たした。ロシア革命後、マルクス主義を中国に紹介し、コミンテルンと接触し、中国共産党創立にあたった。第1次国共合作でも活躍したが、27年に張作霖に逮捕され、処刑された。

日本の進出と東アジアの民族運動

日本の第一次世界大戦参戦 ⑦ 1914　日本は日英同盟を根拠に連合国側から参戦したが、当初参戦には慎重で、8月15日にドイツに最後通牒つうちょう的な勧告を送り、23日の宣戦までに時間をおいた。

膠州湾こうしゅうわん占領 ⑤ 日本は青島の戦いの結果、1914年11月に膠州湾を占領した。戦後のパリ講和会議で日本の山東権益が承認されたが、中国の強い反発をまねいた。

青島チンタオ ⑦ 中国、山東半島南部、膠州湾にのぞむ都市。1898年にドイツが租借そしゃくし、第一次世界大戦中に日本に占領されたが、1922年のワシントン会議で中国に返還された。

ドイツ領南洋諸島占領 ⑦ ドイツに宣戦した日本が、1914年10月までに占領した。マリアナ諸島・カロリン諸島・マーシャル諸島を指す。戦後のヴェルサイユ条約で、赤道以北が日本の委任統治領とされた。

二十一カ条の要求 ⑦ 1915　中国権益の拡大をはかる日本(大隈重信内閣)が1915年に出した、旧ドイツ権益の継承などの諸要求。

袁世凱えんせいがい政府は、当初非公開とされた日本人の政治・財政顧問の招聘しょうへい条項を公表するなど抵抗し、日本はこの条項を撤回したが、軍事圧力をかけて要求の大半を認めさせた。しかし、この要求は中国の民族主義運動を高揚させ、欧米諸国に日本への警戒心をいだかせた。

石井・ランシング協定　Lansing ① 1917　日本の特派大使石井菊次郎とアメリカの国務長官ランシングが結んだ協定。内容は、アメリカは日本の中国における特殊権益を承認し、日米両国は中国の領土保全ほぜん・門戸開放もんこかいほう・機会均等ききんとうを支持するというもの。1922年の九カ国条約により廃案が提起され、翌年に廃棄された。

シベリア出兵 ⑥ 1918～22　アメリカ合衆国の提案に応じて、日本(寺内・原内閣)がおこなった対ソ干渉戦争。他国の撤退後も干渉を継続、多大な戦費を費やしたが成果は得られず、ソヴィエトからの敵意と列国の不信をまねいた。　→ p.276

朝鮮総督府ちょうせんそうとくふ ⑥ 1910年、韓国併合を機に韓国統監府かんこくとうかんふを改変して設置した朝鮮統治機関。天皇に直属し、行政・立法・司法の三権を握った。初代総督は寺内正毅。　→ p.264

武断ぶだん政治 ⑥ 朝鮮総督府が朝鮮でおこなった、憲兵や軍隊による専制的政治。言論・出版・結社の自由を奪い、朝鮮人に対する同化政策を進めたが、朝鮮人の民族意識を高める結果をまねいた。　→ p.264

三・一さんいち独立運動 ⑦ 1919　朝鮮でおこった日本の支配に対する独立運動。ロシア革命やウィルソンの民族自決宣言を背景に、1919年3月1日、ソウルで独立宣言が発せられると、「朝鮮独立万歳ばんざい」を叫ぶ示威し運動が朝鮮全土に広がった。運動は日本のきびしい弾圧を受けたが継続し、日本は支配政策の転換をよぎなくされた。

「文化政治」 ⑥ 三・一独立運動後の朝鮮で日本がとった統治政策。憲兵警察制度を廃止するなど懐柔かいじゅう政策をとり、新聞・雑誌の統制を緩和かんわした。しかし、これは朝鮮の民族運動の分断をはかるものであった。

大韓民国臨時政府 ⑤ 1919　三・一独立運動後、上海で設立された政府。初代首班は李承晩イスンマン。弱体ながらも第二次世界大戦後まで存続したが、進駐したアメリカ軍により事実上解体された。

五・四しご運動 ⑦ 1919　北京で発生して全国に波及し、大衆に拡大した政治運動。パリ講

和会議で二十一カ条の要求の破棄、山東のドイツ権益返還要求が拒否されると、1919年5月4日、北京の学生たちが抗議デモをおこなった。これに刺激された市民・労働者は立ち上がり、運動は全国に拡大した。政府も運動を無視できず、逮捕した学生を釈放し、ヴェルサイユ条約の調印を拒否した。

ヴェルサイユ条約調印拒否《中国》⑤ 五・四運動を受け、北京政府は親日派官僚の罷免ひめんと講和条約調印拒否を声明した。

国際連盟加盟《中国》③ 中華民国代表団は、五・四運動の高まりを受け、1919年6月にヴェルサイユ条約調印を拒否したが、同年9月にサン゠ジェルマン条約に調印した。サン゠ジェルマン条約の第一編にヴェルサイユ条約と同じ国際連盟規約があるため、これをもとに中国は国際連盟に加盟した。

山東ドイツ利権の返還⑥ 日本は第一次世界大戦中に山東半島を占領し、二十一カ条の要求でドイツ利権の継承を求め、ヴェルサイユ条約で列強に承認させた。しかし中国の抵抗運動が激化し、ワシントン会議で九カ国条約が結ばれると、日本は中国と山東懸案解決条約を結び、山東半島の旧ドイツ利権を返還した。

南京国民政府の成立と共産党

中華革命党③ 1914年、亡命中の孫文が東京で結成した秘密結社。 → p.266

カラハン宣言② 1919・20年の2度、ソヴィエト連邦外務人民委員代理カラハンの署名で出された文書。帝政ロシアが中国と結んだ不平等条約の撤廃を宣言し、パリ講和会議に落胆する中国で反響を呼んだ。しかし、実際には多くの利権を回収済みで、ソヴィエト゠ロシアが放棄した特権はなかった。また、20年の文書は東清とうしん鉄道の返還などで内容が後退し、中ソ関係に影響をおよぼした。

中国国民党⑦ 1919 中華革命党が改称した政党。五・四運動の影響下、孫文は秘密結社から大衆政党への脱却をめざして中華革命党を中国国民党と改称した。

中国共産党⑦ 1921 陳独秀を初代委員長として、上海で結成された社会主義政党。中国革命を推進し、1949年に中華人民共和国を樹立した。コミンテルンの方針に従い、24年に国民党との協力関係を結んだが、27年の上海クーデタで崩壊、独自の革命路線

をとることになった。

「連ソ・容共きょうきょう・扶助工農ふじょこうのう」⑥ 1923年、孫文がソ連の外交官ヨッフェとの会談で確認し、翌年の中国国民党一全大会で採択された政策。「ソ連と連携し、中国共産党を容認し、労働者や農民の運動を支え、革命を推進する」ことを意味する。

国共合作《第1次》⑦ 1924～27 中国国民党と中国共産党が結んだ協力体制。国民党が1924年1月の党一全大会で「連ソ・容共・扶助工農」の政策を採択して成立した。共産党はコミンテルンの指導を受け入れ、両党の協力は、共産党員が個人として国民党に加入する「党内合作」のかたちをとった。

国民革命② 国共合作の成立で高まった中国の民族解放闘争。国民党と共産党は協力して北伐を開始し、各地の軍事勢力(軍閥)の打倒をめざした。しかし、1927年4月に蔣介石が上海でクーデタをおこして国共合作は崩れ、国民革命は挫折ざせつした。

孫文そんぶん死去⑥ 1925年3月12日に死去。1924年、孫文は第1次国共合作を実現して国民革命を推進、国民会議開催のために北京に入ったが病に倒れた。孫文の死後は、蔣介石が国民革命の指導者となった。

五・三〇さんじゅう運動⑦ 1925 上海でおこった反帝国主義運動。1925年2月、日本人が経営する工場で、中国人労働者が待遇改善を要求してストライキをおこした。5月30日、イギリスの租界そかい警察がデモ隊に発砲して死傷者を出すと、中国共産党の指導で労働者20万人がゼネストに突入し、やがてゼネストは全国に波及した。この事件は中国民衆に反帝国主義を意識させ、その後の民族運動の発展に貢献した。

広州こうしゅう国民政府⑥ 1925年7月に成立した中華民国国民政府。1923年に孫文が組織した第3次広東軍政府が改組されて成立した。

蔣介石しょうかいせき⑦ 1887～1975 中国国民党の指導者。黄埔こうほ軍官学校(孫文が1924年に設立した士官学校)校長をつとめ、1926年に国民革命軍総司令官に就任。同年7月に北伐を開始したが、27年4月に上海クーデタで反共に転じ、第1次国共合作を崩壊させた。28年、南京国民政府主席となり、国民党の実権を掌握しょうあくし、共産党と対決した。第二次世界大戦後、共産党との内戦に敗れ、台湾に中華民国国民政府を樹立した。

国民革命軍⑥ 1925年、中国国民党が、各地に割拠かっきょする軍事勢力(軍閥)を打破し、中国を統一するために組織した軍隊。北伐軍

の主力となった。士官の多くは黄埔軍官学校の卒業生で、初代校長蔣介石が26年に最高司令官に就任した。

北伐⑦ 1926〜28　中国統一をめざす国民革命軍がおこなった、北部の軍事勢力との戦い。蔣介石は労働者や農民の支持を得て北上を続けたが、1927年4月に上海で反共クーデタを強行、北伐は一時挫折した。しかし、28年4月に北伐を再開、奉天派の張作霖を破り、北京を占領した。12月には張作霖を継いだ張学良が国民政府に帰順、中国統一が完成した。

浙江・江蘇出身の資本家（浙江財閥）④ 19世紀末〜1920年代、上海を拠点に活動した金融業者・実業家たち。浙江省・江蘇省出身者が多かったことから、日本では「浙江財閥」とも呼ばれる。蔣介石による1927年の上海クーデタを支援し、南京国民政府の経済を支えた。

国民党左派③ 武漢政府の首班汪兆銘ら、共産党との協力を維持しようとした勢力。武漢で国共合作維持をはかったが、やがて共産党との対立が生じ、蔣介石と妥協、南京政府に合流した。

上海クーデタ⑦ 1927　北伐中の蔣介石が上海でおこした反共クーデタ。4月12日、蔣介石は、労働者・農民の運動の高まりと共産党勢力拡大を警戒する帝国主義列強や資本家の働きかけに応じ、多数の共産党員や労働者を虐殺した。この事件の6日後の4月18日、蔣介石は南京に国民政府を成立させた。

国共分裂④ 上海クーデタで第1次国共合作は崩壊した。中国共産党の革命運動は、都市から農村へと重点を移した。

南京国民政府⑦ 1927年4月、蔣介石が国民党右派勢力をまとめて南京に建てた政府。武漢に国民政府を維持していた国民党左派もやがて合流、南京政府は列国の承認を受け、正式な中華民国政府となった。

山東出兵⑥ 1927〜29　中国への進出をはかる日本が、3度にわたっておこなった中国山東省への出兵。北伐を進める国民革命軍が山東にせまると、田中義一内閣は居留民保護を名目として出兵した（第1次）。1928年（第2次）には北伐軍と済南で衝突、済南事件がおこった。これに対し、第3次出兵がなされ、日本は済南を占領した。

済南事件② 1928年5月におこった日本軍と中国国民革命軍との軍事衝突。北伐が再開されると、田中義一内閣は第2次山東出兵を決断、5月3日に山東省済南で国民革命軍と衝突し、済南を占領した。国民革命軍の主力は済南を迂回して北上した。これにより中国民衆の反日感情は増大した。

奉天派（軍閥）③ 袁世凱の北洋新軍を基盤とし、袁の死後に分裂した軍事勢力の一つ。東三省（遼寧・吉林・黒竜江）の兵権を握り、日本と結んで勢力をのばした。軍事勢力間の争いを制し、1927年には北京政府を掌握した。張作霖が奉天に撤退するところを関東軍により爆死させられると、息子の張学良は国民政府を支持、奉天派は東北地方の防衛軍となった。

張作霖⑥ 1875〜1928　東三省を支配した奉天派の首領。日本の支援を受け、1927年に北京政府を掌握した。28年、国民革命軍の北伐を受け、奉天へ撤退する途中、東北支配をはかる日本の関東軍に列車を爆破されて死去した。

関東軍⑥ 中国東北地方におかれた日本の陸軍部隊。本来の任務は、関東州（遼東半島先端）と南満洲鉄道の守備だったが、張作霖の爆殺事件など、中国の内政に様々なかたちで干渉をおこなった。　→ p.301

張作霖爆殺事件（奉天事件）⑥ 1928　北伐軍に敗れて奉天に撤退する張作霖の列車が、日本の関東軍に爆破され、張が暗殺された事件。関東軍は北伐軍の中国東北地方侵入をきらい、この機に中国東北地方の直接支配をねらった。

張学良⑥ 1901〜2001　中国の軍人・政治家。奉天派の張作霖の長男。奉天派を率いて北伐軍と戦った。しかし、1928年に張作霖が関東軍に爆殺され、東北の実権を握ると、国民政府支持を表明、南京国民政府の中国統一のために努力した。　→ p.302

国民政府の中国統一⑥ 1928年、蔣介石は閻錫山や馮玉祥らの軍事勢力を国民党に入党させつつ北京から張作霖を追放、6月に北伐を完成した。12月には張学良の支持も得て、共産党以外の反対勢力一掃に成功し、国民政府は中国の統一を達成した。

毛沢東⑤ 1893〜1976　中華人民共和国を建国した、中国共産党の指導者。湖南省の出身で、創立期の中国共産党に加わり、1927年に井崗山（江西省と湖南省の境界にある山岳地帯）でソヴィエト政権を樹立、31年に中華ソヴィエト共和国臨時政府主席となった。35年、「長征」途上の遵義会議で党内の指導権を確立した。『矛盾論』

『持久戦論』『新民主主義論』など、多くの著書により革命を理論づけた。　→ p.317

紅軍⑥ 中国革命で重要な役割を担った中国共産党の軍隊、工農紅軍の略称。1927年8月の南昌暴動に参加した部隊が起源。37年、日中戦争勃発にともない、国民革命軍第八路軍・新編第四軍（新四軍）に改編された。

瑞金⑥ 江西省南東部の都市。1931～34年、中国共産党が革命の拠点として、中華ソヴィエト共和国臨時政府をおいた。

中華ソヴィエト共和国臨時政府⑥ 1931　中国共産党が江西省瑞金で樹立した政府。中華ソヴィエト共和国憲法・土地法などを制定、毛沢東が主席となった。

インドにおける民族運動の展開

戦後自治の約束⑤ 第一次世界大戦中の1917年、イギリスのインド担当大臣モンタギューが約束。内容は大戦終了後にインドの自治を漸進的に実現するというもの。背景には、インド国民会議派とムスリム連盟が共同して展開した、大戦協力の見返りに自治権を求める運動の高まりがあった。

1919年インド統治法　Government of India Acts ⑥ 1919年に制定された法。州が所管する事項の一部をインド人に移管し、民族運動の要求に一部こたえた。しかし、大戦中の「戦後自治の約束」からは遠い内容だったため、激しい反対運動がおきた。

ローラット法　Rowlatt Act ⑦ 1919　インドの反英運動弾圧のため、インド政庁が発布した法律。逮捕状なしの逮捕、裁判手続きなしの投獄などを認める内容だったため、激しい反発を受けた。

アムリットサール事件　Amritsar ③ 1919　反英運動を激化させた、イギリス軍による市民虐殺事件。1919年3月にローラット法が制定されると、各地で抗議集会が開かれた。パンジャーブ州アムリットサール市で開かれた抗議集会に、イギリス軍が乱入して発砲、1500人以上の死傷者を出した。

非暴力・不服従⑦ ガンディーが展開した社会運動の理念。非暴力（アヒンサー）をつらぬくことを求める。ガンディーは南アフリカで差別・迫害と戦うなか、この理念にもとづくサティヤーグラハ（真理の把握）と呼ばれる運動を実践した。インドでも1920年に国民会議派が運動理念とした。その後の世界の反政府運動や人権運動などにも大き

な影響をおよぼした。

ガンディー　Gandhi ⑦ 1869～1948　「インド独立の父」と呼ばれる社会運動家。ロンドンに留学して弁護士資格を取得、南アフリカでインド人労働者の権利のために戦うなかで、非暴力・不服従運動の理念をつくりあげた。1915年に帰国、19年頃から独自の非暴力・不服従運動を展開し、あらゆる階級の人々を独立運動に結集、ヒンドゥーとムスリムの対立、不可触民差別の問題などにも取り組んだ。インド独立後の48年1月、急進派ヒンドゥー教徒に暗殺された。

国民会議派　Indian National Congress ⑤ 1885年に成立したインドの政党。当初は、知識人・地主などインドのエリート層を中心に、イギリスに協調的な組織であった。しかし20世紀に入ると、イギリスの植民地支配政策の強化やインドの民族資本の成長を背景に、イギリスとの対決姿勢を強めて独立運動の柱となった。1947年の独立後は、政権を維持した。　→ p.268

ヒラーファト運動　Khilāfat ③ インドでおこったカリフ擁護運動。インドのムスリムは、イギリスがオスマン帝国のカリフの地位をおびやかしていることに反発し、闘争を開始した。ガンディーの指導のもとにヒンドゥー教徒も参加した。しかし、トルコ革命でスルタン制に続きカリフ制が廃止されると、運動は急速に力を失っていった。

コミュナリズム　communalism ① 宗教などで区分される集団間の排他的な対立関係。とくにインドのヒンドゥー教徒とイスラーム教徒の対立問題に関して用いられる。

インド共産党② 1925年、北インドのカーンプルで結成された社会主義政党。34年に非合法化されたが43年に合法化され、第1回党大会で反ファシズム人民戦線支持を表明、国民会議派やムスリム連盟との連合による民族政府建設を提案した。

憲政改革調査委員会（サイモン委員会）② 1919年のインド統治法修正の方向を探るため、27年にイギリスが派遣した委員会。委員長のジョン＝サイモンの名前をとってサイモン委員会とも呼ばれる。インド人が含まれていなかったことから、反英運動を再燃させる結果となった。30年の報告書では一定の州自治と連邦制導入を提案した。

ネルー　Nehru ⑥ 1889～1964　インドの政治家。イギリス留学を終え、非暴力・不服従運動に参加、政治の世界に身を投じた。ガンディーの支援を受け、1929年にはラホ

ール大会の議長としてプールナ＝スワラージ(完全独立)の方針を採択した。第二次世界大戦後にインド共和国が成立すると、初代首相に就任し(在任1947〜64)、非同盟外交の担い手として国際社会でも活躍した。ガンディーに対する尊敬の念はかわらなかったが、ロンドンで社会主義思想の影響を受けたこともあり、西洋文明を否定してインド古来の伝統的思想に立つガンディーと対立することもあった。　→ p.320

プールナ＝スワラージ　Pūrṇa Swarāj ⑥ 1929年の国民会議派ラホール大会が宣言した目標。「完全独立」を意味する。

ラホール　Lahore ② パキスタンのパンジャーブ州の州都。1929年、国民会議派が大会を開き、「プールナ＝スワラージ」(完全独立)の目標を宣言した。40年には全インド＝ムスリム連盟が同地で大会を開き、パキスタン建国の基礎となったラホール決議を採択した。

「塩の行進」 ⑦ 1930 イギリスの塩の専売打破のため、ガンディーが展開した第2次非暴力・不服従運動。1930年、ガンディーはアフマダーバードからダンディーの海岸までの約360kmを行進し、みずから海水から塩をつくった。この運動は多くの支持を集め、反英独立運動はさらに高まった。

英印円卓会議(えいいんえんたくかいぎ) ⑥ 1930〜32 インドの諸問題を議論するため、イギリスがインドの諸勢力を招集した会議。1930〜32年、3回にわたりロンドンで開かれたが、会議は紛糾(ふんきゅう)し、成果はあがらなかった。

1935年インド統治法 ⑥ 1935年制定のインド統治法。連邦制と各州の自治権を認めた。主権決定後は中央の総督が維持していたが、各州では議会選挙が実施され、地方自治が進むことになった。

ジンナー　Jinnah ⑥ 1876〜1948 全インド＝ムスリム連盟の指導者で初代パキスタン総督(在任1947〜48)。1910年代にはヒンドゥーとムスリムの協調に努力したが、1920年に参加していた国民会議派から離れ、のちに両者の分離を主張するようになった。

全インド＝ムスリム連盟　All India Muslim League ⑤ 1906年、イギリスの指導で結成されたイスラーム教徒の政治団体。国民会議派に対抗したが、やがてインド独立のために国民会議派と共闘した。しかし、37年の州選挙を機に国民会議派との対決姿勢を強め、40年のラホール大会以後はムスリム国家の分離・独立をめざした。　→ p.268

東南アジアにおける民族運動の展開

インドネシア独立運動 ⑦ 20世紀に入り、イスラーム同盟(サレカット＝イスラーム)やインドネシア共産党・インドネシア国民党が結成されて高揚した。しかし、1920年代後半から30年代にかけて、共産党や国民党が弾圧を受け、指導者たちも逮捕され、独立運動は一時挫折した。

インドネシア共産党 ⑦ 1920年、オランダ領東インドで結成されたアジア最初の社会主義政党。26〜27年に武装蜂起(ほうき)したが鎮圧され、党は解散させられた。その後、インドネシア独立後に再建された。

スカルノ　Sukarno ⑦ 1901〜70 インドネシアの政治家。インドネシア国民党を組織、1929年と33年に逮捕されたが、42年に日本によって釈放されて独立運動を指導、45年にインドネシア共和国の初代大統領に就任した。55年にアジア＝アフリカ会議を主催、非同盟中立外交を展開した。　→ p.319

インドネシア国民党 ⑦ 1927年、スカルノがインドネシア国民同盟を母体として組織した政党で、1928年にインドネシア国民党と改称した。29年、その影響力を警戒したオランダ植民地政庁の大弾圧を受け、党内の内紛もあり、31年に解散した。インドネシア独立後に再建され、国政を担ったが、60年代後半に力を失った。

インドシナ民族運動 ③ インドシナへのフランスの弾圧はきびしく、ファン＝ボイ＝チャウのドンズー(東遊)運動も挫折した。しかし、1930年にコミンテルンの支援でインドシナ共産党が結成され、民族運動を指導した。

ホー＝チ＝ミン　Ho Chi Minh ⑦ 1890〜1969 「ベトナム建国の父」といわれる民族運動の指導者。コミンテルンの一員として活動、1925年にベトナム青年革命同志会を、30年にはベトナム共産党(同年インドシナ共産党に改称)を結成した。41年にベトナム独立同盟会を組織、45年にベトナム民主共和国を建国すると初代大統領となり、インドシナ戦争・ベトナム戦争を指導した。　→ p.319

ベトナム青年革命同志会 ④ 1925年、ホー＝チ＝ミンが広州で結成した民族主義組織。27年に中国の国民党と共産党が分裂すると、活動拠点の広州から追われた。また、同志会の民族主義とコミンテルンの世界戦略の

矛盾から、インドシナ共産党を含む３つの組織に分裂した。

インドシナ共産党 ⑦ 1930年、ベトナムにおける共産主義運動の分裂を恐れたコミンテルンの指示で結成された政党。ホー＝チ＝ミンがインドシナ共産党を含む３つの組織を合同してベトナム共産党を結成し、まもなくインドシナ共産党と改称した。31年にコミンテルンの正式な支部となり、45年以降にはベトナム民主共和国で政権を担当、51年にベトナム労働党と改称した。

ビルマ（ミャンマー）の独立運動 ④ 近代的教育を受けた人々を中心に、1920年にビルマ人団体総評議会が結成され、自治獲得を目標に活動を開始した。37年にはビルマ統治法の施行により、インド帝国から分離され、自治権が拡大した。他方1930年に完全独立をめざすタキン党が結成され、反イギリス闘争を展開した。

サヤ＝サン Saya San ① 1876～1931　ビルマで1930年におこった大農民反乱の指導者。秘密結社を組織し、神鳥ガルーダ信仰を掲げて納税拒否運動を展開。サヤ＝サンはイギリスに捕らえられ、31年に処刑されたが、反乱は32年まで続いた。

タキン党 Thakin ⑥ 1930年に結成された「われらビルマ人協会」の別称。由来は、ビルマではビルマ人が主人（タキン）であるとして、党員間でたがいにタキンを敬称として用いたことによる。ビルマ人の完全独立を標榜し、ビルマ独立運動を推進した。

アウン＝サン Aung San ④ 1915～47　ビルマ独立運動の指導者。1940年までタキン党書記長。第二次世界大戦中、対日協力をよぎなくされたが、44年に反ファシスト人民自由連盟を結成し、抗日運動を展開した。47年にイギリスのアトリー首相と独立協定を結んだが、独立を目前に政敵に暗殺された。

フィリピン独立の約束（フィリピン独立法） ⑥ 第一次世界大戦後、フィリピンではアメリカに独立承認を求める世論が高まった。他方、世界恐慌後のアメリカでも、フィリピンからの農産物や労働力の流入をおさえるため、フィリピンの独立をうながす運動がおこった。こうした状況のもと、1934年、フランクリン＝ローズヴェルト米大統領がフィリピン独立法を成立させ、翌年ケソンを大統領とする独立準備政府が発足した。

フィリピン独立準備政府の発足 ⑥ フィリピン独立法にもとづき、1946年の独立をめざ

して、1935年に自治政府が発足した。

タイ立憲革命 ⑦ 1932　ラタナコーシン朝でおこった、専制政治を倒した無血革命。人民党（1927年に留学中の軍人・文官がパリで組織）が王宮を占拠し、32年に国王ラーマ７世に暫定憲法と議会開設を承認させた。国名は、39年に首相ピブンがシャムからタイに変更し、一時シャムが復活したが、49年に再びタイに戻された。

西アジアの民族運動

サイクス・ピコ協定 Sykes-Picot ③ 1916 イギリス・フランス・ロシアが戦後のオスマン帝国の領土分割と３国の勢力範囲を取り決めた秘密協定。イギリスのマーク＝サイクスとフランスのジョルジュ＝ピコが原案を作成した。ロシア革命後に革命政府が暴露したが、フセイン・マクマホン協定と矛盾するためアラブ側を憤激させた。
→ p.272

セーヴル条約 Sèvres ⑤ 1920　連合国とオスマン帝国の講和条約。内容は、領土の大幅割譲、軍備の縮小、治外法権存続など屈辱的なものであり、トルコ革命を引きおこす要因ともなった。　→ p.278

ギリシア軍の撃退 ⑤ 1919～22　連合国の支援を受けてイズミル（アナトリア半島西部の都市）を占領したギリシア軍と、アンカラ政府との戦い。ケマル率いるトルコ軍は1921年のサカリア川の戦いでギリシア軍を撃退し、22年９月にイズミルを奪回した。この勝利でアンカラ政府は連合国との休戦条約交渉を有利に進めることができ、23年のローザンヌ条約でイズミルにおける主権を回復した。

ムスタファ＝ケマル Mustafa Kemal ⑦ 1881～1938　オスマン帝国の軍人、トルコ共和国の建国者で初代大統領（在任1923～38）。1920年にアンカラで大国民議会を開き、セーヴル条約を拒否した。イズミルを占領したギリシア軍を破って連合国と休戦、22年にスルタン制を廃止し、翌年トルコ共和国を建てた。大統領として諸改革を断行し、近代国家としての基礎を築いた。

アタテュルク Atatürk ⑥ 「父なるトルコ人」を意味する尊称。1934年、大国民議会がムスタファ＝ケマルに授与した。

トルコ大国民議会 ⑥ 1920年、ムスタファ＝ケマルがアンカラで招集した議会。23年にトルコ共和国が成立すると、その立法府と

なった。

アンカラ Ankara ⑥ トルコ共和国の首都。アナトリア高原の都市。

スルタン制廃止 ⑥ 1922 ムスタファ＝ケマルが宣言。メフメト6世がマルタに亡命し、オスマン帝国は滅亡、1923年にトルコ共和国が成立した。

ローザンヌ条約 Lausanne ⑦ 1923 トルコ新政権と連合国が結んだ講和条約。トルコはトラキア・アナトリアなどの領土回復、イスタンブルからの連合軍撤退、不平等条約撤廃などを勝ちとり、独立を守った。

トルコ革命 ④ 1919～23 ムスタファ＝ケマルを指導者にトルコ共和国を樹立した革命。第一次世界大戦の敗北後、ギリシアのイズミル侵入、1920年のセーヴル条約締結など、オスマン帝国の危機が続いた。ケマルは20年、弱体な政府を見限りアンカラで大国民議会を設置し、22年にイズミルを奪回してギリシア軍を撤退させた。同年、スルタン制を廃止し、23年7月に連合国とローザンヌ条約を結び、セーヴル条約破棄に成功した。10月にはトルコ共和国成立を宣言し、ケマルが初代大統領となった。その後、カリフ制廃止、共和国憲法の制定、文字改革、イスラーム教の国教条項削除などの諸改革が進められ、トルコは近代国家としての基礎を確立した。

トルコ共和国 ⑦ 1923年10月、アンカラを首都として成立した共和国。初代大統領はムスタファ＝ケマル。政教分離・太陽暦採用・ローマ字採用など様々な近代化政策が進められた。

カリフ制廃止 ⑦ 1924 ムスタファ＝ケマルは、トルコ共和国建国時には世論を考慮して存続させたが、近代国家建設のために廃止した。

トルコ共和国憲法 ② 1924年公布の憲法。国民主権・一院制議会などを定め、大統領に強い権限を与えた。また、28年にはイスラーム教を国教とする条項が削除された。

政教分離 ⑥ カリフ制廃止やイスラーム教の非国教化などにより、トルコでは政治と宗教が分離された。

女性解放 ⑦ 新民法により一夫多妻制が廃止され、1934年には女性参政権も認められた。また、宗教と関係の深い服装が禁止され、男性のトルコ帽とあわせ、女性の外衣（チャドル）も廃止された。

文字改革（ローマ字採用）⑦ 西欧化をめざして、トルコ語の表記において、アラビア文字を廃止し、ローマ字に改める文字改革を断行

太陽暦の採用 ④ 西欧化の一環として、1925年に太陰暦のヒジュラ暦の使用をやめ、太陽暦のグレゴリウス暦へ移行した。

クルド人 Kurd ③ インド＝ヨーロッパ語族のクルド語を母語とする民族。多くがスンナ派イスラーム教徒で、イラン・イラク・シリア・トルコなどの山岳地帯に居住する。クルド人は16世紀以来オスマン帝国の支配を受けてきたが、第一次世界大戦後のセーヴル条約でクルド自治区が認められた。しかし、セーヴル条約が破棄され、新たに結ばれたローザンヌ条約ではクルド自治区について言及されず、クルド人問題の端緒となった。 → p.90

レザー＝ハーン Rezā Khan ⑦ 1878～1944 イランの軍人。第一次世界大戦下にオスマン帝国の侵攻を受けて混乱状態にあったイランで1921年に実権を掌握し、25年にガージャール朝を倒してシャー（皇帝）に即位し（在位1925～41）、パフレヴィー朝を建てた。対外的にはナチス＝ドイツに接近し、第二次世界大戦中に英・ソの圧迫で退位した。

パフレヴィー朝 Pahlavī ⑦ 1925～79 レザー＝ハーンが建てたイランの王朝。1979年のイラン＝イスラーム革命で倒された。

イランへの改称 Iran ⑥ 1935 レザー＝シャー（レザー＝ハーン）がペルシアから改称。ペルシアはアケメネス朝の故地に由来する他称だった。「イラン」は古代イラン語にさかのぼり、「アーリヤ（高貴な）人たちの国」を意味する。

アフガニスタン独立 Afghanistan ④ 1919 第3次アフガン戦争終結のためにラワルピンディー条約が結ばれ、イギリスが外交権を与えるかたちで承認した。

イブン＝サウード Ibn Su'ūd ⑥ 1880～1953 サウジアラビア初代国王（在位1932～53）。ワッハーブ派のサウード家の出身。内紛によるワッハーブ王国崩壊後、亡命生活を送ったが、1902年にリヤドを奪回し、イギリスと協力して勢力を拡大した。アラビア半島では、ヒジャーズ地方（紅海沿岸）でハーシム家のフセインがヒジャーズ王国を建てていたが、イブン＝サウードはこれを破り、26年にヒジャーズ＝ネジド王国を建国した。31年にネジドとの連合王国を形成し、32年にはサウジアラビア王国と改称した。

ヒジャーズ王国 Hijāz ① 1916年、アラビア西岸のヒジャーズ地方にフセインが建てた

王国。ワッハーブ派のイブン＝サウードに敗れ、25年にフセインの家系（ハーシム家）による支配は終わった。

フセイン（フサイン）　Husayn ⑤ 1852頃〜1931　アラブ独立運動の指導者。1915年にイギリスとフセイン・マクマホン協定を結んだ。16年にアラビア半島でヒジャーズ王国を建てたがワッハーブ派のイブン＝サウードに敗れ、王国も25年に滅んだ。

サウジアラビア王国　Saudi Arabia ⑥ 1932　イブン＝サウードにより1926年に建てられたヒジャーズ＝ネジド王国が改称した王国。首都はリヤド、国教はワッハーブ派イスラーム教。世界有数の産油国で、国土はアラビア半島の5分の4を占める。

ワフド党　Wafd ③ エジプトの民族主義政党。エジプトが、パリ講和会議に独立交渉のための代表団（ワフド）を送ろうとする運動のなか、サアド＝ザグルール（1859？〜1927）の指導下に結成された。1924年から政権党として政局を指導したが、エジプト革命後の53年に解党した。

1919年革命　① エジプトを保護国とするイギリスに対し、1919年にサアド＝ザグルールがおこした反英闘争。パリ講和会議に独立交渉のための代表団（ワフド）を送ることをイギリスが拒否したことに反発して抗議運動がおこり、この運動のなかからワフド党が結成された。運動の結果、22年に立憲君主制のエジプト王国が成立したが、イギリスはスエズ運河の支配権などを維持しており、独立は名目的なものであった。

エジプト王国　⑥ 1922〜53　イギリスの保護国から独立した王国。しかしイギリスが軍事支配権を温存し、名目的独立であった。1923年に立憲政治を開始し、24年にはワフド党が政権を握り、完全独立をめざした。

スエズ運河地帯駐屯権　⑤ イギリスが1881〜82年のウラービー運動を鎮圧して獲得した権利。エジプト王国独立後も軍隊の駐屯を続け、1936年に結んだエジプト＝イギリス同盟条約では、20年期限で兵力駐屯権を合法化させ、54年まで保持した。

イラク王国の独立　Iraq ⑤ 1932　1920年イギリスはイラクを委任統治領とし、翌年ハーシム家のファイサルを国王に迎えた。イギリス支援のもと、ハーシム王家は勢力をのばし、1932年に独立を達成した。首都はバグダード。

ヨルダンの独立　Jordan ⑤ 1946　イギリスの委任統治下に1923年にトランスヨルダン首長国が成立。第二次世界大戦後の1946年にイギリスが委任統治権を破棄し、トランスヨルダン王国として独立、49年にヨルダン＝ハーシム王国と改称した。首都はアンマン。

シリアの独立　Syria ③ 1946　1920年ファイサル（のちにイラク王）を国王として独立を宣言した。しかし、同年フランスの委任統治領とされ、第二次世界大戦後に共和国として独立した。首都はダマスクス。

レバノンの独立　Lebanon ③ 1943　1920年シリアとともにフランスの委任統治領となったが、やがて分離し、委任統治下での自治を認められ、1943年に独立を果たした。首都はベイルート。

フセイン（フサイン）・**マクマホン協定**（書簡）　Husayn-MacMahon ⑦ 1915　メッカの太守フセインとイギリスのエジプト高等弁務官マクマホンが取りかわした往復書簡。フセインは第一次世界大戦後のアラブ人国家建設を条件にイギリスへの戦争協力を約束し、イギリスはフセインがオスマン帝国への反乱を企てることを条件にアラブ国家の独立を認めた。サイクス・ピコ協定、バルフォア宣言と矛盾し、中東問題の素地をつくったと非難されるが、その背景にはアラブ人国家の領域として、パレスチナの扱いをめぐる両者の見解の相違があった。

バルフォア宣言　Balfour ⑦ 1917　第一次世界大戦遂行のためにユダヤ資本の財政援助を期待して、イギリス政府がユダヤ人の「民族的郷土」建設に好意的対応を表明した宣言。外務大臣バルフォアがイギリスのユダヤ人協会会長ロスチャイルドに宛てた書簡として発表された。フセイン・マクマホン協定、サイクス・ピコ協定と矛盾するとともに、イスラエル建国の基礎をつくり、パレスチナ問題発生の一端ともなった。

シオニズム　Zionism ⑤ 19世紀末、ヨーロッパでおこったユダヤ人国家の建設をめざす運動。シオンはイェルサレム南東の丘の名。欧米の帝国主義政策とも関連して展開した。　→ p.251

パレスチナ問題　Palestine ⑤ パレスチナ地方をめぐるユダヤ人とアラブ人の対立・紛争。1882年、ロシアでの迫害を逃れたユダヤ人がパレスチナに移住し、97年のシオニスト会議を機にシオニズム運動がおこった。第一次世界大戦中にはバルフォア宣言が出され、パレスチナ移住にはずみがついた。これに対し、アラブ人が強く反発し、両者

は対立を深めた。

アフリカの民族運動

アフリカ民族会議(ANC) ③ 1912年に創設された南アフリカ先住民民族会議を23年に改称した組織。反人種主義とアフリカ人の権利擁護を目標とし、第二次世界大戦後に強化されたアパルトヘイト体制への抗議を組織的におこなった。 → p.346

パン＝アフリカニズム Pan-Africanism ③ 19世紀末に北米・カリブ地域の黒人知識人によって開始され、のちにアフリカ出身者が主導権を握り、アフリカ諸地域の独立運動を支える精神的支柱となった思想・運動。アフリカ大陸の諸民族と南北アメリカ大陸・カリブ地域に居住するアフリカ系住民の主体性の回復、アフリカの歴史の復権、アフリカ諸地域の独立・統一などを目標とした。

パン＝アフリカ会議 ③ パン＝アフリカニズム推進のための会議。1900年、ロンドンで最初の会議がカンファレンス(Conference)の名称で開かれた。第一次世界大戦後の19年にアメリカ合衆国の黒人解放運動指導者デュボイスがパリで開催、以後会議はコングレス(Congress)の名称で開催された。第二次世界大戦後の45年に開かれたマンチェスターでの会議以降、ンクルマ(エンクルマ)をはじめとするアフリカ出身の知識人・運動家が主導権を握るようになった。

デュボイス Du Bois ① 1868〜1963 アメリカの黒人解放運動家。ナイアガラ運動を組織してアメリカの黒人の市民権確立をめざし、またアフリカの自立をめざすパン＝アフリカニズムにも取り組んだ。

第16章

第二次世界大戦と新しい国際秩序の形成

1 世界恐慌とヴェルサイユ体制の破壊

世界恐慌とその影響

ウォール街 Wall street ⑥ ニューヨーク市マンハッタンの区画。証券取引所や証券会社・銀行が集中し、アメリカの金融・証券市場の代名詞として使われる。

ニューヨーク株式市場 ⑥ 1817年にウォール街に設立された証券取引所。アメリカ経済の発展にともない、投資銀行の活動が活発化し、ロンドンの株式市場(ロンバード街)とならび、世界金融の中心となった。

「暗黒の木曜日」 ④ ウォール街で株価が大暴落し、大恐慌の契機となった1929年10月24日(木曜日)のこと。

世界恐慌 Great Depression ⑦ 世界一の債権国となったアメリカの経済破綻が、資本主義各国に波及しておこった大恐慌。背景には、購買力に対する過剰生産と投資拡大があった。工業生産は激減し、銀行・企業の倒産が急増、農産物価格暴落による農業恐慌もともなった。とくにアメリカの資本援助で経済復興を進めていたドイツ経済の悪化は深刻であった。また、先進国の経済悪化は、一次産品の輸出に頼る途上国の経済にも打撃を与えた。

アメリカのニューディール

フーヴァー Hoover ⑥ 1874～1964 アメリカ合衆国第31代大統領(在任1929～33)。大統領に当選し、「永遠の繁栄」を宣言したが、大恐慌に対する政府の介入に消極的だった。1931年には戦債・賠償の支払いを1年間猶予するフーヴァー＝モラトリアムを発したが、あまり効果をあげられず、32年の選挙で民主党に敗れた。　→ p.286

スムート＝ホーリー関税法 Smoot Hawley ① 1930 高率関税を課して農作物価格の引上げをはかったアメリカ合衆国の法律。各国のアメリカへの輸出は伸び悩み、世界恐慌をより深刻化させた。

フーヴァー＝モラトリアム Hoover Moratorium ⑥ 1931 アメリカ大統領フーヴァーが発した、政府間債務の1年間支払い猶予宣言。世界恐慌で大打撃を受けたドイツの金融恐慌防止が目的だったが、効果はあがらなかった。

フランクリン＝ローズヴェルト Franklin Roosevelt ⑦ 1882～1945 アメリカ合衆国第32代大統領(在任1933～45)。民主党。1928年にニューヨーク州知事となり、大恐慌に革新的政策で対応、32年の大統領選挙で「ニューディール」を掲げて当選した。強力な指導力で景気回復のための改革に取り組み、「善隣外交」をとってラテンアメリカ諸国との友好につとめ、ソ連を承認した。また、民主党は彼の時代に、政府の役割を積極的に認める社会自由主義の立場を明確にした。第二次世界大戦中、大統領4期目に入ったが、終戦直前に病死した。

ニューディール New Deal ⑦ 1930年代、恐慌対策としてローズヴェルト政権が実施した政策の総称。「新規まき直し」といった意味で、ローズヴェルトが大統領選挙で掲げたスローガン。連邦政府の権限を強化し、積極的な経済統制をはかり、従来の自由放任政策を転換した。

金本位制離脱《アメリカ》 ③ フランクリン＝ローズヴェルトは、金の流出を防ぐために1933年4月に金本位制から離脱した。これにより、アメリカは連邦準備制度による管理通貨制度へと移行した。

農業調整法(AAA) Agricultural Adjustment Act ⑥ 1933 ニューディールの農業政策。補助金と引きかえに作付けを制限、農産物価格の引上げをはかった。1936年に違憲判決を受けたが、38年に趣旨を継ぐ、第2次農業調整法が制定された。

全国産業復興法(NIRA) National Industrial Recovery Act ⑥ 1933 ニューディールの産業政策。企業のカルテル的協定、労働者の団結権と団体交渉権を認め、失業者救済の公共事業促進をはかった。ニューディールの柱となる政策だったが、35年に違憲判決を受けた。

テネシー川流域開発公社(TVA) Tennessee

Valley Authority ⑦ 1933　ニューディールの総合開発事業。7州にまたがる広大な地域で、ダム建設と発電、植林、水運の改善、農業振興などを進め、雇用促進をはかった。大規模な開発は、後発地域であったテネシー川流域の発展に寄与し、公営企業が電力を生産したことは、民間企業の独占を破り、料金引下げにも貢献した。

ワグナー法　Wagner Act ⑥ 1935　全国産業復興法が違憲とされたことから、労働者の権利保護のために制定された法。名称は提案者のワグナー上院議員に由来する。労働者の団結権・団体交渉権を保障し、組合運動を飛躍的に発展させた。

産業別組合(組織)**会議**(CIO)　Congress of Industrial Organizations ③ アメリカの労働組合。1935年、アメリカ労働総同盟(AFL)内部で民主的な労働者階級の組織として結成された。38年にAFLから分離したが、55年に再びAFLと合同して、AFL-CIOとなった。

社会保障法　Social Security Act ② 1935　ニューディールの一環として制定。連邦政府が失業保険・老齢年金などを規定した社会保障プログラムであり、包括的な「社会保障」という概念を成立させ、アメリカにおける福祉国家形成の始まりともされる。

〉〉〉〉 **ブロック経済** 〈〈〈〈

第2次マクドナルド内閣　MacDonald ⑥ 1929〜31　イギリスの労働党単独内閣。ロンドン軍縮会議や英印円卓会議などを主催した。失業保険削減をめぐって党の支持を失い、倒れた。

ケインズ　Keynes ② 1883〜1946　イギリスの経済学者。『雇用・利子および貨幣の一般理論』(1936年)で不況と失業の原因を究明、政府が経済に積極的に介入すべきことを主張した。その理論は経済学に変革をもたらし、「ケインズ革命」と呼ばれる。

失業保険の削減 ⑥ 1931　世界恐慌の混乱のなか、政府支出削減のためにマクドナルド首相が提案した政策。労働党との対立を生み、内閣総辞職につながった。

マクドナルド挙国一致内閣 ⑥ 1931〜35　第2次内閣の総辞職後、マクドナルドが保守党・自由党と結んで組織した内閣。金本位制から離脱し、オタワ会議を開催した。マクドナルドは労働党から除名された。

金本位制離脱《イギリス》⑦ 1931　挙国一致内閣がおこなった。1925年、イギリスは第一次世界大戦後しばらく離脱していた金本位制に復帰した。しかし、ポンドの過大評価、世界恐慌の影響で維持できなくなった。

オタワ連邦会議(イギリス連邦経済会議)　Ottawa Conference ⑥ 1932　カナダのオタワで開かれたイギリス連邦の経済会議。世界恐慌に対処するため、連邦内における特恵関税協定(オタワ協定)を結び、ブロック経済圏を形成した。この協定はほかの列強の保護主義を助長する結果となった。

ブロック経済　bloc economy ⑦ 本国と海外植民地・自治領などが、排他的な経済圏を形成すること。イギリス連邦がオタワ協定でスターリング＝ブロックを形成したのが始まり。フランス・アメリカ・ドイツ・日本などもこれに対抗しようとした。ブロック経済は自由貿易を破壊し、ブロック間に摩擦を生み、第二次世界大戦の遠因となった。

スターリング＝ブロック(ポンド＝ブロック)　sterling ⑥ イギリスを中心とする経済ブロック。

フラン＝ブロック　franc ⑥ フランスが植民地を囲い込んで形成した経済ブロック。これとは別に、フランスは1933年に金本位制を維持しようとしたヨーロッパ諸国と「金ブロック」を形成したが、こちらは36年半ばに崩壊した。

ドル＝ブロック　dollar ⑤ アメリカを中心とする経済ブロック。

善隣外交　Good Neighbor Policy ⑥ フランクリン＝ローズヴェルト政権の外交政策。世界恐慌勃発後、経済圏を確保するため、ラテンアメリカ諸国への介入と干渉を排し、関係改善につとめた。

中立法《アメリカ》　Neutrality Act ② 1935　交戦国への武器、軍需品の売却の禁止などを取り決めたアメリカ合衆国の法律。イタリアのエチオピア侵略で世界戦争勃発が危惧されるなか、戦争に巻き込まれることを防ぐために制定された。1941年に武器貸与法が成立し、空文化した。

キューバ独立の承認 ⑤ 1934　内政干渉を定めた1901年のプラット修正条項を撤廃し、新しい条約を結んだ。

カルデナス　Cárdenas ① 1895〜1970　メキシコの軍人、大統領(在任1934〜40)。農地を農民に再分配し、農民労働者の保護、労働組合の奨励、石油の国有化などをおこない、メキシコの政治に安定をもたらした。

ロンドン世界経済会議②1933　64カ国の代表が参加した国際経済会議。1932年のローザンヌ会議の決議に従って開催されたが、戦債問題をめぐる米・英の対立、通貨問題をめぐる米と欧州諸国の対立などによりブロック化がさらに助長された。

ナチス＝ドイツ

ナチ党　Nazis⑦　第一次世界大戦後に生まれたドイツ労働者党が、1920年に改称した国民社会主義ドイツ労働者党の通称。もともとは、政敵や反ヒトラー派からの卑称。巧妙な現状否定宣伝による大衆運動を展開してヴェルサイユ体制への不満をあおり、世界恐慌の不安が広がるなか、支持者を集めていった。人々は困窮からの救済を期待し、また、共産党の進出に危機感をもった資本家や軍部の支持も得て、32年に第一党となり、翌年ヒトラーが政権を獲得した。

ヒトラー　Hitler⑦　1889〜1945　ドイツ第三帝国の独裁者。オーストリア出身。第一次世界大戦に参加、1921年にナチ党の指導権を握り、ヴェルサイユ体制打破を主張した。32年の選挙でナチ党は第一党となり、33年に首相に就任、翌年には大統領を兼ね、総統（フューラー）と称して独裁的権力を握った。反ユダヤ主義を掲げて強引に侵略政策を推し進め、第二次世界大戦を引きおこしたが、戦争に敗れ、45年に自殺した。

『わが闘争』　Mein Kampf②　ヒトラーの主著。ミュンヘン一揆の失敗後、獄中で口述筆記し、出獄後に刊行された。1920年代前半のヒトラーの世界観と基本的政策が述べられている。

ミュンヘン一揆　München putsch④　1923　バイエルン州の州都ミュンヘンでヒトラーらがおこした武装蜂起事件。ルール占領とインフレの危機のなか、11月に政権獲得をねらったが失敗、ヒトラーらは逮捕された。

ユダヤ人排斥⑤　1933年の政権掌握後、ナチ党がおこなった人種主義的反ユダヤ主義にもとづく迫害。35年にニュルンベルク法を制定し、ユダヤ人を二級国民として公民権を奪い、ドイツ人との通婚を禁止した。38年以降、迫害をさらに強化し、アウシュヴィッツなどユダヤ人絶滅を目的とする収容所を設置した。

民族共同体③　ナチ党が建設目標として掲げた、階級対立のない結束した社会。反ユダヤ主義や反ボリシェヴィズムなどで外部の敵を示し、国民を同質なドイツ民族だけの共同体にしようとした。

中間層（中産階級）《ドイツ》③　1930年代の経済恐慌のなか、ナチ党の指導力に期待し、その中心的支持層となった。

大統領緊急令②　ヴァイマル憲法第48条の規定。非常事態や政党間の対立で議会が機能しない場合に大統領に認められた非常立法権。政治的危機が続いた1930年代初頭に乱用され、議会主義の空洞化をまねいた。

1932年選挙⑥　7月の選挙でナチ党は得票率37.4％、議席数230を獲得、第一党となったが、11月の選挙では得票率33.1％、議席数196と後退した。にもかかわらず、議会主義への復帰をきらう大統領・保守勢力がナチ党の大衆基盤を利用しようとしたため、1933年ヒトラーが首相に指名された。

ヒトラー、首相に任命⑥　1933年1月、反共和国的保守勢力と軍部の支持を背景に、ヒトラーはヒンデンブルク大統領から首相に任命された。成立したヒトラー内閣はただちに総選挙を実施、国会議事堂放火事件を利用して左翼勢力を弾圧したほか、強引な手法で288議席を獲得、全権委任法を可決してナチ党の一党独裁体制を確立した。

国会議事堂放火事件⑤　1933年2月27日　ドイツのベルリンにある国会議事堂が放火された事件。オランダの元共産党員が犯人として逮捕された。ナチ党政権は共産主義の脅威をあおり、共産党を解散に追い込んだ。事件をナチ党の陰謀とする説もあるが、不明な点が多く真相はわかっていない。

共産党弾圧《ナチ党》⑤　党活動はきびしく制約され、1933年3月5日の選挙の当選者も拘束された。

全権委任法　Ermächtigungsgesetz⑥　1933　立法権を政府に委譲することを認め、ナチ党の独裁体制を基礎づけた法律。「国会の自殺」といわれた。改憲条項を含むため3分の2の賛成を必要とし、過半数を得ていないナチ党は、共産党員の拘束、国家国民党と中央党の協力で3月にようやく可決させた。4年の時限立法だったが、更新により存続した。

一党独裁《ドイツ》⑤　1933年の全権委任法成立後、ナチ党が他の政党を解散させ、新党設立を禁止して確立した独裁的政治体制。

総統（フューラー）　Führer⑥　1934年のヒンデンブルクの死とともに、ヒトラーは大

統領と首相の権限をあわせもつ独裁的地位を得、総統と称した。

第三帝国　Drittes Reich ③ ナチ党体制下のドイツ。神聖ローマ帝国（第一帝国）・ドイツ帝国（第二帝国）をこえる新しい帝国の意味で使われた。ナチス゠ドイツ自身は1939年にこの名称を禁じている。

秘密警察（ゲシュタポ）　Gestapo ⑤ ナチス゠ドイツ時代の秘密国家警察、正しくはゲスターポ。1933年、ゲーリングが設立し、のちにナチ党幹部ヒムラーの親衛隊に統合された。ナチ党に敵対する勢力の摘発を任務とし、恐怖支配の象徴的存在となった。

突撃隊（SA）② 1921年に創設されたナチ党の軍事組織。本来の任務は党集会の警備であったが、しだいに反対勢力に対するテロ活動が主となった。失業者を吸収して巨大化、国防軍と対立した。34年ヒトラーはレームら幹部を殺害、組織は無力化した。

親衛隊（SS）⑤ 1925年、ヒトラー護衛のために突撃隊のなかから独立した部隊。ナチ党幹部ヒムラーの指導のもとに34年に独立し、エリート部隊として、占領地の支配や収容所の管理をおこなったほか、秘密警察の役割も担った。

トーマス゠マン　Thomas Mann ③ 1875〜1955　ドイツの作家。ファシズムに反対し、1933年にナチ政権が成立するとアメリカに亡命した。代表作『魔の山』。

アインシュタイン　Einstein ⑤ 1879〜1955　相対性理論を創始したドイツ生まれのユダヤ系理論物理学者。1933年にアメリカに亡命し、ナチズムに反対、第二次世界大戦後は反核平和運動で活躍した。
→ p.357

「水晶の夜」　Reichskristallnacht ② 1938年11月9〜10日の夜にドイツ全土でおこったユダヤ人迫害事件（ポグロム）。シナゴーグが焼き討ちにあい、ユダヤ人商店が破壊され、街路をおおうガラスの破片が水晶のようにきらめき、「水晶の夜」と呼ばれた。

四カ年計画　④ 1936年に開始された経済計画。ゲーリングを責任者とし、食料と戦略物資の自給をめざした。ナチ党は、これを機にドイツ経済の主導権を握った。

団体旅行などのレクリエーション《ドイツ》③ ヒトラーは、労働者たちには手の届かなかった団体旅行などのレクリエーションを提供し、階級をこえた国民の一体感をつくり上げるために、1933年に歓喜力行団

（KdF）を組織した。そのモデルとされたのはイタリアのファシスト党が組織した「労働の後」。

アウトバーン　Autobahn ⑦ ドイツの自動車専用道路。1920年代から各地で建設計画が立てられ、1932年にはケルン・ボン間で開通した。33年からナチ党政権下で公共事業の一環として建設が推進され、失業者救済として宣伝された。ただし、その経済効果は限定的なものであった。

―――――― **ソ連の計画経済とスターリン体制** ――――――

スターリン体制　③ 1930年代、スターリンが確立した独裁的政治体制。スターリンは社会主義建設を掲げ、反対派の党幹部をつぎつぎと失脚させ、党と政府を掌握した。権力掌握後も弾圧を強化し、処刑・流刑による多くの犠牲者を出した。

計画経済　④ 国家の計画のもとにコントロールされる国民経済。第一次世界大戦中、各国政府は総力戦体制下に生産の管理、配給制の導入などに取り組んだ。ソ連は生産・流通・分配のほとんどを集権的な計画の統制下においたが、それは世界恐慌期のナチス゠ドイツ、アメリカのローズヴェルト政権、日本などにも影響を与えた。

第2次五カ年計画　④ 1933〜37　第1次計画の矛盾を解消し、基礎産業のさらなる強化をめざす経済政策。農業集団化の徹底とともに、消費物資生産のため軽工業の発展に力を入れた。

スターリン憲法　⑤ 1936年に採択されたソ連の憲法。台頭しつつあるファシズムの脅威に対抗し、市民の権利や自由をうたったが、実際にはスターリン独裁のもとで、市民の権利や自由は蹂躙されていた。

粛清《ソ連》④ 1930年代後半、スターリン憲法制定とスターリンの神格化の進行のなかでおこなわれた大規模なテロリズム。旧反対派の幹部だけでなく、軍首脳部から一般党員や一般市民、外国人共産主義者も対象とされた。対象者は裁判にもかけられず、処刑されたり収容所に送られた。

―――――― **満洲事変と日中戦争** ――――――

金融恐慌　⑤ 1927年3月から発生した経済恐慌。1923年の関東大震災により現金化できなくなった手形（震災手形）の処理をめぐる政府閣僚の失言から取り付け騒ぎがおこり、

台湾銀行など銀行・会社の破産・休業が続発した。台湾銀行は台湾の植民地化にともなって1899年に設立された、台湾の中央銀行。第1次若槻礼次郎内閣が総辞職し、田中義一内閣が成立した。預金が財閥系五大銀行に集中し、これを機に財閥の力が強大化した。

昭和恐慌 ② 世界恐慌拡大期の1930年、日本が金輸出解禁を断行したことで発生した恐慌。正貨の大量流出、企業の倒産、賃金引下げをまねき、世界恐慌の波及と浜口雄幸内閣の金解禁準備のための緊縮政策により深刻化した。

幣原外交 ② 1920年代から30年代の戦間期に、幣原喜重郎が外相として推進した、列国との協調と中国への不干渉を柱とする協調外交。中国市場の拡大、満蒙の特殊権益維持をはかるものだったが、対中国強硬政策を主張する陸軍などからは「軟弱外交」と非難された。

田中義一 ① 1864〜1929　軍人・政治家。1927〜29年、首相として山東出兵、済南事件など対中国積極政策を推進したが、張作霖爆殺事件の責任を問われて辞任した。

関東軍 ⑦ 関東州（遼東半島）と南満洲鉄道の守備のためにおかれた日本の陸軍部隊。1919年に旅順に司令部がおかれた。張作霖爆殺事件（28年）・柳条湖事件（31年）など、武力を背景に中国の内政に干渉した。　→ p.290

柳条湖事件 ⑦ 1931　満洲事変の発端となった鉄道爆破事件。1931年9月18日の夜、関東軍が奉天郊外の柳条湖で南満洲鉄道を爆破、これを張学良の仕業として軍事行動を開始した。

満洲事変 ⑦ 1931〜33　柳条湖事件から始まった日本軍による満洲侵略戦争。南京国民政府による政治的・経済的主権の回復が進むと、関東軍はこれに危機感をおぼえ、満洲を長城以南の中国主権と切り離して日本の勢力下におこうと計画し、軍事行動を拡大した。1932年に満洲国を成立させたが、結果的に中国の国際的孤立にはつながらなかった。

上海事変 ④ 1932　上海でおこった日本と中国の武力衝突事件。排日運動が高まるなかでおきた日本人僧侶殴打事件を機に1月に勃発、5月に停戦協定が結ばれた。

リットン調査団 Lytton ⑦ 1932年2月、満洲事変に対する中国の提訴を受け、国際連盟が派遣した調査委員会。10月、リットン卿（英）を団長とする5人の調査団は、中国

東北地方の日本権益を承認しつつ、満洲事変は日本軍の自衛的行為ではなく、また満洲国の成立も自発的な独立運動によらないとする報告書を発表した。日本はこれを不服とし、33年3月に国際連盟脱退を通告した。

溥儀 ⑦ 1906〜67　清朝最後の皇帝、宣統帝（在位1908〜12）。辛亥革命で退位したのち、日本の保護を受け、1932年に満洲国執政に擁立され、34年に皇帝となった。

満洲国 ⑦ 1932年3月、日本が満洲事変で成立させた傀儡国家。清朝最後の皇帝溥儀を擁立し、34年に皇帝とした。新京（長春）を都とし、45年まで中国東北地方と内モンゴルの一部を領域として存続した。

国際連盟脱退《日本》 ⑦ 1933　2月、国連総会はリットン報告書採択と満洲国不承認を42対1（棄権1）で採択した。日本はこれを不服として3月27日国際連盟を脱退、国際的孤立化への道を踏み出した。

ワシントン海軍軍備制限条約破棄 ③ 1934年12月に日本は条約破棄を通告した。この条約の対米・英6割という軍備制限には当初から海軍の反発が強かった。また、36年1月にはロンドン軍縮条約からも脱退した。

熱河 ② 中国の旧省名で、現在の河北省北東部・遼寧省南西部・内モンゴル自治区東部をあわせた地域。1933年、関東軍は張学良の勢力を破り、満洲国に組み込んだ。

冀東防共自治政府 ③ 1935年、河北省東部に設置された日本の傀儡政権。この政権下で日本製品やアヘンの密輸が横行し（冀東貿易）、中国経済に打撃を与え、抗日運動をまねいた。その後密輸がふるわなくなり38年には日本軍が北京に設立した中華民国臨時政府に合流した。

五・一五事件 ⑤ 1932年5月15日　海軍青年将校を中心とするクーデタ。首相官邸や政友会本部・警視庁などを襲撃、満洲国承認をしぶる犬養毅首相を暗殺した。事件後軍人内閣が続いて政党内閣の慣例を破る端緒となり、軍部の発言力が増大した。

二・二六事件 ⑥ 1936年2月26日　陸軍皇道派の青年将校が約1500名の兵を率いておこしたクーデタ。首相官邸・警視庁・朝日新聞社などを襲撃し、蔵相高橋是清らが暗殺された。事件は4日間で鎮圧され、軍部は粛清の名目で皇道派を一掃し、結果的には軍部による政治支配が強まった。

軍国主義体制《日本》 ① 政治・経済・教育な

どの諸領域において軍事に関わる価値が強い影響力をもち、軍事第一主義の思想が最優先される政治体制。1932年の五・一五事件、36年の二・二六事件で日本の政党政治が崩壊して軍部が発言力を増し、翌年には日中全面戦争が始まった。以後、日本は軍国主義体制を強化していった。

関税自主権の回復《中国》⑤ 1928〜30年にかけて、南京国民政府が各国との交渉により回復した関税自主権。北伐を完成した国民政府は、諸外国に不平等条約改正を求めた。1928年7月にアメリカが関税自主権を承認し、同年末までにイギリスなども承認した。30年には日本とも日華関税協定を結び、南京条約後に結ばれた虎門寨追加条約以来失っていた関税自主権を回復した。この結果、国民政府は豊かな税収を獲得し、権力基盤を強化した。

幣制改革⑤ 1935 国民政府がおこなった通貨制度の改革。通貨を政府系銀行の発行する紙幣(法幣)に統一し、他銀行発行の通貨や銀の使用を禁止した。また、イギリス・アメリカの支援を得て、通貨の安定をはかった。この改革は、中国の政治経済の統一の進展を背景とすると同時に、その成功が統一を強めた。

法幣⑤ 1935〜36年、政府系の4銀行が発行した銀行券。国民政府はこれを統一通貨として流通させた。48年の幣制改革で金円券が発行されるまで使用された。

新生活運動③ 1934年、蔣介石が提唱した生活様式と社会倫理の改革運動。世界的なファシズムの風潮と、国共内戦が展開するなかで提唱された、礼儀・廉恥の復興を中心題目とする国家総動員のための精神運動。

長征⑤ 1934〜36 国民党の攻撃を受けた紅軍(共産党軍)が、江西省瑞金から延安を中心とする陝西・甘粛省までの約1万2500kmを、国民党軍と戦いながら移動した行動。困難をきわめ、30万人の兵力は、新根拠地の延安到着時には約3万人になっていた。途上の1935年1月、遵義会議で毛沢東が党内での立場を強化した。

延安④ 陝西省北部の都市。1937年、長征を終えた共産党が首府とし、中華人民共和国成立までの革命の拠点となった。

八・一宣言⑥ 1935 「抗日救国のため、全国同胞に告げる書」の通称。1935年8月1日、中国共産党中央の名義で発表された宣言。コミンテルン第7回大会が提起した人民戦線戦術を受け、内戦の停止と抗日民族統一戦線の組織を主張した。

抗日民族統一戦線⑥ 第2次国共合作により成立した、すべての階級による日本の侵略への民族的抵抗運動の形態。

張学良⑦ 1901〜2001 中国の軍人・政治家。1928年、張作霖爆殺事件後に国民政府支持を表明した。31年の満州事変では抗日を主張して蔣介石と衝突、一時外遊した。帰国後は国共内戦の指揮をとったが、内戦停止と抗日を主張し、36年に西安事件をおこした。事件後に禁固刑に処せられ、第二次世界大戦後も台湾で長く軟禁されたが、90年に名誉が回復された。 → p.290

西安事件⑦ 1936 西安で蔣介石が監禁された事件。12月12日、張学良と楊虎城は、対共産党軍の督戦に訪れた蔣介石を監禁し、内戦停止と抗日戦を要求した。蔣はこれを拒んだが、共産党の周恩来が解決に乗り出すとその説得に応じ、25日に釈放された。この事件は抗日民族統一戦線結成の契機となった。

盧溝橋事件⑦ 1937 北京郊外の盧溝橋でおきた日中両軍の軍事衝突。7月7日のこの事件が、日中全面戦争の発端となった。

国共合作《第2次》⑥ 1937年7月の日中戦争勃発を機に具体化した国民党と共産党の協力体制。第1次と異なり、両党は対等な立場での政策協定のかたちをとった。ソヴィエトは辺区政府に、紅軍は国民党軍指揮下に八路軍・新四軍と改称された。

日中戦争⑦ 1937〜45 盧溝橋事件を機に始まった日中間の全面戦争。中国では国共合作がなり、戦線は華北から華中へと拡大した。国民政府は武漢・重慶へと移って抵抗を続け、日本は、1937年12月に南京、38年10月に武漢・広州を占領した。その後戦線は膠着し、日本は占領地の保持に苦しんだ。41年、日本とアメリカが開戦すると、この戦争は第二次世界大戦の一環となった。

南京事件⑦ 1937 中国の首都南京を攻略した日本軍が住民を巻き込んだ掃討作戦を展開し、捕虜・一般市民を多数虐殺した事件。

東亜新秩序③ 日中戦争中に日本が掲げた、日本・満洲・中国を軸とする経済ブロック建設の構想。日中戦争が長期化するなか、近衛文麿首相は1938年11月の声明で3国の互助を訴えたが、実質は日本の侵略・支配の正当化をはかるものであった。

日本が南方に進出すると、大東亜新経済秩序・大東亜共栄圏の主張に拡大した。

武漢（ぶかん）占領 ⑦ 1938　南京を陥落させた後、日本軍は臨時に国民政府の首都となった武漢を、10月末に占領した。

重慶（じゅうけい）政府 ⑦ 1938~46　重慶に首都をおいた時期の国民政府。武漢を占領されると国民政府は重慶に移り、抗戦を続けた。戦後の1946年、再び南京に遷都（せんと）した。

援蔣（えんしょう）ルート ③ 重慶で対日抗戦を続ける蔣介石の国民政府に対し、アメリカやイギリスが物資や人員を運んだ輸送路。フランス領インドシナ・雲南経由の仏印ルートや、ビルマルート、香港ルート、新疆（しんきょう）（西北）ルート、広東ルートなどがあった。

汪兆銘（おうちょうめい） ⑥ 1883~1944　国民党左派の政治家。1938年12月、重慶の国民政府を脱出し、40年3月、和平実現を期待して日本の傀儡政権である南京政府の主席となった。44年、名古屋で病没。

ファシズム諸国の攻勢と枢軸の形成

国際連盟脱退《ドイツ》 ⑦ 1933　ヒトラーは、1932年のジュネーヴ軍縮会議で軍備平等権が否定されると、10月、連盟脱退を宣言した。ヒンデンブルク大統領もこれを支持、11月の国民投票では95%が賛成した。

ザール編入　Saar ⑤ 1935　ヴェルサイユ条約に従い住民投票が実施され、90%以上の支持でドイツへのザール地方の編入が実現した。

再軍備宣言《ドイツ》 ⑦ 1935　ヒトラーがヴェルサイユ条約の軍事制限条項破棄を宣言した。空軍再編・徴兵制復活などをめざした。周到な準備にもとづき、再軍備が進められた。

徴兵制復活《ドイツ》 ⑦ 再軍備宣言により復活したドイツ軍強化の最重要課題。常備軍50万人の編制をめざした。

英独海軍協定 ⑥ 1935　イギリスは、ドイツにイギリス海軍の35%の艦船（かんせん）保有を認めた。この協定はドイツの再軍備を事実上認め、対ドイツ宥和（ゆうわ）政策の始まりとなった。

エチオピア侵攻 ⑦ 1935~36　イタリアのムッソリーニ政権がおこなった侵略行動。ドイツ再軍備宣言が列強の関心を集めるなか、イタリアは国境紛争を口実にエチオピアに侵入、39年に併合した。国際連盟の経済制裁は石油禁輸を除外する効力のないもので、英仏両国もイタリアに宥和的な姿勢を

とった。

ベルリン=ローマ枢軸（すうじく） ④ 1936年に成立したドイツ・イタリアの協力関係。この言葉は、36年末のムッソリーニの演説に由来する。ドイツの再軍備宣言、イタリアのエチオピア侵略、スペイン内戦でのフランコ支持などを通じて両国は急速に接近した。

ソ連の承認《アメリカ》 ⑤ 1933　フランクリン=ローズヴェルトが承認。背景としては、ソ連の市場としての可能性に期待したこと、両国が中国東北地方から勢力拡大をはかる日本を危険視する点で一致したことなどがある。翌34年、ソ連は国際連盟への加盟を果たした。

ソ連の国際連盟加入 ⑥ 1934　日本・ドイツの両国が脱退した翌年に実現した。

仏ソ相互援助条約 ④ 1935　ドイツの再軍備宣言に脅威を感じたフランスとソ連が結んだ条約。ヒトラーは、同条約がロカルノ条約と矛盾すると批判、ロカルノ条約を破棄する口実に利用した。

ロカルノ条約破棄 ⑤ 1936　ヒトラーがロカルノ条約破棄を宣言、ラインラントに進駐した。これにより、第一次世界大戦後の国際秩序は破壊された。

ラインラント進駐　Rheinland ⑦ 1936　仏ソ相互援助条約締結を口実にヒトラーが決行した軍事行動。歩調のそろわない英・仏は干渉せず、3月からのドイツ軍の駐留は既成事実となった。

コミンテルン第7回大会 ④ 1935　モスクワで開催された、従来のブルジョワ民主政打倒という方針を転換し、各国共産党に民主主義勢力との協力による反ファシズム「人民戦線」形成を求める方針を採択した大会。方針転換の背景には、ナチ党政権の成立、ソ連と西欧の関係改善（アメリカのソ連承認、ソ連の国際連盟加盟）などがあった。

人民戦線 ⑦ ファシズム・帝国主義・戦争に反対する勢力の連合。各国の共産党は、ブルジョワ民主政打倒という方針を転換し、社会党など労働者政党だけでなく、中間層を含めた幅広い協力をめざした。

フランス社会党（統一社会党） ④ 1905年、社会主義の諸派がパリで結成した政党。1920年に左派が分離して共産党を結成すると弱体化したが、やがて勢力を回復し、人民戦線内閣の中心となった。 → p.251

急進社会党 ④ 1901年に成立したフランスの政党。党名の与える印象とは異なり、小農民や都市の小ブルジョワを支持基盤とし、

中道左派の政策をとった。

フランス共産党 ① 1920年にフランス社会党から分離して成立したマルクス主義政党。1920年代は党勢がふるわなかったが、36年の選挙では社会党・急進社会党と人民戦線を結成して大勝した。 → p.315

ブルム Blum ⑥ 1872〜1950 フランスの政治家。社会党の党首で、1936〜37、38年に人民戦線内閣で首相をつとめた。

人民戦線内閣《フランス》 ⑥ 1936〜38 選挙で社会党・急進社会党・共産党の人民戦線派が勝利し、社会党のブルムを首相として成立した。有給休暇制・週労働40時間制・教育改革などに取り組んだが、共産党と急進社会党の決裂で倒れた。後継の内閣も成果はあげられなかった。

スペイン第二共和政 ② ブルボン王朝を倒した1931年のスペイン革命で成立し、39年のフランコ独裁政権成立で崩壊した政体。1873〜74年の第一共和政に対して第二共和政と呼ばれる。新憲法を制定し、社会改革につとめたが、社会の混乱は続いた。

人民戦線内閣《スペイン》 ⑦ 人民戦線がアサーニャ(1880〜1940)を首班として組織した内閣。1936年1月の選挙に際し、労働者諸党派と共和主義左派が人民戦線協定を結んで人民戦線を結成、選挙に勝利した。

フランコ Franco ① 1892〜1975 スペインの軍人。モロッコで反共和国の軍部クーデタがおこるとこれに参加・指揮し、スペイン内戦の口火を切った。内戦に勝利したのち、国家元首(総統)となり独裁政治をおこなった。

スペイン内戦 ⑦ 1936〜39 人民戦線政府とフランコ将軍を中心とする右派の反乱軍との内戦。この内戦に際して不干渉協定が結ばれたが、ドイツ・イタリアはフランコを支援した。これに対し、イギリス・フランスは不干渉政策を守り、政府軍を援助しなかった。人民戦線政府は国際義勇軍とソ連の支援を受けたが、内部分裂などに苦しみ、しだいに弱体化した。内戦は国土を荒廃させ、1939年3月に首都マドリードが陥落、翌月に反乱軍側の勝利で終結し、フランコ将軍は独裁政治体制を樹立した。

不干渉政策 ⑦ スペイン内戦に対するイギリス・フランスなどの姿勢。1936年9月、ロンドンで27カ国が参加する不干渉委員会が設置されたが、革命と戦争の波及防止を目的としたが、ドイツ・イタリアの反乱軍支援を阻止できず、共和国側に打撃を与えた。

国際義勇軍 ⑦ スペイン内戦時、世界各国から共和国軍に参加した総数4万人といわれる外国人部隊。多くは各国の左翼組織のメンバーと反ファシズムの立場の文化人であった。

ヘミングウェー Hemingway ④ 1899〜1961 アメリカの作家。国際義勇軍に参加し、その時の経験を基に『誰がために鐘は鳴る』を著した。 → p.361

マルロー Malraux ② 1901〜76 フランスの作家・政治家。国際義勇軍に参加し、その経験を基に『希望』を著した。第二次世界大戦中はレジスタンスに参加、戦後はド＝ゴール政権で文化相をつとめた。代表作に『王道』『人間の条件』がある。

オーウェル Orwell ② 1903〜50 イギリスの作家。国際義勇軍に参加、その時の経験を基に『カタロニア賛歌』を著した。その後『動物農場』『1984年』で全体主義を批判した。

ゲルニカ Guernica ⑦ スペイン北部、バスク地方の町。1937年4月26日、ドイツ・イタリア空軍の無差別爆撃を受け、多くの犠牲者を出した。

ピカソ Picasso ⑦ 1881〜1973 20世紀を代表するスペイン出身の画家。ゲルニカ爆撃に抗議して、大作「ゲルニカ」を描いた。 → p.361

サラザール Salazar ② 1889〜1970 ポルトガルの首相(在任1932〜68)。独裁政治をおこない、スペイン内戦でフランコを支援した。第二次世界大戦では中立を守り、戦後はアメリカ合衆国・イギリスに接近し、NATOに加盟した。

日独防共協定 ⑦ 1936 コミンテルンとソ連に対抗するため、日本とドイツが結んだ協定。1937年には日独伊防共協定に発展し、日本が枢軸陣営に加わる端緒となった。

三国防共協定 ⑦ 1937 1936年に結ばれた日独防共協定に、37年にイタリアが加わって成立した。日本は枢軸国へ接近し、結果として、3国の国際的孤立を強めた。

国際連盟脱退《イタリア》 ⑦ 1937 エチオピア侵略への非難に反発して脱退。日本・ドイツについでの脱退となった。

三国枢軸 ③ 枢軸国の中心となった日本・ドイツ・イタリアの提携・協力体制。1937年に成立した。

北欧諸国《世界恐慌時》 ① デンマーク・ノルウェー・スウェーデンなどの北欧諸国も世界恐慌により経済・政治に大きな打撃を受けた。しかし、各国は1930年代後半に大規

模な公共事業を展開して経済・社会を安定化させ、社会保障の充実など福祉国家への路線を固めていった。

ナチス＝ドイツの侵略と開戦

第二次世界大戦 ⑦ 1939〜45　ドイツ・イタリア・日本を中心とする枢軸国と、アメリカ・イギリス・ソ連を中心とする連合国が対立し、世界中の国々を巻き込んだ戦争。ヨーロッパと東アジアから始まり、1941年の太平洋戦争勃発により世界規模の戦争に拡大した。また、同年の独ソ戦開始によって、戦争はファシズム対反ファシズム（民主主義）の対決の様相を強めた。原子爆弾など第一次世界大戦時よりも殺傷力の高い兵器が使用され、非戦闘員を含めて多数の犠牲者を出した。

オーストリア併合 ⑦ 1938　ドイツの「民族自決」を大義名分に掲げ、ヒトラーがおこなった併合。オーストリアとの合併はヴェルサイユ条約・サン＝ジェルマン条約で禁止されていたが、ヒトラーはオーストリアの完全従属を求めて侵攻し、1938年3月、オーストリアの親独派政権が併合を受け入れた。

ズデーテン地方　Sudeten ⑦　ドイツ人居住者が多い、チェコスロヴァキアとドイツ・ポーランドの国境地帯。1938年、ヒトラーが武力併合を画策すると、英・仏・伊・独の4国によるミュンヘン会談が開かれ、ドイツへの併合が認められた。

ネヴィル＝チェンバレン　Neville Chamberlain ⑥ 1869〜1940　イギリス保守党の首相（在任1937〜40）。ドイツ・イタリアに対して宥和政策で対応した。ミュンヘン会談で、戦争回避のためにヒトラーの要求を認めたが、第二次世界大戦を防げなかった。戦争指導に対し、党内からも不信の声があがり、1940年5月に首相を辞任した。

宥和政策　Appeasement Policy ⑥　妥協点を探り、協議と譲歩によって衝突を避けようとする政策。歴史的には、1930年代、領土拡大をはかるドイツ・イタリア・日本に対し、イギリス・フランスがとった妥協政策を指す。

ミュンヘン会談　München ⑦ 1938　ズデーテン問題に対処するために開催された会議。9月に英首相チェンバレン、仏首相ダラディエ、ヒトラー、ムッソリーニが会談し、英・仏はヒトラーの要求を了承、チェコス

ロヴァキア政府に割譲を勧告した。これはドイツの東方侵略を容認する宥和政策の典型だった。また、この会議にまねかれなかったソ連は、英・仏の姿勢に強い不信感をいだいた。

ダラディエ　Daladier ④ 1884〜1970　フランス首相(在任1933, 34, 38〜40)。宥和政策には懐疑的だったが、ミュンヘン会談でチェンバレンに同調した。

チェコスロヴァキア解体 ⑥ 1939　ナチス＝ドイツによっておこなわれ、非ドイツ系地域への最初の侵略となった。西側のチェコ(ベーメン・メーレン)を保護領、東側のスロヴァキアは保護国とした。

スロヴァキアの保護国化 ③ 1939年3月、チェコスロヴァキア東部のスロヴァキアは、ドイツの支援で独立したが、ドイツの保護国とされた。

チェコの保護領化 ③ 1939年、チェコスロヴァキア東部のスロヴァキアの独立後、ドイツは西部のチェコを保護領(ベーメン・メーレン)とした。保護領は、45年5月にドイツ降伏で消滅した。

ダンツィヒ　Danzig ⑥ 現在のグダンスク。ドイツ領だったが、第一世界大戦後に自由市となり、ポーランドが港湾使用権などを得た。しかし、ナチス＝ドイツはドイツへの併合を要求、ポーランドがこれを拒むと、1939年9月に軍を侵攻させた。

ポーランド回廊　Polish Corridor ⑥ 第一次世界大戦後、ドイツからポーランドに割譲された領土。これにより、内陸国ポーランドがバルト海に出ることが可能になった。しかし、東プロイセンがドイツから分離されたことと、ドイツ人が居住していたことから、ナチス＝ドイツとの係争地となった。

アルバニア併合 ③ 1939　イタリア軍が進駐して併合、アルバニアを同君連合のかたちで支配下においた。

独ソ不可侵条約 ⑦ 1939　モスクワで調印された不可侵条約。付属の秘密議定書でポーランドとバルト3国における勢力範囲も定めた。8月23日、反共を主張するナチス＝ドイツと、反ファシズムを標榜するソ連の同盟は世界を驚愕させた。同盟の背景として、ポーランドへの侵攻にともなう英・仏との開戦をヒトラーが危惧し、ソ連の中立を欲したことや、スターリンが英・仏への不信を強め、ドイツとの開戦をにらんで軍事力強化の時間を必要としたことなどがある。この条約が結ばれた2日後、

イギリスはポーランドとのあいだに安全保障条約を結んだ。

ドイツのポーランド侵攻 ⑦ 1939年9月1日にドイツが開始。電撃戦が成功し、またソ連の侵攻もあって、短期間でポーランド軍を制圧した。英・仏は、9月3日にドイツへ宣戦布告したが、準備不足もあり軍事的支援はできなかった。

第二次世界大戦の開始 ⑤ 1939年9月1日のドイツのポーランド侵攻に対し、ポーランドの同盟国イギリス・フランスが9月3日、ドイツに宣戦布告したことから始まった。

ヨーロッパの戦争

ソ連のポーランド侵攻 ⑥ 1939年9月17日、ソ連系諸民族保護を名目に、ドイツ軍の侵攻に呼応してソ連も東部へ侵攻した。不可侵条約の秘密条項に従い、ドイツとともにポーランドを分割、東側を占領した。

「カティンの森」事件 ② 1939年、ポーランドに侵攻したソ連軍が、翌40年に多数のポーランド人将校を虐殺し、ソ連のスモレンスク郊外のカティンの森に埋めた事件。ソ連はドイツ軍の犯行と主張したが、1990年、ゴルバチョフ政権がソ連の非を認め、ポーランド政府に謝罪した。92年には虐殺を指令したスターリンの文書が公表された。

ソ連＝フィンランド戦争(冬戦争) ⑥ 1939〜40　領土交換交渉がもつれ、ソ連がしかけた戦争。ソ連はフィンランドの抗戦に苦しみ、英・仏はフィンランド支援を表明した。ソ連も戦争終結を望み、1940年3月に休戦協定が成立した。

カレリア地方　Karelia ① フィンランド南東部からロシア北西部にまたがる地域。東はソ連領、西はフィンランド領となり、1939〜40年の冬戦争でカレリア地方はソ連に割譲された。

国際連盟、ソ連を除名 ⑤ 1939年12月、フィンランドの提訴を認め、ソ連を侵略国として除名した。

バルト3国併合《ソ連》 ⑥ 1940　ソ連は、独ソ不可侵条約に付属する秘密議定書にもとづいてバルト3国を占領した。リトアニア・ラトヴィア・エストニアはソ連邦を構成する共和国とされ、ソ連政府の支配下においた。

ベッサラビア　Bessarabia ② ドニエストル川・プルート川・ダナウ川・黒海に囲まれた地域。1812年以来、ロシア領。ロシア革

命後、ルーマニアが併合を宣言したがソ連はこれを認めず、1940年6月に奪還した。
→ p.203

デンマーク・ノルウェー侵入《ドイツ》⑥
1940年4月　ドイツによる中立国デンマーク・ノルウェーへの侵攻。ノルウェー支援に失敗したイギリスでは、チェンバレンにかわり対独強硬論者のチャーチルが内閣を組織した。

オランダ・ベルギー侵入《ドイツ》⑥ 1940年5月　ドイツは、両国の戦略的重要性から、永世中立を無視して侵入、両国を降伏させると、翌月パリに向けて総攻撃をしかけた。

パリ占領（フランス降伏）⑥ 1940年6月14日にドイツ軍が占領。内閣が総辞職し、首相となったペタン元帥がドイツに降伏を申し入れ、22日に休戦協定が調印された。

イタリア参戦《1940》⑥ 1940年6月10日　ドイツ軍の優勢をみて、イタリアは英・仏に宣戦布告した。しかし、エジプト・ギリシアへの侵攻が失敗するなど、有効な作戦を展開することはできなかった。

ペタン　Pétain ⑥ 1856〜1951　フランスの軍人・政治家。第一次世界大戦で活躍した「ヴェルダンの英雄」。1940年、フランスがドイツに敗れると、ヴィシー政府の国家主席となった。戦後、対独協力の罪に問われ、服役中に没した。

ヴィシー政府　Vichy ⑥ 1940〜44　権威主義的な新憲法にもとづき、ペタンを首班として中部フランスのヴィシーに成立したフランス政権。これにより第三共和政は崩壊した。ドイツが国土の5分の3を支配するなか、南部を統治したが、ドイツの支配に協力をよぎなくされ、レジスタンス勢力の攻撃も受けた。1944年8月、パリ解放とともに崩壊した。

ド＝ゴール　de Gaulle ⑥ 1890〜1970　フランスの軍人・政治家。第二次世界大戦でフランスの降伏に反対してロンドンに亡命し、自由フランス政府を建て、対独レジスタンス運動を展開した。　→ p.324

自由フランス政府　France libre ⑤ 1940　ド＝ゴールがロンドンで樹立し、対独レジスタンスを指導した政府。ヴィシー政府が親ドイツの性格を深め、レジスタンスが活発化すると、承認する国が増えた。1944年9月、パリで臨時政府に発展解消、第四共和政成立までフランスを指導した。

レジスタンス　Résistance ⑥ 第二次世界大戦中、枢軸国の占領を受けた地域でおこっ

た抵抗運動。フランスでおこなわれたドイツ軍とヴィシー政府に対する抵抗は、戦後の第四共和政の基礎となった。また、ユーゴスラヴィアやアルバニアの抵抗組織は、戦後に社会主義国家を樹立する母体となるなど、各国のレジスタンスは戦後の政治・社会に大きな影響をおよぼした。

パルチザン　Partisan ④ 非正規的武装勢力、またはゲリラ的な戦術形態。第二次世界大戦中の、ユーゴスラヴィアの対独パルチザン、朝鮮の対日パルチザンなどが知られる。

チャーチル　Churchill ⑦ 1874〜1965　イギリス保守党の首相（在任1940〜45、51〜55）。早くからナチス＝ドイツの強大化を警戒し、宥和政策を批判していた。1940年5月、チェンバレンにかわって首相に就任し、ローズヴェルト、スターリンとともに連合国の指導者として活躍した。

バルカン制圧《ドイツ》⑤ 1941年4月、イタリア支援のため、ドイツがおこなったユーゴスラヴィアとギリシアの制圧。この軍事的侵攻は、前年にルーマニアの油田地帯を確保していたソ連との対立を深めた。

独ソ戦

独ソ戦 ⑦ 1941年6月　ドイツが独ソ不可侵条約を破り、ソ連を攻撃して始まった戦争。ソ連軍を過小評価したドイツは短期決戦をねらって大軍を投入、イタリアやルーマニアなどの同盟国軍も加わった。10月にドイツはモスクワにせまったが、11月のモスクワ攻撃が失敗し、12月に入るとソ連の反攻が始まり、戦争は長期化した。また、独ソ戦が始まると、英・米はソ連支持を表明し、さらにアメリカは武器貸与法をソ連にも適用することを決定、第二次世界大戦はファシズム勢力対反ファシズム勢力の戦いという性格を帯びることになった。

英ソ軍事同盟 ③ 独ソ戦開始でドイツが両国共通の敵となったため、1941年7月にイギリスとソ連が相互援助と単独講和禁止を約束した軍事同盟。42年5月には内容を強化した条約が結ばれた。

武器貸与法　Lend-Lease Act ⑤ 1941　フランクリン＝ローズヴェルトの提案で成立した連合国への軍事援助法。中立法にもとづく立場を改め、大統領に外国政府に対する武器・軍需物資を提供する権限を与えた。以後、アメリカは事実上連合国の一員となり、総額約500億ドルの武器・食料を

アウシュヴィッツ Auschwitz ⑦ ポーランド南部の小都市（現、オシフィエンチム）。1940年にナチス＝ドイツの強制収容所が建てられた。ユダヤ人絶滅政策の中心となり、150万人以上が虐殺されたといわれる。79年、「負の世界遺産」に認定された。

強制収容所 Konzentrationslager ⑦ ナチス＝ドイツが政治犯やユダヤ人らを大量に収容するために設置した拘禁施設。ナチ党は第二次世界大戦開戦前から、ロマ（ジプシー）・浮浪者・売春婦・同性愛者などを反社会的分子とみなして、強制収容所に連行した。独ソ戦の始まった1941年以降はユダヤ人問題の「最終的解決」を目的とし、絶滅政策による大量虐殺がおこなわれた。

ゲットー Ghetto ⑤ 強制隔離されたユダヤ人の集合居住区。ユダヤ人の隔離居住は、中世後期に差別・迫害が強まるなかで始まった。

ホロコースト Holocaust ⑤ 600万人が殺害されたといわれる、ナチス＝ドイツによるユダヤ人虐殺のこと。「ホロコースト」の名称はユダヤ教の祭事に由来するが、これをユダヤ人虐殺の意味で使うことを批判する立場からは、ヘブライ語で惨事を意味する「ショア」が用いられる。ユダヤ人絶滅をめざし、アウシュヴィッツなど各地の強制収容所で計画的に虐殺がおこなわれた。また、ナチ党はユダヤ人へのホロコーストに先がけ、「民族共同体」の負担と考えられた遺伝病患者や精神・身体障害者を安楽死させていた。

ロマ Roma ④ ロマはジプシー・ジタンなどと呼ばれてきたヨーロッパ最大の少数民族。ナチ党政権下でユダヤ人とともに迫害を受けた。起源はインドと考えられ、移動生活で知られるが、現在は大半が定住している。
→ p.103

太平洋戦争

フランス領インドシナ進駐 ⑦ 1940年9月フランス降伏後、日本は連合国による中華民国への軍事援助の輸送路（援蔣ルート）遮断をねらい、フランス領インドシナ北部に進駐した。これは、経済資源確保のために東南アジアをめざす南進論実行の第一歩となった。41年7月には、ヴィシー政府の承認を得て南部に進駐した。これに対してアメリカは態度を硬化させ、8月に石油

の対日輸出を禁止した。

日独伊三国同盟 ⑦ 1940年9月　ベルリンで結ばれた日本・ドイツ・イタリア間の軍事同盟。日本には米・英を牽制する意図もあったが、逆に米・英を刺激し、関係を悪化させた。

ノモンハン事件 ③ 1939年5月　満洲国とモンゴル人民共和国の国境付近でおこった日ソ両軍の武力衝突。日本軍が大敗を喫した。独ソ不可侵条約締結、第二次世界大戦勃発を機として、9月に停戦協定が結ばれた。

日ソ中立条約 ⑥ 1941年4月　相互不可侵・中立維持を約束した条約。日本は米・英を牽制し、南方進出に備えるため、ソ連は日・独との両面戦争を避けるために締結した。1945年8月8日、ソ連はヤルタ協定に従い日本に宣戦布告、有効期間中にソ連によって破棄された。

「ABCDライン」 ⑤ 米・英・中・オランダ4カ国が貿易制限による対日包囲網をつくっている、という日本の主張。国民の危機感をあおり、自衛のための戦争を印象づけることをねらった。Aはアメリカ（America）、Bはイギリス（Britain）、Cは中国（China）、Dはオランダ（Dutch）の頭文字など。

日米交渉 ⑤ 1941年4〜11月　日米関係調整のための交渉。日本の中国撤兵や三国同盟の無力化が議論されたが難航し、日ソ中立条約や南部仏印への進駐はアメリカの態度を硬化させた。10月、近衛文麿内閣総辞職後に成立した東条英機内閣は交渉を打ち切り、12月の御前会議で対米開戦が決定された。

「ハル＝ノート」 Hull-Note ① 1941年11月日米交渉末期にアメリカ国務長官ハルが提示したアメリカ側の案。内容は日本の中国・仏領インドシナからの全面撤退、汪兆銘政権の否認、日独伊三国同盟の廃棄など。この文書により日米交渉は事実上決裂した。

日本軍、マレー半島上陸 ⑥ 日本軍のイギリス領マレーへの侵攻。1941年12月8日、真珠湾攻撃の約1時間前、日本軍はマレー半島北部の英領コタバルに上陸した。10日にはマレー沖でイギリス東洋艦隊の戦艦2隻を撃沈し、翌42年2月にはシンガポールを占領して昭南と改称した。また、中国軍を支援する華人（華僑）を摘発し、虐殺する事件をおこした。

真珠湾（パールハーバー）攻撃 Pearl Harbor ⑦ 1941年12月8日未明に日本海軍航空部隊がおこなった、ハワイ・真珠湾のア

メリカ海軍基地への攻撃。この攻撃から太平洋戦争が始まった。戦果を上げたい軍部の思惑もあって日本からの宣戦布告が遅れたため「奇襲」とされ、国際法違反との非難を受けた。

太平洋戦争 ⑦ 1941〜45 第二次世界大戦の一部をなす、太平洋域を主戦場とした日本と連合国との戦争。日本のマレー半島上陸と真珠湾攻撃から始まった。当初日本が優勢で、南太平洋の制海権を握り、東南アジア諸国を支配した。しかし、1942年のミッドウェー海戦の敗北を機に戦況は逆転、45年に日本の降伏で終了した。戦争中におこった中国や東南アジア民衆の日本への抵抗は、戦後の植民地体制打破につながった。

アジア・太平洋戦争 ③ 中国・東南アジア地域を含む戦争という意味で使われる太平洋戦争の呼称。

「大東亜戦争」 ② 日本の政府・指導者層が用いた太平洋戦争と日中戦争とをあわせた呼称。

ドイツ・イタリアの対米宣戦 ⑤ 1941年12月日本の対米戦開始後、両国が宣戦。三国同盟の規定上は、両国に対米宣戦の義務はなかったが、長期的判断から参戦した。これにより、中立条約に従い開戦しなかった日ソ間を除き、ヨーロッパの戦争と、アジア・太平洋の戦争が一体化した。

香港攻略 ② 1941年12月 太平洋戦争緒戦で、日本によるイギリス植民地の香港攻略作戦。18日間で攻略した。

ジャワ・スマトラ占領 Jawa, Sumatra ③ 1942 日本がオランダ領東インドを占領。これにより南方進出の目的であった石油資源を確保した。

フィリピン占領 Philippines ③ 1942 日本がフィリピンの首都マニラを占領、その後各地で米軍を破った。

ビルマ征服 Burma ② 1942 3月にビルマの首都ヤンゴンを、5月にはほぼビルマ全域を占領した。日本のねらいは連合国による中華民国への軍事援助の輸送路（援蔣ルート）の切断、インドに対する対英離間工作にあった。

「大東亜共栄圏」 ⑦ 中国や東南アジア支配を正当化するための日本のスローガン。第2次近衛文麿内閣が、白人諸国による植民地支配の打破と、日本を盟主とする共栄圏の形成を説いたが、実態は日本がアジアの住民や資源を収奪したため、やがて各地の抗日運動をまねいた。

国家総動員体制《日本》 ① 1938年の国家総動員法制定（第1次近衛内閣）、40年の大政翼賛会設立（第2次近衛内閣）などによりとのえられた戦時体制。戦時下、各種の統制が議会を経ず勅令で発布された。

チャンドラ＝ボース Chandra Bose ③ 1897〜1945 インドの民族運動指導者。1938・39年には国民会議派議長に選出された。43年、武力による独立をめざして日本の支援でインド国民軍を組織したが、日本軍とともに敗北した。45年8月、日本敗戦後に台湾で飛行機事故により死去した。

創氏改名 ⑥ 朝鮮総督府が1939年1月に公布、翌年2月に施行した朝鮮人に日本名を名乗らせる政策。皇民化政策の頂点をなすものであった。また、台湾においても同様の政策がとられた（改姓名）。

皇民化政策 ⑥ 日中戦争勃発後に強化された、朝鮮人や台湾人に対する同化政策。神社の参拝、日の丸掲揚、皇居遥拝などを強要し、朝鮮人や台湾人の民族性の払拭をはかった。

朝鮮人の徴用 ⑤ 日中戦争勃発後、不足する労働力を補うために、朝鮮人を強制的に日本内地・樺太・南洋方面へ送って働かせたこと。1939〜45年に約72万人が徴用された。一部では朝鮮総督府の官吏や警察官らが暴力的に労働者を集め、彼らは炭坑や軍需工場、港湾などで酷使された。

徴兵制の施行《朝鮮・台湾》 ④ 日本が朝鮮・台湾で施行した徴兵制度。日本陸軍の17歳以上20歳未満の男子に対する特別志願兵制度が、1938年から朝鮮で、42年から台湾でも始まった。さらに徴兵制が、43年から朝鮮で、44年から台湾で施行された。

慰安婦 ② 日中戦争〜太平洋戦争期にかけて、日本軍の統制下、将兵に性的慰安をさせられた女性。日本だけでなく、朝鮮・中国・フィリピンからも集められた。

軍政 ③ 戦争などによって獲得した地域で、軍隊の司令官が統治する行政活動。民政に対する概念。地域の治安維持と防衛、宣撫工作などがおもな内容であった。

東南アジアの抗日運動 ③ 日本占領下の東南アジア諸地域でおこった抵抗運動。ベトナムではベトナム独立同盟会（ベトミン）、フィリピンではフィリピン共産党が組織したフクバラハップ、ビルマでは反ファシスト人民自由連盟が組織され、抗日武装闘争を展開した。また、日本と同盟関係にあったタイでも自由タイ運動が組織され、連合軍

と共闘した。

ミッドウェー海戦　Midway ⑥ 1942年6月 太平洋上のミッドウェー島攻略をめざす日本海軍が、アメリカ海軍に大敗を喫した戦い。この敗北は、日本が太平洋での主導権を失う契機となった。

〜〜〜〜〜〜〜〜〜〜〜**枢軸諸国の敗北**〜〜〜〜〜〜〜〜〜〜〜

枢軸国（すうじく）⑥ 第二次世界大戦で連合国と戦った、ドイツ・イタリア・日本とその同盟諸国。「枢軸」の名称は1936年のムッソリーニの演説に由来する。

連合国 ⑦ 第二次世界大戦で、ドイツ・イタリア・日本など枢軸国と交戦し、1942年1月、連合国共同宣言に参加した国々。

スターリングラードの戦い　Stalingrad ⑥ 1942〜43 スターリングラード（現ヴォルゴグラード）でおこなわれた、ドイツとソ連の戦い。ドイツは市の大半を占領したが、ソ連軍が反攻に出てドイツ軍を包囲した。ヒトラーは軍の撤退を許さず、結局9万人のドイツ軍がソ連に降伏した。この戦いは独ソ戦の転換点となり、ソ連が反攻に転じ、ドイツは守勢にまわった。

コミンテルン解散 ④ 1943　5月、独ソ戦開始で米・英・ソの反ファシズム連合が成立すると、米・ソの協力推進のため解散した。

ガダルカナル島　Guadalcanal ④ ソロモン諸島南部の島。日本は1942年8月からの争奪戦で多数の艦艇（せん）・航空機を失い、撤退した。ミッドウェー海戦とともに、日本が主導権を失う契機となった。

シチリア島上陸《連合軍》⑥ 1943年7月　イタリア本土上陸の前段階としておこなわれた作戦。1942年11月、イギリス軍が反撃に出ると、アイゼンハワー指揮下の連合軍が北アフリカに上陸した。43年5月、米英両軍はドイツ・イタリア軍を一掃（そう）し、7月にはシチリア島に上陸した。シチリアが制圧されると、孤立するムッソリーニはファシズム大評議会で解任、逮捕された。国王が後継首相に指名したバドリオ（在任1943〜44）は、ファシスト党とファシズム大評議会の解散措置をとった。

イタリア新政府（バドリオ政府）**無条件降伏** ⑥ 1943年9月　バドリオ政府が無条件降伏を申し出た。しかし、ドイツ軍がイタリア北部を制圧し、救出されたムッソリーニが傀儡（かいらい）政権を樹立した。国王と新政府はイタリア南部に逃れてドイツに宣戦、内戦

は1945年4月まで続いた。

大西洋上会談（米英首脳会談）⑥ 1941年8月、米大統領フランクリン＝ローズヴェルトと英首相チャーチルが大西洋上の艦船でおこなった会談。その後の連合国首脳会談の端緒（たん）となった。

大西洋憲章（けんしょう）Atlantic Charter ⑦ 1941年8月、大西洋上会談の結果、発表された8項目の共同宣言。領土不拡大、領土不変更、民族自決、貿易の機会均等（きんとう）、労働・生活環境改善、軍備縮小、海洋の自由、国際安全保障の確立からなる。この憲章は連合国の戦争目的を明確にし、その後の連合国共同宣言や、国際連合憲章に継承された。

連合国共同宣言 ④ 1942年1月1日に連合国26カ国が発表した宣言。ファシズムとの戦いという、第二次世界大戦の目的を明示した。

カイロ会談　Cairo ⑥ 1943年11月　エジプトのカイロでローズヴェルト、チャーチル、蔣介石（しょうかいせき）が開いた首脳会談。対日戦の協力と戦後処理を議題とした。

カイロ宣言 ⑥ 1943年11月合意。日本の無条件降伏と降伏後の領土について、第一次世界大戦後に獲得した太平洋上の諸島の剥奪（はくだつ）、中国東北地方・台湾・澎湖（ほう）諸島の中国返還、朝鮮の独立などの方針を決定した。

テヘラン会談　Teheran ⑥ 1943年11〜12月　イランのテヘランでローズヴェルト、チャーチル、スターリンが開いた首脳会談。中心議題は第二戦線の問題で、米英両国が1944年5月を期限とする北フランス上陸作戦実行を約束した。また、スターリンはドイツ降伏後の対日参戦を約束した。

アイゼンハワー　Eisenhower ③ 1890〜1969 アメリカの軍人。ヨーロッパ連合国軍総司令官としてノルマンディー上陸作戦を指揮し、連合国の勝利に貢献した。戦後はNATO軍最高司令官を経て、アメリカ大統領となった（在任1953〜61）。　→ p.323

ノルマンディー上陸　Normandie ⑥ 1944 米英連合軍による北フランス上陸作戦。6月に敢行された。これにより第二戦線が形成され、西方からのドイツへの反攻が開始された。

パリ解放 ⑥ 1944年8月　レジスタンスと自由フランス軍がドイツ軍占領下のパリを解放した。25日、ドイツ軍は破壊を避け、パリをほぼ無傷で明け渡し、26日にド＝ゴールが凱旋（がいせん）した。

ヤルタ会談　Yalta ⑦ 1945年2月　ソ連のク

リミア半島の保養地ヤルタでローズヴェルト、チャーチル、スターリンが開いた首脳会談。枢軸国の扱いなど、戦後処理を議論した。一連の取決めは戦後国際政治体制の出発点となったが、そこには東欧の扱いをめぐる米・英とソ連の対立など、冷戦勃発の萌芽もみられた。

ヤルタ協定 ⑥ 1945年2月　ヤルタ会談による協定。ドイツの共同管理と戦争犯罪の裁判、東欧・中欧諸国の扱い、国際連合設立準備と安保理の権限などで合意した。秘密協定としては、ソ連の対日参戦と南樺太・千島の占領について合意した。

ドレスデン大空襲 Dresden ② 1945年2月、英米軍がドイツの古都ドレスデンを壊滅させた夜間無差別爆撃で、死者約2万5000人。ドレスデンはドイツ中東部の都市で、統一後はザクセン州の州都。

ベルリン陥落 ④ 1945年5月2日　ソ連赤軍の攻撃による。激しい市街戦がおこなわれ、ベルリン市は破壊された。また、ヒトラーは首都陥落直前の4月30日に自殺した。

ドイツ無条件降伏 ⑥ 1945年5月7日　ヒトラーにより後継者に任命されたデーニッツ提督が降伏、ヨーロッパの戦争が終結した。

サイパン島陥落 Saipan ④ 1944年7月　米軍の上陸から激戦が続き、3万の日本守備軍はほぼ全滅し、敗戦の責任をとって東条内閣が総辞職した。以後、サイパンは米軍の日本本土爆撃の基地となった。

アメリカ軍のフィリピン奪回 ③ 第二次世界大戦末期の1944年10月、米軍はフィリピン中部のレイテ島に上陸し、激戦の末に日本軍を破った。45年1月にはルソン島に上陸し、2月にマニラを奪回した。

日本本土空襲《アメリカ》 ⑥ 艦載機による米軍の空襲は1942年4月に始まった。44年に入り、大型爆撃機B29が中国基地から北九州市を攻撃、マリアナ諸島陥落後は、東京をはじめ日本全土が攻撃対象となった。さらに都市への無差別攻撃がおこなわれ、一般市民も多数死傷した。

東京大空襲 ① 1945年3月10日、アメリカ空軍が、B29爆撃機約300機で東京に加えた夜間無差別爆撃。下町一帯は廃墟と化し、約10万人の死者を出した。

アメリカ軍の硫黄島占領 ② 1945年3月　アメリカはすでにマリアナ諸島から本土爆撃を開始していたが、より効果的な爆撃が可能になると判断し、硫黄島を攻略した。日本の守備軍2万人はほぼ全滅し、アメリ

カ軍も多数の戦死者を出した。

アメリカ軍の沖縄本島上陸 ⑦ 1945年3月26日、米軍は18万が慶良間列島に上陸して沖縄戦が始まった。米軍は4月1日に沖縄本島に上陸、6月には日本の守備軍約10万人を壊滅させた。沖縄住民も戦闘に巻き込まれ、自決者も含めて約10万人の犠牲者を出した。

トルーマン Truman ⑦ 1884～1972　アメリカ第33代大統領(在任1945～53)。1945年4月、フランクリン＝ローズヴェルト大統領の急死で副大統領から昇格、原子爆弾の使用を命じ、太平洋戦争を終結させた。第二次世界大戦後は封じ込め政策など、ソ連に対する強硬路線をとった。

アトリー Attlee ⑤ 1883～1967　イギリスの政治家。1935年に労働党党首となり、第二次世界大戦中はチャーチル挙国一致内閣の副首相、45年の総選挙で勝利して首相となった。国内では産業の国有化や福祉政策の充実につとめ、対外政策ではインドの独立を承認するなど植民地を縮小した。

ポツダム会談 Potsdam ⑥ 1945年7～8月　ベルリン近郊のポツダムでトルーマン、チャーチル(政権交代により途中からアトリー)、スターリンが参加した米・英・ソの首脳会談。ドイツの戦後処理、日本の降伏条件や戦後処理など、大戦終結後をにらんだ諸問題を討議した。

ポツダム宣言 ⑦ 1945年7月　ポツダム会談中、米・英・中3国(8月にソ連も参加)が発表した日本に対する降伏勧告宣言。終戦の条件として、軍国主義の除去、領土の制限、民主主義の確立、軍隊の武装解除などを列挙した。

広島への原爆投下《アメリカ》 ⑦ 1945年8月6日　世界最初の核兵器の実戦使用となった攻撃。広島市に壊滅的打撃を与えた。被災者数の把握は困難だが、1945年12月末の時点で約14万人が死亡したと推定される。

長崎への原爆投下《アメリカ》 ⑦ 1945年8月9日　長崎市に壊滅的打撃を与えた。被災者数の把握は困難だが、1945年末の時点で7万人以上が死亡したと推定される。

ソ連の対日宣戦 ⑦ 1945年8月8日　ソ連はヤルタ協定に従い、日ソ中立条約の破棄を通告、ポツダム宣言を黙殺する日本に対し、世界平和回復のための武力攻撃を掲げて宣戦した。ソ連軍は中国東北地方・朝鮮・樺太・千島に侵入し、多数の居留日本人が死亡し、約60万人がシベリアなどに抑留された。

された。

日本無条件降伏 ⑦ 1945年8月14日　当初、日本はポツダム宣言を黙殺したが、アメリカの原爆投下、ソ連の宣戦布告などにより降伏を決意。14日に御前会議が開かれ、国体護持を条件にポツダム宣言を受諾して無条件降伏し、15日に天皇はラジオ放送で終戦を国民に告げた。9月2日、降伏文書が調印され、第二次世界大戦が終了した。

シベリア抑留 ② 第二次世界大戦終了後、満洲や朝鮮半島・南樺太・千島列島でソ連軍の捕虜となった日本人がシベリアの強制収容所に連行され、強制労働に従事させられた。抑留された約60万人のうち5万人以上が命を落とした。

無差別爆撃 ③ 軍隊・軍需工場と、一般市民・民間施設を区別することなくおこなう爆撃。総力戦を支える生産力を破壊し、敵国民の士気をくじくことをねらう無差別爆撃の手法は、第一次世界大戦中に生まれた。1930年代には、ドイツによるゲルニカ爆撃や日本による重慶爆撃などがおこなわれ、第二次世界大戦では、イギリス・アメリカなど連合国も大規模に展開し、多くの犠牲者を出した。

3　新しい国際秩序の形成

戦後国際秩序の形成

モスクワ宣言 ① 1943年に開かれたモスクワ外相会議で発表された声明。アメリカ・イギリス・ソ連・中国の署名で、平和機構設立の必要性を宣言した。

ダンバートン＝オークス会議 Dumbarton Oaks ④ 1944　国際連合憲章の原案をつくった会議。ワシントン郊外のダンバートン＝オークス邸で開催され、米・英・ソ（後半はかわりに中国）が参加した。

サンフランシスコ会議 ⑦ 1945　国際連合憲章を採択した会議。連合国側50カ国によって4〜6月に開かれ、ダンバートン＝オークス会議で懸案として残った安全保障理事会常任理事国の拒否権を決定した。なお、ポーランドの参加について米・英とソ連の意見が対立した。

国際連合憲章　Charter of the United Nations ⑥ 1945　6月に調印された、国際連合の基本原則と基本組織を定めた条文。

国際連合　United Nations ⑦ 1945　10月に発足した国際平和機構。本部はニューヨーク。「連合国」の名称をそのまま使用し、原加盟国は51カ国。戦争を防止できなかった国際連盟の失敗を教訓とすべく、総会での多数決制、安全保障理事会の権限強化および拒否権などを採用した。また、経済制裁に加えて軍事的手段の行使も可能とした。「冷戦」終結後は、地域紛争や内戦への対応がおもな課題となった。2002年には永世中立国であるスイスも加盟した。

総会《国際連合》 ⑥ 国連の全加盟国で構成される会議。議決は各国1票の多数決制で、重要事項に関しては3分の2以上の賛成で決定される。討議をし、加盟国や安全保障理事会に勧告する権限をもつにとどまる。

安全保障理事会 ⑦ 国連主要6機関のうち、もっとも強大な権限をもつ機関。国際紛争の解決に必要な経済的・外交的・軍事的制裁や諸措置をおこなうために、加盟国を法的に拘束する「決定」ができる。常任理事国5カ国、非常任理事国6カ国で構成され、常任理事国は国連憲章に国名が明記されているので、構成をかえるには国連憲章の改正が必要となる。非常任理事国はのちに10カ国となった。

国連軍③ 国際連合の集団安全保障制度のもと、侵略の防止・鎮圧などのために使用される軍隊。国連憲章では、安全保障理事会と加盟国のあいだに締結される特別協定で、各国が提供する兵力をあらかじめ約束しておく事前の準備体制が予定されたが、米ソの対立のために実現しなかった。なお、朝鮮戦争時の「国連軍」は当初の意味での国連軍ではなく、また湾岸紛争戦争時のアメリカ主導の軍事行動も安保理の決議にもとづくが、多国籍軍と呼ばれた。

常任理事国⑦ 安全保障理事会の理事国のうち拒否権をもつ、アメリカ・イギリス・フランス・ソ連・中国の5大国。中国の代表権は1971年に中華民国から中華人民共和国へ移り、ソ連の代表権は92年にロシア連邦へ変更された。

拒否権⑦ 5常任理事国がもっている権利。大国一致が原則で、1国の反対で否決ができる。冷戦時代には数多く行使された。

非常任理事国⑦ 2年を任期として選出される安全保障理事会の理事国。当初6カ国であったが、1966年から10カ国となった。

経済社会理事会④ 経済・社会・文化・教育などを取り扱う国連主要6機関の一つ。任期3年で理事国は54カ国。国際労働機関（ILO）をはじめ、多数の専門機関と連携して施策をおこなう。

国際司法裁判所⑤ 国際紛争の法的処理をおこなう国連主要6機関の一つ。国際連盟の常設国際司法裁判所を継承してオランダのハーグに設けられた。国際紛争の解決には紛争当事国の合意が必要となっている。

ユネスコ（国際連合教育科学文化機関、UNESCO）⑦ 教育・科学・文化を通じて国際理解を促進し、世界平和と安全に貢献することを目的とする、国連の専門機関。1946年ユネスコ憲章が発効して設立された。

国際労働機関（ILO）⑦ 国際連盟に設けられた組織を受け継いだ、国連の専門機関。1946年に設立され、ILO憲章にもとづき、労働条件改善との労使間問題について加盟各国政府と使用者・労働者の代表が意見を交換し、協定を結んだ。

世界保健機関（WHO）⑦ 国際的保健事業の指導をおこなう、国連の専門機関。1948年に設立された。

世界人権宣言⑦ 1948年12月に国連総会で採択された、すべての国家と人々が達成すべき共通の人権に関する宣言。自由権・参政権・社会権を柱とし、法的拘束力ほうてきこうそくりょくはない

いが、各国の憲法にいかされている。

ブレトン＝ウッズ国際経済体制 Bretton Woods⑥ 1944～73 ブレトン＝ウッズ協定にもとづき、国際通貨と世界経済を調整する体制。1944年7月、アメリカのニューハンプシャー州ブレトン＝ウッズで開かれた会議で、国際通貨基金と国際復興開発銀行を設立する協定が結ばれた。第二次世界大戦後、二つの機関を中心に形成された経済体制は、基軸通貨の米ドルと各国通貨との交換（兌換だか）比率を固定する金・ドル本位制で、為替かわ安定をはかると同時に貿易自由化を進め、各国経済の発展をめざした。しかし、1970年代初頭に進行したドル＝ショックで、73年に為替が変動相場制へんどうそうばへ移行し、この体制は崩壊した。

国際通貨基金（IMF）⑦ 国際通貨体制の確立と為替の安定を目的とする、国連の専門機関。1945年、ブレトン＝ウッズ協定にもとづき、国際復興開発銀行とともにつくられた。

国際復興開発銀行（IBRD、世界銀行）⑦ 戦後復興と開発途上国への融資を目的とする、国連の専門機関。1945年末に設立され、国際通貨基金を補完する立場にある。

「関税と貿易に関する一般協定（ガット〈GATT〉）」⑦ 1947 国際的な自由貿易の維持・拡大を目的として、23カ国によって調印された取決め。関税の引下げや、各種の輸出入規制の撤廃に合意した。1995年に、権限のより強い組織として世界貿易機関（WTO）が設立され、交代した。

ドル《基軸通貨》⑤ 基軸通貨とは、国際的な決済・金融取引で中核的な機能を果たす主要通貨。第二次世界大戦後、ブレトン＝ウッズ体制のもとで米ドルの金兌換を約束し、ドルがイギリスのポンドにかわって基軸通貨となった。1971年の金・ドル兌換停止後も、ドルの基軸通貨としての地位にかわりはない。

金・ドル本位制④ 基軸通貨の米ドルと金を基準に、各国通貨との交換（兌換）比率が決められた、固定為替相場制。ブレトン＝ウッズ会議で、金1オンス（31.1035g）＝35ドルという交換比率を定めた。

ドイツ4カ国分割占領（分割管理）⑦ 1945 ベルリン陥落後にアメリカ・イギリス・フランスとソ連の4カ国が開始したドイツ本土の軍事分割管理。翌1946年に、アメリカとイギリスが占領地域の経済統合に合意するなど、西側占領地区では統合が始まった。

ベルリン分割管理 ⑦ 米・英・仏・ソの4カ国による、旧ドイツの首都ベルリンの分割管理。

ニュルンベルク裁判 Nürnberg ⑥ 1945〜46 連合国がナチス＝ドイツの戦争責任者を裁くためにおこなった軍事裁判。22人の被告のうち、ゲーリング航空相・リッベントロップ外相ら12人に絞首刑が宣告された。

国際軍事裁判 ③ 連合国がドイツと日本の戦争犯罪者に対しておこなった国際裁判。連合国が裁判所憲章を制定し、従来の戦争犯罪に加えて、平和や人道に対する罪という新しい犯罪概念で審判がおこなわれた。「平和に対する罪」で訴追されたA級戦犯は、国家の指導的立場にあり、侵略戦争を計画した者。「通例の戦争犯罪」で訴追されたB級戦犯は、捕虜虐待や毒ガスなど国際法上禁じられた武器の使用といった戦争法規違反をおかした者。「人道に対する罪」で訴追されたC級戦犯は、一般人への殺戮や虐殺などをおかした者とされた。

非ナチ化 ② 連合国がドイツ占領をおこなった際の方針。ナチ党の解体、宣伝の禁止、関係者の行政・教育・司法や政界からの追放がおこなわれた。ニュルンベルク裁判後はドイツ人の手で非ナチ化が進められた。

パリ講和条約 ⑤ 1947 イタリア・ハンガリー・ブルガリア・ルーマニア・フィンランドの旧枢軸国等と連合国側とのあいだに結ばれた講和条約。枢軸諸国は賠償金・軍備制限を課せられた。

4カ国共同管理《オーストリア》 ⑥ アメリカ・イギリス・フランス・ソ連4カ国による分割管理。1955年の国家条約でオーストリアが主権を回復するまで存続した。

マッカーサー MacArthur ① 1880〜1964 アメリカの軍人・連合国軍総司令部（GHQ）の最高司令官。第二次世界大戦後、アメリカを中心におこなわれた日本の占領政策における象徴的存在である。

非軍事化《日本》 ⑤ 連合国が、日本の侵略戦争の根源を断つためにとった占領政策。非軍事化や財閥国家化をめざし、軍隊の解体、軍需生産の停止、軍国主義者の公職追放、修身教育禁止、国家と神道の分離などをおこなった。

女性参政権《日本》 ② 戦後に実現した女性の国政参加。1945年10月、マッカーサーが幣原喜重郎首相に口頭で命じた五大改革指令のなかに、「憲法の自由主義化および女性の解放（参政権の付与）」があった。同年12月の改正衆議院議員選挙法公布で女性の国政参加が認められた。翌46年4月10日、戦後はじめての衆議院議員総選挙がおこなわれ、約1380万人の女性がはじめて投票し、39人の女性国会議員が誕生した。

農地改革 ⑤ 連合国の対日占領政策の一つ。自作農創出のため、不在地主の土地や、在村地主の一定以上の土地を買い上げ、売り渡しをおこなった。財閥解体・労働政策の改革とあわせて三大改革と呼ばれた。

財閥解体 ⑤ 連合国の対日占領政策の一つ。財閥側の自主改革を許さず、財閥の持ち株を公売し、財閥家族を会社役員から追放した。

教育改革 ③ 1945年にGHQからの指令でおこなわれた、日本の教育の民主化。軍国主義的教育を禁止し、軍関係者を教職から追放した。

東京裁判（極東国際軍事裁判） ⑥ 1946〜48 連合国が日本の戦争責任者を裁くためにおこなった裁判。28人が被告で、東条英機ら7人に絞首刑が宣告された。天皇と財閥関係者は不起訴とされた。なお、インドのパル判事は全員を無罪と主張した。

東条英機 ③ 1884〜1948 日本の総理大臣（在任1941〜44）。第二次世界大戦における日本の最高責任者。終戦後に自殺をはかったが失敗し、極東国際軍事裁判によってA級戦犯として絞首刑となった。

日本国憲法 ⑥ 1946年11月3日に公布、翌47年5月3日に施行された現行憲法。GHQ草案にもとづき、主権在民・象徴天皇制・平和主義・基本的人権の尊重などが定められ、徹底した民主化がめざされた。

米ソ冷戦の始まり

アトリー内閣 Attlee ⑥ 1945〜51 1945年7月の総選挙で成立した労働党内閣。マーシャル＝プランを受け入れてイギリスの経済再建につとめるとともに、内政では福祉国家の実現・重要産業の国有化をおこなった。対外的にはNATOへの参加、インドなど植民地の独立承認、パレスチナ委任統治権の放棄などをおこなった。

重要産業国有化 ④ イギリスで戦後数年間のうちにおこなわれた、石炭・鉄道・電気・ガスなど主要な産業の国有化政策。イングランド銀行も国有化された。

社会福祉制度の充実 ⑤ 大戦中に発表されたベヴァリッジ報告を基礎とした、アトリー

内閣の福祉国家施策。失業保険と疾病保険からなる国民保険法を制定するなど、「ゆりかごから墓場まで」の福祉をめざした。

エールのイギリス連邦離脱 ④ 1949　エールのイギリス連邦からの公式離脱。第二次世界大戦中、エールはイギリスの激しい非難にもかかわらず、中立をつらぬいていた。

アイルランド　Ireland ④ 1949年にイギリス連邦から離脱したエールが、対外的に正式名称とした英語の国名。

第四共和政 ⑤ 1946～58　ド＝ゴール臨時政府にかわって発足したフランスの共和政。小党が分立し、連立政権内閣も短命で、インドシナ・アルジェリアなど旧植民地の独立運動に対応できず、崩壊した。

フランス共産党 ④ 1920年、社会党の分裂によって生まれた政党。第二次世界大戦中レジスタンスの中心として活動し、1945年の総選挙で第一党となった。47年にはコミンフォルムに参加した。　→ p.304

イタリアの王政廃止 ④ 1946　国民投票による王政の廃止。イタリア王国は1861年に成立し、ファシズム体制下でも王政が続いていた。1946年、女性参政権が認められておこなわれた国民投票の結果、王政は廃止され、共和政に移行した。

イタリア共産党 ④ 1921　社会党からわかれて結成された政党。第二次世界大戦中レジスタンスの中心として活動した。トリアッティ書記長のもとで大衆政党となり、戦後西ヨーロッパで最大の共産党となった。

「鉄のカーテン」　Iron Curtain ⑥ チャーチルが、ヨーロッパにおける東西両陣営の境界を象徴して用いた表現。1946年にアメリカのミズーリ州フルトンでおこなわれた演説で、ソ連がバルト海のシュテッティンからアドリア海のトリエステを結ぶラインを境に、勢力圏をつくっているとの非難をこめて使用した。

トルーマン＝ドクトリン（「封じ込め政策」） ⑦ 1947年3月、アメリカ大統領トルーマンが東西冷戦の存在を認め、表明した反共対外援助政策。ギリシアとトルコの共産主義化阻止のために軍事支出を連邦議会に要請し、さらに全世界規模での反共封じ込め政策の必要性を訴えた。

マーシャル　Marshall ③ 1880～1959　アメリカの軍人・政治家。国務長官として1947年に提案したマーシャル＝プランの功績で、53年ノーベル平和賞を受賞した。

マーシャル＝プラン（ヨーロッパ経済復興援助計画） ⑦ 1947　アメリカの援助によるヨーロッパの経済復興計画。共産主義化防止が目的であったため、ソ連・東欧は受け入れを拒否した。1948～51年に実施された。

ヨーロッパ経済協力機構（OEEC） ② マーシャル＝プランによるアメリカからの援助資金を受け入れるために設立された機関。1948年に西欧16カ国が結成し、その後の国際経済構造の変化とともに、61年に経済協力開発機構（OECD）へと改組された。

コミンフォルム（共産党情報局）　Cominform ⑥ 1947　国際的な共産党の情報交換の機関。ソ連・東欧6カ国・フランス・イタリアの共産党で組織された。当初ベオグラードに本部をおいたが、1948年のユーゴスラヴィア除名以降、ルーマニアのブカレストに移した。スターリン批判ののち、56年に解散した。

「冷戦」　Cold War ⑦ 第二次世界大戦末期から1989年末のマルタ会談に至るまでの、自由主義陣営と社会主義陣営の対立。米ソ両国の直接戦争にまで至らない対立を表した言葉で、47年にアメリカ人ジャーナリストのあいだで使われはじめた。戦後、核兵器で軍事的優位に立ったアメリカのソ連封じ込め政策と、ソ連の核開発、東欧・アジアにおける社会主義圏の拡大で対立が激化した。のち1989年に米ソ首脳によるマルタ会談が開かれ、ソ連のゴルバチョフは冷戦の終結について言及した。

東西ヨーロッパの分断

ポーランド　Poland ③ 1945年9月に統一政府が成立し、国連発足時の原加盟国となった。47年の総選挙で反共勢力を一掃し、52年人民共和国憲法を採択した。　→ p.279

ハンガリー　Hungary ③ 戦後のソ連占領下でその影響が強まり、1949年に新憲法を制定し、人民共和国が発足した。　→ p.278

ルーマニア　Rumania ③ 戦後のソ連占領下で影響を受け、1947年に人民共和国が発足した。　→ p.217

ブルガリア　Bulgaria ③ 第二次世界大戦中に侵入してきたソ連の影響を受け、1946年に人民共和国の宣言が発せられた。　→ p.217

アルバニア　Albania ② 第二次世界大戦中、アルバニア共産党のパルチザン闘争を中心に全土をファシズム勢力から解放し、1946年人民共和国宣言をおこなった。中ソ論争

後は中国を支持した。

人民民主主義⑤ 反ファシズム民族統一戦線により成立した政治体制と理念。冷戦の進行で東欧諸国がソ連の衛星国となるにつれて、共産党指導によるソ連型の政治体制をこのように呼ぶようになった。

チェコスロヴァキア＝クーデタ⑥ 1948 共産党政権樹立のクーデタ。マーシャル＝プランを受け入れようとした非共産党勢力が、共産党とそれを支援するソ連によって閣内から一掃された。「東西の架け橋」を果たすという大統領ベネシュの理想は頓挫した。

ユーゴスラヴィア《第二次世界大戦後》 Yugoslavia⑤ 第二次世界大戦中にパルチザンで活躍したティトーの指導のもと、1945年に連邦人民共和国を宣言した。ソ連に対して自主的な態度をとり、48年コミンフォルムを除名された。53年のスターリン死去後はソ連との関係を改善し、55年に国交を正常化させた。しかし、ワルシャワ条約機構には加盟せず、非同盟政策を掲げ、東西どちらの陣営にも属さない姿勢をとり、61年には首都ベオグラードで第1回非同盟諸国首脳会議を開催した。

ティトー Tito⑥ 1892〜1980 ユーゴスラヴィアの首相（在任1945〜53）・大統領（在任53〜80）。本名はヨシップ＝ブローズ。第二次世界大戦においてドイツに対するパルチザン運動を指導し、ほぼ独力で独立を達成し、1945年に東欧初の人民共和国を建設した。複雑な民族問題を抱えるユーゴスラヴィアで、スターリン支配を拒否し、労働者の自主管理と地方分権を特徴とする独自の社会主義建設を指導した。また、エジプトのナセルらと非同盟諸国首脳会議開催を呼びかけ、1961年にベオグラードで第1回会議を開催した。

コミンフォルムのユーゴスラヴィア除名⑥ 1948 ソ連から距離をおくティトーがブルガリアと独自に同盟交渉をおこなったのをきっかけに、除名された。ユーゴスラヴィアは社会主義圏で孤立し、独自の路線を進んだ。

ベネルクス3国③ ベルギー・オランダ・ルクセンブルクの3国の総称。3国ともドイツとフランスの二大国に挟まれた小国で、緊密な政治的・経済的協力関係を築いている。

西ヨーロッパ連合条約（ブリュッセル条約）⑤ 1948 イギリス・フランス・ベネルク

ス3国が結んだ集団的自衛条約。チェコスロヴァキア＝クーデタへの危機感から成立し、のち NATO へ拡大した。

北大西洋条約機構（NATO）⑥ 1949 北大西洋条約にもとづく西側の集団安全保障機構。ベルリン封鎖など東西対立の激化を受け、ワシントンでアメリカ・カナダと西ヨーロッパ連合条約5カ国などの12カ国により成立した。冷戦中は西側諸国への軍事政策に大きな存在感を示し、1991年ワルシャワ条約機構が解体したのち、東欧や旧ソ連構成諸国の加盟で東方拡大が進んだ。

経済相互援助会議（コメコン〈COMECON〉）⑥ 1949 マーシャル＝プランに対抗するためソ連・東欧諸国が設立した経済協力機構。ソ連が原油を輸出し、東欧諸国が工業製品・消費財などをその対価として輸出する構造をつくった。1962年以降、モンゴル・キューバ・ベトナムなども参加したが、「冷戦」終結後の91年6月に解体された。

ワルシャワ条約機構（東ヨーロッパ相互援助条約）⑤ 1955 東側諸国が調印した条約によって設立された安全保障機構。西ドイツのNATO加盟に対抗してつくられ、ソ連・ポーランド・東ドイツ・チェコスロヴァキア・ハンガリー・ルーマニア・ブルガリアとアルバニア（1968年に脱退）によって構成され、統一軍指令部はモスクワにおかれた。ペレストロイカや「東欧革命」、ソ連の解体が進むなか、91年7月に解散した。

西側占領地区通貨改革⑦ 1948 ドイツの西側占領地区と西ベルリンにおける米・英・仏3国による、新ドイツマルクの導入。

ベルリン封鎖⑦ 西側占領地区の通貨改革に対抗して、ソ連が1948年6月に東ドイツ領内に位置する西ベルリンへの交通を封鎖した措置。電力供給の停止や鉄道の全面遮断などで「飛び地」西ベルリンを孤立させたが、西ドイツを占領する3国はアメリカ・イギリスを中心に物資を空輸して対抗した。ヨーロッパで東西の緊張が高まり、問題は国連にもちこまれ、49年5月にソ連が封鎖を解除した。

ドイツ連邦共和国（西ドイツ）⑦ 1949 5月に西側占領地区に建国された国家。西ドイツと呼ばれる。1990年のドイツ統一は、西ドイツが東ドイツを吸収する形態でおこなわれた。

キリスト教民主同盟② 1945 旧中央党を中心にキリスト教系の組織や工業資本家、右派の労働組合が結集した西ドイツの政党。

経済復興を実現し、西側陣営としての立場を確立した。

アデナウアー Adenauer ⑥ 1876～1967　キリスト教民主同盟の党首・初代西ドイツ首相(在任1949～63)。OEEC や NATO・EEC への参加などで、西ドイツの西側諸国の一員としての立場を築いた。「経済の奇跡」と呼ばれる高い経済成長、失業率の低下、物価安定を実現した。

西ドイツの主権回復(パリ協定) ⑥ 西ドイツの主権回復は、1954年に西ドイツと米・英・仏が結んだパリ協定により合意された。同協定は55年に発効し、西ドイツの再軍備と北大西洋条約機構(NATO)への加盟に加え、48年のブリュッセル条約を修正し、西ドイツとイタリアを西ヨーロッパ連合に加えることも決定した。

西ドイツ再軍備 ③ パリ協定にもとづいて実施された措置。国内には反対もあったが、1956年7月に一般兵役義務法(徴兵制法)が可決された。

西ドイツの NATO 加盟 ④ 1955　パリ協定の発効で5月に正式加盟した。ヨーロッパにおける NATO の中心となり、1966年フランスの NATO 軍事機構脱退により西ドイツの重要性がさらに高まった。

ドイツ民主共和国(東ドイツ) ⑦ 1949　10月にドイツ連邦共和国に対抗してソ連占領地区に樹立された国家。ドイツは東西二つの国家に分裂した。首都はベルリン。

オーストリア、独立回復 ⑥ 1955　オーストリアは、アメリカ・イギリス・フランス・ソ連と結んだオーストリア国家条約で主権を回復した。同条約でオーストリアはドイツとの合邦が禁止され、永世中立が定められた。

中華人民共和国の成立

内戦(国共内戦)《中国》⑤ 日本降伏後に再開された国民党と共産党の戦争。1946年7月から本格化した。国民党はアメリカの支援を受けたが、腐敗や経済混乱で大衆の支持を失った。一方、共産党は農村での土地改革で支持を広げて勝利した。

中国国民党《第二次世界大戦後》⑥ 第二次世界大戦後、国民党は米ソ両国から中国を代表する政権として認められた。しかし、アメリカ製品を中心とする輸入超過からおこったインフレに対応できず、また権力強化をはかるなかでの賄賂の横行など党幹部の腐敗が著しく、しだいに国民の支持を失っていった。

中国共産党《第二次世界大戦後》⑤ 第二次世界大戦中に、毛沢東を中心として抗日戦争を指導した政党。第二次世界大戦後の1946年に国民党との内戦に突入し、当初はアメリカの支援を受ける国民党に対して劣勢を強いられた。しかし、国民党への国民の不満の高まり、土地政策に対する農民の支持などを背景に、47年に人民解放軍は反攻に転じ、49年には北京に入城、ついで国民政府の首都南京を陥落させ、勝利をおさめた。

二・二八事件 ⑤ 1947　台湾の台北を起点に発生した、民衆の抗議やデモ。外省人(1945年の日本統治終了後、中国大陸からきた人々)の警官が暴力的にヤミタバコを摘発したことが契機となった。大陸から国民政府が援軍を送り、民衆の行動はきびしく弾圧され、事件後の49年には戒厳令が布告された。背景に外省人と本省人(台湾の住民)の対立があった。

蔣介石《第二次世界大戦後》⑥ 1887～1975　第二次世界大戦後、重慶で毛沢東と和平交渉にのぞんだが、1946年に国共内戦に突入した。当初は戦いを優勢に進めたが、共産党の反攻を受けて敗北、49年12月に台湾に逃れ、台北を首都に中華民国政府を維持した。

中華民国憲法 ③ 1947　南京に遷都した国民政府が、国共内戦のさなかに施行した憲法。その後、中国国民党が台湾で施行した。

中華民国政府 ⑤ 1949　内戦に敗れて12月に台湾に逃れた蔣介石政権。当初国連の代表権をもっていたが、1971年に中華人民共和国に移った。88年に成立した李登輝国民党政権のもとで民主化が進められた。

人民政治協商会議 ④ 1949　共産党の内戦勝利が目前の9月に、北京で蔣介石派以外の党派の代表を集めて開催した会議。1954年に全国人民代表大会が中華人民共和国憲法を制定するまで、国会の役割を担った。

毛沢東 ⑦ 1893～1976　中国共産党指導者。中華人民共和国主席(在任1949～59)。社会主義国家建設を進めたが、「大躍進」政策の失敗で1959年国家主席を辞任。66年からのプロレタリア文化大革命では紅衛兵を扇動し、国家主席の劉少奇らを追放して、実権を取り戻した。 → p.290

周恩来 ⑥ 1898～1976　中国共産党の指導者。中華人民共和国初代首相(在任1949

〜76)。1936年の西安事件の調停でも活躍し、中華人民共和国樹立と同時に初代首相となった。インドのネルーとともに平和五原則を提唱、米中接近や日中国交正常化でも外交手腕を発揮した。イデオロギーに固執することなく現実的な態度をつらぬいた。

中華人民共和国 ⑦ 1949年、中国共産党が中国国民党との内戦に勝利し、10月1日に北京を首都として建設した国家。建国宣言を天安門広場でおこなった毛沢東は主席となり、周恩来が首相に就任した。建国後は、国内外の情勢により、国家建設の社会主義化が加速した。

中ソ友好同盟相互援助条約 ⑦ 1950 中国とソ連が「日本および日本と結託ケッタクする国(アメリカ)」を仮想敵国とし、相互の安全保障を目的として結んだ軍事同盟。1960年には有名無実化し、80年に解消された。

中華人民共和国の承認 ③ 建国直後にソ連・東欧諸国・インドが、西側の主要国では1950年にイギリスが承認した。64年にはフランスが、72年に日本が承認をおこない、アメリカの承認は72年のニクソン訪中で事実上果たされ、正式には79年におこなわれた。

朝鮮半島と東アジア

北緯38度線 ⑦ 1945 第二次世界大戦後の朝鮮半島の分断ライン。これより北側をソ連が、南側をアメリカが占領し、「冷戦」期に国境として固定されていった。

李承晩イスンマン ⑥ 1875〜1965 大韓民国初代大統領(在任1948〜60)。1904年に渡米して以降、ワシントン・ハワイ・上海シャンハイから朝鮮独立運動を指導した。45年に帰国し、韓国建国後は大統領として朝鮮戦争を戦うなど反共親米政策を独裁的に進めたが、60年の学生革命で失脚した。

大韓タイカン民国 ⑦ 1948年、朝鮮南部に成立した国家。アメリカ支援のもと、制憲議会選挙で初代大統領に李承晩を選出した。首都はソウル。

金日成キムイルソン ⑦ 1912〜94 朝鮮民主主義人民共和国初代首相(在任1948〜72)。中国東北地方における抗日戦参加後、日本の降伏で帰国し、初代首相として朝鮮戦争を戦った。反対派を粛清シュクセイし、北朝鮮が国家としてソ連や中国からも独立していることを主張する主体思想を確立して、72年に主席(在任1972〜94)となった。個人崇拝を背景に、

息子の金正日キムジョンイルを後継者とするなど、独裁的な権力をもった。

朝鮮民主主義人民共和国(北朝鮮) ⑦ 1948年、大韓民国に対抗して朝鮮北部に成立した国家。建国当初はソ連の強い影響下にあった。首都は平壌ピョンヤン。

朝鮮戦争 ⑦ 1950〜53 朝鮮民主主義人民共和国(北朝鮮)から大韓民国(韓国)への侵攻で始まった戦争。北朝鮮軍に対し、アメリカ軍を中心とした国連軍が韓国を支援して介入した。戦況が逆転して国連軍が鴨緑江オウリョッコウにせまると、中国が人民義勇軍を派遣し、のち北緯38度線を挟コウちゃくして戦局が膠着した。1953年に休戦協定が結ばれ、国家の分断が固定化された。

国連軍出動 ⑦ 1950 朝鮮戦争における大韓民国支援の国連軍の派遣。アメリカ軍が中心で、統一指揮をおこなった。ソ連が中国の国連代表権をめぐって安全保障理事会を欠席していたため、拒否権は行使されなかった。また、これは「国連軍の出動」と呼ばれてきたが、国連憲章に照らすと厳密な意味では「多国籍軍の出動」である。

中華人民共和国の義勇軍ギユウグン**派遣** ⑦ 1950 国連軍の国境接近に対する中国の対応。戦争の拡大に巻き込まれることを避けるため、名目上は義勇軍(志願軍)と称したが、実際には正規軍であった。これに対し、アメリカが原子爆弾の使用を検討する事態となった。

朝鮮休戦協定 ⑥ 1953 板門店パンムンジョムにおける休戦会談で成立した協定。捕虜送還ソウカン問題で長期間話し合いが難航し、ソ連のマリク国連代表の停戦提案から2年経って成立した。

中国と台湾の分断 ④ 中華人民共和国成立および朝鮮戦争後の、中国本土と台湾の政治的関係。1950年1月に、アメリカのトルーマン大統領は台湾への不介入を発表した。しかし、朝鮮戦争が勃発ボッパツするとこれを撤回し、6月には台湾海峡の中立化を名目に第七艦隊を台湾海峡に派遣したため、中国と台湾の分断も固定化した。

中国の社会主義化 ⑤ 東西冷戦の進行とともに変化した、中国の国家体制。建国当初の中華人民共和国は、共産党の一党独裁体制ではなく、共産党を中心とする勤労者政党の連合政府という姿勢をとった。しかし、1950年にソ連と中ソ友好同盟相互援助条約を結んで社会主義陣営の一員となり、53年からソ連の支援も受けて第1次五カ年計画

を開始して、急速な社会主義化をめざした。毛沢東の選択は「向ソ一辺倒」といわれ、朝鮮戦争に義勇軍を派遣し、アメリカと敵対する立場を明確にした。

土地改革（法）③ 1950　地主の土地を再分配し、自作農の生産意欲を高めることを目的とした改革。1952年末までにほぼ中国全土で改革が完了したが、その後農業の集団化により農民の土地所有権は失われた。

第1次五カ年計画《中国》④ 1953〜57　重工業化による軍需産業の振興と農業の集団化をはかる計画経済政策。技術者の派遣や中国技術者の訓練など、ソ連に依存しておこなわれ、比較的大きな成果をおさめた。

警察予備隊⑦ 1950　マッカーサーの指令で日本の吉田首相が設置を決定した治安部隊。朝鮮戦争の開始を受けて7万5000人規模で創設された。1952年、サンフランシスコ平和条約（51年調印）の発効を受け、保安隊に改変された。

自衛隊⑥ 1954年に設置された陸・海・空の部隊。保安隊をさらに拡大したもの。

サンフランシスコ講和会議② 1951　連合国と日本の講和会議。中国はまねかれず、インド・ビルマ・ユーゴスラヴィアは不参加であった。

サンフランシスコ平和条約⑥ 1951　日本と連合国48カ国で締結された講和条約。日本の主権を回復し、占領軍は撤退させる一方、条約締結による外国軍の駐留を妨げないことも明記された。朝鮮半島・台湾・南樺太・千島の放棄が明文化され、沖縄・小笠原諸島は信託統治が予定されていたが、アメリカの施政権下におかれた。ソ連などの東欧諸国は署名しなかった。

日米安全保障条約② 1951　サンフランシスコ平和条約とともに調印された、日米間の軍事条約。アメリカ軍に日本国内の基地を貸与することが決められ、アメリカ軍が日本の治安維持へ参加する条項を含む内容であった。　→ p.322

東南アジアの独立

フィリピン共和国の独立⑥ 1946　7月にアメリカから独立。第二次世界大戦中の日本の占領・降伏を経て、1944年に亡命先のアメリカから帰還していたフィリピン独立準備政府が、46年に共和国として独立した。

スカルノ　Sukarno ⑥ 1901〜70　インドネシア独立運動の指導者。第二次世界大戦中

は日本軍に協力したが、日本の降伏直後に多くのグループを代表して独立宣言に署名し、大統領に選ばれた。独立を認めないオランダとの戦いは、アメリカの支持を得、国連の調停で1949年に独立承認を勝ち取った。対外的には55年にアジア＝アフリカ会議を主催するなど非同盟諸国のリーダーとなり、国内では軍と共産党のバランスのうえに「指導された民主主義」をおこなった。　→ p.292

インドネシア共和国の独立⑥ 1945　8月17日にオランダから独立。スカルノらが独立を宣言すると、これを認めないオランダと武力闘争となったが、1949年のハーグ協定でオランダから主権を委譲された。

ホー＝チ＝ミン　Ho Chi Minh ⑦ 1890〜1969　ベトナムを独立に導いた政治家。ベトナム独立同盟会を基盤として、日本降伏直後の1945年9月ベトナム民主共和国の独立を宣言した。初代大統領に就任（在任1945〜69）し、インドシナ戦争・ベトナム戦争で、フランス・アメリカと戦った。　→ p.292

ベトナム独立同盟会（ベトミン）　Viet Minh ⑤ 1941　独立をめざして結成された民族統一戦線。インドシナ共産党を中核として諸党派が結集し、ホー＝チ＝ミンを中心に1945年9月、日本の降伏を受けて独立を果たした。その後、植民地支配復活をはかるフランスとも戦った。

ベトナム民主共和国⑦ 1945　日本の敗戦後すぐに独立を宣言したベトナムの国家。旧宗主国フランスとのあいだにインドシナ戦争がおこり、1954年にジュネーヴ休戦協定が成立し、北緯17度の軍事境界線以北で社会主義国家建設をめざした。南北統一をめざして南ベトナム解放民族戦線と協力し、65年から南ベトナム政府を支援して本格的に介入したアメリカを撃退した。76年に南北を統一したベトナム社会主義共和国が成立した。

バオダイ　Bao Dai ④ 1914〜97　阮朝最後の王（在位1925〜45）、ベトナム国元首（在位1949〜55）。第二次世界大戦中、日本に協力して独立を宣言し、日本の降伏で退位したが、1949年3月フランスにかつぎ出されて、ベトナム国の元首となった。フランス撤退後、介入してきたアメリカとゴ＝ディン＝ジエムによって、55年に排除された。

フランス連合　Union française ② 1946年の第四共和国憲法のもとで形成された、植民

地を含む国家間連合。旧植民地・旧保護国は対等な権利と義務をもつ構成国とされた。

ベトナム国 ⑦ 1949～55　フランスがバオダイを擁立してベトナム南半部に建てた国家。

インドシナ戦争 ⑥ 1946～54　日本降伏と同時に独立したベトナム民主共和国が、再植民地化をねらうフランスと戦った戦争。1954年のジュネーヴ会議で休戦協定が成立した。

ディエンビエンフー Dien Bien Phu ⑥ ベトナム北西部の町。インドシナ戦争の時、ラオス防衛のためフランスが建設した根拠地。1954年5月、この地が陥落し、インドシナ戦争の休戦が実現した。

ジュネーヴ会議 ② 1954　米・英・仏・ソ・中華人民共和国とアジアの当事国による、朝鮮統一とインドシナ休戦についての会議。ジュネーヴ休戦協定が結ばれた。

ジュネーヴ休戦協定 ⑦ 1954　インドシナ戦争の休戦協定。北緯17度線の暫定軍事境界線と2年後の南北統一選挙の実施が決められたが、アメリカがこれに調印しなかったことが、その後のベトナム戦争の原因となった。

北緯17度線 ⑥ ジュネーヴ会議で決定されたインドシナ戦争の暫定軍事境界線。アメリカの直接参戦を避けるため、ベトナム民主共和国は境界設定を受け入れ、幅10kmの非武装地帯がつくられた。

ゴ＝ディン＝ジエム Ngo Dinh Diem ⑤ 1901～63　ベトナム共和国初代大統領（在任1955～63）。アメリカの軍事・経済援助を受け、大土地所有者の保護や独裁政治をおこなった。

ベトナム共和国 ⑤ 1955～75　ゴ＝ディン＝ジエムが南北分割の恒久化をはかって樹立した国家。アメリカの軍事・経済援助を背景にベトナム民主共和国と対立したが、土地改革に失敗して小作人の反乱をまねいた。さらに、金権政治に反発が集まるなか、ベトナム戦争が始まった。

カンボジアの独立 ⑤ 1953　フランスからの正式な独立。シハヌーク国王はフランス連合国内での不完全な独立を国際世論に訴え、独立式典をおこなった。翌1954年のジュネーヴ会議では国際的な承認を獲得した。

シハヌーク ③ 1922～2012　カンボジア国王（在位1941～55、93～2004）、国家元首（1960～70）。カンボジアを独立に導いたが、諸派の対立やベトナムの干渉で政情が混乱

すると中国に亡命した。国連の介入でカンボジアに和平が成立したのち、再び国王となり、国民を統合する役割を果たした。

ラオスの独立 ③ 1949　フランス連合内で独立が認められ、ルアンパバーン王がラオスを代表したが、主権は制限された。1953年フランスとの条約で完全独立を達成、54年ジュネーヴ会議で国際的に承認された。

ビルマの独立 ⑦ 1948　ビルマ連邦共和国としてイギリス連邦から完全独立。1962年に軍部のクーデタでネ＝ウィンが政権を掌握し、軍人による強権的な社会主義化が進んだ。74年に国名をビルマ連邦社会主義共和国としたが、88年のクーデタ後に軍事政権がビルマ連邦に戻し、89年にはミャンマー連邦と改称した。

マラヤ連邦 Malaya ⑥ 1957　マレー人・中国人・インド人の連盟党が1955年の総選挙の勝利を背景に、イギリスから完全独立を達成した。

南アジアの独立

インド独立法 ③ 1947　アトリー内閣の時、民族運動の高まりをみてイギリス議会が認めた法。連邦制をとり、パキスタンとの分離・独立を定めた。

インドの独立 ⑥ 1947　イギリス連邦内の自治領として独立。パキスタンと分離したため、ヒンドゥー教徒が多数を占める国家となった。

インド連邦 ④ 1947～50　イギリス連邦の一国として独立したインドのことで、1950年にインド憲法が施行されて共和国となるまでの時期を指す。中央と州がそれぞれ議会と政府をもつ連邦制をとり、周辺の藩王国もこの連邦に加盟した。

パキスタンの独立 ⑥ 1947　イスラーム教徒を中心に、イギリス連邦内の自治領としてインドと分離・独立した。建国時の首都はカラチ（1947～60年）。その国土は東部（1971年に分離・独立した現バングラデシュ）と西部の2地域にわかれていた。

ガンディー暗殺 ⑤ 1948　ガンディーは、急進的ヒンドゥー教徒により暗殺された。犯人はガンディーがとなえるイスラーム教徒との融和を認めなかった。

ネルー Nehru ⑥ 1889～1964　インドの初代首相（在任1947～64）。五カ年計画を実施するなど社会主義型の経済建設をめざした。対外的には1954年に周恩来とのあいだで平

和五原則を確認し、55年にアジア=アフリカ会議を主導するなど、非同盟政策推進の中心となった。『父が子に語る世界史』などの著作を残した。　→ p.291

アンベードカル　Ambedkar ① 1891〜1956　不可触民出身のインドの政治家。不可触民差別撤廃運動に献身、独立後は憲法起草委員長をつとめた。1956年、身分差別を批判し、多くの不可触民とともに仏教に改宗した。

インド共和国 ④ 1950年に成立した連邦共和国。新たなインド共和国憲法は、不可触民出身のアンベードカルを起草委員会の委員長として発布され、カーストなどの差別禁止を規定した。また、憲法ではイギリス王室への忠誠が否定され、自治領から共和国となった。

スリランカ（セイロン）の独立　Sri Lanka ⑥ 1948　イギリス連邦内の自治領として独立。世界初の女性首相バンダラナイケ（在任1960〜65、70〜77）は、1972年に国名をセイロンから古来のシンハラ語の呼称スリランカへと改称し、完全独立を果たした。

中東の動向

中東 ② ヨーロッパ人は、東方の世界を「近東（Near East）」「中東（Middle East）」「極東（Far East）」に三分した。中東の範囲は時代とともに変化しているが、現在では、アフガニスタンから、イラン、トルコ、メソポタミア、アラビア半島、レバノン、イスラエル、エジプト、スーダンなどを経て、マグレブ諸国に至る地域を指す。

アラブ連盟（アラブ諸国連盟）　Arab League ⑤ 1945　カイロで開かれたパン=アラブ会議で成立した地域機構。エジプト・シリア・イラク・レバノン・トランスヨルダン（1949年にヨルダン=ハーシム王国に改称）・イエメン・サウジアラビアの7カ国で結成された。1970年代まではパレスチナ問題でアラブ民族運動の中心となったが、イラン=イラク戦争や湾岸戦争では加盟国間の対立が激しくなり、機能不全におちいった。

パレスチナ分割案 ⑥ イギリスの委任統治放棄を受けて1947年11月の国連総会で決議された、地中海東岸のパレスチナ地域の分割案。パレスチナを、イギリスの委任統治終了後、ユダヤ人とパレスチナ（アラブ）人の国家に分割する内容。米・ソの思惑が一致して、56％の土地にユダヤ人の国家を建設するとした。

イスラエル　Israel ⑦ 1948　第二次世界大戦後、国際連合が決議したパレスチナ分割案を受けて、パレスチナに建国されたユダヤ人国家。イスラエルはヘブライ語で「神の支配」を意味する。

パレスチナ戦争（第1次中東戦争）⑥ 1948〜49　国連のパレスチナ分割案決議後に発生した、建国を宣言したイスラエルと、その建国を認めないアラブ諸国との戦争。初めはアラブ側が優勢だったが、やがてイスラエルが優勢となった。49年、イスラエルがアラブ各国と個別に休戦協定を結んだ結果、パレスチナ分割案より広い範囲を領土とした。

パレスチナ難民（パレスチナ人）⑥ 第1次中東戦争以降、イスラエルによってパレスチナの地を追われたアラブ系の人々。難民は当初約75万人だったが、避難先で世代を重ねることにより増加していった。

モサッデグ（モサデグ）　Mossadegh ⑦ 1882〜1967　イランの首相（在任1951〜53）。1951年に石油資源の国有化をはかったが財政難をまねき、53年国王派のクーデタで失脚した。

イラン石油国有化 ⑦ 1951　モサッデグ首相によるイギリス系アングロ=イラニアン石油会社の接収。資源ナショナリズムの先駆けであったが、混乱による石油減産などで、イランは財政難におちいった。モサッデグが失脚すると、国際石油会社が経営に乗り出し、国有化は失敗に終わった。

パフレヴィー2世　Pahlavī ⑤ 1919〜80　イラン国王（在位1941〜79）。モサッデグ政権と対立して一時国外退去していたが、クーデタでこれを倒し、石油問題を解決した。アメリカの支持のもと、農地改革、国営工場の払い下げなどを含む「白色革命」と呼ばれる近代化をおこなった。一方で反対派を弾圧したため、1978年には専制に反対する運動がおこり、79年のイラン=イスラーム革命で亡命した。

冷戦と第三世界の台頭

1 冷戦の展開

軍事同盟の広がりと核兵器開発

米州機構(OAS) ⑤ 1948 第9回パン＝アメリカ会議で成立した、南北アメリカ21カ国による反共協力組織。前年に成立した南北アメリカにおける集団安全保障条約であるリオ協定とあわせて、アメリカが「裏庭」(勢力圏)とみなすカリブ海地域での社会主義運動や革命をおさえる役割を果たした。

太平洋安全保障条約(ANZUS) ⑤ 1951 アメリカを中心にオーストラリア・ニュージーランドの3国が締結した安全保障条約。日本を警戒する2国に配慮して、サンフランシスコ平和条約調印の前に締結された。

東南アジア条約機構(SEATO) ⑥ 1954年9月成立。反共の一翼を担った地域安全保障機構。アメリカ・イギリス・フランス・オーストラリア・ニュージーランド・タイ・フィリピン・パキスタンが加盟した。ベトナム戦争後、77年に解散した。

バグダード条約機構(中東条約機構、METO) ⑤ 1955 トルコ・イラン・イラク・パキスタン・イギリスが結成した安全保障機構。1958年のイラク革命の結果、同国は翌59年に脱退した。

イラク革命 ③ 1958 イラクで、カセム(1914～63)を中心とした軍人たちが王政打倒を掲げておこしたクーデタ。国王が殺害され、イラク共和国が成立した。

中央条約機構(CENTO) ④ 1959 バグダード条約機構からイラクが脱退した後の、中東の安全保障機構。1979年、イラン＝イスラーム革命によってイラン・トルコ・パキスタンが脱退し、崩壊した。

日米安全保障条約 ④ 1951 サンフランシスコ平和条約とともに調印された、日米間の軍事条約。アメリカ軍の日本駐留と基地使用を認める内容であった。 → p.319

米比相互防衛条約 ⑤ アメリカを中心とする反共安全保障条約の一つ。サンフランシスコ平和条約締結前に、日本を警戒

するフィリピンに配慮し、これまでのアメリカとフィリピンの軍事的な関係を明文化した。

日華平和条約 ② 1952 日本と台湾の蔣介石政権とのあいだに結ばれた条約。朝鮮戦争の勃発を受けて、東アジアで形成された反共包囲網の一部となった。1972年、日中国交正常化にともない無効となった。

米韓相互防衛条約 ⑤ 1953 アメリカを中心とする反共安全保障条約の一つ。朝鮮戦争休戦直後に結ばれ、北朝鮮や背後にある共産主義国の脅威から大韓民国を防衛するとした。

米華相互防衛条約 ③ 1954 アメリカを中心とする反共安全保障条約の一つ。中国との対抗上、蔣介石の台湾(中華民国)と結んだ。1979年、アメリカと中国の国交正常化でアメリカが破棄した。

原子爆弾(原爆) atomic bomb ⑦ 核分裂によって発生するエネルギーを利用した爆弾。ウランやプルトニウムを原料とし、莫大な破壊力をもつ。アメリカが1945年8月に広島・長崎に投下した。

アメリカの核実験 ⑦ 1945年7月にはじめて原爆の実験に成功し、52年には水爆実験に成功した。

ソ連の核実験 ⑦ 1949年9月に原子爆弾(原爆)の開発に成功し、アメリカの核独占を打ち破った。53年にはアメリカに1年遅れて水素爆弾(水爆)の実験に成功した、と公表した。

イギリスの核実験(核保有) ⑥ 原爆は1952年、水爆は57年。

フランスの核実験(核保有) ⑤ 原爆は1960年、水爆は66年。この間、米・英・ソの核独占に反対して、63年の部分的核実験禁止条約への参加を拒否した。 → p.324

中国の核実験(核保有) ⑥ 原爆は1964年、水爆は67年。これらに先だって、63年の部分的核実験禁止条約への参加を拒否した。

ビキニ水爆実験 Bikini ⑤ 1954～58 アメリカが南太平洋でおこなった水素爆弾の実験。ビキニ環礁は、第二次世界大戦後にアメリカの信託統治領となった地域で、核実験の結果、「死の灰」と呼ばれる放射性

降下物で汚染された。54年の水爆実験の被害は第五福竜丸事件として知られ、島民も強制的に島から退去させられた。

第五福竜丸事件 ⑥ 1954　アメリカのビキニ水爆実験によって日本漁船が放射能汚染を受けた事件。乗組員23人全員に放射線障害が表れ、半年後に1人が死亡した。この事件は、原水爆禁止運動のきっかけとなった。

原水爆禁止世界大会 ②　核反対運動の大会。1955年に第1回大会が、被爆地広島で開催された。以後、毎年8月6日に開催されていたが、60年代半ば以降、核軍縮条約に対する意見の対立から大会は分裂した。

核兵器廃絶運動 ①　第二次世界大戦後の核開発競争に反対する国際的な運動。1950年のストックホルム=アピールで核実験禁止の署名が集められ、第五福竜丸事件後の日本でも、主婦が始めた署名運動が広がりをみせた。55年に原水爆禁止世界大会の第1回大会が、被爆地広島で開催された。57年にはパグウォッシュ会議が開かれて、核兵器禁止の世論が広がった。その後、冷戦の進展で核兵器の数は増大するが、一方で核兵器開発を制限する条約や、核兵器自体を禁止する条約も国家間で結ばれ、核兵器廃絶を主張するNGOなども活動を続けた。

バートランド=ラッセル Bertrand Russell ⑤ 1872〜1970　イギリスの数学者・哲学者。第二次世界大戦後は反戦・平和・核軍縮の運動に積極的に関わり、反核の象徴的存在となった。

ラッセル・アインシュタイン宣言 Russell-Einstein ③ 1955　ラッセルと「相対性理論」で知られるアインシュタインが中心となり、日本の湯川秀樹ら世界の科学者11人が、核兵器廃絶と戦争廃止を訴えた声明。

パグウォッシュ会議 Pugwash ⑦ 1957　カナダのパグウォッシュで開かれた、核兵器の脅威や科学者の責任を議題とする会議。日本の物理学者湯川秀樹らを含む22人が参加した。世界各地を舞台とする会議でもこの名称が継承され、核兵器禁止の世論形成に寄与した。

戦後のアメリカ社会

中央情報局(CIA) ② 1947　アメリカで国内の共産主義者などへの監視強化を目的として創設された諜報機関。冷戦期には外国情報の収集に暗躍し、冷戦終結後は国際テロに関する情報収集などをおもにおこなうようになった。

マッカーシー McCarthy ④ 1908〜57　アメリカで「赤狩り」と呼ばれた反共扇動的活動をおこなった共和党の上院議員。強引な情報収集や虚偽の発言を批判され、失脚した。

マッカーシズム McCarthyism ⑤ 1950〜54年にかけて共和党上院議員マッカーシーがおこなった、極端な反共主義と反共扇動活動。前年(1949年)のソ連の核実験成功や中華人民共和国成立を背景に、アメリカ社会に共産主義を脅威とみなす世論が高まり、支持を集めた。「赤狩り」と呼ばれるこの動きにより、進歩的なリベラル派が多数弾圧される結果となった。

アイゼンハワー Eisenhower ⑥ 1890〜1969　アメリカの軍人・第34代大統領(在任1953〜61)。第二次世界大戦後にNATO軍最高司令官となり、共和党から出馬して大統領に当選した。ソ連の勢力圏に対する「巻き返し政策」で反共の立場をとる一方、朝鮮戦争の休戦やジュネーヴ4巨頭会談への参加、フルシチョフとの会談などもおこなった。 → p.310

原子力発電(開発) ②　原子炉内で核分裂反応をおこし、得られた熱を利用して蒸気を発生させ、タービンを回して電力を得る発電方法。第二次世界大戦後に東西両陣営で開発が進んだ。1953年、アイゼンハワー米大統領は核開発競争への危機感から、国連総会で原子力の平和利用や関連する国際機関の設立を提唱し、のち国際原子力機関が創設された。

国際原子力機関(IAEA) ③ 1957　原子力の平和利用や軍事利用防止の目的で設立された国際機関。核拡散防止条約(NPT)における非核保有国には、軍事転用防止のため、立ち入り査察などの保障措置の受諾が義務づけられている。

「軍産複合体」 ②　軍と軍事産業の相互依存によって軍備拡大に向かう構造。1961年アメリカ大統領アイゼンハワーが離任に際しての告別演説のなかで警告した。

西欧・日本の経済復興

シューマン Schuman ⑤ 1886〜1963　第二次世界大戦後のフランス首相(在任1947〜48)・EEC初代議長(58)。経済学者ジャ

ン゠モネ（1888〜1979）の策を受けて、外相としてヨーロッパ石炭鉄鋼共同体（ECSC）設立を提案し、フランスとドイツの和解につとめた。

シューマン゠プラン ④ 1950　シューマンが発表した石炭と鉄鋼業の共同管理を含む提案。背景には、二度の世界大戦に際して独仏間の経済問題が安全保障の問題と連動したことを考慮し、国民国家の枠組みをこえた組織を樹立して各国の保護主義をおさえるねらいがあった。

ヨーロッパ石炭鉄鋼共同体（ECSC）⑦　シューマンの提案で1952年に発足した組織。フランス・西ドイツ・イタリア・ベネルクス3国で基幹資源を共同管理し、経済再建と仏独和解を含む地域協力をはかった。

ローマ条約 ②　1957　ヨーロッパ経済共同体とヨーロッパ原子力共同体（EURATOM）の設立に合意した条約。フランス・西ドイツ・イタリア・ベネルクス3国のあいだで調印された。

ヨーロッパ経済共同体（EEC）⑥　1958　ヨーロッパの共同市場化と共通経済政策推進のために発足した組織。ECSC 6カ国の実績を基に、域内関税の撤廃で自由な市場をつくり、一方で非加盟国との貿易に共通関税をかける政策をめざした。アメリカの影響力拡大の懸念が強まるなか、経済面の結束で西ヨーロッパ地域の発展と結合に寄与した。

ヨーロッパ原子力共同体（EURATOM）⑤　1958　EECと同じ6カ国をメンバーとして、原子力の平和利用を共同で研究するためにつくられた組織。

ヨーロッパ共同体（EC）　European Communities ⑦　1967　1950年代に発足したECSC・EEC・EURATOMを発展的に統合し、成立した組織。3つの組織が共通の行政管理機構を設立した。

ヨーロッパ自由貿易連合（EFTA）⑤　1960　イギリスがEECに対抗して組織した共同市場。アメリカやイギリス連邦諸国と密接な関係をもち、EC加盟国に比べて工業比率が圧倒的に高いイギリスが、オーストリア・スイス・ポルトガル・デンマーク・ノルウェー・スウェーデンを誘って結成した。加盟国間の結びつきはゆるやかで、結成直後からEECへの接近を模索^{き}した。

拡大EC ④　1973　イギリス・デンマーク・アイルランドが加わって9カ国に拡大したEC。その後、1980年代にギリシア・スペ

イン・ポルトガルも加盟し、ヨーロッパ統合が前進した。

スエズ以東からの撤兵 ②　1968　植民地帝国の維持を放棄したイギリスの対外政策。第1次ウィルソン労働党内閣（1964〜70年）が、財政負担軽減のため、撤兵に踏みきった。

「経済の奇跡」 ⑥　1950年からの10年間に西ドイツが達成した経済発展。アデナウアー政権下で、東ドイツからの労働力の流入にも支えられ、大衆消費社会への変化が進行した。

ド゠ゴール　de Gaulle ⑦　1890〜1970　フランスの第五共和政大統領（在任1959〜69）。終戦直後の第四共和政では政権を離れたが、アルジェリア戦争による危機で1958年に組閣し、新憲法を制定した。翌年大統領に就任、「フランスの栄光」を掲げて独自外交を展開して、フランスの国際的地位を高めた。アルジェリアの独立を認めたが、68年の五月危機で権威を失い、翌年に退陣した。→ p.307

第五共和政 ⑤　フランスで1958年から現在まで継続する、第一共和政から数えて5番目の共和政。アルジェリア戦争による危機をきっかけに成立した。

第五共和国憲法 ③　1958年に公布されたフランス憲法。9月の国民投票では79%の賛成を得ており、第16条で非常時における特権を規定するなど、大統領の権限を強化した。

アルジェリアの独立　Algeria ⑥　1962　軍の反対にあいながらも、ド゠ゴールがエヴィアン協定で独立を承認した。→ p.328

ド゠ゴールの独自外交 ⑥　西側諸国におけるアメリカの影響力を相対化するため、ド゠ゴールが推進した対外政策。欧米先進国のなかでいち早く1964年に中華人民共和国を承認し、軍事面では核兵器開発を推進するとともに、66年にNATOの軍事機構から脱退した。

フランスの核保有 ⑦　1960　サハラ砂漠でフランス初の核実験を成功させた。アメリカ・ソ連・イギリスについで4番目の核保有国となった。→ p.322

フランスの中国承認 ⑦　1964　ド゠ゴールの独自外交の一つとしておこなわれた中国との国交樹立。東西冷戦のもとで、国際情勢の多極化を進めた。

フランスのNATO軍事機構脱退 ⑦　1966　NATO軍指揮下からの離脱。軍事行動の自立性を求めるド゠ゴールが、フランス軍をNATOの指揮権から離脱させた。のち

第18章

2009年に復帰を宣言した。

五月危機（五月革命）③ 1968　フランスで、学生運動をきっかけにおこった広範な社会的異議申し立て運動。パリ大学の学生が大学改革を要求したことに端を発し、労働者のゼネストや知識人のデモがおこなわれた。ド＝ゴールは解散・総選挙で事態を沈静化したが、政権に対する信頼は回復せず、翌1969年辞任した。

朝鮮戦争特需 ⑦ 米軍の戦時需要。朝鮮戦争において、アメリカ軍は繊維・自動車・石炭などを日本から購入した。緊縮予算で不況下にあった日本は、この輸出急増で経済復興を果たした。

自由民主党 第二次世界大戦後の日本で、復興と国際社会への復帰を担った保守政党。1955年の自由党・日本民主党の保守合同によって成立した。

55年体制 ① 1955　自由民主党が政権を保持し、野党の社会党と国会で対立した体制。1993年まで続いた。

日ソ国交回復 ⑥ 1956　2年間にわたる交渉の末、1956年に成立した日本とソ連の国交樹立。これを受けて同年12月、日本は国連に加盟し、国際社会に復帰した。

日ソ共同宣言 ④ 1956　鳩山一郎首相とブルガーニン首相が調印した戦争終結の宣言。ソ連の賠償（放棄や通商条約の早期締結、平和条約締結後のソ連による歯舞群島・色丹島の引き渡しなどを内容としたが、その後平和条約に関する交渉は進まず、北方領土問題の解決は棚上げされた。

北方領土問題 ③ 日本・ソ連（現在は日本・ロシア）間の領土問題。連合国のヤルタ協定にもとづいてソ連が占領した千島列島の択捉島・国後島・色丹島・歯舞群島（北方4島）は、日本が領有を主張している。

日本の国連加盟 ⑥ 1956　日ソ国交回復の直後に実現した日本の国際社会復帰。

高度経済成長 ⑥ 1955年から約10年間にわたって年成長率10％をこえた日本の経済発展。60年には池田勇人内閣が「所得倍増」のスローガンを掲げ、日本は先進工業国となった。

日米安全保障条約改定 ⑥ 1960　岸信介内閣による新安保条約の調印。アメリカが日本を防衛する義務や、軍事行動に関する事前協議など10条からなる内容。5月、自民党の条約批准に強行採決をきっかけに激しい安保反対闘争がおき、岸内閣は退陣した。

池田勇人内閣 ② 1960～64　岸内閣のあとを継いで成立した池田内閣は「所得倍増」を

となえ、高度経済成長策を推し進めた。池田と、つぎの佐藤栄作内閣のもと、1970年代初めにかけて日本経済はかつてない急成長をとげた。

日韓基本条約 ⑥ 1965　佐藤栄作内閣と朴正煕政権間で調印された国交回復の条約。韓国併合条約の失効を確認し、韓国を朝鮮半島にある唯一の政府と認めたうえで、日本からの無償（経済援助が決定された。これと引きかえに、韓国は賠償金の対日請求権を放棄した。

))) **ソ連の「雪どけ」** (((

スターリンの死 ⑥ 1953　死後の1956年に、ソ連国内でスターリン批判がおこり、国際的には東西協調の傾向が現れた。

ソ連、ユーゴと和解 ③ 1955　スターリン時代に関係が悪化した、ユーゴスラヴィアとの和解。両国間で主権・独立・領土不可侵・平等の諸原則を確認した。

ソ連共産党第20回大会 ⑥ 1956　この大会で平和共存政策の発表と、非公開の秘密報告でスターリン批判がなされた。

フルシチョフ ⑦ Khrushchev　1894～1971　ソ連の共産党第一書記（在任1953～64、58～64は首相兼任）。1956年のスターリン批判と平和共存政策発表、59年訪米、62年のキューバ危機収束後のホットライン創設などで、アメリカとの関係改善をおこなった。一方、この間に中国との関係は悪化し、キューバ危機への対応や国内での農業政策の失敗を批判され、失脚した。

スターリン批判 ⑥ 本人の生前には秘匿されていた、スターリンの個人独裁と大量粛清に対して表面化した批判。

平和共存政策 ⑦ 社会主義国と資本主義国の平和的な共存をめざす政策。フルシチョフが実現に努力した。中国の毛沢東はこの考え方を「修正主義」と非難した。

コミンフォルム解散 ⑥ 1956　フルシチョフの平和共存政策の一環としておこなわれた、東側共産党情報機関の解散。

「雪どけ」 ⑤ スターリン死後の、解放感が生まれたソ連社会を表した言葉。その後ソ連がとった東西対話の国際協調路線をも表現した。スターリン時代を生きたエレンブルク（1891～1967）の小説『雪どけ』（1954年発表）に由来する。

ジュネーヴ4巨頭会談 ④ 1955　ジュネーヴに米・英・仏・ソの首脳が集まって開催さ

れた会談。スターリンの死やオーストリア国家条約調印を受け、ドイツの統一問題や軍縮を議題とした。具体的な合意には至らなかったが、ポツダム会談以来の米・英・ソの首脳が集まった会談は緊張緩和への第一歩となった。

ソ連、西独と国交 ⑤ 1955　東西両陣営が、軍事機構を設立する一方でおこなわれた外交における協調路線。ヨーロッパにおける戦後処理を終了した。

ポーランド反政府・反ソ運動(ポズナニ暴動) ⑥ 1956年6月　労働者が待遇改善を、学生が民主化を要求して、ポーランド西部のポズナニでおこした運動。ソ連の軍事介入を回避するため、ポーランド政府がみずからこの反乱を鎮圧した。

ゴムウカ(ゴムルカ)　Gomułka ⑤ 1905〜82　ポーランドの労働運動家・政治家。戦後、ソ連の衛星国になることを拒否し、投獄された。しかし、ポズナニ暴動の収拾(しゅうしゅう)後に再び第一書記(在任1956〜70)となり、農業集団化の廃止やカトリック教会迫害の停止など、自由化を進めた。しかし、高まる自由化の要求をしだいに抑圧するようになり、1970年に辞任した。

ハンガリー反ソ運動(ハンガリー事件) ⑥ 1956　学生・労働者がおこした民主化運動。首都ブダペストから始まったデモが全国におよぶと、ソ連軍が介入した。改革派のナジが首相に復帰し、複数政党制の導入やワルシャワ条約機構からの脱退を掲げた。しかし、侵入してきたソ連軍に逮捕され、その後、ソ連の支持するカーダール政権が成立した。

ナジ＝イムレ　Nagy Imre ⑥ 1896〜1958　ハンガリー首相(在任1953〜55、56)。1953年にハンガリーの中立化などを宣言したが、農業集団化政策の緩和や宗教的寛容が「右翼的偏向」と批判され、55年に失脚した。56年のハンガリー事件で事態収拾を期待されて再び首相になったが、ソ連の軍事介入をまねき、自身も逮捕・処刑された。89年に名誉回復がおこなわれた。

フルシチョフ訪米 ⑤ 1959　ソ連の指導者によるはじめての訪米。アイゼンハワー大統領と会談をおこない、紛争の平和的解決に合意し、緊張緩和に踏み出した。しかし、翌年にソ連上空を飛行していたアメリカのＵ２型偵察機が撃墜される事件がおこると、フルシチョフは激しく非難し、冷戦の緊張が再び高まった。

ベルリンの壁 ⑥ 1961　ベルリンの東ドイツ側から建設された越境防止の壁。東ベルリンから西ベルリンへの亡命を防ぐため、最初は境界に沿って有刺鉄線が張りめぐらされ、その後、石やコンクリートで「壁」が建設された。さらに東ドイツ側が警備兵をおいた。

大陸間弾道(たいりくかんだんどう)ミサイル(ICBM)　inter-continental ballistic missile ④ 射程距離が長く、核弾頭を装備するミサイル。アメリカとソ連がおたがいを核兵器の有効射程距離におく、戦略兵器。

人工衛星 ④ 地球の周囲を衛星のようにまわる飛行物体。1957年にソ連がはじめて人工衛星(スプートニク1号)の打ち上げに成功した。 → p.358

スプートニク1号　Sputnik ③ ソ連が打ち上げに成功した世界初の人工衛星。「同行者」の意味。アメリカを中心とする西側諸国はソ連の予想外に高い技術力に衝撃を受け、「スプートニク＝ショック」と表現された。アメリカはこれに対抗して、翌年エクスプローラー1号の打ち上げを成功させた。

世界初の有人宇宙飛行《ソ連》③ 1961　ソ連の宇宙飛行士ガガーリンが、ボストーク1号に搭乗して世界ではじめての宇宙飛行に成功した。1時間48分で地球を1周して帰還し、「地球は青かった」と感想を述べた。

2 第三世界の台頭とキューバ危機

アジア・アフリカ諸国の非同盟運動

第三勢力 ⑥ 東西どちらの陣営にも属さない積極的中立を掲げた勢力。植民地支配から離脱したアジア・アフリカ・ラテンアメリカ諸国を指す。

第三世界 ⑤ 欧米先進諸国(第一世界)や社会主義諸国(第二世界)に含まれないアジア・アフリカ・ラテンアメリカ諸国の総称。名称はフランス革命期の「第三身分」に由来する

コロンボ会議 Colombo ③ 1954 スリランカ(当時セイロン)のコロンボで開かれ、アジアの平和構築を主体的におこなうことを表明した会議。インド・パキスタン・インドネシア・ビルマ・セイロンの5カ国首脳がインドシナ戦争の早期解決などを宣言した。

ネルー・周恩来会談 ⑤ 1954 インドを訪問した周恩来とネルーの会談。平和五原則が確認され、翌1955年の第1回アジア＝アフリカ会議の基礎をつくった。

平和五原則 ⑤ 1954 ネルー・周恩来会談で確認された平和実現のための原則。(1)領土の保全・主権の尊重、(2)相互不侵略、(3)内政不干渉、(4)平等互恵、(5)平和的共存を内容とした。翌1955年の平和十原則をはじめとして、この五原則はその後の第三世界の協力に影響を与えた。

アジア＝アフリカ会議(バンドン会議) ⑦ 1955 インドネシアのジャワ島西部の都市バンドンに、日本も含む29カ国のアジア・アフリカ諸国が集まっておこなわれた会議。この会議では、反植民地主義と平和共存を基本に、「平和十原則」が採択された。

平和十原則 ⑥ アジア＝アフリカ会議で確認された、平和共存を訴える宣言。(1)基本的人権と国連憲章の尊重、(2)主権と領土保全の尊重、(3)人種と国家間の平等、(4)内政不干渉、(5)自衛権の尊重、(6)軍事ブロックの自制、(7)侵略の排除、(8)国際紛争の平和的解決、(9)相互協力、(10)正義と国際義務の尊重、を内容とした。欧米諸国主体の国際政治体制に転換をもたらすものであった。

ベオグラード Beograd ① 旧ユーゴスラヴィアの首都。現在はセルビアの首都。

非同盟諸国首脳会議 ⑥ 1961 ベオグラードで開かれた、第三勢力の国々による国際首脳会議。ティトー・ナセルらの呼びかけによって25カ国が参加した。非同盟・反帝国主義・反植民地主義をうたった。その後、3年ごとに開催されたが、1970年代には参加国の経済格差から対立が生まれ、80年代以降は西側経済先進国との対話と協力をめざす路線に近づいた。

エジプト革命 ⑤ 1952 ナギブとナセルを中心とする自由将校団の軍人による王政廃止のクーデタ。国王ファルークを国外へ追放し、イギリスの影響力排除と近代化をめざした。

自由将校団 ② 1948年にナセルが組織したエジプト軍のなかの改革派グループ。

エジプト共和国 ④ 1953年、エジプト革命により成立した共和政国家。初代大統領はナギブ(在任1953～54)。

ナセル Nāsir ⑦ 1918～70 エジプト革命の中心となった軍人・政治家。大統領就任後(在任1956～70)、アスワン＝ハイダムの建設に着手し、スエズ運河国有化およびスエズ戦争を経てイギリスの支配を排した。アラブ民族主義のリーダー、非同盟主義外交の推進者として国際政治に影響力をもち、シリアとの合邦(1958～61年)を実現した。第3次中東戦争の大敗北で威信が低下するなか、死去した。

アスワン＝ハイダム Aswan High Dam ⑦ エジプトの近代化をはかるため、ナイル川中流に建設されたダム。当初援助を予定していたイギリス・アメリカはナセルがソ連への接近をはかると援助計画を撤回した。第2次中東戦争ののち、ソ連の援助を受けて1970年に完成した。

スエズ運河国有化 ① 1956 ナセルが宣言したスエズ運河会社の接収案。イギリス・アメリカがアスワン＝ハイダム建設の資金援助を撤回すると、スエズ運河会社の国有化で建設資金を確保しようとした。

スエズ戦争(第2次中東戦争) ⑦ 1956～57 スエズ運河国有化宣言をきっかけにおこなわれた、イスラエル・イギリス・フランスのエジプトに対する侵攻。アメリカとソ連が3国に撤退を求め、国連も即時停戦を決議するなど、国際世論の非難ですぐに停戦となった。ナセルはアラブ民族主義のリーダーとして威信を高めた。

アラブ民族主義 ⑦ アラビア語を中心とする文化的伝統をもつ人々と地域を統合する思想・運動。第二次世界大戦後、複数の国家

にバース党(バースは復興の意)が生まれ、運動が高揚した。スエズ戦争後はエジプトのナセルが指導的な地位を占め、シリアとの合邦などがおこなわれた。しかし、第3次中東戦争におけるエジプト敗北以降は衰退し、かわってイスラーム主義が台頭した。

ムスリム同胞団の非合法化　Ikhwān al-Muslimīn ② ムスリム同胞団とは、1928年にエジプトで組織された、イスラーム復興をめざす運動体。1940～50年代以降アラブ諸国に支部が設立された。エジプトでは革命後、1954年からナセル政権のもとで弾圧され、非合法化された。その後、70年代にサダト政権のもとで復活し、教宣・教育・社会活動を重視した活動を進めた。

アフリカ諸国の独立と南北問題

リビアの独立　Libya ② 1951　第二次世界大戦におけるイタリアの敗北で、英・仏の共同統治とされていたリビアの独立。1951年に連合王国として独立後、63年には連邦制を廃止し、リビア王国となった。69年にクーデタがおこって共和制に移行し、軍人のカダフィ(1942～2011)が独自の「直接民主制」を掲げるなどして長期にわたって権力を握った。2011年にはカダフィの独裁体制打倒をめざすデモがおこり、内戦状態となったのち、政権は崩壊した。

スーダンの独立　Sudan ② 1956　エジプト・イギリス共同統治からの独立。北部のアラブ人地域と南部の黒人地域の対立が激しく、2度の内戦を経て、南部は2011年に南スーダンとして独立した。

モロッコの独立　Morocco ⑤ 1956　フランス・スペインから独立し、1957年にモロッコ王国を形成した。

チュニジアの独立　Tunisia ⑤ 1956　フランスからの独立。1957年には共和国となった。チュニジアの独立は、隣国アルジェリアの独立運動にも影響を与えた。

アルジェリアの独立　Argeria ⑥ 1962　アルジェリア独立戦争(1954～62年)による、フランスからの独立。19世紀以来仏植民地であったアルジェリアでは、第二次世界大戦後に反仏運動が高まり、1954年にFLNが武装闘争を展開した。同地には多数のフランス人が入植していたため、フランス政府は当初この戦いを「国内の秩序維持」と呼んだが、独立をめぐってフランスの世論は

二分されて第四共和政は崩壊した。第五共和政のもと、1962年にアルジェリア独立が承認されて戦闘は終結した。 → p.324

民族解放戦線(FLN) ④ 1954年に結成された、フランスからの独立をめざして結成されたアルジェリアの武装組織。62年に独立を実現したのち、長期間政権を握った。

ガーナの独立　Ghana ⑥ 1957　イギリス連邦内で最初の黒人国家として独立。1960年に共和国となる。

ンクルマ(エンクルマ)　Nkrumah ⑤ 1909～72　ガーナの首相(在任1957～60)・大統領(在任1960～66)。パン=アフリカニズム運動を推進してガーナを独立に導き、社会主義を基盤にしたアフリカ合衆国構想をとなえた。1966年軍部のクーデタで失脚した。

ギニアの独立　Guinée ② 1958　フランスからの独立。植民地における独立運動が高揚するなか、フランスはフランス共同体を創設して、植民地をつなぎ止めようとした。しかしセク=トゥーレ(1922～84)に率いられたギニアはこれに参加せず、完全独立を選び、アフリカ諸国の独立に影響を与えた。

「アフリカの年」 ⑦ 1960　アフリカで一挙に17の独立国が成立した年の呼び名。独立の背景には、フランスやイギリスの影響力の低下などがあった。

アフリカ諸国首脳会議 ② 1963　エチオピアのアディスアベバにアフリカの独立30カ国の首脳が集まり、アフリカ統一機構憲章に調印した会議。

アフリカ統一機構(OAU) ⑦ 1963　パン=アフリカニズムを掲げて設立された、アフリカの地域機構。植民地主義の根絶、紛争の平和的解決、非同盟路線の堅持などをめざした。首脳会議・閣僚会議・事務局・各種専門機関で組織された。2002年に発足したアフリカ連合(AU)に基本理念が引き継がれ、消滅した。

コンゴの独立　Congo ⑥ 1960　ベルギーからの独立。コンゴ共和国となる。直後にコンゴ動乱がおき、国内情勢が混乱した。

コンゴ動乱 ⑤ 1960～65　独立直後のコンゴでおきた内乱。中央集権派と地方分権派が国家運営をめぐって激しく対立するなか、カタンガ州の銅・ウラン・コバルトなどの資源を確保したい旧宗主国ベルギーの支援を受けた同州が、独立を宣言したことにより勃発した。首相ルムンバがソ連に支援を求めると、コンゴの共産化をおそれたアメリカも介入するなど戦いが国際化し

第18章

た。そのさなかに成立したアフリカ統一機構（OAU）は不介入主義をとったが、国連軍の介入により分離独立の動きは失敗した。

ルムンバ Lumumba ② 1925〜61　コンゴ共和国初代首相（在任1960）。独立運動を指導し、ベルギーからの独立を達成したが、直後のコンゴ動乱で敵対勢力に殺害された。

ナイジェリア内戦（ビアフラ戦争）② 1967〜70　1963年に連邦共和国となったナイジェリア南東部で、イボ人が「ビアフラ共和国」として独立を宣言したためにおこった連邦政府との内戦。200万人もの餓死者を出し、イギリス・ソ連の援助を受けた政府軍が、フランスなどの援助を受けたビアフラ軍を制圧した。

南ローデシア ③ 1965　イギリスからの独立を一方的に宣言して、ローデシアと改称した白人政権・国家。これを契機にアフリカ人の民族独立闘争が高まり、1980年の総選挙でアフリカ人組織の連合政権が発足して、ジンバブエとして独立した。

南アフリカ共和国 Republic of South Africa ③ 1961年にイギリス連邦から脱退した、アフリカ南端の共和国。白人政権によるアパルトヘイトの強化に対して、国際的な非難を受けたため脱退した。その後もアパルトヘイトを継続したが、国連による経済制裁などを受けて、91年に関連諸法を撤廃した。→ p.346

アパルトヘイト apartheid ⑤ 南アフリカで第二次世界大戦後に強化された、少数の白人による非白人に対する人種差別的な隔離政策。オランダ系白人が使用するアフリカーンス語で「隔離」を意味する。1970年に非白人の選挙権が奪われ、翌年にはアフリカ系住民はさらに市民権を奪われて、居住区でみせかけの「独立」を付与された。→ p.255, 346

南北問題 ⑥ 南半球に多い開発途上国と北半球に多い先進工業国との経済格差、およびそこから派生する多種多様な問題。欧米諸国の植民地支配が問題の歴史的背景の一つとされたことから、第二次世界大戦後、解決のための国際的協力が幅広く展開された。1970年代からは、開発途上国のなかにも、経済格差が広がった。その後は、環境問題への対応で、南北の立場の違いが再び鮮明になっている。

国連貿易開発会議（UNCTAD）⑥ 開発途上国の開発を目的に、貿易・援助を中心とした国際協力を推進するための国連常設機関。

1964年、ジュネーヴで第1回の会議が開かれて以降、常設化してほぼ4年ごとに開催されている。先進国から開発途上国への開発援助促進や、開発途上国が輸出する一次産品の価格安定をはかった。

ラテンアメリカ諸国の動向とキューバ革命

ペロン Perón ⑤ 1895〜1974　アルゼンチン大統領（在任1946〜55、73〜74）。外国資本の国有化や初等教育の拡大など、民族主義的な政策をおこなった。独裁的な政治で、地主やアメリカ資本と対立し、1955年に軍部のクーデタで失脚・亡命した。73年帰国後に再び大統領となるが、1年足らずで病没した。

グアテマラ左翼政権 ② 1951〜54　グアテマラで成立した、民族主義的なアルベンス政権。農地改革やアメリカ資本の接収をおこなった。1954年、アメリカに支援された亡命グアテマラ人の反政府軍が侵攻し、クーデタで倒された。

ヴァルガス Vargas ① 1883〜1954　ブラジルの政治家、大統領（在任1930〜45、51〜54）。1930年には無血革命によって、51年には選挙で政権を握り、民族主義的な政策をおこなった。軍部の支持を失い、反対派の圧力で54年、自殺に追い込まれた。

バティスタ政権 Batista ① 1940〜44、52〜58　キューバに成立した親米政権。アメリカ資本と結びつき、独裁体制をしいた。そのもとでアメリカ資本は砂糖生産に特化した農業生産をおこなったため、貧富の差が拡大した。キューバ革命で倒され、バティスタはドミニカに亡命した。

カストロ Castro ⑦ 1926〜2016　キューバの革命家・首相（在任1959〜2008）。1953年にバティスタ政権下での蜂起に失敗したのち、亡命先のメキシコでゲバラと出会い革命組織を創設し、59年1月キューバ革命を成功させた。民族主義者であったが反アメリカの立場を強めてソ連に接近し、軍事・経済援助を受けて社会主義国家建設をおこなった。

キューバ革命 ⑦ 1959　カストロ・ゲバラに指導され、ゲリラ闘争を中心におこなわれた親米バティスタ政権打倒闘争。首相となったカストロは、農地改革やアメリカ資本を含む大企業の国有化をおこなった。アメリカが1961年にキューバとの国交を断絶し、武力侵攻を試みると、カストロは社会主義

国化を宣言した。

- **ゲバラ** Guevara ⑤ 1928〜67 アルゼンチン生まれの革命家。キューバ革命を含むラテンアメリカ各地の革命に参加し、ゲリラ闘争を指導した。ボリビアで革命の指導中、ボリビア軍に捕らえられて射殺された。
- **アメリカ、キューバと断交** ③ 1961 キューバによる現地アメリカ資産の没収を理由に、アイゼンハワー大統領がケネディ就任の17日前におこなった。続くケネディ大統領も、ラテンアメリカ諸国と協力する「進歩のための同盟」を提唱して、キューバに対抗した。2014年にオバマ大統領はキューバとの国交正常化交渉を開始し、翌年に国交を回復した。

キューバ危機と核不拡散体制の成立

- **キューバの社会主義宣言** ⑤ 1961 カストロ首相による宣言。ラテンアメリカではじめての社会主義国となり、中南米地域の革命の拠点となった。米州機構(OAS)はキューバを資格停止にした。
- **キューバ危機** ⑦ 1962 米ソ間の戦争が危惧されるに至った、キューバをめぐる対立。ソ連のキューバにおけるミサイル基地建設計画は、中南米地域で西側陣営を強化しようとするアメリカの外交政策とまっこうから対立した。最終的には、ソ連のフルシチョフがミサイルを撤去し、アメリカとの戦争は回避された。
- **直通通信(ホットライン)協定** ④ 1963 キューバ危機ののちに、緊急事態に対応するため米ソ両国首脳間に直接通話回線を設けることを決めた協定。
- **部分的核実験禁止条約** ⑦ 1963 アメリカ・イギリス・ソ連がモスクワで調印した、核実験禁止に関する条約。大気圏内・大気圏外の空間および水中での実験を禁止したが、地下実験は除かれた。フランス・中国は、米・英・ソによる核の寡占であると批判し、参加しなかった。
- **核拡散防止条約(NPT)** ⑦ 1968 すでに核兵器を保持していたアメリカ・ソ連・イギリス・フランス・中国以外の国の核保有を禁止した条約。1970年に発効し、核保有国の中国とフランスが92年に加盟し、95年に条約の無期限延長が決定した。93年に北朝鮮が脱退を表明し、98年に核実験を実施したインドとパキスタン、および核を保有していると考えられているイスラエルは未加盟

である。
- **戦略兵器制限交渉《第1次》** SALT I ⑦ 1969〜72 米ソ間における戦略核兵器の軍縮交渉。モスクワでソ連のブレジネフとアメリカのニクソンは、大陸間弾道ミサイル(ICBM)と潜水艦発射弾道ミサイルを、当時の水準で凍結することに合意した。また、弾道弾迎撃ミサイル(ABM)の配備をそれぞれの国内2カ所に限定することとした。
- **戦略兵器制限交渉《第2次》** SALT II ④ 1972〜79 戦略兵器の性能向上にともなっておこなわれた米ソ間の軍縮交渉。戦略核兵器の発射台数やミサイルに搭載する核弾頭の数について上限を決めた。しかし、妥結の半年後にソ連がアフガニスタンに侵攻したため、アメリカは批准せず発効には至らなかった。

ベトナム戦争とインドシナ半島

北ベトナム爆撃(北爆) ⑦ 1965　1964年に北ベトナム側から攻撃を受けたと捏造したトンキン湾事件を口実に、翌65年アメリカが開始した北ベトナムへの本格的な攻撃。

ベトナム戦争 ⑦　ジュネーヴ休戦協定で撤退したフランスにかわって、アメリカの介入で発生した戦争。南北ベトナム間の内戦や米ソによる代理戦争という性格ももつ。戦争期間については、アメリカが関わった時期との関連から、(1)ジュネーヴ休戦協定以降とする1954〜75年説、(2)南ベトナム解放民族戦線が結成されて内戦が本格化した1960〜75年説、(3)アメリカが北爆開始で本格的に介入する1965〜75年説などをあげることができる。またアメリカの本格的な介入から撤兵までとすれば、65〜73年ともいえる。アメリカ軍撤退後の内戦は、75年に南ベトナム解放民族戦線と北ベトナム軍が、南ベトナムのサイゴンを占領して終了した。この戦争でアメリカは強い国際的批判を浴び、その威信を低下させる要因となった。

南ベトナム解放民族戦線 ⑥ 1960　親米ゴ゠ディン゠ジエム政権打倒と南北統一をめざして成立した組織。ベトナム労働党と協力して、ベトナム戦争ではゲリラ戦を展開した。

沖縄返還 ⑤ 1972　第二次世界大戦後アメリカ統治下にあった、沖縄諸島の日本本土への復帰。沖縄では、ベトナム戦争で頻繁にアメリカ軍基地が使用され、日本への復帰運動が高まっていた。

ベトナム(パリ)**和平協定** ⑦ 1973　停戦とアメリカの撤退を決めたベトナム戦争の和平協定。1968年からパリで、南北ベトナム両政府・アメリカ・南ベトナム解放民族戦線の4者によって戦争終結に向けたベトナム(パリ)和平会談がおこなわれ、その間にも戦線が拡大したが、73年に成立した。その後、南ベトナム政府は75年のサイゴン攻略で崩壊した。

ニクソン Nixon ⑦ 1913〜94　アメリカ第37代大統領(在任1969〜74)。内政では保守的な政策を掲げて共和党から当選。1971年、金・ドルの兌換停止を発表し、72年には訪中を実現。また、ベトナム戦争への介入

縮小を進め、73年撤退を実現させたが、ウォーターゲート事件で引責辞任した。

アメリカ軍のベトナム撤退 ⑥ 1973　ベトナム(パリ)和平協定にもとづくアメリカ軍の全面撤退。国内外のベトナム戦争反対世論の高揚を背景に、ニクソンは安全保障の負担軽減のため、同盟国による自力防衛の方針(ニクソン゠ドクトリン)を採用し、「名誉ある撤退」を掲げて撤退した。

サイゴン攻略 ⑦ 1975　南ベトナム解放民族戦線と北ベトナム軍による南ベトナムの首都占領。アメリカの撤退後、弱体化がはなはだしい南ベトナム政府を崩壊させ、南北分断に終止符を打った。

ベトナム社会主義共和国 ⑥ 1976年、ベトナムで南北統一選挙が実施され、成立した社会主義共和国。建国を進める過程で難民が多数発生した。首都ハノイ。

カンボジア内戦 ② 1970〜91　1970年のロン゠ノル将軍らの親米右派勢力によるクーデタで、シハヌーク元首が追放されたことから始まった内戦。75年にロン゠ノル政権が崩壊すると、赤色クメールを指導したポル゠ポト政権により共産主義社会の建設がおこなわれた。78年にはベトナムが侵攻し、翌年にベトナムの支援を受けたヘン゠サムリン政権が成立したが、ポル゠ポト派によるゲリラ活動などの内戦が続いた。91年にパリで和平協定が調印され、内戦は終結した。

ポル゠ポト政権 Pol Pot ⑤ 1975年にカンボジアで成立した、ポル゠ポト(?〜1998)による急進左派政権。都市から農村への強制移住、通貨の廃止、反対者の大量虐殺などをおこなった。文化大革命の影響を受けて中国に接近し、隣国のベトナム・ラオスとは対立した。

民主カンプチア(民主カンボジア) ③ 1976〜79　親米ロン゠ノル政権崩壊後に成立したポル゠ポト政権のもとで樹立された国。カンボジアの急進的左派勢力である赤色クメールを中心とするポル゠ポト派は、他派の幹部を粛清して権力を握り、集団所有を原則とする社会をつくり出そうとした。1979年、ヘン゠サムリン派に首都プノンペンを攻略されて崩壊した。

ベトナム軍のカンボジア侵攻 ⑥ 1978　ベトナム軍は、カンボジアから逃れてきた反ポル゠ポト派のヘン゠サムリン率いるカンプチア救国民族統一戦線を支援しておこした軍事行動。ヘン゠サムリンは民主カンプチ

アを打倒してカンボジア人民共和国を建てたが、ポル゠ポトの抵抗が続き、中国の侵攻をまねいた。

ヘン゠サムリン政権 Heng Samrin ② 1979 ベトナムの支援を受けてカンボジアに軍事侵攻し成立した、カンボジア人民共和国政府。1981年に総選挙をおこない、86年までに40カ国以上の支持を得たが、軍事力はベトナムに依存していた。

中越戦争 ⑤ 1979 ベトナム軍がカンボジアのプノンペンに侵攻したことを「懲罰する」として、中国が約10万人の兵力でベトナムにおこなった攻撃。中国軍はベトナム軍と衝突したが、まもなく撤退した。

ラオス愛国戦線（パテト゠ラオ）② 1950 フランスからの完全独立をめざして結成されたラオスの革命勢力。パテト゠ラオとは「ラオ人の国」の意味。フランス連合内での独立を認められたラオス王国を1975年に廃し、ラオス人民民主共和国を建てた。

ラオス人民民主共和国 ② 1975年、ラオス愛国戦線（パテト゠ラオ）が全国を制圧して樹立した社会主義国家。ベトナム・カンボジアの解放勢力の勝利に影響を受け、国王を人民共和国の国家主席顧問とし、共和政となった。

アメリカ合衆国とソ連の変容

ケネディ Kennedy ⑦ 1917～63 カトリック教徒で初となる、第35代アメリカ大統領（在任1961～63）。ニューフロンティアをスローガンに掲げ、政権を共和党から民主党に取り戻した。キューバ危機でソ連との武力衝突回避に成功してからは平和共存を進め、部分的核実験禁止条約の締結をおこなった。内政では公民権運動の高揚を背景に、公民権法案成立に着手したが、暗殺された。

ニューフロンティア政策 New Frontier Policy ④ ケネディ大統領が掲げたスローガン、およびめざした政策。公民権拡大などを実施するにあたり、国民に新たなる開拓者としての自覚をもち、協力することを求めた。

ケネディの暗殺 ⑦ 1963 狙撃による現役大統領の暗殺事件。11月にテキサス州ダラスでオープンカー乗車中に銃撃され、犯人も護送中に射殺されたので背後関係などはいまだに不明である。

ケネディ゠ラウンド《GATT》 ① 1964～67年におこなわれた、GATT（関税と貿易に関する一般協定）における多角的貿易交渉。品目別・二国間ではなく、加盟国全体で鉱工業製品の関税を引き下げた。

公民権運動 ⑥ 南北戦争後も州法などに残った黒人差別を撤廃させる運動。1960年代に高揚した背景には、アフリカにおける新興独立諸国の誕生やベトナム反戦運動の高まりがあった。また、運動の進展にともなって、女性の社会進出に対する制限など保守的な価値観に対する見直しも追求されるようになり、ジェンダーの考え方などが社会的に広まるきっかけともなった。

キング牧師 King ⑥ 1929～68 アメリカ黒人解放運動の指導者。南部キリスト教指導者会議を結成し、非暴力主義を掲げて黒人の公民権運動を指導した。1963年8月、公民権法成立を訴えるワシントン大行進で演説をおこない、アメリカ独立宣言にうたわれた「平等」の完全な実現を訴えた。64年にノーベル平和賞を受賞。68年、テネシー州メンフィス訪問中に暗殺された。

ジョンソン Johnson ⑦ 1908～73 アメリカ第36代大統領（在任1963～69）。副大統領から、ケネディ暗殺を受けて大統領に昇進。「偉大な社会」建設を掲げ、公民権法を成立させたが、ベトナム戦争への介入拡大は社会の分裂をまねいた。

「貧困との闘い」 ① 1964年にジョンソン大統領が年頭教書で表明した、貧困層やマイノリティへの施策。ベトナム戦争が外交課題となり、この政策は後退をよぎなくされた。

公民権法 Civil Rights Act ⑦ 1964 投票・教育・公共施設利用上の人種差別を禁止した法律。ケネディ政権下で準備され、ジョンソン大統領が就任直後に成立させた。制定後も黒人の有権者登録が人種差別主義者に妨害されたので、さらに公民権運動が高まった。

「偉大な社会」計画 ⑤ 1965 ジョンソン大統領が2期目を迎えるにあたってうたった政策。貧困の解消、人種差別の廃止などをめざした。

ベトナム軍事介入 ③ 1965 北爆開始以降のアメリカの本格的なベトナム参戦。

ベトナム反戦運動 ⑥ アメリカのベトナム軍事介入への反対運動。学生を中心に高揚し、テレビ報道などを通じて世界中に広がって、ヨーロッパや日本でも各国の政治状況に即した異議申し立て、反体制運動などと反戦世論が展開された。アメリカ軍撤退への大きなあと押しとなった。アメリカでの運動と

しては「武器ではなく、花を」をスローガンに掲げたフラワーチルドレンと呼ばれた若者たち、日本では1965年に組織された「ベトナムに平和を！市民連合（ベ平連）」による「反戦フォーク演奏会」などがあげられる。フランスでは、68年にパリ大学の学生を中心とした五月危機（五月革命）と呼ばれる広範なデモがおこなわれた。

ウォーターゲート事件　Watergate ④ 1972～74　ニクソン大統領が辞任へと追い込まれた、民主党本部への盗聴事件（1972年）に端を発する政治スキャンダル。74年、下院が弾劾手続きを進めるなか、ニクソンは事件に関与していたことをテレビで認め、アメリカ史上はじめて任期中に大統領を辞任した。

フルシチョフ解任 ④ 1964　農業政策の失敗と共産党機構改革への反発が背景となった、党と政府の役職からの解任。

ブレジネフ　Brezhnev ⑥ 1906～82　ソ連の共産党第一書記（在任1964～82、66年の改称後は書記長）。1964年に第一書記となり、非スターリン化をおさえ、共産党体制の強化につとめた。77年には最高会議幹部会議長を兼任し、チェコスロヴァキアの民主化を阻止するなど、国内外の自由化を抑圧した。

アルバニアの対ソ断交 ② 1961　長期間独裁権力を握る労働党第一書記ホジャ（1908～85）がおこなった外交。中ソ対立が表面化し、中国に接近したアルバニアはソ連と断交した。米中接近ののち、1976年に中国がアルバニアへの援助停止を発表すると、国際的孤立を深めた。

ルーマニアの対ソ独自外交 ⑤ ソ連一辺倒の立場をとらない、ルーマニアの自主外交路線。ルーマニアは、中ソ対立に中立的な態度をとり、アメリカなど西側諸国からの経済協力を引き出した。また、1968年にはワルシャワ条約機構軍のチェコスロヴァキア軍事介入を批判し、機構軍に参加しなかった。

「プラハの春」 ⑥ 1968　チェコスロヴァキアにおける民主化・自由化運動の象徴的な呼称。改革派のドプチェクが第一書記に就任すると、共産党指導のもとでチェコスロヴァキアの民主化を進めた。連邦制の導入や経済自由化を求め、「二千語宣言」署名で7万人が改革をあと押ししたが、ソ連が動員したワルシャワ条約機構軍の軍事介入を受け、改革は挫折した。

ドプチェク　Dubček ⑥ 1921～92　チェコスロヴァキアの第一書記（在任1968～69）、東欧革命後の連邦議会議長（在任1989～92）。1968年に「人間の顔をした社会主義」を掲げて、非スターリン化・民主化を進めた。ソ連が動員したワルシャワ条約機構軍の介入で解任されたが、20年後に政界復帰を果たした。

ソ連のチェコスロヴァキア軍事介入 ⑤ 1968　ブレジネフ書記長の指示による、チェコスロヴァキアへの大規模な軍事侵攻。ソ連軍を中心としたワルシャワ条約機構軍が投入され、ドプチェクを逮捕した。これにより改革は挫折、後任のフサーク（1913～91）によってソ連との関係「正常化」がはかられた。

ブレジネフ＝ドクトリン ③ チェコスロヴァキアへの軍事介入を正当化するために、ブレジネフがとなえた「制限主権論」。社会主義陣営の利益のためには、国家主権の条件つき制限を認めるという考えで、西側がこのように呼んだ。

ヨーロッパでの緊張緩和

緊張緩和（デタント） ⑦ 1970年代に米ソ間で進められた核軍縮などの対立緩和。ド＝ゴールの独自の外交政策やブラント政権の「東方外交」によってヨーロッパで東西対話の気運が高まると、これに米・ソも同調して緩和が進んだ。米・ソの背景には、それぞれベトナム戦争の敗北や「プラハの春」弾圧によって国際的威信が低下していたことがあった。

ブラント　Brandt ⑦ 1913～92　デタント（緊張緩和）を進めたドイツ社会民主党出身の西ドイツ首相（在任1969～74）。戦後、西ベルリン市長としてベルリンの壁建設（1961年）を経験し、首相に就任すると東ドイツをはじめて国家として認めるなど「東方外交」を展開した。ソ連・ポーランドとの関係改善をはかり、1971年にノーベル平和賞を受賞し、73年に東西ドイツ国連同時加盟を実現した。74年の辞任は秘書のスパイ事件の責任をとるものであった。

東方外交 ⑦ ブラントが冷戦体制下で、従来の東側諸国に対抗する方針を転換しておこなった西ドイツの外交。東ドイツ・ソ連をはじめとする東側諸国との関係改善でつぎつぎと成果をあげた。

西ドイツ＝ポーランド国交正常化 ④ 1970　両国間でオーデル＝ナイセ線がドイツとポ

ーランドの国境であることを承認した条約。ワルシャワへもおもむいた西ドイツ首相ブラントは、ワルシャワ＝ゲットー跡地に建てられたナチス＝ドイツによるユダヤ人犠牲者の記念碑を訪れ、謝罪した。

オーデル＝ナイセ線　Oder-Neisse Linie ②　1945年にポツダム協定で定められたドイツとポーランドの国境線。バルト海に注ぐオーデル川とその支流のナイセ川を境とし、東ドイツは1950年、西ドイツは70年、統一ドイツは90年にそれぞれ承認した。

東西ドイツ基本条約 ⑤　1972　東西ドイツ両国の関係正常化を承認した条約。西ドイツは単独代表権の主張を放棄し、善隣<ruby>しんりん</ruby>関係構築をうたった。双方の権利の平等や、相互の独立と自主性尊重を決めた。

東西ドイツの国連同時加盟 ⑦　1973　1970年にモスクワで調印されたソ連＝西ドイツ武力不行使条約に始まる、一連のブラントによる東方外交・東方諸条約締結の結果、実現した。73年のうちに、西ドイツはチェコスロヴァキア・ブルガリアとも国交を樹立した。

全欧安全保障協力会議(CSCE)　Conference on Security and Cooperation in Europe ②　1975　フィンランドのヘルシンキで、アルバニアを除く全ヨーロッパ諸国およびアメリカ・カナダなどの全35カ国によって開かれた、安全保障に関する会議。1995年に常設の全欧安全保障協力機構となり、全欧の安全保障についての協力を継続している。

ヘルシンキ宣言　Helsinki Final Act ③　1975　全欧安全保障協力会議(CSCE)における、首脳会議の最終合意文書。人権尊重を国際行動原則に取り入れ、東西間の関係改善をうたった。人権尊重を国際行動原則に取り入れた点が特徴的な国際合意であり、冷戦下の国際協力や市民運動のよりどころとなった。

全欧安全保障協力機構(OSCE)　Organization for Security and Cooperation in Europe ②　アメリカ・カナダ・ロシアなど57カ国からなる国際安全保障機関。冷戦終結後の1995年に前身の全欧安全保障協力会議が改組されて成立した。人権尊重や民主主義の実現によって紛争の予防をめざす機関となった。

ポルトガルの民主化 ③　1974　軍を中心におこなわれた無血クーデタによる民主化。ポルトガルには1930年代以降サラザールやその後継者による独裁体制がしかれ、さら

に60年代以降はアンゴラ・モザンビークなどで独立をめざす植民地戦争が続いて財政を圧迫していた。1974年、危機感をいだいた軍の青年将校らがクーデタをおこし、新政府を樹立した。植民地戦争の軍事費増大を避けるため、新政府はアフリカ植民地の独立を認め、国内では産業の国有化や農地改革を急速に進めた。76年、民政移管が決定され、経済の立て直しにつとめ、86年ECに加盟した。

アンゴラの独立　Angola ④　1975　ポルトガルからの独立。1960年代初めに独立闘争が開始され、74年に軍事クーデタで成立したポルトガルの新政権が植民地解放を宣言し、75年に独立を達成した。しかしその直後から、社会主義政権と反政府勢力のあいだで内戦が開始され、2002年に停戦が成立するまで続いた。

モザンビークの独立　Mozambique ⑤　1975　ポルトガルからの独立。ポルトガル本国の軍事クーデタで成立した新政権が植民地解放を宣言し、1975年に独立を達成した。しかし成立した社会主義政権に脅威<ruby>きょうい</ruby>を感じた南アフリカ・ローデシアの後援を受けた反政府勢力と政府軍とのあいだに内戦がおこり、紛争が92年まで続いた。

フランコ死亡 ④　1975　1939年以降、スペインで独裁をおこなってきたフランコの死。69年に元首後継者として指名されていたフアン＝カルロスを国王として、政治の民主化が進む契機となった。

スペイン王政の復活 ②　1975　フランコに指名されたフアン＝カルロスが国家元首となって実現した、ブルボン王朝の復活。1977年には政治改革法が成立し、78年には新憲法が制定されるなど、王政のもとで民主化が進んだ。86年にスペインはECに加盟した。

フアン＝カルロス1世　Juan Carlos ①　1938～　スペイン国王(在位1975～2014)。王家が亡命中のイタリアで生まれ、スペインに帰国して教育を受けた。フランコの死後、その後継者として王位についた。スペインを民主化し、立憲君主制に移行させた。

ギリシアの民主制復帰 ③　1975　新憲法の採択による共和政への復帰。ギリシアでは1967年から軍政がしかれていたが、キプロスにおけるギリシア系住民のクーデタを主導・失敗して、軍事政権が崩壊した。81年にECに加盟。

中ソ対立と文化大革命

「大躍進〈だいやくしん〉」⑥ 1958年から毛沢東が強引におこなった政策とそのスローガン。ソ連に対抗して農業・工業生産の急速な増大をめざし、人民公社の設立による農村集団化や専門技術を軽視した農業・工業政策を強行した。その結果、農業生産が急減し、さらに生産低下の実態が正しく報告されなかったため飢饉が深刻化して、1959〜60年にかけて3000〜4500万人が餓死する事態におちいり、運動は失敗に終わった。

人民公社⑥ 1958年に、農村で「大躍進」実行のため編成された組織。集団生産活動と行政・教育活動の一体化が強力に進められた。実情は生産力が停滞し、82年、憲法によって廃止が決定された。

チベットの反中国運動⑥ 1959 ラサにおけるチベット人の反政府運動。中国政府によって漢人〈かんじん〉への同化や社会主義化が強制されたため、チベット民衆の反中国運動が各地で発生していたが、1959年3月にはラサ市民が蜂起した。中国人民解放軍がこれを制圧し、ダライ=ラマ14世はインドへ亡命した。 → p.349

ダライ=ラマ14世 Dalai Lama ⑥ 1935〜 チベットの政治・宗教の最高責任者(在任1940〜)。1959年中国政府がチベットの反中国運動を鎮圧すると、インドへ亡命した。89年ノーベル平和賞を受賞した。

中印国境紛争⑥ 1959〜62 1959年のダライ=ラマ14世のインド亡命を契機に中印国境でおきた武力衝突。62年10月に大規模な戦いとなり、優勢だった中国が和平提案をしたのち撤退。中国とインドの関係が悪化したことで、非同盟諸国間の連携は損なわれた。2006年にインド北東部と中国チベット自治区を結ぶルートでの貿易が再開されたが、国境画定には至っていない。

チベット自治区② 1965年にチベットに成立した中国の自治区。区都ラサ。チベット人の居住地で、中華人民共和国建国後に社会主義国家への統合が強化されると、59年に大規模な反中国運動がおきたが、ダライ=ラマ14世がインドへ亡命して終息した。

新疆〈しんきょう〉ウイグル自治区② 1955年に東トルキスタンを中心とする地域に成立した中国の自治区。区都ウルムチ。トルコ系ムスリムのウイグル人などの居住地で、清朝〈しん〉滅亡後は自立する動きが活発であったが、中国

に統合された。

内〈うち〉モンゴル自治区② 1947年に内モンゴルに成立した自治区。区都フフホト。清朝時代に漢族農民の入植が進み、国共内戦中に共産党員の指導で自治政府が樹立され、中華人民共和国の自治区となった。現在人口の8割を漢族が占めている。

中ソ技術協定破棄② 1959 ソ連による中国との技術協定の破棄。翌年にはソ連が中国に派遣した技術者を引き揚げた。中ソ対立のなかでおこなわれ、中国経済の発展にとって痛手となった。

中ソ対立⑦ フルシチョフのスターリン批判を契機としておこった中国とソ連の対立。社会主義理念などイデオロギーや安全保障・領土をめぐる対立、大国ソ連への中国の反発など複雑な要素を含んでいた。1963年には公開論争となり、東側で中国を支持する国はアルバニアのみとなった。69年には両国の国境紛争で双方に死者が出たが、89年5月のゴルバチョフ訪中で終止符が打たれた。

中ソ国境紛争⑤ 中ソ対立により、1960年代に散発した両国間の国境をめぐる紛争。1969年にウスリー川の中洲〈なかす〉の珍宝島〈ちんぽうとう〉(ダマンスキー島)で、双方50人以上の死者を出す衝突がおきた。

劉少奇〈りゅうしょうき〉⑥ 1898〜1969 中国共産党の幹部・国家主席(在任1959〜68)。「大躍進」の失敗を受け、毛沢東にかわって国家主席に就任した。プロレタリア文化大革命のなかで毛沢東から「資本主義の道を歩む者」(走資派)として批判され、大衆からも執拗〈しつよう〉な吊るし上げを受けて失脚し、獄死した。1980年に名誉回復された。

林彪〈りんぴょう〉③ 1907〜71 中国の軍人・政治家。抗日戦争・国共内戦・朝鮮戦争で活躍した。『毛沢東語録』を編纂〈へんさん〉するなど毛沢東思想の拡大につとめ、文化大革命がおきてからは毛沢東の後継者と党規約に明記された。クーデタに失敗して飛行機でソ連に逃亡する途上で墜落死したと、死亡の2年後に正式に公表された。

鄧小平〈とうしょうへい〉⑦ 1904〜97 中国の政治家。文化大革命の際、「資本主義の道を歩む者」と批判されて失脚したが、1973年に国務院副総理として復活した。周恩来の死で再失脚、「四人組」逮捕後に再復活してからは「四つの現代化」路線を受け継ぎ、改革開放路線を定着させた。外交ではアメリカと国交を回復し、イギリスとのあいだに香港〈ホン〉返

還合意をおこなうなど、中国の国際的地位向上を果たした。

プロレタリア文化大革命（文化大革命）⑦
1966～77　毛沢東が実権奪取のために発動し、中国全土を巻き込んだ政治権力闘争および社会・文化闘争。大衆運動を利用した権力闘争により、1968年には劉少奇らが失脚、71年には毛沢東の後継者とされていた林彪が飛行機で墜落し、死亡。全国的に社会機能は混乱し、流血をともなう闘争によって数百万人の死傷者が出たとされる。76年毛沢東の死後、文化大革命を推進していた「四人組」も失脚して終息した。81年、中国共産党による歴史決議で文化大革命の路線は完全に否定された。

実権派（走資派）④　毛沢東が政権中枢にいた劉少奇・鄧小平らを批判するために使った呼称。「資本主義の道を歩む者」との意味で、「走資派」とも呼ばれた。

紅衛兵⑥　文化大革命初期に毛沢東に忠誠を誓い、大衆運動に動員された学生・青年男女の組織。文革開始の翌年に彼らが激しい闘争を開始すると、毛沢東はこれを極左派である、と批判に転じた。

キッシンジャー　Kissinger ②　1923～　アメリカの国務長官。大統領補佐官として1972年にニクソン大統領の訪中の実現に尽力した。73年にはベトナム和平の功績でノーベル平和賞を受賞した。

ニクソン訪中⑦　1972　米中国交正常化のきっかけとなった外交。背景には、ベトナム戦争で傷ついた国際的威信を回復したいアメリカと、中ソ対立の激化による国際的な孤立を打開したい中国双方の意図があった。アメリカ大統領初の中国訪問は世界を驚かせ、共同宣言が発表され、事実上の相互承認がおこなわれた。

田中首相訪中⑦　1972　米中関係改善の影響を受けて、田中角栄首相が就任直後におこなった訪中。世界的な緊張緩和（デタント）や、国連代表権が中華人民共和国に移ったことが背景にあった。

日中共同声明④　1972　田中角栄首相の訪中で調印され、国交回復を実現した声明。日本政府は中華人民共和国政府が唯一の合法政府であると認め、中国は対日賠償請求を放棄した。

日中国交正常化⑦　1972　日中共同声明による、日本と中華人民共和国との関係正常化。これによって台湾の国民政府との外交関係は断絶した。

日中平和友好条約⑥　1978　日中共同声明にもとづいて調印された、両国関係の発展と交流促進を内容とした条約。

米中国交正常化⑥　1979　アメリカのカーター政権と中華人民共和国の華国鋒政権のあいだで1月に実現した。一方、アメリカは台湾との関係を台湾関係法で非公式に維持した。

中国の国連代表権交代⑦　1971　台湾の中華民国政府から中華人民共和国に国連の代表が移ったこと。中華民国は、これ以後国際機関からつぎつぎと追われた。

周恩来の死⑤　1976　1月に死亡。これにより、後ろ盾を失った鄧小平が再度失脚し、権力闘争が加熱した。また、天安門広場で市民が周恩来の追悼をおこない、警官と衝突する事件がおきた。

毛沢東の死⑥　1976　9月に死亡。その直後、後継者とされた華国鋒首相が、「四人組」を失脚に追い込み、建国以来の最高権力者であった毛沢東の時代は終わった。

華国鋒④　1921～2008　中国の首相（在任1976～80）・党主席（在任1976～81）。周恩来・毛沢東のあいつぐ死ののち、四人組を逮捕し、経済再建に取り組んだ。鄧小平らに批判されて辞任した。

江青④　1913頃～91　毛沢東夫人で女優、「四人組」の一人。1939年に毛沢東と結婚。「四人組」を結成し、文化大革命を推進した。逮捕後に死刑判決を受け、無期懲役に減刑されたが、自殺した。

「四人組」逮捕⑤　1976　江青・王洪文・張春橋・姚文元の4人からなる文化大革命推進派グループである「四人組」は、周恩来・鄧小平の経済再建に対抗して権力掌握をめざしたが、毛沢東の死後、華国鋒によって逮捕された。

「四つの現代化」⑥　1975年に周恩来が提起した、農業・工業・国防・科学技術の近代化。本格的な実現は、「四人組」失脚後、鄧小平を中心におこなわれた。

改革開放政策⑦　1978年以降、鄧小平の指導下におこなわれた経済改革と対外経済開放政策。人民公社の解体、農産物価格の自由化などに加え、対外経済開放の拠点として「経済特区」が設けられ、外資や技術の導入が進んだ。

第三世界の開発独裁と東南・南アジアの自立化

開発独裁⑦　政府主導の経済発展政策を効率

的に遂行するために正当化された、強権的な政治。アジア・アフリカ・ラテンアメリカの開発途上諸国にみられた。

輸入代替工業化 ③ 先進国から輸入していた工業製品を、輸入の制限などによって国内での加工・製造に切り替えて、工業化を進める経済政策。開発途上国の工業化戦略の一つで、ラテンアメリカ諸国やアジア諸国でみられる。近代工業化の初期段階でおこなわれることが多い。

韓国の軍部クーデタ ③ 1961　李承晩政権のつぎに成立した政権を倒した無血クーデタ。朴正煕が実権を握り、開発独裁による経済発展への道筋をつけた。

朴正煕 ⑦ 1917〜79　韓国の軍人・大統領（在任1963〜79）。1961年にクーデタで政権を握り、63年大統領となった。アメリカの軍事援助や日本の経済援助を得るため、両国との関係を重視し、国内の反対を押し切って日韓基本条約を締結した。62年からは五カ年計画で「漢江の奇跡」と呼ばれる高い経済成長率を達成した。73年に金大中が韓国中央情報部によって日本から韓国に拉致される事件がおこり民主化運動が高揚すると、これを弾圧した。79年、側近に射殺された。

朴大統領の暗殺 ③ 1979　側近である中央情報部長による、朴正煕韓国大統領の射殺事件。10月におこったこの事件後、政治的自由を求める民主化運動が全土に広がった。

光州事件 ⑤ 1980　韓国南西部の光州市でおきた民主化要求運動を、政府が弾圧した事件。1980年5月、政府が学生デモや労働争議を抑圧する戒厳令を出し、民主化運動のリーダーを拘束することに対して、抗議運動が激化した。しかし、戒厳司令部の全斗煥が中心となって弾圧をおこない、多数の死傷者が発生した。

全斗煥 ② 1931〜2021　韓国の軍人・大統領（在任1980〜88）。朴正煕大統領暗殺事件後に保安司令官と中央情報部長代理を兼任して権力を握り、光州民主化運動を鎮圧し、大統領となった。開発独裁を継続し、日韓関係の強化をはかった。1997年に、かつての政権時代の腐敗と光州事件の責任で無期懲役の判決が確定したが、金泳三と金大中の合意で釈放された。

戒厳令《台湾》 ④ 1949　国民党に対する民衆の抗議デモを武力弾圧したことから1947年に発生した二・二八事件ののち、49年に発表された戒厳令。憲法が停止状態となる

など、国民党の独裁政権が続いた。戒厳令が解除されたのは87年。

九・三〇事件 ⑥ 1965　9月30日、インドネシアでおこった政治事件。陸軍幹部6人による反スカルノ＝クーデタを阻止したとされる革命評議会に対し、スハルトはその活動を封じ込めた。また、これを機に共産党勢力を壊滅させ、スカルノにかわって実権を握り、68年大統領に就任した。以後、スハルトは長期独裁政権を樹立した。

スハルト Suharto ⑦ 1921〜2008　インドネシアの軍人・大統領（在任1968〜98）。オランダからの独立戦争で活躍し、陸軍で実績を積んだ。1965年、九・三〇事件を機に実権を握り、長期政権で開発独裁をおこなった。97年のアジア通貨危機、経済混乱に対応できず、98年辞任した。

マルコス Marcos ⑦ 1917〜89　フィリピンの政治家・大統領（在任1965〜86）。親米路線をとり、長期政権のもとで腐敗が進んだ。軍の支持を失って、1986年にハワイに亡命したのち、在任中の不正について起訴されたが、判決を待たずに病没した。

マレーシア Malaysia ⑥ 1963　マラヤ連邦を中心にシンガポールや北ボルネオのサラワク・サバを合体して成立した国。ブルネイは石油管理などをめぐって利害が対立し、加わらなかった。

シンガポールの分離・独立 ⑥ 1965　中国系住民の多いシンガポールはマレー人優遇政策に不満をもち、リー＝クアンユーの指導でマレーシアから分離・独立した。

リー＝クアンユー Lee Kuan Yew ③ 1923〜2015　シンガポールの政治家・首相（在任1959〜90）。1959年の自治政府成立とともに首相となり、開発独裁をおこなって、面積わずか716km²のシンガポールを自由貿易港・工業都市国家として成長させ、観光開発にも力を入れた。

東南アジア諸国連合（ASEAN） ⑦ 1967　インドネシア・マレーシア・フィリピン・シンガポール・タイによって設立された地域協力機構。当初は反共同盟的性格をもったが、1971年に東南アジア中立地帯宣言をおこない、ベトナム戦争後は地域紛争の自主的・平和的解決と政治・経済協力を前面に掲げた。ブルネイ（84年）・ベトナム（95年）・ラオス（97年）・ミャンマー（97年）・カンボジア（99年）ものちに加盟した。　→ p.350

ネ＝ウィン Ne Win ① 1911〜2002　ビルマの軍人・政治家・首相（在任1958〜60、62

〜74）・革命評議会議長（在任62〜74）・大統領（在任74〜81）。軍を率いてクーデタで全権を握ると、「ビルマ式社会主義」建設をめざした。

インド＝パキスタン（印パ）戦争⑤ 1971 東パキスタンの独立を支援するインドと、パキスタンの戦争。これ以前にも、1947年と65年にカシミール藩王国の帰属をめぐって2度のインドとパキスタンの衝突がおこっていた。3度目の戦争は、パキスタンが降伏し、東パキスタンがバングラデシュとして独立して終わった。

カシミール帰属問題 Kashmir Problem⑦ インド北西部のカシミール藩王国の帰属をめぐるインドとパキスタンの対立。カシミールの住民の多くがイスラーム教徒、藩王がヒンドゥー教徒であったため、1947年10月と65年9月に衝突が発生し、紛争は現在まで続いている。

バングラデシュの独立⑥ 1971 パキスタンからのバングラデシュ人民共和国の分離・独立。1947年に独立したパキスタンでは、西パキスタンが経済的・政治的優位にあり、東パキスタンよりも優先する政策がとられていた。さらに、ウルドゥー語を国語にしようとしたため、おもにベンガル語を使用している東パキスタンがインドの支援を得て独立を宣言した。

アジェンデ Allende⑥ 1908〜73 チリの大統領（在任1970〜73）。左翼人民連合の支持で、史上初の選挙による社会主義政権を樹立した。銀行など主要産業の国有化をおこなったが、経済危機で軍部の台頭を許し、1973年の軍部によるクーデタの際に死亡した。

チリ軍部クーデタ④ 1973 インフレと財政難でストライキやテロが頻発するなか、アメリカの支援を受けた軍部が政権を奪った。

ピノチェト Pinochet⑤ 1915〜2006 チリの大統領（在任1974〜90）。1973年に軍部のクーデタで大統領となり、経済自由化を進めた。左派弾圧をおこない、これが人権侵害との国際的批判を浴びて、国民投票でも88年に不信任となり、90年に辞任した。

冷戦の終結と今日の世界

1　産業構造の変容

福祉国家と公害

福祉国家政策 ⑤ 社会保険制度の整備や雇用機会の確保などによって、全国民の最低生活の保障をめざす政策。西側先進諸国では、第二次世界大戦後の経済発展や生活再建への人々の要求を背景として、「大きな政府」による福祉政策の充実がはかられた。しかし、財政負担が大きかったことから、1980年代以降は政策の見直しがおこなわれた。

「大きな政府」 ② 産業の国有化や公共企業体の建設、高齢者・貧困層に対する社会福祉政策を税金でおこなう、財政支出の大きな政府。アメリカでは、これに対する批判から、1980年代に新自由主義（保守主義）が台頭した。

社会民主主義 ④ 資本主義の存続を前提に、低所得層も含めた国民の幅広い層への社会保障の拡充などを通じて、経済・社会的な不平等を是正し、民主主義の充実をめざす考え方。大戦直後の西欧諸国やアメリカ・日本でも主流となり、そのもとで公共事業や福祉政策などが推進された。

公害 ⑤ 生産活動などによって生じた環境破壊のこと。産業革命後の工業化社会の悪影響は、20世紀に地球温暖化というかたちで表れ、酸性雨・土壌汚染・海洋汚染・大気汚染にもつながった。日本では、1950年代後半に熊本県水俣湾周辺で発生した水俣病などの四大公害が大きな問題となった。

レイチェル＝カーソン Rachel Carson ② 1907〜64 アメリカの海洋生物学者。主著『沈黙の春』（1962年刊行）で農薬による食物の汚染や人体への害、農薬の蓄積による生態系破壊の実例を紹介し、自然環境の保護をはかるエコロジー運動に影響を与えた。

国連人間環境会議 ⑤ 1972 スウェーデンのストックホルムで開催された国際会議。公害の発生などを背景に、環境をテーマとしたはじめての会議で、「人間環境宣言」が採択された。この会議をきっかけに、環境問題を扱う専門機関として国際連合環境計画（UNEP）が創設された。

ドル＝ショックとオイル＝ショック

ドル＝ショック ⑦ 1971 ニクソンが発表した、ドルと金の兌換停止。国際基軸通貨であったドルは、1958年以来の国際収支悪化・金流出で価値が下落し、信用が低下していた（ドル危機）。さらにベトナム戦争や福祉政策への支出から、60年代半ばには財政負担も増加傾向にあった。この発表ののち、主要各国は73年までに変動相場制へ移行し、ブレトン＝ウッズ国際経済体制は終焉を迎えた。

「双子の赤字」 ② アメリカ合衆国がかかえる財政赤字と経常収支の赤字を指す。

ブレトン＝ウッズ国際経済体制崩壊 ⑤ 1973 ドル＝ショック以降に多くの国が変動相場制を採用し、金と交換するアメリカドルを基軸通貨とした国際通貨体制は終わった。

変動相場制 ⑦ 外貨との交換比率を外国為替市場の需要と供給の変動にゆだねる通貨制度。

第4次中東戦争 ⑥ 1973 エジプト・シリアのイスラエルに対する奇襲で始まった戦争。軍事的にはイスラエルの勝利であったが、アラブ側が OAPEC による石油戦略をとり、第1次石油危機が世界中におよんだ。
→ p.342

石油輸出国機構（OPEC）⑦ 1960 イラン・イラク・サウジアラビア・クウェート・ベネズエラによって設立された産油国の国際カルテル組織。欧米の国際石油会社による原油の公示価格の引き下げに抵抗し、協調政策をとった。第4次中東戦争勃発後、石油価格を引き上げた。その後、加盟国は増えたが、内部対立や非 OPEC 諸国の産油量増加などで、影響力は相対的に小さくなっている。

アラブ石油輸出国機構（OAPEC）⑤ 1968 サウジアラビア・クウェート・リビアによって設立された、アラブ系産油国の国際カルテル組織。第4次中東戦争が始まると、イスラエルの友好国に石油の全面禁輸を宣

告する石油戦略をとった。現在は10カ国が加盟している。

石油戦略《5》 産油国が原油の生産や供給を国際戦略上の武器とする政策。石油の生産量や価格をコントロールすることで、資源を必要とする輸入国に政治的圧力をかけた。

資源ナショナリズム《5》 資源保有国が、自国の資源に対してその生産や管理などの主権を確立しようとする動き。その背景には、石油資本を通じた先進国による資源開発や独占があった。石油輸出国機構（OPEC）による石油戦略を契機として、おもに開発途上国などでみられる。

石油危機《第1次》《7》 1973 第4次中東戦争でアラブ諸国がとった石油戦略により、世界中に影響した経済混乱。オイル＝ショックとも呼ばれる。急激な物価高と世界的不況が蔓延した。サミット（先進国首脳会議、第1回は1975年）開催の背景となったほか、西側先進国で産業構造が転換するきっかけともなった。

先進国首脳会議(サミット) summit《6》 1975 第1次石油危機を契機に、世界経済の主要問題を討議するために開かれた先進諸国の会議。「頂上」を表す呼称のもと、フランス・アメリカ・イギリス・西ドイツ・イタリア・日本の先進国首脳が集まった。1976年にカナダ、97年にロシアが正式に加わり、参加国はG8と呼ばれた。しかし、2014年のクリミア併合によって、ロシアの参加は停止された。

量から質へ

産業構造の転換《3》 第1次石油危機を機に、西側先進国において、従来の生産規模を重視する経済から最先端技術を重視する経済へと産業構造が変化したことを指す。これにより、コンピュータやエレクトロニクス産業においてハイテク化・省エネ化が進んだ。日本や西ドイツがその成功例。一方、産油国であったソ連は原油輸出による外貨獲得が進められたため、西側諸国のような産業構造の転換は進まなかった。

ハイテクノロジー産業(ハイテク化)《3》 先端技術産業のこと。集積回路（IC）の発明によって進展した、半導体を用いるコンピュータやエレクトロニクスがおもな分野。1970年代以降、この産業の発展により、日本の企業ではコンピュータやロボットが導入され、オートメーション＝システムが構築されるとともに、人員整理や省エネルギー化も進んだ。

省エネルギー化《4》 経済活動において資源やエネルギーの消費量を節減すること。1970年代以降の西側諸国、なかでも日本では従来の鉄鋼・石油化学・造船などの資源多消費型産業が停滞する一方、半導体・集積回路（IC）・コンピュータなどのハイテクノロジー産業が発展した。

外国人労働者問題《ヨーロッパ》《1》 1970年代以降、産業構造の転換にともなう経済成長の過程で労働力需要が高まったことから、西ドイツやフランスなどは、トルコ・ユーゴスラヴィア・アジア諸国などから多くの労働者を受け入れた。しだいに外国人の比率が高まると、西ドイツは1973年に経済難民の受け入れを中止した。80年代後半以降は失業者の増加が問題になり、ドイツは2000年に国籍法を出生地主義に変更して移民の国内統合をはかった。しかし、外国人排斥や移民・難民の受け入れの拒否を主張する動きは続いている。

「小さな政府」《6》 自由主義市場経済に信頼をおき、経済への介入を最小限にする政府。1970年代末からアメリカ大統領レーガンやイギリス首相サッチャーが新自由主義を掲げ、財政規模の縮小をめざした。

新自由主義(改革) neo-liberalism《6》 市場経済と競争原理を重視する考え方。アメリカの経済学者フリードマンらシカゴ学派の影響を受けて広がり、イギリス・アメリカ合衆国・日本などの政策の背景となった。ただし、その主張は古典的な経済的自由主義ともみなされ、アメリカでは保守主義と呼ばれる。

「イギリス病」《2》 1960年代イギリスの深刻な経済不振と国際競争力の低下に対する呼称。戦後実現した福祉国家の構造そのものが、不況の原因とされ、抜本的な改革が期待されるようになった。

サッチャー Thatcher《7》 1925～2013 イギリス保守党出身で初の女性首相（在任1979～90）。イギリスの福祉国家路線を転換し、レーガン米大統領とともに新自由主義政策の旗手とされた。産業民営化、外国企業の受け入れなどの規制緩和によりインフレの抑制につとめた。フォークランド戦争や北アイルランド問題に対処したが、政権後半期に経済状況が悪化し、すべての住民への均等課税を導入したことへの激しい反対運動がおきるなか、辞任した。

レーガン　Reagan ⑦ 1911〜2004　共和党出身のアメリカ第40代大統領(在任1981〜89)。外交政策を批判されたカーター政権にかわって、「強いアメリカ」を望む世論を背景に当選した。当初、戦略防衛構想(SDI)の発表や対ソ強硬姿勢をとったが、ゴルバチョフの登場で、中距離核戦力(INF)全廃条約締結やアフガニスタン和平協定など協調政策に転じた。国内では、競争推進と貨幣供給量操作で物価上昇を抑制しようとする、レーガノミクスと呼ばれる経済政策をおこなったが、「双子の赤字」に悩まされた。

コール　Kohl ⑤ 1930〜2017　西ドイツのキリスト教民主同盟出身の首相(在任1982〜98)。経済面では市場原理の再興をを掲げたが、政治面では保守中道路線をとり、東西ドイツ統一を成し遂げた。ヨーロッパ統合も積極的に推進させた。

中曽根政権 ④ 1982〜87　日本の自由民主党の中曽根康弘首相の内閣。「戦後政治の総決算」を掲げ、電電公社(現NTT)・専売公社(現JT)・国鉄(現JR)を民営化した。

ミッテラン　Mitterrand ② 1916〜96　フランス第五共和政で初の社会党出身の大統領(在任1981〜95)。周辺諸国が新自由主義的傾向を強める一方、主要産業や銀行の国有化をおこなった。インフレの進行や赤字債務の増加をまねいたが、保守勢力が優勢な議会との保革共存を経て、14年間の長期政権を維持した。外交では、核戦略などドゴール以来の「強い国家」を志向する傾向をもちながら、ドイツのコール首相とともにヨーロッパ統合を強力に進めた。

債務危機《ラテンアメリカ》 ⑥ メキシコ・アルゼンチン・ブラジルなどのラテンアメリカ諸国が、対外債務(借金)の返済が困難な事態となったこと。これらの国々では、開発独裁の過程で先進国などから借り入れる資金が増大し、さらに石油危機にともなう金融危機の打撃も受けて、1980年代に債務返済がとどこおった。IMFが救済措置を講じ、自由主義的経済の導入が進められたが、解決には至らなかった。またその混乱の過程で、多くの国で民政移管が進んだ。

フォークランド戦争　Falkland Island War ③ 1982　大西洋上の英領フォークランド諸島の領有をめぐる、アルゼンチンとイギリスとの軍事衝突。アルゼンチンでは、諸島のアルゼンチン名からマルビナス戦争と呼ぶ。経済的苦境のなか、国民の支持回復をねらうアルゼンチン政府が侵攻を開始した。

しかし、イギリス軍による反撃で、同諸島は奪回されて終わった。

アルゼンチンの民政移行 ⑤ 1983　軍事政権がフォークランド戦争でイギリスに大敗して求心力を失い、民政に移行した。

チリの民政移行 ④ 1990　大統領選挙でピノチェトが敗れたのち、1989年の憲法改正を受け、エイルウィン大統領が就任しておこなった。新政権は軍政下での人権侵害に関する調査委員会を設置した。

ニカラグア革命 ② 1979　サンディニスタ民族解放戦線による、40年以上におよぶソモサ親子らの独裁の打倒。革命後、左翼政権がキューバ・ソ連との提携を強めたため、アメリカの介入をまねいた。1990年、選挙で大統領となったチャモロ(在任1990〜97)が内戦状態を終結させた。

「解放の神学」 ② カトリック教会の内部批判から生まれた、社会不正・貧困・人権抑圧と戦うことや社会改革を求める神学理念。1960年代に、コロンビアをはじめとするラテンアメリカで広がった。

中東の変容

第3次中東戦争(6日戦争) ⑦ 1967　イスラエルとエジプト・シリア・ヨルダンとのあいだに戦端が開かれ、6日間で停戦となった戦争。背景には、ナセル指導下のアラブ民族主義の高まりやパレスチナ解放機構(PLO)の結成があった。戦闘の結果、空軍による圧倒的勝利をおさめたイスラエルがシナイ半島、ガザ地区、東イェルサレムを含むヨルダン川西岸、ゴラン高原を占領した。

シナイ半島 ⑤ 第3次中東戦争でイスラエルが占領した、紅海北端の半島。アジアとアフリカ、地中海と紅海を結ぶ位置にあるため、係争の的となった。

ガザ地区 ④ 第3次中東戦争でイスラエルが入植地を建設した、パレスチナ南西部の地中海岸地域。

ヨルダン川西岸 ③ 第3次中東戦争でイスラエルが占領し入植地を建設した、死海の北西地域。

ゴラン高原 ② 第3次中東戦争でイスラエルが占領した、シリア南西部の地域。占領以前の名称はゴラン高原。シリアは全面返還を要求しているが、イスラエルは入植を強行したのち、1981年に併合を宣言した。

パレスチナ解放機構(PLO) ⑥ 1964　パレス

チナの解放を目的とする組織。アラブ連盟の支援のもと、イスラエルに対抗していたゲリラ組織を統合して、イェルサレムでの第1回パレスチナ国民会議において結成された。第4次中東戦争を経た1974年のアラブ首脳会議においてパレスチナ人を代表する正当な組織として認められ、同年、国連総会におけるオブザーバーとしても認められた。

アラファト 'Arafāt ⑥ 1929～2004 パレスチナ解放機構議長（在任1969～2004）、パレスチナ解放運動の指導者。パレスチナ人の代表機関として国連に PLO を認めさせ、1993年にはパレスチナ暫定自治協定を結んだ。94年、イスラエルのラビン首相・ペレス外相とともにノーベル平和賞を受賞した。

サダト Sādāt ⑥ 1918～81 エジプト大統領（在任1970～81）。エジプト革命に参加し、ナセルの急死後に大統領に就任した。第4次中東戦争中、石油戦略でアラブ諸国を結束させて威信を高めた。戦後は外資導入などの開放政策、アメリカへの接近など、外交方針を転換し、イスラエルとも平和条約を結んだ。イスラエルの承認はアラブ強硬派の反発を買い、イスラーム主義者に暗殺された。

第4次中東戦争 ⑤ 1973 第3次中東戦争の失地回復をめざして、エジプト・シリア両軍がイスラエルを攻撃した戦争。イスラエルがアメリカから武器援助を受けて応戦したので、失地奪回はならなかった。この時、アラブ諸国がとった石油戦略が第1次石油危機を引きおこし、世界経済に打撃を与えた。終戦後、エジプトのサダト大統領は従来の対イスラエル政策を転換し、アラブ諸国の反発を受けながら、イスラエルと和平を結んだ。　→ p.339

エジプト＝イスラエル平和条約 ⑥ 1979 エジプトが、アラブ諸国ではじめてイスラエルを公式に承認した条約。エジプトのサダト大統領と、イスラエルのベギン首相のあいだで締結された。アラブ18カ国とパレスチナ解放機構（PLO）はこれを裏切りと考え、エジプトと断交した。

サダトの暗殺 ② 1981 イスラーム主義者のエジプト人兵士による大統領の暗殺。第4次中東戦争開戦日の記念パレードのさなかに実行された。

シナイ半島の返還 ④ 1982 エジプト＝イスラエル平和条約にもとづいておこなわれた、イスラエル占領地のエジプトへの返還。

白色革命 ② 1963年から、イランで国王パフレヴィー2世によって開始された近代化。アメリカを後ろ盾とした国王が土地改革や女性参政権の実施などの社会改革を断行したが、宗教界は反発を強めた。

イラン＝イスラーム革命 ⑦ 1979 パフレヴィー朝を打倒した、イスラーム的価値にもとづく社会・政治的変動の総称。近代化による社会不安と経済格差の拡大に対する不満から、1978年末より反国王運動が高まった。79年に入り、国王パフレヴィー2世が亡命し、亡命先のパリから帰国したホメイニが臨時革命政府の樹立を宣言した。革命政権は、反ソ・反米をとなえ、周辺のイスラーム主義勢力に活気を与えた。また、この革命は第2次石油危機を引きおこして世界経済にも大きな影響を与えた。

ホメイニ Khomeynī ⑦ 1902～89 イランのシーア派の指導者。パフレヴィー2世の近代化政策やアメリカ従属を批判して1963年に国外追放となり、その後は国外から反国王運動を指導した。1979年のイラン＝イスラーム革命により、公選の大統領をも指導する最高指導者となり、イスラーム法と国政の一体化につとめた。

イラン＝イスラーム共和国 Jomhūrī-ye Eslāmī-ye Īrān ⑤ 1979 イラン＝イスラーム革命で成立した共和国。憲法で、イスラーム法学者を最高指導者として、イスラーム教の価値観を重視する国家をめざした。

石油危機《第2次》 ⑥ イラン＝イスラーム革命により、産油国のイランが欧米系石油企業を追放して石油産業を国有化し、原油価格が高騰して発生した経済危機。原油価格の上昇は、先進国のみならず開発途上国の経済にも大きな打撃を与え、政治不安につながった。

サダム＝フセイン Saddām Hussayn ⑤ 1937～2006 イラク共和国大統領（在任1979～2003）。就任後、イラン＝イラク戦争（1980～88年）・クウェート侵攻（90年）・湾岸戦争（91年）をおこなったが、クウェート侵攻・湾岸戦争に際して国際的な非難を受けた。その後、大量破壊兵器の保有疑惑により、2003年にアメリカ・イギリス軍の攻撃を受け、同年末アメリカ軍に拘束された。イラク特別法廷で死刑判決を受け、06年執行された。

イラン＝イラク戦争 ⑥ 1980～88 イラン＝イスラーム革命の混乱に乗じたイラクの侵攻で始まった戦争。イラクはシャトルアラ

ブ川を境とする国境問題の解決を掲げ、革命の波及を恐れるアラブ諸国の支持やアメリカの支援を得て戦った。しかし、イラン側も祖国防衛を掲げて反撃したため長期化した。1988年に国連安保理決議を受けて停戦したが、両国に経済的疲弊と過剰な軍備を残した。

開発途上国の工業化

新興工業経済地域（NIES）⑦ 1970〜80年代に急速な経済成長をとげた国や地域。韓国・台湾・香港ホン・シンガポール・メキシコ・ブラジル・アルゼンチンなどを指す。とくに1960〜90年代の東アジア諸国の経済成長は、「東アジアの奇跡」とも呼ばれる。

従属理論③ 国際分業体制において、経済発展をした北側諸国によって南側諸国は低開発状態となり、不利な状況であるとする考え方。この考え方は、工業化を先行させた地域（「中核」）と原料生産に特化した地域（「周辺」）から世界経済の仕組みを考える「世界システム論」に発展した。

南南問題⑦ 南の開発途上国グループのなかで生じた、経済格差とそれに関係する問題。工業化に成功した国や産油国が経済的に豊かになり、サハラ以南のアフリカ諸国のような経済成長率が低い国家とのあいだで格差が生じた。

貿易摩擦まさつ ⑥ 貿易の不均衡きんこうを中心とした国家間の対立。とくに日米間のものがあげられ、1960年代後半にアメリカの貿易赤字と日本の貿易黒字が拡大し、両国が鋭く対立した。60年代には繊維、70年代には鉄鋼・カラーテレビ、80年代には自動車・半導体など、年代ごとに異なる品目が摩擦の対象となった。80年代には、「双子の赤字」に苦しむアメリカが、輸出規制のみならず、日本に農作物市場の開放を要求した。

プラザ合意 Plaza Accord ⑤ 1985 米・英・西ドイツ・仏・日の先進５カ国による、ドル高是正のために協調介入をおこなうという合意。ニューヨークのプラザホテルで開かれたＧ５（先進５カ国蔵相・中央銀行総裁会議）で決定されたため、この呼称がある。これ以後、円高が急速に進行し、日本のバブル経済やアメリカの株価大暴落（1987年）の背景となった。

2 冷戦の終結

デタントの終わりと「新冷戦」

ハイレ＝セラシエ Haile Selassie ① 1892〜1975 エチオピア帝国皇帝（在位1930〜74）。1963年にアフリカ諸国首脳会議を主催し、アフリカ統一機構（OAU）の設立を進めるなどしたが、74年のエチオピア革命で廃位された。

エチオピア革命 ② 1974 軍部が皇帝ハイレ＝セラシエを退位させ、政権を奪った革命。エリトリアの独立運動や大規模な飢饉ききんを背景に、軍事政権は、ソ連の支援を受けて土地改革など急進的な社会主義政策を進めた。しかし1991年、反政府勢力の攻撃を受けて政権は崩壊した。

アンゴラ内戦 Angola ③ 1975〜2002 ポルトガルからの独立後に独立勢力の分裂で始まった内戦。キューバや南アフリカの軍隊が参戦するなど、米ソの代理戦争となったが、2002年に停戦した。

ジンバブエへの改称 Zimbabwe ③ 1980 ポルトガルの民主化やアンゴラ・モザンビークの独立に影響を受けた、南ローデシアの国家名称の改称および独立。旧イギリス領の南ローデシアは1965年に白人政権のもとで独立を宣言したが、アパルトヘイト政策を採用したため、国際社会は独立を認めなかった（なお、北ローデシアは1964年にザンビア共和国として独立）。1980年、ソ連・中国の支援のもとで黒人政権が誕生すると、ジンバブエと改称して正式に独立した。

カーター Carter ⑤ 1924〜 民主党出身のアメリカ合衆国第39代大統領（在任1977〜81）。内政では景気対策・エネルギー政策に力を入れた。また、対外的には「人権外交」を展開し、1977年には、パナマ運河の管理権を99年末にパナマに返還する内容の条約を結んだ。中東情勢安定への仲介も試みたが、イラン＝イスラーム革命やソ連のアフガニスタン侵攻がおこり、支持を失っていった。

「人権外交」③ 人権の擁護ようごを基本原則の一つとする外交政策。その背景には、1970年代の欧米諸国で人権に対して強い関心がもたれていたことがある。アメリカ大統領カーターが展開した、人権を抑圧する国に対

して制裁を科す方針が代表例。このほか、レーガン政権のもとでの南アフリカに対する経済制裁や、天安門事件後の中国に対する制裁などもおこなった。

ソ連のアフガニスタン軍事侵攻 ⑥ 1979 アフガニスタン政権内の対立に乗じておこなわれた侵攻。親ソ派政権を樹立し、主要都市を制圧した。アメリカが強く反発し、カーター政権は翌年のモスクワ＝オリンピックをボイコットした。「第2次冷戦」の始まりともいわれた。

「強いアメリカ」 ④ レーガン大統領がアメリカ外交の目標として掲げた言葉。1983年に戦略防衛構想(SDI)を発表し、同年、親社会主義政権が成立したカリブ海にある小国グレナダにも軍事介入をおこなった。レーガン大統領の2期目にソ連ではゴルバチョフが登場し、財政的な負担も背景にアメリカは対話路線に転換した。

グレナダ侵攻 ④ 1983 カリブ海の島国グレナダに、アメリカがカリブ海域の6カ国とともにおこなった軍事侵攻。社会主義路線をとる政権に対するクーデタをきっかけに、レーガン政権が軍事介入をおこない、親米政権が誕生した。この侵攻に抗議した東側諸国の多くは、翌年のロサンゼルス＝オリンピックをボイコットした。

「第2次冷戦」(新冷戦) ⑥ ソ連のアフガニスタン侵攻をきっかけとして、再び激化した1970年代末～80年代前半の米ソ対立。両国は軍事費を増加して対抗した。

ペレストロイカから東欧革命へ

ゴルバチョフ Gorbachev ⑦ 1931～2022 ソ連共産党最後の書記長(在任1985～91)、ソ連唯一の大統領(在任1990～91)。1986年からペレストロイカを進め、社会民主主義的なソ連社会の改革をめざした。国内の民主化と同時に、アメリカとの協調、軍縮など「新思考外交」を打ち出した。ソ連に大統領制を創設し、複数政党制や市場経済の導入をおこなった。91年の保守派によるクーデタで指導力を失い、共産党解散・大統領辞任に追い込まれた。

チョルノービリ(チェルノブイリ)原子力発電所事故 Chornobyl' ⑦ 1986 ソ連(現ウクライナ)のチョルノービリ(チェルノブイリ)原子力発電所でおきた、人災による大規模事故。多数の死傷者を出し、周辺諸国へも甚大な被害がおよんだ。この事故は、ソ連の国家体制の危うさを象徴し、情報統制の弊害が痛感され、グラスノスチ推進に影響を与えた。

ペレストロイカ(改革) perestroika ⑦ ロシア語で「建て直し」の意味。1986年のチョルノービリ原子力発電所の事故を機に進められ、経済分野での自由化・民主化に始まり、共産党支配体制を根底から見直す動きへと進んだ。情報公開、政治改革、「歴史の見直し」、外交政策の転換を大胆に進め、結果としてソ連邦を崩壊に導いた。

グラスノスチ(情報公開) glasnost' ⑦ ゴルバチョフにより推進された、言論の自由化。メディアによる報道の自由化、検閲の廃止、結社の自由化が進んだ。批判的言論も活発になった。

連邦人民代議員 ② 1988年末の憲法改正でソ連の最高機関として設置された人民代議員大会を構成する代議員。89年、ソ連初の複数候補・自由選挙で選出された。91年8月のクーデタ直後に人民代議員大会はみずからの廃止を決めた。

大統領制(ソ連・ロシア) ④ 1990年にソ連で導入された、共産党支配にかわる元首制。人民代議員大会でゴルバチョフが大統領に選出されたが、ソ連崩壊で一代限りとなった。ロシア共和国でも91年6月にはじめての大統領選挙がおこなわれ、エリツィンが選ばれた。

「新思考外交」 ⑥ ゴルバチョフによる本格的な軍縮路線を含む協調外交。軍拡の負担を軽減するため、短期間で中距離核戦力(INF)全廃条約(1987年)、中国との和解、アフガニスタンからの撤退などを進めた。また、88年の新ベオグラード宣言では、今後東欧諸国への内政干渉をおこなわないことを表明した。

中距離核戦力(INF)全廃条約 ⑦ 1987 ワシントンにおいてレーガンとゴルバチョフの首脳会議で署名された核軍縮条約。1981年からの交渉は一度中断したが、ゴルバチョフ書記長の提案のもと、すでに配備され、ヨーロッパに不安を与えていた中距離核兵器を廃棄するという画期的な条約であった。しかし、2002年以降、アメリカによるミサイル防衛システムの旧東側諸国への配備やロシアによる対抗措置をめぐり、両国の対立が深まった。2019年にアメリカのトランプ政権は、ロシアの脅威や中国が条約の拘束を受けていないことを理由として、条約破棄をロシアに通告し、ロシアも条約履行

を停止したため、条約は失効した。

ソ連のアフガニスタン撤退⑦ 1989　軍事費削減をめざすゴルバチョフにより実行された。前年に開始された撤退は1989年2月に完了し、軍縮の実行を世界に示した。

ワレサ　Wałęsa⑥ 1943～　ポーランド「連帯」の指導者・大統領（在任1990～95）。1980年に「連帯」の議長に選ばれたが、ソ連の圧力でヤルゼルスキ首相が戒厳令_{かいげんれい}を施行し、「連帯」を非合法化すると軟禁_{なんきん}状態におかれた。82年に解放され、翌年ノーベル平和賞を受賞した。90年12月に、はじめての直接選挙により大統領となったが、知識人のマゾヴィエツキらとの対立で政権は安定しなかった。

ポーランド自主管理労組「連帯_{れんたい}」⑥ 1980年に結成された民主的な労働組合。ワレサを議長に選び、勢力を伸張させたが、1年後には活動を禁止された。89年、再び合法化され、選挙で大勝利をおさめて非共産党政権を成立させた。

ホネカー退陣　Honecker⑤ 1989　東ドイツで、硬直した社会主義を堅持していたホネカー書記長の解職。東側諸国で民主化の動きが高揚するなか、国家元首・国防会議議長の役もとかれた。

ベルリンの壁開放⑦ 1989　東ドイツの出国制限緩和_{かんわ}を知ったベルリン市民の手による、壁の開放。冷戦体制崩壊を象徴するできごとであった。

ヴァイツゼッカー　Weizsäcker① 1920～2015　ドイツの政治家・旧西ドイツ大統領（在任1984～90）・統一ドイツ初代大統領（在任90～94）。キリスト教民主同盟から大統領となり、1985年におこなった演説で、「過去に目を閉ざす者は、結局現在にも盲目となります」と、ナチス＝ドイツ時代への反省を呼びかけた。

チャウシェスク処刑　Ceauşescu⑥ 1989　ルーマニアで独裁的に君臨していたチャウシェスク大統領の処刑。反政府デモへの弾圧に反発した民衆が政権を崩壊に追い込み、軍事裁判によって、チャウシェスクと副首相であった妻は処刑された。

東欧社会主義圏の消滅（東欧革命）⑥ 1989年に、東欧諸国（ポーランド・ハンガリー・チェコスロヴァキア・ブルガリア・東ドイツ・ルーマニア）の社会主義政権が「自由化」「民主化」を求める動きのなかで崩壊したこと。共産党指導者の退陣があいつぎ、各国で自由選挙と複数政党制が導入された。

中国の動向と民主化の広がり

社会主義市場経済⑥ 社会主義を掲げながら、実質的には市場経済を導入した経済体制。鄧小平_{とうしょうへい}らを中心に、人民公社の解体・農業生産の請負制・外国資本の導入などがおこなわれた。1993年に中国の新憲法に市場経済がうたわれたが、政治的には共産党独裁を堅持しての改革が進められた。

人民公社の解体⑥ 1982年の中国の新憲法にもとづき、84年末までに全農家の96％が単独経営に移行し、85年に消滅した。

農業生産の請負制_{うけおいせい}② 中国で1978年頃から開始された、事実上の個別農家経営。農家は請負料を政府におさめ、余剰の生産物を自由に販売できるようになった。生産責任制ともいう。

経済特区③ 中国政府の指定により、外資優遇政策が導入された地域。1980年には広東省の深圳_{しん}・珠海_{しゅかい}・汕頭_{スワトウ}などに設置され、香港に隣接する深圳は外資の誘致で経済成長をとげた。

天安門_{てんあんもん}事件⑦ 1989　6月に天安門広場で、民主化を求めてすわりこみをおこなった学生や市民が人民解放軍により鎮圧され、多数の死者と逮捕者が出た事件。改革派の胡耀邦_{こようほう}前総書記の死や五・四運動70周年を契機とするデモの高まりを経て、民主化要求が高揚_{こうよう}していた。中国共産党総書記趙紫陽は責任を問われて失脚し、かわって江沢民が任命された。

趙紫陽_{ちょうしよう}② 1919～2005　中国の首相（在任1980～87）・共産党総書記（在任1987～89）。1987年胡耀邦の失脚後、鄧小平に抜擢_{ばってき}されて党総書記となった。89年の天安門事件で民主化運動が高揚した責任を問われ、解任された。

南巡講話_{なんじゅんこうわ}③ 1992　鄧小平が中国南部を視察した際におこなった講話。外資導入による経済政策の推進を強調し、天安門事件後に抑制されていた改革開放を再開した。

江沢民_{こうたくみん}⑥ 1926～2022　中国共産党総書記（在任1989～2002）。天安門事件後に就任し、1993年には国家主席となり、経済改革路線を実行した。

モンゴルの社会主義体制離脱⑤ 1992　新憲法制定による体制変更。民主化運動を受けて人民革命党が一党独裁を放棄し、複数政党制と大統領制を採用した。国名もモンゴル人民共和国からモンゴル国に改めた。

盧泰愚 ⑤ 1932～2021　韓国の大統領（在任1988～93）。全斗煥（チョンドゥホァン）の後継者で、民主化を掲げ、1987年末に大統領選挙を実現し、当選した。ソ連・中国との国交樹立、北朝鮮との同時国連加盟の実現など、外交に成果をあげた。退任後、97年に収賄（しゅうわい）と光州事件の責任で懲役17年となるが、釈放された。

韓国・ソ連国交樹立 ② 1990　冷戦終結を受けておこなわれた国交樹立。韓国はこの前年にハンガリー・ポーランドと国交樹立をおこなった。

韓国・中国国交樹立 ① 1992　両国が進めていた貿易拡大の一環としておこなわれた国交樹立。1993年に盧泰愚韓国大統領が訪中して貿易協定などに調印した。これにより台湾は韓国との国交を断絶した。

南北朝鮮の国連同時加盟 ⑤ 1991　冷戦終結の影響を受けて実現した。

戒厳令解除《台湾》 ③ 1987　台湾の経済成長にともなってしだいに民主化の要求が強まると、蔣介石の跡を継いだ子の蔣経国（しょうけいこく）総統（在任1978～88）は1949年以来の戒厳令を解除して政治犯を釈放するなど、民主化を前進させた。

李登輝（りとうき） ⑦ 1923～2020　台湾の国民党の政治家・台湾総統（そうとう）（在任1988～2000）。国民政府の台湾への移転（1949）ののち、中国大陸から移住した「外省人（がいしょうじん）」が主流派を形成したが、李は台湾生まれの「本省人（ほんしょうじん）」として初の総統となった。1992年にはじめての立法院委員（国会議員）選挙をおこなうなど民主化を進め、96年には初となる総統直接選挙で当選した。外交政策では経済など実質的関係を重視し、柔軟な姿勢をみせためか、中台関係は安定しなかった。

南アフリカ共和国　Republic of South Africa ⑤ 自治領南アフリカ連邦が、1961年にイギリス連邦を脱退して共和制へ移行し、成立した国家。第二次世界大戦後、ブール人系の国民党が極端な人種隔離（かくり）政策をとり、これに反対運動をおこなうアフリカ民族会議（ANC）を1960年に非合法化した。89年に大統領に就任したデクラークが、アパルトヘイト撤廃政策を開始し、94年には黒人のマンデラ大統領が誕生した。経済制裁解除による成長をめざしたが、黒人と白人の経済格差は是正（ぜせい）されていない。　→ p.329

アパルトヘイト　apartheid ⑦ 1940年代以降法制化され、南アフリカの国民党政権下で進められた非白人に対する人種差別的隔離政策。アフリカ民族会議（ANC）の激しい抵抗や、国際的に非難を浴びて国連による経済制裁がおこなわれたことから、1991年に差別諸法が撤廃された。　→ p.255, 329

アフリカ民族会議（ANC） ④ 1923　第二次世界大戦後に強化されたアパルトヘイト体制に対抗した組織・政党。反人種主義とアフリカ人の権利擁護（ようご）を目標に掲げた。1960年に非合法化されたものの、90年に解除され、94年の総選挙で与党となり、マンデラ、ムベキ（在任1999～2008）、ズマ（在任2009～18）ら歴代の大統領を輩出（はいしゅつ）した。　→ p.296

デクラーク　De Klerk ② 1936～2021　南アフリカ共和国大統領（在任1989～94）。白人政党である国民党の党首として大統領に就任し、アパルトヘイトの撤廃を進めた。1993年、マンデラとともにノーベル平和賞を受賞した。

アパルトヘイトの法的撤廃 ⑦ 1991　反アパルトヘイト団体の活動弾圧に対し、国連の非難決議をはじめとする国際世論の批判が高まり、デクラーク大統領によって、アパルトヘイト関連諸法が撤廃された。

マンデラ　Mandela ⑦ 1918～2013　反アパルトヘイト運動の指導者、南アフリカ共和国大統領（在任1994～99）。1944年、アフリカ民族会議に参加し、64年には終身刑で収監された。デクラーク政権のアパルトヘイト撤廃政策で90年に釈放され、武力闘争路線を放棄して政府との対話をおこなった。94年に全人種参加の選挙で大統領となり、南アフリカの国際社会復帰を実現した。

ソ連の崩壊と冷戦の終結

ブッシュ（父）　G.H.W.Bush ⑥ 1924～2018　共和党出身のアメリカ第41代大統領（在任1989～93）。就任した1989年にゴルバチョフとマルタ会談をおこなった。その後、91年の湾岸戦争では、多国籍軍の主力としてイラクのフセイン政権に大打撃を与え、クウェートから撤退させた。国内では経済状況の困難を解消できず、2期目の選挙でクリントンに敗れた。

マルタ会談 ⑥ 1989　地中海・マルタ島沖のソ連客船内でおこなわれた、アメリカのブッシュ大統領（父）とソ連のゴルバチョフ共産党書記長による会談。一般的にはこの会談で冷戦の終結が宣言されたといわれるが、実際には会談後にゴルバチョフが冷戦の終

結について語ったものの、ブッシュはこれに明確には言及しなかった。直前のベルリンの壁開放を受けてドイツ問題についても意見交換がおこなわれ、以後、東西ドイツ統一をどのような形で実現するかをめぐる交渉が進んだ。

ドイツ統一⑦ 1990　8月に調印された統一条約で東ドイツの5州が西ドイツに併合され、10月にはドイツ連邦共和国として統一された。急激な東欧革命、米ソ間の交渉や両国の承認などを背景に実現した。

戦略兵器削減条約　START⑥ 米ソ両国による軍縮条約。1982年に始まった交渉は、翌年レーガン米大統領が戦略防衛構想(SDI)を発表するなどしたため進展しなかった。しかし、91年に第1次戦略兵器削減条約(START Ⅰ)がアメリカのブッシュ(父)とソ連のゴルバチョフ両大統領によって署名され、大陸間弾道ミサイル(ICBM)などの戦略核運搬手段と核弾頭を削減することが合意された。93年には、第2次戦略兵器削減条約(START Ⅱ)がアメリカのブッシュ(父)とロシアのエリツィン両大統領によって署名され、両国が核弾頭を3000〜3500発ずつにおさえることを決めたが、弾道弾迎撃ミサイル(ABM)制限条約の改正問題から、アメリカが批准しなかった。START Ⅱの未発効を受けて、米ロ間の交渉は戦略攻撃能力削減条約(モスクワ条約)に引き継がれた(2003年発効)。

包括的核実験禁止条約(CTBT)④ 1996　国連総会で採択された、地下爆発実験を含むすべての核実験を禁止する条約。核保有国のうち、イギリス・フランスは批准しているが(ロシアは2023年に批准を撤回)、アメリカ・中国のほかインド・パキスタン・イスラエル・北朝鮮などの批准も必要なため、発効には困難がともなっている。

コメコン解消⑥ 1991　東欧革命の進行、東西ドイツ統一、ソ連の市場経済への移行などを背景に解散した。

ワルシャワ条約機構解消⑥ 1991　冷戦終結を背景に、プラハで加盟国の首脳が解体の議定書に調印した。

クウェート侵攻《イラク》⑦ 1990　イラクのフセイン政権がおこなった、隣国クウェートへの侵攻。当時イラクはイラン=イラク戦争で産油国に対し多額の債務をかかえて経済危機におちいっており、石油増産をおこなっていたクウェートを一方的に非難して、侵攻へと至った。

多国籍軍　multinational forces⑦ 国連安全保障理事会の決議にもとづいて派遣される連合軍。湾岸戦争では、アメリカを中心として、イギリス・フランス・アラブ諸国により組織された。安保理が指揮をとる国連軍とは異なる。

湾岸戦争　Gulf War⑦ 1991　イラクのクウェート侵攻を受けて、多国籍軍が派遣された戦争。安全保障理事会で米・ソ両国がイラクを非難して、イラクに対する武力行使容認の決議が採択された。多国籍軍は、1〜4月の戦いで、イラク軍をクウェートから撤退させた。

市場経済への移行《ソ連》③ 生産手段の公有と政府による経済の計画を特徴とする社会主義経済が、市場経済にかわること。中国では1970年代末から、ソ連では86年以降、東欧諸国では89年以降、民主化・自由化とともに進んだ。

バルト3国独立回復⑥ 1991　ソ連からのエストニア・ラトヴィア・リトアニアの独立。1990年に3国が独立を宣言すると、ゴルバチョフは大統領令で無効を宣言した。しかし、91年ソ連でのクーデタ後、9月に3国の独立が承認された。この年、3国は国連加盟を果たし、2004年にはEU・NATOに加盟した。

エリツィン　Yeltsin⑥ 1931〜2007　ロシア連邦大統領(在任1991〜99)。モスクワ市共産党第一書記としてペレストロイカを推進したのち、ロシア共和国大統領となり、1991年に保守派のクーデタ鎮圧に成功した。ソ連にかわる独立国家共同体(CIS)の結成を主導し、ロシアの市場経済への移行を進めた。その後、首相であったプーチンを後継者に指名して引退した。

保守派のクーデタ《ソ連》⑦ 1991　ソ連共産党の保守派によるクーデタ。ソ連内の共和国が自立の傾向を示したことに、連邦存続の危機を感じた副大統領らが8月に国家非常事態委員会をつくっておこした。しかし、エリツィンら急進改革派がこれを鎮圧し、ソ連共産党は活動停止に追い込まれた。これ以後、民主化は急速に進み、ソ連は崩壊へと至った。

ソ連共産党解散⑤ 1991　保守派による反ゴルバチョフ=クーデタの失敗直後、ゴルバチョフは書記長を辞任し、エリツィンの意図をくんで解散を勧告した。

ロシア連邦　Russia④ 1991　旧ソ連邦内のロシア共和国が改称して、12月に成立。国

連の代表権をソ連から継承し、内部に21の共和国をもつ。

独立国家共同体(CIS) ⑥ 1991年12月に旧ソ連内の11共和国で形成された共同体。ウクライナ独立の国民投票を契機として、ロシア・ベラルーシをあわせた3国が中心となって共同体条約に調印した。その後、ジョージア(グルジア)が1993年に参加したものの2009年には脱退するなど、共同体としての実体は希薄である。

ソ連消滅 ⑦ 1991 バルト3国やウクライナの独立後、独立国家共同体の成立でソ連は存在意義を喪失し、12月にソ連大統領ゴルバチョフが辞任した。

旧社会主義圏の民族紛争

チェチェン紛争 Chechen ⑥ 北コーカサス(カフカス)のイスラーム系チェチェン共和国の、ロシア連邦からの独立をめぐる紛争。分離・独立を認めないロシアとのあいだに、2回の紛争(1994～96年、99～2009年)がおこった。2009年にはロシア政府が独立派武装組織をほぼ制圧し、反テロ作戦の終了を宣言した。

チェコ・スロヴァキア、両共和国への分離 ② 1993 中央政府におけるチェコの権限が強いことに反発したスロヴァキアが分離。武力紛争をともなわず、「ビロード離婚」と呼ばれた。

ユーゴスラヴィア内戦 ⑦ 強力な指導者ティトーの死去と冷戦終結を背景に、ユーゴスラヴィアが解体に至った内戦。1991年にクロアティア・スロヴェニア・マケドニアが、92年にボスニア゠ヘルツェゴヴィナがユーゴスラヴィア連邦からの独立を宣言した。連邦維持を望む新ユーゴスラヴィア連邦軍とのあいだに紛争がおきたが、95年にアメリカ合衆国の仲介で停戦に合意した。

クロアティア・スロヴェニア両共和国の独立宣言 ⑤ 1991 ユーゴスラヴィア連邦のなかで経済力のある両共和国の、セルビア主導の連邦からの独立宣言。セルビアと衝突して内戦となった。その後、スロヴェニアは2004年、クロアティアは13年にEU加盟を果たした。

ボスニア゠ヘルツェゴヴィナの独立宣言 ③ 1992 ムスリム(ボシュニャク人)・セルビア人・クロアティア人で構成されていたボスニア゠ヘルツェゴヴィナの、セルビア主導の連邦からの独立宣言。ムスリムとクロアティア人の指導のもと、セルビア人との激しい内戦となった。1995年に内戦が終結して、ボスニア゠ヘルツェゴヴィナは連邦国家として独立を達成した。

新ユーゴスラヴィア連邦 ② 1992～2003 ユーゴスラヴィア連邦(旧ユーゴ)解体の過程で、セルビアとモンテネグロによって結成された連邦国家。コソヴォ紛争を経て、2003年には連邦を解消して二国間の国家連合となったが、06年にはモンテネグロが離脱した。

第19款

コソヴォ問題　Kosovo ⑥ セルビア南部のコソヴォ自治州の、独立をめぐる問題。住民の9割近くを占めるアルバニア系住民の分離・独立要求を、セルビア勢力が激しく弾圧した。この弾圧が非人道的だとして、1999年にはNATO軍が国連の決議がないままに空爆をおこなった。まもなく和平が成立してセルビア勢力はコソヴォから撤退したものの、現地での対立は続いた。2008年にコソヴォ共和国は独立を宣言した。

セルビア空爆《NATO軍》 ⑥ 1999年3月、セルビアに対してNATO軍が国連の決議を経ずにおこなった爆撃。

ミロシェヴィッチ　Milošević ① 1941～2006　セルビア大統領(在任1990～97)・新ユーゴスラヴィア大統領(在任1997～2000)。民族主義者で、ユーゴスラヴィアから独立運動をおこなう各国に軍事介入し、コソヴォ紛争へも治安部隊を投入した。2000年に大統領選挙の不正で退陣した。01年、コソヴォ紛争の際にアルバニア系住民を虐殺したとして大量虐殺や戦争犯罪を裁く国際戦犯裁判に提訴されたが、公判中に拘置所で死亡した。

東アジアの動向

香港返還 ⑥ 1997　イギリスから中国への香港全域の返還。鄧小平とサッチャー首相が1984年に合意したことを受けて、1842年の南京条約以来のイギリス領有を終えた。

マカオ返還 ⑥ 1999　16世紀半ば以来のポルトガル領有の終結。改革開放政策以後は、中国大陸からの移民が増加している。

一国二制度 ⑤ 社会主義国である中国への返還後も、香港・マカオに特別行政区とし、資本主義制度を並存させた自治制度。しかし、2014年に中国共産党が香港の行政長官選挙に介入する方向性を示すと、19年に学生らを中心に民主的権利を守ろうとする運動がおこった。これに対して中国政府は20年に「国家安全維持法」を制定して制度を形骸化させ、運動を抑圧した。

胡錦濤 ⑤ 1942～　　　中国共産党総書記(在任2002～12)・国家主席(在任2003～13)。鄧小平・胡耀邦から信頼され、国家主席となった。2004年には中央軍事委員会主席を兼任し、最高指導者として、国際社会における中国の存在感を高めた。習近平を後継者として、引退した。

チベットの反中国運動 ③ 2008　中国からの独立を求めるチベット人の大規模な運動。漢族の流入増加に対して、チベット青年会議派を中心とするグループによっておこなわれ、中国の治安当局との衝突で多数のチベット人死傷者が出た。　→ p.335

ウイグルの反中国運動 ③ 2009　広東省でおこったウイグル人暴行殺害事件に反発して、ウルムチなどで発生した大規模な騒乱。多数の死傷者が出た。新疆ウイグル自治区内では、人口面で急増した漢族の経済的優位に対する反発などを背景に、1990年代から摩擦が増大していた。

金泳三 ④ 1927～2015　韓国の大統領(在任1993～98)。朴正煕政権時代は野党に属し、民主化闘争をおこなったが、盧泰愚政権で保守合同に参加した。与党から大統領に当選し、32年ぶりの文民大統領となった。

金大中 ⑤ 1925～2009　韓国の大統領(在任1998～2003)。1970年代にアメリカや日本で反政府活動を組織し、帰国後は盧泰愚や金泳三に大統領選挙で敗れ、一度は政界を引退した。1997年の大統領選挙で当選、韓国史上初の与野党政権交代を実現した。北朝鮮に対話を呼びかける太陽政策をおこない、初の南北首脳会談が実現した。

南北首脳会談 ④ 2000　北朝鮮の金正日と韓国の金大中大統領が平壌でおこなった会談。

金正日 ⑤ 1942～2011　北朝鮮の前最高指導者。1994年に父、金日成が死去し、その喪が明けた97年に朝鮮労働党総書記など重要な役職を兼任した。海外から食料援助を受けながら、弾道ミサイル(テポドン)や核兵器の開発など、軍事優先の政策をおこない、国際的に孤立を強めた。

六カ国協議 ① 2003年に北朝鮮の核開発問題への対応を協議するために開始された協議。参加国はアメリカ・中国・北朝鮮・日本・韓国・ロシア。北朝鮮が09年に六カ国協議からの離脱と地下核実験の実施を発表して以降、会議は中断されている。

北朝鮮の核開発 ⑤ 1992年に国際原子力機関(IAEA)の査察で核開発の疑惑が浮上した。2003年に核拡散防止条約(NPT)からの脱退を宣言し、06年からたびたび核実験をおこなったことを発表している。

日本人拉致 ④ 1970年代後半から北朝鮮によっておこなわれた日本人拉致、北朝鮮への連れ去り。2002年9月の日朝首脳会談で金正日総書記がその存在を認め、5人の帰国

が実現した。しかし、依然として未帰還者および安否不明者も多く、その解決がめざされている。

金正恩（きんしょうおん）④ 1984〜　金正日の子で後継者。2011年に金正日が死去すると、最高指導者の地位を継承した。核実験やミサイル発射を繰り返している。

民進党（みんしんとう）④ 反国民党勢力を集めて1986年に結成された台湾の政党。「住民自決」を主張し、2000年の総選挙で国民党を破った。

陳水扁（ちんすいへん）④ 1951〜　民進党から総統（在任2000〜08）に当選した台湾の政治家。2002年にWTOへの加盟を実現したが、独立志向政策で中国との対立が深まり内外の支持を失った。家族ぐるみの金銭的不祥事（など）もあり、政権を国民党に奪われた。

蔡英文（さいえいぶん）② 1956〜　2008年に民進党首となり、16年には台湾初の女性総統（在任2016〜　）となった。台湾の自立を維持するため、アメリカとの連携を強化している。

東南アジア・南アジアの変化

東南アジア諸国連合（ASEAN）④ 1967年に結成された地域協力組織。当初は反共同盟的性格をもったが、ベトナム戦争の終結後は経済協力に力点をおくようになった。90年代には経済改革開放政策を進める中国との関係改善に向かい、AFTA（ASEAN自由貿易地域）を組織し、加盟国も東南アジア全域に広がった。日・中・韓の3カ国を招待してASEAN＋3の首脳会議を開催するなど、地域統合をめざす国際関係において存在感を増している。　→ p.337

インドシナ難民（ベトナム・カンボジア難民）② 戦争や内戦に見舞われたベトナム・ラオス・カンボジアから脱出した人々。小型船で脱出した人々はボート＝ピープルとも呼ばれた。総数は144万人にのぼるとされ、1979年がピークだったが、92年に国連カンボジア暫定統治（ざんていとうち）機構（UNTAC）が、難民の帰還をめざして活動した。

「ドイモイ」（刷新政策（さっしんせいさく））Doi Moi ⑥ 1986　ソ連のペレストロイカの影響を受けて採用されたベトナムの改革政策。市場経済を取り込み、外資を受け入れる開放経済政策。

ベトナム軍のカンボジア撤退③ 1989　ソ連の援助が得られなくなったベトナム人民軍の、カンボジアからの完全撤退。カンボジア内戦の和平合意への第一歩であった。

カンボジア和平協定④ 1991　パリで調印されたカンボジア内戦についての国際協定。国連カンボジア暫定統治機構（UNTAC）による行政管理、総選挙の実施などが決められた。

カンボジアへのPKO派遣③ 1992　日本でPKO協力法が成立しておこなわれた自衛隊の派遣。国連カンボジア暫定統治機構（UNTAC）の要請（ようせい）で停戦監視要員や選挙要員を派遣した。

カンボジア王国③ 1993　新憲法の制定で王制が復活し、シハヌークが再び国王となって成立した立憲君主国。息子のラナリットが第一首相となった。カンボジア統一に向けておこなわれていたUNTACの活動の成果であった。1998年から首相に就任したフン＝センが、99年にASEAN加盟を果たした。

スー＝チー　Suu Kyi ④ 1945〜　民主化運動の指導者で、ビルマ独立の父と呼ばれるアウン＝サン将軍の娘。1988年、軍事政権に対する民主化運動のリーダーとなった。軍事政権によって、89年から自宅軟禁（なんきん）と解除が繰り返され、2010年に解放された。1991年、ノーベル平和賞を受賞した。解放後は民主化に着手したが、21年におきた軍部のクーデタによって収監された。

ロヒンギャ問題③ ミャンマー政府による、イスラーム系少数民族ロヒンギャに対する弾圧問題。ロヒンギャはバングラデシュとの国境地帯に居住していた。しかし、ビルマでナショナリズムが台頭してムスリム・仏教徒間の対立が高まると、彼らはミャンマー政府から不法移民とみなされ、とくに軍事政権下で武力弾圧を受けた。そのため、1991年以降多数がバングラデシュに難民として逃れた。

アジア通貨危機⑦ 1997　タイの通貨バーツの急落をきっかけに、東南アジア諸国・韓国に広がった通貨危機。1990年代、外資の導入に依存して高い成長率を維持していたアジアの国々に、過剰で不安定な短期資金が流れこんでいたが、この危機とともに引き揚げられた。混乱を背景にインドネシアやタイなどでは政権交代がおこなわれた。IMFは各国に資金援助をおこなうとともに、経済改革を要求した。

スハルト退陣⑥ 1998　1968年の大統領就任以来、インドネシアの開発独裁体制を確立したスハルトの辞任。前年のアジア通貨危機以降、経済の立て直しや民主化を求める学生や民衆の運動が激化していた。

東ティモール分離・独立 East Timor ④
2002 東ティモール民主共和国の正式な独立。1975年、ポルトガル植民地からの独立運動が高まったが、翌76年に隣接するインドネシアに併合された。独立を支持する勢力と反対勢力は長期にわたって武力で対立したが、独立達成と同時に、国連にも加盟した。

マルコス退陣 ② 1986 1965年から続いたマルコス独裁政権の退陣・崩壊。マルコスの独裁に対する反発が高まるなか、反政府デモやクーデタを経て政権は崩壊し、コラソン＝アキノがフィリピン初の女性大統領となった（在任1986〜92）。大規模な大衆運動を背景に成立したアキノ政権であったが、期待された農地改革などは進まず、92年にはラモスに政権をゆずった（在任1992〜98）。

インディラ＝ガンディー Indira Gandhi ②
1917〜84 インド首相（在任1966〜77、80〜84）。初代首相ネルーの娘。首相就任後は国民会議派内の旧勢力を排した。貧困の追放をめざす政策で民衆の支持を得て、外交ではソ連と平和友好条約を結び、バングラデシュの独立を支援した。首相の座に返り咲いたが、分離・独立運動を強めるシク教勢力に対して強硬策をとった結果、反発を受けて暗殺された。

インドの核実験（核保有）⑤ 1974年に原爆実験に成功し、98年に核実験を再開した。これに対抗して同98年に隣国パキスタンが核保有を宣言した。

パキスタンの核実験（核保有）⑤ 1998 分離・独立以来、カシミール地方の帰属をめぐる問題などで対立関係にあるインドに対抗して、1998年に核実験および核保有宣言をおこなった。

経済の自由化《インド》③ 1991年の経済危機に対処するためにおこなわれた経済改革。従来の社会主義型の計画経済をやめ、産業への民間企業の参入や海外投資の受け入れなど、市場原理と競争重視の政策に改めた。経済の自由化は以後も継続され、情報産業などを中心に経済成長につながっている。

インド人民党 ③ 1951年に結成された大衆連盟の1980年からの名称。ヒンドゥー至上主義（ヒンドゥー＝ナショナリズム）を掲げ、宗教から離れた世俗主義を掲げる国民会議派政権に対抗し、98年には政権を掌握した。

ソマリア内戦 Somalia ⑤ 1988〜 アフリカ東岸のソマリアでおこった内戦。1988年から無政府状態となり、多数のグループによる武力闘争が激化した。旱魃からくる飢饉もおこり、92年にはじめて武力行使を認められた国連PKOが派遣されたが、治安を回復できないまま撤退した。その後暫定政府が樹立され、2012年大統領選挙を実施して、連邦共和国となった。

ルワンダ内戦 Rwanda ⑦ 1990年代前半に中部アフリカ内陸のルワンダで展開された、ツチ人が結成したルワンダ愛国戦線とフツ人中心のルワンダ政府の内戦。1994年にフツの民兵が中心となってツチおよび穏健派フツに対する無差別虐殺をおこなった。全土を掌握したルワンダ愛国戦線から、2000年以降大統領が選ばれた。19世紀末から1960年代初頭にかけてドイツとベルギーが植民地支配をおこない、これらの集団と対立の構図を固定化したことが紛争を誘発したと指摘される。内戦後は外資の導入などによって経済成長に成功し、「アフリカの奇跡」とも呼ばれる。

社会主義体制の崩壊《アフリカ》② エチオピア・アンゴラ・モザンビークなど、ソ連型モデルを採用していた国家の体制崩壊。これらの国々では、ソ連消滅後に社会主義体制が崩壊して複数政党制が導入されたが、独裁体制が続いている国家も少なくない。

サーリーフ Sirleaf ② 1938〜 リベリアの大統領（在任2006〜18）。内戦終結後の選挙でアフリカ初の女性大統領となり、2011年にはノーベル平和賞を受賞した。

南スーダン共和国 ④ 2011 スーダンから分離・独立した、非イスラームのアフリカ系住民を中心とした共和国。アラブ＝イスラーム系の北部とは半世紀以上内戦が続いたが、住民投票で98％の賛成を得て、独立した。

ダルフール紛争 ② スーダン西部のダルフール地方で発生した、アラブ系の政府と非アラブ系諸民族とのあいだでの内戦。非アラブ系の人々に多数の被害が出たことから、国連はPKOを派遣した。

｜｜｜ 民族・地域紛争の動向

民族・地域紛争 ④ 言語・社会経済・生活・

習俗などの特徴で分類される民族間の対立や宗教の異なる集団による局地的な紛争が。冷戦終結後に東西対立が消滅すると、国家間の紛争が減少した一方で、国家より小さな単位での争いが世界各地で増加した。また、政治的な主張を暴力や武力で達成しようとするテロ活動も、無差別テロや国際テロというかたちで頻発している。

インティファーダ　Intifāda ⑥ パレスチナ人の、イスラエル政府に対する抵抗運動。正規軍に対して、武器をもたない民衆がデモや投石で対抗した蜂起で、1987年にガザ地区やヨルダン川西岸地区に広がった。

中東和平会議 ① 1991　マドリードでおこなわれた、包括的な中東和平のための会議。アメリカとソ連の共催のもと、イスラエルやパレスチナをはじめとする当事国が参加した。しかし、湾岸戦争でイラクを支持したPLOが除外されたことや、イスラエルの政権交代もあって交渉は進展しなかった。

ラビン　Rabin ⑤ 1922～95　イスラエル首相（在任1992～95）。労働党党首から首相となり、1993年にPLOのアラファト議長とのオスロ合意を受けて和平協定に調印した。94年にアラファトとともにノーベル平和賞を受賞したが、95年にユダヤ教徒の急進派に暗殺された。

クリントン　Clinton ③ 1946～　　民主党出身で、初の戦後生まれのアメリカ大統領（在任1993～2001）。国内では貧富の差の縮小などに取り組んだ。北米自由貿易協定（NAFTA）の推進、ベトナムとの国交樹立、イスラエルとPLOの暫定自治協定調印の承認など、外交政策も精力的におこなった。財政赤字の解消と経済の好調を背景に再選を果たしたが、女性問題で汚点を残した。

パレスチナ暫定自治協定（オスロ合意）⑥ 1993　ノルウェーの仲介によって、イスラエルとPLOが相互承認を表明して調印した協定。94年にはガザ地区やイェリコで自治が開始されたが、イスラエルのラビン首相暗殺後、イェルサレムの帰属や難民の帰還をめぐって対立が再燃した。

パレスチナ暫定自治政府 ④ 1993年の協定にもとづいて94年に成立した政府。イェルサレム問題などで最終地位交渉がまとまらないまま、暫定自治期限が過ぎた99年以降も、自治をおこなっている。

ラビン首相の暗殺 ③ 1995　パレスチナとの和平に反対する、ユダヤ教急進派によるイスラエル首相の暗殺。和平に消極的なネタ

ニヤフ政権が成立した。

平和共存のための行程表（ロードマップ）② 2003　アメリカ・EU・ロシア・国連がイスラエルとパレスチナに示した共存のためのスケジュール。2002年からイスラエルのシャロン政権がパレスチナを取り囲む「分離壁」を建設するなかで提示された。しかし、04年にPLOのアラファトが死去したことなどを背景に、予定された第1段階さえ実施に至っていない。

ファタハ　Fatah ① パレスチナ解放機構（PLO）のなかで主流を占める政治的・軍事的組織。名称は「パレスチナ解放運動」の頭文字を逆にならべたもの。設立当初はイスラエルに対する武装闘争を展開したが、のち対話路線に転換した。2006年に評議会選挙で急進派のハマースに敗北した。

ハマース　Hamās ② パレスチナ解放をめざすイスラーム急進派。「パレスチナにおけるイスラーム抵抗運動」の略称。1987年に勃発したインティファーダの進展にともなって、在パレスチナのムスリム同胞団のなかから、戦闘的な指導者によって設立された。93年のオスロ合意に反対の姿勢をとり、診療所や学校運営など、民衆の生活を助けて支持を広げた。06年には選挙でファタハに勝利し、翌年にガザ地区を制圧して自治政府は分裂した。しかし、14年には分裂を解消して統一政府を成立させた。

イスラーム主義（イスラーム復興運動） Islamism ⑤　近代以降、（西洋化とともに）各地で進行した、なし崩し的な政教分離に反対して、イスラーム教の理念を尊重し、イスラーム法によって秩序づけられた共同体を建設しようとする立場。議会などを通じて改革をめざす運動の一方で、しばしば戦闘的な政治思想・運動となることもある。エジプトのムスリム同胞団や、イラン=イスラーム革命を推進した勢力、パレスチナでインティファーダを組織するハマースなどはこの現れである。

ターリバーン（政権）　Tālibān ⑤ アフガニスタンのイスラーム急進派。1990年代前半に民衆の支持を受け、96年に首都カーブルを制圧し、政権を握った。2001年の同時多発テロ事件後に、実行者ビン=ラーディンの引き渡しを拒否したとしてアメリカ軍の攻撃を受け、政権は崩壊した。しかし、パキスタン国境地域で勢力を回復し、21年のアメリカ軍撤退後には再び政権を握った。

クルド問題　Kurd ⑤ トルコ・シリア・イラ

第19章

ク・イランにまたがる地域に居住するクルド人が、1980年代以降に展開した独立や自治拡大を求める動き。この問題の背景には、第一次世界大戦後のオスマン帝国領解体時にクルド人居住地が各国に分断されたことがある。クルド人の活動を、イラクやトルコは武力で激しく鎮圧した。

北アイルランド紛争 ② アルスター地方(イギリス領北アイルランド)での、カトリック系住民とプロテスタント系住民の対立。イギリスからの独立をめざすカトリック勢力のアイルランド共和軍(IRA)と、自治の主導権を握ろうとするプロテスタント系の組織がともに武力に訴えたため、1972年、イギリス政府が直接統治に乗り出した。98年、両者の和平が成立し、自治政府が発足したが、2005年にIRAが武装解除を完了するまで混乱が続いた。

スリランカの内戦 ③ 仏教徒で多数派のシンハラ人への優遇に、ヒンドゥー教徒で少数勢力のタミル人が反発しておこした内戦。1983年に激化し、長期化した。2009年、政府はタミル勢力のおもな拠点を制圧した、と発表した。

通商の自由化と地域統合の進展

ウルグアイ=ラウンド ① 1986〜94 南米のウルグアイで開始が宣言され、GATT参加国がおこなった多角的な貿易交渉。3カ国以上の交渉をラウンドと呼ぶが、このときにモノだけでなくサービスや、著作・音楽などの知的生産物に属する所有権である知的所有権も交渉の対象とした。また、このラウンドで世界貿易機関(WTO)の設立が決定された。

世界貿易機関(WTO) ⑤ 1995 GATTを受け継いで成立した、世界の自由貿易体制構築をはかる機関。サービスや知的所有権も含めた貿易の国際ルール設定、紛争解決の手続き強化などをめざす。2023年現在、加盟国は164の国・地域である。

単一欧州議定書 ① EC12カ国が合意して、1987年に発効した議定書。92年までにヒト・モノ・サービスの自由移動を可能にするとした。

マーストリヒト条約 Maastricht ⑥ 1992 オランダのマーストリヒトにおいて調印されたヨーロッパ連合設立の条約。欧州市民権が創設され、ヨーロッパ共通通貨の導入、共通安全保障政策、司法・内務分野の協力

をうたった。

ヨーロッパ連合(EU) ⑦ 1993 マーストリヒト条約にもとづいて11月に発足した地域統合組織。2004年からは、かつての東欧社会主義国の加盟による拡大が進んだ。2020年にイギリスが国民投票を経て離脱したため、加盟国は23年現在27カ国。

ユーロ Euro ⑥ EUの単一通貨の呼称。1999年から決済通貨として導入され、2002年より参加12カ国の通貨として一般の流通を開始した。2023年現在の導入国は20カ国。

ヨーロッパ中央銀行 ① 1998 ユーロの発行権をもち、管理運営やユーロ圏の金融政策を策定・実施するために設立された銀行。本部はドイツのフランクフルト。

東欧へのEU拡大 ⑥ 2004 10カ国(エストニア・ラトヴィア・リトアニア・ポーランド・ハンガリー・チェコ・スロヴァキア・スロヴェニア・マルタ・キプロス)のEU加盟が認められ、東欧にEUが拡大した。ロシアはNATOの東方拡大とともにこれに反発した。

EU憲法 ① EU大統領の選出など、政治的統合を進める条約。2004年に採択されたが、翌年にフランス・オランダが批准を拒否したため、EUの深化は09年に発効したリスボン条約を基に進められることになった。

リスボン条約 ② 2007 12月に調印され、2009年に発効したEUの政治統合を進めた条約。条約から「憲法」の言葉や共通の旗、国歌の規定を削除した。

EU大統領 ① リスボン条約で新設された、最高意思決定機関であるEU理事会を主催する役職。任期は2年半。欧州理事会常任議長ともいう。それまで議長が半年ごとの輪番であった理事会の継続性を求めて新設された。

北米自由貿易協定(NAFTA) ⑦ 1992 アメリカ・カナダ・メキシコ3国が1992年に調印し、94年に発効した自由貿易協定。15年間で、相互の関税を全廃することに合意し、貿易を促進させた。再交渉を経て2020年には、より保護主義的なアメリカ=メキシコ=カナダ協定(USMCA)を発効させた。

南米南部共同市場(MERCOSUR) ③ 1995 ブラジル・アルゼンチン・パラグアイ・ウルグアイが参加して発足した共同市場。域内関税の撤廃と、域外の共通関税を進める。2006年にベネズエラ、12年にボリビアが加盟し、6カ国の準加盟国がある。

アジア太平洋経済協力(APEC)会議 ⑤ 1989

オーストラリア・日本・アメリカ・カナダ・ニュージーランド・韓国とASEAN 6カ国の12カ国によって結成されたアジア・太平洋地域の経済協力会議。オーストラリアのホーク首相(在任1983～91)の提案で、第1回の会議がキャンベラで開かれた。「開かれた地域主義」を掲げ、貿易・投資の自由化をめざしている。1991年に中国・台湾・香港、93年にメキシコ・パプアニューギニア、94年にチリ、98年にロシア・ベトナム・ペルーが加盟した。

CPTPP(TPP11協定) ⑥ 2018 正式名称は「環太平洋パートナーシップに関する包括的及び先進的な協定」。2016年、アジア・太平洋地域の貿易自由化を推進する環太平洋パートナーシップ(TPP)協定が日本を含む12カ国で調印された。しかし、17年にアメリカのトランプ大統領が離脱を表明して発効できなかったため、アメリカ以外の残る11カ国で発足・発効した。

ASEAN自由貿易圏 ② 1993年に結成された、ASEAN諸国の域内経済協力を進めるための貿易圏。域内関税の引き下げなどをおこなった。

ASEAN＋3 ② ASEAN諸国と日本・中国・韓国で構成される、地域協力の枠組み。マレーシアのマハティール首相や日本の小泉首相によって協力推進が提案された。

BRICS ③ 21世紀初頭以降高い経済成長を続けた5カ国の総称。2000年代初めに、アメリカの金融機関がブラジル・ロシア・インド・中国の頭文字などを並べて「BRICs」の呼称を使用した。2010年代には南アフリカを加えて「BRICS」と表記されるようになり、5カ国が参加する首脳会議も開かれた。

アフリカ連合(AU) ⑦ 2002 アフリカ統一機構が発展・改組した地域機構。アフリカの独立国と西サハラの55の国と地域で構成される。EUをモデルとしており、アフリカ大陸における政治的・経済的統合の促進、域内の平和と秩序の維持、民主主義の推進や人権の擁護などを目的とする。

G20 ④ 20カ国で構成される金融に関する国際会議。アジア通貨危機後の1999年にEUや中国・韓国・インド・ブラジルなどの新興国とG8参加国で開始された。2008年には、リーマン＝ショックを受けて首脳レベルでおこなわれた。

アジア＝ヨーロッパ会合(ASEM) ① 1996年に発足した、ASEANとEUの協力を促進するための会議。2年ごとに開かれ、2023

年現在、51カ国と欧州委員会・ASEAN事務局で構成されている。

グローバリゼーション(グローバル化) globalization ⑦ 様々な面で進行する世界の一体化。冷戦終結後、市場経済やインターネットをはじめとするICT技術が世界中に拡大し、ヒト・モノ・資本・情報の移動が国境をこえて活発化した。

多国籍企業 ⑤ 複数の国家にまたがって資産をもち、経営をおこなう国際企業。1960年代以降増加した。21世紀には、多国籍企業がさらに広範に展開されている。

2008年国際金融危機(リーマン＝ショック) ④ アメリカのサブプライム＝ローン問題などの金融危機を契機として世界中を巻き込んだ経済危機。アメリカの大手証券企業リーマン＝ブラザーズ社の経営破綻をきっかけとすることから、日本ではリーマン＝ショックとも呼ばれる。

反グローバリズム ③ グローバル化そのものに異をとなえる考え方や運動。グローバル化による競争激化などは地球規模での環境破壊、貧富格差の増大をもたらすとする。アメリカのトランプ大統領が自国第一主義を掲げて移民排斥などをおこなったことは、その一例。

フェアトレード ③ 公正取引のこと。開発途上国と公正な貿易をおこなうことで生産物を適正価格で購入し、途上国の生産者や労働者の経済的な自立をめざす取り組み。

同時多発テロと対テロ戦争

同時多発テロ事件 ⑥ 2001 アメリカの4カ所で、大型旅客機をハイジャックしたテロリストたちがおこなった自爆テロ事件。9月11日に、ニューヨークの貿易センタービル北棟・南棟、国防総省ビル(通称ペンタゴン)、ピッツバーグ(墜落に終わった)で旅客機を建物へ激突させた。実行者は、アフガニスタンのターリバーン政権保護下にあるイスラーム急進派組織アル＝カーイダのビン＝ラーディンとされた。10月にはブッシュ大統領(子)がターリバーン政権を攻撃して崩壊させたが、アフガニスタンでは不安定な情勢が続いた。また、ブッシュはテロと戦うことを大義名分として単独行動主義にもとづく軍事行動を拡大した。

ブッシュ(子) G.W.Bush ⑤ 1946～ 共和党出身のアメリカ第43代大統領(在任2001～09)。第41代のブッシュ大統領の息子。

2001年の同時多発テロ以来、「テロとの戦い」を掲げ、アフガニスタン・イラクへの軍事行動を拡大した。再選を果たしたが、軍事行動の成果がなく、08年には金融危機に見舞われ、無策を露呈した。

アル゠カーイダ al-qā'idah ⑥ ビン゠ラーディンを指導者とするイスラーム武装組織。1980年代、ソ連とのアフガン戦争に参加した義勇兵を主体に構成され、91年の湾岸戦争後はアメリカ軍の湾岸地域駐留に反発を強め、2001年に同時多発テロ事件を引きおこした。現在、中東各地に組織の拠点をもつといわれる。

ビン゠ラーディン bin Lādin ① 1957〜2011 サウジアラビア出身のイスラーム急進派の指導者。2001年の同時多発テロ事件の実行者であるとして、2011年に潜伏先のパキスタン北部でアメリカ軍に殺害された。

「対テロ戦争」(アフガニスタン攻撃) ⑥ 2001 同時多発テロ事件後に、ブッシュ大統領(子)が発表した宣言で用いた言葉。同時多発テロ事件の実行者とされるビン゠ラーディンをかくまうターリバーン政権を崩壊させるため、同年10月にアメリカはアフガニスタンに対する攻撃を開始した。

単独行動主義 ② 対外的に国際機関などの了解を得ずに、一方的な政策をとる立場。2001年に成立したアメリカのブッシュ政権による京都議定書からの離脱、03年のイラク戦争開始などは、その例とされた。

イラク戦争 ⑦ 2003 アメリカ・イギリス軍が、イラクは大量破壊兵器を所持していると主張しておこなった攻撃。日本を含む44カ国が攻撃を支持し、フセイン政権を打倒した。2004年に暫定自治政府に統治移管がおこなわれ、06年には拘束されていたサダム゠フセインが死刑となった。大量破壊兵器は結局発見されず、治安の安定もいまだに回復されていない。

自衛隊の海外派遣 ② 2003 日本の陸上自衛隊本隊などが、イラク復興支援特別措置法にもとづいてイラクに派遣された。

「アラブの春」 ⑦ 2010年末にチュニジアでおこった民主化運動がアラブ世界に拡大し、各国で独裁政権が倒れた運動。チュニジアのベン゠アリ政権、エジプトのムバラク政権、リビアのカダフィ政権が崩壊した。ソーシャル・ネットワーキング・サービス(SNS)が利用されたこともあり、多くの民衆が参加した。独裁政権崩壊後の民主化は必ずしも進展せず、エジプトでは14年に軍

事政権が復活した。

シリア内戦 ⑥ 「アラブの春」の動きが波及しておきた、アサド政権とその打倒をめざす反政府勢力とのあいだの激しい内戦。アサド政権は、ロシアやイランの支援を受けて政権崩壊を阻止している。この混乱のなか、イラクとシリアにまたがるかたちで過激派イスラーム勢力「IS(イスラム国)」が台頭した。この内戦では、多数の難民が発生してヨーロッパに流入し、「21世紀最大の人道危機」と呼ばれる。

ターリバーン政権の復活 ① 2021年8月の、ターリバーンによる政権の再掌握。「対テロ戦争」後、アフガニスタンには国連主導で暫定政権が成立し、2004年には正式な政権となっていた。しかし、アメリカのバイデン政権が2021年8月末までの駐留部隊の撤収を発表し、その撤収のさなか、勢力を回復していたターリバーンが首都カブールを占領した。

多極化と国際協力

オバマ Obama ⑥ 1961〜 アフリカ系黒人を父にもつ、初のアメリカ大統領(第44代、在任2009〜17)。国内では、経済の立て直しや医療保険制度改革などの社会保障政策に取り組んだ。対外的には、2011年にイラクからの撤兵を完了させ、アフガニスタンでの駐留縮小の方向性を示した。2009年にはプラハで「核なき世界」を国際社会に訴える演説をおこない、同年ノーベル平和賞を受賞した。

核兵器廃絶演説(プラハ演説) ④ 2009 アメリカのオバマ大統領がプラハでおこなった演説。同年末に失効した戦略兵器削減条約の後継条約交渉を開始するきっかけともなった。

トランプ Trump ⑦ 1946〜 第45代アメリカ大統領(在任2017〜21)。実業家として台頭し、大衆の人気を得て大統領に当選した。オバマ政権時代の改革を否定し、「アメリカ第一主義」を主張して国内産業を保護するとともに、日本やNATO諸国に対して財政負担を要求した。また、パリ協定やTPP協定からの離脱、世界保健機関(WHO)からの脱退などをおこない、国際協力に消極的な態度を示した。2020年の大統領選挙でバイデンに敗れた。

バイデン Biden ④ 1942〜 アメリカ大統領(在任2021〜)。国際協力を尊重する

視点から、世界保健機関(WHO)やパリ協定への復帰をおこなう、同盟国との結束の強化もはかった。一方、米中新冷戦とも呼ばれる、中国に対する強硬姿勢をみせている。

習近平 ⑦ 1953〜　中国共産党総書記(在任2012〜　)。就任後、みずからの権力基盤を拡大するとともに、2013年にはアジアからヨーロッパ・アフリカにまたがる経済圏構想である一帯一路構想を打ち出した。その一方で、東シナ海や南シナ海における領土問題などで周辺諸国とのあいだに摩擦をおこしている。

一帯一路 ⑤ 2013　習近平が提唱したアジアからヨーロッパ・アフリカにまたがる経済圏構想。陸路と海路いずれの貿易路も発展させることにより、東西の経済的な連携強化をめざしている。

尖閣諸島問題 ③ 沖縄八重山諸島の北方160km、台湾の北東180kmにある小島群をめぐる日本と中国の対立。周辺に石油資源が確認され、中国のみならず台湾も領有権を主張している。

プーチン　Putin ⑤ 1952〜　ロシア連邦の大統領(在任2000〜08、12〜　)。元KGB(旧ソ連国家保安委員会)将校で、強い国家の確立と市場経済改革を掲げ、大統領に就任した。一時大統領を退いて首相となったが大きな影響力を維持し、2012年に大統領に復帰した。14年にはウクライナのクリミア半島に侵攻して一方的に併合を宣言し、22年にはウクライナ全土への侵攻を開始した。アメリカ・EU諸国・日本などはロシアに対して制裁を科すなど、非難を強めている。

NATOの東方拡大 ④ 1999年から2020年にかけての東欧14カ国の新規加盟(チェコ・ハンガリー・ポーランド・エストニア・ラトヴィア・リトアニア・スロヴァキア・スロヴェニア・ブルガリア・ルーマニア・アルバニア・クロアティア・モンテネグロ・北マケドニア)。2004年以降のEUの東方拡大とあわせて、ロシアはこれに反発した。

クリミア半島併合《ロシア》 ⑥ 2014　ロシアによるクリミア半島の一方的な併合。ウクライナでEU加盟支持派が政権を獲得し、東部の住民がこれに反発すると、ロシアのプーチン政権はロシア系住民が多いクリミア半島に侵攻して帰属を要求し、併合した。

ロシア、ウクライナ全土へ侵攻 ② 2022　クリミア半島併合後、プーチン政権はウクラ

イナ東部にも圧力をかけ、2022年にウクライナ全土への侵攻を開始した。

ユーロ危機 ② 2009年に明らかとなったギリシアの財政危機が、共通通貨ユーロの信用をおびやかすに至った通貨危機。

難民問題 ⑤ 居住地を強制的に追われた難民の保護や救済、解決に関する問題。1951年に国連で採択された「難民の地位に関する条約」では、難民は人種・宗教・政治的意見を理由に迫害を受ける恐れがあるため国外に逃れ、自国の保護を受けられない人々と定義された。経済的困窮を理由とする経済難民、飢餓や異常気象を理由とする災害難民も存在する。2015年には、シリア内戦から逃れてきた人々がヨーロッパに押し寄せて社会問題となった。

ポピュリズム ③ 一般的に、大衆の考え方や感情、要求を代弁しているとする政治上の主張・運動。1973年にアルゼンチン大統領に復帰したペロンの手法が代表例。21世紀には、移民排斥などの排外主義的な主張によって低所得者層の不満をあおり、支持を獲得する政治手法という意味をもつようになった。

イギリスのEU離脱(ブレグジット)　Brexit ⑦ 2020　ユーロ危機や難民問題ののち、イギリスにおいて2016年におこなわれた国民投票で離脱派が勝利し、20年に離脱強硬派のジョンソン首相(在任2019〜22)のもとで正式に離脱した。

国連平和維持活動(PKO) ⑤ 国連が紛争の平和的解決や治安維持のために派遣する、小規模な軍隊や監視団。主要な紛争当事者の受入れの同意、不偏性、自衛および任務防衛以外の実力の不行使の3原則のもとにおこなわれる。冷戦期に比べて、冷戦終結後は地域紛争や内戦に介入する件数が3倍強に増加している。なお、PKOに従事する平和維持軍(PKF)は、国連の直接の統括に服するという意味で「国連軍」とも呼ばれる。

自衛隊のソマリア沖派遣 ① 2009　海賊対策としておこなわれたソマリアへの海上自衛隊の派遣。国連の安全保障理事会が、その前年に採択した決議にもとづき、おこなわれたもの。派兵や武器使用について、日本と国際社会の基準の違いが顕在化した。

核兵器禁止条約 ① 2017　国連総会で採択され、21年に発効した核兵器を法的に禁止した国際条約。条約成立の背景には、核兵器の廃絶をめざす市民運動の国際的な連合体

である、核兵器廃絶国際キャンペーン（ICAN）の活動があった。

非政府組織（NGO）⑦ 1970年代以降、人権・軍縮・平和・開発・環境などの分野で大きな成果をあげてきた、営利を目的としない民間団体。国際的に活躍する組織も多く、1992年の「環境と開発に関する国連会議」では、政府のみならず、NGO の役割が重要視された。また、教育・文化・医療・福祉・国際協力などの様々な分野において、政府から独立した立場で利潤を分配しない、民間の非営利組織（NPO）も重要な活動をおこなっている。

対人地雷全面禁止条約③ 1997　締約国に保有地雷の4年以内の廃棄を義務づけ、1999年に発効した。条約成立の背景には、地雷禁止国際キャンペーン（ICBL）などの NGO の活動があった。

国連難民高等弁務官事務所（UNHCR）④ 1950年に設立された、難民への国際的保護や安全な帰還に向けた援助をおこなう機関。本部はジュネーヴ。地域紛争の頻発に対して、国境をこえた難民の安全を確保する役割を担う。日本人では緒方貞子（1927〜2019）が1990年から2000年まで国連難民高等弁務官をつとめた。

新型コロナウイルス感染症（COVID-19）⑦ 2020年に世界的な流行が始まった感染症。感染拡大防止のため、国家間の移動が制限されるなど、経済活動や文化活動にも影響がおよんだ。比較的早期にワクチンが開発されたが、先進国が開発途上国よりも先にワクチンを獲得するなど、配分をめぐる格差が社会問題となった。

科学技術の進歩と環境問題

アインシュタイン　Einstein ④ 1879〜1955 物理学に大きな変革をもたらした理論物理学者。1921年にノーベル物理学賞を受賞した。ドイツから亡命したのちアメリカで核開発を大統領に説いたが、第二次世界大戦後は核兵器禁止の平和運動を進めた。
→ p.300

相対性理論　theory of relativity ④ アインシュタインによっておおやけにされ、ニュートン力学に大きな変革をもたらした物理学の新しい理論。

量子力学② 対象物の状態を粒子の性格と波動的性格によって規定する物理理論。

核兵器^ nuclear weapons ④ 核分裂反応や核融合反応を利用した兵器。

スリーマイル島原子力発電所④ アメリカ・ペンシルヴェニア州のサスケハナ川に浮かぶスリーマイル島に位置した原子力発電所。1979年に2号炉で炉心溶融（メルトダウン）が発生し、放射能もれを発生させる事故がおこった。

福島第一原子力発電所の事故⑦ 2011　3月11日の東日本大震災での地震と津波などにより、東京電力福島第一原子力発電所から多量の放射性物質が飛散した事故。日本の原子力発電を取り巻く危機管理や情報公開の課題を浮き彫りにした。

再生可能エネルギー① 自然界によって、絶えず補充されるエネルギー。水力・風力・太陽光のほか、サトウキビやトウモロコシなどから生み出されるバイオ燃料の開発も進められている。日本でも2011年の東京電力福島第一原子力発電所の事故以後、エネルギーの多様化が推進されるようになった。

飛行機開発③ 二度の世界大戦を経て急速に発展した空中飛行機の開発。アメリカの飛行機製作者であるライト兄弟は、1903年に世界ではじめて、エンジン飛行機で59秒間の飛行に成功した。その後飛行機は、第一次世界大戦ではじめて戦闘用に用いられ、戦間期には各国が民用航空を運用し、第二次世界大戦では戦略爆撃機やジェット機の技術向上が競われた。

宇宙開発④ 第二次世界大戦後に本格化した、宇宙空間に到達したり、そこで活動する技

術の開発。ロケットエンジン装置の開発により、ソ連は1957年に世界初の人工衛星打ち上げ、61年には有人宇宙飛行に成功した。これに対してアメリカは、69年にアポロ11号で月面着陸を実現させた。こうした技術の開発は、東西冷戦下のICBMなど軍事技術の開発と連動して進められた。

人工衛星 ③ 地球の周囲を衛星のようにまわる飛行物体。1957年に、ソ連がスプートニク1号の打ち上げにはじめて成功し、米・ソの宇宙開発技術競争が始まった。そのなかで、軍事・偵察衛星や気象衛星なども開発された。日本でも20世紀末から通信衛星によるテレビ放映が普及しはじめ、人工衛星を利用するGPS（全地球測位システム）がカーナビゲーションシステムや携帯端末で使用され、人々の日常生活に浸透している。
→ p.326

アポロ11号 Apollo ⑥ 1969 アメリカのアポロ計画によって月面着陸に成功したロケット。初の有人月面着陸は世界各地にテレビ中継された。

宇宙ステーション ④ 1980年代以降、アメリカ・ロシア・日本など15カ国による国際宇宙ステーション（ISS）計画のもとで建設された、有人実験施設。現在では、宇宙ステーションでの長期滞在や宇宙船による宇宙往還が可能になった。

コンピュータ computer ⑥ 1946年にアメリカで稼働を開始した、演算・記憶・データ出入力ができる機械装置。軍事技術として開発されたが、論理演算や情報記憶が可能な集積回路（IC）や大規模集積回路（LSI）の開発によって複雑なデータの処理も可能となり、高速化・小型化した。1970年代に情報産業が重要な産業となり、90年代以降にはインターネットの普及などによる技術革新が加速した。

トランジスタ ③ 1948年にアメリカで発明された小型の電気信号増幅装置。これによって、ラジオを携帯可能なサイズに小型化することができた。のちにコンピュータの電子回路に使われた。

集積回路（IC） ③ ラジオ・テレビ・コンピュータの内部にある半導体電子回路の集合体。現在では時計・カメラ・自動車などのエレクトロニクス機器にも使われるようになった。

パソコン ④ 個人の使用に適するパーソナル＝コンピュータの略称。1970年代にマイクロコンピュータが発明されて以後、アメリカで機械（ハードウェア）とオペレーションシステム（ソフトウェア）の開発がさかんにおこなわれ、普及した。21世紀には、通常のパソコンの1000倍以上の処理能力をもつスーパーコンピュータも登場した。

インターネット ⑦ コンピュータを通信回線で接続して構成されたネットワーク。1969年にアメリカで、国防総省の支援のもと、4つの大学や研究所を接続する通信ネットワークが開通した。その後、技術開発が進み、90年代にはインターネットの商業利用が世界的規模に急拡大した。21世紀には、様々なソーシャル・ネットワーキング・サービス（SNS）が普及し、新たなコミュニケーションの手段になった。

携帯通信端末 ⑤ IT革命を推進する道具となった、個人用の小型電話・通信機。開発当初は車載用や鞄ほどの大きさのものだったが、端末の開発やICT技術の進展によって、通話のみならず情報通信・電子マネーなどの機能を備えるまでになった。21世紀にはスマートフォンが普及して、日常的に大量のデータのやりとりがおこなわれている。

情報通信技術（ICT）革命 ⑥ パソコンやインターネットの開発や普及による情報技術の進化によって、社会や生活が急速に変化したこと。21世紀には、世界につながるネットワークの整備とそれに接続することができる携帯端末の普及によって、開発途上国でもIT（情報技術）革命がおこっている。このような変化はグローバル化を加速する一方で、情報・通信技術へのアクセスに関する情報格差（デジタル＝ディバイド）も生じている。

サイバー攻撃 ① インターネットなどの情報通信ネットワークを通じておこなわれる攻撃。情報操作や機密情報を盗む行為や、ネットワークそのものを破壊する行為。技術的・法的な対策が急務となっている。

知識基盤社会 ④ 20世紀後半から進んだ、新しい情報や知識が、社会・経済・政治・安全保障などの基盤として重要性を増す社会のこと。

人工知能（AI） ⑥ コンピュータに人間がおこなう知的な活動をさせる研究分野。計算をおこなう段階から発展し、21世紀には大量のデータを用いて学習と処理をすることが可能になった。

フレミング Fleming ③ 1881～1955 青カビの一種からつくられる抗生物質であるペ

ニシリンを発見した、イギリスの細菌学者。

抗生物質 ⑤ カビや細菌などの微生物によってつくられ、ほかの生物の機能を阻止・抑制する物質。感染症の治療などに効力を発揮し、医薬品・農薬・保存薬として用いられる。

分子生物学 ③ 1950年代から急速に発達した、生命現象を分子レベルで理解しようとする学問。DNAの研究が進み、医療・薬品・食品・農業などの応用面にも影響を与えるようになった。

DNA構造の解明 ⑥ 遺伝子の本体である化学物質デオキシリボ核酸（DNA）は、1953年にワトソン（1928～　）とクリック（1916～2004）によって二重らせん構造になっていることが発見された。

生命工学（遺伝子工学、バイオテクノロジー）⑤ 生物のもつ生産システムを利用しようとする科学技術体系。遺伝子組みかえ技術などが医療分野に活用されている。

「緑の革命」 ③ 農業において、品種改良や技術革新で収量の高い農産物を生産し、食料問題の解決をはかろうとする動き。1960年代後半から、おもにインドや東南アジアで進められた。

ヒトゲノム　Human Genome ⑤ 人間の遺伝子構成・遺伝子情報。2003年に解読が完了した。病気の診断、治療や新薬の開発に寄与することが期待されている。その一方で、遺伝的特徴にもとづく差別を含む優生思想や人権侵害などの新たな課題が懸念されている。

iPS細胞（人工多能性幹細胞）⑤ 皮膚などの成体の細胞に遺伝子を人工的に導入してつくられた多能性幹細胞のこと。培養して増殖させ、適当な因子を加えることで心臓・神経・膵臓・網膜などの様々な細胞に分化させることができる。免疫的な拒絶問題も解決できるため、世界的な注目を浴びている。

クローン技術　clone ⑦ 生物の細胞から同じ遺伝子をもつ個体をつくる技術。生命倫理に則った技術の活用が課題となっている。

人口爆発 ④ 1974年の国連の世界人口会議で使用された、人口急増に対する呼称。世界人口は2022年に80億に達した。50年には90億をこえるといわれており、健全な人間生活のための適切な人口規模への模索がなされている。

少子高齢化 ④ 先進国などで想定をこえて顕著になっている社会問題。これにともない、

年金財政の逼迫、医療費・介護費の増加による社会保障制度への負担の増加、労働力不足などがおこっており、これに対処するための社会福祉政策が大きな課題となっている。

飢餓 ② 今日、世界人口（約80億）の1割は飢餓にさらされているといわれている。とくに内戦で混乱したアフリカでは、農業構造の転換に失敗したことや、旱魃や異常気象などで、大量の餓死者が出た。

環境問題（環境破壊）⑥ 地球規模で進み、世界中で対応しなければ解決できない環境悪化の問題。発生源と影響が広範で、因果関係が特定しにくいことが多い。近年は、人間が地球環境や生態系を破壊することに対して異議をとなえるエコロジー（環境保護）への関心が広がっている。

オゾン層の破壊 ③ 地球を取り巻く地上12～50kmの成層圏にあるオゾン層が破壊されること。フロンなど温室効果ガスが原因とされ、有害紫外線を吸収する効果が失われると人体に悪影響をおよぼす。1987年、その対策のためにフロンガスの規制などを取り決めた、モントリオール議定書が採択された。

地球温暖化 ⑥ フロン・メタン・二酸化炭素などの温室効果ガスが増加し、地球のまわりの大気が赤外線を宇宙空間に放出しなくなっておこる、気温の上昇。

砂漠化 ③ 土地の乾燥化、土壌の侵食や塩性化、自然植生の種類の減少など。過放牧や森林伐採などで進行した。

「環境と開発に関する国連会議」（地球サミット）④ 1992　環境問題の深刻化を受け、ブラジルのリオデジャネイロで開かれた会議。172カ国が参加し、リオ宣言を採択して環境保全の原則を示した。また、アジェンダ21（環境保護についての行動計画）で、目標実現のためのプログラムを策定した。気候変動枠組み条約も採択され、国際的な協力体制のもとで「持続可能な開発」をめざすことがうたわれた。

「持続可能な開発」 ③ 1987年に「国連環境と開発に関する世界委員会」で提起された環境問題に関する考え方を表わしたスローガン。環境保全と開発を両立させようというもので、92年の地球サミットで合意されたリオ宣言に盛り込まれた。

気候変動枠組み条約 ② 1994年に発効した、温室効果ガスの排出量削減に関する条約。二酸化炭素などを削減し、締約国会議が審

査することが決められた。

京都議定書 ⑥ 二酸化炭素などの温室効果ガス削減の数値目標と、取組に対する法的拘束を決めた議定書。1997年、気候変動枠組み条約の第3回締約国会議（COP3、地球温暖化防止京都会議）で定められた。二酸化炭素などの温室効果ガスを1990年レベルから2008〜12年に5.2％削減するとの内容であった。排出権取引の制度を導入し、地球温暖化防止の具体的な取組に一歩を踏み出したが、大量排出国であるアメリカが批准ひじゅんを拒否した。

パリ協定 ⑥ 2015 パリで開かれた、気候変動枠組み条約の第21回締約国会議（COP21）において採択された、温暖化防止のための枠組み。21世紀後半に温室効果ガスの排出量を実質ゼロにする目標を掲げ、主要排出国を含むすべての参加国が削減目標を5年ごとに更新することとした。先進国は途上国にも同等の努力を要求し、先進国による支援金や、より柔軟な仕組みを求める途上国との意見の対立もある。アメリカはトランプ政権時に脱退を表明したが、2021年にバイデン政権が復帰を宣言した。

「持続可能な開発目標（SDGs）」 ⑥ 2015 国連サミットで採択された17の目標。「誰一人取り残さない」を合言葉として、2030年までに貧困の克服、経済成長と地球環境保護の両立などをめざしている。

現代思想・文化の動向

マックス＝ヴェーバー Max Weber ④ 1864〜1920 ドイツの社会学者・経済学者。『プロテスタンティズムの倫理と資本主義の精神』で、合理的な近代資本主義とプロテスタントの宗教倫理との関係を論じた。

デューイ Dewey ⑤ 1859〜1952 アメリカの哲学者・作家。プラグマティズムの立場をとり、哲学を現実に力をもつものにしようとした。シカゴにみずからの思想を実践する「実験学校」を設けて、進歩主義教育の理論を構築し、教育改革において世界的な影響を与えた。

プラグマティズム pragmatism ⑤ 20世紀初頭にアメリカを中心に形成された思想。実用主義と訳される。理論や法則を、実際に利用法が認められる場合にのみ、真理とする考え。

実存じつぞん哲学（実存主義） existentialism ③ 人間の主体性や内面の自由を重んじる思想。

第二次世界大戦後の社会的危機に反応して、さかんに論じられた。

サルトル Sartre ④ 1905〜80 フランスの哲学者・作家。主体的な行動により本質が後からつくられるとして、実存主義の立場をとった。第二次世界大戦後も政治活動を積極的におこなった。

フロイト Freud ⑤ 1856〜1939 オーストリアの精神病理学者。帝国衰退期のウィーンで神経症患者の治療をおこなった。その経験から、深層心理に注目する独自の精神分析学を生み出した。

精神分析学 ④ フロイトの学説、および神経症治療の方法。無意識の領域に注目して心理現象を説明しようとした。

マルクス主義 Marxism ③ 19世紀後半にドイツのマルクスらがとなえた社会主義思想。史的唯物論ゆいぶつろん、および労働者階級の階級闘争の理論を特徴とした。ロシア革命やソ連の成立に代表されるように、20世紀にとくに大きな影響を与えた。 → p.207

ブローデル Braudel ② 1902〜85 フランスの歴史学者。歴史をとらえるにあたり、長期的持続の深層構造を重視し、従来の実証主義的歴史学と際立った対照を示した。ほかの学問の方法を取り入れ、新風を巻きおこしたアナール学派の中心的存在であった。

レヴィ＝ストロース Lévi-Strauss ② 1908〜2009 フランスの社会人類学者。親族関係・儀礼・神話など様々な集団現象を分析するための構造主義的な方法論を確立し、現代人類学に大きな影響力をもった。

サイード Said ① 1935〜2003 パレスチナ出身のアメリカ人で、文学研究者。ヨーロッパのオリエントに対する見方・偏見を鋭く指摘した1978年の著作『オリエンタリズム』は36カ国の言語に翻訳された。そのなかでサイードは、ヨーロッパが自己と正反対のものとしてのオリエントに、後進性や停滞といったイメージを画一的に押しつけた、とした。サイードの著作により提起された批判はポスト＝コロニアル研究の起点となった。

ポスト＝コロニアル ① 帝国主義による植民地支配が終わったのちも、先進国による文化面での支配・影響力が依然として存在するため、支配されていた民族独自の文化がゆがめられているとする状況。また、その状況を批判的にみる研究。

多文化主義 multiculturalism ⑤ 民族集団がそれぞれの文化の独自性を保持しつつ、他

民族の文化を尊重すべきとする考え方。1970年代に先住民文化を尊重するべくオーストラリア・カナダでとなえられた。

ポスト＝モダニズム　Postmodernism ① 1980年代に現れた、近代思想からの脱却を意味する言葉。理性や進歩といった、近代（モダン）の社会において一般的であった枠組みを通して世界全体をとらえるのではなく、多様な思想が存在することを前提に、それらが差異を認めあったり、ときに対立しながら共存する過程に注目する考え方。

ヘミングウェー　Hemingway ② 1899〜1961 アメリカの作家。戦間期にロスト＝ジェネレーション（失われた世代）と呼ばれた作家の代表であった。戦後は『老人と海』などを発表し、ノーベル文学賞を受賞した。
→ p.304

ガルシア＝マルケス　García Márquez ② 1928〜2014　コロンビアの作家。ラテンアメリカを舞台とした世界を表現し、1967年に発表した『百年の孤独』がミリオンセラーとなった。82年にノーベル文学賞を受賞した。

野獣派（フォーヴィスム）　fauvisme ② 20世紀初めのフランスの画派。原色を自由に用いて、奔放さを前面に出した作品を創作した。

マティス　Matisse ② 1869〜1954　フランスの画家。野獣派の画家たちと交流し、その運動をリードした。代表作「赤い部屋」。

ピカソ　Picasso ⑤ 1881〜1973　スペインのアンダルシアに生まれた画家。パリや南フランスで活躍し、キュビスムを発展させた。代表作は「アヴィニョンの娘たち」「ゲルニカ」。→ p.304

立体派（キュビスム）　cubisme ④ 20世紀初頭、ピカソとブラックによって創始された芸術運動。自然を円筒や円錐・球などの立体として扱ったことからこう呼ばれる。絵画の写実的伝統を大きく変革した。

ダダイズム　dadaism ① 虚無的・破壊的な芸術活動やその考え方。第一次世界大戦中に、ヨーロッパで亡命芸術家たちが芸術の伝統に反抗して始めた。シュルレアリスムの誕生にも影響を与え、コラージュ・オブジェなどの技法が受け継がれた。

シュルレアリスム（超現実主義）　surréalisme ③ 20世紀初め美術全般の分野でおきた、潜在意識や想像を表現しようとする運動。フロイト心理学の影響を受けた。

ダリ　Dalí ③ 1904〜89　スペイン出身の、シュルレアリスム後期を代表する画家。代表作「記憶の固執（やわらかい時計）」。版画・宝石デザイン・映画なども手がけた。

シェーンベルク　Schönberg ② 1874〜1951 オーストリアの作曲家。20世紀初頭に十二音技法を完成し、無調音楽を書いた。ナチ党政権成立のあとアメリカへ亡命し、第二次世界大戦後の理論的音楽の基礎を築いた。

ポップ＝カルチャー　pop culture ① 20世紀後半にアメリカなどで影響力をもった大衆文化。古典的な約束ごとや伝統的解釈を知らなくとも楽しむことができる大衆音楽やマンガなどが代表例。

カウンター＝カルチャー　counter culture ② 主流となっている文化への「対抗文化」。1960年代後半に、アメリカを中心に広まった、ヒッピーと呼ばれた若者たちの文化が代表例。反戦運動や女性解放運動が盛んになったことを背景に、社会全体に影響を与え、既存のエリート文化やワスプ（WASP）の資本主義文化などを批判の対象とした。

ロック　rock ② 1950年代のアメリカで、黒人音楽のリズム＆ブルースと、白人のカントリー＝ミュージックを背景に誕生した音楽のスタイル。エレキギター中心の、速いビートを刻むバンド演奏は、世界に広まり、新しい音楽ジャンルを生んだ。1960年代にデビューし、世界的な大ブームを巻きおこしたイギリスのロックバンド、ビートルズなどがその代表例。

サブカルチャー　subculture ① 伝統的な文化に対して、社会のなかで価値基準を異にする若者などの集団が担う文化のこと。1980・年代以降は、マンガ・アニメーション・ゲームなどの分野を指す言葉として使われるようになった。

女性の平等化とジェンダー

女性参政権獲得運動 ⑤ 19世紀後半以降に組織的に展開された、それまで男性に限定されていた参政権の男女平等を要求する運動。イギリスでは、19世紀後半にパンクハースト（1858〜1928）ら女性参政権活動家（サフラジェット）が、ハンガーストライキなどによる運動を展開した。その後、第一次世界大戦末期の1918年、第4回選挙法改正で女性参政権が認められた。28年の第5回選挙法改正では、参政権の男女平等が実現した。アメリカでも19世紀半ばに女性参政権運動が始まったが、第一次世界大戦中の女

性の戦時協力を経て、20年に女性参政権が実現した。

女性解放運動 ④ 女性参政権獲得後に展開された、社会的につくられた女性の不平等を是正しようとする運動の総称。参政権の獲得によって制度的な平等は達成されたものの、性別役割分担や「女性のあるべき姿」による拘束は依然として存在したことから、結婚・子育てなど日常のなかに組み込まれた不平等が問題視された。1960年代以降、公民権運動の高まりとも連動して展開された。

フェミニズム feminism ⑤ 1960年代半ばに登場した、男性中心の価値観を批判する女性解放運動。女性自身が主体的に生きるために意識変革をおこない、隷属状態からの解放を可能にする社会的・文化的・制度的な変革をめざした。

女性差別撤廃条約 ① 1979 男女平等の社会的な実現をめざして国連総会で採択された条約。締約国に、女性差別を禁止する立法や適切な措置をとることを求め、1981年に発効した。

男女雇用機会均等法 ② 1985 日本で雇用面の男女平等実現をめざして制定された法律。国連が採択した女性差別撤廃条約の批准に先立って制定された。これまでの改正で、禁止規定が強化され、企業のセクハラ防止義務などが盛り込まれた。

ジェンダー gender ⑤ 身体的な性とは別に、社会的・文化的に生み出された規範・性差。従来は「男らしさ」「女らしさ」といった社会的な性慣習や価値観が押しつけられることで、とくに女性がそのイメージ通りにふるまうことを強制されてきた。近年は各人の性的指向や、多様な性のあり方を尊重すべきことが模索されている。

LGBT ⑤ レズビアン・ゲイ・両性愛・トランスジェンダーの頭文字。これに性の自認や指向が決まっていないクエスチョニングを加えて LGBTQ とすることもある。1990年代以降、性の多様性を認める動きのなかで用いられた。

ヴェールの着用《イスラーム圏》 ② イスラーム圏において、伝統的に女性がヴェールで顔を隠すこと。フランスで2011年に公共の場でのヒジャーブ(スカーフ)着用禁止の法律が施行されると、大きな論争となった。一方イランでは、22年に、女性に対して頭髪をスカーフで覆うことを定めた法律に違反した女性が逮捕後に死亡する事件がおこ

り、テヘランをはじめとして各都市で抗議デモが発生するなど、社会問題となっている。

索引

1. 本書の本文に扱われている用語を五十音順に配列し、「世界史用語辞典」としても利用できるように編集した。
2. 用語の次に①〜⑦で頻度数を示してある。ただし、同じ用語が2カ所以上で扱われている場合には、頻度の最大のものを示した。
3. 用語は原語に近づけた表記としたため、チはティ、ツはトゥ、バはヴァも参照すること。
4. 数字の4（よん）は「し」、7（なな）は「しち」、9（きゅう）は「く」も参照すること。
5. 外国語の略記は、ワ行の後に「略語索引」としてアルファベット順に示した。
6. 読みが2種類以上あるもの、漢字・仮名2種の表記がある場合には、慣用度を考慮して2カ所以上に掲げ、本文の表記への見よ項目として「➡」で示した。

索引

索
引

略語索引

索引

398

世界史用語集
せ かい し よう ご しゅう

2023 年 12 月　　初版発行

編　者	全国歴史教育研究協議会 ぜんこくれき し きょういくけんきゅうきょう ぎ かい
発行者	野澤武史
印刷所	明和印刷株式会社
製本所	牧製本印刷株式会社
発行所	株式会社　山川出版社
	〒101-0047　東京都千代田区内神田 1-13-13
	電話 03 (3293) 8131 (営業)　03 (3293) 8134 (編集)
	https://www.yamakawa.co.jp/
装　幀	水戸部功
本文デザイン	中村竜太郎

ISBN978-4-634-03306-1　　　　　　　　NMIN0101